城市公共汽电车客运地方性法规规章汇编

下册

《城市公共汽电车客运地方性法规规章汇编》编写组 编

人民交通出版社股份有限公司

北京

内 容 提 要

本书上册汇编了23项省级城市公共汽电车客运相关地方性法规规章,下册汇编了重点城市的43项有关城市公共汽电车客运的地方性法规规章。本书旨在为政府相关部门制定城市公共汽电车客运发展政策、加强城市公共汽电车客运行业管理提供参考,也可供科研机构、高校及城市公共汽电车客运企业研究、学习使用。

图书在版编目(CIP)数据

城市公共汽电车客运地方性法规规章汇编/《城市公共汽电车客运地方性法规规章汇编》编写组编.—北京:人民交通出版社股份有限公司,2020.9
ISBN 978-7-114-16539-9

Ⅰ.①城… Ⅱ.①城… Ⅲ.①公共汽车—旅客运输—交通法—地方法规—汇编—中国②电车—旅客运输—交通法—地方法规—汇编—中国 Ⅳ.①D922.296.9

中国版本图书馆 CIP 数据核字(2020)第 078969 号

Chengshi Gonggong Qi-Dianche Keyun Difangxing Fagui Guizhang Huibian

书　　名:	城市公共汽电车客运地方性法规规章汇编(下册)
著　作　者:	《城市公共汽电车客运地方性法规规章汇编》编写组
责任编辑:	杨丽改　何　亮
责任校对:	孙国靖　扈　婕
责任印制:	刘高彤
出版发行:	人民交通出版社股份有限公司
地　　址:	(100011)北京市朝阳区安定门外外馆斜街3号
网　　址:	http://www.ccpcl.com.cn
销售电话:	(010)59757973
总　经　销:	人民交通出版社股份有限公司发行部
经　　销:	各地新华书店
印　　刷:	北京虎彩文化传播有限公司
开　　本:	720×960　1/16
印　　张:	27.75
字　　数:	466千
版　　次:	2020年9月　第1版
印　　次:	2020年9月　第1次印刷
书　　号:	ISBN 978-7-114-16539-9
全套定价:	160.00元

(有印刷、装订质量问题的图书由本公司负责调换)

PREFACE 前　言

城市公共交通是满足人民群众基本出行需求的社会公益性事业，与人民群众生产生活息息相关，是政府应当提供的基本公共服务和重大民生工程。党中央、国务院高度重视城市公共交通发展。2012年12月，国务院发布了《关于城市优先发展公共交通的指导意见》（国发〔2012〕64号），进一步确立了城市公共交通优先发展战略，并提出了一系列优先发展公共交通的重大政策措施。

国务院大部门体制改革以来，交通运输部认真落实党中央、国务院决策部署，积极履行指导城市客运管理职责，加强与有关部门的协作配合，加强对地方的指导，深入落实城市公共交通优先发展战略，加快完善城市公共交通法规规章，深化开展公交都市创建活动，推动完善公交优先支持政策，大力推广应用新能源汽车等，努力推动城市公共交通发展取得新成效。各地进一步加大对城市公共交通的支持力度，完善配套政策措施，全面改善发展环境，城市公共交通服务保障能力不断提高，城市公共交通客运服务质量稳步提升，城市公共交通行业改革取得了新进展，城市公共交通行业治理体系和治理能力得到进一步提升。

党的十九大作出了建设交通强国的重大决策部署。建设交通强国是以习近平同志为核心的党中央立足国情、着眼全局、面向未来作出的重大决策，是新时代做好交通工作的总抓手。2019年9月，党中央、国务院印发了《交通强国建设纲要》，明确要求"完善治理体系，提升治理能力""坚持法治引领，完善综合交通法规体系，推动重点领域法律法规制定修订"。近年来，在各地、各部门的大力支持下，制定出台《城市公共交通条例》工作取得了积极进展。在推动国家层面立法的同时，各地也积极主动开展工作，通过制定出台城市公共交通发展的地方性法规、政府规章或者规范性文件等，将城市公共交通优先发展的各项有力政策措施予以制度化，积累了很多宝贵的经验，对于推动我国城市公共交通法制化进程提供了有力支撑。

为便于加强交流学习，在各级交通运输主管部门的支持帮助下，我们对全国各地出台的涉及城市公共交通发展的相关地方性法规、政府规章进行了整理,汇编了《城市公共汽电车客运地方性法规规章汇编》一书。本书分为上、下两册,上册汇编了省级城市公共汽电车客运相关地方性法规和政府规章,下册汇编重点城市有关城市公共汽电车客运的地方性法规和政府规章,各省份和城市的公共汽电车客运法规均按照涉及省份和城市的行政区划顺序进行了排序。本书可供各级公共交通主管部门及有关企事业单位相关人员学习和参考。

  本书汇编时收录的文稿均为当前的最新有效版本,但鉴于地方性法规、政府规章处于不断修订完善的过程,建议读者使用时查询以最新版本为准。

编 者

2020 年 4 月

CONTENTS 目 录

石家庄市城市公共汽车客运管理办法 ·················· 1
邯郸市城市公共汽车客运条例 ······················· 9
晋城市公共交通条例 ····························· 22
呼和浩特市城市公共汽车客运管理条例 ················ 32
包头市城市公共汽车客运条例 ······················· 39
沈阳市城市公共汽车客运管理条例 ··················· 48
大连市城市公共客运交通管理条例 ··················· 59
鞍山市城市公共客运交通管理条例 ··················· 70
抚顺市城市公共汽车客运管理条例 ··················· 78
本溪市城市公共交通条例 ·························· 86
哈尔滨市城市公共汽车电车轮渡船客运管理条例 ········· 95
哈尔滨市城市公共交通基础设施规划建设使用管理办法 ···· 110
南京市公共客运管理条例 ·························· 113
无锡市公共交通条例 ····························· 129
常州市公共汽车客运条例 ·························· 140
苏州市公共汽车客运管理条例 ······················ 153
杭州市公共汽车客运管理条例 ······················ 163
台州市公共汽车客运管理办法 ······················ 176
南昌市城市公共汽车电车客运管理条例 ················ 186
济南市城市公共交通条例 ·························· 195
青岛市城市公共汽车客运管理条例 ··················· 202
淄博市公共汽车客运管理条例 ······················ 211
潍坊市城市公共交通管理办法 ······················ 219
郑州市城市公共交通条例 ·························· 229
武汉市城市公共客运交通管理条例 ··················· 239
黄冈市城市公共交通条例 ·························· 247
长沙市城市公共客运条例 ·························· 257
广州市公共汽车电车客运管理条例 ··················· 270

· 1 ·

深圳市公共汽车运营服务管理办法 ……………………………… 284
汕头经济特区城市公共汽车交通条例 …………………………… 298
防城港市公共汽车客运管理条例 ………………………………… 313
海口市城市公共交通客运管理条例 ……………………………… 324
成都市城市公共汽车客运管理条例 ……………………………… 335
广安市城市公共汽车客运安全规定 ……………………………… 343
达州市城市公共汽车客运条例 …………………………………… 346
贵阳市城市公共客运管理条例 …………………………………… 355
昆明市公共汽车客运条例 ………………………………………… 362
玉溪市城市公共交通管理办法（试行）…………………………… 371
西安市公共汽车客运条例 ………………………………………… 381
兰州市城市公共汽车客运管理条例 ……………………………… 395
西宁市城市公共汽车客运特许经营管理办法 …………………… 409
西宁市城乡公交客运管理办法 …………………………………… 416
乌鲁木齐市城市公共汽车客运管理条例 ………………………… 427
乌鲁木齐市城市公共汽车客运特许经营管理办法 ……………… 434

下册部分法规规章链接

石家庄市城市公共汽车客运管理办法

(2015年3月19日石家庄第十三届人民政府第三十八次常务会议讨论通过，2015年3月30日以石家庄市人民政府令第190号公布，2015年6月1日起执行)

第一章 总 则

第一条 为加强城市公共汽车客运管理，规范公共汽车客运市场秩序，保障营运安全，提高服务水平，维护乘客、经营者及从业人员的合法权益，依据有关法律、法规，结合本市实际，制定本办法。

第二条 本市行政区域内城市公共汽车客运的规划、建设、运营和管理适用本办法。

第三条 本办法所称城市公共汽车客运，是指在城市人民政府确定的区域内，利用公共汽（电）车及有关设施，按照核定的线路、站点、时间、票价运营，为社会公众提供客运服务的交通方式。

本办法所称城市公共汽车客运设施，是指为城市公共汽车客运服务的停车场、保养场、枢纽站、首末站、换乘站、站务用房、候车亭、站台、站牌等配套设施。

第四条 城市公共汽车客运行业应当遵循政府主导、统一规划、优先发展、规范经营、公平竞争的原则，鼓励公共汽车客运经营者实行规模化、集约化经营，推广应用新技术、新设备，为社会公众提供安全、便捷、经济、舒适、环保的公共交通服务。

第五条 市、县（市）人民政府应当将城市公共汽车客运纳入国民经济和社会发展规划，突出公共交通在城市总体规划中的地位和作用，完善基础设施，优化运营结构，加大资金投入和政策扶持，落实各项补贴、补偿等政策，及时拨付有关费用。

第六条 市、县（市）交通运输行政主管部门负责本行政区域内的公共汽车客运监督管理工作，并委托其所属的道路运输管理机构负责具体管理工作。

发展改革、规划、国土、建设、财政、城管、公安、物价等部门，按照各自职责做好公共汽车客运的相关管理工作。

第二章 规划建设

第七条 交通运输行政主管部门应会同发展改革、规划、财政、国土、公安、城管等部门编制本行政区域公共汽车客运专项规划，报本级人民政府批准后实施。

公共汽车客运专项规划确定的公共汽车客运设施用地及空间，任何单位和个人不得侵占或擅自改变其用途。

第八条 市、县（市）道路运输管理机构应当根据公共汽车客运专项规划和公众出行的需要，合理设置公共汽车客运线路和站点。需要调整客运线路和站点设置的，应当在调整前将调整方案向社会公布，征求公众意见。

第九条 市、县（市）人民政府应依据公共汽车客运专项规划建设综合枢纽站，并配套建设相应的机动车、非机动车停车场，配备指向标识、线路图、时刻表、换乘指南等服务设施。

第十条 城市新区开发、旧城改造和大型项目建设时，应根据城市总体规划和公共汽车客运专项规划、城市客流量和已有设施的布局，合理配套建设公共汽车客运设施。新建、改建或扩建城市道路时，同步规划、建设港湾式停靠站台等客运设施。

第十一条 城市公共汽车客运设施建设项目的设计和施工应符合国家有关技术标准和规范，按照规定配建或设置无障碍设施。

第十二条 任何单位和个人都有保护城市公共汽车客运设施的义务，不得损坏或者擅自迁移、拆除、占用公共汽车客运设施。

第十三条 因城市建设、道路施工、交通管理等需要，确需迁移、拆除、占用城市公共汽车客运设施的，相关单位应经交通运输行政主管部门同意，并按照规定予以恢复、补建或补偿。

第十四条 市、县（市）人民政府应组织交通运输和公安交通管理等部门，在城市主干道及其他有条件的城市道路，合理设置城市公共汽车专用车道及优先通行信号系统，提高城市公共交通的运行效率。

第三章 经营管理

第十五条 市、县（市）人民政府应当根据经济社会发展状况、公共交通运力资源和公众出行需求等因素，依法确定城市公共汽车客运经营者和经营线路。

第十六条 市级道路运输管理机构应当组织城市公共汽车驾驶员进行从业资格考试，内容包括城市公共交通法律法规、职业道德、安全运营、应急救护、运营线路等。

公共汽车驾驶员经考试合格后，持证上岗。

第十七条 因市政工程建设、大型群众性活动等特殊情况需要临时变更公交线路或者站点的，公共汽车客运经营者应当提前向社会公告，并向同级道路运输管理机构备案。

第十八条 市、县（市）人民政府应组织交通运输、财政等部门定期对城市公共汽车运营成本进行审核，并将审核结果作为制定、调整票价或补贴的主要依据。

在制定或调整票价时，物价、交通运输等部门应按有关规定组织价格听证。

城市公共汽车客运经营者应执行国家和省有关老年人、残疾人、革命伤残军人（警察）、军人和学生等免费或优惠乘车的规定。

第十九条 交通运输行政主管部门应当会同有关部门针对自然灾害、安全事故、公共卫生事件等影响城市公共交通正常运营的突发事件制定应急预案，报本级人民政府批准后实施。

城市公共汽车客运经营者应根据公共交通应急预案，制定本单位的应急方案，并定期进行演练。

第二十条 发生突发事件时，城市公共汽车客运经营者应服从城市人民政府对车辆的统一调度、指挥，政府应当给予合理补偿。

第二十一条 城市公共汽车运营发生安全事故时，城市公共汽车客运经营者应及时报告有关部门，并启动应急救援预案。

第二十二条 城市公共汽车客运经营者是安全运营责任主体，负有下列职责：

（一）设立相应的安全管理机构，配备专职安全管理人员；

（二）建立、健全安全责任制、安全生产制度和岗位操作规程；

（三）在城市公交车辆和公交场站醒目位置设置安全警示标志、安全疏散示意图，配备灭火器、安全锤、车门紧急开启装置等安全应急设施、设备；

（四）督导运营安全工作，对乘客携带物品采取必要的安检措施；

（五）落实安全教育制度，提高从业人员安全意识和技能。

第二十三条 在城市公共汽车客运设施和运营车辆上设置广告的，应按规定办理相关手续，不得影响城市公交运营秩序和安全。

第二十四条 公安机关应加强对客运车辆内的治安、公交专用车道的管理，依法及时查处违法行为。

第四章 运营服务

第二十五条 城市公共汽车客运经营者应加强对公共汽车客运设施的管理和维护，确保城市公共交通设施完好。

第二十六条 城市公共汽车客运经营者应遵守下列规定：

（一）按照核定的线路、站点、班次及时间组织营运；

（二）不得擅自暂停或者终止营运；

（三）不得强迫从业人员违章作业；

（四）定期对运营车辆维护与检测，保持车辆技术、安全性能符合有关标准；

（五）定期向道路运输管理机构报送经营信息等统计资料。

第二十七条 从事客运经营的车辆，应符合国家、行业标准和下列规定：

（一）技术性能良好，安全设施齐全完好；

（二）车容整洁、美观、卫生；

（三）按照规定设置线路营运服务标志；

（四）设置老、幼、病、残、孕专用座位和禁烟标志；

（五）安装投币箱、电子刷卡及电子报站设备。

第二十八条 城市公共汽车从业人员在营运中应遵守下列规定：

（一）携带有关证件，按规定佩戴服务标志、标牌；

（二）着装整洁，文明服务，安全行车；

（三）按照核定的票价收费，提供有效的票据；

（四）执行有关优惠或免费乘车的规定；

（五）及时报清线路名称、行驶方向和站名，提示安全注意事项；

（六）不得到站不停、拒载乘客、滞站揽客、中途甩客、站外上下乘客；

（七）运营车辆发生故障不能正常行驶时，应安排乘客换乘；

（八）维护乘车秩序，为老、幼、病、残、孕等特殊乘客提供必要的帮助。

第二十九条 乘客有下列情形之一的，公共汽车从业人员有权拒绝提供客运服务：

（一）携带易燃易爆及其他危害公共安全物品的；

（二）精神病患者无人监护的；

（三）酗酒者丧失自控能力无人陪同的；

（四）携带宠物（不含导盲犬）乘车的；

（五）饮食、吸烟或向车内外吐痰、乱扔杂物的；

（六）乞讨、卖艺和从事营销活动、散发宣传品的；

（七）妨碍安全驾驶、乘客安全和营运秩序的其他行为。

第三十条 乘客应依照规定足额购票、刷卡或主动出示乘车票证，不得使用过期、伪造或他人专用的乘车票证。

第五章 运营监管

第三十一条 城市公共汽车客运经营者应当制定科学、具体的运营管理和服务质量制度，落实运营服务岗位责任制度。

第三十二条 城市公共汽车客运经营者应根据公共汽车客运专项规划，编制五年经营计划并提交道路运输管理机构。五年经营计划应当包括公交线路的开辟和调整、运力投放规模、场站发展建议及公共客运服务的改善等内容。

城市公共汽车客运经营者应当在每年10月底之前，报送下年度运营服务计划。

第三十三条 道路运输管理机构应当建立公共汽车客运服务质量信誉考核体系，定期对城市公共汽车客运经营者的运营服务情况及其运营线路进行考核。考核体系应当包括安全生产、车辆设施、服务设施、人员素质、乘客满意度调查、司乘人员满意度调查、投诉处理、遵章守纪等方面内容。

第三十四条 城市公共汽车客运经营者及其线路服务质量信誉考核不合格的，经营者应当在结果公布之日起15日内提出整改方案和改善服务的承诺，进行整改。

第三十五条 城市公共汽车客运经营者应当对下列经营信息进行统计，并于每月10日前报道路运输管理机构：

（一）每条线路的月客运量；

（二）车辆保有量；

（三）车辆的维修与保养情况；

（四）车辆安全运行间隔里程。

第三十六条 城市公共汽车客运经营者应将司乘人员、管理人员、运营车辆等相关信息定期报道路运输管理机构备案，实现信息共享。

第六章　监督检查

第三十七条　道路运输管理机构应加强对城市公共汽车客运经营活动的监督检查，及时查处违法行为，维护市场经营秩序。

第三十八条　道路运输管理机构和公共汽车客运经营者应当建立投诉受理制度，接受对违反本办法行为的投诉和社会监督。

投诉人应提供真实姓名、联系方式、投诉车辆号码、投诉事实和要求等资料。

第三十九条　道路运输管理机构和公共汽车客运经营者接受投诉后，应在受理之日起10个工作日内，将处理结果告知投诉人。

第四十条　道路运输管理机构依法实施检查时，应当出示执法证件并说明理由和法律依据。

第七章　法律责任

第四十一条　违反本办法规定，城市公共汽车客运经营者有下列行为之一的，由交通运输行政主管部门责令改正，处三千元以上一万元以下罚款：

（一）未建立企业安全生产管理机构、责任制和管理制度，配备专职安全管理人员的；

（二）未在城市公交车辆和公交场站醒目位置设置安全警示标志、安全疏散示意图的；

（三）未在城市公交车辆和公交场站安装灭火器、安全锤、车门紧急开启装置等安全应急设施、设备的；

（四）运营中发生安全事故时，未及时报告有关部门的。

第四十二条　违反本办法规定，城市公共汽车客运经营者有下列行为之一的，由交通运输行政主管部门责令改正，处一千元以上五千元以下罚款：

（一）未按照核定的线路、站点、班次及时间组织营运的；

（二）擅自暂停或者终止营运的；

（三）强迫从业人员违章作业的；

（四）未按照国家有关规定维护和检测运营车辆，车辆技术、安全性能不符合有关标准的。

第四十三条 违反本办法规定，有下列行为之一的，由交通运输行政主管部门责令改正，处一千元以上三千元以下罚款：

（一）未按照规定设置线路营运服务标志的；

（二）未设置老、幼、病、残、孕专用座位和禁烟标志的；

（三）客运线路或者站点临时变更，未按规定提前告知公众的；

（四）运营车辆发生故障不能正常行驶时，未按照规定安排乘客换乘的；

（五）运营车辆到站不停、拒载乘客、滞站揽客、中途甩客、站外上下乘客的；

（六）损坏或者擅自迁移、拆除、占用公共汽车客运设施的。

第四十四条 违反本办法规定的其他行为，法律、法规已有处罚规定的，从其规定。

第四十五条 交通运输行政主管部门、道路运输管理机构工作人员滥用职权、玩忽职守、徇私舞弊的，对直接负责的主管人员和其他直接责任人员，依法给予处分；构成犯罪的，依法追究刑事责任。

第八章 附 则

第四十六条 本办法自 2015 年 6 月 1 日起施行。1995 年 10 月 16 日石家庄市人民政府第 68 号令发布的《石家庄市城市公共客运管理办法》同时废止。

邯郸市城市公共汽车客运条例

(2019年6月14日邯郸市第十五届人民代表大会常务委员会第十七次会议通过，2019年7月25日河北省第十三届人民代表大会常务委员会第十一次会议批准)

第一章 总 则

第一条 为了促进城市公共汽车客运优先发展，方便群众日常出行，维护客运秩序，保护乘客、运营企业及其从业人员的合法权益，根据有关法律、法规，结合本市实际，制定本条例。

第二条 本市行政区域内城市公共汽车客运的规划、建设、运营服务以及相关管理活动，适用本条例。

本条例所称城市公共汽车客运，是指运营企业取得城市公共汽车线路特许经营权，使用符合国家标准的运营车辆和服务设施，按照核准的线路、站点、时间和票价运营，向社会公众提供基本出行服务，具有社会公益性质的活动。

本条例所称城市公共汽车客运设施，是指保障城市公共汽车客运服务的换乘枢纽、停车场、保养场、首末站、加气（油）站、充电站（桩）、站务用房、站台、站牌、候车亭（廊）、港湾式停靠站、专属维修设施、公交专用车道、优先通行信号装置、智能化设备等相关设施。

第三条 市、县级人民政府交通运输主管部门负责所管辖区域内城市公共汽车客运管理工作，其所属的城市公共汽车客运管理机构具体负责日常管理工作。

发展改革、自然资源规划、建设、公安、财政、国资、生态环境、城管执法、税务、市场监管、文化广电旅游等有关部门在各自职责范围内，共同做好城市公共汽车客运管理工作。

第四条 城市公共汽车客运应当坚持政府主导、市场运作、优先发展、规划引导、服务群众、安全便捷、经济高效、绿色低碳的原则。

第五条 市、县级人民政府及有关部门应当支持城市公共汽车客运的优先发展，在国土空间规划、用地供给、设施建设、道路通行、交通管理、安全防范、资金安排、财政补贴、税收优惠和用水用电用气等方面优先给予保障。

第六条 市、县级人民政府应当增加财政投入，将优先发展城市公共交通资金纳入本级预算管理。支持和鼓励运营企业使用新能源汽车，加快新能源供给设施建设。建立以财政补贴、运营企业自筹、社会投资等多种形式并重的发展资金保障制度。

第七条 鼓励推广应用新技术、新能源、新装备，逐步淘汰高污染、高能耗、高排放的运营车辆和设施。推进智能化、物联网、大数据、移动互联网等现代信息技术的应用。

第八条 市、县级人民政府及有关部门、新闻媒体应当加强社会宣传，鼓励和引导社会公众优先选择城市公共汽车、公共自行车、互联网租赁自行车等绿色低碳的公共出行方式。

第二章　规划与建设

第九条 市、县级人民政府组织编制和调整国土空间总体规划，应当结合城市公共汽车客运发展和社会公众出行需求，统筹空间布局、功能区分、土地利用和交通需求，科学确定城市公共汽车客运设施布局。

第十条 市、县级人民政府交通运输主管部门应当会同发展改革、自然资源规划、建设、公安、城管执法、生态环境、文化广电旅游等部门，编制城市公共交通规划和城市公共汽车客运线网规划，报本级人民政府批准后实施。

编制城市公共交通规划和城市公共汽车线网规划应当遵循科学合理、安全方便、适度超前的原则，科学规划线网结构，优化场站布局，完善综合换乘枢纽，促进区域之间城市公共交通线路和多种公共交通方式的衔接，依法推进城市公共汽车客运线路向周边农村（社区）、学校、旅游景点、工业园区等延伸。

第十一条　自然资源规划行政主管部门在编制详细规划时，应当结合城市公共交通规划和城市公共汽车客运线网规划，充分考虑地块开发强度、人口指标、交通承载力以及各种交通方式有效衔接等因素，合理确定城市公共汽车客运设施的位置、规模和用地面积，并且提出控制要求。

第十二条　市、县级人民政府应将城市公共汽车客运设施用地纳入土地利用年度计划和建设用地供应计划，优先供给。符合划拨用地目录的，应当以划拨方式供地。

第十三条　经法定审批程序，新建城市公共汽车客运设施用地的地上地下空间，可以按照市场化原则实施土地综合开发；现有城市公共汽车客运设施用地，在符合规划并且不改变用途的前提下，原土地使用者可以实施立体开发。开发收益应当专项用于城市公共汽车客运基础设施建设和弥补运营亏损。

第十四条　新建、改建、扩建城市道路，建设行政主管部门应当根据城市公共交通规划和城市公共汽车客运线网规划，统筹建设首末站、中途停靠站、换乘接驳站等城市公共汽车客运设施。

公安机关交通管理部门应当会同有关部门和运营企业，科学设置或者调整公交专用道、优先通行信号系统以及港湾式停靠站等，允许运营车辆在禁左、禁右路段通行和单行道双向通行。

第十五条　园区开发、大型住宅小区建设以及新建、改建、扩建机场、火车站、长途汽车客运站、轨道交通、旅游景点、大型商业、娱乐、文化、教育、体育、医疗等公共设施，以及物流、仓储等物流集散场所时，应当进行交通影响评价。并且根据评价情况，配套规划建设城市公共汽车客运设施，与主体工程同步设计、同步建设、同步竣工、同步交付使用。

第十六条　政府投资建设的城市公共汽车客运设施，由交通运输主管部门负责运营管理；社会资金投资建设的城市公共汽车客运设施，由投资者和交通运输主管部门协商确定使用方式、收益方式和使用期限。

第三章　运　营　管　理

第十七条　城市公共汽车客运实行特许经营。运营期限为六年至十二年，由市、县级人民政府交通运输主管部门提出并报请本级人民政府同意后确定。未取得城市公共交通线路运营权的单位或者个人不得从事城市公共汽车客运经营活动。

市、县级人民政府交通运输主管部门应当与取得城市公共交通线路运营权的运营企业签订城市公共交通线路经营服务协议，无偿授予其城市公共交通线路运营权。在运营期限内，因运营企业自身原因导致运营线路不能正常经营的，市、县级人民政府交通运输主管部门应当及时采取指定临时运营企业、调配车辆或者收回城市公共交通线路运营权等措施，保证相关线路运营。

城市公共交通线路运营权期限届满，同等条件下原运营企业有权优先延续。

运营企业不得转让、出租或者以承包、抵押、出借等方式变相转让、出租城市公共交通线路运营权。

第十八条　运营企业应当具备下列条件：

（一）具有企业法人资格；

（二）具有良好的银行资信、财务状况及相应的偿债能力；

（三）具有符合要求的运营车辆或者相应的车辆购置资金；

（四）具有健全的客运服务、行车安全等方面的运营管理制度和安全监督管理机制；

（五）具有合理、可行的城市公共汽车客运经营方案；

（六）具有相应数量的技术、财务、经营等专业技术人员；

（七）法律、法规规定的其他条件。

第十九条　运营企业应当遵守下列规定：

（一）建立、健全管理制度，执行相关行业标准、规范；

（二）按照规定的线路、时间、站点、班次组织运营；

（三）公布执行规定的票价标准；

（四）对从业人员进行业务培训；

（五）建立智能化信息管理系统，并且按照要求与行业信息管理系统互联互通；

（六）依法向相关部门提供所需的信息和数据；

（七）城市公共汽车客运的其他规范和标准。

第二十条 市、县级人民政府交通运输主管部门应当依据城市公共交通规划和城市公共汽车客运线网规划，结合城市发展和社会公众出行需要，及时开辟或者调整城市公共汽车客运线路，在线路确定前应当向社会公众进行公示，公示期不低于三十日，以公开征求社会公众意见。

城市公共汽车客运线路站点名称应当采用方便社会公众识别的传统地名、所在道路或者公共部门、公共设施、文物古迹、旅游景点、标志性建筑的标准名称或者简称命名。

市、县级人民政府交通运输主管部门应当定期开展社会公众出行调查，利用现代信息技术收集、分析社会公众出行时间、方式、频率、空间分布等信息和对线路、站点设置的意见，作为优化城市公共交通线网、运力配置的依据。

第二十一条 因城市建设、举办重大公共活动以及大型群众活动等特殊情况，可能影响城市公共汽车客运的，建设单位和活动组织者应当提前十日告知运营企业。

确需暂停或者临时变更运营线路走向、站点、运营时间的，运营企业应当提前七日向社会公告，并且向市、县级人民政府交通运输主管部门备案。因临时交通管制或者突发事件等原因，不能提前告知的，运营企业应当及时公告和备案。

第二十二条 城市公共汽车客运票价实行政府定价。市、县级人民政府交通运输主管部门应当根据社会经济发展水平、鼓励公交出行、服务质量、运营成本等因素，提出价格方案，报同级价格主管部门依照法定程序确定。

因影响票价的因素发生显著、持续变化，需要对票价进行调整的，按照前款规定程序办理。

第二十三条 市、县级人民政府交通运输主管部门应当配合财政、审计等有关部门建立运营企业的运营成本核算制度和补偿、补贴制度。补偿、补贴资金应当列入财政预算，在年度审计与评价后及时拨付。

城市公共汽车客运票价低于正常运营成本的，市、县级人民政府应当对低于正常运营成本的部分给予补偿。

市、县级人民政府应当对运营企业承担残疾人、现役军人、老年人、学生等优惠乘车，以及完成开通冷僻线路、执行抢险救灾、实行免费乘车等政府指令性任务所增加的支出，定期给予足额财政补偿或者补贴。

第二十四条　市、县级人民政府及有关部门应当依法完善城市公共汽车客运的成品油价格补贴、新能源车辆购车补贴、运营补贴、充电站（桩）建设补贴等政策。在场站建设、后期维护以及车辆和设备配置与更新等方面，给予资金补贴。

第四章　运营服务

第二十五条　运营企业应当遵守行业服务规范，诚信经营、安全运营，制定和实施作业计划，合理调度运营车辆和从业人员，保障社会公众的正常出行。

因破产、解散、丧失经营权以及不可抗力等原因，运营企业暂停或者终止运营时，市、县级人民政府应当组织交通运输、财政、公安等相关部门及时采取应对措施，保持城市公共交通运营服务的连续性。

第二十六条　运营企业应当在运营车辆上配置下列服务设施和运营标识：

（一）在规定位置公布运营线路图、价格表；

（二）在规定位置张贴统一制作的乘车规则和投诉电话；

（三）在规定位置设置特需乘客专用座位；

（四）在无人售票车辆上配置符合规定的投币箱、电子报站设备等服务设施；

（五）安装车内监控设备；

（六）按照有关标准装配乘车刷卡机具，支持交通一卡通和电子扫码支付功能；

（七）法律、法规规定的其他服务设施和运营标识。

第二十七条 运营企业应当在运营站点配置下列服务设施和运营标识：

（一）在规定位置公布线路票价、站点名称和服务时间；

（二）在规定位置张贴投诉电话；

（三）法律、法规规定的其他服务设施和运营标识。

第二十八条 从事城市公共交通运营汽车客运服务的乘务员，应当具备下列条件：

（一）具有履行岗位职责的行为能力；

（二）身心健康，无可能危及运营安全的疾病或者病史；

（三）无危害公共安全、侵犯公民人身权利犯罪记录，无吸毒行为记录。

第二十九条 从事城市公共汽车客运服务的驾驶员，除第二十八条规定外，还应当符合下列条件：

（一）取得与准驾车型相符的机动车驾驶证并且实习期满；

（二）最近连续三个记分周期内没有记满12分违规记录；

（三）无交通肇事犯罪、危险驾驶犯罪、酒后驾驶行为等不宜从事公共客运驾驶服务的记录。

第三十条 从事城市公共汽车客运服务的驾驶员、乘务员，应当遵守下列规定：

（一）着装整洁，文明、安全行车，规范作业；

（二）按照运营路线、班次、时间发车和行车，不得滞站、甩站、拒载、中途逐客、强行拉客，不得无故半途返回；

（三）按照规定报清线路名称、车辆开往方向和停靠站点名称，正确使用电子报站设备；

（四）在规定的区域停靠，依次进出站；

（五）按照价格主管部门核准的票价和优惠乘车的规定售票；

（六）为老、弱、病、残、孕等特殊乘客提供必要的帮助；

（七）按照规定开启运营车辆装备的空调设施；

（八）发生突发事件时，及时采取相应处置措施；

（九）遵守城市公共交通主管部门制定的其他服务规范。

第三十一条 运营车辆因出现故障或者其他原因不能继续行驶时，驾驶员和乘务员应当向乘客说明原因,组织乘客免费转乘同线路的其他运营车辆,后续运营车辆的驾驶员和乘务员不得无故拒载,并及时报告运营企业。

第三十二条　发生下列情形之一的,运营企业应当采取应急运营措施:

(一)按照市、县级人民政府交通运输主管部门指令,参加抢险救灾,应对雨、雪、冰、雾等恶劣天气,以及其他需要临时增加运力的情况;

(二)主要客流集散点客流量出现大幅增加;

(三)因重要节假日、举行重大公共活动以及大型群众活动等,造成客流量临时增加;

(四)其他需要及时组织运力对人员进行疏运的突发事件。

第三十三条　乘客符合下列情形之一的,优惠或者免费乘车:

(一)持有城市公交 IC 卡、交通一卡通等乘车卡,优惠乘车;

(二)持有本人学生卡、公交月卡等专用乘车卡,优惠乘车;

(三)具有当地户籍或者居住证的年满六十五周岁老人,持有在当地运营企业办理的老年乘车卡,免费乘车;

(四)现役军人、消防应急救援人员持相关证件,免费乘车;

(五)残疾人持有公交优抚卡,免费乘车;

(六)有成年监护人陪伴的 1.2 米以下儿童,免费乘车一人;

(七)法律、法规规定的其他优惠或者免费乘车情形。

第三十四条　乘客应当遵守下列票务管理规定:

(一)按照运营收费标准支付车费。主动购票、刷卡或者出示其他有效乘车证件并且接受查验;乘坐无人售票车时,应当按规定的票价投币入箱或者刷卡;

(二)携带 20 公斤以上或者体积 0.125 立方米以上的行李、物品,应当另行购票,并且安全放置;

(三)不得使用伪造、涂改的乘车凭证乘车;

(四)不得借用他人专用乘车凭证乘车;

(五)法律、法规规定的其他票务要求。

乘客未按标准支付车费的,驾驶员、乘务员可以要求其补交车费。对持他人或者伪造、涂改的乘车凭证的乘客,驾驶员、乘务员可以要求其按照该线路全价补交车费。乘客不补交的,驾驶员、乘务员可以拒绝其乘车。

第五章　运　营　安　全

第三十五条　运营企业是城市公共汽车客运安全的责任主体，应当建立健全企业安全生产管理责任制和管理机构，配备专职安全生产管理人员，增强突发事件防范和应急处置能力，定期开展安全风险管控和隐患排查，加强运营车辆的动态管理。

第三十六条　市、县级人民政府交通运输主管部门应当会同有关部门制定城市公共交通突发事件应急预案，报本级人民政府批准。

运营企业应当根据应急预案要求，制定本企业的应急方案，并且定期组织演练。

发生安全事故或者影响运营安全的突发事件时，市、县级人民政府交通运输主管部门、运营企业等应当按照应急预案要求，及时采取应急处置措施。

第三十七条　运营企业应当制定运营安全操作规程。驾驶员、乘务员等从业人员应当按照安全操作规程执行。

第三十八条　运营企业应当建立运营车辆安全管理制度和城市公共汽车客运设施、设备维护保养制度，定期对运营车辆、设施、设备进行检测、维护、更新，确保运营安全。

第三十九条　运营企业应当在运营车辆和客运场站醒目位置设置安全警示标志、安全疏散示意图等，并且为运营车辆配备符合标准的灭火器、安全锤等安全应急设备，保证安全应急设备处于良好状态。

第四十条　市、县级人民政府交通运输主管部门应当会同有关部门制定禁止乘客携带物品目录，并且向社会公布。

运营企业应当在运营车辆上张贴禁止乘客携带物品目录。发现乘客携带违禁物品的，驾驶员或者乘务员有权劝止其乘车，劝止无效的，应当及时报告公安机关处理。

第四十一条　任何个人不得从事下列危害城市公共汽车客运安全的行为：

（一）妨碍驾驶员正常驾驶的行为；

（二）非法拦截或者强行上下运营车辆；

（三）非法占用公交车专用道；

（四）在公交车站及其前后三十米范围内非法停放车辆；

（五）在城市公共汽车客运场站及其出入口通道堆放杂物或者摆摊设点等；

（六）擅自操作有警示标志的运营车辆按钮、开关装置，非紧急状态下动用紧急装置或者安全装置；

（七）妨碍乘客正常上下车；

（八）其他可能危害城市公共汽车客运运营安全的行为。

运营企业从业人员发现上述行为时，应当即时制止；制止无效的，报告公安机关。公安机关接到报案后应当依法出警，恢复正常运营秩序，并且对涉案人及时处理。

第四十二条　任何单位和个人不得从事下列影响城市公共汽车客运车辆、设施、设备正常使用的行为：

（一）盗窃、侵占、损毁运营车辆、设施、设备；

（二）擅自关闭、拆除城市公共汽车客运设施、设备或者挪作他用；

（三）覆盖、涂改运营车辆、设施、设备上的标识；

（四）擅自覆盖、涂改、污损、毁坏或者迁移、拆除站牌；

（五）未经运营企业允许，利用运营车辆、设施、设备发布广告；

（六）其他影响运营车辆、设施、设备正常使用的行为。

第四十三条　鼓励任何个人制止可能危及运营车辆运行安全和城市公共汽车客运设施、设备正常使用的行为，运营企业应当视情节给予其一定时限内优惠、免费乘车或者现金奖励等形式的奖励；被认定为见义勇为的，由市、县级人民政府依法给予奖励，其所在单位也可以予以适当奖励。

第四十四条　乘客应当文明乘车，遵守下列规定：

（一）讲究文明礼貌，主动配合安全行车管理；

（二）在运营站点依次排队，按照顺序上下车，不得在运营站点区域外拦车；

（三）相互礼让，老、弱、病、残、孕及抱小孩的乘客优先上车，鼓励向其让座；

（四）上车后站稳扶好，不得将身体部位伸出窗外，不得打闹、斗殴；

（五）遵守社会公德，自觉维护车厢内卫生，禁止在车厢内吸烟、随地吐痰、乱扔果皮纸屑等杂物或者向车外抛撒杂物；

（六）不得躺卧、占座、蹬踏座位；

（七）不得在车内从事营销活动、散发宣传品；

（八）学龄前儿童应当在成年监护人陪同下乘车；

（九）法律、法规规定的其他乘车要求。

乘客不遵守上述规定的，运营企业有权拒绝其乘车。情节严重或者社会影响恶劣的，交通运输主管部门可以向其所在单位、居住社区通报或者采取适当方式、在适当范围和时限内向社会公布其行为事实、证据等信息，但涉及国家秘密、商业秘密、个人隐私的信息以及未成年人的个人信息除外。

第六章　运营监督检查

第四十五条　城市公共汽车客运管理机构应当建立定期检查和随机抽检的监督检查制度，对运营企业进行监督检查，维护正常运营秩序，保障运营服务质量。

第四十六条　城市公共汽车客运管理机构应当建立运营企业服务质量评价制度，每年度对运营企业的服务质量进行评价并且向社会公布，评价结果作为衡量运营企业运营绩效、发放政府补贴和授予线路运营权的重要依据。

运营企业未能按照线路运营服务协议履行义务或者服务质量评价不合格的，城市公共汽车客运管理机构应当约谈运营企业负责人，责令其限期整改，约谈情况应当向社会公布。整改后仍不合格的，市、县级人民政府交通运输主管部门可以收回相应线路的运营权。

第四十七条　城市公共汽车客运管理机构和运营企业应当分别建立服务投诉受理制度并且向社会公布，及时核查处理投诉事项，在五个工作日内将处理结果告知投诉人。

第七章 法 律 责 任

第四十八条 市、县级人民政府交通运输主管部门及其他相关行政部门的工作人员，滥用职权、玩忽职守、徇私舞弊的，由同级人民政府或者上级机关责令改正；情节严重的，对直接负责的主管人员和其他直接负责人员依法给予行政处分；涉嫌犯罪的，依法移交司法机关追究刑事责任。

第四十九条 运营企业转让、出租或者变相转让、出租城市公共交通线路运营权的，由市、县级人民政府交通运输主管部门责令限期改正，并处一万元以上三万元以下罚款；情节严重的，依法取消相关线路的特许经营权。

第五十条 未取得城市公共交通线路运营权而从事客运线路运营的，由市、县级人民政府交通运输主管部门责令停止运营，有违法所得的，没收违法所得，并对非法运营个人处一万元以上二万元以下罚款；对非法运营企业处二万元以上三万元以下罚款。

第五十一条 运营企业违反本条例规定，未按规定配置服务设施和运营标识的，由市、县级人民政府交通运输主管部门责令限期改正；逾期未改正的，处五千元以下罚款。

第五十二条 运营企业有下列行为之一的，由市、县级人民政府交通运输主管部门责令限期改正；逾期未改正的，处五千元以上一万元以下罚款：

（一）未定期对运营车辆及其安全设施设备进行检测、维护、更新的；

（二）未在运营车辆和场站醒目位置设置安全警示标志、安全疏散示意图和安全应急设备的；

（三）聘用不具备本条例第二十八条、第二十九条规定条件的人员担任驾驶员、乘务员的；

（四）未按照规定对相关从业人员进行培训的。

第五十三条 运营企业有下列行为之一的，由市、县级人民政府交通运输主管部门责令限期改正，并处一千元以上三千元以下罚款；情节严重的，吊销相关线路的经营许可证。

（一）不按照确定的线路、站点、班次和时间经营的；

（二）不按照核准收费标准收费的；

（三）拒绝享受优惠或者免费乘车待遇的乘客乘车的。

第五十四条 运营企业未制定应急方案，或者未定期组织演练的，由市、县级人民政府交通运输主管部门责令限期改正；逾期未改正的，处一万元以下罚款。

发生影响运营安全的突发事件时，运营企业未按照应急方案的规定采取应急处置措施，造成严重后果的，由市、县级人民政府交通运输主管部门处二万元以上三万元以下罚款。

第五十五条 任何人有下列行为之一，构成违反治安管理行为的，由公安机关依法给予治安管理处罚；涉嫌犯罪的，依法移交司法机关追究刑事责任。

（一）辱骂、殴打驾驶员、乘务员的；

（二）拦截、阻碍运营车辆正常行驶的；

（三）其他影响社会公共秩序和运行安全行为。

第五十六条 单位或者个人有危害城市公共汽车客运设施行为的，由市、县级人民政府交通运输主管部门责令限期改正，恢复原状，并对单位处二千元以上五千元以下罚款，对个人处五百元以上一千元以下罚款。涉嫌犯罪的，依法移交司法机关追究刑事责任。

第五十七条 乘客借用他人专用证件、乘车卡，或者使用伪造、涂改车票、证件、乘车卡的，由市、县级人民政府交通运输主管部门给予警告，可以并处二百元以上五百元以下罚款。

第八章　附　　则

第五十八条 本条例自2019年9月1日起施行。

晋城市公共交通条例

(2017年10月24日晋城市第七届人民代表大会常务委员会第十次会议通过，2017年12月1日山西省第十二届人民代表大会常务委员会第四十二次会议批准)

第一章 总 则

第一条 为了加快推进城乡发展一体化，方便公众出行，规范公共交通秩序，保障公共交通运营安全，根据有关法律、法规的规定，结合本市实际，制定本条例。

第二条 本条例适用于本市行政区域内公共交通的规划、建设、运营以及相关监督管理活动。

第三条 本条例所称公共交通，是指在本市中心城市以及中心城市通往周边乡镇（村）、各县（市、区）之间、各县（市）行政区域内，运用公共交通工具以及有关设施，为公众提供基本出行服务的社会公益性事业。

本条例所称公共交通设施，是指为公共交通运营服务的公共交通停车场、首末站、换乘枢纽站及其配套设施，候车亭、站台、站牌、港湾式停靠点、锁止器等站务设施，供配电设施以及智能公共交通系统等相关设施。

第四条 公共交通发展应当遵循政府主导、社会参与、统筹规划、分级负责、安全便捷、智能环保的原则。

第五条 市、县（市、区）人民政府是公共交通发展的责任主体，应当加强公共交通规划和建设，确立公共交通在城乡交通体系建设中的主导地位，落实公共交通优先发展战略，在城乡规划、用地供给、资金投入、设施建设、交通管理、财政补贴等方面给予保障，促进公共交通可持续发展。

第六条 市、县（市）人民政府交通运输主管部门负责监督管理本行政区域内的公共交通工作。

市、县（市、区）人民政府发展和改革、公安、财政、国土资源、环境保护、住房保障和城乡建设管理、水务、安全生产监督管理、规划、税务、国有资产管理、林业等有关部门，应当在各自职责范围内做好公共交通监督管理工作。

第七条 鼓励和支持公共交通运营采用新技术、新设备，推广使用高效能、低排放、新能源和配置无障碍设施的车辆。

加强绿色出行的宣传，引导公众优先选择公共汽车、自行车和步行等出行方式。

第八条 鼓励、支持和引导社会资本参与公共交通设施的建设和运营，实现公共交通经营主体的多元化和市场运营的有序竞争。

第二章 规划与建设

第九条 市、县（市）人民政府在组织编制和调整国民经济和社会发展规划、城乡总体规划、土地利用总体规划时，应当结合公众出行需求，统筹城乡公共交通发展布局、功能分区和用地配置。

第十条 市、县（市）人民政府交通运输主管部门应当会同规划、住房保障和城乡建设管理、国土资源、环境保护、林业、水务、公安机关交通管理等部门，根据国民经济和社会发展规划、城乡总体规划和土地利用总体规划，组织编制公共交通规划，经本级人民政府批准后纳入城乡规划，并向社会公布。

编制公共交通规划应当公开征求社会公众意见，并注重征求公共交通经营企业的意见。

第十一条 公共交通规划应当确定公共交通在综合交通体系中的比例和规模、优先发展公共交通的措施、区域交通的衔接和优化方案，并注重与其他重大工程项目相衔接。

公共交通规划的内容应当包括：公共交通的发展目标和战略、不同公共交通方式的构成比例和规模、设施和线路的科学合理布局、车辆配置、信息化建设、环境保护、设施用地保障等。

第十二条　经批准的公共交通规划不得擅自变更；确需变更的，应当报请本级人民政府批准，并向社会公布。

第十三条　下列区域应当规划建设公共交通场站：

（一）火车站、飞机场、长途汽车站等交通枢纽；

（二）商业中心、大型居住区、中心城镇（村）、产业园区、旅游景区、学校、医院、文化娱乐场所、体育场馆；

（三）客流集中的其他公共区域。

规划主管部门在编制、修改前款规定区域的控制性详细规划时，应当征求交通运输主管部门的意见。

第十四条　下列建设工程，应当配套建设相应的公共交通设施：

（一）新建、改建或者扩建商业中心、住宅小区、产业园区、旅游景区、学校、医院等人员密集场所，以及火车站、飞机场、汽车站等客流集散场所；

（二）新建、改建或者扩建文化、卫生、体育、娱乐等大型公共设施。

第十五条　公共交通设施建设应当与公众出行需求相适应。

旧城改造和新城建设应当同步规划建设公共交通设施。

新建、改建、扩建城市道路时，应当根据公共交通规划设置公共交通设施。

影响公共交通的设施应当依法限期拆除、迁移或者改造。

已经建成的乡镇汽车站、公交场站应当综合利用。

第十六条　建设项目中配套建设的公共交通设施，应当与主体工程同步设计、同步建设、同步验收、同步交付使用。

分期开发、分期交付使用的建设项目，在公共交通设施建成前，应当根据需要设置过渡设施。

第十七条　新建公共交通设施用地的地上地下空间，可以按照市场化原则实施土地综合开发利用；现有公共交通设施用地，在符合规划且不改变用途的前提下，可以实施立体开发利用。

公共交通设施用地综合开发利用的收益，应当用于公共交通基础设施建设和弥补运营亏损。

第十八条 任何单位和个人不得擅自拆除、迁移、占用公共交通设施。因建设需要临时拆除、迁移、占用公共交通设施的，建设单位应当先征得交通运输主管部门的同意，并按照有关规定重建、回迁、给予补偿。

禁止在公共交通站点沿道路前后三十米内停放非公共汽车、堆放物品。

第十九条 公安机关交通管理部门应当会同交通运输主管部门，根据道路条件、公共车辆客运流量以及通行情况，通过下列方式确保公共交通车辆的优先通行，提高公共交通的运行效率：

（一）划定公共交通车辆专用道，并在有条件的路口增设公共交通车辆专用导向车道；

（二）对人流密集的商业街道实施限行的，允许公共交通车辆通行；

（三）设置优先通行信号；

（四）设立标志，允许公共交通车辆在禁左、禁右和单向行驶路段通行；

（五）优先通行的其他方式。

第二十条 市、县（市、区）人民政府应当推进信息技术在公共交通运营管理、服务监管等方面的应用，建设公共交通线路运行显示系统、多媒体综合查询系统、乘客服务信息系统、车辆运营调度管理系统、安全监控系统、智能支付系统和应急处置系统，促进智慧公共交通发展。

市、县（市、区）人民政府应当推进公共自行车运营服务的智能化和标准化，实现公共自行车与公共汽车等交通方式互联互通。公共自行车经营企业应当建立和完善管理系统，提供综合查询和信息服务。

第二十一条 市、县（市、区）人民政府应当根据城市发展规模，同步加强步行、自行车等城市慢行系统规划和建设，合理布局公共自行车服务网点、自行车专用道和步行道，做好与其他交通方式的衔接，方便公众换乘和使用。

第三章 经营权管理

第二十二条 公共交通经营企业由市、县（市）人民政府实行特许经营。公共交通线路经营权应当由交通运输主管部门通过服务质量招投标的方式确定，实行无偿授予。不符合招投标条件的或者无企业申请经营的线路，由市、县（市）交通运输主管部门会同相关部门提出方案，报本级人民政府批准后，指定公共交通经营企业经营。

公共交通线路经营权不得转让、出租或者变相转让、出租。

第二十三条　交通运输主管部门应当与取得线路经营权的经营企业签订公共交通线路特许经营协议，并向社会公开。

公共交通线路特许经营协议应当包含以下内容：

（一）运营线路、站点设置、配置车辆数及车型、首末班次时间、运营间隔、趟次、线路经营权期限等；

（二）运营服务标准承诺书；

（三）安全保障制度、措施和责任；

（四）执行政府指定的票制、票价；

（五）线路经营权的变更、延续、暂停、终止的条件和方式；

（六）履约担保；

（七）经营期限内的风险承担；

（八）应急预案和临时接管预案；

（九）经营企业相关运营数据上报要求；

（十）违约责任；

（十一）争议解决方式；

（十二）双方的其他权利和义务；

（十三）双方认为应当约定的其他事项。

第二十四条　公共交通经营企业应当遵守下列规定：

（一）执行相关行业标准、规范；

（二）按照规定的线路、时间、站点、班次组织运营；

（三）执行规定的票价标准并公布；

（四）对从业人员进行全员安全培训和职业素质培训；

（五）建立智能化信息管理系统；

（六）及时向相关部门提供所需的信息和数据；

（七）对特殊人群减免票价；

（八）执行政府指令性任务；

（九）依法应当遵守的其他规定。

第二十五条　市人民政府交通运输主管部门负责授予本市中心城市范围内的、跨县域的以及中心城市通往周边乡镇（村）的公共交通线路特许经营权；县（市）人民政府交通运输主管部门负责授予本行政区域内的公共交通线路特许经营权。

第二十六条　公共交通线路经营权的期限为五年。特许经营期限届满前六个月，公共交通经营企业可以向交通运输主管部门申请延续经营期限；公共交通经营企业运营服务状况达到特许经营要求的，交通运输主管部门应当在其经营期限届满前三个月按规定重新签订特许经营协议。

本条例实施前，已经许可但未到期的道路客运班线可以继续运营至期满；期满后，原道路客运班线经营企业，实行公交化改造；公交化改造的企业许可条件参照交通运输部《农村道路旅客运输班线通行条件审核规则》执行，其车辆可以在公路上行驶。

第二十七条　在符合城市道路建设标准线路行驶的公共汽车按平方米数核定载客人数。

在不符合城市道路建设标准线路行驶的公共汽车按座位数核定载客人数。按座位数核定载客人数的直达公交，可以进入高速公路行驶。

第四章　线　路　管　理

第二十八条　交通运输主管部门应当会同公安机关交通管理部门、公共交通经营企业，广泛听取公众、专家和相关部门的意见，确定公共交通线路并向社会公告。

任何单位和个人不得擅自变更确定的公共交通线路。

第二十九条　因工程建设、举办大型公共活动等原因，确需临时变更公共交通线路、站点、运营时间的，有关单位应当提前十五日报经市、县（市）交通运输主管部门审核同意；公共交通经营企业应当提前五日将公共交通线路临时调整方案向社会公告，并在原站牌处张贴公告。公告期满后，公共交通经营企业应当及时更改原站牌，并按照变更后的线路运营。

因突发事件导致公共交通线路临时变更的，有关单位应当及时告知交通运输主管部门。交通运输主管部门应当会同公安机关交通管理部门、相关公共交通经营企业制定公共交通线路临时调整方案。

第三十条　交通运输主管部门可以根据实际需要制定夜间线路、大站快线、微循环线路、旅游专线等，为公众提供多样化的公共交通服务。

第三十一条　交通运输主管部门应当定期组织公共交通客流调查和线路普查，通过论证会、听证会或者其他形式，征求有关部门、公众、专家和经营者对线路、站点设置的意见，对线网布局状况进行评估。

交通运输主管部门应当会同有关部门，根据线网布局状况评估结果制定优化调整方案，增设、调整公共交通线路，提高线网和站点的覆盖率、准点率和运行效率。

第三十二条　城市公共交通应当实现公共交通站点三百至五百米全覆盖，农村公共交通根据实际需求设立公共交通站点。

第五章　政策资金扶持

第三十三条　市、县（市、区）人民政府应当将公共交通事业经费纳入财政保障体系，列入年度财政预算。

市、县（市、区）人民政府应当从公共事业、市政公用设施、土地出让等收费和收益中安排适当资金，设立公共交通发展专项资金，保障公共交通设施建设和车辆的购置、更新。

城市公共交通车辆拥有量应达到每万人十标台以上。

第三十四条　市、县（市、区）人民政府应当建立公共交通设施用地优先保障制度，将公共交通设施用地纳入土地利用年度计划和建设用地供应计划。

第三十五条　公共交通实行政府定价，由价格主管部门会同财政、交通运输主管部门根据运营成本、公交线路运营里程、经济发展、社会承受能力、车辆购置价格等因素确定票价。

第三十六条　对公共交通经营企业执行的低于运营成本的低票价、承担老年人、残疾人、军人、学生等减免费乘车，持卡优惠乘车等方面形成的政策性亏损，以及公共交通经营企业因技术改造、节能减排、经营政府指定线路等政府指令性任务原因增加的成本，市、县（市）人民政府应当给予补贴或者补偿。

第三十七条　完善政府购买服务机制，建立健全公共交通成本规制办法，界定公共交通经营企业成本标准，对公共交通经营企业成本和费用进行年度审计和绩效评价，核定财政补贴、补偿额度。

补贴、补偿资金列入本级财政预算。

第六章　监督管理

第三十八条　市、县（市、区）人民政府及有关部门应当加强对公共交通法律、法规以及规划、标准执行情况的监督检查。

交通运输主管部门应当制定相关制度，加强对公共交通运营活动的监督检查，及时制止和查处违法行为。

第三十九条　交通运输主管部门应当会同发展和改革、财政、国有资产管理等部门，建立公共交通综合考核和评议制度，每年对公共交通经营企业进行年度考核和评议，考核和评议结果作为衡量其运营绩效、发放政府补贴以及公共交通经营企业经营权期限届满重新授予经营权的重要依据，并向社会公布。

第四十条　交通运输主管部门应当建立完善投诉、举报受理和处理制度，公布投诉、举报方式。

交通运输主管部门受理投诉举报后，应当自受理之日起二十个工作日内，将处理意见答复投诉举报人。

第四十一条　公安部门应当明确专门机构，负责维护城市公共交通及其停车场（站、点）、区间等范围的治安秩序，打击违法犯罪活动，保障乘客和客运从业人员的生命财产以及其他合法权益不受侵害。

第四十二条　公安机关交通管理部门应当会同交通运输主管部门完善公

交车视频监控系统，对违法占用公共交通道路的行为及时取证，保障公共交通车辆通畅运行。

第七章　法律责任

第四十三条　违反本条例第十八条第二款规定，在公共交通站点沿道路前后三十米内停放非公共汽车，由公安机关交通管理部门指出违法行为，并予以口头警告、令其立即驶离或挪移；机动车驾驶人不在现场或者虽在现场但拒不执行的，处二百元罚款，并可以将占道车辆拖移至不妨碍交通的地点或者公安机关交通管理部门指定的地点放置。

第四十四条　违反本条例第十八条第二款规定，在公共交通站点沿道路前后三十米内堆放物品的，由市容环境卫生主管部门责令其停止违法行为，限期清理，并可处以罚款。

第四十五条　违反本条例第二十四条规定，未按规定的线路、时间、站点、班次运营或者未对从业人员进行培训的，由交通运输主管部门责令限期改正，可以并处五百元以上三千元以下罚款。

违反本条例第二十四条规定，未执行规定票价的，由价格主管部门责令改正，没收违法所得，并处违法所得五倍以下的罚款；没有违法所得的，处五万元以上五十万元以下的罚款；情节较重的处五十万元以上二百万元以下的罚款；情节严重的，责令停业整顿。

第四十六条　有关部门及其工作人员有下列情形之一的，由本级人民政府或者有管理权限的部门责令改正；对负有责任的主管人员和其他直接责任人员，依法给予处分；构成犯罪的，依法追究其刑事责任：

（一）未按本条例第十条规定会同有关部门编制公共交通规划的；

（二）违反本条例第十二条、第十三条、第十四条、第十五条规定，对未按规定规划建设公共交通配套设施的建设工程，办理有关审批手续的；

（三）违反本条例第三十四条规定，未将公共交通设施用地纳入土地利用年度计划和建设用地供应计划的；

（四）违反本条例第三十七条规定，未将公共交通财政补贴、补偿资金

列入财政预算,及时予以补贴、补偿的;

(五)对发现的违法行为不及时查处或者违法实施行政处罚的;

(六)滥用职权、玩忽职守、徇私舞弊的其他情形。

第八章 附 则

第四十七条 市、县(市、区)人民政府可以依据本条例制定具体实施办法。

第四十八条 本条例自 2018 年 10 月 1 日起施行。

呼和浩特市城市公共汽车客运管理条例

(2007年10月31日呼和浩特市第十二届人民代表大会常务委员会第二十六次会议通过，2008年1月15日内蒙古自治区第十届人民代表大会第三十二次会议批准。根据2010年12月2日内蒙古自治区第十一届人民代表大会常务委员会第十九次会议关于批准《呼和浩特市人大常委会关于修改部分地方性法规的决定（一）》的决议修正)

第一章 总 则

第一条 为加强城市公共汽车客运管理，规范城市公共汽车客运市场秩序，维护乘客、经营者和从业人员的合法权益，促进城市公共汽车客运事业的健康发展，根据国家有关法律、法规，结合本市实际，制定本条例。

第二条 在本市城市规划区内从事城市公共汽车客运的规划、设计、建设、经营、管理以及相关行为，应当遵守本条例。

第三条 本条例所称城市公共汽车客运，是指在本市城市规划区内利用城市公共汽车及相关客运服务设施，依照规定的线路、时间、站点和票价运营，为公众提供客运服务的活动。

本条例所称城市公共汽车客运服务设施，是指城市公共汽车枢纽站、站点、站牌、候车亭（廊）、公共汽车专用道和电子服务装置等配套设施。

第四条 市交通运输行政部门是本市城市公共汽车客运的行政主管部门。市交通运输管理局是本市城市公共汽车客运的监管部门（以下简称监管部门），具体负责城市公共汽车客运的监督管理工作。

市发展改革、公安、规划、交通、环保、市容等有关部门按照各自职责，配合做好城市公共汽车客运建设和管理工作。

第五条 城市公共汽车客运应当遵循统筹规划、政府主导、优先发展、政策扶持、特许经营、有序竞争和服务公众的原则。

第六条 城市公共汽车客运是公益性事业，应当加大政府投入，鼓励社会资本（包括境外资本）以合资、合作等方式参与投资、建设和经营。

第七条 市人民政府应当制定城市公共交通突发事件应急预案，建立相应的组织指挥系统和资金保障体系。

第八条 城市公共汽车客运因政策性亏损以及承担社会公益性服务和完成政府指令性任务所增加的支出，市人民政府应当予以补贴、补偿。

市人民政府应当建立城市公共汽车客运成本费用评价制度、政策性亏损评估制度，定期进行审计与评价。

第二章 规划建设

第九条 市交通运输行政主管部门应当根据城市总体规划，会同规划、公安等部门科学编制城市公共汽车客运专项规划，经市人民政府批准后实施。

第十条 市交通运输行政主管部门应当根据城市公共汽车客运专项规划编制城市公共汽车客运年度发展计划，并纳入城市建设年度计划。

第十一条 城市公共汽车客运专项规划确定的线网分布和场站布局，应当与城市发展、人口增长和产业分布相协调，满足客流需要。

第十二条 城市规划确定的停车场、保养场、首末站、调度中心等客运服务设施建设用地，符合国家规定的，由政府以划拨方式提供。市规划行政主管部门对纳入规划的城市公共汽车客运设施建设用地，应当在相关地区的控制性详细规划中预留。

控制性详细规划中预留的城市公共汽车客运设施建设用地，确需变更用途的，应当经规划、土地和建设行政主管部门同意，报市人民政府批准。

第十三条 市人民政府应当对城市公共汽车客运综合换乘枢纽、场站建设，以及车辆和设施装备的配置、更新给予必要的资金和政策扶持。

第十四条 火车站、长途客运站、大型商业中心、大型文体娱乐场所、大型住宅区、旅游景点和城市主次干道等建设项目，应当按照规划标准同步建设城市公共汽车客运服务设施。

第十五条　市交通运输行政主管部门应当会同公安、规划等部门，在具备条件的城市道路内设置城市公共汽车专用道、城市公共汽车港湾式站点和优先通行信号系统。

第三章　经营管理

第十六条　城市公共汽车运营实行特许经营制度。从事城市公共汽车运营的，应当取得线路特许经营权。

第十七条　市交通运输行政主管部门对运营车辆核发《呼和浩特市城市公共汽车运营证》（以下简称运营证）；未取得运营证的车辆，不得从事公共汽车运营。

第十八条　城市公共汽车驾驶员应当依法取得市交通运输行政主管部门核发的驾驶员客运服务资格证后，方可从事公共汽车驾驶活动。

从事公共汽车客运服务的乘务员、调度员经培训考核合格后，方可上岗。

第十九条　运营证和驾驶员客运服务资格证应当按规定使用，不得涂改、出租、出借或者转让。

第二十条　监管部门应当建立投诉管理制度，设置投诉专用电话、电子邮箱，公布通信地址，受理乘客和群众的投诉，并接受社会监督。

监管部门应当自接到投诉之日起十日内进行调查处理，并答复投诉人。投诉人对答复有异议的，可以向市交通运输行政主管部门或者其他有关部门投诉。

第四章　运营服务

第二十一条　经营者应当遵守下列规定：

（一）采用先进的科学技术和管理方法，合理配置运力，提高运营效率；

（二）使用清洁能源，减少环境污染；

（三）建立安全管理制度，制定应急措施，保证运营安全；

（四）承担社会公益性服务和政府指令性任务；

（五）按照审批的线路、班次、站点和时间组织运营；

（六）按照核定运价标准收费，执行查验票证规定；

（七）执行有关免费乘车规定；

（八）车辆在运行中由于临时故障不能继续运行时，应当安排乘客免费转乘同线路同方向运营车辆或者调派车辆，并及时清障；

（九）不得擅自停业、歇业或者终止运营；

（十）定期向监管部门上报相关运营资料。

第二十二条 运营车辆应当符合下列要求：

（一）国家机动车行业技术标准；

（二）标明经营者名称，设置头牌、腰牌、尾牌、车辆编号等运营标志；

（三）在车内设置警示标志、线路图、乘车规则、监督电话号码；

（四）设置老、幼、病、残、孕专席；

（五）无人售票车应当使用电子报站设施；

（六）配置消防器材；

（七）保持车厢内外整洁卫生，空调车应当开启通风设备。

第二十三条 在城市公共汽车车身设置广告，应当符合有关法律法规的规定，健康、文明、美观，不得覆盖车辆运营标志，遮挡行车视线。

第二十四条 城市公共汽车从业人员应当遵守下列规定：

（一）安全行车，文明服务；

（二）按照规定的线路、班次运行，在规定的站点上下乘客，不得越站或者在站点滞留等候乘客；

（三）维护车内秩序，发现车内有危害乘客生命财产安全的行为应当及时报警；

（四）正确及时播报站名，电子报站设施因故障不能使用时，应当进行人工报站；

（五）不得抢客、中途逐客、无正当理由拒载；

（六）客运服务规范的其他规定。

第二十五条 乘坐城市公共汽车的乘客应当遵守社会公德,服从乘务人员的管理,并遵守以下规定:

(一)在规定站点依次登车;

(二)主动投币、刷卡或者出示免费乘车证件;

(三)办理免费乘车证件的,应当办理意外伤害险;

(四)不得使用假币、残币、过期证件和其他无效凭证乘车;

(五)不得携带宠物乘车;

(六)不得散发广告、从事经营活动;

(七)严禁携带易燃、易爆、有毒等危险物品乘车;

(八)不得有影响行车安全和损害他人健康的行为。

乘客有前款行为之一,不听劝阻的,乘务人员有权拒载。

第二十六条 乘客享有获得安全、便捷客运服务的权利。经营者及其从业人员有下列情形之一的,乘客可以拒绝支付或者要求退还车费:

(一)未明码标价或者未按照规定票价收费的;

(二)装有电子读卡机的车辆因电子读卡机未开启或者发生故障,导致持有电子乘车卡的乘客无法使用电子乘车卡的;

(三)车辆运营中发生故障不能正常行驶时,驾驶员、乘务员无法安排换乘同线路同方向车辆的。

第二十七条 因特殊情况,需要临时变更运营线路或者站点的,经营者应当提前在站点张贴公告和变更线路图,必要时应当通过新闻媒体向社会公告。

第五章 设施管理

第二十八条 市交通运输行政主管部门应当按照方便群众、有利通行的原则合理设置站点。站点一般以地名、街道、单位、标志性建(构)筑物、公共设施和文物古迹等名称命名。经营者应当按规定在站点设置站牌。

第二十九条 经营者应当对城市公共汽车场站定期进行维护、保养和更新,保持其整洁、完好,符合国家有关法律规定和行业技术标准。

第三十条　任何单位和个人都有保护城市公共汽车客运服务设施的义务，不得有下列行为：

（一）损坏、关闭、拆除城市公共汽车客运服务设施或者移做他用；

（二）覆盖、涂改、污损、毁坏或者迁移、拆除站牌；

（三）其他影响城市公共汽车客运服务设施使用安全的行为。

因城市建设确需拆除、迁移、占用城市公共汽车客运服务设施的，应当按照有关规定予以还建或者补偿。

第六章　法　律　责　任

第三十一条　违反本条例第十六条规定，未经许可擅自从事城市公共汽车经营活动的，由监管部门责令改正，并处1万元以上3万元以下罚款。

第三十二条　违反本条例规定，城市公共汽车经营者有下列行为之一的，由监管部门责令改正，并处5000元以上1万元以下罚款：

（一）违反第十八条第一款规定，经营者安排未取得驾驶员客运服务资格证人员从事城市公共汽车驾驶活动的；

（二）违反第十九条规定，涂改、出租、出借或者转让运营证和驾驶员客运服务资格证的；

（三）违反第二十一条第（五）、（九）项规定，未按照审批的线路、班次、站点和时间组织运营的，擅自停业、歇业或者终止运营的。

第三十三条　违反本条例第二十四条第（二）、（五）项规定，城市公共汽车从业人员越站或者在站点滞留等候乘客的，抢客、中途逐客、无正当理由拒载的，由监管部门责令改正，并对所属经营者处1000元以上5000元以下罚款。

第三十四条　违反本条例第三十条规定，有下列行为之一的，由监管部门责令改正，并处500元以上3000元以下罚款；造成损失的，依法承担赔偿责任：

（一）损坏、关闭、拆除城市公共汽车客运服务设施或者移做他用的；

（二）覆盖、涂改、污损、毁坏或者迁移、拆除站牌的。

第三十五条 交通运输行政主管部门和监管部门及其工作人员违反规定，滥用职权、徇私舞弊、玩忽职守的，由其所在单位或者上级主管部门给予行政处分；构成犯罪的，依法追究刑事责任。

第七章 附 则

第三十六条 市人民政府可以根据本条例制定相关规定。

第三十七条 旗、县公共汽车客运管理可以参照本条例执行。

第三十八条 本条例自 2008 年 3 月 1 日起施行。《呼和浩特市城市供热、供水、燃气、公共交通管理条例》中涉及城市公共交通管理的第二条、第四条有关公共交通的规定和第六章公共交通经营管理中第六十六条至七十九条、第七章法律责任中第八十九条、第九十条同时废止。

包头市城市公共汽车客运条例

(2005年11月25日包头市第十二届人民代表大会常务委员会第十九次会议通过,2006年7月28日内蒙古自治区第十届人民代表大会常务委员会第二十三次会议批准。根据2012年3月31日内蒙古自治区第十一届人民代表大会常务委员会第二十八次会议关于批准《包头市人民代表大会常务委员会关于修改部分地方性法规的决定》的决议修正)

第一章 总 则

第一条 为了加强城市公共汽车客运管理,规范城市公共汽车客运市场秩序,维护乘客、经营者及从业人员的合法权益,根据相关法律、法规,结合本市实际,制定本条例。

第二条 本市城市公共汽车客运的规划、建设、管理、经营以及相关行为,应当遵守本条例。

第三条 本条例所称城市公共汽车客运,是指在本市规划区内利用公共汽车及相关设施,依照固定的线路、时间、站点运营,为公众提供客运服务的活动。

第四条 城市公共汽车客运应当遵循全面规划、优先发展、政策扶持、特许经营、有序竞争、服务公众的原则。

第五条 市城市公共汽车客运行政主管部门(以下简称客运行政主管部门),负责本市城市公共汽车客运管理工作;市客运行政主管部门可以委托市城市公共汽车客运管理机构对本市公共汽车客运行业实施日常管理。

发展改革、规划、国土资源、公安、民政、交通等部门,按照各自职责依法行使相关管理职能。

第二章　发展规划

第六条　市客运行政主管部门应当会同有关部门和单位,组织编制城市公共汽车发展专项规划,并纳入城市综合交通体系规划。

城市公共汽车发展专项规划应当包括公共汽车线网分布、场站布局和车辆规划。

第七条　编制城市公共汽车发展专项规划应当服从城市总体规划和土地利用总体规划,并符合下列要求：

（一）与城市发展和道路建设相适应；

（二）合理布局公共汽车客运资源,提高城市公共汽车线网覆盖面；

（三）与乘客流量相适应；

（四）方便乘客出行和换乘。

城市公共汽车发展专项规划确定后,市客运行政主管部门负责组织实施。

第八条　公共汽车线路的开辟、调整应当符合城市公共汽车发展专项规划并向社会公告,听取公众的意见。

第九条　在新区开发、旧城改造时,涉及人员集散需要设立交通枢纽站的,要确定公共汽车场站建设用地。

城市规划确定的公共汽车场站建设用地,未经法定程序批准,不得擅自变更土地的使用性质。

第十条　新建、改建、扩建道路的,应当在有条件的路段规划设置港湾式停靠站和公共汽车专用车道。

第三章　经营权管理

第十一条　公共汽车线路运营实行特许经营制度,实行一线一证管理。

申请线路经营权应当向客运行政主管部门提交以下材料：

（一）书面申请；

（二）经营方案；

（三）合法有效的资信证明；

（四）相应的从业人员资格证明。

第十二条 对新开辟的线路、经营期限届满的线路，或者在线路经营期限内需要重新确定经营者的线路，由客运行政主管部门依照国家有关规定通过招标方式确定经营者，签订线路经营协议，并颁发线路经营许可证。

线路经营协议包括下列内容：

（一）线路名称、走向、起止和途经站点、班次及首末车时间；

（二）线路配车数量与车型；

（三）服务质量标准；

（四）经营期限；

（五）双方权利与义务；

（六）违约责任；

（七）双方认为需要约定的其他内容。

第十三条 客运行政主管部门根据线路、经营者的实际情况，确定经营期限，但最长不得超过八年。

第十四条 客运行政主管部门对线路运营车辆核发车辆运营证。

第十五条 禁止涂改、伪造、冒用、转借或者非法转让线路经营许可证、车辆运营证。

第十六条 经营者投入运营时，应当具备下列条件：

（一）具有依法注册的企业法人资格；

（二）手续齐备的运营车辆、停车场、固定的办公场所及相关保障配套设施；

（三）经培训合格的驾驶员、乘务员、技术人员和管理人员；

（四）完善的管理制度；

（五）有与经营规模相适应的流动资金和风险保障资金；

（六）法律法规规定的其他条件。

第十七条 经营者有下列情形之一的，由客运行政主管部门收回其线路经营权，重新确定经营者：

（一）未按线路经营协议约定的时间投入运营的；

（二）严重扰乱公共汽车客运市场秩序的；

（三）转让或变相转让线路经营权的；

（四）擅自停业、歇业，在责令改正期限内拒不改正的。

客运行政主管部门在作出收回线路经营权的决定前，应当依法履行听证程序。

第十八条 经营者在经营期限内，因法定事由或其他原因提出停业、歇业申请的，客运行政主管部门应当在二十个工作日内做出答复。

未经批准，经营者不得擅自停业、歇业。

第十九条 客运行政主管部门应当制定城市公共汽车线路经营应急预案，保证公共汽车运营的连续、稳定。

第二十条 线路经营权招标公告应当在进行招标之前两个月向社会发布。在同等条件下，原经营者优先取得线路经营权。

第二十一条 对本条例实施前已投入运营的经营者，由客运行政主管部门进行考核，考核合格的，授予线路经营权，颁发线路经营许可证。但经营期限最长不超过两年。期满后，按照本条例的规定重新申请线路经营权。

第四章 设施管理

第二十二条 本条例所称客运服务设施，是指城市公共汽车枢纽站、站点、站牌、候车廊等为城市公共汽车运营活动提供服务的配套设施。

第二十三条 公共汽车客运场站，由产权所有者进行日常管理，也可以委托其他单位进行日常管理，并保持其整洁、完好，符合国家有关法律规定和行业技术标准。

第二十四条 客运行政主管部门应当会同规划、公安、民政等部门按照方便群众、有利出行的原则合理设置站点，并按照统一标准设置站牌、候车廊。站点名称和位置应当保持相对稳定、不得随意更改；确需更改的，应当按照设置程序办理。

城市公共汽车站牌应正确标明线路名称、首末班车时间、所在站点和沿途停靠站点名称、开往方向等内容，并保持其清晰、完好；具有亮化功能的应当保持夜间亮化。

第二十五条 在城市公共汽车车身设置广告，应当符合有关法律法规的规定，不得覆盖、遮挡车辆营运标志，妨碍行车视线。

第二十六条 任何单位和个人都有保护城市公共汽车客运服务设施的义务，不得有下列行为：

（一）损坏、关闭、拆除城市公共汽车客运服务设施或者移做他用；

（二）在城市公共汽车站停放非公共汽车客运车辆、设置摊点、堆放物品；

（三）覆盖、涂改、污损、毁坏或者迁移、拆除站牌；

（四）其他影响城市公共汽车客运服务设施使用安全的行为。

因城市建设确需拆除、迁移、占用城市公共汽车客运服务设施的，应当经客运行政主管部门同意，并按照规定予以还建或者补偿。

第五章　运营与服务

第二十七条 经营者应当遵守下列规定：

（一）按照核准的线路、班次、站点、时间、车辆数和车型运营；

（二）建立健全安全机构和管理制度，保证运营安全；

（三）对从业人员进行职业培训与考核；

（四）执行行业服务标准和规范，保证服务质量；

（五）执行政府价格主管部门依法核准的票价。

第二十八条 运营车辆应当符合下列要求：

（一）国家机动车行业技术标准；

（二）在规定的车身位置标名经营者名称，设置头牌、腰牌、尾牌，车辆编号等运营标志；

（三）在车内设置警示标志、票价表、路线图、乘车规则、监督电话号码；

（四）设置老、幼、病、残、孕专席；

（五）无人售票车应当装有电子报站设施；

（六）配置消防器材。

第二十九条 驾驶员、乘务员应当遵守下列规定：

（一）随车携带车辆运营证及其他有效证件；

（二）着装整洁、礼貌待客、规范服务、准确播报线路、站点名称，为老、幼、病、残、孕乘客提供必要的乘车帮助；

（三）禁止到站不停或者在规定站点范围外停车上下乘客；

（四）禁止无理拒载、中途逐客、滞站揽客和强行拉客；

（五）禁止擅自改线、长线短跑、中途掉头；

（六）执行有关免费乘车的规定；

（七）维护车内秩序，发现违法犯罪行为应当及时报告公安部门并协助调查取证。

第三十条 乘坐城市公共汽车的乘客应当遵守社会公德，讲究文明礼貌，服从乘务人员的管理，并遵守以下规定：

（一）乘客须在规定站点依次登车；

（二）老、幼、病、残、孕及怀抱婴儿者优先上车；

（三）主动购票、出示月票或者免费乘车证件；

（四）乘车时，不准打斗、损坏车辆设施及有其他妨碍行车安全的行为；

（五）禁止在车内吸烟、随地吐痰、乱扔杂物等；

（六）严禁携带易燃、易爆、有毒等危险物品和动物乘车；

（七）不得有其他损害乘客安全和健康的行为。

第三十一条 车辆在运行中出现故障不能继续运营的，驾驶员或乘务员应当向乘客说明情况，并安排乘客免费转乘同线路后续车辆或者另调派车辆。

第三十二条 因市政工程建设等特殊情况，需要临时变更运营线路或者站点的，经营者应当提前十天在站点张贴公告和变更线路图，必要时，应当通过新闻媒体向社会公告。

第三十三条 遇有抢险救灾和突发事件等其他特殊情况需要调用车辆时，经营者应当服从主管部门的统一调度和指挥。

对城市公共汽车客运经营者因完成政府指令性任务增加的成本和造成的损失，客运行政主管部门应当予以相应的经济补偿。

第三十四条　禁止在公共汽车站点前后三十米路段内从事妨碍城市公共汽车停靠、通行的行为。

未取得线路经营权和某条线路经营权的车辆，不得在该线路站点停靠，载客、抢拉乘客。

第三十五条　长途客运车辆途经本市规划区需要设站停靠的，由客运行政主管部门会同公安、交通部门，合理确定停靠地点，方便乘客乘降。

第六章　监督与投诉

第三十六条　客运行政主管部门应当依法实施对城市客运市场的检查监督，及时查处违法行为，维护城市客运市场秩序和当事人合法权益。

实施监督检查的人员履行职务时，应当出示行政执法证件。

第三十七条　客运行政主管部门应当每年组织对经营者的运营服务状况进行评议考核。评议考核的结果作为再次申请线路经营权的条件之一。

第三十八条　客运行政主管部门和经营者应当建立投诉受理制度，向社会公布投诉电话号码、通信地址和电子邮件信箱。

客运行政主管部门或经营者对受理的投诉，应当自受理之日起十个工作日内调查处理完毕，并将处理结果及时反馈投诉人。

第七章　法律责任

第三十九条　违反本条例第十二条规定，未取得线路经营许可证从事城市公共汽车客运经营活动的，由客运行政主管部门没收其违法所得、扣押车辆，并处以一万元以上三万元以下的罚款。

第四十条　违反本条例第十五条、第十八条第二款规定，非法转让线路经营许可证、车辆运营证或者擅自停业、歇业的，由客运行政主管部门责令限期改正，并处以一万元以上三万元以下的罚款。

第四十一条　违反本条例第十六条规定，经营者不具备运营条件投入运营的，由客运行政主管部门给予警告，责令限期改正；逾期不改正的，处以五千元以上二万元以下的罚款。

第四十二条 违反本条例第二十三条、第二十五条、第二十七条、第二十八条规定，场站管理不善，广告设置不规范，经营者不遵守有关规定，运营车辆不符合要求的，由客运行政主管部门责令限期改正，逾期不改正的，处以五千元以上一万元以下的罚款。

第四十三条 违反本条例第二十六条规定，影响城市公共汽车客运服务设施使用安全的，由客运行政主管部门责令限期改正，并处以五千元以上一万元以下的罚款；造成损失的，依法承担赔偿责任。

第四十四条 公共汽车驾驶员及乘务员违反本条例第二十九条、第三十一条规定，由客运行政主管部门责令限期改正，并处以二百元以上五百元以下的罚款。

第四十五条 乘客在乘车时违反本条例第三十条第（四）至（七）项规定的，由乘务员进行劝阻；劝阻无效的，由客运行政主管部门给予警告或者处以二十元以上一百元以下的罚款。

第四十六条 违反本条例第三十三条第一款规定，经营者不从客运行政主管部门统一调度和指挥的，由客运行政主管部门处以一万元以上三万元以下的罚款。情节严重的，收回线路经营权。

第四十七条 违反本条例第三十二条、第三十四条第一款规定，不提前公告变更运营线路和站点或者从事妨碍城市公共汽车停、靠、通行的，由客运行政主管部门责令限期改正，逾期不改正的，处以五百元以上一千元以下的罚款。

第四十八条 违反本条例第三十四条第二款规定，擅自在经营许可范围以外的公共汽车线路站点停靠、载客、抢拉乘客的，由客运行政主管部门责令限期改正，并处以三千元以上五千元以下的罚款。

第四十九条 违反本条例第三十五条规定，长途客运车辆未按确定地点停靠的，由客运行政主管部门责令限期改正，并处以五百元以上一千元以下的罚款。

第五十条 客运行政主管部门及其工作人员有下列行为之一的，由其所在单位或上级主管部门给予行政处分；构成犯罪的，依法追究刑事责任：

（一）不按照规定履行工作职责的；
（二）不按照规定履行监督管理职能，致使运营秩序混乱的；
（三）不按照规定受理和处理投诉的；
（四）不按照法律规定实施行政处罚的；
（五）滥用职权、徇私舞弊的。

第八章　附　　则

第五十一条　城市规划区以外的各旗、县（区）政府所在地城镇的公共汽车客运参照本条例执行。

第五十二条　本条例自 2006 年 10 月 1 日起施行。市人民政府于 2002 年 12 月 24 日制定的《包头市城市公共客运交通管理办法》同时废止。

沈阳市城市公共汽车客运管理条例

(2015年10月30日沈阳市第十五届人民代表大会常务委员会第二十三次会议通过，2015年11月27日辽宁省第十二届人民代表大会常务委员会第二十二次会议批准)

第一章 总 则

第一条 为了加强城市公共汽车客运管理，规范城市公共交通秩序，保障运营安全，维护乘客、经营者和从业人员的合法权益，促进城市公共汽车客运行业健康和可持续发展，根据有关法律、法规的规定，结合本市实际，制定本条例。

第二条 本市行政区域内公共汽车客运的规划和建设、线路管理、运营管理及相关活动，适用本条例。

第三条 本条例所称公共汽车客运，是指利用公共汽车以及公共汽车客运设施，在本市行政区域内按照核定的线路、编号、车站、票价和时间运行，为社会公众提供出行服务的运输活动。

本条例所称公共汽车客运设施，是指保障公共汽车客运的换乘枢纽、停车场、首末站、加气站、充电站（桩）、调度中心、站台、站牌、候车亭、港湾式停靠站、专属维修设施、公共汽车专用车道、优先通行信号装置、智能化设施设备等。

第四条 市和区、县（市）交通主管部门负责组织领导本区域内公共汽车客运的管理工作。

市和区、县（市）公共交通管理机构具体负责本区域内公共汽车客运的管理工作。

发展和改革、公安、财政、人力资源和社会保障、规划国土、建设、城建、行政执法、审计、安监、国资等有关部门应当在各自的职责范围内，做好公共汽车客运的相关管理工作。

第五条 公共汽车客运是公益性事业，其发展应当与本市经济发展、城乡规划、环境保护和人民群众出行需求相适应。

第六条 本市实施公共交通优先发展战略，营造公平的公共汽车客运经营环境，实行政府购买公共汽车客运服务制度。

市和区、县（市）人民政府应当将公共汽车客运发展所需政府投入资金纳入本级人民政府的财政预算，重点用于基础设施建设和维护、政策性亏损补贴等方面。

鼓励社会资金参与公共汽车客运设施的建设、维护和运营。

第七条 公共汽车客运应当实行规模化、集约化经营。

鼓励和支持在公共汽车客运行业应用智能化等先进的科学技术及管理方法；推广使用新能源车辆。

第八条 保护公共汽车客运职工的合法权益，建立职工工资保障机制和工资正常增长机制，确保职工收入与本市经济社会发展水平相适应。

第二章　规　划　建　设

第九条 公共汽车客运发展规划由市交通主管部门会同市发展和改革、规划国土、公安、建设等管理部门组织编制，经市人民政府批准后纳入城市总体规划。

各县（市）范围内的公共汽车客运发展规划由县（市）交通主管部门会同县（市）发展和改革、规划国土、公安、建设等管理部门组织编制，报本级人民政府批准，并报市交通主管部门备案。

第十条 编制公共汽车客运发展规划，应当科学合理布局公共汽车客运线网，实现公共汽车客运与铁路、公路、民航、轨道交通等客运方式的有效衔接。

第十一条 公共汽车客运发展规划确定的公共汽车客运设施用地应当在控制性详细规划中预留，非经法定程序，任何单位和个人不得改变其用途。

市和区、县（市）人民政府应当在公共汽车客运设施规划用地方面给予保障，符合国家《划拨用地目录》规定的，应当以划拨方式供地。

任何单位和个人不得侵占公共汽车客运设施用地。

第十二条 新城区、居民区、商务区、大型公共活动场所、机场、火车站、长途汽车客运站、轨道交通主要换乘站等建设项目，建设单位应当按照城市规划要求配套建设公共汽车客运设施。

配套建设公共汽车客运设施应当与建设项目主体工程同步设计、同步建设、同步验收。

未按照城市规划要求配套规划、建设公共汽车客运设施的建设项目，城市规划主管部门不予规划审批，建设主管部门不予工程建设竣工验收备案。

第十三条 依法批准的公共汽车客运设施用地范围内的地上地下空间，在不改变其用途和影响其使用功能的前提下，可以按照市场化原则实施土地综合开发。涉及变更土地用途的，依法办理相关手续。

公共汽车客运设施用地综合开发的收益应当用于公共汽车客运设施的建设、维护、管理及公共汽车客运运营政策性亏损补贴。

第十四条 公共汽车客运设施的建设和维护项目应当纳入本级人民政府城市建设计划。

第十五条 政府投资建设的公共汽车客运设施，由市、县（市）公共交通管理机构按照方便运营的原则委托相关单位负责管理；社会资金投资建设的公共汽车客运设施，由投资者和公共交通管理机构协商确定管理单位、使用方式、收益方式和使用期限。

公共汽车客运设施管理单位应当按照规定定期检查、养护和维修公共汽车客运设施，确保其整洁、性能完好和正常运行。

第十六条 因城市建设确需迁移、拆除、占用公共汽车客运设施的，建设单位应当依法履行相关程序，并按照规定予以就近还建或者补偿。

第十七条 公安交通管理部门应当根据道路条件及实际交通需求，优先设置公共汽车专用车道，并在符合条件的路口设置公共汽车专用导向车道、优先通行信号；单行路符合条件的，应当允许公共汽车客运车辆双向通行。

第十八条　新建、改建或者扩建城市道路时，城市建设主管部门应当按照规划要求和技术规范同步规划、建设港湾式停靠站和站台等公共汽车客运设施。

第十九条　禁止下列损害公共汽车客运设施或者影响其正常运行的行为：

（一）损坏公共汽车客运设施；

（二）擅自关闭、拆除公共汽车客运设施或者改变公共汽车客运设施用途；

（三）在公共汽车客运车站前后三十米路段内停放非公共交通车辆、设置摊点、堆放物品等；

（四）遮盖、涂改、污损、毁坏或者擅自迁移、拆除公共汽车客运站牌；

（五）其他影响公共汽车客运设施正常、安全使用的行为。

第三章　线路管理

第二十条　公共汽车客运线路的设置、调整应当根据公共汽车客运发展规划和城市发展需要及道路交通情况进行，同时，应当听取市民和有关方面的建议，并在实施前予以公布。

设置、调整后的公共汽车客运线路应当与现有公共汽车客运线网相匹配，其首站或者末站附近应当具备公共汽车停车场等固定基础设施条件。

第二十一条　申请从事公共汽车客运经营的，应当具备下列条件：

（一）依法注册的企业法人；

（二）有与线路经营规模相适应的运营车辆或者车辆购置资金、停车场、营业场所和运营资金；

（三）有与线路经营业务相适应的驾驶员、乘务员和调度员等从业人员；

（四）有健全的运营、安全管理等制度；

（五）法律、法规规定的其他条件。

第二十二条　市、县（市）公共交通管理机构应当综合考虑从事公共汽车客运经营申请人的信用状况、运营方案、车辆设备状况、安全保障措施、服务质量状况等因素，通过招标的方式授予申请人公共汽车客运线路经营权；

招标不成功的，可以直接授予。

取得公共汽车客运线路经营权的经营者应当与市或者县（市）公共交通管理机构签订经营协议。

第二十三条 公共汽车客运线路经营权期限为八年。

公共汽车客运线路经营权期限届满前九个月，经营者可以向市或者县（市）公共交通管理机构申请延续经营权期限。经营者运营服务状况达到经营协议要求的，市或者县（市）公共交通管理机构应当在经营权期限届满前三个月予以批准，并与经营者重新签订经营协议；未达到要求的，应当作出不予延续批准的决定并书面告知理由。

公共汽车客运线路经营权期限届满未申请延期的，由市或者县（市）公共交通管理机构无偿收回该公共汽车客运线路经营权。

第二十四条 经营者应当向市或者县（市）公共交通管理机构申请办理车辆营运证，市或者县（市）公共交通管理机构应当按照核定的车辆数量配发车辆营运证。经营者自取得公共汽车客运线路经营权后超过六个月未开展运营的，由市或者县（市）公共交通管理机构无偿收回该公共汽车客运线路经营权。

第二十五条 公共汽车客运线路经营期限内，市、县（市）公共交通管理机构可以根据客量变化、公众需求及道路变化情况等因素，会同相关部门对线路的走向、长度、车站、车辆配置数量、首末车时间等做出调整。

经营者应当服从公共交通管理机构作出的调整方案。

第二十六条 经营者不得转让、出租和质押公共汽车客运线路经营权。经营者在经营期限内发生分立、合并等情形，需要变更公共汽车客运线路经营权的，应当经市或者县（市）公共交通管理机构批准；擅自变更的，由市或者县（市）公共交通管理机构无偿收回该公共汽车客运线路经营权。

第二十七条 公共汽车客运实行公司化经营，不得采取承包、挂靠、联营、个体等方式经营。

第二十八条 符合下列情形之一的，市、县（市）公共交通管理机构应当对公共汽车客运线路经营权进行重新授予：

（一）经营者因依法破产、解散导致法人资格灭失的；

（二）公共汽车客运线路经营权未获延期的；

（三）经营者未按期申请或者未申请延续经营的；

（四）经营者质量信用考核不合格的；

（五）公共汽车客运线路经营权被取消的；

（六）经营者发生其他丧失公共汽车客运线路经营权情形的。

第四章 运营管理

第二十九条 经营者应当按照市或者县（市）公共交通管理机构确定的线路走向、车站、车辆配置数量、班次、车型、首末车时间等组织运营。

公共汽车客运线路车站名称由市或者县（市）公共交通管理机构核定，任何单位和个人不得擅自变更。

第三十条 经营者不得擅自停止运营，因特殊情况确需停止运营的，应当提前三个月向市或者县（市）公共交通管理机构提出书面申请。

经营者因特殊原因不能正常运营时，市或者县（市）公共交通管理机构可以采取委托其他经营者临时运营等措施，保障公众出行。

第三十一条 公共汽车客运实行政府定价。价格主管部门应当会同交通主管部门根据服务质量、运输距离及换乘方式等因素，综合考虑社会承受能力、企业运营成本、本区域经济状况及不同交通方式之间的比价关系确定或者调整公共汽车客运票价，建立公共汽车客运票价与经营者运营成本和政府补贴的联动机制及多层次、差别化的价格体系。

第三十二条 由于道路交通管制、城市建设、道路改造、重大活动等因素影响公共汽车客运线路运行的，有关部门应当提前七个工作日告知市或者县（市）公共交通管理机构；因突发事件导致公共汽车客运线路临时变更的，有关部门应当及时告知市或者县（市）公共交通管理机构，由市或者县（市）公共交通管理机构作出临时调整的决定，及时通知经营者，并向社会公告。

第三十三条 公共汽车客运车辆应当符合下列条件：

（一）车容车貌符合有关规定；

（二）设置运营标志标识、配备运营设施；

（三）配置车辆视频监控设施和公共汽车客运智能指挥调度设备；

（四）配备符合标准的灭火器、安全锤、爆玻器等安全设备和救生设备；

（五）法律、法规规定的其他条件。

新增、更新公共汽车客运车辆应当使用新能源或者清洁能源车辆。

第三十四条 公共汽车客运车辆报废年限应当按照国家相关规定执行。经检测未达到环保排放标准和运营条件的公共汽车客运车辆应当停止运营。

第三十五条 经营者应当遵守下列规定：

（一）在经营期限内发生分立、合并等情形或者发生资产变更等影响经营的重大事项，应当提前一个月向市或者县（市）公共交通管理机构报告；

（二）依法为职工缴纳各类保险，保障职工休息休假等权益，为职工提供必要的就餐、饮水和休息等设施；

（三）执行安全生产各项规定；

（四）按照规定开展从业人员岗前及在岗培训教育；

（五）执行核定的收费标准，使用统一印制的票据；

（六）按照运营方案，合理调度车辆，确保车隔正常；

（七）不得擅自将公共汽车客运车辆用于非公共汽车客运运营；

（八）法律、法规规定的其他事项。

第三十六条 有下列情形之一的，经营者应当服从公共交通管理机构的统一调度，及时组织车辆、人员进行疏运：

（一）举行重大社会活动的；

（二）发生灾害、突发事件的；

（三）其他需要应急疏运的情形。

第三十七条 公共汽车客运驾驶员应当具备下列条件：

（一）具有符合准驾车型的《机动车驾驶证》且实习期已满；

（二）未超过法定退休年龄；

（三）无职业禁忌症；

（四）法律、法规规定的其他条件。

从事公共汽车客运服务的驾驶员、乘务员、调度员经市或者县（市）公共交通管理机构考试合格，取得从业资格后方可上岗。

第三十八条 公共汽车客运驾驶员、乘务员应当遵守下列规定：

（一）按照核定的收费标准收费；

（二）正确使用报站器，及时报清线路名称、行驶方向和停靠站名称；

（三）统一着装，规范服务，礼貌待客，为老、幼、病、残、孕乘客提供可能的帮助，向乘客提示安全注意事项；

（四）载客运营中不得有吸烟、聊天、使用手机等妨碍安全驾驶的行为；

（五）按照规定线路行驶，不得私自改道或者越站行驶；

（六）不得擅自停止车辆运营；

（七）按照运营方案正点运行；

（八）不得载客充加燃料；

（九）无正当理由不得拒载；

（十）其他有关运营服务的规定。

第三十九条 乘坐公共汽车客运车辆的乘客应当遵守下列规定：

（一）听从驾驶员、乘务员的指引，按序乘车，按照规定支付乘车费。

（二）不得携带易污染车厢环境及易燃、易爆、剧毒等危险品乘车，应当配合驾驶员、乘务员做好安检工作。

（三）不得携带重量超过三十公斤、体积超过零点二五立方米、物品占地面积超过零点五平方米、长度超过一点五米的物品；携带物品重量超过二十公斤、不超过三十公斤，体积超过零点一二五立方米、不超过零点二五立方米的，应当另行买同程票。

（四）不得有强行上下车、抢夺方向盘等严重影响运营安全及妨碍车辆行驶、停靠的行为。

（五）不得在车内吸烟、随地吐痰或者向车内外扔纸屑、果皮等垃圾。

（六）不得携带宠物乘车。

（七）不得冒用、串用学生、老年人、残疾人等优惠票卡。

（八）不得损坏车内设施或者在车内躺卧、蹬踏座位、将身体任何部位伸出窗外。

（九）不得在车内从事营销、行乞及散发宣传品等活动。

违反前款规定，经劝阻拒不改正的，驾驶员、乘务员有权拒绝为其提供运营服务；对未按照规定支付乘车费的，驾驶员、乘务员有权要求其补交乘车费。

第四十条 市公共交通管理机构应当依照本条例制定公共汽车客运服务规范和乘车规则，规范服务、乘车行为。

市、县（市）公共交通管理机构应当建立公共汽车客运质量信用考核制度，将考核结果记入信用档案，并作为政府补贴补偿、公共汽车客运线路经营权授予和收回的依据。

第四十一条 市和区、县（市）交通主管部门应当会同财政、发展和改革、审计、国资等部门建立对公共汽车客运成本审计和评价机制，合理核定财政补贴补偿额度。

经营者因实行低票价、减免票、承担政府指令性任务等形成的政策性亏损和在技术改造、节能减排、经营冷僻线路等方面的投入，市和区、县（市）人民政府应当给予适当的补贴补偿。

第五章 法律责任

第四十二条 违反本条例规定，侵占公共汽车客运设施用地或者擅自改变土地用途的，由规划国土部门依法给予处罚。

第四十三条 违反本条例规定，经营者有下列行为之一的，由市或者区、县（市）公共交通管理机构责令改正，并处一千元以上三千元以下罚款：

（一）未按照规定养护、维修公共汽车客运设施，并确保其整洁、性能完好和正常运行的；

（二）未按照规定申请办理车辆营运证的；

（三）擅自变更线路走向、车站组织运营的；

（四）车容车貌不符合有关规定的；

（五）未按照规定设置运营标志标识、配备运营设施的；

（六）聘用不符合本条例规定的人员从事公共汽车客运服务的。

第四十四条 违反本条例规定，单位或者个人有下列行为之一的，由市或者区、县（市）公共交通管理机构责令改正，并处五百元以上三千元以下罚款，造成损失的，应当给予赔偿：

（一）损坏公共汽车客运设施的；

（二）擅自关闭、拆除公共汽车客运设施或者改变公共汽车客运设施用途的；

（三）遮盖、涂改、污损、毁坏或者擅自迁移、拆除公共汽车客运站牌的；

（四）其他影响公共汽车客运设施正常、安全使用的行为。

第四十五条　违反本条例规定，有下列行为之一的，由市或者区、县（市）公共交通管理机构责令停止经营；有违法所得的，没收违法所得，处违法所得二倍以上十倍以下罚款；没有违法所得或者违法所得不足二万元的，处三万元以上十万元以下罚款；构成犯罪的，依法追究刑事责任：

（一）未取得公共汽车客运线路经营权从事公共汽车客运经营的；

（二）公共汽车客运线路经营权被依法收回后继续经营的。

有前款第一项行为的，可以暂扣车辆。

第四十六条　违反本条例规定，经营者有下列行为的，由市或者区、县（市）公共交通管理机构责令改正，并予以相应处罚：

（一）擅自停止运营的，处一万元以上三万元以下罚款。

（二）未按照公共交通管理机构确定的运营方案组织运营的，处五千元以上一万元以下罚款；情节严重的，处一万元以上三万元以下罚款；情节特别严重的，取消公共汽车客运线路经营权。

（三）擅自将公共汽车客运车辆用于非公共汽车客运的，处一万元以上三万元以下罚款。

（四）拒绝服从公共交通管理机构的统一调度，未及时组织车辆、人员进行疏运的，处五千元以上一万元以下罚款。

第四十七条　违反本条例规定，公共汽车客运驾驶员、乘务员有下列行为之一的，由市或者区、县（市）公共交通管理机构责令改正，并处五十元以上三百元以下罚款：

（一）未按照规定线路行驶，私自改道或者越站行驶的；

（二）其他违反运营服务有关规定的行为。

第四十八条　违反本条例规定，有下列行为之一的，由公安机关依法处罚；构成犯罪的，依法追究刑事责任：

（一）携带易燃、易爆、剧毒等危险品乘车的；

（二）强行上下车、抢夺方向盘等严重影响运营安全及妨碍车辆行驶、停靠的；

（三）故意损坏车内设施的。

第四十九条 市和区、县（市）交通主管部门、公共交通管理机构的工作人员在执行公务中，滥用职权、徇私舞弊、玩忽职守的，由所在单位或者上级机关给予行政处分；构成犯罪的，依法追究刑事责任。

第六章 附 则

第五十条 购物类场所免费公交、城市旅游公交、定制公交、通勤公交等特殊公共汽车客运形式，其线路、运营、服务和设施管理参照本条例执行。

有轨电车的规划和建设、线路管理、运营管理及相关活动可以参照本条例执行。

第五十一条 本条例自2016年1月1日起施行。

大连市城市公共客运交通管理条例

（1994年6月27日辽宁省大连市第十一届人民代表大会常务委员会第十次会议通过，1994年7月30日辽宁省第八届人民代表大会常务委员会第九次会议批准。2007年8月27日大连市第十三届人民代表大会常务委员会第三十三次会议修订，2007年9月28日辽宁省第十届人民代表大会常务委员会第三十三次会议批准）

第一章 总 则

第一条 为了优先发展城市公共客运交通，规范城市公共客运交通市场秩序，保障营运安全，维护乘客、经营者和从业人员的合法权益，根据有关法律法规，结合本市实际，制定本条例。

第二条 大连市行政区域内城市公共客运交通的线路经营、设施建设、营运管理以及监督检查，适用本条例。

客运出租汽车、快速轨道交通的管理办法另行制定。

第三条 大连市交通行政主管部门是全市城市公共客运交通行政主管部门，其所属的道路客运管理机构负责全市公共客运交通管理工作的业务指导，并对中山区、西岗区、沙河口区和甘井子区的城市公共客运交通履行具体的监督管理职责。

旅顺口区、金州区和县（市）城市公共客运交通行政主管部门负责本行政区域内城市公共客运交通管理工作，其所属的道路客运管理机构履行具体的监督管理职责。

市及区（市）县人民政府有关部门，按照各自职责，协同实施本条例。

第四条 城市公共客运交通是社会公益性事业。

市及区（市）县人民政府应当积极推行城市公共客运交通优先政策，全面发展城市公共客运交通，建立城市公共客运交通优先发展的保障体系，并对城市公共客运交通经营者承担政策性亏损和完成政府指令性任务增加的支出给予补贴或者补偿。

市及区（市）县人民政府应当对城市公共客运交通设施建设和车辆的配置更新给予必要的资金和政策扶持。城市公用事业附加费、基础设施配套费等政府性基金应当按照国家有关规定用于城市交通建设，并优先安排城市公共客运交通。

第五条 发展城市公共客运交通应当遵循统筹规划、政府主导、积极扶持、有序竞争、方便群众的原则。

第六条 市及区（市）县公共客运交通行政主管部门应当根据城市发展和方便市民出行的实际需要，组织编制城市公共客运交通专项规划，按照程序报批，纳入城市总体规划。

城市公共客运交通专项规划包括城市公共客运线网、公交设施用地范围、枢纽场站、公交专用道、优先信号系统、港湾式停靠站、车辆发展和科技应用等。

第七条 城市公共客运交通应当节能环保，适度发展大运量快速车辆，逐步实现智能化、科学化管理。

鼓励社会资金投资城市公共客运交通领域。

第二章 线路经营

第八条 公共客运交通行政主管部门应当根据城市公共交通专项规划和城市发展的实际需要，制定城市公共客运交通线路（含城市旅游线路，以下统称线路）开辟、调整的年度计划，并在实施前予以公布。

公共客运交通行政主管部门制定城市公共客运交通线路开辟、调整的年度计划，应当听取市民和有关方面的意见。

第九条 城市公共客运交通实行线路经营许可制度。

从事线路经营的单位应当具备下列条件：

（一）依法注册的企业法人；

（二）有与线路经营规模相适应的营运车辆（或者车辆购置资金）、场站设施、营运资金；

（三）有与线路经营业务相适应的驾驶员、乘务员和调度员等从业人员；

（四）有健全的客运服务、行车安全等方面的运营管理制度；

（五）法律、法规规定的其他条件。

第十条 旅顺口区、金州区和县（市）公共客运交通行政主管部门负责确定线路起讫站和线路走向均在本行政区域内线路的经营者；市公共客运交通行政主管部门负责确定其他线路的经营者。

公共客运交通行政主管部门确定线路经营者，应当按照《中华人民共和国行政许可法》及有关规定，与线路经营者签订线路经营协议，核发线路经营许可证。道路客运管理机构按照线路经营许可证确定的营运车辆数量发给经营者车辆营运证。

第十一条 线路经营期限每期不得超过八年。

经营者不得擅自以承包、挂靠、转让、出租、入股、质押等方式对取得的线路经营权予以处分。

第十二条 公共客运交通行政主管部门应当根据城市发展和市民出行的需要，对线路走向、营运时间、站点等进行调整，经营者应当遵照执行。

第十三条 线路经营许可期限届满六个月前，经营者可以到公共客运交通行政主管部门申请延续经营期限。公共客运交通行政主管部门根据线路营运服务考核等情况，在线路经营许可期限届满三个月前，决定是否予以批准。予以批准的，应当与经营者重新签订线路经营协议，并换发线路经营许可证；不予批准的，应当书面说明理由。

经营者在线路经营许可期限内确需终止营运的，应当在终止营运之日三个月前报请公共客运交通行政主管部门批准，在公共客运交通行政主管部门批准前，经营者应当保持正常的经营与服务。

经营者因道路改造等情况确需临时中断经营的，应当经公共客运交通行政主管部门批准，并于临时中断经营七日前向社会公告。

第十四条 在线路经营许可期限内，由于经营者的原因难以正常营运的，公共客运交通行政主管部门可以指定其他经营者对该线路实行临时经营，但是临时经营期限最长不得超过一年。

第十五条 城市公共客运交通驾驶员应当具备国家规定的资格条件。乘务员、调度员应当经培训考核后上岗。

经营者不得使用不具备国家规定资格条件的从业人员。

第十六条 线路经营许可证、车辆营运证不得涂改、伪造、出租、出借或者转让。

第三章 设施建设

第十七条 城市公共客运交通设施包括城市公共客运交通枢纽站、公交专用道、优先通行信号系统、调度室、车场、轨道、专用桥涵、供电线网、线杆、通信设施、站台以及站杆、站牌、候车亭、栏杆等。

第十八条 规划、国土资源部门对纳入城市总体规划的城市公共客运交通设施用地，应当在相关地区的详细规划中预留，任何单位和个人不得占用或者改变其用途。

建设城市公共客运交通设施使用国有土地的，经依法批准，可以以划拨方式取得。

第十九条 公共客运交通行政主管部门应当根据城市公共交通专项规划和实际情况，编制年度公共客运交通基础设施建设计划，发展改革和建设主管部门在经过论证后将其纳入年度投资计划。

第二十条 新建、改建、扩建大型公共场所、公共设施或者居住区，应当按照规划的要求配套建设城市公共客运交通设施。

建设配套城市公共客运交通设施，应当与主体工程同时设计、施工和验收。城市公共客运交通设施投入使用前，应当有公共客运交通行政主管部门参加验收，验收合格的方可投入使用。

第二十一条 公共客运交通行政主管部门应当会同公安、规划、城建部门合理设置公交专用道、港湾式停靠站和优先通行标志、信号装置、监控设施等；主要机动车道，应当设置公交专用道、港湾式停靠站；单向行驶机动车道具备条件的,应当设置公交专用道,允许公共客运交通车辆双向行驶。

第二十二条 新辟线路的起讫站点,应当分别设置上客站和下客站,其面积应当符合国家规定标准。

经营者应当在线路起讫站点设置车辆调度室、候车亭、司乘人员休息室等。

第二十三条 在城市公共客运交通设施及车辆上设置广告的,应当符合法律、法规规定,其位置、面积、色彩、音量等还应当符合公共客运交通营运安全和服务管理的有关规定。

第二十四条 任何单位和个人不得有下列行为:

(一)擅自迁移、拆除、关闭城市公共客运交通设施或者改变用途;

(二)在车辆、站台及配套设施上乱贴、乱刻、乱画或者向其投掷物品、倾倒污物;

(三)在站牌、候车亭和调度室等设施周边十五米内设置摊点;

(四)在港湾式停靠车站内、站台沿道路前后十五米内停放车辆;

(五)非城市客运公共汽车、电车占用公交专用道;

(六)在电车架线杆、馈线安全保护范围内修建建筑物、构筑物或者堆放、悬挂物品,以及搭设管线、电(光)缆;

(七)在电车轨道两侧十五米内设置广告牌匾;

(八)其他妨碍城市公共客运交通车辆正常营运,损坏城市公共客运交通设施、车辆的行为。

第四章 营 运 管 理

第二十五条 经营者应当按照核准的线路、营运时间、站点、车型及车辆数量等进行营运。

第二十六条 经营者应当加强城市公共客运交通车辆的维护保养,保证投入营运的车辆符合下列要求:

(一)车辆技术性能符合国家规定的标准;

(二)在规定的位置标明经营者名称、乘坐规则、线路走向示意图、警示标志、服务和投诉电话号码、票价；

（三）按规定设置线路编码牌、电子读卡机；

（四）有老、幼、病、残、孕等专用座位；

（五）车辆整洁，符合相关卫生标准和卫生要求，车厢内配备装盛垃圾的器皿。

第二十七条 经营者应当加强城市公共客运交通设施的养护，定期对其技术、安全性能进行检测和鉴定，保证其安全和正常运行；保持各种设施干净整洁、完整无损，各种营运标志明晰醒目，并符合国家规定的标准。

第二十八条 经营者应当加强对从业人员的管理，组织其参加业务培训和职业道德教育，提高服务质量。

第二十九条 经营者因市政工程建设、大型公益活动等特殊情况确需临时改变线路营运的，应当按照道路客运管理机构确定的线路、站点营运，并提前或者及时向社会公告。

第三十条 经营者应当执行经价格主管部门批准的收费标准和国家、省、市制定的免费、优惠乘坐城市公共客运交通车辆的规定。

第三十一条 有下列情形之一的，经营者应当服从市及区（市）县人民政府或者公共客运交通行政主管部门的统一调度，及时组织车辆、人员进行疏运：

（一）举行重大社会活动的；

（二）发生灾害、突发事件的；

（三）其他需要应急疏运的。

第三十二条 经营者应当制定具体的城市公共客运交通突发事件应急预案。发生突发事件时，经营者应当启动应急预案，抢救伤者、排除障碍、恢复正常运行，并及时、如实向有关部门报告。

第三十三条 经营者应当编制线路行车作业计划，并报送道路客运管理机构备案。

经营者应当定期向道路客运管理机构报送有关统计资料。

第三十四条 从业人员从事营运服务时，应当遵守下列规定：

（一）按照规定携带有关证件，做到人、车、证相符，并接受道路客运管理机构的查验；

（二）衣着整洁、仪表大方，按规定佩带服务标志；

（三）报清线路名称、车辆行驶方向和停靠站点名称；设置电子报站设备的，应当正确使用电子报站设备；

（四）语言文明，积极疏导乘客，为老、幼、病、残、孕和怀抱婴儿的乘客提供必要的乘车帮助；

（五）保持车辆整洁，维护车厢内的乘车秩序；

（六）按照规定的站点安全停靠，不得滞留站点候客或者越过站点甩客；

（七）因车辆故障不能营运时，应当向乘客说明情况，并及时安排乘客免费改乘同线路车辆；

（八）遵守操作规程安全运行，在车辆启动前关好车门，不得拖夹乘客；

（九）驾驶员在营运驾驶中不得使用移动电话；

（十）维持车内秩序，营运中发现车内有违法犯罪行为时，应当协助公安机关处理；

（十一）发现乘客突患疾病的，协助做好救治工作；

（十二）其他应当遵守的规定。

第三十五条 乘客享有获得安全、便捷服务的权利。

城市公共客运交通车辆电子读卡机未开启或者发生故障，无法使用电子乘车卡的，乘客可以拒绝支付车费。

车辆营运中发生故障不能正常行驶时，乘客有权免费乘坐同线路车辆。

每名乘客可以免费携带一名身高不超过一点三米的儿童乘坐城市公共客运交通车辆；可以免费携带重量不超过二十公斤且体积不超过零点一二五立方米物品乘坐城市公共客运交通车辆。

第三十六条 乘客应当遵守下列规定：

（一）在站台依次排队候乘，主动请老、幼、病、残、孕和怀抱婴儿的乘客先下先上并让座；

（二）不得携带易燃、易爆、剧毒等危险品；

（三）不得携带犬类禽类等动物；

（四）不得携带重量超过三十公斤，体积超过零点二五立方米，物品占地面积超过零点五平方米、长度超过一点五米的物品；携带物品重量超过二十公斤、不超过三十公斤，体积超过零点一二五立方米、不超过零点二五立方米的，应当另行购票；

（五）赤膊者、醉酒者、无人看护的精神病患者或者无人引领的学龄前儿童不得乘车；

（六）乘车时不得躺卧、占座或者蹬踏座位，不得将身体任何部位伸出窗外；

（七）主动购票、刷卡，或者出示免费、优惠乘车证件，接受司乘人员的查验；

（八）不得在车厢内吸烟、随地吐痰、乱扔杂物、兜售商品和散发广告。

违反前款第（二）、（三）、（四）、（五）、（七）项规定，经劝阻拒不改正的，经营者可以拒绝为其提供营运服务；对未按照规定支付车费的，经营者可以要求其补交车费。

第三十七条 城市公共客运交通的车票、电子乘车卡和免费、优惠乘车证由市道路客运管理机构监制。

不得伪造和倒卖车票、电子乘车卡和免费、优惠乘车证。

第五章 监督检查

第三十八条 道路客运管理机构应当加强对城市公共客运交通经营活动的监督检查。

道路客运管理机构执法人员依法进行监督检查时，应当向当事人出示执法证件。

第三十九条 经营者和道路客运管理机构应当建立投诉受理和处理制度，公开投诉电话号码、通信地址和电子邮件信箱等。

经营者应当自受理乘客投诉之日起七日内做出答复。乘客对经营者的答复有异议的，可以向道路客运管理机构申诉。

道路客运管理机构应当自受理乘客投诉或者申诉之日起十五日内做出答复，并可以向经营者核查投诉情况，经营者应当自收到核查通知书之日起七日内，将有关情况或者处理意见回复道路客运管理机构。

第四十条 道路客运管理机构应当建立经营者的信用档案，组织有乘客代表参加的对经营者服务状况的年度评议，评议结果应当向社会公布，并提交公共客运交通行政主管部门作为准予延续或者撤销线路经营许可的依据之一。

第六章　法 律 责 任

第四十一条　违反本条例规定，未取得线路经营许可从事营运的，由道路客运管理机构责令停止营运，没收非法所得，并处以三万元以上十万元以下罚款。

第四十二条　经营者有下列情形之一的，由公共客运交通行政主管部门吊销线路经营许可证，收回相应的车辆营运证：

（一）领取线路经营许可证满三个月尚未营运的；

（二）擅自停运或者终止经营的；

（三）服务质量评议不合格，经整改仍达不到要求的；

（四）线路经营发生由经营者负主要或者全部责任重大安全事故的；

（五）丧失本条例第九条规定条件之一的；

（六）以欺骗、贿赂等不正当手段取得线路经营许可证的。

第四十三条　违反本条例第十六条规定出租、出借线路经营许可证、车辆营运证以及违反第十一条第二款、第十三条第三款、第十五条第二款、第二十五条规定的，由道路客运管理机构责令改正，并处以一万元以上三万元以下罚款。

以上行为造成严重后果的，由公共客运交通行政主管部门吊销线路经营许可证，收回相应的车辆营运证。

第四十四条　违反本条例第二十六条、第二十七条规定的，由道路客运管理机构责令改正，并处以一千元以上五千元以下罚款。

第四十五条　违反本条例第十八条第一款规定，占用城市总体规划确定的城市公共客运交通设施用地的，由道路客运管理机构责令改正，并处以三万元以上十万元以下的罚款；造成损失的，依法承担赔偿责任。

第四十六条　违反本条例第二十三条，设置的广告位置、面积、色彩、音量等不符合公共客运交通营运安全和服务管理的有关规定的，由道路客运管理机构责令限期整改；逾期不整改或者整改未达到要求的，处以三千元以上一万元以下罚款。

第四十七条 违反本条例第二十四条第（一）项规定的，由道路客运管理机构责令改正，并处以三万元以上十万元以下罚款；违反第二十四条第（二）项至第（八）项规定的，由道路客运管理机构责令改正，并处以五百元以上三千元以下罚款；造成损失的，依法承担赔偿责任。

第四十八条 违反本条例第二十八条、第三十条、第三十三条规定的，由道路客运管理机构责令改正。

第四十九条 违反本条例第二十九条规定的，由道路客运管理机构责令改正，并处以一千元以上五千元以下罚款。

第五十条 违反本条例第三十一条规定的，由道路客运管理机构责令改正，并处以五千元以上一万元以下罚款。

第五十一条 从业人员违反本条例第三十四条第（一）项规定的，由道路客运管理机构责令改正，并处以五十元以上二百元以下罚款；违反本条例第三十四条第（二）项至第（十二）项规定的，由道路客运管理机构责令改正，接受培训。

第五十二条 违反本条例规定，未取得线路经营许可从事营运，拒绝城市公共客运交通行政执法人员监督检查的，公共客运交通行政主管部门可以暂扣车辆、物品、设备和工具，并出具暂扣凭证，责令违法行为人在七日内到指定地点接受处理。违法行为人在规定时间、地点接受处理的，公共客运交通行政主管部门应当立即发还暂扣的车辆、物品、设备和工具；逾期不接受处理的，公共客运交通行政主管部门可以依法作出处罚决定，并将处罚决定书送达违法当事人。违法当事人无正当理由逾期不履行处罚决定的，公共客运交通行政主管部门可以申请人民法院强制执行。

第五十三条 违反本条例，涉及其他行政管理机关权限的，由有关机关依法处理；构成犯罪的，依法追究刑事责任。

第五十四条 城市公共客运交通行政执法人员滥用职权、徇私舞弊、玩忽职守的，由有关部门给予行政处分；构成犯罪的，依法追究刑事责任。

第七章 附 则

第五十五条 大连经济技术开发区、大连长兴岛临港工业区管理委员会等市政府派出机构根据授权，负责本区域内的城市公共客运交通监督管理工作。

第五十六条 本条例自2007年12月1日起施行。

鞍山市城市公共客运交通管理条例

(2001年6月27日鞍山市第十二届人民代表大会常务委员会第二十七次会议通过，2001年7月27日辽宁省第九届人民代表大会常务委员会第二十五次会议批准)

第一章 总 则

第一条 为加强公共客运交通管理，维护公共客运交通秩序，保护公共客运交通设施完好，保障乘客与经营者的合法权益，促进公共客运交通事业的发展，根据国家有关规定，结合本市实际制定本条例。

第二条 本条例所称城市公共客运交通是指在城市中利用城市公共汽车（含小型公共汽车，下同）、电车、快速轨道车等公共客运交通工具及相关设施，依照固定的线路、时间、站点营运的客运交通方式。

第三条 本条例适用于鞍山市城市规划区内城市公共客运交通的经营及相关的管理活动。

第四条 鞍山市城市公共客运交通行政主管部门（以下简称公交行政主管部门）依照本条例的规定，负责本市的城市公共客运交通行业管理。

计划、规划、财政、工商、税务、物价、城建、公安、交通、市容等有关部门依照各自的职责，协助公交行政主管部门实施本条例。

第五条 城市公共客运交通管理，应坚持全面规划、统一管理、多元投资、协调发展、方便快捷、公交优先的原则，发展方便舒适、大容量、环保型、节能型车辆。

第二章 规划和建设

第六条 城市公共客运交通发展应纳入城市总体规划。公交行政主管部门应当会同规划、计划、城建、公安等部门共同编制城市公共客运交通发展规划和建设计划，其用地、营运线路、车辆和与之相配套的站、场、保修车间等设施应与城市总体规划相协调，报市人民政府批准后，由公交行政主管部门组织实施。

第七条 在规划、建设和改造城市道路时，应根据需要设置城市公共客运交通港湾式站点及候车亭等客运服务设施，并在道路交叉路口设置优先通行的设施。现有道路交通条件许可的，应设置城市公共客运交通港湾式站点和专用道。

第八条 城市总体规划和城市公共客运交通发展规划确定的城市公共客运交通设施用地，任何单位和个人不得侵占，未经有关法定程序批准不得改变其使用性质。

第九条 城市公共客运交通配套设施项目的设计和施工单位，须具有相应的资质证书，并按照资质等级承担设计和施工任务，严格执行国家标准和技术规范。其设计方案，建设单位须征求公交行政主管部门意见。

第十条 新建、扩建、改建城市工程项目时，根据城市公共客运交通发展规划和建设计划，需要安排城市公共客运交通线路和场、站等设施的，建设单位应尚与主体工程同步设计、同步施工。竣工后，由建设行政主管部门会同公交行政主管部门等有共部门组织验收，验收合格的，方可投入使用。

验收合格的配套设施，建设单位应当交付公交行政主管部门统一管理。

第三章 资质与专营权管理

第十一条 城市公共客运交通营运实行专营权管理制度。专营权通过政府招标或者授予方式取得。

第十二条　凡申请从事城市公共客运交通营运的经营者，应当具备下列条件：

（一）有与经营规模相适应的注册资本；

（二）有符合规定的固定场所、营运设施及相应的技术力量；

（三）有相适应的管理机构和管理制度；

（四）有与经营规模相适应的客运车辆等设施；

（五）有经培训合格的驾驶员、乘务员和管理人员。

第十三条　具备本条例第十二条规定条件者，应当持书面申请及相关证明材料向公交行政主管部门申请领取《城市公共容运交通企业资质证书》（以下简称资质证书）。公交行政主管部门应当自接到申请之日起15日内予以审查，对审查合格的颁发资质证书；不合格的书面通知申请人。

第十四条　取得资质证书者可以通过招标、授予等法定程序取得专营权。取得专营权者，由公交行政主管部门颁发《城市公共客运交通专营权证》（以下简称专营权证），并与其签订专营合同。

取得专营权者应当自领取专营权证之日起30日内，到工商、税务等部门办理有关手续。

第十五条　从事城市公共客运交通的经营者对投入营运的车辆，应当向公交行政主管合部门申领《城市公共客运交通车辆营运证》（以下简称营运证）。

公交行政主管部门对营运证实行年审制度。

第十六条　取得资质证书、专营权证、营运证并办理工商、税务等营业手续的，方可从事城市公共客运交通经营活动。

任何单位和个人不得涂改、伪造冒领、转借资质证书、专营权证、营运证。

第十七条　从事城市公共客运交通的经营者停业、歇业，应当在停业、歇业前3个月内按原审批程序报公交行政主管部门批准，并办理工商、税务等有关手续。在办理手换期间，不得擅自停业、歇业。

第十八条　专营权每期不超过8年，期限届满6个月前，经营者可以向公交行政主管部门提出取得新一期专营权的书面申请。公交行政主管部门在专营权期限届满3个月前，决定是否批准其新一期专营权。

在专营权期限内，经营者不得擅自转让专营权。

第四章 营运管理

第十九条 城市公共客运交通线路和站点，由公交行政主管部门会同公安交通管理部门审定批准；延伸到公路的新设线路，应征求交通行政主管部门的意见，报请市人民政府批准。经营者不得擅自变更营运路线和站点。

任何非城市公共客运车辆不得从事城市公共客运交通经营活动。

第二十条 从事城市公共客运交通的经营者应遵守下列规定：

（一）按照核准的营运线路、班次、站点、车型、营运时间运营；

（二）按规定统一制作和悬挂营运标志；

（三）车辆整洁美观，服务设施齐全完好，符合公共客运交通运营技术要求；

（四）使用统一印制的乘车凭证，执行物价部门核定的票价标准，实行明码标价，每车悬挂物价部门监制的价目表；

（五）定期向公交行政主管部门填报营运统计报表；

（六）按规定携带有关证照；

（七）城市公共客运交通的其他管理标准。

第二十一条 城市公共客运交通驾驶员、乘务员应遵守下列规定：

（一）保持车内整洁和服务设施齐全、良好；

（二）礼貌待客，规范服务，及时报清线路、站点、疏导乘客，关心老、幼、病、残、孕乘客；

（三）执行核定的票价标准，向乘客提供票据，执行查验票规定；

（四）安全行车，启动前关好车门，不拖夹乘客；

（五）维护车内秩序，对车内发生违法犯罪行为及时制止和报案，配合公安部门查处；

（六）不得无理拒载、强行拉客、中途逐客；

（七）其他应遵守的规定。

第二十二条 乘客应当自觉遵守有关法律、法规、社会公德和《鞍山市城市公共客运交通车辆乘坐规则》。

《鞍山市城市公共客运交通车辆乘坐规则》由公交行政主管部门制定。

第二十三条 任何单位和个人不得涂改、伪造、转借、冒用乘车凭证。

第二十四条 因城市建设或其他特殊情况，确需停运或者改变城市公共客运交通线路的，相关者须经公交行政主管部门同意、公安交通管理部门批准，并承担相应损失。经营该线路的单位应提前3日向社会公告。突发事件除外。

第二十五条 遇有抢险救灾或其他特殊情况时，城市公共客运交通经营者应当服从公交行政主管部门调派用车。

第二十六条 车辆在运行中出现故障不能营运时，应向乘客说明情况，属大型公共汽车的应安排乘客改乘同线路后续车辆；属小型公共汽车的，应退还已收的票款。

第二十七条 城市公共客运交通车辆在营运中发生不属于道路交通事故范围的乘客人身伤亡事故，可以参照国务院《道路交通事故处理办法》有关规定处理。

第五章 设 施 管 理

第二十八条 城市公共客运交通设施包括：用于城市公共客运交通的公共汽车、电车、快速轨道车、营运线路、停车场（站）、供电设施、通信设施、保修厂、调度室、站台及候车亭、站杆、站牌、栏杆等附属设施。

第二十九条 城市公共客运交通经营者对其管理的城市公共客运交通设施应当按照规定定期检查、养护和维修，发生故障时，必须及时抢修，确保其性能完好和正常运行。

第三十条 禁止下列损害城市公共客运交通设施或影响其使用功能的行为：

（一）擅自迁移、拆除、毁坏、挤占、污损、遮盖公共客运交通设施的；

（二）在公共汽车、电车停车地30米以内路段停放其他车辆、设置摊点、摆放物品的；

（三）在距电车架线杆、拉线6米内，有轨电车专用路面铁轨两侧5米内，建造构筑物、堆放物品、擅自挖掘及其他有碍维修作业或安全行车的；

（四）载物高度从地面起超过4米的车辆通过电车线网时，未向电车单位申请护运的；

（五）其他危及安全或影响城市公共客运交通设施使用功能的。

第三十一条 因城市建设确需迁移、拆除、占用城市公共营运交通设施的，建设单位必领报经公交行政主管部门批准，并按照规划补建或按规定给予经济补偿。

第三十二条 绿化植树应保障安全视距；营运线路沿线的电力、电讯等设施及绿化枝叶应符合国家规定标准。

第三十三条 城市公共容运交通设施必须整洁、完好，各种营运标志必须明晰醒目，并符合国家规定标准。

凡在城市公共客运交通设施上喷画、张贴、悬挂广告的，须经公交行政主管部门同意后，方可到工商、公安、市容等部门办理其他有关手续

第六章 监督与投诉

第三十四条 公交行政主管部门和经营者应当建立监督制度和投诉受理制度，接受乘客对违反本条例规定行为的投诉。

第三十五条 公交行政主管部门应当每年组织对经营者的营运服务状况进行评议，评议结果作为批准或取消专营权的依据之一。

公交行政主管部门对经营者的营运服务状况进行评议时，应当邀请乘客代表参加，并听取社会各方面的意见。

第三十六条 经营者应当自受理乘客投诉之日起10日内作出答复。乘客对经营者的答复有异议的，可以向公交行政主管部门申诉。

公交行政主管部门应当自受理乘客投诉或者申诉之日起20日内作出答复。

第三十七条 公交行政主管部门可以向经营者核查投诉及投诉处理情况。公交行政主管部门向经营者核查投诉及投诉处理情况的，应当向经营者发出核查通知书。

经营者应当自收到核查通知书之日起 10 日内，将有关情况或处理意见书面回复公交行政主管部门。

第七章　法　律　责　任

第三十八条　违反本条例第八条规定，侵占或改变城市公共客运交通设施用地的，由公交行政主管部门责令限期改正，并处以 5000 元以上 1 万元以下罚款。

第三十九条　违反本条例第十六条第一款、第十九条第二款规定的，由公交行政主管部门责令改正，没收非法所得，并处以 2000 元以上 1 万元以下罚款。公交行政主管部门在作出行政处罚前可以将营运车辆扣押，责令行为人在规定的期限内到指定地点接受处罚。

第四十条　违反本条例第十八条第二款规定的，由公交行政主管部门责令改正，并处以 1 万元以上 3 万元以下罚款；情节严重的，由公交行政主管部门收回专营权。

第四十一条　经营者有下列行为之一的，由公交行政主管部门责令改正，并处以 2000 元以上 1 万元以下罚款：

（一）营运证未按规定年审的；

（二）涂改、伪造、冒领、转借资质证书、专营根证、营运证的；

（三）未经批准擅自停业、歇业的。

第四十二条　违反本条例第二十条、第二十一条规定，有下列行为之一的，由公交行政主管部门责令限期改正，并对个人处以 50 元以上 500 元以下罚款，对单位处以 500 元以上 3000 元以下罚款。

（一）擅自变更营运线路、站点或擅自改变车型、班次、营运时间的；

（二）未按规定设置服务设施、悬挂言运标志的；

（三）不执行核定的票价标准或未使用统一印制的票证的；

（四）公共客运交通车辆卫生状况不符合规定要求的；

（五）公共客运交通车辆服务设施残缺不全或不符合技术要求的；

（六）为关好车门启动车辆或拖夹乘客的；

（七）无理拒载、强行拉客、中途逐客的。

第四十三条 违反本条例第二十二条规定的，由公交行政主管部门处以 300 元以上 2000 元以下罚款。

第四十四条 违反本条例第二十九条、第三十三条规定的，由公交行政主管部门责令改正，予以警告或视情节处以 300 元以上 2000 元以下罚款。

第四十五条 违反本条例第三十条规定的，由公交行政主管部门责令停止侵害行为，予以警告或视情节处以 100 元以上 2000 元以下罚款；造成损坏的，除责令赔偿外，可处以赔偿费 1 至 5 倍罚款；造成营运中断的，赔偿停运的经济损失。

第四十六条 违反本条例涉及计划、规划、财政、工商、税务、物价、城建、公安、交通、市容等部门管理权限的，由上述部门依法予以查处。

第四十七条 违反本条例规定，危害城市公共客运交通车辆行车安全，破坏、盗窃城市公共客运交通设施，殴打执行公务的司乘、稽查人员的，由公安机关依照《中华人民共和国治安管理处罚条例》予以处罚；构成犯罪的，由司法机关依法追究刑事责任。

第四十八条 当事人对行政处罚决定不服的，可依法申请行政复议或向人民法院起诉。逾期不申请复议、不起诉，又不履行行政处罚决定的，做出处罚决定的机关可申请人民法院强制执行。

第四十九条 城市公共客运交通管理人员在执行公务时，应出示证件，秉公执法，对滥用职权、徇私舞弊、玩忽职守的，由其所在单位或上级主管部门给予行政处分构成犯罪的，由司法机关依法追究刑事责任。

第八章 附 则

第五十条 本条例自 2001 年 8 月 20 日起施行。

抚顺市城市公共汽车客运管理条例

(2001年11月9日抚顺市第十二届人大常委会第二十八次会议通过，2001年11月30日辽宁省第九届人大常委会第二十七次会议批准)

第一章 总 则

第一条 为加强城市公共汽车客运管理，维护营运秩序，提高服务质量，保障乘客和经营者的合法权益，促进城市公共汽车客运事业发展，结合本市实际，制定本条例。

第二条 本条例所称城市公共汽车客运，是指利用公共汽车及场站设施，供公众乘用并依照核准的线路、时间、站点营运的交通方式。

第三条 本条例适用于本市市区内公共汽车客运的经营及管理活动。

第四条 市交通行政主管部门是城市公共汽车客运管理的主管部门，其所属的市客运交通管理机构负责城市公共汽车客运的具体管理工作。

市交通行政主管部门的主要职责是：

(一) 贯彻执行国家、省、市关于城市公共汽车客运的法律、法规和政策；

(二) 制定并组织实施城市公共汽车客运发展规划和计划；

(三) 依法对城市公共汽车客运市场管理和监督；

(四) 负责城市公共汽车客运设施建设与管理；

(五) 负责城市公共汽车客运行业结构调整、资源配置和人员培训，指导新技术的推广与应用。

第五条 城市公共汽车客运应坚持全面规划、统一管理、多元投资、协调发展、方便乘客、安全营运的原则，实行规模化、集约化、规范化经营，重点发展大容量、环保型及节能型中高档客运车辆。

城市交通应推行公交优先的政策。

第二章 线路和线路经营权管理

第六条 市交通行政主管部门应会同有关部门，根据城市发展的实际需要，制定线路开辟、线网调整计划，并在实施前予以公布。

第七条 城市公共汽车客运实行线路经营权管理。对新开辟的线路、线路经营权期限届满需重新确定经营者的线路、线路经营权期限内需重新确定经营者的线路，由市交通行政主管部门以公开招标、拍卖等方式确定经营权。拍卖所得用于发展城市公共汽车客运事业。

第八条 经营者取得线路经营权应具备下列条件：

（一）有本市从事城市公共汽车客运的《企业法人营业执照》；

（二）有符合线路营运要求的营运车辆或相应的车辆购置资金；

（三）有符合线路营运要求的停车场地和配套设施；

（四）有合理、可行的线路营运方案；

（五）有健全的客运服务、行车安全等方面的营运管理制度；

（六）有经培训合格的管理人员和取得服务证的驾驶员、乘务员。

第九条 经招标或拍卖取得线路经营权的，由市交通行政主管部门发给线路经营权证书。线路经营权每期不超过八年。在线路经营权期限内经营者不得擅自处分取得的线路经营权。未取得线路经营权的不得从事城市公共汽车客运。

第十条 线路经营权期限届满六个月前，经营者可以向市交通行政主管部门提出取得新一期线路经营权的书面申请。市交通行政主管部门根据经营者的营运服务状况，在线路经营权期限届满三个月前，重新确定其线路经营权。

第十一条 经营者因解散、破产等原因在线路经营权期限内需终止营运的，应提前三个月书面告知市交通行政主管部门，此期间内经营者不得停止营运。

市交通行政主管部门应在经营者终止营运两个月前确定新的经营者。

第十二条 社会通勤带客车从事城市公共汽车客运的经营者，须向市交通行政主管部门申请核发营运证，到有关部门办理相关手续后方可营运。

第三章 营运管理

第十三条 经营者在营运中应执行取得线路经营权时确定的客运服务、行车安全等方面的营运管理制度。

经营者应按照核准的线路、站点、班次、时刻、车辆数量、车型、车辆载客限额组织营运，不准擅自变更或停止营运。

因特殊情况确需中断或改变营运线路的，须经市交通行政主管部门和公安部门同意，并提前向社会公告。

线网营运规划调整时，市交通行政主管部门可以要求经营者实施营运调整，经营者应予以执行。

第十四条 遇有抢险救灾、重大突发事件或举行重大社会活动需应急疏运时，经市人民政府批准，经营者须服从市交通行政主管部门调派用车。

第十五条 营运车辆应符合下列规定：

（一）车辆整洁、设施完好；

（二）车辆技术性能符合国家标准；

（三）在规定的位置标明线路、票价、经营者名称，张贴线路走向示意图及乘客投诉电话号码。

第十六条 无人售票营运的车辆，应设置符合要求的投币、读卡、报站设备，并备有车票凭证。

第十七条 经营者应加强对驾驶员、乘务员的管理，提高服务质量。

驾驶员和乘务员应遵守下列规定：

（一）携带营运证、准驾证和服务证，做到人、车、证照相符；

（二）按照核准的线路、站点、班次、时刻、车辆载客限额营运；

（三）按照核准的票价售票；

（四）报清线路名称、车辆行驶方向和停靠站点名称，设置电子报站设备的，应使用电子设备报站；

（五）保持车辆清洁，维护车内的乘车秩序；

（六）不准车辆在站点滞留或在站点外随意停车、上下乘客，妨碍营运秩序；

（七）为老、幼、病、残、孕妇及怀抱婴儿的乘客提供乘车帮助；

（八）不准在车内吸烟。

第十八条　乘客应遵守下列规定：

（一）在站点依次候车，有序上下车；

（二）不准携带易污损他人的物品，长度超过2米、面积超过1平方米、体积超过0.125立方米的物品及各种禽畜乘车；

（三）不准携带易燃、易爆、剧毒等危险品乘车；

（四）不准在车内躺卧、占座、蹬踏座位和将身体任何部位伸出窗外；

（五）主动购票或出示乘车票证，不准使用过期或伪造的乘车票证，不得转借乘车票证；

（六）不准损坏车内设备或进行妨碍车辆行驶、停靠和危及乘客安全的行为；

（七）不准在车内吸烟、随地吐痰或向车内外扔纸屑、果皮等废物。

乘客违反上述规定经劝阻拒不改正的，司乘人员可以拒绝为其提供营运服务。

第十九条　取得线路经营权的经营者，由市交通行政主管部门按其营运车辆数量发给营运证；经培训考核合格的驾驶员、乘务员，由市客运交通管理机构发给相应的服务证。

营运证和服务证实行年度审验制度。未经审验或经审验不合格的营运车辆，不准用于线路营运；未经审验或经审验不合格的驾驶员、乘务员，不准参加营运。

第二十条　营运车辆发生故障不能运行时，司乘人员应向乘客说明情况，并安排乘客改乘随后同线路营运车辆，后车不得拒载，否则应向乘客退还票款。

第四章 设施建设和管理

第二十一条 停车场、枢纽站、调度室、通信设施、公交专用车道、停靠站港湾、候车亭等客运设施建设应纳入城市规划。任何单位和个人不得擅自改变城市规划确定的客运设施用地的使用性质。

第二十二条 新区开发、旧区改造和建设火车站、长途汽车站、大型商业网点及旅游景点、居民住宅小区、学校、医院、文化体育场馆等工程项目，建设单位应按照规划，同时设计、同时建设客运设施。

客运设施竣工后，市交通行政主管部门应参加验收，验收合格后方可投入使用，并交付给交通行政主管部门统一管理。

客运设施对经营者实行有偿使用。

第二十三条 新建和改造城市道路时，应根据需要设置城市公共汽车站点和候车亭，并在道路交叉口设置公交优先通行设施。现有道路交通条件允许的，应设置城市公共交通专用车道或优先车道。

站点的设置应符合国家规范，兼顾沿线客流分布情况。

第二十四条 经营者应在公共汽车站点设置站牌，标明开往方向、线路名称、首末班车时刻、班次间隔时间、所在站点和沿途停靠站点、票价及投诉电话号码等内容，并保持清晰、完好。

第二十五条 任何单位和个人不得擅自迁移、拆除、占用客运设施。

确需迁移、拆除、占用客运设施的，应经市交通行政主管部门批准，并予以补建或补偿。

第二十六条 在营运车辆上设置广告须符合有关规定，不得覆盖营运标志，影响安全运行。

第二十七条 禁止下列行为：

（一）向车辆、站点及客运设施投掷物品、倾倒污物、乱写乱画；

（二）站点前后30米内停放其他车辆，设置摊床、售货车，摆放物品；

（三）破坏、盗窃客运设施；

（四）其他损坏客运设施或影响正常营运的行为。

第五章 法律责任

第二十八条 有下列行为之一的,由市交通行政主管部门责令其停止营运,没收非法所得,并处以 2 万元以上 3 万元以下的罚款。在作出行政处罚前,可暂扣车辆,责令当事人在规定期限内到指定地点接受处理。

(一) 未取得线路经营权从事城市公共汽车客运的;

(二) 未取得营运证的通勤带客车从事城市公共汽车客运的。

第二十九条 有下列行为之一的,由市交通行政主管部门责令其改正,并处以 1 万元以上 2 万元以下的罚款;逾期不改正的,吊销车辆营运证并取消其线路经营权。

(一) 将线路经营权发包给其他单位或个人经营的;

(二) 擅自转让线路经营权的;

(三) 不执行线网营运规划调整的;

(四) 违反本条例第十四条规定,不服从交通行政主管部门调派用车的。

第三十条 有下列行为之一的,市客运交通管理机构责令其改正;造成损失的,除赔偿经济损失外,并处以 2000 元以下的罚款。

(一) 擅自迁移、拆除、占用客运设施的;

(二) 损坏车内设备、妨碍车辆行驶和危及乘客安全的。

第三十一条 有下列行为之一的,由公安机关依法予以处罚;构成犯罪的,依法追究刑事责任。

(一) 携带易燃、易爆、剧毒等危险品乘车的;

(二) 破坏、盗窃客运设施的;

(三) 殴打城市公共汽车客运司乘和管理人员的;

(四) 使用伪造的乘车票证的。

第三十二条 未参加年度审验或经年度审验不合格的车辆从事营运的,由市客运交通管理机构责令其改正,并处以 2000 元的罚款。

第三十三条 有下列行为之一的,由市客运交通管理机构责令其改正,并处以500元以上1000元以下的罚款。

（一）未携带营运证、准驾证、服务证，人、车、证照不相符的；

（二）未按核准的线路、班次、时刻、站点、车辆载客限额营运的；

（三）未经批准中断或改变营运线路及虽经批准但未提前向社会公告的；

（四）客运站牌标志内容不全或不清晰的；

（五）未按核准票价售票的；

（六）营运车辆设置的广告覆盖营运标志，影响安全运行的。

第三十四条　有下列行为之一的，由市客运交通管理机构责令其改正，并处以100元以上200元以下的罚款。

（一）未参加考核或经考核不合格及没有服务证的人员从事营运的；

（二）未经年度审验或经年度审验不合格的人员从事营运的。

第三十五条　有下列行为之一的，市客运交通管理机构责令其改正，并处50元以上100元以下的罚款。

（一）无人售票车辆不设置投币、读卡、报站设备，不备有车票凭证的；

（二）车辆不整洁、设施残缺的；

（三）车辆技术性能不符合国家标准的；

（四）不报线路名称、车辆行驶方向和停靠站点名称的；

（五）车辆在站点滞留或在站点外随意停车，上下乘客的；

（六）营运车辆发生故障，拒不安排乘客改乘也不退还票款的；

（七）向车辆、站点或客运设施投掷物品、倾倒污物、乱写乱画的；

（八）站点前后30米内停放其他车辆、设置摊位的。

第三十六条　当事人对行政处罚不服的，可依法申请复议或提出行政诉讼。逾期不申请复议、不起诉又不履行处罚决定的，由作出处罚决定的机关申请人民法院强制执行。

第三十七条　城市公共汽车客运管理部门不履行职责或行政行为不当造成工作损失的，由市人民政府予以查究；情节严重的，应追究行政责任。

城市公共汽车客运管理人员玩忽职守、滥用职权、徇私舞弊的，由其所在单位或上级主管部门依法给予行政处分；构成犯罪的，依法追究刑事责任。

第六章 附 则

第三十八条 本行政区域内建制镇可参照本条例执行。

第三十九条 本条例自 2002 年 3 月 1 日起施行。

本溪市城市公共交通条例

（2007年7月25日本溪市第十三届人民代表大会常务委员会第三十次会议通过，2007年9月28日辽宁省第十届人民代表大会常务委员会第三十三次会议批准。2018年7月31日本溪市第十六届人民代表大会常务委员会第五次会议通过修订，2018年10月11日辽宁省第十三届人民代表大会常务委员会第五次会议批准修订）

第一章 总 则

第一条 为了优先发展城市公共交通，规范城市公共交通秩序，保障运营安全，维护乘客、经营者及从业人员的合法权益，促进城市交通与城市经济社会协调发展，结合本市实际，制定本条例。

第二条 本市城市规划区内城市公共交通规划、建设、运营、管理、服务以及相关活动，适用本条例。

本条例所称的城市公共交通，是指利用城市公共汽车及相关设施，按照核准的线路、站点、时间和票价运营，为公众提供基本出行服务的活动。

本条例所称的城市公共交通设施，是指保障城市公共汽车客运服务的停车场、保养场、站务用房、候车亭、站台、站牌以及加油（气）站和电动公交车充电设施等相关设施。

第三条 市交通运输行政主管部门是城市公共交通的行政主管部门，其所属的道路运输管理机构具体实施管理和监督检查工作。

公安、财政、规划、住建、国土等部门，按照各自职责共同做好城市公共交通管理相关工作。

第四条 公共交通应当坚持统筹规划、优先发展、安全便民、绿色环保、经济快捷的原则，并建立公共交通工作机制，根据城市发展需要，研究解决城市公共交通发展中的重大问题，制定并实施优先发展公共交通政策，在设施用地、路权分配、财税扶持等方面给予保障，促进公共交通可持续发展。

第五条 市人民政府应当将公共交通经费纳入财政保障体系。公共交通经营企业因承担免费和优惠乘车、开通冷僻线路、执行抢险救灾等政府指令性任务所增加的支出，市人民政府应当给予适当补贴。

第六条 鼓励和支持公共交通经营企业推广使用新技术、新能源、新装备、新方法，建成设施完善、运行安全、服务优质、管理规范、保障有力的公共交通系统。

鼓励社会资本参与公共交通建设、运营。

第二章 规划和建设

第七条 市交通运输行政主管部门应当根据城市总体规划和土地利用规划编制城市公共交通专项规划。城市公共交通专项规划应当向社会公示规划草案，征求公众意见，报本级人民政府批准后组织实施。

经过法定程序批准的城市公共交通专项规划，未经规定程序，不得擅自变更。

"公交优先"应纳入城市公共交通专项规划。

第八条 市规划部门在编制控制性详细规划和修建性详细规划时，应当根据地块开发强度、人口指标、城市公共交通承载力以及各种交通方式有效衔接等因素，合理确定城市公共交通设施的布局和规模。

第九条 市土地行政主管部门应当建立公共交通设施用地优先保障制度，将公共交通设施用地纳入土地利用年度计划和建设用地供应计划。将公共交通场站和配套设施纳入城市旧城改造和新城建设计划。

公共交通设施用地纳入城市土地利用规划的，应当保证设施建设用地符合国家《划拨用地目录》，用划拨方式供地。未经批准，不得占用或者改变公共交通设施用地用途。

第十条 市交通运输行政主管部门应当根据公共交通专项规划在城市道路和公路上设置候车亭、站台、站牌。

市住建部门应当按照规划要求和技术规范,在新建、改建、扩建城市道路时,修建公交港湾式停靠站。

第十一条 新建、改建或者扩建交通枢纽、商业中心、住宅小区、产业集中区、旅游景点、学校、医院等人员密集场所,需要配套建设公共交通设施的,市规划主管部门应当在规划条件中明确;规划条件应当作为土地出让合同或者划拨决定书的附件,不得擅自变更。

第十二条 政府投资建设的城市公共交通设施,由市交通运输行政主管部门负责运营管理;非政府投资城市公共交通设施项目,需要招投标的,按照《中华人民共和国招标投标法》及其他相关规定实施监管,并按照谁投资谁受益的原则,与投资者协商确定使用方式、收益方式和使用期限。

第十三条 建设工程应当与配套建设的公共交通设施同步设计、同步建设、同步验收、同步交付使用;未按照规定进行配套建设的,主体工程不得验收、使用。

分期开发、分期交付使用的建设项目,在公共交通设施建成前,应当根据需要设置过渡设施。

建设工程涉及公共交通设施的,建设单位在组织竣工验收时,应当通知市交通运输行政主管部门参加。

第十四条 市道路运输管理机构应当根据城市公共交通专项规划和公众基本出行需求,在符合城市公共交通车辆通行条件,广泛征求公众意见后,开辟和设置公共交通线路和站点,并向社会公告。

公共交通站点名称以地名、道路名称、标志性建筑、文物古迹、机关事业单位等名称命名,不同线路的同一站点使用同一站名。

第十五条 在城市公共交通设施设置广告,应当符合广告、市容和环境卫生以及车辆管理等方面的法律、法规、规章的规定。不得影响车辆行驶安全和公共交通设施安全,不得覆盖站牌和车辆运营标识。

第十六条 禁止下列侵占、毁损城市公共交通设施或者影响其使用功能的行为：

（一）擅自迁移、挤占城市公共交通设施；

（二）涂改、覆盖、毁坏城市公共交通设施；

（三）在公共交通车站沿道路前后 30 米内（以车站站牌为准）路段停放其他车辆、设置摊点、摆放物品；

（四）改变城市公共交通设施使用用途；

（五）其他影响正常营运安全的行为。

第三章 运 营 管 理

第十七条 公安机关应当会同交通运输、规划、住建等部门根据本市道路条件、交通状况等实际情况，进行调查和评估后，按照国家和省有关规定，设置公共交通专用车道或公共交通优先车道。

第十八条 公共交通专用车道沿线信号灯路口应当设置优先信号灯控制，完善公共交通专用车道交通标志、标线，保障公共交通车辆优先通行。

第十九条 校车、大、中型客车可以按照规定使用公共交通专用车道。

第二十条 公安机关应当加强对公交专用车道的管理，制定相应的保障措施，对未设置城市公共交通专用车道的路段，要采取其他措施保障公共交通车辆优先通过。

第二十一条 城市公共交通经营依法实施行政许可。从事城市公共交通线路运营应依法取得道路运输经营许可证。

第二十二条 申请从事城市公共交通线路经营者应当符合下列条件：

（一）具有企业法人营业执照；

（二）具有符合运营线路要求的运营车辆或者提供保证符合国家有关标准和规定车辆的承诺书；

（三）具有合理可行、符合安全运营要求的线路运营方案；

（四）具有健全的经营服务管理制度、安全生产管理制度和服务质量保障制度；

（五）具有相应的管理人员和与运营业务相适应的从业人员；

（六）有关法律、法规规定的其他条件。

第二十三条 城市公共交通经营者从事线路运营的，应当向市道路运输管理机构提出申请，依法取得城市公共交通线路运营权，并签订线路特许经营协议，线路经营期限为4年到8年。

未取得城市公共交通线路运营权的单位或者个人不得从事城市公共交通运营活动。

第二十四条 城市公共交通经营者不得擅自转让经营权，不得以承包、挂靠等方式变相转让经营权，不得擅自停业、歇业。

第二十五条 有下列情形之一，擅自从事城市公共交通运营，可依法暂扣非法营运车辆。

（一）无城市公共交通线路经营许可证或持过期、伪造、无效城市公共交通线路经营许可证，从事城市公共交通运营的；

（二）非营运车辆招揽乘客从事城市公共交通运营行为的；

（三）非营运车辆擅自安装城市公共交通营运标志和设施的。

第二十六条 城市公共交通经营者，应当按照公共交通线路经营权许可确定的线路走向、站点、时间和班次运营。

确需调整公共交通线路走向、站点或者缩短营运时间、减少班次的，应当经市道路运输管理机构批准，并由城市公共交通经营者在实施之日前10日向社会公告。

第二十七条 因工程建设、大型活动等需要临时变更公共交通线路走向、站点、运营时间的，建设单位或者活动举办单位应当提前15日报经市道路运输管理机构审核同意。

市道路运输管理机构应当会同公安交通管理部门、相关公共交通经营者，制定公共交通线路临时调整方案。

城市公共交通经营者应当提前5日将公共交通线路临时调整方案向社会公告。

第二十八条 受自然灾害等不可抗力因素影响，公共汽车暂时不能营运的，公共交通经营者应当及时向市交通运输行政主管部门报告，并向社会公告。

第二十九条 抢险救灾、突发事件等特殊情况需要调用公共交通车辆时，城市公共交通经营者应当服从市交通运输行政主管部门的统一调动和指挥。

第三十条　终止城市公共交通经营或者线路经营的，城市公共交通经营者应当提前 90 日向市道路运输管理机构申请。

第四章　运营服务

第三十一条　依托智慧城市建设，大力发展智慧公交。积极发展智慧交通系统，提高交通效率和管理水平，为公众出行提供便捷服务和有力的安全保障。

第三十二条　城市公共交通经营者应当遵守下列规定：

（一）按照运营批准线路营运，不得擅自调整站点、营运时间，减少车辆，变更车型、越线、越站营运；

（二）建立健全安全管理制度，保证营运安全；

（三）执行行业服务标准和规范，保证服务质量；

（四）执行政府价格主管部门依法核准的价格；

（五）按照国家有关规定加强对客运车辆的维护和检测，保持车辆技术、安全性能等符合有关标准。

第三十三条　城市公共交通运营车辆应当符合下列要求：

（一）国家机动车行业技术标准和排放标准；

（二）在规定位置公布运营线路图、价格表；

（三）在规定位置张贴统一制作的乘车规则和投诉电话；

（四）在规定位置设置特需乘客专用座位；

（五）在无人售票车辆上配置符合规定的投币箱、电子读卡器等服务设施；

（六）规定的其他车辆服务设施和标识。

第三十四条　城市公共交通驾驶员、乘务员在营运时应当遵守下列规定：

（一）随车携带有效证件；

（二）着装整洁、礼貌待客、规范服务、准确播报线路、站点名称，为老、幼、病、残、孕乘客提供必要的乘车帮助；

（三）执行有关免费、优惠乘车的规定；

（四）禁止到站不停或者在规定站点范围外停车上下乘客；

（五）禁止无理拒载、中途逐客、滞站揽客和强行拉客；

（六）禁止擅自改线、长线短跑、中途甩客或掉头；

（七）禁止吸烟、接打电话；

（八）维护车内秩序，发现违法犯罪行为应当及时报告公安机关并协助调查取证；

（九）车辆在运行中出现故障不能继续运营时，驾驶员、乘务员应当安排乘客转乘同线路后序车辆，同线路后序车辆不得拒绝和重复收费。

第三十五条 乘客享有获得安全、便捷客运服务的权利，并应当遵守以下规定：

（一）依次排队乘车，老、幼、病、残、孕及怀抱婴儿者优先上车；

（二）主动购票，出示月票或者免费乘车证件，不得使用过期或伪造乘车票证，不得转借乘车票证；

（三）不得损坏车辆设施及有其他妨碍行车安全的行为；

（四）禁止在车内吸烟、随地吐痰、乱扔杂物等；

（五）禁止携带易燃、易爆、有毒等危险物品和动物乘车（导盲犬除外）；

（六）不得要求驾驶员违反道路交通安全法律、法规行车和停车；

（七）不得有其他损害乘客安全和健康的行为；

（八）其他危害车辆安全行驶的行为。

第三十六条 公共交通经营者，应当按照《中华人民共和国道路交通安全法》和交通运输部的相关规定，保证运营安全。

第三十七条 交通运输行政主管部门、道路运输管理机构和公共交通经营者，应当建立举报、投诉处理制度，公开投诉电话，接受社会监督和乘客投诉。

交通运输行政主管部门、道路运输管理机构和公共交通经营者接到举报、投诉后，应当及时核实，并于接到举报、投诉之日起15日内答复举报人、投诉人。

第五章 法律责任

第三十八条 违反本条例第十六条规定，有下列情形之一的，由相关部门依照城市管理有关法律、法规予以处罚：

（一）擅自迁移、挤占城市公共交通设施；

（二）涂改、覆盖、毁坏城市公共交通设施；

（三）在公共交通车站沿道路前后 30 米内（以车站站牌为准）路段停放其他车辆、设置摊点、摆放物品；

（四）改变城市公共交通设施使用用途；

（五）其他影响营运安全的行为。

第三十九条 违反本条例第二十一条规定，未取得道路运输经营许可，擅自从事城市公共交通营运的，由道路运输管理机构责令停止营运，并处以 3 万元罚款。

第四十条 违反本条例第二十四条规定，城市公共交通经营者非法转让经营权的，由道路运输管理机构责令停止违法行为，收缴有关证件，处 2000 元以上 1 万元以下的罚款；有违法所得的，没收违法所得。

擅自停业、歇业的，由道路运输管理机构责令改正，处 1000 元以上 3000 元以下的罚款；情节严重的，吊销道路运输经营许可证。

城市公共交通经营者自取得线路运营权后 6 个月内未投入车辆运营的，由道路运输管理机构撤销城市公共交通线路运营权。

第四十一条 违反本条例第三十二条第（一）项规定，由道路运输管理机构责令改正，并处罚款：

（一）未按批准的线路营运的，处以 3000 元罚款；

（二）擅自调整站点、营运时间，减少车辆，变更车型，越线、越站营运的，处以 2000 元罚款。

第四十二条 公共汽车驾驶员、乘务员违反本条例第三十四条第（四）项、第（五）项、第（六）项、第（七）项规定的，由道路运输管理机构责令改正，并对城市公共交通经营者处以 500 元罚款。

第四十三条 违法进入公交专用道行驶以及在公共交通车站停放的其他车辆，由公安机关依照相关法律法规处理。

第四十四条 违反本条例规定，有下列情形之一的，由公安机关依照相关法律法规予以处罚；构成犯罪的，依法追究刑事责任：

（一）损坏车辆设施，携带易燃、易爆、有毒等危险品或携带管制器具乘车，危害客运车辆行车安全的；

（二）破坏、盗窃城市公共交通设施的；

（三）扰乱公共汽车上的秩序的；

（四）非法拦截或者强登、扒乘公共汽车，影响正常行驶的；

（五）阻碍国家机关工作人员执行公务的。

第六章　附　　则

第四十五条 本溪满族自治县、桓仁满族自治县参照本《条例》规定执行。

第四十六条 本条例自公布之日起施行。

哈尔滨市城市公共汽车电车轮渡船客运管理条例

(2009年11月26日哈尔滨市第十三届人民代表大会常务委员会第十九次会议通过，2010年1月19日黑龙江省第十一届人民代表大会常务委员会第十五次会议批准。根据2011年11月30日哈尔滨市第十三届人民代表大会常务委员会第三十二次会议通过、2011年12月8日黑龙江省第十一届人民代表大会常务委员会第二十九次会议批准的《关于修改〈哈尔滨市林地林木管理条例〉等7部地方性法规的决定》修正。根据2014年4月28日哈尔滨市第十四届人民代表大会常务委员会第十四次会议通过、2014年6月13日黑龙江省第十二届人民代表大会常务委员会第十一次会议批准的《关于修改＜哈尔滨市历史文化名城保护条例＞等十二部地方性法规的决定》二次修正)

第一章 总 则

第一条 为加强城市公共汽车、电车和轮渡船客运管理，规范营运秩序，提高服务质量，维护乘客、经营者和从业人员的合法权益，促进公共交通事业健康发展，根据有关法律、法规规定，结合本市实际，制定本条例。

第二条 本条例适用于本市市区（含郊区）公共汽车、电车和轮渡船的客运管理。

第三条 本条例所称城市公共汽车、电车和轮渡船客运，是指利用公共汽车、电车和轮渡船按照固定线路（航线）、站点（码头）和时间运载乘客，并按照政府核定价格收费的运输活动。

本条例所称公共汽车、电车和轮渡船设施,是指为保障城市公共汽车、电车和轮渡船运营的设施、设备,包括公共汽车、电车场站、换乘停车场、站台、候车亭、专用道、优先通行信号装置、智能化设施设备、供配电设施以及轮渡码头等。

第四条 城市公共汽车、电车和轮渡船客运管理应当遵循统筹规划、政策扶持、规模发展、规范运营、服务公众的原则。

第五条 市交通运输行政主管部门负责本条例的组织实施。

市公共交通管理机构负责城市公共汽车、电车和轮渡船客运行业的日常管理工作。

发展和改革、建设、城乡规划、工商、公安、财政、城市管理、质量技术监督等行政管理部门,按照各自职责,负责城市公共汽车、电车和轮渡船客运管理的相关工作。

第六条 城市公共交通是社会公益性事业。

市人民政府应当优先发展城市公共汽车、电车客运,优化运营结构,为公众提供安全可靠、方便快捷、经济舒适、节能环保的城市公共交通服务。

市人民政府应当将城市公共交通设施建设等列入财政预算,增加资金投入。在政府性基金、经济补贴、设施用地、交通管理等方面制定和落实优先发展政策,促进城市公共汽车、电车和轮渡船客运行业健康发展,形成政府主导、多方参与、规模经营、有序竞争的格局。

第七条 市人民政府应当利用高新技术和先进的管理方式,改进城市公共交通系统,推进智能化城市公共交通体系建设。

第八条 公交企业应当根据行业要求,采取各种方式对从业人员进行培训,不断提高从业人员职业素质,提高服务质量。

第二章 规划与建设

第九条 市交通运输行政主管部门应当会同有关行政管理部门,根据本市经济社会发展、城市建设、环境保护和人民生活需要,编制公共汽车、电车和轮渡船客运交通规划,经市人民政府批准后纳入城市公共交通规划。

城市公共汽车、电车线路和轮渡航线的设置、调整，应当符合城市公共交通规划，并广泛听取公众、专家和有关部门的意见。

第十条 新建、改建、扩建大型公共场所、公共设施或者居住区等建设项目，应当规划配套建设公共汽车、电车客运交通设施，并与主体工程同步设计、施工和验收。

建设单位组织建设项目竣工验收，应当通知市交通运输行政主管部门参加。

第十一条 城市公共交通规划确定的停车场、保养场、首末站、调度中心、枢纽站等设施用地，符合《划拨用地目录》的，应当以划拨方式供地。

城市公共汽车、电车设施用地应当符合国家关于城市公共交通设施用地定额指标的规定。

任何单位和个人不得侵占、挪用城市规划确定的城市公共汽车、电车设施用地。特殊需要占、挪用的，应当按照原审批程序报批。

第十二条 市人民政府应当根据城市公共交通规划，建设换乘枢纽中心，并配备建设相应的机动车停车场及换乘服务设施。

市有关行政管理部门应当根据城市道路的实际状况，开设公共交通专用道、港湾式站台，设置公共汽车、电车优先通行信号系统；应当完善城市公共交通无障碍设施，为残疾人出行创造无障碍环境。

第十三条 市交通运输行政主管部门应当依据公共汽车、电车和轮渡船客运交通规划，建设城市公共交通线路运行显示系统、乘客服务信息系统等。

第十四条 公共汽车、电车枢纽站建设应当具备清洗、维护、安全检查、储存车辆、加油加气功能，有条件的应当设置室内候车场所。

第十五条 任何单位和个人不得擅自拆除、迁移公共汽车、电车和轮渡船场站设施。因城市规划建设需要拆除、迁移的，应当按照规定办理相关批准手续，并按照规划进行还建。

第三章 经营许可

第十六条 公共汽车、电车线路和轮渡航线经营权（以下简称经营权）

的取得（含转让、延续）实行经营许可制度。

公共汽车、电车线路经营权授予期限为 7 年，轮渡航线经营权授予期限为 10 年。

第十七条 经营权一般通过招标方式授予。特殊情况可以通过直接授予方式实施，直接授予的范围由市人民政府确定。

第十八条 申请经营权应当具备下列条件：

（一）具有相应购车资金或者符合营运要求的车辆、船只；

（二）具有符合营运要求的场站设施；

（三）具有健全的营运服务、安全、养护和保修等方面的管理制度；

（四）具有相应的管理机构、管理人员和驾驶员；

（五）具有合理、可行的经营方案；

（六）法律、法规规定的其他条件。

第十九条 经营权招标活动结束后，市交通运输行政主管部门应当在 7 个工作日内，与中标者签订经营权授予协议，核发《经营许可证》和《线路（航线）许可证》。市交通运输行政主管部门应当在核发《经营许可证》和《线路（航线）许可证》后 7 个工作日内为营运车辆、船只办理《营运证》。

第二十条 公共汽车、电车驾驶员应当具备下列条件：

（一）具有符合准驾车型的《机动车驾驶证》；

（二）近 3 年无重大以上交通责任事故记录；

（三）男性在 60 周岁以下，女性在 55 周岁以下；

（四）无职业禁忌症；

（五）经市交通运输行政主管部门培训合格；

（六）法律、法规规定的其他条件。

轮渡船驾驶员除符合本条前款（四）、（五）项规定外，还应当取得海事管理部门核发的《内河船舶适任证书》。

从事城市公共汽车、电车服务的乘务员、调度员等人员由公交企业培训合格后，方可上岗。

第二十一条 公交企业在经营期限内转让经营权的，应当与受让方共同向市交通运输行政主管部门提出书面申请。

市交通运输行政主管部门受理后，应当对受让方是否具备条件进行审查，符合本条例第十八条规定的,应当自受理之日起 7 个工作日内作出准予转让的决定。

第二十二条 公交企业在经营期限内合并、分立或者变更法定代表人、企业名称的,应当在办理变更工商登记手续后 7 个工作日内书面告知市交通运输行政主管部门。

第二十三条 经营权授予期限届满经营者需要继续经营的,应当在届满前 9 个月,向市交通运输行政主管部门提出延续经营权申请。

市交通运输行政主管部门受理申请后,对符合本条例规定条件的,应当在经营期限届满 6 个月前批准延续经营权,重新签订经营权授予协议,核发《经营许可证》。不予批准延续经营权的,市交通运输行政主管部门应当在作出不予批准决定之日起 7 个工作日内,告知申请人不予批准的理由。

第二十四条 任何单位和个人不得使用伪造、出租或者串用《经营许可证》、《线路(航线)许可证》和《营运证》。

第二十五条 市交通运输行政主管部门应当定期对营运公共汽车、电车、轮渡船和《营运证》进行免费审验。

公交企业和驾驶员应当按照规定接受审验。

第四章 营 运 管 理

第二十六条 公交企业在营运过程中应当遵守下列规定:

(一) 制定营运计划,报市公共交通管理机构备案;

(二) 按照规定的线路(航线)、时间、站点(码头)、班次、车辆(船只)营运;

(三) 执行价格行政管理部门核准的票价;

(四) 按照规定记录、报告营运、安全情况,保管营运、安全记录;

(五) 不得将车辆、船只交给不具备公共汽车、电车和轮渡船客运服务资格的人员驾驶;

(六) 定期对从业人员进行职业道德、专业技能和安全教育培训,并为驾驶员办理《驾驶员服务监督卡》;

（七）组织制定客运安全事故应急救援预案。

公交企业在营运中应当执行载客定员标准。

第二十七条 安全员、驾驶员应当在每日出车前、运行中和收车后对车辆进行安全检查，做好安全检查记录，发现问题及时报告。

公交企业应当对安全员、驾驶员发现的问题及时进行整改，整改不合格的不得营运。

第二十八条 公共汽车、电车和轮渡船发生安全事故时，驾驶员、乘务员、水手应当采取救援措施，并及时报告有关行政管理部门和所在公交企业。

第二十九条 公交企业应当按照行业卫生标准的要求，保持营运车辆内外整洁。

第三十条 公交企业新增、更新、减少车辆或者船只，临时增加、替换车辆或者船只的，应当符合经营权授予协议，并在情况发生之日起7个工作日内报市交通运输行政主管部门、市公安机关交通管理部门备案。

第三十一条 公交企业非因不可抗力原因不得停业、歇业。

公交企业终止营运的，应当提前3个月书面告知市交通运输行政主管部门。

市交通运输行政主管部门应当在公交企业终止营运前，依法确定新的经营者。

第三十二条 因公共交通线网规划调整、客流量发生较大变化等情况，市交通运输行政主管部门应当会同有关行政管理部门变更线路、航线、站点、码头，并提前10日向社会公示。

因城建施工、重大社会活动等情况，需要临时变更线路、航线、站点、码头的，建设单位或者主办单位应当提前5日书面告知市交通运输行政主管部门、市公安机关交通管理部门和市城市管理部门，市交通运输行政主管部门和市公安机关交通管理部门应当对线路、航线、站点、码头变更作出调整，并提前3日向社会公示，在沿线站点公告，设置临时站点、站牌。

第三十三条 遇有抢险救灾、突发事件等特殊情况时，公交企业应当服从市交通运输行政主管部门统一调度。

第三十四条 公共汽车、电车驾驶员、乘务员在营运中应当遵守下列规定：

（一）按照规定的线路、站点、班次、时间营运，依次进站、停靠，不得拒载、捡客、越站、超时等客或者敞门运行；

（二）起车、停车平稳，路况不平整时减速慢行，不得争道抢行；

（三）携带《机动车驾驶证》、《营运证》，佩戴《驾驶员服务监督卡》；

（四）开启电子报站设备和车载显示屏，电子报站设备发生故障时，进行口语报站；

（五）不得吸烟、聊天、使用手机；

（六）不得载客加油、加气；

（七）执行免费、优惠乘车规定；

（八）备有付费凭据；

（九）为老、幼、病、残、孕乘客提供必要的帮助；

（十）冬季室外温度低于零下10℃时开启暖风设施，夏季室外温度高于零上26℃时，空调车辆开启空调设施；

（十一）车辆发生故障不能继续行驶的，安排乘客换乘同线路后续车辆，属于末车的，即时通知所在公交企业安排其他车辆继续营运；

（十二）维护车辆、船只内秩序，发现有违法犯罪行为，及时报警并协助公安机关进行处理。

轮渡船驾驶员、水手等应当遵守本条前款（一）、（五）、（七）、（九）、（十二）项规定。

第三十五条 乘客乘坐公交车辆、轮渡船应当遵守下列规定：

（一）在站点、码头依次候乘，老、幼、病、残、孕乘客可以优先乘车（船）；

（二）不得携带易燃、易爆、有毒等危险品以及有碍乘客安全和健康的物品；

（三）乘坐公共汽车、电车不得携带重量超过30公斤，体积超过0.2立方米或者长度超过2米的物品，乘坐轮渡船不得携带摩托车；

（四）不得吸烟、随地吐痰或者乱扔果皮、纸屑等；

（五）不得携带猫、狗等动物；

（六）精神病患者和学龄前儿童乘车应当有人监护。

第三十六条 乘客对擅自提高票价或者城市通智能卡电子服务设施发生

故障不能使用的,可以拒付车费。

第三十七条 下列人员可以免费乘坐市区公共汽车、电车和轮渡船:
(一)持有《革命伤残军人证》和《因公伤残警察证》的;
(二)持有《老干部离休荣誉证》的;
(三)持有哈尔滨市人民政府制发的《敬老优待证》的;
(四)盲人;
(五)重度肢体残疾人;
(六)身高1.2米以下儿童。

盲人、重度肢体残疾人以外的残疾人可以半费乘坐市区公共汽车、电车和轮渡船。

本条一款(一)、(二)、(三)、(五)项和二款规定人员享受乘车优惠的,应当以刷卡方式验证;外地70岁以上的老年人,可以持本人身份证享受乘车优惠。

身高1.2米以上的学龄前儿童,可持户口办理学生城市通智能卡。

第五章 车辆、船只和设施管理

第三十八条 从事营运的公共汽车、电车和轮渡船应当符合下列规定:
(一)国家、地方和行业技术标准;
(二)门窗、座椅、扶手、暖风、空调等设施完好;
(三)报站器、城市通智能卡电子服务设施完好;
(四)车体完好,无破损;
(五)在规定位置标明线路营运标志、线路走向图、运价标准、服务投诉电话号码和禁烟标志;
(六)设有老、幼、病、残、孕等专用座位;
(七)设有符合标准的灭火器、安全锤、救生衣等安全设备和救生设备。

第三十九条 公交企业应当按照规定定期对车辆、船只进行维修保养和检测,保证技术性能和设施完好。

第四十条 鼓励公交企业购置清洁能源车辆或者对现有车辆进行清洁能

源改造。

公交企业购置清洁能源车辆或者对现有车辆进行清洁能源更新改造的，应当在购置或者改造后7个工作日内，书面告知市交通运输行政主管部门。

公交企业应当建立相应的安全管理制度和操作规程，配备相应的检测仪器和安全、技术、检修人员。

车辆使用清洁能源的技术改造及维修、检测，应当委托具有资质的企业实施。

公交企业应当组织清洁能源车辆驾驶员、安全技术人员参加有关部门的操作和安全知识培训，并持证上岗。

第四十一条 公交企业和驾驶员应当按照规定统一安装和使用卫星定位系统、城市通智能卡等电子服务设施，不得擅自改装、拆卸或者改变使用性能。发生损坏的，应当及时通知维护单位进行修复；丢失的应当按价赔偿。

第四十二条 任何单位和个人不得有下列行为：

（一）损坏、侵占公共汽车、电车和轮渡船客运服务设施；

（二）覆盖或者涂改公共汽车、电车站牌、标志牌及客运交通标志；

（三）在站台和停车场范围内停放其他车辆、设置摊点、摆放物品等；

（四）其他影响公共汽车、电车和轮渡船营运的行为。

第四十三条 公共汽车、电车站亭、站牌，轮渡码头、售票亭的设置应当便民、美观，与周边环境、建筑风格相协调。

公共汽车、电车站亭和站牌由市公共交通管理机构统一设置，具备条件的可以实施市场化运作。轮渡码头由轮渡经营企业设置。

公共汽车、电车站亭、站牌及轮渡码头的日常管护，由设置单位负责，发现损坏应当及时修复。

第四十四条 在公共汽车、电车和轮渡船设置广告，应当符合有关法律、法规的规定，图案美观，色彩与车辆、船只颜色相协调。设置的具体位置和规格标准，由市交通运输行政主管部门会同市市容行政管理部门制定。

第四十五条 公共汽车、电车站点，应当以所在区域地名、街路名、历史文化景点名称或者城市公共服务机构名称等命名，方便公众识别。

第六章　监督与投诉

第四十六条　市交通运输行政主管部门应当会同有关管理部门针对自然灾害、突发事件和重特大公共交通运营安全事故制定公共交通应急预案，报市人民政府批准后实施。

第四十七条　市交通运输行政主管部门应当加强对公共汽车、电车和轮渡船客运秩序，车辆、船只管理，场站设施管理等情况的监督检查，及时制止和查处扰乱公共交通秩序的行为。

市公共交通管理机构应当定期对公共汽车、电车和轮渡船安全营运情况进行巡查和抽查，发现问题及时责令有关公交企业和个人进行整改，防止出现安全事故。

被检查者应当如实提供有关资料和情况，不得拒绝或妨碍检查。

第四十八条　市交通运输行政主管部门应当建立公共汽车、电车和轮渡船客运服务质量考核制度，将考核结果记入信用档案，并作为政府财政补贴，经营权授予和收回的依据。

具体考核办法由市交通运输行政主管部门制定，报市人民政府同意后实施。

第四十九条　市公共交通管理机构和公交企业应当建立投诉举报制度，公开投诉举报方式，及时受理乘客、驾驶员投诉。

市公共交通管理机构和公交企业应当自受理投诉之日起15个工作日内调查处理完毕，同时答复投诉人；依法应当由其他管理部门调查处理的，及时移送有关管理部门。

第五十条　市公共交通管理机构认为需要公交企业负责人、驾驶员、乘务员当面接受调查的，可以向公交企业发出《调查处理通知书》，公交企业负责人接到《调查处理通知书》后，应当在规定的期限内带领被投诉驾驶员、乘务员到市公共交通管理机构接受调查。

市公共交通管理机构在调查和处理期间，可以根据需要暂扣被投诉车辆《营运证》，暂扣期限最长不得超过7日，驾驶员可以凭暂扣证明继续营运。

第五十一条　公交企业和驾驶员、乘务员、水手等有下列情形之一的，由市交通运输行政主管部门给予表彰或者奖励：

（一）在营运、服务过程中作出突出贡献的；

（二）在抢险、救灾等特殊客运任务中做出突出贡献的；

（三）拾金不昧、见义勇为、救死扶伤等事迹突出的；

（四）参与行业文明创建、社会公益活动事迹突出的。

第五十二条　市交通运输行政主管部门、市公共交通管理机构及其工作人员，应当遵守下列规定：

（一）在经营权授予、转让过程中，坚持公开、公平、公正的原则，严格审查，加强监督，按时核发相关证件；

（二）加强对非法营运活动的查处，不得参与非法营运活动，或者为非法营运活动提供保护；

（三）按照规定及时受理投诉；

（四）依法加强对公共汽车、电车和轮渡船客运行业的管理，维护运营秩序，不得干涉经营者正常的经营活动；

（五）不得利用职务之便索取、收受他人财物或者牟取其他利益；

（六）在管理过程中应当遵守的其他规定。

第七章　法　律　责　任

第五十三条　单位和个人违反本条例规定，擅自侵占、挪用城市规划确定的城市公共汽车、电车设施用地的，由市交通运输行政主管部门责令停止违法行为。

第五十四条　单位和个人违反本条例规定，未取得经营权擅自从事营运活动的，由市交通运输行政主管部门责令停止违法行为，暂扣非法营运车辆、船只，每辆（艘）处以5万元罚款。

第五十五条　公交企业违反本条例规定，有下列情形之一的，由市交通运输行政主管部门收回经营权，吊销《线路（航线）许可证》：

（一）擅自转让经营权的；

（二）两年考核不合格的；

（三）审验过程中发现经营资质发生变化，达不到本条例规定条件的；

（四）擅自停业、歇业的；

（五）终止营运未按照规定书面告知市交通运输行政主管部门的；

（六）公交企业未按照经营权授予协议购置符合规定标准的车辆、船只投入营运的；

（七）因经营管理不善，造成重大社会影响的。

第五十六条 单位和个人违反本条例规定，使用伪造、出租或者串用《经营许可证》、《线路（航线）许可证》和《营运证》的，由市交通运输行政主管部门责令限期改正，并处以5000元罚款。

第五十七条 公交企业违反本条例规定，有下列情形之一的，由市交通运输行政主管部门责令改正，处以3000元以上5000元以下罚款：

（一）未对安全员、驾驶员发现的安全问题及时进行整改，或者整改不合格进行营运的；

（二）未委托具有资质企业实施清洁能源车辆的技术改造、维修和检测的；

（三）未按照规定定期对车辆进行维修保养和检测的；

（四）未设有符合标准的灭火器、安全锤、救生衣等安全设备和救生设备的；

（五）将车辆、船只交给不具备公共汽车、电车和轮渡船客运服务资格人员驾驶的；

（六）轮渡船超过定员载客的。

第五十八条 公交企业违反本条例规定，有下列情形之一的，由市交通运输行政主管部门责令限期改正，处以2000元以上3000元以下罚款：

（一）未定期对从业人员进行职业道德、专业技能和安全教育培训的；

（二）合并、分立或者变更法定代表人、企业名称未按照规定书面告知市交通运输行政主管部门的；

（三）未制定营运计划的；

（四）未按照规定的线路（航线）、时间、站点（码头）、班次、车辆（船只）营运的；

（五）未执行价格管理部门核准票价的；

（六）未为驾驶员办理《驾驶员服务监督卡》的；

（七）新增、更新、减少车辆或者船只，临时增加、替换车辆或者船只未按照规定报市交通运输行政主管部门备案的；

（八）未按照规定接受市交通运输行政主管部门对营运公共汽车、电车、轮渡船和《营运证》进行审验的；

（九）购置清洁能源车辆或者对现有车辆使用清洁能源进行更新改造未按照规定书面告知市交通运输行政主管部门的；

（十）未建立清洁能源车辆的安全管理制度和操作规程，配备相应的检测仪器和安全、技术、检修人员的；

（十一）未组织清洁能源车辆驾驶员、安全技术人员参加有关部门的操作和安全知识培训的。

第五十九条 公交企业违反本条例规定，有下列情形之一的，由市交通运输行政主管部门责令整改，处以1000元以上2000元以下罚款：

（一）未将制定的营运计划报市公共交通管理机构备案的；

（二）未按照规定记录、报告营运、安全情况，保管运营、安全记录的；

（三）未按照规定标明线路营运标志、线路走向图、运价标准、服务投诉电话号码和禁烟标志的；

（四）未按照行业卫生标准保持运营车辆内外整洁的；

（五）遇有抢险救灾、突发事件等特殊情况，未服从市交通运输行政主管部门统一调度的；

（六）车体、门窗、座椅、扶手等破损的；

（七）未按照规定统一安装和使用卫星定位系统、城市通智能卡等电子服务系统，或者擅自改装、拆卸、改变使用性能的；

（八）未组织制定客运安全事故应急救援预案的。

第六十条 驾驶员违反本条例规定，有下列情形之一的，由市交通运输行政主管部门责令改正，处以200元以上500元以下罚款：

（一）未按照规定的线路、站点、班次、时间营运，依次进站、停靠，或者拒载、捡客、越站、超时等客、敞门运行的；

（二）载客加油、加气的；

（三）未按照规定使用统一安装的卫星定位系统、城市通智能卡等电子服务设施，或者擅自改装、拆卸、改变使用性能的。

第六十一条 驾驶员违反本条例规定，有下列情形之一的，由市交通运输行政主管部门责令改正，处以100元以上200元以下罚款：

（一）未携带《营运证》、佩戴《驾驶员服务监督卡》的；

（二）未开启电子报站设备或者车载显示屏，电子报站设备发生故障时未进行口语报站的；

（三）未执行免费、优惠乘车规定的；

（四）未备有付费凭据的；

（五）冬季室外温度低于零下10℃时未开启暖风设施，或者夏季室外温度高于零上26℃时，空调车辆未开启空调设施的；

（六）车辆发生故障不能继续行驶的，未安排乘客换乘同线路后续车辆，或者属于末车，未即时通知所在公交企业安排其他车辆继续运营的。

第六十二条 单位和个人违反本条例规定，有下列情形之一的，由市交通运输行政主管部门责令改正，处以200元罚款：

（一）损坏、侵占公共汽车、电车和轮渡船客运服务设施的；

（二）覆盖、涂改公共汽车或者电车站牌、标志牌、客运交通标志的。

违反本条前款（一）项规定造成损失的，应当承担赔偿责任。

第六十三条 安全员、驾驶员违反本条例规定，未在每日出车前、运行中和收车后对车辆进行安全检查，未做好安全检查记录，发现问题未及时报告的，由市交通运输行政主管部门责令改正，处以200元罚款。

第六十四条 公共汽车、电车站亭和站牌实施市场化运作的设置人以及轮渡经营企业，违反本条例规定，未按照规定对公共汽车、电车站亭、站牌及轮渡码头进行管护，或者发现损坏未及时修复的，由市交通运输行政主管部门责令改正，处以500元罚款。

第六十五条 单位和个人有本条例第五十四条规定情形，被暂扣车辆超过30日不履行行政处罚决定的，由市交通运输行政主管部门依据《中华人民共和国行政处罚法》第五十一条规定处理。

第六十六条 违反本条例其他规定，由有关行政管理部门按照相关规定进行处罚。

第六十七条 市交通运输行政主管部门、市公共交通管理机构及其工作人员，违反本条例规定的，由具有行政处分权的部门责令改正；情节严重的，对主管人员和其他直接责任人员依法给予行政处分。

第八章 附 则

第六十八条 县（市）公共汽车、电车和轮渡船客运管理，可以参照本条例执行。

第六十九条 本条例自 2010 年 5 月 1 日起施行。2004 年 3 月 10 日市人大常委会发布并根据 2005 年 5 月 11 日公布的《关于修改〈哈尔滨市地名管理条例〉等十部地方性法规的决定》修正的《哈尔滨市城市客运交通管理条例》同时废止。

哈尔滨市城市公共交通基础设施规划建设使用管理办法

（2013年6月18日哈尔滨市人民政府第25次常务会议通过，2013年7月7日哈尔滨市人民政府令第4号公布，自2013年9月1日起施行）

第一条 为了落实公交优先发展战略，加快城市公共交通基础设施建设，提高城市公共交通服务水平，根据国家、省、市有关法律、法规规定，结合本市实际，制定本办法。

第二条 本办法适用于本市城市规划区内公共交通基础设施的规划、建设和使用管理。

第三条 本办法所称公共交通基础设施，包括独立建设或者与大型公共场所、公共设施、居住区等建设项目配套建设的枢纽站、首末站、中途站、调度中心、专用停车场、保养场、修理厂、出租汽车营业站、出租汽车候客点、出租汽车专用服务区、公共自行车租赁站（点）、公交专用道、公交优先信号、公交专用加气站及其他与公共交通相关的设施。

城市轨道交通基础设施的规划、建设和使用管理，按照其他有关法律、法规、规章的规定执行。

第四条 市交通运输行政主管部门（以下简称交通运输部门）负责本办法的组织实施。

财政、发展和改革、公安交通管理、城乡规划、城乡建设、国土资源、城市管理、环境保护、住房保障和房产管理等行政管理部门，应当按照各自职责，负责做好公共交通基础设施规划、建设、使用管理的相关工作。

第五条 市人民政府根据城市发展需要，制定城市公共交通优先政策，将城市公共交通基础设施建设资金列入财政预算，在设施用地、路权分配、财税扶持等方面给予保障。

第六条 市交通运输部门应当会同市城乡规划主管部门组织编制《哈尔滨市公共交通基础设施规划》，报市人民政府批准后实施。

《哈尔滨市公共交通基础设施规划》作为城市公共交通规划的组成部分，应当纳入《哈尔滨市城市总体规划》和《控制性详细规划》。城乡规划主管部门在组织编制《控制性详细规划》时，应当征求交通运输部门意见。

城市建设应当优先规划实施公共交通基础设施建设。

第七条 按照规划，需要配建公共交通基础设施的住宅、公共场所和公共设施等建设项目，应当根据本办法第十条的设置要求合理配建。

第八条 公共交通基础设施建设以政府投资为主，鼓励社会其他组织或者个人以投资、合作等方式参与公共交通基础设施建设。

第九条 新建公共交通基础设施用地的地上、地下空间，可以按照市场化原则实施土地综合开发。

现有的公共交通设施用地，支持原土地使用者在符合规划且不改变用途的前提下进行立体开发。

第十条 公共交通基础设施的设置应当符合《哈尔滨市公共交通基础设施规划》、《哈尔滨市城市公共交通基础设施设置规范》，并执行国家、省、市有关规定和技术标准。

《哈尔滨市城市公共交通基础设施设置规范》由市交通运输部门会同有关部门拟定，报经市人民政府同意后实施。

第十一条 城乡规划主管部门在办理涉及公共交通基础设施的建设项目审批事项时，应当对公共交通基础设施的建筑规模、功能和形式是否符合实际需要征求市交通运输部门意见。

第十二条 配建的公共交通基础设施应当与建设项目主体工程同步规划、同步设计、同步建设、同步验收、同步交付使用。属于分期开发建设的，应当在首期建设项目中完成配建公共交通基础设施的建设。

第十三条 公共交通基础设施建设项目竣工后，建设单位应当按照规定组织竣工验收，并通知市交通运输部门参加。

第十四条 公共交通基础设施竣工验收合格后，建管双方应当按照有关规定及时办理建管交接手续。

第十五条　已投入使用的公共交通基础设施，使用和管理单位应当按照有关规定实施管理和维护，发现损坏的，应当及时维修，确保发挥正常使用功能。

任何单位和个人不得擅自改变公共交通基础设施使用性质，或者擅自迁移、拆除和占用公共交通基础设施。

市交通运输部门应当对公共交通基础设施的使用情况进行监督。

第十六条　单位和个人违反本办法规定，有下列行为之一的，由市交通运输部门责令改正，并按照下列规定处罚：

（一）擅自占用公共交通基础设施的，处以二百元罚款；

（二）擅自迁移、拆除公共交通基础设施的，处以五百元以上一千元以下罚款；

（三）擅自改变公共交通基础设施使用性质的，属于经营行为的，处以一万元以上二万元以下罚款；属于非经营行为的，处以五百元以上一千元以下罚款。

第十七条　违反其他规定的，依据有关法律、法规、规章的规定实施处罚。

第十八条　相关行政管理部门及其工作人员存在未按照规定编制专项规划、审批、验收等不依法履行职责的行为，由具有行政处分权的部门依据《哈尔滨市行政问责规定》实施问责。

第十九条　本办法下列用语含义：

（一）枢纽站，是指几种运输方式或者多条公交线路交会衔接转换的场所，主要是市内公共交通与铁路、长途客运、水路客运、航空客运的换乘节点，也包括市区内商务区、办公区等区域公交线路较为集中、客流集散量较大的大型公共场所；

（二）首末站，是指城市常规公共交通线路始发站和终点站；

（三）出租汽车营业站，是指设置在乘客集中区域，具有运营、停车、驾驶员餐饮、休息等功能的出租汽车营业活动场所；

（四）出租汽车专用服务区，是指具有供驾驶员休息、就餐、如厕、车辆清洗、维修等功能的出租汽车专用服务场所。

第二十条　本办法自2013年9月1日起施行。

南京市公共客运管理条例

(2011年6月29日南京市第十四届人民代表大会常务委员会第二十三次会议制定，2011年7月16日江苏省第十一届人民代表大会常务委员会第二十三次会议批准)

第一章 总 则

第一条 为了加强公共客运管理，规范公共客运市场秩序，提高服务质量，保障乘客、经营者及其从业人员的合法权益，促进公共客运城乡一体化发展，根据有关法律、法规，结合本市实际，制定本条例。

第二条 本条例所称公共客运是指公共汽车客运和出租汽车客运。

本市行政区域内公共客运的规划、建设、运营及相关监督管理等活动，适用本条例。

轨道交通、轮渡和长途客运的管理，依照有关法律、法规的规定执行。

第三条 市交通运输行政主管部门是本市公共客运的行政主管部门。浦口区、江宁区、六合区、溧水县、高淳县（以下简称区、县）交通运输行政主管部门依照本条例的规定负责辖区内公共客运的规划建设和监督管理工作。交通运输行政主管部门所属的运输管理机构负责公共客运的日常管理工作。

住房和城乡建设、公安、消防、财政、规划、城市管理、环保、国土、审计、价格、旅游园林、质量技术监督和安全生产监督等有关行政主管部门应当按照各自职责，做好公共客运的相关管理工作。

第四条 公共汽车客运具有公益性质。本市坚持公交优先原则，市、区、县人民政府应当支持公共汽车客运发展，在财政补贴、城乡规划、用地供给、设施建设、交通管理，以及公交线网结构和运力配置等方面优先给予保障。

市、区、县人民政府应当将出租汽车客运纳入综合交通发展体系，促进出租汽车客运与其他客运方式协调发展。

第五条 市、区、县人民政府应当扶持城乡公共客运一体化发展，整合城乡客运资源，优化客运网络衔接，完善配套基础设施，形成城市、县乡、镇村公共汽车以及其他客运服务有机衔接的城乡公共客运体系。

第六条 市、区、县人民政府应当推进公共客运智能化，逐步建立线路运行系统、综合查询系统、服务信息系统，方便公众了解公共客运信息，合理安排出行。

第七条 鼓励和引导公共客运企业实行规模化、集约化、低碳化经营，推广应用新技术、新设备、新能源，提高运营效率，为公众提供安全舒适、方便快捷、经济环保的公共客运服务。

鼓励公共客运经营者配置一定数量的无障碍车辆。

第二章 规划和建设

第八条 市交通运输行政主管部门会同市住房和城乡建设、规划、国土、公安等部门，根据城市总体规划编制本市公共客运发展规划和公共客运设施控地规划，报市人民政府批准后实施。

区、县人民政府根据本市公共客运发展规划组织编制本行政区域公共客运发展规划，报市交通运输行政主管部门备案。

编制公共客运发展规划应当广泛征求社会公众意见，并向社会公示规划草案。

第九条 编制公共客运发展规划应当从经济社会发展的实际需要出发，按照统筹协调、适度超前、方便出行的原则，适应公共汽车客运优先发展、城乡公共客运一体化的需要，科学合理布局城乡客运线网，实现公共汽车客运与铁路、公路、民航、轨道交通、水路客运等客运方式的有机衔接。

第十条 规划部门组织编制控制性详细规划应当与公共客运发展规划和公共客运设施控地规划相衔接，将公共客运设施用地纳入控制性详细规划，保障公共客运设施用地。

规划确定的公共客运设施用地以划拨方式供地。

第十一条 鼓励和支持城市公共汽车向新城区、开发区、镇、村和旅游景点延伸。

加强城乡公共汽车基础设施建设，科学设置客运站、候车亭、站牌，促进城乡公共汽车客运的接驳换乘和有效衔接。

第十二条 新建、改建或者扩建机场、火车站、轨道交通站、长途汽车站、客运码头、开发区、大型公共活动场所的，建设单位应当按照规划要求和相关标准配套建设相应的公共客运设施。

居住小区应当按照规划的要求配套建设公共汽车客运设施。新建居住小区确定建设公共汽车客运设施的，应当在土地出让条件中明确，并不得擅自变更；分期开发的，在公共汽车客运设施建成前，应当设置过渡公共汽车站点设施。

规划条件确定需要同步配套建设的公共客运设施应当与主体工程同步设计、同步建设、同步竣工、同步交付使用。未按照规定进行配套建设的，规划部门不予验收，主体工程不得交付使用。

第十三条 任何单位和个人不得擅自拆除、迁移、占用公共客运设施。因建设需要拆除、迁移、占用公共客运设施，或者需要调整公共汽车线路的，建设单位应当与公共客运设施产权单位签订补建或者补偿协议，并经运输管理机构同意。

新的公共客运设施建成前，有关部门和单位应当采取措施，保证公共汽车客运正常运行。

第十四条 运输管理机构应当根据公共客运发展规划和城乡发展的实际需要，定期组织客流量调查和客运线路普查，合理调整和适时开辟公共汽车客运线路，优化公共汽车线网。

调整和开辟公共汽车客运线路应当事先征求公安机关意见，并听取社会公众意见。

第十五条 公安机关交通管理部门应当根据道路条件、交通状况和公共汽车线路走向，设置公共汽车专用车道、优先通行信号，在禁左、禁右和单向行驶路段设立交通标志，保障公共汽车优先通行。

第十六条　公共汽车停靠站的设置应当符合下列要求：

（一）同一线路站点间距一般为五百米至八百米，镇村公共汽车站点间距根据当地情况设置；

（二）同一站名的上、下行站点间距一般在一百米左右；

（三）在有条件的路段设置港湾式停靠站；

（四）不同线路的同一站点使用同一站名；

（五）站牌应当标明线路名称、首末班车时间、所在站点和沿途停靠站点的名称、开往方向等。

第十七条　公共客运设施日常养护单位应当按照交通运输行政主管部门制定的公共客运设施管理规范，定期维护保养站点设施，保持候车亭、站牌等设施整洁、完好。

第十八条　利用候车亭、站牌、公共客运车辆等设施设置广告的，不得影响公共客运设施安全，不得覆盖站牌标识、车辆运营标识，不得妨碍乘客观察进站车辆视线和车辆行驶安全视线，并遵守广告管理法律、法规的规定。

第十九条　市交通运输行政主管部门应当建立出租汽车运力总量调控机制。根据出租汽车客运发展规划、市场供求和城乡交通状况，征求社会公众意见，制订出租汽车运力投放计划，按照规定报经批准后实施。

第二十条　机场、火车站、长途汽车站和其他客流集散地等公共场所，运输管理机构可以根据出租汽车客运发展规划设置出租汽车运营站点，并事先征求公安机关的意见。设置出租汽车运营站点的，运输管理机构应当公布站区范围。出租汽车运营站点不得向停车候客的出租汽车驾驶员收费。

第三章　经营许可

第二十一条　公共客运经营实行许可制度。从事公共客运经营，应当向交通运输行政主管部门申请取得公共客运经营权。公共客运经营权包括公共汽车线路经营权和出租汽车经营权，经营权有效期限最长不超过八年。

交通运输行政主管部门应当采取招标方式确定公共客运经营权。

第二十二条 区、县交通运输行政主管部门负责起讫站和线路走向均在辖区内的公共汽车线路经营权证的授予；市交通运输行政主管部门负责本市其他线路公共汽车线路经营权证的授予。

区、县交通运输行政主管部门负责辖区内从事经营的出租汽车经营权证的授予；市交通运输行政主管部门负责本市其他出租汽车经营权证的授予。

第二十三条 企业申请参加公共客运经营权招标的，应当符合下列条件：

（一）具有符合运营要求的车辆或者相应的车辆购置资金；

（二）具有与运营业务相适应的驾驶员、管理人员和其他专业人员；

（三）具有与经营规模相适应的停车场所和配套设施或者具备相应的资金等保障条件；

（四）具有健全的运营服务和安全管理制度；

（五）法律、法规规定的其他条件。

个人申请参加出租汽车经营权招标的，应当符合国家规定的相应条件，并具有相应车辆购置资金或者符合运营要求的车辆。

第二十四条 交通运输行政主管部门应当自收到申请之日起按照招标公告规定的期限进行审查，符合条件的，准予参加公共客运经营权招标；不符合条件的，应当书面说明理由。

第二十五条 交通运输行政主管部门应当按照《中华人民共和国招标投标法》的有关规定确定中标人，并向中标人发出中标通知书。自中标通知书发出之日起十五日内，交通运输行政主管部门应当向中标人颁发公共客运经营权证。

公共汽车线路经营权招标不成的，交通运输行政主管部门可以依照有关程序确定经营者。

第二十六条 交通运输行政主管部门应当与取得公共客运经营权的经营者签订运营协议，运营协议包括运营方案、客运设施管理、运营车辆及人员、服务水平和质量要求、经营期限、生产安全管理等内容。

交通运输行政主管部门对投入运营的车辆核发公共客运营运证，运营车辆一车一证，持证运营。

第二十七条 公共汽车线路经营权期限届满六个月前，公共汽车经营者需要延续经营权的，应当向交通运输行政主管部门提出申请。交通运输行政主管部门应当自受理申请之日起三十日内对申请人的经营条件进行审查，符合条件的，准予延续；不予延续的，应当书面说明理由。

公共汽车经营者未按时申请延续或者申请延续未获批准的，交通运输行政主管部门应当按照本条例第二十三条至第二十六条的规定，确定新的公共汽车经营者。

公共汽车线路经营权期限届满，尚未确定新的公共汽车经营者的，交通运输行政主管部门因社会公共利益需要，报经市、区、县人民政府同意，可以指令公共汽车经营者继续运营，指令运营期间应当根据运营情况给予经营者相应补偿。

第二十八条 出租汽车经营权期限届满三个月前，出租汽车经营者需要继续运营的，应当向交通运输行政主管部门提出申请。交通运输行政主管部门应当自受理申请之日起三十日内根据申请人的经营条件、服务质量、经营信誉和车辆更型标准等决定是否准予延续。不予延续的，应当书面说明理由。

第二十九条 公共客运驾驶员应当具有相应的车辆驾驶证件，身心健康，无职业禁忌，三年内无重大以上交通责任事故记录。

公共汽车经营者应当对驾驶员进行公共汽车运营服务规范、车辆维修和安全应急知识培训。未经培训合格的驾驶员，不得上岗作业。

出租汽车驾驶员经交通运输行政主管部门考试合格，取得服务资格证。服务资格证实行年度记分考核管理。考核不合格的，由交通运输行政主管部门取消其服务资格。被取消服务资格的出租汽车驾驶员继续从业的，应当重新参加并通过服务资格证考试。

服务资格证记分考核管理办法由市交通运输行政主管部门拟定，报市人民政府批准。

第三十条 公共客运经营者的经营条件实行年度审验制度，年度审验不得收费。

第三十一条 无公共客运营运证的车辆不得安装顶灯、计价器、服务标志、标识等与公共客运有关的配套设施。

不得利用摩托车从事公共客运经营活动。

第四章 运营管理

第三十二条 公共汽车经营者在经营期限内，不得转让公共汽车线路经营权，不得擅自变更运营方案、暂停或者终止运营。

公共汽车经营者确需变更运营方案、暂停或者终止运营的，应当提前三个月向交通运输行政主管部门提出申请。

公共汽车经营者因解散、破产等原因在线路经营权期限内需要终止运营的，交通运输行政主管部门应当在其终止运营前确定新的经营者。

第三十三条 因工程建设、重大活动等特殊情况影响公共汽车运营需要调整线路的，运输管理机构应当及时调整线路并提前向社会公布。

第三十四条 因重大社会活动、突发事件、恶劣天气、抢险救灾等需要而采取的临时措施，公共客运经营者应当服从市、区、县人民政府的统一指挥。市、区、县人民政府应当根据情况给予相应补偿。

第三十五条 公共汽车经营者应当遵守下列规定：

（一）按照运营协议组织运营；

（二）配备符合机动车安全运行要求和污染物排放标准的运营车辆；

（三）按照规定设置醒目的头牌、腰牌、尾牌；

（四）保持车辆整洁、设施完好；

（五）配置救生锤、灭火器等安全设备；

（六）在车厢内部醒目位置张贴线路示意图、乘客守则、禁烟标志和监督标签；

（七）装有空调设施的车辆在显著位置设置温度计，公布空调开启条件，定期维护车辆空调设施，保持空调正常使用；

（八）设置老、弱、病、残、孕专座；

（九）按照规定配备车辆智能化运营调度设施，并及时向运输管理机构提供运营数据。

第三十六条 公共汽车运营中，驾驶员应当遵守下列规定：

（一）按照核准的运营线路，正确及时播报线路名称、走向、停靠站点

和相关提示语,依次进站,规范停靠;

(二)不得滞站、站外带客、溜站、拒载、中途甩客;

(三)因故不能继续运营时,及时向乘客说明原因,并安排乘客免费换乘同线路车辆;

(四)引导乘客有序乘车、文明让座;

(五)不得吸烟。

第三十七条 乘坐公共汽车应当主动购票或者出示有效乘车凭证。

下列人员可以免费乘坐公共汽车:

(一)持有《革命伤残军人证》和《因公伤残警察证》的;

(二)持有《老干部离休荣誉证》的;

(三)盲人;

(四)持有老年免费优惠卡的;

(五)儿童身高符合免费乘车条件的。

六十至六十九周岁的老年人、十八周岁以下的在校学生,可以持卡优惠乘坐公共汽车。

禁止持伪造的免费、优惠凭证或者冒用他人免费、优惠凭证乘车。

第三十八条 乘坐公共汽车应当遵守下列规定:

(一)遵守乘车秩序,在站点区域内有序乘车;

(二)不得妨碍驾驶;

(三)不得从事营销活动、散发宣传品;

(四)不得乞讨、卖艺;

(五)不得携带易燃、易爆、剧毒等危险品或者易污染、损伤他人的物品;

(六)不得吸烟、随意吐痰、抛撒垃圾;

(七)不得携带犬、猫等动物。

第三十九条 出租汽车经营者应当遵守下列规定:

(一)按照运营协议从事运营活动;

(二)不得擅自转让出租汽车经营权;

(三)按照规定和要求安装顶灯、计价器、电子货币刷卡器、车载定位终端、安全防护设施和音像采集设备,公布监督投诉电话;

（四）按照规定统一设置车身识别色、门标和头座套款式以及服务资格证展示位置；在车身外部规定位置标明经营者的名称、标识、编号；

（五）定期送检计价器；

（六）执行价格主管部门核定的收费标准并明码标价，使用税务部门制发的票据；

（七）保证车辆技术状况完好，建立车辆技术档案，按时进行车辆审验和车辆检测。

第四十条　出租汽车运营中，驾驶员应当遵守下列规定：

（一）随车携带公共客运营运证，展示服务资格证。

（二）保持车容整洁卫生，禁止吸烟。

（三）使用计价器，并主动向乘客出具合法有效的车费票据。

（四）按照规定使用标志牌、标志灯，运营时间内不得拒载。

（五）在运营站点按照规定进站排队，服从调度，按序带客，不得私自揽客、站外带客；在出租汽车停靠站或者允许停车的路段停车上下客，不得滞留候客。

（六）按照合理路线或者乘客要求的路线行驶，未经乘客同意不得绕道行驶。

（七）严格执行合乘规定，正确折算车费。

（八）按照乘客意愿采用现金或者刷卡方式结算车费。

（九）使用按照规定安装的设备，并保持完好，损坏后及时报修。

（十）有违法行为或被投诉时，在规定期限内到指定地点接受调查处理。

第四十一条　出租汽车驶离本市的，驾驶员应当到警务查报站登记，乘客应当予以配合。乘客不予配合的，出租汽车驾驶员有权拒绝提供运送服务，乘客应当支付已经产生的费用。

第四十二条　出租汽车应当在核准的经营区域内运营，不得从事乘客求租点和目的地均在核准经营区域外的运营活动。

外地出租汽车不得在本市行政区域内以滞留候客方式运营。

第四十三条　乘客应当支付乘坐出租汽车的车费以及过路、过桥、过渡、过隧道费用。

出租汽车驾驶员有下列行为之一的，乘客可以拒绝支付车费：

（一）未使用计价器的；
（二）未出具合法有效的车费票据的；
（三）在起步费里程内车辆发生故障，无法完成运送任务的；
（四）无正当理由中断服务的；
（五）拒绝乘客刷卡付费的。

第四十四条 有下列行为之一的，出租汽车驾驶员可以拒绝提供运营服务：
（一）在禁停路段或者遇红灯停驶时拦车的；
（二）携带的物品超大、超重或者可能污损车辆的，或者属于易燃、易爆、有毒等危险物品的；
（三）携带犬、猫等动物的；
（四）精神病患者无人监护、酗酒者丧失自控能力无人陪同、行为不能自理者无人看护的；
（五）向出租汽车驾驶员提出其他违法违规要求的。

第五章 安全管理

第四十五条 市、区、县人民政府应当加强公共客运安全监督管理工作，督促有关部门依法履行公共客运安全监督管理职责。

第四十六条 交通运输行政主管部门应当会同有关部门，针对自然灾害、交通事故、公共卫生等突发事件，制定公共客运应急预案，报同级人民政府批准后实施。

交通运输行政主管部门应当督促公共客运经营者履行生产安全责任，确保公共客运安全。

第四十七条 公共客运经营者应当落实生产安全责任制，履行下列生产安全职责：
（一）制定生产安全规章制度，对从业人员进行生产安全培训；
（二）定期检查维护运营车辆及安全设施，保持其技术状况良好，保证安全设施投入，逐步配备车载定位终端和摄像设备；

（三）制定本单位生产安全事故应急预案，并定期演练；

（四）及时处理、如实报告生产安全事故，并配合有关部门依法调查处理；

（五）对从业人员进行治安技能培训，落实治安安全防范规章制度；

（六）法律、法规规定的其他职责。

第四十八条　发生影响公共客运运营安全的紧急情况时，公共客运经营者及其从业人员应当及时采取疏散乘客和车辆、限制客流、停止运行等应急措施，同时向有关部门报告。

第四十九条　交通运输、公安等有关部门以及公共客运经营者应当加强安全乘车和安全应急知识宣传工作，学校应当对学生开展安全、文明乘车教育，普及公共客运安全应急知识。

第六章　监督和保障

第五十条　市、区、县人民政府及交通运输、公安等有关部门应当加强监督检查，依法查处扰乱公共客运秩序、危害公共客运安全的行为。

第五十一条　交通运输行政主管部门履行下列职责：

（一）负责公共客运的资质管理；

（二）制定公共客运运营服务规范、设施管理规范；

（三）制定公共汽车乘客守则；

（四）建立服务质量考核制度，定期考核公共客运经营者并建立信用档案；

（五）法律、法规规定的其他职责。

第五十二条　交通运输行政主管部门会同财政、价格、审计部门制定公共汽车客运经营成本费用评价制度并进行年度审计与评价，合理核定财政补贴、补偿额度。

第五十三条　公共汽车经营者因承担免费和优惠乘车、开通冷僻线路运营、执行抢险救灾等政府指令性任务所增加的支出，市、区、县人民政府应当给予专项财政补贴。

第五十四条 公安机关负责客运治安、道路交通安全管理，履行下列职责：

（一）指导和监督公共客运治安、道路交通安全防范工作，督促整改安全隐患；

（二）制定公共客运治安安全防范规章制度，指导公共客运从业人员的治安技能培训；

（三）调解公共客运治安纠纷，查处公共客运治安和刑事案件；

（四）督促公共客运经营者落实交通安全责任；

（五）设立警务查报站；

（六）查处妨碍公共客运驾驶的行为；

（七）查处利用摩托车违法从事公共客运经营的活动；

（八）法律、法规规定的其他职责。

第五十五条 住房和城乡建设行政主管部门负责对公共客运设施建设的监督管理。

规划、国土行政主管部门负责公共客运设施用地的监督管理。

价格行政主管部门负责制定公共客运收费标准并进行监督管理。

质量技术监督行政主管部门负责对出租汽车计价设备的监督管理。

安全生产监督行政主管部门负责对公共客运生产安全的监督管理。

环境保护行政主管部门负责对公共客运车辆排气污染防治的监督管理。

第五十六条 运输管理机构履行下列职责：

（一）加强执法队伍建设，规范执法行为，提高执法人员业务素质；

（二）对公共客运运营情况和安全进行检查；

（三）负责公共客运设施维护保养的监督检查；

（四）查处公共客运市场违法运营行为；

（五）推行电子政务，实行信息公开，方便信息查询；

（六）法律、法规规定的其他职责。

第五十七条 未取得公共客运经营权从事公共客运经营活动的，由运输管理机构中止违法运营车辆运行，并责令当事人在规定期限内到指定地点接受处理。

运输管理机构中止车辆运行的，应当当场出具中止车辆运行凭证，并依法作出处理决定。对中止运行的车辆应当妥善保管，不得使用。除因不可抗力外，造成车辆及随车物品遗失、损坏的，应当予以赔偿。

当事人应当在规定期限内到指定的地点接受处理。逾期不接受处理，运输管理机构进行公告，公告三个月内仍不接受处理的，运输管理机构可以依法对中止运行的车辆予以拍卖或者报废。

第五十八条　运输管理机构和公共客运经营者，应当建立举报、投诉处理制度，在公共客运设施和运营车辆的醒目位置公开投诉电话及其他联系方式，接受社会监督和乘客投诉。

运输管理机构和公共客运经营者接到举报、投诉后，应当及时核实，并于投诉之日起十五日内答复举报人、投诉人。

第五十九条　运输管理机构实施监督检查活动，不得妨碍公共客运经营者的正常经营。

公共客运经营者以及从业人员合法权益受到侵害的，可以向交通运输行政主管部门反映和投诉，交通运输行政主管部门对反映和投诉应当于七日内处理完毕。

第七章　法律责任

第六十条　违反本条例规定，有下列情形之一的，由运输管理机构责令停止违法行为，处以五千元以上五万元以下罚款，有违法所得的没收违法所得：

（一）未取得公共客运经营权从事运营的；

（二）将没有公共客运营运证的车辆投入运营的；

（三）擅自变更运营方案、暂停或者终止运营的。

第六十一条　出租汽车经营者有下列情形之一的，由运输管理机构责令限期改正，逾期不改正的，可以吊销出租汽车经营权证：

（一）擅自转让出租汽车经营权的；

（二）不按照规定参加年度审验的；

（三）年度审验不合格的。

第六十二条 公共汽车经营者未对驾驶员进行培训，或者出租汽车驾驶员未取得服务资格证从事公共客运驾驶的，由运输管理机构责令改正，并对经营者处以一千元以上五千元以下罚款，对出租汽车驾驶员处以二百元以上一千元以下罚款。

第六十三条 公共客运设施日常养护单位违反本条例第十七条规定的，由运输管理机构责令限期改正，逾期不改正的，可处以二千元以上二万元以下罚款。

第六十四条 违反本条例规定的，由运输管理机构按照下列规定给予处罚：

（一）公共汽车经营者违反第三十五条规定的，责令限期改正；逾期不改正的，处以一千元以上五千元以下罚款。

（二）公共汽车驾驶员违反第三十六条规定的，给予警告，可处以五十元以上二百元以下罚款。

（三）出租汽车经营者违反第三十九条规定的，责令限期改正；逾期不改正的，处以二千元以上五千元以下罚款。

（四）出租汽车驾驶员违反第四十条规定的，可处以一百元以上一千元以下罚款。

（五）出租汽车驾驶员违反第四十二条规定的，处以一千元以上一万元以下罚款。

第六十五条 利用摩托车从事公共客运经营的，由公安机关交通管理部门扣押车辆，没收违法所得，可处以一千元以上三千元以下罚款。

第六十六条 出租汽车驶离本市，驾驶员不到警务查报站登记的，由公安机关处以一百元以上五百元以下罚款。

第六十七条 违反本条例第三十一条第一款规定的，由运输管理机构责令改正，可处以二千元以上一万元以下罚款。

第六十八条 公共客运经营者违反本条例第四十七条规定的，由运输管理机构按照下列规定给予处罚：

（一）未制定生产安全规章制度、生产安全事故应急预案的，责令限期改正，可处以二千元以上五千元以下罚款；

（二）未定期检查维护运营车辆及安全设施并保持其技术状态良好的，

责令限期改正，可处以三千元以上五千元以下罚款。

违反前款规定，造成生产安全责任事故、发生安全事故未按照规定报告的，由安全生产监督管理部门依法处理。

第六十九条 运输管理机构执法人员发现公共客运从业人员违法行为的，应当当场纠正，并依法处理。执法人员认为应当对公共客运违法行为人给予暂扣或者吊销公共客运营运证或者服务资格证的，可以先予扣留公共客运营运证或者服务资格证，责令限期改正、接受处理。

公共客运违法行为人应当在规定期限内到运输管理机构接受处理。无正当理由逾期未接受处理的，可以吊销公共客运营运证或者服务资格证。

第七十条 有关行政主管部门及公共客运管理人员违反本条例规定，滥用职权、徇私舞弊、玩忽职守的，给予行政处分；构成犯罪的，依法追究刑事责任。

第八章　附　　则

第七十一条 本条例下列用语的含义：

（一）公共汽车客运是指：公共汽车、公共电车按照规定的线路、站点、收费标准和方式，为社会公众提供客运服务的经营活动。

（二）出租汽车客运是指：利用小型客车，按照乘客意愿提供客运服务，并且按照规定的标准和方式收费的经营活动。

（三）出租汽车拒载是指：

1. 开启空车标志，行驶中遇乘客招手停车或者在停靠站点、路边候客，经乘客合理求租而不载客的；

2. 在停车站点候客时，不服从调度，挑拣业务的；

3. 在运营途中，无正当理由中途甩客或者倒客的。

（四）出租汽车违反计价器使用规定是指：

1. 计价器未向计量行政主管部门申报强制检定、未经强制检定投入使用以及超过强制检定期限仍在使用的；

2. 损坏计价器铅封、擅自拆卸计价器、给计价器附加设施或者使用干扰信号等手段破坏计价器的；

3. 在空车状态下，故意压下空车标志牌行驶，预置里程或者费用后再带客的；

4. 不使用计价器或者不按照计价器显示金额收费的。

（五）出租汽车绕道是指：乘客指定目的地，但未指定行驶线路时，有两条以上线路可到达，驾驶员不选择捷径的；因道路交通管理规定或者路况条件限制，另选择线路未向乘客说明并征得同意的。

（六）合乘出租汽车是指：在同一地点有两个以上互不相识的乘客要求租乘同一辆车的，或者在载客途中又遇乘客租车，在去向相近或者顺路时，经征得乘客同意后共同租乘的。

第七十二条　本条例自2012年1月1日起施行。2003年7月31日南京市第十三届人民代表大会常务委员会第五次会议制定的《南京市城市公共汽车出租汽车客运管理条例》，1998年12月18日南京市人民政府颁布的《南京市城市公共车辆客运管理办法》同时废止。

无锡市公共交通条例

(2016年1月15日无锡市第十五届人民代表大会第五次会议制定,2016年3月30日江苏省第十二届人民代表大会常务委员会第二十二次会议批准)

第一章 总 则

第一条 为了促进公共交通事业发展,规范公共交通管理,保障乘客、经营者及其从业人员的合法权益,满足公众基本出行需求,根据有关法律、法规,结合本市实际,制定本条例。

第二条 本市行政区域内公共交通的规划、建设、运营以及相关管理活动,适用本条例。

本条例所称公共交通,是指利用公共交通运载工具以及有关设施进行运营,为公众提供基本出行服务的社会公益性事业。

第三条 公共交通事业发展应当坚持政府主导、统筹规划、城乡一体、智能环保、安全便捷的原则。

第四条 市、县级市、区人民政府应当加强对公共交通事业的领导,确立公共交通在城乡交通体系中的主导地位,落实公共交通优先发展战略,建成设施完善、运行安全、服务优质、管理规范、保障有力的公共交通系统,促进公共交通可持续发展。

市、县级市、区人民政府建立公共交通联席会议制度,协调解决公共交通发展中的重大问题。

第五条 市、县级市交通运输行政主管部门按照职责,负责本行政区域内公共交通管理工作。

区交通运输行政主管部门按照分工,负责本辖区内公共交通管理工作。

道路运输管理机构根据法律、法规授权,具体负责实施公共交通管理工作。

发展改革、城乡规划、公安、财政、国土、建设、城市管理、安全生产监督、市政园林、环境保护、价格等部门,应当按照各自职责,共同做好公共交通管理相关工作。

第六条 鼓励和支持公共交通经营企业应用新技术、新设备,使用新能源运载工具,发展大容量公共交通,提高运营效率。

加强公共交通和绿色出行的宣传,鼓励和引导公众优先选择公共汽车、轨道交通、公共自行车等出行方式。

第二章 规划建设

第七条 市、县级市人民政府在组织编制和调整城市总体规划、土地利用总体规划时,应当结合公共交通发展和公众出行需求,统筹城乡公共交通发展布局、功能分区和用地配置。

第八条 市、县级市交通运输行政主管部门应当会同城乡规划、建设、国土、公安、环境保护等部门,根据城市总体规划和土地利用总体规划编制公共交通规划,报本级人民政府批准后实施。

县级市公共交通规划应当报市交通运输行政主管部门备案。

第九条 编制公共交通规划应当遵循科学合理、适度超前的原则,科学规划线网结构,优化场站布局,完善综合换乘枢纽,促进区域之间公共交通线路和多种公共交通方式的衔接,并加强与城市慢行系统及其他出行方式的协调。

编制公共交通规划应当征求公众意见,并向社会公示规划草案。

第十条 公共交通设施用地应当纳入控制性详细规划,并明确公共交通设施的用地范围、功能布局和控制要求。

任何单位和个人不得擅自占用公共交通设施用地或者改变用途。

第十一条 公共交通设施建设应当与公共交通发展需求相适应。

旧城改造和新城建设应当同步规划建设公共交通设施。

新建、改建或者扩建城市道路，应当根据公共交通规划设置公共交通设施；具备条件的，应当设置公共汽车港湾式停靠站。

第十二条 新建、改建或者扩建交通枢纽、商业中心、住宅小区、产业集中区、旅游景点、学校、医院等人员密集场所，需要配套建设公共交通设施的，应当在规划条件中明确；规划条件应当作为土地出让合同或者划拨决定书的附件，并不得擅自变更。

第十三条 配套建设的公共交通设施应当与主体工程同步设计、同步建设、同步验收、同步交付使用；未按照规定进行配套建设的，主体工程不得交付使用。

分期开发、分期交付使用的建设项目，在公共交通设施建成前，应当根据需要设置过渡设施。

第十四条 建设工程涉及公共交通设施的，建设单位在组织竣工验收时，应当通知市、县级市交通运输行政主管部门参加。

第十五条 任何单位和个人不得擅自拆除、迁移、占用公共交通设施。

因建设需要拆除、迁移、占用公共交通设施的，建设单位应当与公共交通设施产权单位签订补建或者补偿协议，并告知所在地道路运输管理机构。

第十六条 加强城市慢行系统规划和建设，合理布局公共自行车服务网点，方便公众换乘和使用。

第三章 公共汽车运营服务

第十七条 市交通运输行政主管部门应当加强公共汽车运营的管理、指导和监督，会同相关部门制定公共汽车运营服务规范和乘车守则，并向社会公布。

制定公共汽车运营服务规范和乘车守则应当征求公众意见。

第十八条 公共汽车经营依法实施行政许可。从事公共汽车经营的企业，应当具备下列条件，并依法取得道路运输经营许可证：

（一）具有企业法人资格；

（二）有符合营运要求的车辆、设施、资金；

（三）有与营运业务相适应的驾驶人员、管理人员和其他专业人员；

（四）有完善的经营方案、健全的安全管理制度和服务质量保障措施；

（五）法律、法规规定的其他条件。

第十九条 公共汽车经营企业应当遵守下列规定：

（一）建立、健全管理制度，执行相关行业标准、规范；

（二）按照规定的线路、时间、站点、班次组织运营；

（三）执行规定的收费标准并公布；

（四）对从业人员进行职业素质培训；

（五）建立智能化信息管理系统，并按照需要与行业信息管理系统互联互通；

（六）及时向相关部门提供所需的信息和数据；

（七）依法应当遵守的其他规定。

第二十条 公共汽车线路设置应当符合公共交通规划，适应公众基本出行需求，体现基本公共服务均等化，并征求公众意见。

新辟公共汽车线路与现有线路的重复率不应超过百分之四十。

鼓励公共汽车经营企业设置定制线路、夜间线路、大站快线、微循环线路等，为公众提供多样化的公共交通服务。

第二十一条 公共汽车经营企业从事线路运营的，应当向道路运输管理机构提出申请，依法取得公共汽车线路经营权。

公共汽车线路经营权不得转让或者变相转让。

第二十二条 市道路运输管理机构负责本市市区和跨行政区域公共汽车线路经营权许可；县级市道路运输管理机构负责线路均在本行政区域内的公共汽车线路经营权许可。

道路运输管理机构实施公共汽车线路经营权许可应当听取公众的意见。作出准予许可决定的，应当出具行政许可决定书；不予许可的，应当书面说明理由。

对确需开通的冷僻线路，市、县级市交通运输行政主管部门应当会同相关部门提出方案，报本级人民政府批准后，指定公共汽车经营企业运营。

第二十三条 公共汽车经营企业应当按照公共汽车线路经营权许可决定

明确的线路走向、站点、时间和班次运营。

确需调整公共汽车线路走向、站点或者缩短营运时间、减少班次的，应当经作出线路经营权许可决定的道路运输管理机构批准。

第二十四条 因工程建设、大型活动等需要临时变更公共汽车线路走向、站点、运营时间的，建设单位或者活动举办单位应当提前十五日报经市、县级市道路运输管理机构审核同意。

市、县级市道路运输管理机构应当会同公安交通管理部门、相关公共汽车经营企业制定公共汽车线路临时调整方案。

公共汽车经营企业应当提前五日将公共汽车线路临时调整方案向社会公告。

第二十五条 终止公共汽车经营或者线路经营的，公共汽车经营企业应当提前九十日向作出许可决定的道路运输管理机构申请。

申请终止公共汽车线路经营的，应当提交线路终止运营后的影响分析和替代线路运营方案。

第二十六条 对投入运营的车辆，公共汽车经营企业应当依法向道路运输管理机构申请配发道路运输证。

投入运营的车辆应当配备卫星定位行车信息系统、公共交通卡刷卡系统和视频监控设备，设置应急窗，配置救生锤、灭火器等设备，符合机动车安全运行要求和污染物排放标准。

公共汽车经营企业及其投入运营的车辆应当依法年度审验。

第二十七条 公共汽车驾驶员应当具有相应的车辆驾驶证件，身心健康，无职业禁忌，三年内无交通责任死亡事故。

公共汽车驾驶员应当接受公共交通运营服务规范、车辆维修和安全应急等知识技能培训。

第二十八条 公共汽车因故不能继续运行时，驾驶员应当向乘客说明原因，安排免费改乘同线路同方向的公共汽车。

乘客应当遵守公共汽车乘车守则，不得妨碍车辆行驶、停靠，影响行车和人员安全。

第二十九条 公共汽车经营企业或者公共汽车设施建设单位应当按照公共汽车线路经营权许可决定设置站点、站牌。

任何单位和个人不得擅自增设、变更或者撤销站点、站牌。

第三十条 公共汽车站点应当按照地名管理的规定使用标准地名，不同线路的同一站点使用同一站名。

道路运输管理机构在实施公共汽车线路经营权许可时，应当对站点名称按照前款规定审查。

第三十一条 根据运营需要，产权单位应当允许不同公共汽车经营企业共同使用公共汽车首末站、站点等设施。

第三十二条 公共汽车场站、候车亭、站牌等设施应当定期维护保养，保持整洁、完好。

第三十三条 利用公共汽车以及相关设施设置广告的，不得有下列行为：

（一）影响车辆安全行驶的；

（二）影响公共交通设施安全的；

（三）覆盖站牌和车辆运营标识的；

（四）依法禁止的其他行为。

第三十四条 公共交通卡经营企业应当为设备使用者提供技术培训和设备维护服务，提供卡内余额和消费信息查询、自助充值等服务，实现公共交通卡记名挂失功能，及时向道路运输管理机构以及相关部门提供所需的信息和数据。

公共交通卡应当实现公共汽车、轨道交通、出租汽车、公共自行车等多种交通方式刷卡互联互通。

第四章 安全管理

第三十五条 市、县级市、区人民政府应当制定公共交通突发事件应急预案，建立应急处置联动机制，协调、解决公共交通安全方面的重大问题。

交通运输、公安、安全生产监督等部门应当依法履行安全生产监督管理职责，督促公共交通经营企业履行安全生产主体责任，做好公共交通安全管理工作。

公共交通经营企业在运营服务中，按照安全管理规定需要乘客配合的，乘客应当予以配合。

第三十六条　公共交通经营企业应当履行下列安全生产职责：

（一）健全安全生产管理机构，制定安全生产规章制度和操作规程，按照规定配备专职安全生产管理人员；

（二）安排安全生产专项资金，配备符合要求的安全设施；

（三）定期组织安全隐患排查，确保运营车辆、安全设施技术状况良好；

（四）对从业人员进行安全生产教育、培训和考核；

（五）制定本单位安全生产突发事件应急预案，并定期组织演练；

（六）及时处理、如实报告安全生产事故，并配合有关部门依法调查处理；

（七）依法应当履行的其他安全生产职责。

第三十七条　因节假日、大型活动等造成客流量上升的，公安交通管理部门、道路运输管理机构等相关部门应当制定道路交通管制、线路临时调整方案，并组织实施；公共交通经营企业应当及时增加运力，并采取相应安全措施。

第三十八条　公共交通运营发生突发事件的，公共交通经营企业应当立即启动应急预案，同时报告事件发生地的县级市、区人民政府及其交通运输行政主管部门。

市、县级市、区人民政府应当根据突发事件性质、严重程度和影响范围启动公共交通突发事件应急预案，及时组织处置。

第三十九条　发生公共交通运营安全事故的，公共交通经营企业应当按照应急预案采取措施，组织抢救，疏散乘客，告知相关单位、公众，同时报告事故发生地县级市、区人民政府和有关行政主管部门。

第四十条　交通运输、公安等有关部门以及公共交通经营企业应当加强安全乘车和安全应急知识宣传。

学校应当对学生开展安全、文明乘车教育。

第五章　扶持保障

第四十一条　市、县级市、区人民政府应当将公共交通事业经费纳入财政保障体系,列入年度财政预算,保障公共交通财政投入。

鼓励社会资本参与公共交通建设、运营。

第四十二条 市、县级市、区人民政府应当建立公共交通设施用地优先保障制度,将公共交通设施用地纳入土地利用年度计划和建设用地供应计划。

新建公共交通设施用地的地上地下空间,应当按照市场化原则实施土地综合开发;现有公共交通设施用地,在符合规划且不改变用途的前提下,可以实施立体开发。

公共交通设施用地综合开发的收益应当用于公共交通基础设施建设和弥补运营亏损。

第四十三条 市、县级市、区人民政府以及有关部门应当依法免征、减征公共交通经营企业车辆购置税、车船税、城镇土地使用税、城市基础设施配套费等税费,落实国家成品油价格补贴、电价优惠等政策。

第四十四条 市、县级市交通运输行政主管部门应当会同公安、城乡规划等部门优化公共交通线路和站点设置方案,提高公共交通覆盖率、准点率和运行速度,改善公共交通通达性和便捷性。

第四十五条 市、县级市公安机关应当会同交通运输、城乡规划、建设等部门根据道路条件、交通状况,编制公共汽车专用车道网络实施方案,设置公共汽车专用车道,在公共汽车专用车道沿线信号灯路口设置优先信号灯控制,完善公共汽车专用车道交通标志、标线,保障公共汽车优先通行。

校车、通勤班车可以按照规定使用公共汽车专用车道,具体办法由公安机关会同交通运输行政主管部门制定。

第四十六条 市价格部门应当会同交通运输等部门根据服务质量、运营距离、营运成本等因素,合理确定公共交通多层次、差别化的票价体系。

第四十七条 公共交通经营企业因承担免费和优惠乘车、开通冷僻线路、执行抢险救灾等政府指令性任务所增加的支出,市、县级市、区人民政府应当给予合理补贴、补偿。

第四十八条 完善政府购买服务机制,建立健全公共交通成本规制办法,科学界定公共交通经营企业成本标准,对公共交通经营企业成本和费用进行年度审计评价,合理核定财政补贴、补偿额度。

交通运输行政主管部门应当会同财政、价格、审计、国有资产管理等部门，建立公共交通综合考核和评价制度，并进行年度考核和评价。

第四十九条 公共交通经营企业应当结合岗位劳动强度和技术要求，建立从业人员工资收入正常调整机制，为从业人员缴纳社会保险费，保障从业人员法定休息权利。

第五十条 市、县级市人民政府及相关单位应当推进信息技术在公共交通运营管理和服务监管方面的应用，建设公众出行信息服务系统、车辆运营调度管理系统、安全监控系统和应急处置系统，鼓励设置电子站牌、信息显示屏，提高公共交通智能化水平。

第五十一条 市、县级市、区人民政府应当推进公共自行车运营服务的智能化和标准化，督促公共自行车经营企业建立和完善管理系统，提供综合查询和信息服务，实现公共自行车通借通还。

第五十二条 交通运输行政主管部门应当对公共交通运营服务状况定期组织评议，并向社会公布评议结果。

第五十三条 交通运输行政主管部门、道路运输管理机构和公共交通经营企业，应当建立举报、投诉处理制度，公开投诉电话，接受社会监督和乘客投诉。

交通运输行政主管部门、道路运输管理机构和公共交通经营企业接到举报、投诉后，应当及时核实，并于接到举报、投诉之日起十五日内答复举报人、投诉人。

第六章　法　律　责　任

第五十四条 违反本条例第十九条第四项和第六项、第二十三条、第二十六条第二款规定，公共汽车经营企业有下列行为之一的，由道路运输管理机构责令改正，处以一千元以上三千元以下罚款：

（一）未对从业人员进行职业素质培训的；

（二）未及时提供信息和数据的；

（三）未按照规定的线路走向、站点、时间和班次运营的；

（四）投入运营的公共汽车不符合规定要求的。

第五十五条　违反本条例第十九条第五项规定,公共汽车经营企业智能化信息管理系统未按照要求与行业信息管理系统实时连通的,由道路运输管理机构责令改正,处以五千元以上二万元以下罚款。

第五十六条　违反本条例第二十一条规定,公共汽车经营企业未依法取得公共汽车线路经营权许可进行公共汽车线路经营的,由道路运输管理机构责令停止违法行为,有违法所得的,没收违法所得,处以违法所得二倍以上十倍以下罚款;没有违法所得或者违法所得不足五千元的,处以五千元以上三万元以下罚款。

第五十七条　违反本条例第二十五条、第二十六条第一款规定,公共汽车经营企业擅自终止线路运营或者将没有道路运输证的车辆投入运营的,由道路运输管理机构责令改正,处以三千元以上一万元以下罚款。

第五十八条　违反本条例第二十八条第二款规定,乘客妨碍车辆行驶、停靠,影响行车和人员安全的,公共汽车驾驶员有权予以制止;构成违反治安管理行为的,由公安机关依法予以处理。

第五十九条　违反本条例第二十九条规定,公共汽车经营企业或者公共汽车设施建设单位未按照公共汽车线路经营权许可决定设置站点、站牌的,由道路运输管理机构责令限期改正;逾期不改正的,处以一千元以上三千元以下罚款。

第六十条　违反本条例第三十四条第一款规定,公共交通卡经营企业未及时向道路运输管理机构以及相关部门提供所需的信息和数据的,由道路运输管理机构责令限期改正;逾期不改正的,处以一千元以上三千元以下罚款。

第六十一条　违反本条例规定,有下列情形之一,属于建设、城乡规划、国土、工商、城市管理等部门职责的,由相关部门依照有关法律、法规予以处罚:

（一）擅自占用公共交通设施用地或者改变用途的;

（二）擅自拆除、迁移、占用公共交通设施的;

（三）利用公共汽车以及相关设施设置广告,影响车辆安全行驶、影响公共交通设施安全或者覆盖站牌和车辆运营标识的。

第六十二条　国家机关和道路运输管理机构工作人员在公共交通管理中,滥用职权、徇私舞弊、玩忽职守的,给予行政处分;构成犯罪的,依法追究刑事责任。

第七章 附 则

第六十三条 《无锡市轨道交通条例》和有关法律、法规对公共交通另有规定的，从其规定。

第六十四条 本条例自 2016 年 6 月 1 日起施行。2000 年 9 月 27 日无锡市第十二届人民代表大会常务委员会第十九次会议制定，2000 年 10 月 17 日江苏省第九届人民代表大会常务委员会第十九次会议批准的《无锡市城市公共交通管理条例》同时废止。

常州市公共汽车客运条例

(2018年8月30日常州市第十六届人民代表大会常务委员会第十二次会议制定,2018年9月21日江苏省第十三届人民代表大会常务委员会第五次会议批准)

第一章 总 则

第一条 为了规范公共汽车客运活动,提高服务质量,引导绿色出行,提升生活品质,根据《江苏省道路运输条例》和有关法律、法规,结合本市实际,制定本条例。

第二条 本条例适用于本市行政区域内公共汽车客运的规划建设、运营服务、运营安全以及监督管理活动。

第三条 本条例所称的公共汽车客运,是指利用公共汽车及公共汽车客运服务设施,在市、辖市(区)人民政府确定的区域内,按照核准的线路、站点、时间和票价运营,为社会公众提供基本出行服务的客运活动。

本条例所称的公共汽车客运服务设施,是指保障公共汽车客运服务的专用道、场站、候车亭、站台、站牌、加油(气)站、充电设施等相关设施。场站包括停车场、维修保养场、枢纽站、首末站、换乘站、站务用房等相关设施。

第四条 公共汽车客运具有公益属性,应当优先发展。

公共汽车客运发展应当遵循政府主导、统筹规划、安全便捷、环保智能、服务公众的原则。

第五条 市、辖市(区)人民政府应当加强对公共汽车客运工作的组织领导，建立公共汽车客运发展协调机制，解决公共汽车客运发展中的重大问题；加大对公共汽车客运发展的投入，按照市、辖市（区）人民政府确定的补贴机制，将公共汽车客运发展资金列入年度财政预算。

第六条　市、辖市（区）交通运输行政主管部门负责本行政区域内公共汽车客运的监督管理工作，其所属的交通运输综合行政执法机构具体实施公共汽车客运执法监督工作。

发改、经信、公安、财政、人社、国土资源、城乡建设、环保、规划、城市管理、安监、价格等有关行政主管部门，根据各自职责，共同做好公共汽车客运管理相关工作。

第七条　鼓励和支持社会资本参与公共汽车客运及其服务设施的建设。

推进公共汽车客运服务设施和车辆的无障碍设施建设，为老年人、残疾人提供多样化、便利化的无障碍出行服务。

第二章　规 划 建 设

第八条　市、辖市交通运输行政主管部门应当会同规划、城乡建设、公安和城市管理等部门组织编制公共汽车客运专项规划，报同级人民政府批准后组织实施。

交通运输行政主管部门在组织编制公共汽车客运专项规划过程中，应当将规划草案向社会公示，并听取社会公众的意见。

辖市公共汽车客运专项规划应当报市交通运输行政主管部门备案。

第九条　市交通运输行政主管部门应当会同相关部门按照国家、省有关规定和标准，结合本市经济社会发展状况和公共交通发展需求，制定道路和建设项目的公共汽车客运服务设施配套建设规范。

第十条　规划行政主管部门在组织编制控制性详细规划时，应当听取交通运输、公安机关交通管理等部门的意见，落实公共汽车客运专项规划和公共汽车客运服务设施配套建设规范确定的客运服务设施相关用地，明确用地范围、功能布局和控制要求。任何单位和个人不得擅自占用公共汽车客运服务设施用地或者改变其用途。

市、辖市（区）人民政府应当将公共汽车客运服务设施用地纳入土地利用年度计划和建设用地供应计划。公共汽车客运服务设施用地符合国家《划拨用地目录》的，可以以划拨方式供地；涉及经营性用途的，应当按照有偿方式办理土地使用手续。

公共汽车客运服务设施用地应当按照批准的土地用途和使用条件依法使用，支持依法综合利用，其收益应当用于公共汽车客运服务设施建设和弥补运营亏损。

第十一条 新建、改建或者扩建城市道路，建设单位在组织编制道路建设工程设计方案时，应当执行公共汽车客运服务设施配套建设规范和相关要求。

新建、改建或者扩建交通枢纽、规模居住区、学校、医院、商业综合体、开发园区、旅游景区等大型建设项目，按照公共汽车客运服务设施配套建设规范和相关要求，需要配套建设公共汽车客运服务设施的，规划行政主管部门应当在选址意见书或者规划条件中予以明确。

规划行政主管部门在新建、改建或者扩建城市道路和大型建设项目规划许可阶段，应当就公共汽车客运服务设施的配套建设相关内容征求交通运输行政主管部门和公安机关交通管理部门的意见。交通运输行政主管部门和公安机关交通管理部门应当根据相关规划、有关标准和规范，提出意见。

第十二条 配套建设的公共汽车客运服务设施应当严格落实建设要求，与主体工程同步设计、同步建设、同步竣工、同步交付使用。涉及配套建设公共汽车客运服务设施的建设项目未按照选址意见书、规划条件或者规划许可实施的，主体工程不得交付使用。

建设工程涉及公共汽车客运服务设施的，建设单位在组织竣工验收时，应当通知交通运输行政主管部门参加。

分期开发、分期交付使用的建设项目，在公共汽车客运服务设施建成前，应当根据需要设置过渡设施。

第十三条 市、辖市（区）人民政府应当推进公共汽车专用道建设，发展大运量快速公交，改善公共汽车客运通达性和便捷性。

交通运输行政主管部门应当会同规划、城乡建设、公安机关交通管理等部门，根据公共汽车客运专项规划，结合已有、拟建道路情况和交通需求，组织编制公共汽车专用道建设年度计划，报同级人民政府批准后实施。

公安机关交通管理部门应当根据公共汽车专用道建设年度计划和公共汽车客运服务设施配套建设规范，设置公共汽车专用道交通标志、标线和优先通行信号系统。

鼓励集约利用专用道，提高通行效率。公安机关交通管理部门应当加强专用道通行秩序管理，并会同交通运输等行政主管部门制定公共汽车专用道管理办法。

第十四条 交通运输行政主管部门对公共汽车客运服务设施实行统一监督管理，履行下列职责：

（一）制定公共汽车客运服务设施管理规范和管理要求；

（二）会同有关产权单位采用招标、委托等方式确定公共汽车客运服务设施的日常管理单位；

（三）督促有关产权单位和日常管理单位对公共汽车客运服务设施进行日常维护保养，保证其技术、安全性能符合相关标准；

（四）协调解决有关单位在公共汽车客运服务设施管理、建设、变动过程中的相关问题。

公共汽车客运服务设施管理的具体规定由市人民政府制定。

第十五条 公共汽车客运服务设施日常管理单位应当按照管理规范和要求进行定期维护保养，保持设施完好、整洁。

任何单位和个人不得擅自拆除、迁移、占用公共汽车客运服务设施。因道路改建或者其他原因需要拆除、迁移公共汽车客运服务设施的，工程建设单位和其他相关单位应当报经所在地交通运输行政主管部门同意，并与有关产权单位办理相关手续，按照规定签订补建或者补偿协议。

第十六条 公共汽车站点由交通运输行政主管部门按照相关规定，遵循方便公众识别、同站同名原则命名。设置公共汽车站点名称一般应当与当地标准地名统一，可以使用所在道路、文物古迹、旅游景点、医院、学校等标志性建筑物或者其他和当地居民生活有密切关系的公共设施标准名称命名。

第三章 运 营 管 理

第十七条 公共汽车客运按照国家相关规定实行特许经营。交通运输行政主管部门应当根据规模经营、适度竞争的原则,综合考虑运力配置、社会公众需求、服务质量和安全等因素,通过招标的方式选择经营企业,授予公共汽车线路运营权;暂不具备招标条件的,由交通运输行政主管部门在符合线路运营权申请条件的企业中择优选择。交通运输行政主管部门应当与取得线路运营权的企业签订特许经营协议。线路运营权不得转让、变相转让或者出租、变相出租。

在线路特许经营协议有效期限内,确需变更协议内容的,协议双方应当在共同协商的基础上签订补充协议。补充协议的内容不得降低原服务标准。

公共汽车客运经营企业应当依法进行年度审验。

第十八条 申请公共汽车线路运营权应当符合下列条件:

(一)具有企业法人营业执照;

(二)具有符合运营线路要求的运营车辆或者提供保证符合国家有关标准和规定车辆的承诺书;

(三)具有合理可行、符合安全运营要求的线路运营方案;

(四)具有与其业务相适应的经营场所、设施设备和停车场地;

(五)具有健全的经营服务管理制度、安全生产管理制度和服务质量保障制度;

(六)具有相应的管理人员和与运营业务相适应的从业人员;

(七)法律、法规规定的其他条件。

第十九条 公共汽车客运线路运营权期限为八年。运营期限届满前九个月,由交通运输行政主管部门按照本条例的规定重新选择该线路的经营企业。

第二十条 公共汽车客运线路设置应当符合公共汽车客运专项规划,适应公众基本出行需求,并就站点设置、运营时间和班次等征求公众意见。

交通运输行政主管部门应当定期组织公共汽车客流调查和线路普查,利用信息技术收集、分析客流需求信息,制定公共汽车客运线网优化调整方案,指导公共汽车客运经营企业优化调整相应的客运线路和运营时间，实现与其他公共交通方式的衔接。优化调整公共汽车客运线网应当征求公众意见，并对相关的建议和投诉进行研究处理。

第二十一条 遇工程建设、重大活动等特殊情况，应当优先保障公共汽车通行。确需临时调整公共汽车客运线路、站点以及运营时间的，建设单位、活动举办单位或者有关部门应当报交通运输行政主管部门审核。准予调整的，交通运输行政主管部门应当提前五日向社会公布，公共汽车客运经营企业应当自收到调整通知后立即在相关公交站点、公交车辆、信息服务平台的醒目位置公告线路和站点的调整信息。有关部门和单位应当采取措施，保证公共汽车客运正常运行。

第二十二条 在线路运营权期限内，公共汽车客运经营企业需要终止公共汽车客运线路运营的，应当提前三个月向作出行政许可决定的交通运输行政主管部门提出书面申请；交通运输行政主管部门应当自收到申请之日起三十日内作出决定。经批准的，公共汽车客运经营企业应当按照交通运输行政主管部门的要求，自拟终止运营之日七日前向社会公告。

交通运输行政主管部门批准终止客运线路运营的，应当同时按照本条例第十七条的规定重新选择经营企业。无法及时选定经营企业的，应当采取临时指定公共汽车客运经营企业、调配车辆等应对措施，保障社会公众出行需求。临时指定线路运营的时间不得超过九个月。

第二十三条 公共汽车票价的制定和调整应当遵循鼓励社会公众优先选择公共交通出行的原则，统筹考虑城市公共交通发展水平、社会公众承受能力、企业运营成本、财政补贴能力和不同交通方式之间的比价关系等因素。

公共汽车的票价由价格行政主管部门会同交通运输行政主管部门按照相关规定制定和调整。

对伤残人员、老年人、中小学生等特殊人群实施优惠乘车。优惠乘车的范围、条件、优惠时段、标准等由同级人民政府制定。

公共汽车客运经营企业应当按照政府及其价格行政主管部门制定的票制票价，实行明码标价。

第二十四条 建立完善公共汽车客运成本规制办法，科学界定公共汽车客运经营企业成本标准。对公共汽车客运经营企业由于执行低票价和优惠乘车政策，以及承担行政指令任务等形成的政策性亏损，财政补贴应当及时落实到位，保障经营企业的合法权益。

第二十五条　交通运输行政主管部门应当会同相关部门建立完善公共汽车客运服务质量考评机制，制定并落实考评标准，每年对公共汽车客运经营企业进行服务质量考核评议；建立公共汽车客运服务信用档案，开展信用等级评定。考核评议结果和企业信用状况应当作为衡量公共汽车客运经营企业运营绩效、发放政府补贴、线路运营权管理的重要依据。

第二十六条　交通运输行政主管部门应当建立公共汽车客运服务质量监督的公众参与机制。定期发放乘客意见表，聘请第三方定期对公共汽车客运整体情况进行满意度调查，并向社会公布调查结果。

交通运输行政主管部门应当通过公布监督投诉电话、电子邮箱、网络平台等方式，接受公众对公共汽车客运服务和管理的建议和投诉。对使用真实姓名并提供联系方式的建议人、投诉人，应当在七个工作日内答复相关处理情况。

第四章　运营服务

第二十七条　市交通运输行政主管部门应当会同公安机关制定公共汽车客运运营服务规范和乘客守则，并向社会公布。

制定公共汽车客运运营服务规范和乘客守则应当征求公众意见。

第二十八条　公共汽车客运经营企业应当依法经营、安全运营、规范服务、便利乘客，提升服务效率和服务品质，遵守运营服务规范，接受管理单位和公众的监督。

鼓励公共汽车客运经营企业提供市场化的服务，满足不同层次、差别化的出行需求。

第二十九条　公共汽车客运经营企业应当提供下列服务，保障乘客权利：

（一）向乘客提供购票凭证；

（二）为老、弱、病、残、孕等乘客提供必要的帮助；

（三）按照相关服务规范开启换气、空调设备；

（四）公共汽车发生故障、事故无法正常行驶时，引导乘客免费换乘相同线路、相同方向的车辆；

（五）公共汽车刷卡设备发生故障无法刷卡时，允许持卡乘客免费乘坐；

（六）法律、法规规定的其他事项。

第三十条　公共汽车客运运营不得有下列行为：

（一）不按照核准的线路、站点、班次和时间运营；

（二）不按照规定放置服务监督卡、线路走向示意图、监督投诉电话号码；

（三）违反法律、法规的其他行为。

公共汽车驾驶员不得有下列行为：

（一）不按照规定进站、出站、争道、抢道；

（二）无故拒载乘客、中途逐客、滞站揽客、到站不停；

（三）与乘客发生冲突影响行驶安全。

第三十一条　公共汽车客运经营企业利用客运服务设施和车辆发布广告的内容应当合法、真实，符合公序良俗和社会主义核心价值观的要求。发布广告的音量应当符合服务规范，不得影响到站提醒和乘客乘车舒适度。

鼓励公共汽车车载视频播放即时新闻、公交动态、城市介绍、便民信息、爱心公益广告等内容。

第三十二条　有下列情形之一的，公共汽车客运经营企业应当按照政府依法作出的行政指令和交通运输行政主管部门的要求，及时组织车辆、人员进行运输，并服从统一调度和指挥：

（一）抢险救灾；

（二）主要客运集散点运力严重不足；

（三）举行重大公共活动；

（四）发生突发事件需要应急疏散；

（五）其他需要应急运输的情形。

公共汽车客运经营企业因承担行政指令任务所发生的支出，相关部门、单位应当给予合理补偿。

第三十三条　公共汽车客运经营企业应当按照线路特许经营协议确定的数量、车型配备符合标准规定的公共汽车，并报交通运输行政主管部门备案。

投入运营的车辆应当符合机动车安全运行要求和污染物排放标准，安装并正常使用符合国家标准的卫星定位行车安全信息设备，配备公共交通卡刷卡系统和视频监控设备。

公共汽车报废应当按照国家有关标准并结合使用、技术和安全状况进行综合评估，确需报废的应当及时报废，确保运营安全。

第三十四条 公共汽车客运经营企业聘用的从事公共汽车客运运营服务的驾驶员、乘务员，应当具备以下条件：

（一）具有履行岗位职责的能力；

（二）身心健康，无可能危及运营安全的疾病或者病史；

（三）无吸毒或者暴力犯罪记录。

除符合上述条件外，从事公共汽车运营服务的驾驶员还应当具备以下条件：

（一）取得与准驾车型相符的驾驶执照且实习期满；

（二）最近连续3个记分周期内没有记满12分违规记录；

（三）无交通肇事犯罪、危险驾驶犯罪记录，无饮酒后驾驶记录。

第三十五条 公共汽车客运经营企业应当制定从业人员培训教育制度和考核机制，对驾驶员、调度员、乘务员、站务员等进行有关法律法规、岗位职责、操作规程、服务规范、职业道德、安全防范、应急处置、旅客急救等基本知识与技能的上岗培训以及日常培训考核，上岗培训考核情况应当建档并报交通运输行政主管部门备案，日常培训考核情况建档备查。

公共汽车客运经营企业应当结合岗位劳动强度和技术等级，建立健全职工工资、福利待遇与本地经济社会发展水平、劳动力市场价格相适应的调整机制，依法为从业人员办理社会保险，保障从业人员休息休假的权利，关爱从业人员心理健康，及时进行干预、疏导和调节，落实有关劳动保护法律法规与政策。

第三十六条 公共汽车客运经营企业应当加大节能环保和科技投入，推进现代信息技术在公共汽车客运线网优化、运营调度、服务监管等方面的应用，及时发布运营服务信息，提供出行查询等服务，并为网络充值、移动支付等提供便捷条件。

第三十七条 公共汽车客运经营企业应当按照规定向交通运输行政主管

部门、公安机关提供车辆视频监控数据，及时做好计划、统计报表、动态监控等数据、信息的上报工作。

第五章 运营安全

第三十八条 公共汽车客运经营企业是公共汽车客运安全生产的责任主体，对安全生产工作负有下列职责：

（一）建立健全单位安全生产责任制，制定安全生产规章制度和各项操作规程，依法设置安全生产管理机构或者配备专职安全生产管理人员；

（二）依法提取和使用安全生产费用，建设和配备符合国家标准的安全生产设施设备，加强对有关设施设备的管理和维护；

（三）科学界定公共汽车运营的重点场站、线路和时段，报请本级人民政府批准后，有重点地配备乘务管理人员，跟车加强反恐及安全防范，所需经费由本级财政予以保障；

（四）定期组织安全隐患排查，及时消除安全隐患，确保其管理的场站、运营车辆等的安全设施完好有效；

（五）制定本单位安全生产突发事件应急预案，并定期组织演练，遇有突发事件应当按照应急预案及时采取应急处置措施；

（六）及时处理、如实报告安全生产事故，并配合有关部门依法开展事故调查处理；

（七）其他依法应当履行的安全生产职责。

第三十九条 公共汽车客运经营企业应当建立运营车辆安全管理制度，在公共汽车和场站的醒目位置设置安全警示标志、安全疏散示意图、禁止携带的危险物品和管制器具目录等，并为车辆配备灭火器、安全锤等安全应急设备，定期对车辆以及附属设备进行维护、检测、更新，保证车辆以及设施设备处于良好状态，确保运营安全。

第四十条 市、辖市（区）人民政府应当组织交通运输等行政主管部门制定公共汽车客运突发事件应急预案，建立应急联动处置机制，协调、解决公共汽车客运安全方面的重大问题。

第四十一条 交通运输、公安、安监等行政主管部门应当依法履行安全生产监督管理职责,定期进行安全检查,督促公共汽车客运经营企业落实安全生产主体责任,及时采取措施消除安全隐患。

第四十二条 公安机关发现公共汽车驾驶员有涉嫌吸毒、酒后驾驶等违法行为的,应当及时告知交通运输行政主管部门。交通运输行政主管部门应当督促公共汽车客运经营企业依法依规处理。

第四十三条 禁止携带违禁物品乘车,乘客应当自觉接受、配合安全检查。对于拒绝接受安全检查或者携带违禁物品的乘客,公共汽车客运经营企业从业人员应当制止其乘车;制止无效的,及时报告公安机关处理。

学龄前儿童以及不能辨认或者不能控制自己行为的人,应当在看护人的陪护下乘车。

第四十四条 禁止下列危害公共汽车客运运营安全、扰乱乘车秩序的行为:

(一)非法拦截或者强行上下公共汽车;

(二)在公共汽车场站及其门前三十米以内道路、公交站台及其沿道三十米以内道路擅自停放公共汽车以外的机动车、非机动车(正在执行任务的公安、消防、医疗救护、工程抢险等特殊车辆除外)、堆放杂物或者摆摊设点等;

(三)在公共汽车场站及其周边划定的区域燃放烟花爆竹;

(四)违反规定进入公交专用道或者不经专用通道进出快速公交封闭式站台;

(五)携带牲畜、犬猫等活体动物乘车(持证导盲犬、执行公务的军警犬除外);

(六)妨碍乘客正常上下车;

(七)辱骂、殴打或者其他妨碍驾驶员正常驾驶的行为;

(八)擅自操作公共汽车按钮、开关装置,非紧急状态下动用紧急或者安全装置;

(九)其他危害公共汽车客运运营安全、扰乱乘车秩序的行为。

对于前款行为,公共汽车客运经营企业从业人员应当及时制止;制止无效的,报告公安、城市管理等相关行政主管部门依法处理。

第四十五条　任何单位和个人都有保护公共汽车及客运服务设施的义务，不得有下列行为：

（一）破坏、盗窃公共汽车、设施设备；

（二）擅自关闭、侵占、拆除、迁移、毁坏公共汽车客运服务设施、安全设施或者挪作他用；

（三）擅自覆盖、涂改、刻画、污损站台、站牌、候车亭；

（四）擅自利用公共汽车或者相关设施设置广告装置、张贴广告；

（五）其他影响公共汽车、客运服务设施功能和安全的行为。

第六章　法律责任

第四十六条　违反本条例规定，有关法律、法规已有法律责任规定的，从其规定。

第四十七条　违反本条例规定，公共汽车客运服务设施日常管理单位未按照规定对设施进行管理和维护的，由交通运输综合行政执法机构责令限期改正；逾期未改正的，处三千元以上一万元以下罚款。

第四十八条　违反本条例规定，公共汽车客运经营企业未按照规定安装、使用或者故意破坏视频监控设备、卫星定位行车安全信息设备，或者未按照规定及时提供计划、统计报表、动态监控等数据、信息的，由交通运输综合行政执法机构责令限期改正；逾期未改正的，处一千元以上三千元以下罚款；情节严重的，可以并处吊销相应的道路运输经营许可证件或者核减相应的经营范围。

第四十九条　违反本条例规定，公共汽车客运经营企业有下列行为之一的，由交通运输综合行政执法机构责令限期改正；逾期未改正的，处五千元以上一万元以下罚款：

（一）未定期对公共汽车安全设施、设备进行检测、维护、更新的；

（二）未在公共汽车或者场站的醒目位置设置安全警示标志、安全疏散示意图、安全应急设备的；

（三）聘用不具备本条例规定条件的人员担任驾驶员、乘务员的；

（四）未对驾驶员、乘务员等进行培训考核的。

第五十条 违反本条例规定，在公共汽车场站及其门前道路、公交站台及其沿道道路擅自停放非机动车、堆放杂物或者摆摊设点的，由城市管理行政主管部门依法处理。

违反本条例规定，擅自覆盖、涂改、刻画、张贴、污损站台、站牌、候车亭的，由城市管理行政主管部门责令限期清除，并处一百元以上五百元以下罚款；造成损失的，依法承担赔偿责任。

违反本条例规定，擅自关闭、侵占、拆除、迁移、毁坏公共汽车客运服务设施、安全设施或者挪作他用，擅自利用公共汽车或者相关设施设置广告装置的，由交通运输综合行政执法机构责令改正，对损坏的设施和车辆依法赔偿，并对个人处二百元以上一千元以下罚款，对单位处一千元以上五千元以下罚款。

第五十一条 违反本条例规定，国家工作人员滥用职权、徇私舞弊、玩忽职守的，依法给予处分；构成犯罪的，依法追究刑事责任。

第七章 附 则

第五十二条 本条例自2019年3月1日起施行。

苏州市公共汽车客运管理条例

（2003年9月19日苏州市第十三届人民代表大会常务委员会第六次会议制定，2003年10月25日江苏省第十届人民代表大会常务委员会第六次会议批准。根据2004年11月24日苏州市第十三届人民代表大会常务委员会第十三次会议通过，2004年12月17日江苏省第十届人民代表大会常务委员会第十三次会议批准的《苏州市人民代表大会常务委员会关于修改〈苏州市公共汽车客运管理条例〉的决定》第一次修正。根据2017年12月25日苏州市第十六届人民代表大会常务委员会第八次会议通过，2018年1月24日江苏省第十二届人民代表大会常务委员会第三十四次会议批准的《苏州市人民代表大会常务委员会关于修改〈苏州市公共汽车客运管理条例〉等八件地方性法规和废止〈苏州市渔业管理条例〉的决定》第二次修正）

第一章 总 则

第一条 为了加强公共汽车客运管理，培育和规范公共汽车客运市场，促进公共汽车客运事业的发展，适应城市建设、社会发展和人民生活的需要，维护乘客、经营者和从业人员的合法权益，根据有关法律、法规的规定，结合本市实际，制定本条例。

第二条 在本市行政区域内与公共汽车客运活动有关的单位和个人，应当遵守本条例。

本条例所称公共汽车，是指按照核定的番号、线路、站点、时间、票价营运，供公众乘用的城市客运汽车。

本条例所称公共汽车场站，包括停车场、保养场、首末站、途经站、枢纽站以及其他相关设施。

第三条 市、县级市交通行政主管部门（以下简称交通部门）负责对本行政区域内公共汽车客运行业实施监督管理，所属运输管理机构受其委托具体负责日常管理工作。

公安、规划、建设、国土、城管、财政、物价、工商等部门应当按照各自职责，协同做好公共汽车客运的有关监督管理工作。

第四条 各级人民政府应当对公共汽车客运事业的发展给予扶持，在城市规划、建设、管理和资金投入等方面体现公交优先。

鼓励多种投资主体参与公共汽车客运行业的建设、经营。

鼓励在公共汽车客运行业中应用先进的科学技术和管理方法。

第五条 公共汽车客运应当遵循统筹规划、规模经营、有序竞争、协调发展、规范服务、便利乘客的原则。

第二章 发 展 规 划

第六条 交通部门应当会同规划、建设、公安等部门编制公共汽车客运发展规划，报经同级人民政府批准，纳入城市总体规划。

公共汽车客运发展规划应当包括公共汽车线网规划、场站规划和车辆发展规划。

第七条 公共汽车线网规划应当明确线路功能、优化等级结构，与城市化进程和道路建设相适应。城市旅游专线以及其他客运专线应当纳入公共汽车线网规划。

交通部门应当按照公共汽车线网规划新辟和调整公共汽车客运线路。

第八条 公共汽车场站规划应当适度超前，有利于提高公交服务覆盖面和运行效率。

城市主要出入口、商业中心等应当科学规划公共汽车枢纽站。

新建、改建、扩建公共汽车场站设施，应当符合公共汽车场站规划，方便乘客出行和换乘。

第九条 城市规划中确定的公共汽车客运用地和空间，未经法定程序批准，任何单位和个人不得占用或者改变其用途。

第十条 公共汽车车辆发展规划应当与城市发展和乘客流量相适应，逐步提高公共汽车拥有率。

投放、更新营运车辆应当符合公共汽车车辆发展规划，发展方便舒适、环保型车辆。

第十一条 交通部门应当根据公共汽车客运发展规划制定相应的年度发展计划并组织实施。

第三章 场站建设与管理

第十二条 市、县级市人民政府应当安排场站建设和管理的财政专项资金。城市公共客运交通经营权有偿出让费应当主要用于场站建设和管理。

各级人民政府应当通过划拨土地、减免相关费用、落实税收优惠政策等方式，鼓励、支持公共汽车场站的建设和经营。

第十三条 新建、改建、扩建火车站、客运码头、长途汽车站、轨道交通车站等客流集散的公共场所，文化、教育、卫生、体育、娱乐、商业等大型公共设施，具有一定规模的住宅小区，城市主次干道，建设单位必须按照规划的要求建设公共汽车场站设施。

规划部门在核发前款规定的和其他涉及公共汽车场站的建设项目的建设工程规划许可证时，应当征求交通、公安部门的意见。

第十四条 建设城市道路时，建设单位应当优先改造影响公共汽车通行的路段和道路交叉口。

城市主次干道应当逐步设置、完善港湾式停靠站，在道路条件许可的情况下开设公共汽车专用车道，设置公共汽车优先通行标志、信号装置。经公安部门同意，单向行驶的道路，可以允许公共汽车双向通行。

道路绿化建设应当有利于公共汽车的安全通行。

第十五条 公共汽车站点应当根据道路条件和便于集散、换乘的要求合理设置。同一线路站点的间距，一般在五百米至八百米；同一站名的上、下行站点间距一般在一百米左右；适量安排同一站点的不同线路。在沿线的住宅小区、医院、学校、大型商场、村镇附近要优先、合理设置站点。

古城（镇）区内新建、改建的公共汽车站台应当体现古城（镇）特色，与古城（镇）风貌相协调。

第十六条 任何单位和个人不得擅自迁移、拆除、占用或者关闭公共汽车场站设施。因城市建设确需迁移、拆除、占用或者关闭公共汽车场站设施的，有关部门在审批前应当征得交通部门的同意，有关单位应当按照规定补建或者补偿。

禁止毁坏、污损、遮盖公共汽车场站设施。

第十七条 公共汽车场站由运输管理机构实施统一监督管理。场站投入使用前，场站的所有权人应当与运输管理机构签订公共汽车场站管理协议，明确使用性质和收益权。

已纳入统一监督管理的公共汽车场站，不得擅自改变使用性质；未纳入统一监督管理的场站，不得作为公共汽车场站使用。

公共汽车场站，由运输管理机构采用招标或者委托方式确定日常管理单位。日常管理单位具体负责场站设施的维护和管理，保持场站设施完好、环境整洁、营运秩序良好。

第十八条 公共汽车首末站、途经站、枢纽站等实行站运分离、资源共享、有偿使用，具体办法由市人民政府另行制定。

第十九条 公共汽车站台及其前后三十米，专供公共汽车、纳入公共汽车线网的专线车辆停靠使用，其他车辆不得停靠使用，正在执行任务的特种车辆除外。

第二十条 公共汽车站点由运输管理机构遵循同站同名原则统一命名，一般以标准地名、旅游景点、标志性建筑物或者与人民生活密切相关的其他公共设施名称命名。

公共汽车站点的冠名权可以有偿出让。

第四章 经营管理

第二十一条 申请从事公共汽车客运的企业法人，应当具备下列条件：

（一）有与经营规模相适应的客运车辆或者相应的车辆购置资金；

（二）有符合营运要求的停车场地和配套设施；

（三）有符合法律、法规规定的条件并经考试合格取得合格证明的驾驶人员；

（四）有合理、可行的经营方案；

（五）国家和省规定的其他客运开业技术经济条件。

第二十二条 申请从事公共汽车客运的企业法人，应当向交通部门提出书面申请，并提供本条例第二十一条规定条件的材料。

交通部门应当在法律、法规规定的期限内按其管理权限作出决定。对符合条件的，核发《道路运输经营许可证》；对不符合条件的，应当书面告知理由。

第二十三条 经营者从事公共汽车线路营运，必须取得线路经营权。线路经营权由交通部门采用招标、拍卖等公平竞争的方式出让。

本条例施行前已营运的线路，经营者应当在本条例施行后的六个月内向交通部门办理取得线路经营权的手续。

经营者不得将线路经营权发包给其他单位或者个人经营，不得擅自转让线路经营权。

第二十四条 交通部门应当与取得线路经营权的经营者订立合同，发放《线路经营权证》。线路经营权期限为四至八年。

交通部门应当在线路经营权期满前三个月，重新组织下一期线路经营权的出让。在同等条件下，原经营者优先取得线路经营权。

经营者取得线路经营权的，应当按照国家有关规定申领《道路运输证》。

第二十五条 经营者应当接受交通部门对其经营条件的年度审验。

经批准从事公共汽车客运经营活动，无正当理由超过六个月未经营的，或者经年度审验不合格并在规定期限内仍不符合经营条件的，交通部门应当注销其《道路运输经营许可证》和《道路运输证》，并书面告知工商行政管理机关。

第二十六条 经营者停（歇）业、分立、合并或者变更登记内容的，应当提前三个月向市交通部门申请办理相关手续。

第五章 营运服务

第二十七条 经营者应当按照核定的番号、线路、站点、班次、时间、票价、车型、车辆载客数组织营运。

经营者确需调整线路、站点、班次、时间的,应当提前十日向运输管理机构提出书面申请,经批准后实施。运输管理机构应当于实施之日的五日前向社会公告。调整线路、站点的,运输管理机构应当事先征得公安部门的同意。

第二十八条 因城市建设、重大活动等特殊情况确需作营运调整的,由运输管理机构于实施之日的五日前向社会公告,突发事件除外。

第二十九条 场站管理单位应当按照运输管理机构的规定,统一设置、撤换公共汽车站牌(包括临时站牌,下同)。

公共汽车站牌应当标明线路番号、首末班时间、高峰平峰段行车间隔时间、所在站点和沿途停靠站点的名称、开往方向、票价等内容,并保持清晰、完好。营运班次间隔在三十分钟以上的线路,还应当标明每一班次车辆途经所在站点的时间。

场站管理单位应当在线路首末站、枢纽站张贴《公共汽车乘坐规则》、换乘指南以及投诉电话号码。

第三十条 有下列情形之一的,经营者应当按照交通部门的统一调度,及时组织车辆、人员进行疏运:

(一)主要客运集散点供车严重不足的;

(二)举行重大社会活动的;

(三)其他需要应急疏运的。

第三十一条 经营者应当定期对营运车辆进行检查、保养和消毒,保证营运车辆符合下列要求:

(一)技术性能、尾气排放符合国家和地方的规定和标准;

(二)车容整洁,服务设施良好;

(三)按照规定标明线路番号、经营者名称、票价;

（四）在规定的位置张贴《公共汽车乘坐规则》、《线路走向示意图》、禁烟标志和投诉电话号码；

（五）设置老、幼、病、残、孕妇专座；

（六）无人售票车辆应当按照规定设置投币箱和电子报站设备。实行电子售票方式的车辆，应当按照规定设置电子读卡机；

（七）空调车应当开启通风设备，保持车厢内空气清新。空调车应当在车厢内显著位置设置温度计，当车厢内温度高于二十八摄氏度或者低于十二摄氏度时应当开启车辆空调设施。

第三十二条 经营者应当加强对从业人员的管理。驾驶员、乘务员从事营运服务时，应当遵守下列规定：

（一）着装整洁，文明、安全行车，规范作业；

（二）服从管理，携带、佩戴相关证件；

（三）按照规定报清线路名称、车辆开往方向和停靠站点名称；设置电子报站设备的，应当正确使用电子报站设备；

（四）依次进站，在规定的区域停靠；

（五）按照营运班次、时间准时发车，不得滞站、甩站、拒载、中途逐客、强行拉客；

（六）维护乘车秩序，为老年人、儿童、病人、残疾人、孕妇及怀抱婴儿的乘客提供必要的帮助，在服务中逐步推广使用英语；

（七）向乘客提供合法有效的等额车票。

第三十三条 乘客享有获得安全、便捷客运服务的权利。

经营者及其从业人员有下列情形之一的，乘客可以拒绝支付或者要求退回车费：

（一）未明码标价或者未按照核定票价收费的；

（二）不提供合法有效的车票的；

（三）空调车辆未按照规定开启空调或者换气设施的；

（四）装有电子读卡机的车辆因电子读卡机未开启或者发生故障，无法使用电子乘车卡的。

车辆营运中发生故障不能正常行驶时，乘客有权要求驾驶员、乘务员及时安排换乘同线路同方向的车辆，无法安排的，乘客有权要求按照原价退还车费。

第三十四条 乘客应当遵守下列规定：

（一）在站点区域内候车，有序上下车；

（二）不携带超大、超重、超长或者可能污损车辆、其他乘客的物品；

（三）不携带管制刀具或者易燃、易爆、有毒等危险物品；

（四）足额购票、投币、刷卡或者主动出示乘车票证，不使用过期、伪造或者他人专用的乘车票证；

（五）不损坏车内设备，不妨碍车辆行驶、停靠等营运秩序，不实施危及他人安全的行为；

（六）不携带宠物乘车；

（七）精神病患者、学龄前儿童乘车应当有人陪护；

（八）《公共汽车乘坐规则》的其他规定。

乘客违反前款规定，经劝阻拒不改正的，驾驶员、乘务员可以拒绝为其提供营运服务。

第三十五条 公安部门应当指导、监督公共汽车客运经营者及其从业人员落实治安防范措施，及时查处发生在公共汽车上和场站内的各类案件，保障客运从业人员和乘客的人身及财产安全。

第三十六条 经营者、从业人员和乘客应当协助公安部门做好公共汽车客运治安管理工作。对协助公安部门破获案件，处置突发性事件，见义勇为成绩突出的，由公安部门给予表彰、奖励。

第三十七条 利用公共汽车和场站设施设置广告的，应当遵守广告管理、城市市容管理的有关规定。有关部门在审批前应当征求交通部门的意见。

第三十八条 交通部门应当每年对公共汽车营运服务状况组织评议。评议结果应当作为重新审定经营者线路经营权的依据之一。

组织营运服务状况评议时，应当邀请乘客代表参加，听取社会各方面的意见。

第三十九条 交通部门及其运输管理机构应当加强对公共汽车客运的监督检查，及时查处违法行为。监督检查人员应当持有效的执法证件。

第四十条 交通部门和经营者应当建立投诉受理制度，接受乘客的投诉，并在二十日内调查处理完毕，将结果告知投诉人。交通部门应当定期核查投诉处理情况。

第六章 法律责任

第四十一条 违反本条例第十六条第一款规定，擅自迁移、拆除、占用或者关闭公共汽车场站设施的，由交通部门责令限期改正，处以一万元以上三万元以下的罚款；情节严重的，处以三万元以上五万元以下的罚款。

第四十二条 违反本条例第十六条第二款规定，毁坏、遮盖场站设施的，由交通部门责令限期改正、恢复原状，处以一百元以上一千元以下的罚款。

第四十三条 违反本条例第十七条第二款规定，场站的所有权人擅自改变公共汽车场站使用性质或者将未纳入统一监督管理的场站作为公共汽车场站使用的，由交通部门责令限期改正；逾期不改正的，处以一万元以上三万元以下的罚款。

第四十四条 违反本条例第二十三条规定，经营者未取得线路经营权从事公共汽车线路营运的，由交通部门责令停止经营；有违法所得的，没收违法所得，处以违法所得二倍以上十倍以下的罚款；没有违法所得或者违法所得不足五千元的，处以五千元以上三万元以下的罚款。将线路经营权发包、擅自转让的，由交通部门责令停止违法行为，收缴有关证件，处以二千元以上一万元以下的罚款；有违法所得的，没收违法所得。

第四十五条 违反本条例第二十七条规定，经营者不按照核定的番号、线路、站点、班次、时间、车型组织营运的，由交通部门责令限期改正，处以一千元以上三千元以下的罚款；情节严重的，由原许可机关吊销道路运输经营许可证。

第四十六条 有下列行为之一的，由交通部门责令限期改正；逾期不改正的，处以一千元以上三千元以下的罚款：

（一）违反本条例第二十九条规定，场站管理单位不按照规定设置、撤换公共汽车站牌或者标明、张贴有关服务信息资料的；

（二）违反本条例第三十条规定，经营者不服从统一调度、组织疏运的；

（三）违反本条例第三十一条规定，经营者的营运车辆不符合技术规范或者服务设施设置要求的。

第四十七条 违反本条例第三十二条第二项、第三项、第四项和第七项规定的，由交通部门对经营者处以五百元以上二千元以下的罚款。

第四十八条 违反本条例规定的行为，法律、法规已有处罚规定的，从其规定。

违反本条例有关规定，依法应当由公安、规划、建设、国土、城管、物价、工商等部门处罚的，从其规定。

第四十九条 交通部门、运输管理机构及其工作人员有下列行为之一的，由其所在单位或者上级主管部门对直接负责的主管人员和其他直接责任人员给予行政处分；构成犯罪的，依法追究刑事责任：

（一）对不符合法定条件的单位或者个人核发《道路运输经营许可证》、《道路运输证》、《线路经营权证》，或者签署同意意见的；

（二）对受理的申请不在规定的时间内作出决定，或者对不符合条件的申请者不书面告知理由的；

（三）对应当实行招标或者拍卖的事项，不实行招标或者拍卖的；

（四）不按照本条例规定发布公告的；

（五）不依法查处违法行为的；

（六）对投诉超过规定期限未作出处理答复的；

（七）玩忽职守、滥用职权、徇私舞弊的其他行为。

第七章 附　　则

第五十条 本条例自2004年1月1日起施行。

杭州市公共汽车客运管理条例

(2012年12月31日杭州市第十二届人民代表大会常务委员会第五次会议通过，2013年3月28日浙江省第十二届人民代表大会常务委员会第二次会议批准)

第一章 总 则

第一条 为了加强公共汽车客运管理，规范公共客运市场秩序，维护乘客和经营者的合法权益，促进公共汽车客运事业的健康发展，根据《浙江省道路运输条例》和其他有关法律、法规的规定，结合本市实际，制定本条例。

第二条 本条例适用于本市行政区域内公共汽车客运的规划、建设、营运、管理及其相关活动。

第三条 本条例所称的公共汽车客运，是指利用公共汽（电）车及公共汽车客运服务设施，在市、县（市）人民政府确定的范围内，按照固定的线路、站点、车次和时间运行，按照价格主管部门核定的收费标准收费，为社会公众提供基本出行服务且具有社会公益性的客运方式。

本条例所称公共汽车客运服务设施，是指为公共汽（电）车客运服务的场站、候车亭、站牌、专用车道、供电线网等设施。场站包括停车场、维修保养场、枢纽站、首末站、换乘站及其相关设施。

第四条 市交通运输主管部门主管本市公共汽车客运管理工作，负责组织实施本条例；萧山区、余杭区、各县（市）交通运输主管部门主管本辖区内的公共汽车客运管理工作。

市交通运输主管部门所属的道路运输管理机构（以下简称市道路运输管

理机构）依照本条例规定，具体负责除萧山区、余杭区以外的市区范围内的公共汽车客运管理工作；萧山区、余杭区、各县（市）交通运输主管部门所属的道路运输管理机构［以下简称县（市）道路运输管理机构］依照本条例规定，具体负责本辖区内的公共汽车客运管理工作。

区、县（市）人民政府以及各级发展改革、建设、城乡规划、城管、国土资源、公安、财政、工商、价格、审计、安全生产监督、国有资产监督管理等行政管理部门，根据各自职责，协同实施本条例。

第五条 公共汽车客运事业应当坚持统筹规划、优先发展、统一管理、乘客至上、服务第一的原则。

第六条 本市实施公共交通优先发展战略，确保公共交通在城市交通中的主导地位，为公众提供便捷、安全、经济、舒适的客运服务。市和区、县（市）人民政府应当按照城乡一体化的要求，对公共汽车客运事业在财政资金投入、规划用地、设施建设、场站维护、道路通行等方面给予保障。

市和区、县（市）人民政府应当将公共汽车客运事业发展所需资金纳入公共财政体系。

鼓励和支持在公共汽车客运领域应用先进的科学技术及管理方法；推广使用高效能、低排放、新能源和装备有无障碍设施的车辆；加强无障碍站点设施建设。

第七条 公共汽车客运经营者应当遵循依法经营、公平竞争、安全营运、规范服务、便利乘客的原则，提升服务效率和服务品质，自觉接受相关管理部门和公众的监督。

鼓励公共汽车客运经营者实行规模化、集约化经营。

第八条 本市根据公共汽车客运的社会公益性质，建立职工工资增长机制，保障职工收入与本市经济社会发展水平相适应。

第二章 规划和建设

第九条 市区范围内的公共汽车客运专项规划由市交通运输主管部门会同市城乡规划、发展改革、公安、建设、城管、国土资源等行政管理部门组织编制，报市人民政府批准后实施；跨市区与县（市）、跨县（市）的公共汽车客运专项规划由市交通运输主管部门会同市城乡规划、发展改革、公安、建设、城管、国土资源等行政管理部门组织编制，征求各相关县（市）人民政府意见，报市人民政府批准后实施。

各县（市）范围内的公共汽车客运专项规划由县（市）交通运输主管部门会同县（市）城乡规划、发展改革、公安、建设、城管、国土资源等行政管理部门组织编制，报本级人民政府批准后实施。

第十条　编制公共汽车客运专项规划应当从经济社会发展的实际需要出发，按照统筹协调、适度超前、方便出行的原则，科学合理布局公共汽车客运线网，实现公共汽车客运与铁路、公路、民航、轨道交通、水路等客运方式的有效衔接。

第十一条　公共汽车客运专项规划包括常规公共汽车客运专项规划、快速公共汽车客运专项规划和场站建设专项规划。

公共汽车客运专项规划应当包括公共汽车在公共交通方式中的构成比例、客运服务设施用地范围、场站和线路布局、专用车道和停靠站设置等内容。

第十二条　交通运输主管部门在组织编制公共汽车客运专项规划草案过程中，应当将草案向社会公示，并采取论证会、听证会或者其他方式征求社会各方面的意见。草案公示时间不得少于三十日。

第十三条　有关部门在组织编制控制性详细规划时，应当落实公共汽车客运专项规划确定的场站用地。

控制性详细规划确定的公共汽车客运场站用地，非经法定程序，任何单位和个人不得改变其用途。

第十四条　公共汽车客运专项规划确定的场站用地符合划拨用地目录规定的，可以采取划拨方式供地。

第十五条　经市或者县（市）人民政府批准，在确保公共汽车客运服务设施用地功能及规模的基础上，对公共汽车客运服务设施用地可以依法进行综合利用。

第十六条　实施新区开发、旧城改造、居住区建设以及新建、改建、扩建机场、火车站、长途汽车客运站、码头、轨道交通等公共交通设施和旅游景点、大型商业、娱乐、文化、教育、体育等公共建筑时，建设单位应当按照城市规划要求配套建设公共汽车客运服务设施，并与主体工程同步设计、同步建设、同步竣工、同步交付使用。

对分期开发、分期交付使用的新建居住区，建设单位按照要求配套建设的公共汽车客运服务设施，应当纳入首期建设计划，并在居住区首期交付使用时，同步完成建设、通过验收、投入使用。也可以根据实际情况，设置过渡性公共汽车客运服务设施，解决居民出行问题。

建设项目未按照城市规划要求配套建设公共汽车客运服务设施的，规划部门不得核发规划核实确认书，主体工程不得交付使用。

第十七条　市和区、县（市）人民政府应当采取措施鼓励、支持社会资金参与公共汽车客运服务设施建设，并给予合理的投资回报。

使用财政性资金建设的公共汽车客运服务设施，应当免费提供给经营者使用。

第十八条　公共汽车客运服务设施的设计、施工和监理，建设单位应当委托具有相应资质的单位实施，并严格执行有关技术标准和规范。

第十九条　公安机关交通管理部门应当会同交通运输主管部门根据城市道路通行情况、公共汽车客运流量及通行情况，划定公交专用车道，设置公交专用车道标志，并按照有关法律法规加强管理。公交专用车道包括全天性专用车道和时段性专用车道。

符合条件的单向机动车道，应当设立逆向公交专用车道，保证公共汽车的双向通行；符合条件的主要路口，应当设置公共汽车优先通行的标志、信号装置。

公交专用车道进行调整的，公安机关交通管理部门应当征求相关部门的意见。

第三章　设施管理

第二十条　公共汽车客运经营者负责客运服务设施的养护和管理，并按照有关规定对公共汽车进行综合性能检测以及技术等级评定，确保客运服设施、公共汽车的安全、完好和正常运行。

第二十一条 公共汽车客运线路的站牌,由公共汽车客运经营者负责设置。站牌应当标明线路编号、途经站点、首末班营运时间、所在站点名称、开往方向、票价等内容;定时班线还应当标明首末站每班次发车时间。

客运线路和站点进行调整的,公共汽车客运经营者应当在调整前对前款规定的相关站牌内容进行调整。

第二十二条 公共汽车客运经营者应当按照规定的技术标准设置电车供电设施,设立供电设施保护标志。

任何单位和个人不得从事下列危害电车供电设施安全的行为:

(一)损坏、覆盖电车供电设施及其保护标志;

(二)在电车触线网、馈线网上悬挂、架设宣传标语、广告牌或者其他与供电无关的设施;

(三)其他危害电车供电设施安全的行为。

第二十三条 建设工程施工可能影响电车供电设施安全的,建设单位应当与公共汽车客运经营者协商,经公共汽车客运经营者同意并采取相应的安全保护措施后,方可施工。

第二十四条 运输物体高度超过电车触线网、馈线网的,应当事先与公共汽车客运经营者协商,并在公共汽车客运经营者的配合下,采取相应的安全保护措施。

第二十五条 在用公共汽车客运场站因城市建设确需拆除或者迁移的,应当经交通运输主管部门同意,并在新场站建成后,方可拆除或者迁移。

第二十六条 禁止下列损害公共汽车客运服务设施或者影响其正常运行的行为:

(一)擅自拆除、迁移、占用客运服务设施;

(二)在线路站点沿道路前后三十米内停放非公交车辆、堆放物品;

(三)在电车触线净空高度内修建建(构)筑物或者其他设施;

(四)其他损害公共汽车客运服务设施或者影响其正常运行的行为。

利用公共汽车客运服务设施、车辆发布广告的,不得覆盖站牌标识和车辆运行标识,不得妨碍车辆行车、进出站观察视线,不得影响安全驾驶。

第四章 线路及线路营运权

第二十七条 交通运输主管部门应当定期组织公共汽车客流调查和线路普查，制定公共汽车客运线网优化调整方案，实现与轨道交通、出租汽车、公共自行车、水上公交等其他公共交通方式的衔接，并指导公共汽车客运经营者优化调整相应的客运线路。

交通运输主管部门在制定公共汽车客运线网优化调整方案时，应当公开征求社会各方面的意见和建议。公共汽车客运线网优化调整方案实施前应当向社会公布。

第二十八条 市区（不含萧山区、余杭区）公共汽车客运线路需要延伸至各县（市）的，由市交通运输主管部门会同市公安机关与有关县（市）协商提出方案，报市人民政府确定。萧山区、余杭区、各县（市）公共汽车客运线路需要延伸至其他县（市）的，由途经地交通运输主管部门、公安机关共同提出方案，报同级人民政府确定。

本市公共汽车客运线路需要延伸至毗邻城市的，由本市人民政府和毗邻城市人民政府协商确定。

第二十九条 公共汽车客运线路的首末班车营运时间由道路运输管理机构作出规定。

第三十条 公共汽车客运线路站点应当根据场站规划、沿线单位和居住区分布情况，按照方便乘客、站距合理的原则设置。

常规公共汽车客运线路的站距一般为三百米至一千米；快速公共汽车客运线路的站距一般为八百米至一千五百米；城市郊区、镇村公共汽车站点间距根据当地情况设置。

同一站点的上、下行站点距离一般不得超过一百米，且站名应当相同。

公共汽车客运线路站点应当以传统地名或者所在道路、文物古迹、公共设施、标志性建（构）筑物的标准名称命名，方便公众识别。

第三十一条 从事公共汽车客运线路营运，经营者应当取得道路运输管理机构授予的线路营运权。

公共汽车客运线路营运权由道路运输管理机构通过招标等公平方式授予。

县（市）道路运输管理机构负责首末站和线路走向均在本辖区内的公共汽车客运线路营运权的授予，市道路运输管理机构负责其他公共汽车客运线路营运权的授予。

取得公共汽车客运线路营运权的经营者在投入营运前，应当取得市、县（市）道路运输管理机构核发的经营许可证。

第三十二条 经营者取得公共汽车客运线路营运权，应当具备下列条件：

（一）取得从事公共汽车客运业务的企业法人营业执照；

（二）具有与经营规模相适应的营运车辆或者相应的车辆购置资金；

（三）符合线路营运要求的场站等设施；

（四）具有合理、可行的线路营运方案；

（五）具有健全的安全生产管理、服务质量保障等营运管理制度；

（六）具有相应的管理人员和依照国家和行业有关规定培训合格的驾驶员、乘务员、调度员、站务员等从业人员；

（七）法律、法规规定的其他条件。

第三十三条 公共汽车客运线路营运权期限为八年。营运期限届满前九个月，公共汽车客运经营者可以向道路运输管理机构申请延期。经对公共汽车客运经营者服务质量评价考核合格的，道路运输管理机构可以予以批准。延长期限不超过四年。

公共汽车客运线路营运权期限届满未延期的，由道路运输管理机构依法收回该线路营运权。

第三十四条 公共汽车客运经营者在营运期内不得擅自停业、歇业或者暂停、终止营运，不得擅自转让线路营运权。

公共汽车客运经营者要求停业、歇业或者暂停、终止营运的，应当提前九十日向道路运输管理机构提出书面申请；道路运输管理机构应当自收到申请之日起六十日内作出决定。

第三十五条 公共汽车客运经营者被依法注销线路营运权，或者经批准停业、歇业或者暂停、终止营运，以及出现其他无法保障线路正常营运情况时，道路运输管理机构应当依法重新确定经营者，保证线路正常营运，或者采取必要的措施保证公众的正常出行。

第五章 营运秩序

第三十六条 公共汽车客运经营者应当履行下列安全管理职责：

（一）组织制定本单位的安全规章制度和操作规程；

（二）保证本单位安全投入的有效实施，为从业人员提供必要的安全客运条件；

（三）检查本单位的安全客运工作，及时消除客运安全事故隐患；

（四）加强对从业人员的安全客运教育和培训，组织制定并实施本单位的客运安全事故应急救援预案；

（五）及时、如实报告客运安全事故。

第三十七条 公共汽车客运线路经营者应当按照道路运输管理机构规定的线路、时间、站点营运，不得擅自进行调整。

因城市基础设施建设、大型活动等特殊情况影响营运，公共汽车客运经营者确需临时调整站点、线路、首末班营运时间，或者临时中断线路营运的，应当提前向道路运输管理机构提出申请，经道路运输管理机构同意的，公共汽车客运经营者应当在实施之日三日前向社会公告。

第三十八条 公共汽车客运经营者应当根据本条例规定的营运要求和线路客流量编制行车作业计划，并按照行车作业计划营运。

公共汽车客运经营者根据客流情况、公众需求或者因道路运输管理机构要求，调整行车作业计划的，应当报道路运输管理机构备案，并提前向社会公告。

第三十九条 公共汽车客运经营者应当按照规定在车厢及场站等服务场所配置消防安全设施、器材，按照公安机关要求公布禁止携带的危险物品和管制器具的目录，并张贴禁止标志。

第四十条 装有空调设施的公共汽车营运时，驾驶员、乘务员应当按照规定开启空调设施。具体规定由道路运输管理机构制定。

除前款规定应当开启空调设施的情形外，驾驶员、乘务员应当开启车辆通风换气设施。

第四十一条　公共汽车客运经营者投入营运的车辆应当取得道路运输管理机构核发的车辆营运证。取得车辆营运证的车辆应当符合下列条件：

（一）车辆整洁、标志标识清晰；

（二）车辆综合性能技术等级符合有关规定，污染物排放符合国家标准并达到本市的要求；

（三）配置车辆视频监控设施，在规定的位置配置应急逃生窗、安全锤等应急设施；

（四）设置老、弱、病、残、孕和怀抱婴幼儿的乘客专用座位；

（五）在规定位置张贴线路走向示意图、营运收费标准、禁烟标志、乘坐规则和投诉联系方式；

（六）车载电子刷卡机或者投币设施的使用功能正常，价格设置或者标识正确。

第四十二条　从事公共汽车客运服务的驾驶员应当具有相应的公共交通车辆驾驶证件，身心健康，无职业禁忌。

驾驶员、乘务员、调度员、站务员在作业期间应当佩带相应证件。

第四十三条　驾驶员、乘务员在作业时应当遵守下列规定：

（一）及时、清晰提示线路、站点和行车安全；

（二）积极疏导乘客，为老、弱、病、残、孕和怀抱婴幼儿乘客提供必要的乘车帮助；

（三）因车辆临时故障不能营运时，向乘客说明，并安排乘客免费改乘随后同线路、同方向的车辆；

（四）按规定进站上下客，不得擅自越线、越站；

（五）按照核准的营运收费标准收费，向乘客提供票据；

（六）维护车内秩序。

第四十四条　乘坐公共汽车的乘客应当遵守下列规定：

（一）不得妨碍驾驶；

（二）不得携带重量、体积超过乘坐规则规定的物品；

（三）不得携带爆炸性、毒害性、放射性、腐蚀性物质或者传染病病原体等危险物品和国家规定的管制器具；

（四）不得携带有严重异味、外表尖锐或者其他易污损设施、易损伤他人的物品；

（五）不得携带犬、猫等动物，但携带有证明文件且采取了保护措施的导盲犬除外；

（六）不得乞讨、卖艺；

（七）不得损坏车辆设备；

（八）学龄前儿童以及醉酒者、精神病患者应当有他人陪同。

乘客违反本条前款规定，经劝阻拒不改正的，驾驶员、乘务员可以拒绝为其提供营运服务，并可以向相关部门报告。相关部门接到报告后应当及时处理。

乘坐规则由道路运输管理机构制定。

第四十五条 公共汽车客运收费实行政府定价。公共汽车客运经营者应当严格执行价格主管部门制定的营运收费标准。

公共汽车客运经营者应当根据法律、法规或者市、区、县（市）人民政府的决定，实施免费乘坐等优惠措施。

第四十六条 乘客乘坐公共汽车应当按照营运收费标准支付车费。乘客未按照营运收费标准支付车费的，驾驶员、乘务员可以要求其补交车费。对持他人或者伪造的乘车凭证的乘客，驾驶员、乘务员可以要求其按照该线路全价补交车费。乘客拒不补交的，驾驶员、乘务员可以拒绝为其提供营运服务。

第四十七条 有下列情形之一的，公共汽车客运经营者应当按照交通运输主管部门的要求，及时组织车辆、人员进行运输：

（一）主要客运集散点运力严重不足的；

（二）举行重大社会活动的；

（三）发生突发事件需要应急疏散的；

（四）其他需要应急运输的情形。

第四十八条 公共汽车客运经营者应当建设客运服务管理信息系统，及时发布营运服务信息，提供出行查询、应急报警等信息，按规定向道路运输管理机构、公安机关提供车辆视频监控数据。

第四十九条 交通运输主管部门应当会同有关行政管理部门针对自然灾害、事故灾难、公共卫生事件和社会安全事件等影响公共汽车客运安全的情况，制定相应的公共汽车客运应急预案，报本级人民政府批准后实施。

第五十条 发生影响公共汽车客运安全的自然灾害、事故灾难、公共卫生事件或者社会安全事件的，交通运输主管部门和公共汽车客运经营者应当立即启动相应的应急预案，采取应对措施。

第六章 监督检查

第五十一条 道路运输管理机构应当建立健全监督检查制度，依法加强对公共汽车营运服务的监督检查。

道路运输管理机构执法人员执行检查任务时，应当出示执法证件。

执法人员发现违反本条例规定的行为时，应当责令当事人即时改正或者限期改正。

第五十二条 公共汽车客运经营者应当按照规定向道路运输管理机构报送相关统计资料和信息。统计资料和信息应当真实、准确、完整，不得漏报、瞒报。

第五十三条 交通运输主管部门、道路运输管理机构和公共汽车客运经营者应当建立投诉受理制度，接受乘客的投诉。

交通运输主管部门、道路运输管理机构和公共汽车客运经营者应当自受理之日起十个工作日内答复投诉者。

第五十四条 交通运输主管部门应当每年对公共汽车客运经营者的安全生产、车辆和客运服务设施维护、乘客满意度、投诉处理、信息化建设、遵章守纪、企业维稳等进行服务质量考核评议。交通运输主管部门组织对经营者营运服务质量进行考核评议时，应当邀请乘客代表参加。服务质量考核评议结果应当及时向社会公布，并作为奖惩和购买公共服务的重要依据。

交通运输主管部门应当将服务质量考核评议结果通报给同级财政部门和公共汽车客运经营者出资方。

服务质量考核标准和评议办法由交通运输主管部门制定。

第五十五条 交通运输主管部门应当会同财政、价格、审计等部门建立规范的公共汽车客运经营者成本费用评价监审制度，并依照评价监审成本，建立科学合理的政府购买公共服务机制。

公共汽车客运经营者承担社会福利和完成政府指令性任务所增加的支出和因票价限制等造成的政策性亏损，市、区、县（市）人民政府应当按照监审确定的成本给予专项经济补偿或者适当补贴。

第七章 法 律 责 任

第五十六条 违反本条例规定的行为，有关法律、法规已有法律责任规定的，从其规定。

第五十七条 违反本条例规定，公共汽车客运经营者有下列行为之一的，由道路运输管理机构责令限期改正；逾期未改正的，处三百元以上三千元以下罚款；情节严重的，可以吊销经营许可证：

（一）未按照第二十一条规定设置站牌的；

（二）未按照第二十二条第一款规定设置电车供电设施保护标志的。

第五十八条 违反本条例规定，有下列行为之一的，由城市管理行政执法机关责令停止违法行为，处五千元以上五万元以下罚款：

（一）违反第二十二条第二款规定，从事危害电车供电设施安全行为的；

（二）违反第二十三条规定，从事建设工程施工影响电车供电设施安全的；

（三）违反第二十四条规定，运输物体高度超过电车触线网、馈线网的；

（四）违反第二十六条第一款第（一）、（三）、（四）项规定，损害公共汽车客运服务设施或者影响其正常运行的。

第五十九条 违反本条例第三十四条规定，公共汽车客运经营者擅自转让线路营运权，未经批准擅自停业、歇业或者暂停、终止营运的，由道路运输管理机构责令停止违法行为，限期改正，可以处五千元以上五万元以下罚款；情节严重的，可以吊销经营许可证。

第六十条 道路运输管理机构检查核实公共汽车不再具备本条例第四十一条规定条件的，责令公共汽车客运经营者限期改正；逾期未改正的，吊销车辆营运证。

第六十一条 驾驶员、乘务员有违反本条例第四十三条规定行为的,由道路运输管理机构处以警告,或者五十元以上五百元以下罚款。

第六十二条 交通运输主管部门、道路运输管理机构及其工作人员有下列行为之一的,由其所在单位、上级主管部门或者监察机关给予行政处分:

(一)违法实施行政许可的;

(二)违法实施行政处罚的;

(三)违反本条例规定,未履行监督管理职责的;

(四)违反本条例规定,接到投诉、申诉后未依法处理、答复,造成不良社会影响或者严重后果的;

(五)其他滥用职权、玩忽职守、徇私舞弊的行为。

第八章　附　　则

第六十三条 本条例自2013年5月1日起施行。《杭州市城市公共客运管理条例》同时废止。

台州市公共汽车客运管理办法

(2017年2月14日台州市政府第72次常务会议通过,2017年3月3日以台州市人民政府令第110号公布,自2017年5月1日起施行)

第一章 总 则

第一条 为了加强公共汽车客运管理,规范公共汽车客运市场秩序,保障营运安全,提高服务质量,维护当事人的合法权益,根据《浙江省道路运输条例》和有关法律、法规,结合本市实际,制定本办法。

第二条 本办法适用于本市行政区域内公共汽车客运的规划、建设、营运、管理等活动。

本办法所称的公共汽车客运,是指运用公共汽车和服务设施,拥有固定的编码,按照核准的线路、站点、时间、票价营运,具有公益属性的为社会公众提供出行服务的活动。

本办法所称公共汽车客运服务设施,是指保障公共汽车客运服务的停车场、保养场、站务用房、候车亭、站台、站牌等场站设施和专用车道、油气供配电等相关设施。

第三条 市、县(市、区)人民政府应当将公共汽车客运纳入国民经济和社会发展规划,在城乡规划、财政政策、用地供给、设施建设、路权分配等方面保障公共汽车客运事业发展。

市、县(市、区)人民政府应当将公共交通发展纳入地方财政保障体系,设立公共交通发展专项资金,建立规范的公共汽车客运成本规制和财政补贴制度。

第四条 市、县（市）交通运输主管部门主管本行政区域内的公共汽车客运管理工作，其所属的道路运输管理机构负责具体实施公共汽车客运管理工作。

发展改革、城乡规划、建设、公安、国土资源、财政等部门按照各自职责做好公共汽车客运管理的相关工作。

第五条 公共汽车客运事业应当遵循政府主导、分级管理、城乡统筹、安全便捷、规范有序的原则。

鼓励在公共汽车客运经营和管理领域应用先进的科学技术及管理方法，推进全市公共交通智能化发展和互联互通；鼓励推广使用新能源、低排放车辆。

第二章 规划和建设

第六条 市区及跨县（市、区）的公共汽车客运专项规划由市交通运输主管部门会同市发展改革、城乡规划、国土资源等部门组织编制，报市人民政府批准后实施。

各县（市）的公共汽车客运专项规划由县（市）交通运输主管部门会同有关部门组织编制，报本级人民政府批准后实施。

市、县（市）交通运输主管部门组织编制公共汽车客运专项规划，应当广泛征求相关部门和社会各方意见。

第七条 编制公共汽车客运专项规划应当从经济社会发展的实际需要出发，按照统筹协调、适度超前、便捷出行的原则，科学设计公共汽车客运线网结构、场站布局，确定用地规划及车辆配置标准，方便衔接换乘，促进城乡公共交通一体化发展。

第八条 公共汽车客运专项规划确定的公共汽车客运服务设施用地，可以通过划拨方式取得。

公共汽车客运专项规划确定和预留的公共汽车客运服务设施用地，任何单位和个人不得非法占用；未经法定程序，不得改变其规划用途。

对公共汽车客运专项规划确定的公共汽车客运服务设施用地进行综合开

发利用的，不得损害公共交通功能。

  第九条　新建、改建、扩建公共汽车客运服务设施，应当符合公共汽车客运专项规划，设计和施工应当符合国家有关规定和技术标准。

  新建、改建、扩建城市道路等市政设施以及居住区、交通枢纽、商业中心、工业园区等大型建设项目，应当按照公共汽车客运专项规划和有关规定配套建设公共汽车客运服务设施，并与主体工程同步设计、同步建设、同步交付使用。

  第十条　公共汽车客运线路的站牌，应当标明线路编码、所在站点和途经站点的名称、开往方向、首末班营运时间、票价、投诉电话号码等内容，并保持清晰。

  公共汽车客运线路站牌的设置和维护，由道路运输管理机构负责。

  第十一条　公共汽车客运服务设施的建设、养护资金以政府投入为主。

  各级政府应当鼓励、支持社会力量参与公共汽车客运服务设施的建设和维护，并给予合理的投资回报。

  第十二条　政府投资建设以及根据土地出让合同要求配套建设的公共汽车场站设施，验收合格后3个月内由建设单位移交给政府指定的管理单位。

  第十三条　公安机关交通管理部门应当会同交通运输主管部门、建设主管部门根据城市道路通行情况、公共汽车客运流量及通行情况，划定公交专用车道，设置公交专用车道标志，并按照有关法律法规加强管理。

  符合条件的单向机动车道，应当设立逆向公交专用车道，保证公共汽车的双向通行。

  公交专用车道进行调整的，公安机关交通管理部门应当征求相关部门的意见。

  第十四条　任何单位和个人都有保护公共汽车客运服务设施的义务，不得毁坏或者擅自迁移、拆除、占用公共汽车客运服务设施。

  因城乡建设和管理需要迁移、拆除、占用公共汽车客运服务设施的，建设单位应当经交通运输主管部门同意，并按照要求先行补建或者补偿。

第三章 营运管理

第十五条 交通运输主管部门应当依据公共汽车客运专项规划，合理设置线路和站点，并根据城乡发展和社会公众出行的需求，适时调整和优化线网结构。

交通运输主管部门可以设置定制线路、夜间线路、大站快线、微循环线路等，为公众提供多样化的公共汽车客运服务。

设置或者调整公共汽车客运线路应当公开征求社会公众的意见。

第十六条 从事公共汽车客运的运营企业，应当依法取得线路营运权和经营许可证。

道路运输管理机构应当与取得线路营运权的运营企业签订线路营运服务合同。

公共汽车客运线路营运服务合同应当明确下列内容：

（一）营运线路、站点设置、配置车辆数及车型、首末站、班次时间、营运时间、线路营运权期限等；

（二）营运服务标准；

（三）安全保障制度、措施和责任；

（四）执行的票制、票价；

（五）线路营运权的变更、延续、暂停、终止的条件和方式；

（六）履约担保；

（七）营运期限内的风险承担；

（八）应急预案和临时接管预案；

（九）违约责任；

（十）争议解决方式；

（十一）双方约定的其他事项。

在线路营运服务合同有效期限内确需变更合同内容的，由双方协商签订补充合同；通过招标方式授予线路营运权的，补充合同不得降低营运服务标准。

第十七条 运营企业取得公共汽车客运线路营运权后,由道路运输管理机构按照其营运线路配置的车辆数核发车辆营运证。

第十八条 公共汽车客运线路营运权实行期限制,每期不超过6年。

线路营运权期限届满,运营企业如需延续营运期限的,应当在营运权期限届满9个月前书面向道路运输管理机构提出申请,道路运输管理机构根据其营运服务状况,在线路营运权期限届满6个月前,决定是否继续授予其线路营运权。

线路营运期限届满未延期的,由道路运输管理机构依照有关规定重新确定该线路的运营企业。

第十九条 取得公共汽车客运线路营运权的运营企业,应当按照线路营运服务合同要求提供连续服务,不得擅自停止营运,不得转让或者以承包、挂靠等方式变相转让线路营运权。

第二十条 运营企业需要暂停公共汽车客运线路营运的,应当提前1个月向道路运输管理机构提出申请;经批准的,运营企业应当按照道路运输管理机构的要求及时向社会公告。

道路运输管理机构应当根据需要,采取临时指定运营企业、调配车辆等应对措施,保障社会公众正常出行。

第二十一条 运营企业被依法注销线路营运权,或者经批准停业、歇业、终止营运,以及出现其他无法保障线路正常营运情况时,道路运输管理机构应当依照有关规定重新确定运营企业,保证线路正常营运,或者采取必要的措施保障社会公众正常出行。

第二十二条 运营企业应当按照政府价格主管部门核定的价格收取费用。

政府价格主管部门应当根据营运成本,按照鼓励社会公众优先选择公共交通出行的原则,统筹考虑社会公众承受能力、政府财政状况和出行距离等因素确定票制票价。

第二十三条 运营企业执行政府指令性任务、优惠乘车政策和低票价等造成的政策性亏损,市、县(市、区)人民政府应当给予专项经济补偿或者适当补贴。

第四章 营运秩序

第二十四条 运营企业应当按照线路营运服务合同确定的线路、站点、营运时间间隔、首末班次时间、车辆数、车型等组织营运，并遵守下列规定：

（一）遵守公共汽车客运管理的法律、法规、规章，执行行业标准及服务规范、操作规程；

（二）加强员工职业技术培训和服务质量管理，不断提高员工素质和服务质量；

（三）建立健全各项管理制度，强化行车安全管理，确保营运安全；

（四）按照规定对营运车辆进行检查、保养和维修，确保处于良好的安全营运状态；

（五）执行政府有关应急调度指令以及优惠乘车政策。

第二十五条 投入营运的公共汽车客运车辆应当符合下列规定：

（一）车辆技术性能和尾气排放符合有关标准；

（二）在规定的位置标明公共汽车线路编码、乘坐规则、线路走向示意图、票价表、警示标志和投诉电话号码；

（三）在规定的位置设置电子读卡机、投币箱，配置车辆视频监控、应急逃生窗、安全锤、灭火器等设施；

（四）设置老、弱、病、残、孕和怀抱婴幼儿的乘客专用座位；

（五）车辆设施完好、整洁卫生，标志标识清晰，车身广告设置符合有关规定。

第二十六条 运营企业应当对所聘用的驾驶员、乘务员进行有关法律法规、岗位职责、服务规范、操作规程、安全防范、应急处置等基本知识与技能的岗位培训和考核，并建立培训、考核台账。

第二十七条 公共汽车客运驾驶员和乘务员在营运服务时，应当遵守下列规定：

（一）文明驾驶，通过人行横道应当减速行驶或者停车让行；

（二）规范停靠，禁止追抢客源、滞站揽客、越站甩客以及无正当理由拒载乘客；

（三）按照政府价格主管部门核准的票价收取费用，并执行有关优惠乘车的规定；

（四）维护公共汽车场站和车厢内的正常营运秩序，播报线路名称、走向和停靠站，提示安全注意事项；

（五）为老、弱、病、残、孕和怀抱婴幼儿的乘客提供必要的帮助；

（六）发生突发事件时应当及时处置，保护乘客安全，不得先于乘客弃车逃离；

（七）遵守道路运输管理机构制定的其他营运服务规定。

第二十八条 乘坐公共汽车的乘客应当遵守乘车规则，文明乘车，不得有下列行为：

（一）妨碍车辆安全行驶，携带危险物品和国家规定的管制器具，或者其他影响正常营运秩序和乘客安全的行为；

（二）携带犬、猫等动物，但携带有证明文件且采取了保护措施的导盲犬除外；

（三）在车厢内吸烟或者随地吐痰、乱扔废弃物。

醉酒者、精神病患者、学龄前儿童以及行动不便者乘坐公共汽车，应当有其他人陪同。

乘客违反本条第一款、第二款规定，经劝阻无效的，驾驶员、乘务员可以拒绝为其提供营运服务，并向有关部门报告。

乘车规则由道路运输管理机构制定。

第二十九条 公共汽车客运车辆在营运途中发生故障不能继续营运时，驾驶员、乘务员应当向乘客说明原因，并在30分钟内安排乘客免费乘坐同方向的公共汽车或者采取其他有效措施疏导乘客；乘客不同意换乘的，有权要求按照原价退还车费。

第三十条 由于交通管制、城乡建设、重大公共活动和公共突发事件等影响公共汽车客运线路正常营运的，道路运输管理机构和运营企业应当及时向社会公告相关线路营运的变更、暂停情况，并采取相应措施，保障社会公众正常出行。

第三十一条 有下列情形之一的，运营企业应当按照交通运输主管部门的要求，组织车辆、人员进行疏运：

（一）抢险救灾；

（二）主要客流集散点运力严重不足；

（三）举行重大公共活动；

（四）其他需要应急疏运的情形。

第五章 营运安全

第三十二条 各级政府应当加强对公共汽车客运安全管理工作的领导，建立应急处置联动机制，及时协调、解决公共汽车客运安全方面的重大问题。

交通运输、公安、安全生产监督等有关部门应当依法履行安全生产监督管理职责，督促运营企业履行安全生产主体责任，做好公共汽车客运安全管理工作。

第三十三条 交通运输主管部门应当会同有关部门制定公共汽车客运突发事件应急预案，报本级人民政府批准后实施。

运营企业应当根据公共汽车客运突发事件应急预案，制定本企业的应急预案，定期进行演练。

发生影响公共汽车营运安全的突发事件时，交通运输主管部门和运营企业应当立即启动应急预案，采取应急措施。

第三十四条 运营企业应当落实公共汽车客运安全生产主体责任，健全企业安全生产管理制度，设置安全生产管理机构，配备专职安全管理人员，保证安全生产资金投入，定期开展安全检查和隐患排查，及时消除事故隐患。

第三十五条 禁止下列妨碍公共汽车客运营运的行为：

（一）非法拦截、强行上下公共汽车客运车辆或者妨碍驾驶员的正常工作；

（二）在公共汽车客运场站及其出入口、通道擅自停放非公共汽车客运车辆、堆放杂物或者摆摊设点等；

（三）占用公共汽车客运车辆停靠区，妨碍其进站停靠；

（四）损坏公共汽车客运车辆和服务设施；

（五）其他妨碍公共汽车客运营运的行为。

第六章 监督检查

第三十六条 道路运输管理机构应当加强对公共汽车客运营运活动的监督检查，及时查处违法行为，维护正常的营运秩序。

道路运输管理机构在监督检查时，应当遵守道路运输行政执法行为规范。运营企业应当接受并配合检查，如实提供有关情况和资料。

第三十七条 交通运输主管部门应当建立运营企业服务质量考评和绩效评价管理制度，定期对运营企业的服务质量进行考核评价并向社会公布，考核评价结果作为衡量运营企业营运绩效、发放政府补贴等依据。

第三十八条 运营企业应当按照道路运输管理机构要求报送相关统计资料和营运信息，统计资料和营运信息应当真实、准确、完整，不得漏报、瞒报。

第三十九条 道路运输管理机构和运营企业应当建立公共汽车客运服务投诉受理制度，并向社会公布投诉电话号码，接受乘客投诉。

道路运输管理机构和运营企业应当自受理乘客投诉之日起十五日内作出答复和处理。

第七章 法律责任

第四十条 违反本办法规定的行为，有关法律、法规已有法律责任规定的，从其规定。

第四十一条 违反本办法规定，有下列行为之一的，由道路运输管理机构责令改正，处一千元以上一万元以下罚款：

（一）运营企业或者客运场站经营者未在公共汽车客运车辆、场站醒目位置设置安全警示标志、安全疏散示意图和安全应急设备的；

（二）运营企业聘用的驾驶员不具备条件的；

（三）运营企业未对驾驶员、乘务员进行岗前培训并考核的。

第四十二条 运营企业拒不执行应急调度指令的，由道路运输管理机构责令改正，可以处二千元以上一万元以下罚款。

第四十三条 公共汽车客运驾驶员、乘务员违反本办法第二十七条第二项、第四项至第六项规定的，由道路运输管理机构责令改正，可以处五十元以上五百元以下罚款。

第四十四条 交通运输主管部门及其道路运输管理机构和有关部门的工作人员滥用职权、玩忽职守、徇私舞弊的，对直接负责的主管人员和其他直接责任人员依法给予处分；构成犯罪的，依法追究刑事责任。

第八章　附　　则

第四十五条 本办法自 2017 年 5 月 1 日起施行。

南昌市城市公共汽车电车客运管理条例

（2000年11月10日南昌市第十一届人民代表大会常务委员会第二十六次会议通过，2000年12月23日江西省第九届人民代表大会常务委员会第二十次会议批准。根据2005年4月29日南昌市第十二届人民代表大会常务委员会第三十四次会议通过。2005年5月27日江西省第十届人民代表大会常务委员会第十五次会议批准修正案第一次修正。根据2010年10月29日南昌市第十三届人民代表大会常务委员会第三十次会议通过。2010年11月26日江西省第十一届人民代表大会常务委员会第二十次会议批准《关于修改15件地方性法规的决定》第二次修正）

第一章 总 则

第一条 为了加强城市公共汽车电车（以下简称公共汽车电车）客运管理，维护公共汽车电车客运秩序，保障乘客和经营者的合法权益，根据有关法律、法规的规定，结合本市实际，制定本条例。

第二条 本条例所称公共汽车电车，是指按照规定的编码线路、站点和时间营运，供公众乘坐的客运车辆。

本条例所称客运服务设施，是指停车场、站务用房、候车亭、站台、站牌以及供配电设施等。

第三条 在本市城市规划区内从事公共汽车电车客运经营、管理、客运服务设施建设和维护的单位和个人以及乘客，应当遵守本条例。

第四条 市交通运输主管部门是城市公共汽车电车客运行政主管部门，其所属市客运管理机构负责日常管理工作。

市城乡规划、公安、工商、价格、旅游等行政管理部门按照各自职责，做好公共汽车电车客运管理工作。

第五条 公共汽车电车客运的管理应当遵循全面规划、统一管理、公平竞争、规范经营、方便群众的原则。

市人民政府对公共汽车电车客运实行优先发展政策，鼓励在公共汽车电车客运管理和经营领域应用先进的科学技术和管理方法。

第二章 规 划 建 设

第六条 市交通运输主管部门应当根据城市总体规划，编制公共汽车电车客运发展规划，经市城乡规划主管部门审查，报市人民政府批准后组织实施。

第七条 市交通运输主管部门应当会同有关部门根据公共汽车电车客运发展规划，制定公共汽车电车客运线网规划及客运服务设施建设规划，报市人民政府批准后组织实施。

市交通运输主管部门应当根据公共汽车电车客运发展规划、公共汽车电车客运线网规划和客运服务设施建设规划，编制公共汽车电车客运建设计划，纳入国民经济和社会发展计划。

第八条 城市总体规划和公共汽车电车客运发展规划确定的公共汽车电车客运服务设施用地，市城乡规划主管部门应当按照规划预留，任何单位和个人不得侵占或者改变其使用性质。

第九条 新建、改建、扩建城市道路时，应当根据公共汽车电车客运线网及客运服务设施建设规划设置港湾式候车站及始发站场。

具备条件的城市主干道应当设置公共汽车电车专用车道，保证公共汽车电车优先通行。

第十条 新城区开发、旧城区改造、居住小区建设和飞机场、火车站、长途汽车站、码头、大型商业中心、大型文化娱乐场所、旅游景点和体育场馆等工程项目在规划、建设时，应当按照公共汽车电车客运发展规划，配套建设公共汽车电车站点以及相应的停车场，并与主体工程同步设计、同步施工、同步验收。

第十一条 公共汽车电车客运服务设施建设工程项目的设计和施工，应当严格执行国家有关规定及技术标准。其设计方案，建设单位应当征求市交通运输主管部门的意见。

公共汽车电车客运服务设施建设工程项目竣工后，市交通运输主管部门应当参与验收。验收合格的，方可交付使用。

第十二条 公共汽车电车客运线路和站点的设置和调整，应当符合公共汽车电车客运线网规划的要求，方便乘客乘车和转乘。

公共汽车电车客运线路和站点的设置和调整，应当经公安交通管理机构同意，由市交通运输主管部门批准后实施。任何单位和个人不得擅自变更和取消公共汽车电车客运线路。

第十三条 公共汽车电车客运经营者应当按照市交通运输主管部门规定的统一样式，在公共汽车电车站点设置站牌。

公共汽车电车站牌应当标明线路名称、始末班车时间、所在站点和沿途停靠站点的名称等内容。

第三章 线路经营权管理

第十四条 公共汽车电车客运线路由市人民政府实行线路专营权管理制度。线路专营权管理办法由市人民政府根据国家、省和本条例有关规定制定。日常管理工作由市交通运输主管部门负责。

第十五条 市人民政府可以采取招标授予、申请授予和委托授予的方式，确定专营公共汽车电车客运线路的经营者。

第十六条 凡投标或者申请从事公共汽车电车客运业务的，必须具备下列条件：

（一）有城市公共客运企业资质证明；

（二）有与经营规模相适应的资金；

（三）有符合规定要求的客运车辆或者有相应数量的车辆购置证明；

（四）有相应的停车场和配套设施；

（五）有相应的管理人员和经职业培训合格的驾驶员、乘务员、调度员；

（六）有健全的客运服务、客运安全、车辆保修等管理制度和管理机构。

第十七条 中标者或者获批准的申请人应当与市交通运输主管部门订立线路经营协议，并由市人民政府发给《线路经营权证书》。

市客运管理机构应当给服务于专营线路的管理人员、驾驶员、乘务员和调度员核发服务证件。

第十八条 未取得《线路经营权证书》的，不得从事公共汽车电车客运经营活动。

第十九条 《线路经营权证书》实行审验制度。

任何单位或者个人不得涂改、伪造、转借《线路经营权证书》。

第二十条 公共汽车电车客运经营者需要停业的，应当提前90日向市交通运输主管部门提出书面申请。市交通运输主管部门接到书面申请后，应当在15日内作出是否准予停业的书面答复。逾期未作出书面答复的，视为同意停业。未经批准，经营者不得擅自停业。

经批准停业的经营者，应当缴回《线路经营权证书》，并依法向工商行政管理等部门办理有关手续。

第二十一条 公共汽车电车客运线路经营权期满或者经批准停业的，市人民政府应当按照本条例规定重新确定经营者。

第四章 营运管理

第二十二条 公共汽车电车客运经营者应当遵守下列规定：

（一）执行公共汽车电车行业管理标准，教育员工安全行车，规范经营，热情服务；

（二）按照规定的线路、站点、班次、车型及时间组织营运；

（三）按照规定统一制作、悬挂线路营运服务标志，在营运车辆内设置老、弱、病、残孕专用座位和禁烟标志；

（四）执行物价部门核定的收费标准，使用经税务机关批准，并印有经营者名称的等额车票凭证；

（五）保持车辆各项技术性能良好；

（六）保持车辆服务设施齐全完好；

（七）维护乘客合法权益。

第二十三条 因市政工程建设等特殊情况需要临时变更公共汽车电车客运线路或者站点的，应当向市交通运输主管部门提出申请，由市交通运输主管部门会同市公安交通管理机构审核批准。经批准后，市交通运输主管部门应当通知经营者，经营者应当提前在站点张贴公告；必要时，批准机关应当通过新闻媒体向社会公告，所需费用由申请人承担。

第二十四条 驾驶员、乘务员应当遵守下列规定：

（一）佩戴统一服务标志，衣着整洁，仪表大方，随车携带营运证和服务证件，遵守服务规范；

（二）严格执行各项安全操作规程；

（三）保持车内外整洁；

（四）为乘客提供主动、热情、周到的服务；

（五）在规定的站点上下客，禁止无正当理由拒载乘客、中途逐客、滞站揽客、到站不停和擅自改变营运线路等行为；

（六）及时报清线路名称、车辆行驶方向和停靠站点名称；

（七）执行核定收费标准，向乘客提供有效票证；

（八）维护车厢内的正常秩序，协助、配合公安部门查处车上的违法犯罪行为。

第二十五条 乘客享有获得安全、便捷、准点、舒适的客运服务的权利。车辆在营运中发生故障不能正常行驶时，驾驶员、乘务员应当向乘客说明原因并安排乘客免费换乘后续同线路同方向车辆或者另调派车辆，后续驾驶员、乘务员不得拒载。

驾驶员或者乘务员不出具有效票证的，乘客有权拒付票款。

第二十六条 乘客应当遵守下列规定：

（一）在站点候车时依次排队，待车停稳后先下后上，不得爬窗、吊门或者阻拦车辆运行；乘坐无人售票车时，依次从上客门上车、下客门下车；

（二）上车主动买票或者投币或者出示有效乘车票证；

（三）禁止携带易燃、易爆、有毒等危险品或者禽、畜及易污损或者有碍乘客安全和健康的物品；

（四）禁止在车厢内吸烟或者向车内外吐痰、乱扔杂物；

（五）禁止伪造、涂改、转借乘车票证或者使用过期的乘车票证；

（六）不得损坏车辆服务设施；

（七）配合驾驶员、乘务员查验票证。

乘客应当按规定支付车费。乘客不支付、少支付车费或者使用过期的乘车票证的，驾驶员、乘务员可以要求其按照少支付票额的 5 倍补缴车费。

第二十七条 非公共汽车电车客运车辆不得在公共汽车电车站点以及距站点 30 米以内的路段停靠上下客。

第二十八条 城区外围应当合理设置非本市城市公共汽车电车客运车辆（不含出租小汽车）专用停车站场，并与城市公共汽车电车相衔接。

因城区外围未设置相应非本市城市公共汽车电车客运车辆停车站场，需要进入城区非公交停车站场上下客的，应当由市交通运输主管部门和公安交通管理机构批准。进入城区的客运车辆应当按照批准的线路、站点行驶。

第二十九条 公共汽车电车客运车辆在营运中发生非交通事故造成乘客人身意外伤亡事故时，当事人可以协商解决，也可以申请市客运管理机构进行调解，或者直接向人民法院提起诉讼。

市客运管理机构组织调解时，可以参照道路交通事故处理的有关标准进行调解。

第三十条 除公安机关、司法机关和市交通运输主管部门及其市客运管理机构依法执行公务外，其他任何单位和个人不得拦阻、扣押营运中的公共汽车电车客运车辆。

第三十一条 任何单位和个人对违反本条例的行为有权向市交通运输主管部门投诉。投诉者应当提供有关情况及证据。

市交通运输主管部门应当建立投诉制度，公布投诉电话，接受投诉和社会监督。

市交通运输主管部门应当自接到投诉之日起 15 日内作出处理，并答复投诉者。

第三十二条 经营者应当接受乘客的监督和受理乘客的投诉，并配合市交通运输主管部门查处违反本条例的行为。

第五章 设 施 管 理

第三十三条 公共汽车电车客运经营者应当对客运服务设施定期维修保养，严格管理，保证其技术、安全性能符合国家规定的标准。客运服务设施发生故障时，应当及时抢修，有关单位和个人应当给予配合，不得干扰和阻拦抢修作业。

第三十四条 任何单位和个人不得擅自迁移、拆除、占用客运服务设施。因城市建设确需迁移、拆除、占用客运服务设施的，建设单位应当报经市交通运输主管部门批准，并按照规定予以补建。

第三十五条 任何单位和个人都有保护客运服务设施的义务。禁止以下行为：

（一）损坏客运服务设施；

（二）覆盖、涂改站牌；

（三）在公共汽车电车停车站场范围内停放非公共汽车电车客运车辆、设置摊点、堆放物品等；

（四）在电车架线杆、馈线安全范围内修建建筑物、构筑物或者堆放、悬挂物品，搭设线、缆、管等；

（五）其他影响客运服务设施使用和安全的行为。

第六章 法 律 责 任

第三十六条 违反本条例规定，有下列行为之一的，责令改正，没收其违法所得，并处 5000 元以上 2 万元以下罚款：

（一）擅自转让公共汽车电车客运线路专营权的；

（二）未取得《线路经营权证书》从事公共汽车电车客运经营的。

有前款第一项行为的，可以收回线路经营权。有前款第二项行为的，可暂扣营运车辆 5 日至 10 日，责令行为人在规定的期限内到指定地点接受处理。

第三十七条 违反本条例规定，涂改、伪造、转借《线路经营权证书》的，予以没收，并处 1000 元以上 5000 元以下罚款。

第三十八条 违反本条例规定，经营者有下列行为之一的，责令改正，拒不改正的，处 1000 元以上 5000 元以下罚款：

（一）《线路经营权证书》未按照规定进行审验的；

（二）擅自停业的；

（三）未按照规定的线路、站点、班次、车型及时间组织营运的。

第三十九条 违反本条例规定，驾驶员、乘务员有下列行为之一的，责令改正，并处 100 元以上 500 元以下罚款：

（一）不在规定的站点范围内上下客，或者无正当理由拒载乘客、中途逐客、滞站揽客、到站不停或者擅自改变营运线路的；

（二）车辆营运中发生故障不能正常行驶，未按照规定安排乘客免费乘车或者后续车辆拒绝换乘的；

（三）不执行核定收费标准或者不向乘客提供有效票证的。

第四十条 违反本条例规定，有下列行为之一的，责令改正，并处 200 元以上 1000 元以下罚款：

（一）非法拦阻、扣押营运中的公共汽车电车客运车辆的；

（二）擅自迁移、拆除、占用或者损坏客运服务设施的；

（三）在电车架线杆、馈线安全范围内修建建筑物、构筑物，或者堆放、悬挂物品，或者搭设线、缆、管等的。

前款违法行为造成经济损失的，还应当依法承担赔偿责任。

第四十一条 违反本条例规定，有下列行为之一的，责令改正，并处 50 元以上 200 元以下罚款：

（一）伪造、涂改、转借乘车票证的；

（二）乘客拒不按第二十六条第二款规定补缴车费的；

（三）覆盖、涂改站牌的。

前款第三项违法行为造成经济损失的，还应当依法承担赔偿责任。

第四十二条 本条例规定的行政处罚，由市交通运输主管部门执行，其中第三十七条至第四十条可以委托市客运管理机构实施。

第四十三条 违反本条例规定的其他行为,由有关行政管理部门依法处罚。

第四十四条 市交通运输主管部门和市客运管理机构的工作人员玩忽职守、滥用职权、索贿受贿、徇私舞弊的,由其所在单位或者上级机关给予行政处分;构成犯罪的,依法追究刑事责任。

第七章 附 则

第四十五条 本条例具体应用中的问题,由市交通运输主管部门负责解释。

第四十六条 本条例自2001年3月1日起施行。

济南市城市公共交通条例

(2013年9月13日济南市第十五届人民代表大会常务委员会第十次会议通过,2013年11月29日山东省第十二届人民代表大会常务委员会第五次会议批准)

第一章 总 则

第一条 为了促进城市公共交通发展,规范城市公共交通秩序,维护乘客、经营者及其从业人员的合法权益,根据有关法律、法规的规定,结合本市实际,制定本条例。

第二条 本条例所称城市公共交通,是指在市和县(市)、长清区人民政府确定的区域内,利用公共汽(电)车和城市公共交通设施,按照核定线路、站点、时间、票价运营,为公众提供基本出行服务的社会公益性事业。

本条例所称城市公共交通设施,是指为城市公共交通运营服务的城市公共交通停车场、首末站、保养场、换乘枢纽站及其配套设施,候车亭、站台、站牌、港湾等站务设施,供配电设施以及城市智能公共交通系统设施等。

第三条 本市行政区域内城市公共交通的规划、建设、管理、运营和服务适用本条例。

第四条 城市公共交通发展应当遵循政府主导、统筹规划、优先发展、安全便捷、节能环保、服务群众的原则。

第五条 市和县(市)、长清区交通运输主管部门是本行政区域内城市公共交通的主管部门。

人民政府有关部门应当按照各自职责做好城市公共交通管理工作。

第六条　市和县（市）、长清区人民政府应当支持城市公共交通的发展，在城乡规划、用地供给、设施建设、交通管理、财政补贴方面优先给予保障。

区人民政府应当会同市交通主管部门，做好本行政区域内城市公共交通发展工作。

第七条　市和县（市）、长清区人民政府应当把城市公共交通发展资金纳入公共财政预算。城市公共交通建设资金占城市维护建设费、公用事业附加和城市建设配套费资金支出的比例应当不低于百分之五。

第八条　引导和鼓励社会资金参与城市公共交通设施建设和运营，实现城市公共交通经营主体的多元化和市场运营的有序竞争。

第二章　规 划 建 设

第九条　市和县（市）交通运输主管部门应当会同国土资源、公安机关交通管理等部门，根据城市总体规划编制城市公共交通规划，经规划部门审查同意，报同级人民政府审批。

第十条　规划主管部门在编制控制性详细规划和修建性详细规划时，应当根据地块开发强度、人口指标、城市公共交通承载力以及各种交通方式有效衔接等因素，合理确定城市公共交通设施的布局和规模。

第十一条　本市新建、改建、扩建大型公共场所、公共设施以及居住小区建设项目应当进行交通影响评价。

第十二条　城市公共交通设施用地符合划拨用地目录的，应当以划拨方式供地。

第十三条　城市规划区内的开发和改造项目，符合规划要求且具备条件的，应当将公共交通基础设施配套建设纳入土地招拍挂条件。

配套建设城市公共交通设施应当与建设项目主体工程同步设计、同步建设、同步验收。

城市公共交通设施竣工后，交通运输主管部门应当参加验收。验收合格的，及时交付交通运输主管部门。

第十四条　依法批准的城市公共交通设施用地（城市道路除外）范围内

的地上地下空间，在不改变其用途和影响其使用功能的前提下，可以按照市场化原则实施土地综合开发。涉及变更土地用途的，依法办理相关手续。

城市公共交通设施用地综合开发的收益应当用于城市公共交通设施建设和弥补运营亏损。具体办法由市人民政府制定。

第十五条 政府投资建设的城市公共交通设施，由交通运输主管部门负责运营管理；社会资金投资建设的城市公共交通设施，由投资者和交通运输主管部门协商确定使用方式、收益方式和使用期限。

第十六条 新建、改建城市道路时，应当按照规划要求和技术规范，修建公交港湾式停靠站。

公安机关交通管理部门应当根据需要，在城市中心城区双向六车道以上道路辟建城市公共交通车辆专用道，并在有条件的路口增设城市公共交通车辆专用导向车道。

第十七条 交通运输主管部门应当推进城市公共交通智能化发展，完善公众出行信息服务系统、车辆运营调度系统、安全监控系统和应急处置系统。

第十八条 任何单位和个人不得擅自占用城市公共交通设施用地或者改变其用途；不得擅自迁移、拆除、损坏、侵占城市公共交通设施或者改变其用途。

第三章 经营权管理

第十九条 从事城市公共交通经营的，应当依法向交通运输主管部门提出申请。

交通运输主管部门应当自受理申请之日起二十日内，根据运力配置、社会公众出行需求情况作出决定。

第二十条 城市公共交通线路运营权的具体期限由市和县（市）、长清区人民政府确定并向社会公布。

第二十一条 交通运输主管部门应当采取招投标方式确定城市公共交通线路运营权；不适合招标或者招标不成的，可以采取直接授予的方式确定。

取得经营权的城市公共交通经营者（以下简称公交经营者），未经批准不得擅自停业、歇业。

第二十二条 交通运输主管部门应当会同市政公用、公安机关交通管理部门确定城市公共交通线路、站点，并向社会公告。任何单位和个人不得擅自变更。

第二十三条 交通运输主管部门应当定期组织城市公共交通客流调查和线路普查，公开征求社会公众对线路、站点设置的意见，对线网布局状况进行评估。

交通运输主管部门应当会同有关部门，根据线网布局状况评估结果制定优化调整方案，并向社会公告。

第二十四条 因市政工程建设、举办大型公共活动等原因，确需临时变更城市公共交通线路、站点、运营时间的，有关单位应当提前十日告知交通运输主管部门；因突发事件导致城市公共交通线路临时变更的，有关单位应当及时告知交通运输主管部门。交通运输主管部门应当会同公安机关交通管理部门及时变更，并向社会公告。

第四章 运营服务

第二十五条 公交经营者应当按照行业服务规范诚信经营、规范服务、安全运营。

第二十六条 公交经营者应当遵守下列规定：

（一）有健全的安全生产管理制度和服务质量保障措施；

（二）定期组织从业人员进行职业道德和技能、交通安全、服务规范、治安防范等方面的教育和培训；

（三）按照规定的线路、站点、班次、时间组织运营；

（四）按照规定统一制作和悬挂运营标志；

（五）执行核定的票价标准，使用统一印制的票证；

（六）定期维护和检测运营车辆，使其符合国家有关安全、环保标准。

第二十七条 公交经营者投入运营的公交车辆应当符合下列要求：

（一）保持清洁，定期消毒；

（二）安装电子信息系统，配备消防、逃生设施；

（三）设立老、弱、病、残、孕专座，有条件的配备无障碍设施；

（四）标明经营者名称、线路编号、途经站点、票价；

（五）张贴乘车规则和服务监督电话。

第二十八条 司乘人员应当遵守下列规定：

（一）遵守交通安全法规，文明驾驶；

（二）向乘客提供有效票据；

（三）正确播报线路名称、走向、停靠站点和提示语；

（四）在规定的区域停靠，不得擅自越站甩客、改道行驶；

（五）维护运营车辆内秩序，劝阻不文明行为。

第二十九条 公交车辆在运营中发生故障不能正常运行时，司乘人员应当主动向乘客说明原因，并安排改乘同线路、同方向车辆。

第三十条 下列人员享受免费乘车待遇：

（一）持本人专用乘车票证年满七十周岁的老年人；

（二）凭残疾人证或者其他有效证件的残疾人；

（三）持《士兵证》的现役义务兵；

（四）身高不超过一点二米的儿童。

第三十一条 下列人员享受优惠乘车待遇：

（一）持本人专用乘车票证年满六十五周岁、不满七十周岁的老年人；

（二）持本人专用乘车票证的在校中、小学生；

（三）持《军官证》、《士官证》的现役军官、现役士官。

第三十二条 乘客应当遵守下列规定：

（一）遵守社会公德，爱护公共交通设施，维护乘车秩序；

（二）按照规定购票，不得使用过期、伪造的乘车票证；

（三）不得携带宠物或者易污染、损伤他人的物品乘车；

（四）不得在车辆、站台内饮酒、吸烟、乞讨、卖艺；

（五）不得有其他侵害乘客、司乘人员人身安全或者妨碍车辆正常运营的行为。

乘客违反前款规定，经劝阻拒不改正的，司乘人员有权拒绝为其提供运营服务。

第三十三条　严禁携带易燃、易爆、有毒、放射性、腐蚀性等危险物品进入运营车辆和站台。

第三十四条　遇有重大社会活动、突发事件、恶劣天气或者抢险救灾时，公交经营者应当承担人民政府的指令性任务。

第五章　监督管理

第三十五条　交通运输主管部门应当定期对公交经营者进行质量信誉考核。考核不合格的，责令其限期整改，并将考核结果记入信用档案。

第三十六条　交通运输主管部门应当建立城市公共交通社会评价机制，定期征询社会公众对城市公共交通运营服务的意见和建议。

第三十七条　交通运输主管部门应当建立举报、投诉受理制度，自接到举报、投诉之日起十日内核查处理并予以答复。

第三十八条　价格主管部门应当会同交通运输主管部门根据城市公共交通运营成本和经济社会发展水平确定城市公共交通票价，报同级人民政府批准后施行。

第三十九条　财政部门应当会同交通运输主管部门、价格主管部门、审计部门建立城市公共交通成本核算和财政补贴制度。

第四十条　交通运输主管部门应当会同有关部门对影响城市公共交通正常运营的突发事件制定应急预案，报同级人民政府批准。

第六章　法律责任

第四十一条　违反本条例规定，擅自迁移、拆除、损坏、侵占城市公共交通设施或者改变其用途的，由交通运输主管部门责令限期改正；造成损失的，依法承担赔偿责任，并处以直接经济损失额一倍以上三倍以下罚款。

第四十二条　违反本条例规定，公交经营者未经批准擅自停业、歇业的，由交通运输主管部门责令改正，处以三万元以上五万元以下罚款。

第四十三条 违反本条例规定,有下列行为之一的,由交通运输主管部门责令限期改正,处以一万元以上五万元以下罚款:

(一)擅自变更运营线路、站点或者擅自改变班次、运营时间的;

(二)公交车辆未按规定配备消防、逃生设施的。

第四十四条 违反本条例规定,占用城市公共交通设施用地或者改变其用途的,由国土资源、城管执法等部门依法处理。

第四十五条 侵害乘客、司乘人员人身安全或者妨碍车辆正常运营,构成违反治安管理处罚行为的,由公安机关依法处罚;构成犯罪的,依法追究刑事责任。

第四十六条 违反本条例规定,不执行核定的票价标准的,由价格主管部门依法处理。

第四十七条 违反本条例规定,不使用统一印制的票证的,由税务部门依法处理。

第四十八条 交通运输主管部门工作人员玩忽职守、滥用职权、徇私舞弊的,按照有关规定给予处理;构成犯罪的,依法追究刑事责任。

第七章 附 则

第四十九条 本条例自 2014 年 1 月 1 日起施行。1999 年 8 月 22 日济南市人民代表大会常务委员会颁布施行的《济南市城市公共客运交通管理条例》同时废止。

青岛市城市公共汽车客运管理条例

(2005年6月27日青岛市第十三届人民代表大会常务委员会第二十二次会议通过，2005年7月29日山东省第十届人民代表大会常务委员会第十五次会议批准)

第一章 总 则

第一条 为了加强城市公共汽车客运管理，维护城市公共汽车客运市场秩序，保障乘客与城市公共汽车客运经营者（以下简称客运经营者）的合法权益，促进城市公共汽车客运事业的发展，根据国家有关规定，结合本市实际，制定本条例。

第二条 本条例适用于本市行政区域内城市公共汽车客运的规划、建设、经营及相关的管理活动。

第三条 市交通行政主管部门主管本市城市公共汽车客运管理工作。

市道路运输管理机构负责市南区、市北区、四方区、李沧区、崂山区、城阳区范围内的城市公共汽车客运管理工作。

黄岛区及各县级市主管城市公共汽车客运的部门（以下称县级市城市公共汽车客运管理部门）负责本行政区域内的城市公共汽车客运管理工作。

公安、建设、规划、市政公用、财政、环境保护、价格、教育等部门，按照各自职责协同做好城市公共汽车客运管理工作。

第四条 城市公共汽车客运事业应当适应城市经济发展、城市建设、环境保护、人民生活水平及城市公共事业发展的要求，符合城市总体规划，并与其他公共客运交通方式相协调。

第五条 城市公共交通是社会公益性事业，应当遵循优先发展的原则。

政府应当注重城市公共汽车客运基础设施的规划、建设，建立和完善城市公共汽车客运经营成本评价机制和财政补贴、补偿机制，鼓励多种经济成分的投资主体参与城市公共汽车客运的投资、建设和经营。

第六条 城市公共汽车客运所使用的车辆应当符合环境保护法律、法规的规定。政府及有关部门应当采取积极措施，鼓励、推广使用环保型公共汽车和洁净能源。

第二章 规划建设

第七条 城市公共汽车客运专业规划分别由市交通行政主管部门、县级市城市公共汽车客运管理部门负责编制，按照法定程序报批后纳入城市总体规划和国民经济与社会发展计划。

第八条 市道路运输管理机构、县级市城市公共汽车客运管理部门应当会同公安、建设、市政公用等部门，根据城市公共汽车客运专业规划，结合实际情况，制定线路开辟和调整年度计划。制定线路开辟和调整年度计划，应当征求社会各方面意见；年度计划实施前，应当向社会公布。

线路起止地分属市道路运输管理机构、县级市城市公共汽车客运管理部门或者不同县级市城市公共汽车客运管理部门管辖的，其线路开辟和调整方案由两地上述部门提出意见后，报市交通行政主管部门批准。

常住人口在一万人以上并具备城市公共汽车通行条件的住宅区域，应当设置城市公共汽车客运线路。

第九条 规划部门在组织编制城市规划时，应当按照城市公共汽车客运专业规划和城市公共汽车客运停车场设置标准预留城市公共汽车客运服务设施用地和空间；未经法定程序批准，任何单位和个人不得侵占或者改变其用途。

城市公共汽车客运停车场设置标准由规划、交通、公安等部门组织制定。

现有占用城市道路的城市公共汽车客运停车场，应当逐步退出所占用的城市道路。

第十条 新建、扩建、改建城市道路时，应当确定城市公共汽车客运服务设施用地；具备条件的，应当规划设置城市公共汽车专用道和港湾式车站。

第十一条 新建、扩建、改建居民区及火车站、机场、长途汽车站、客运码头和大型商业区、旅游景区（点）、文化及体育设施等场所时，建设单位应当按照规划要求建设城市公共汽车客运服务设施，并与主体工程同时投入使用。

第十二条 因城市建设（道路建设除外）需要拆除、迁移、占用城市公共汽车客运服务设施的，建设单位应当按照规划补建；需要调整客运线路的，建设单位还应当对迁移站点设施的费用给予补偿。建设期间，有关部门和单位应当采取相应措施，保证城市公共汽车客运正常运行。

第十三条 新建、扩建、改建城市公共汽车客运服务设施，应当执行国家有关技术标准和规范。

第三章 线路经营权

第十四条 从事城市公共汽车客运经营，应当具备下列条件，并取得城市公共汽车客运线路经营权：

（一）依法注册的企业法人资格；

（二）有与经营规模相适应的客运车辆或者相应的车辆购置资金；

（三）有与经营业务相适应的从业人员；

（四）有符合要求的专用停车场地；

（五）有可行的运营方案和健全的管理制度；

（六）法律、法规规定的其他条件。

第十五条 新开辟的线路、经营权期限届满的线路以及其他需要重新确定客运经营者的线路，采用招标等公平竞争的方式确定客运经营者。

城市公共汽车客运线路经营权的招标应当依照《中华人民共和国招标投标法》等法律、法规的规定执行。

客运经营者按照规定缴纳的城市公共汽车客运线路经营权使用费，纳入财政专户，专项用于城市公共汽车客运服务设施的建设和管理。

第十六条 取得城市公共汽车客运线路经营权的客运经营者，由市道路运输管理机构或者县级市城市公共汽车客运管理部门发给城市公共汽车客运线路经营权证书，并签订城市公共汽车客运线路经营合同。

城市公共汽车客运线路经营合同应当载明下列事项：

（一）营运线路、站点、首末车时间、发车间隔、车型及车辆数量、运价标准；

（二）线路经营权期限及使用费；

（三）各项营运服务指标；

（四）主管部门应当履行的职责；

（五）合同的变更和终止；

（六）违约责任；

（七）双方约定的其他事项。

本条例施行前已获准从事城市公共汽车客运线路经营但没有办理线路经营权手续的客运经营者，应当在本条例施行后六十日内到市道路运输管理机构或者县级市城市公共汽车客运管理部门办理城市公共汽车客运线路经营权手续。

第十七条 以招标等公平竞争的方式取得的城市公共汽车客运线路经营权拟转让的，客运经营者应当提前三个月向市道路运输管理机构或者县级市城市公共汽车客运管理部门提出申请。受理申请的部门应当自受理之日起二十日内作出是否准予转让的决定，并书面告知申请人；对受让方具备本条例第十四条规定的条件的，应当准予转让。对准予转让的，转让方和受让方应当到市道路运输管理机构或者县级市城市公共汽车客运管理部门办理城市公共汽车客运线路经营权变更手续。

非以招标等公平竞争的方式取得的城市公共汽车客运线路经营权不得转让。

第十八条 客运经营者取得的城市公共汽车客运线路经营权不得出租，不得以承包、挂靠等方式进行经营。

第十九条 客运经营者变更名称、地址、法定代表人等城市公共汽车客运线路经营权证书载明事项的，应当在办理工商变更登记后三十日内到市道路运输管理机构或者县级市城市公共汽车客运管理部门办理变更手续。

第二十条 城市公共汽车客运线路经营权期限最长为八年。

客运经营者在经营权期限内拟终止经营的，应当提前三个月报市道路运输管理机构或者县级市城市公共汽车客运管理部门批准；未经批准，不得停运。

第二十一条 客运经营者有下列情形之一的，由市道路运输管理机构、县级市城市公共汽车客运管理部门终止城市公共汽车客运线路经营合同，注销其线路经营权：

（一）领取城市公共汽车客运线路经营权证书满三个月尚未开展经营活动的；

（二）擅自停运或者终止经营的；

（三）达不到合同规定的各项营运服务指标，经整改仍达不到要求的；

（四）丧失本条例第十四条规定的条件之一的。

城市公共汽车客运线路经营权依照前款规定被注销的，市道路运输管理机构、县级市城市公共汽车客运管理部门可以指定其他客运经营者对该线路实行临时经营，但临时经营期限最长不得超过六个月。

第四章 营运管理

第二十二条 客运经营者应当执行城市公共汽车客运服务质量标准，合理调度，经济运营，为社会提供安全、方便、连续、稳定的城市公共汽车客运服务。

第二十三条 客运经营者应当执行价格部门依法核定的运价标准，使用符合规定的票据，按照要求向市道路运输管理机构或者县级市城市公共汽车客运管理部门报送营运统计报表及相关资料。

第二十四条 市交通行政主管部门、县级市城市公共汽车客运管理部门应当配合财政、价格等部门定期对客运经营的成本费用进行评价，核定客运经营的计价成本。客运经营者按照政府要求承担社会福利、完成指令性任务等政策性因素所增加的费用，政府应当给予适当经济补偿。

第二十五条 客运经营者应当按照城市公共汽车客运线路经营合同规定的营运线路、站点、时间、车型及车辆数量组织营运。

因市政工程建设、重大活动等需要临时变更营运线路或者站点的，市政公用、建设、公安等部门应当提前与客运经营者协商并于三日前向社会公告。

第二十六条 客运经营者投入营运的车辆，应当符合下列要求：

（一）车辆技术性能和尾气排放符合规定标准；

（二）在规定位置放置市道路运输管理机构、县级市城市公共汽车客运管理部门核发的营运标识；

（三）在规定位置标明线路代码、行驶路线、运价标准和服务投诉电话号码；

（四）投币箱、电子报站设施、电子乘车卡读卡设施保持完好。

客运经营者应当定期对客运车辆进行维护和检测，消除客运安全事故隐患。

第二十七条 城市公共客运汽车驾驶员和乘务员（以下简称驾乘人员）在营运服务时应当遵守下列规定：

（一）着装整洁，文明驾驶，遵守客运服务质量要求；

（二）按照规定的营运线路、站点运行和停靠，不得无故拒载、中途逐客、站外揽客；

（三）按照核定的运价标准收费，出具符合规定的车票凭证，不得拒绝或者歧视按照规定免费或者优惠乘车的乘客；

（四）按照规定报清线路名称、车辆行驶方向和停靠站点名称；设置电子报站设施的，应当正确使用电子报站设施；

（五）保持车辆整洁卫生，按照规定集中处理废弃物，不得在车厢内吸烟；

（六）车辆发生故障或者事故中途停驶，安排乘客免费乘坐同线其他车辆；

（七）为老、幼、病、残、孕和携带婴幼儿的乘客提供必要的帮助；

（八）发现车内违法行为，及时报警或者将车辆就近驶往公安机关处理；遇乘客因伤病紧急求救情形时，及时送入医院。

第二十八条 乘客应当按照规定支付乘车费。

下列乘客按照规定免费乘车：

（一）身高一点二米以下（含一点二米）的儿童；

（二）离休干部；

（三）革命伤残军人；

（四）现役义务兵；

（五）年满七十周岁的老年人；

（六）盲人。

下列乘客按照规定优惠乘车：

（一）身高超过一点二米的学龄前儿童；

（二）在校中、小学生；

（三）年满六十五周岁、不满七十周岁的老年人。

第二十九条 乘客享有获得安全、便捷客运服务的权利，有下列情形之一，乘客可以拒绝支付乘车费：

（一）车辆未按照规定标明运价标准或者驾乘人员不按照核定的运价标准收费的；

（二）驾乘人员不出具或者出具不符合规定的车票凭证的；

（三）使用电子乘车卡付费的车辆的读卡设施未开启或者发生故障，致使持有电子乘车卡的乘客无法正常使用的。

第三十条 乘客应当文明乘车，遵守乘坐规则，不得携带易燃、易爆、有毒以及其他危险物品乘车，不得携带宠物和可能污染乘车环境的物品乘车。

对违反前款规定的乘客，经劝阻无效的，驾乘人员有权拒绝其乘车。

第三十一条 遇有抢险救灾、突发性事件以及重大活动等情况时，客运经营者应当服从市道路运输管理机构、县级市城市公共汽车客运管理部门的统一安排。

第五章 设施管理

第三十二条 城市公共汽车客运服务设施由市道路运输管理机构、县级市城市公共汽车客运管理部门会同有关部门实施管理。

第三十三条 城市公共汽车客运停车场、车站应当划定车道标线，设置站牌、提示牌等标志，保持设施完好。

客运经营者应当在站牌上标明线路代码、首末车时间、开往方向、运价标准、所在站点、沿途停靠站点名称等信息。

第三十四条 城市公共汽车客运线路站点，由市道路运输管理机构、县级市城市公共汽车客运管理部门以所在或者就近的道路、公共设施、标志性建筑物、文物古迹、旅游景区（点）、国家机关驻地、自然地理实体、居民区等的标准名称冠名；不同线路的同一站点应当冠同一名称。

第三十五条 任何单位和个人都有保护城市公共汽车客运服务设施的义务，不得毁损、侵占或者影响其使用功能。

第三十六条 利用站牌、候车亭、营运车辆等发布广告信息的，应当符合广告管理法律、法规规定，并不得覆盖站牌标识和车辆营运标识，不得妨碍乘客观察进站车辆视线和车辆行驶安全视线。

第六章 监督检查与法律责任

第三十七条 市交通行政主管部门、市道路运输管理机构、县级市城市公共汽车客运管理部门应当对城市公共汽车客运线路运行情况和客运经营者的经营行为进行监督检查，及时纠正处理违法行为。

第三十八条 市交通行政主管部门、县级市城市公共汽车客运管理部门和客运经营者应当建立投诉受理制度，公开投诉电话号码、通信地址和电子邮件信箱，接受乘客和驾乘人员的投诉。市交通行政主管部门、县级市城市公共汽车客运管理部门对受理的投诉，应当自受理之日起二十日内调查处理完毕并答复投诉人；依法应当由其他部门调查处理的，应当及时移送其他部门。

第三十九条 未取得城市公共汽车客运线路经营权即从事经营的，由市道路运输管理机构或者县级市城市公共汽车客运管理部门责令其驶至指定地点接受处理，没收非法所得，并处以二万元以上八万元以下罚款。

第四十条 客运经营者违反本条例规定有下列行为之一的，由市道路运输管理机构或者县级市城市公共汽车客运管理部门按照以下规定给予处罚：

（一）擅自转让线路经营权的，责令限期改正，处以五千元以上一万元以下罚款；逾期不改正的，吊销其线路经营权证。

（二）出租线路经营权或者以承包、挂靠等方式经营的，责令限期改正，处以五千元以上一万元以下罚款；逾期不改正的，吊销其线路经营权证。

（三）擅自停运或者终止经营的，责令限期改正，处以一万元以上三万元以下罚款。

（四）未按照规定的营运线路、站点、时间、车型及车辆数量组织营运的，责令限期改正，处以一千元以上五千元以下罚款。

（五）未在车辆规定位置放置营运标识的，给予警告，可以并处二百元罚款。

（六）未在营运车辆或者站牌上注明营运信息的，责令限期改正；逾期不改正的，处以一千元以上五千元以下罚款。

第四十一条　客运经营者违反价格、工商行政、交通安全等有关法律、法规规定的，由相关行政管理部门依法处理。

第四十二条　当事人对行政处罚决定不服的，可以依法申请行政复议或者提起行政诉讼。

当事人逾期不申请行政复议、不提起行政诉讼又不履行行政处罚决定的，由作出行政处罚决定的机关申请人民法院强制执行。

第七章　附　　则

第四十三条　本条例下列用语的含义：

（一）城市公共汽车客运，是指利用汽车、电车等机动车辆按照规定的城市公共交通线路运行、在固定站点停靠、供公众乘用并按照核定标准收费的公共交通客运方式。

（二）城市公共汽车客运服务设施，是指为城市公共汽车客运服务的停车场、调度室、车站、候车亭、站牌以及其他相关的配套设施。

第四十四条　本条例自2005年10月1日起施行。

淄博市公共汽车客运管理条例

(2001年11月21日淄博市第十一届人民代表大会常务委员会第二十六次会议通过，2001年12月7日山东省第九届人民代表大会常务委员会第二十四次会议批准)

第一章 总 则

第一条 为了加强公共汽车客运管理，维护营运秩序，提高服务质量，保障乘客和经营者的合法权益，根据本市实际，制定本条例。

第二条 本条例所称公共汽车是指起止点在本市行政区域内，按照固定线路、站点和规定时间运行，并按照核定票价标准收费的载客汽车。

第三条 凡在本市行政区域内从事公共汽车客运经营、服务和管理活动适用本条例。

第四条 市交通行政主管部门是本行政区域内公共汽车客运管理的主管部门，其所属的交通运输管理机构具体履行公共汽车客运管理职责，并按照本条例的规定实施行政处罚。

区（县）交通行政主管部门按照分级管理的原则，具体履行职责范围内的公共汽车客运管理工作。张店区的公共汽车客运管理工作由市交通运输管理机构具体负责。

公安、规划、建设、物价、工商行政管理等部门按照各自的职责协同做好公共汽车客运管理工作。

第五条 市人民政府应当根据城市总体规划和方便市民出行的实际需要，

编制公共汽车客运发展规划，并纳入全市国民经济和社会发展计划。

第六条 公共汽车客运的发展应当与经济发展、城市建设、环境保护和人民生活水平相适应，并与其他客运方式相调。

第七条 公共汽车客运经营活动应当遵循统一管理、规模经营、公平竞争、安全营运、规范服务、便利乘客的原则。

第二章 资质与线路经营权管理

第八条 市交通行政主管部门应当根据公共汽车客运发展规划，编制或者调整公共汽车客运线路规划，制定公共汽车线路开辟、调整年度计划，并在实施前予以公布。

旅游线路应当纳入公共汽车客运线路规划。旅游线路的开辟和调整由市旅游行政管理部门提出，市交通行政主管部门确定。

第九条 从事公共汽车客运经营的单位应当取得市交通行政主管部门颁发的客运企业经营资质证书、线路经营权证书和工商行政管理部门颁发的营业执照。

第十条 申请领取客运企业经营资质证书的经营者应当具备下列条件：

（一）有符合营运要求的营运车辆；

（二）有符合线路营运要求的停车场地、配套设施；

（三）有相应的管理机构和管理制度；

（四）有相应的管理人员和取得上岗证的驾驶员、乘务员和调度员。

第十一条 经营者申请领取客运企业经营资质证书时应当向市交通行政主管部门提交书面申请和相关证明材料。市交通行政主管部门应当自收到申请之日起十五日内予以审查，符合条件的，颁发资质证书；不符合条件的，予以书面说明。

第十二条 新开辟线路和需要重新确定经营者的线路，市交通行政主管部门应当按照公开、公平、公正的原则，通过服务质量招标等方式选定经营者，授予经营者线路经营权，颁发线路经营权证书，并与经营者签订交通管理行政合同。

线路经营权每期为六至八年。经营者在经营权期限内，经历年综合考核优良，可以增加一个经营权期限。但是不得授予永久性经营权。

经营者不得以任何方式擅自处分线路经营权。未取得线路经营权证书的单位不得从事公共汽车客运经营活动。

第十三条 车辆投入营运之前，经营者应当向市交通行政主管部门申请领取车辆营运证，一车一证，随车携带。

车辆营运证实行年度审验制度。未经审验或者审验不合格的，不得投入营运。

第十四条 经营者取得线路经营权证书后未按照交通管理行政合同规定投入正常营运的，交通行政主管部门可以收回线路经营权证书。

第十五条 驾驶员、乘务员和调度员应当参加专业培训，持证上岗。

第十六条 市交通行政主管部门应当根据本条例和交通管理行政合同定期对经营者进行考核评估。经考核评估，经营者两年不合格的，交通行政主管部门可以收回线路经营权证书。

第三章 营运管理

第十七条 经营者应当加强对营运车辆的检查、维修和保养。营运车辆除应当符合公安车辆管理部门的有关要求外，还应当符合下列要求：

（一）符合规定的车型；

（二）车辆整洁，车窗、车门、座椅及其他设施完好；

（三）车辆性能、尾气排放符合国家规定的标准；

（四）在规定的位置设置线路牌、营运证、企业标识、经营者名称、载客人数、营运线路图、票价标准、乘坐规则和投诉电话号码；

（五）在规定的位置设置老、幼、病、残、孕专用座席。

第十八条 经营者应当遵守下列规定：

（一）按照规定的营运线路、站点、时间、班次营运；

（二）执行物价主管部门核定的票价标准；

（三）使用统一客票；

（四）不得将车辆交给不符合本条例规定条件的人员进行经营活动；

（五）依法缴纳税费；

（六）按照规定向市交通运输管理机构报送统计资料。

第十九条 在经营权期限内，经营者需要调整车型结构的，应当经交通行政主管部门核准。

依法在公共汽车上设置的广告不得覆盖车辆营运标志，不得妨碍行车安全视线。

第二十条 公共汽车驾驶员、乘务员应当遵守下列规定：

（一）遵纪守法，遵守职业道德；

（二）服饰整洁，服务规范，礼貌待客；

（三）携带营运证、上岗证；

（四）按照核准的线路、站点、班次营运；

（五）按照核定的票价标准收费并向乘客提供客票；

（六）按照规定报清线路名称、车辆行驶去向和停靠站点名称；

（七）积极疏导乘客并为老、幼、病、残、孕以及怀抱婴儿的乘客提供必要的帮助；

（八）保持车容车貌整洁卫生，车内垃圾不得随意丢出车外；

（九）不得强行拉客或者使用高音喇叭招揽乘客；

（十）不得倒客、超员载客；

（十一）对乘客遗失的物品，应当设法归还失主或者及时交有关部门处理，不得藏匿、损毁。

第二十一条 经营者及驾驶员、乘务员应当维护乘车秩序，保证乘客安全。

对乘车秩序混乱的线路和车次，交通行政主管部门和经营者应当及时治理。

第二十二条 调度员从事客运调度时应当遵守下列规定：

（一）佩带上岗证；

（二）按照行车作业计划调度车辆；

（三）如实记录行车数据。

第二十三条 车辆在运行中出现故障不能营运时，驾驶员、乘务员应当向乘客说明原因，安排乘客免费改乘下一班次车辆或者全额退还票款。

第二十四条 遇有抢险救灾或者其他特殊情况时，经营者和驾驶员应当服从交通行政主管部门或者公安交通管理部门统一调度用车。

第二十五条 乘客应当自觉遵守乘坐规则，主动购票，不得损坏设施。严禁携带易燃易爆、有毒等危险物品和易污染、易损伤他人的物品乘车。

乘客违反乘坐规则，经劝阻不改正的，驾驶员、乘务员可以拒绝为其提供营运服务。

第二十六条 除不可抗力或者其他紧急情况外，经营者不得擅自调整线路、站点。经交通行政主管部门批准实施线路、站点调整的，经营者应当于实施之日的五日前在线路各站点公开告示。

第二十七条 经营者在线路经营权期限内需要终止营运的，应当在终止营运之日的六十日前，向市交通行政主管部门提出书面申请。市交通行政主管部门应当自收到申请之日起三十日内予以答复，并确定新的经营者。

第四章　设施建设和管理

第二十八条 制定城市总体规划和公共汽车客运发展规划，应当确定和预留公共汽车客运用地和空间。未经原审批单位批准，任何单位和个人不得侵占或者改变其使用性质。

新建、改建、扩建城市道路时，建设单位应当按照规划要求建设公共汽车客运候车站点。有条件的，应当建设港湾式停靠站点和设施。

公安交通管理部门应当在有条件的路段设置公共汽车客运专用车道，在单行车道、禁行路口安排公共汽车双向行驶，保证沿固定线路运行的公共汽车优先通行。

第二十九条 新区开发、旧城改造和新建、改建大型公共场所，建设单位应当按照规划同时配套建设公共汽车客运专用场站或者站点设施。

第三十条 公共汽车客运站点的名称由市交通行政主管部门根据有关规定报批备案。

公共汽车站牌应当标明线路名称、首末班车时间、所在站名和沿途停靠站点的名称、开往方向。站牌标准由市交通行政主管部门确定。

第五章　监督和投诉

第三十一条　交通行政主管部门和交通运输管理机构应当加强对公共汽车客运活动的监督检查。检查人员依法执行检查任务时，应当着装整齐，佩戴统一标志，出示执法证件，并不得有下列行为：

（一）利用职权收受、索取或者变相索取财物；

（二）参与经营者提供的娱乐、宴请等活动；

（三）对符合条件的经营活动项目申请不予批准；

（四）对违反本条例的行为不依法查处。

第三十二条　交通行政主管部门、交通运输管理机构和经营者应当建立投诉受理制度，接受乘客的投诉和社会各界的监督。

投诉者可以向经营者投诉，也可以直接向交通运输管理机构或者有关部门投诉。

投诉者应当提供乘车客票、车辆牌照号码等有关证据。

第三十三条　经营者应当自受理乘客投诉之日起七日内作出答复。乘客对经营者的答复有异议的，可以向交通行政主管部门或者交通运输管理机构申诉。

交通行政主管部门或者交通运输管理机构应当自受理乘客投诉或者申诉之日起十五日内作出答复。

第三十四条　交通行政主管部门或者交通运输管理机构可以向经营者核查投诉及投诉处理情况。向经营者核查投诉处理情况的，应当发出核查通知书。

经营者应当自收到核查通知书之日起十日内将有关情况或者处理意见予以书面回复。

第六章　法　律　责　任

第三十五条　违反本条例规定，擅自从事公共汽车客运的，由市交通行政主管部门责令停止违法行为，没收违法所得，可以并处违法所得三倍以下或者一千元以上五千元以下罚款。

第三十六条 违反本条例规定，侵占公共汽车专用场站、用地或者擅自将场站设施关闭、挪作他用的，由市交通运输管理机构或者区（县）交通行政主管部门责令停止违法行为，限期改正，可以并处一千元以上五千元以下罚款。

第三十七条 违反本条例规定，经营者擅自处分线路经营权的，由市交通行政主管部门吊销线路经营权证书，没收违法所得，可以并处五千元以上二万元以下罚款。

第三十八条 违反本条例规定，经营者有下列行为之一的，由市交通运输管理机构或者区（县）交通行政主管部门责令限期改正，给予警告，可以并处一千元以上五千元以下罚款：

（一）未按照规定在线路起止点和线路上设置候车设施和站牌的；

（二）营运车辆无营运证或者驾驶员、乘务员无证上岗的；

（三）不使用统一客票的；

（四）擅自终止营运的。

第三十九条 违反本条例规定，经营者有下列行为之一的，由市交通运输管理机构或者区（县）交通行政主管部门责令限期改正，给予警告，可以并处五百元以上一千元以下罚款：

（一）擅自改变营运线路、站点、车型、班次的；

（二）未按照规定线路运行或者中途倒客、超员载客的；

（三）未按期参加车辆营运证年度审验的；

（四）未按照规定设置服务设施、营运标志或者设施，标志残缺不全的；

（五）广告设置不符合规定的；

（六）不服从统一调度和线路调整的。

第四十条 违反本条例规定，驾驶员、乘务员有下列行为之一的，由市交通运输管理机构或者区（县）交通行政主管部门责令限期改正，给予警告，可以并处五十元以上二百元以下罚款：

（一）未执行核定的票价标准或者未使用统一客票的；

（二）强行拉客或者使用高音喇叭招揽乘客的；

（三）车辆发生故障不能正常营运，未组织乘客换乘其他车辆或者退款的；

（四）车辆卫生状况、性能、设施不符合规定的；

（五）乱丢乱扔车内垃圾的。

第四十一条 违反本条例规定，其他法律法规有规定的，由相关行政管理部门依法处罚；构成犯罪的，依法追究刑事责任。

第四十二条 交通行政主管部门和市交通运输管理机构的工作人员违反本条例规定，玩忽职守、滥用职权、徇私舞弊的，依法给予行政处分；构成犯罪的，依法追究刑事责任。

第四十三条 当事人认为行政主管部门或者市交通运输管理机构的具体行政行为侵犯其合法权益的，可以依法申请行政复议或者提起行政诉讼。

第七章 附 则

第四十四条 本条例自 2002 年 5 月 1 日起施行。

潍坊市城市公共交通管理办法

(2019年1月4日潍坊市政府第三十一次常务会议审议通过。根据2019年12月20日潍坊市政府第四十九次常务会议审议通过的《潍坊市人民政府关于修改部分政府规章的决定》修正,2019年12月31日以潍坊市人民政府令第99号公布,自2020年3月1日起施行)

第一章 总 则

第一条 为了加强城市公共交通管理,促进城市公共交通事业发展,保障公众出行需要和运营安全,维护乘客、经营者及从业人员的合法权益,根据有关法律、法规,结合本市实际,制定本办法。

第二条 本市行政区域内城市公共交通的规划、建设、运营、服务、管理、监督检查等相关活动适用本办法。

第三条 本办法所称城市公共交通,是指在市、县(市)人民政府确定的区域内,运用符合国家有关标准和规定的公共汽车、电车车辆及其客运服务设施,按照核定的线路、站点、时间、票价运营,为社会公众提供基本出行服务的社会公益性事业。

本办法所称城市公共交通设施,是指保障城市公共交通运营服务的停车场、保养场、枢纽站、首末站、站务用房、候车亭(廊)、站台、站牌以及公交加油(气)站、电动公交车充电设施等相关设施。

第四条 城市公共交通的发展,应当遵循政府主导、优先发展、统筹规划、积极扶持、方便群众的原则,倡导公众绿色出行。

第五条 市、县（市）交通运输主管部门负责本行政区域内城市公共交通发展和监督管理工作。

自然资源和规划部门负责城市公共交通规划管理工作。

住房城乡建设主管部门负责城市公共交通建设管理工作。

公安部门负责城市公共交通车辆专用道、优先通行信号系统设置等城市公共交通通行管理工作。

发展改革、工业和信息化、财政、自然资源和规划、城市管理、应急管理等有关部门应当在各自职责范围内做好城市公共交通管理相关工作。

第六条 市、县（市）人民政府在城市规划、财政政策、用地供给、设施建设、路权分配、车辆和设施装备等方面支持城市公共交通优先发展。

第七条 市、县（市）人民政府加强城市公共交通车辆专用道的规划和建设，逐步建立完善的城市公共交通车辆专用道网络。

第八条 市、县（市）人民政府鼓励新技术、新能源、新装备的应用，加强城市公共交通智能化建设，推进物联网、大数据、移动互联网等先进技术在城市公共交通运营、服务、安全和管理方面的应用。

第二章 规划与建设

第九条 交通运输主管部门应当会同自然资源规划、住房城乡建设、公安、城市管理等部门根据城市总体规划、经济建设、社会发展和人民群众的生活需求，编制城市公共交通专项规划，报请本级人民政府批准后实施。

经批准的城市公共交通专项规划不得擅自变更；确需变更的，应当按照原编制和批准程序办理。

第十条 自然资源和规划部门在编制控制性详细规划时，应当听取交通运输、公安等部门的意见，落实城市公共交通专项规划，明确城市公共交通设施的用地范围、功能布局和控制要求。任何单位和个人不得擅自占用城市公共交通设施用地或者改变其用途。

第十一条 交通运输主管部门应当依据城市公共交通专项规划，结合城市发展和社会公众出行需求，科学论证，适时开辟或者调整城市公共交通线路和站点。

开辟或者调整城市公共交通线路和站点，应当征求公安部门和沿线居民意见，并向社会公告。

第十二条 城市规划区内的开发和改造项目，按照城市公共交通专项规划需要配套建设城市公共交通设施且具备条件的，自然资源和规划部门应当在规划条件中予以明确，并将其纳入土地招拍挂条件。

第十三条 市、县（市）人民政府优先安排城市公共交通设施建设用地，建立城市公共交通设施用地优先保障制度，将城市公共交通设施用地纳入土地利用年度计划和建设用地供应计划。

城市公共交通专项规划确定的停车场、枢纽站、首末站、保养场等城市公共交通设施用地采取划拨的方式供应。

第十四条 火车站、飞机场、长途汽车站等交通枢纽以及大型公共场所规划建设时应当规划建设城市公共交通设施，配套建设的城市公共交通设施应当和主体工程同步设计、同步建设、同步验收、同步交付使用。

自然资源和规划部门在审批上述工程项目的规划设计方案时，对配套城市公共交通设施的规划设计，应当征求交通运输主管部门和公安部门意见。

第十五条 符合条件的区域应当规划建设换乘枢纽和重要交通节点，统筹协调各种公共交通方式，加强与步行、自行车出行等方式的衔接。

第十六条 城市公共交通设施用地（城市道路除外）范围内的地上地下空间，在不改变其用途和影响其使用功能的前提下，可以实施土地综合开发。涉及变更土地用途的，依法办理相关手续。

城市公共交通设施用地综合开发的收益用于城市公共交通设施建设和弥补运营亏损。

第十七条 政府投资建设的城市公共交通设施，由交通运输主管部门指导运营管理；社会资金投资建设的城市公共交通设施，可以由交通运输主管部门依法与投资者协商确定收益方式和使用期限。

第十八条 交通运输主管部门应当推进城市公共交通智能化发展，督促城市公共交通企业完善公众出行信息服务系统、车辆运营调度系统、安全监控系统、应急处置系统、消防安全系统以及无障碍设施。

第十九条 新建、改建、扩建城市道路时，应当征求交通运输主管部门意见，按照城市公共交通专项规划和技术规范修建公交港湾式停靠站。

公安部门应当根据城市公共交通专项规划和实际需要，在城市中心城区单向三车道以上道路辟建城市公共交通车辆专用道，并在有条件的路口增设城市公共交通车辆专用导向车道，科学设置优先通行信号系统，加强专用、优先车道及优先通行信号系统管理，保证城市公共交通车辆优先通行。

第二十条 发展改革部门应当会同交通运输主管部门根据城市公共交通运营成本和经济社会发展水平制定城市公共交通票价，并建立健全票价调整机制。

城市公共交通企业实际执行票价低于运营成本所减少的收入，执行政府乘车优惠政策减少的收入，以及因承担政府指令性任务所造成的政策性亏损等，由市、县（市）人民政府综合考虑城市公共交通成本费用和服务质量评价结果，给予相应补偿或者补贴，相关资金纳入同级财政预算。

第三章 运营管理

第二十一条 交通运输主管部门应当综合考虑企业的信用状况、运营方案、车辆设备状况、安全保障措施以及服务质量状况或者承诺等因素，通过招标的方式确定从事线路运营的城市公共交通企业；不符合招投标条件的，由交通运输主管部门择优选择确定线路运营的城市公共交通企业。

第二十二条 市交通运输主管部门负责授予市区以及跨县域的城市公共交通线路运营权；县（市）交通运输主管部门负责授予本行政区域内的城市公共交通线路运营权。

交通运输主管部门应当与取得线路运营权的城市公共交通企业签订线路运营服务协议。

第二十三条 城市公共交通线路运营权不得转让、出租或者变相转让、出租。

取得线路运营权的城市公共交通企业，未经批准不得擅自停业、歇业。

第二十四条 城市公共交通线路和站点确定后，任何单位和个人不得擅自变更。

因市政工程建设、重大公共活动等特殊情况确需变更线路、站点的，建设或者主办单位应当提前十五日告知交通运输主管部门以及城市公共交通企业。

城市公共交通企业应当提前三日向社会公告相关线路、站点的变更情况，并采取相应措施，保障社会公众出行需求。突发事件除外。

第四章 运营服务

第二十五条 城市公共交通企业应当遵守下列规定：

（一）建立健全管理制度，执行相关行业标准、规范；

（二）按照规定的线路、时间、站点、班次组织运营；

（三）执行规定的票价标准，对特殊人群减免票价；

（四）对从业人员进行全员安全培训和职业素质培训；

（五）建立智能化信息管理系统，提供便民的移动支付方式；

（六）及时依法向相关部门提供所需的信息和数据；

（七）执行政府指令性任务；

（八）依法应当遵守的其他规定。

第二十六条 城市公共交通企业聘用的从事城市公共汽电车客运的驾乘人员，应当具备以下条件：

（一）具有履行岗位职责的能力；

（二）身心健康，无可能危及运营安全的疾病或者病史；

（三）无吸毒或者暴力犯罪记录。

从事城市公共汽电车客运的驾驶人还应当符合以下条件：

（一）取得与准驾车型相符的机动车驾驶证且实习期满；

（二）最近连续三个记分周期内无记满十二分违规记录；

（三）无交通肇事犯罪、危险驾驶犯罪记录，无饮酒后驾驶记录。

第二十七条 城市公共交通从业人员运营服务时应当遵守下列规定：

（一）衣着整洁，文明礼貌，不得在车内吸烟，不得随地吐痰，不得向车外抛掷物品；

（二）按照核准的收费标准收费，并执行有关优惠乘车的规定；

（三）及时正确播报线路、走向和停靠站，提示安全注意事项，为老、幼、病、残、孕乘客提供可能的帮助；

（四）在规定的线路上运营，不得追抢、到站不停、滞站揽客，不得站外上下乘客、中途甩客、中途调头；

（五）在规定的区域停靠，依次进出站；

（六）发生突发事件时应当及时处置，保护乘客安全，不得先于乘客弃车逃离；

（七）运营中遇到特殊情况不能正常行驶时，驾乘人员应当及时协调、组织乘客换乘同线路后续车辆，同线路后续车辆不得拒绝换乘和重复收费；

（八）依法应当遵守的其他规定。

第二十八条　城市公共交通运营车辆应当定期检查、保养和维修，保证技术性能良好。

运营车辆随车服务设施、运营标志齐全完好，车身、车厢、座椅整洁卫生，不得张贴或者悬挂有碍驾驶人视线的遮挡物。

车厢内应当按照规定张贴线路示意图、乘车规则、监督电话、运营价格标准，设置儿童购票高度标线、禁烟标志和老、幼、病、残、孕专用座位。

第二十九条　乘客乘坐城市公共交通车辆应当遵守以下规定：

（一）爱护城市公共交通设施，遵守乘车秩序；

（二）不得携带牲畜、犬猫等活体动物乘车（持证导盲犬、执行公务的军警犬除外）；

（三）不得在车厢内吸烟、吐痰、乱扔垃圾、散发宣传品，或者向车外抛掷物品；

（四）不得强行靠近驾驶员和其他有碍安全的部位，不得与驾驶员闲谈；不得侵害乘客及驾乘人员人身安全或者妨碍车辆正常行驶；

（五）学龄前儿童以及不具有自理、自控能力的老年人、残疾人、醉酒者等乘车应当有人陪护；

（六）依法应当遵守的其他规定。

第三十条　遇有重大社会活动、突发事件、恶劣天气或者抢险救灾时，城市公共交通企业应当承担人民政府的指令性任务。

第五章 运营安全

第三十一条 市、县（市）人民政府加强对城市公共交通安全管理工作的领导，督促有关部门履行安全监督管理职责，及时协调、解决安全监督管理中的重大问题。

交通运输主管部门应当定期开展安全检查，督促企业消除安全隐患；应急管理、公安等有关部门应当按照职责对城市公共交通安全实施监督管理。

第三十二条 城市公共交通企业应履行下列安全管理职责：

（一）建立健全安全生产管理机构，按照规定配备专职安全生产管理人员；

（二）建立健全安全生产责任制，落实车辆定期例行保养检查等安全管理制度，加强安全检查，消除隐患；

（三）建立并落实从业人员安全教育培训制度，保证从业人员熟悉安全运营规章制度和安全操作规程；

（四）确保本单位具备安全生产条件所必需的资金投入，安全生产资金纳入年度生产经营计划和财务预算，不得挪作他用。

第三十三条 交通运输主管部门应当会同有关部门针对影响城市公共交通运营安全的突发事件制定城市公共交通应急预案，报请市、县（市）人民政府批准。

城市公共交通企业应当根据市、县（市）人民政府批准的城市公共交通应急预案，制定具体的应急处置预案，并定期培训演练。

发生影响城市公共交通运营安全的突发事件时，市、县（市）人民政府及其有关部门、城市公共交通企业等应当按照预案的规定采取应急处置措施，及时发布警告、疏散乘客、救治人员，控制事态发展，维护乘客人身和财产安全。

第三十四条 城市公共交通企业应当在城市公共交通车辆和场站醒目位置设置安全警示标志、安全疏散示意图等，并为车辆配备灭火器、安全锤、车门紧急开启装置、紧急报警装置等安全应急设备，并加强对车辆及安全设施设备的检测、维护、更新，保证其处于良好状态。

第三十五条 禁止非法携带枪支弹药、管制刀具、易燃易爆、有毒有害等违禁物品乘车。

城市公共交通企业可以对乘客携带的物品采取必要的安全检查措施。乘客应当自觉接受、配合安全检查。

第三十六条 禁止下列危害城市公共交通运营安全、扰乱乘车秩序的行为：

（一）在城市公共交通场站及其出入口、站点以及距离站点三十米范围内擅自停放非城市公共交通车辆、堆放杂物或者摆摊设点等；

（二）非法拦截或者强行上下城市公共交通车辆；

（三）违反规定进入城市公共交通车辆专用道；

（四）擅自操作有警示标志的城市公共交通车辆按钮、开关装置，或者非紧急状态下动用安全应急设备；

（五）妨碍乘客正常上下车；

（六）其他危害城市公共交通车辆运营安全、扰乱乘车秩序的行为。

第三十七条 任何单位和个人都有保护城市公共交通设施的义务，禁止实施下列行为：

（一）破坏城市公共交通车辆、站点、设施设备；

（二）擅自关闭、占用城市公共交通设施或者挪作他用；

（三）擅自遮盖、涂改、污损、毁坏、迁移、拆除城市公共交通设施；

（四）其他影响城市公共交通设施功能和安全的行为。

因城市建设确需迁移、拆除、占用、关闭城市公共交通设施的，相关部门应当征求交通运输主管部门意见，并按照有关规定给予补建或者经济补偿。

第六章 监督检查

第三十八条 交通运输主管部门应当定期对城市公共交通企业的运营情况进行监督检查，维护正常的运营秩序，保障运营服务质量。

交通运输主管部门有权对城市公共交通企业进行监督检查，调阅有关资料，向有关单位和人员了解情况。

城市公共交通企业应当接受交通运输主管部门及其工作人员依法实施的监督检查，如实提供有关资料或者说明情况。

第三十九条 交通运输主管部门应当建立城市公共交通企业服务质量评价制度，每年度对城市公共交通企业服务质量进行评价，评价结果作为衡量城市公共交通企业运营绩效、发放政府补贴和线路运营权管理等的重要依据。

服务质量评价不合格的线路，责令城市公共交通企业整改，整改不合格的，交通运输主管部门可以根据运营服务协议撤销其线路运营权。

第四十条 交通运输主管部门应当建立举报、投诉受理制度，自接到举报、投诉之日起十日内核查处理并予以答复。

第七章 法 律 责 任

第四十一条 违反本办法规定的行为，法律、法规、规章已规定法律责任的，从其规定；法律、法规、规章未规定法律责任的，依照本办法执行。

第四十二条 违反本办法规定，不按规定线路、时间、站点、班次组织运营的，由交通运输主管部门责令改正；拒不改正的，对城市公共交通企业处以五千元以上二万元以下罚款。

第四十三条 违反本办法第二十五条第（一）、（二）、（三）项规定的，由交通运输主管部门或其他相关部门责令改正，并对城市公共交通企业处以五百元以上二千元以下罚款；违反第（四）、（五）、（六）、（七）项规定的，由交通运输主管部门责令改正，并对城市公共交通企业处以二千元以上一万元以下罚款。

第四十四条 有违反本办法第二十九条、第三十五条、第三十六条规定的，城市公共交通企业从业人员接到报告或者发现上述行为应当及时制止；制止无效的，应当报请交通运输主管部门或者公安部门依法处理。

第四十五条 交通运输主管部门及其他相关部门不履行职责、造成严重后果的，或者有其他滥用职权、玩忽职守、徇私舞弊行为的，对负有责任的领导人员和直接责任人员依法给予处分；构成犯罪的，依法追究刑事责任。

第八章　附　　则

第四十六条　本办法自 2019 年 4 月 1 日起施行。

郑州市城市公共交通条例

(2008年8月22日经郑州市第十二届人民代表大会常务委员会第三十九次会议通过，2008年11月28日河南省第十一届人民代表大会常务委员会第六次会议批准)

第一章 总 则

第一条 为优先发展城市公共交通，规范城市公共交通秩序，保障营运安全，提高服务水平，维护乘客、经营者和从业人员的合法权益，根据国家有关法律、法规规定，结合本市实际，制定本条例。

第二条 本条例所称城市公共交通，是指利用公共汽车、电车等交通工具，按照规定的路线、编号、站点、时间、收费标准运营，为公众提供客运服务的交通方式。

本条例所称城市公共交通设施，是指为城市公共交通运营服务的城市公共交通停车场、首末站、换乘枢纽站及其配套设施，候车亭、站牌、港湾等站务设施，供配电设施以及城市智能公共交通系统设施等。

第三条 本市行政区域内城市公共交通的规划、建设、经营、管理，适用本条例。

第四条 城市公共交通是社会公益性事业，应当按照设施用地优先、资金安排优先、路权分配优先、财税扶持优先的原则，建设、完善城市公共交通体系。

城市公共交通发展应当符合城市总体规划和土地利用总体规划，与本市经济发展、城市建设、环境保护和人民生活水平相适应。

第五条 城市公共交通应当遵循统筹规划、政府主导、积极扶持、方便群众的原则，为公众提供安全、方便、快捷、经济、舒适的公共交通服务。

第六条 市、县（市）、上街区城市公共交通行政主管部门负责本行政区域内城市公共交通的监督管理工作。

发展改革、规划、国土资源、建设、园林、财政、税务、价格、国有资产管理、公安、环境保护等有关部门应当在各自职责范围内，共同做好城市公共交通管理工作。

第二章 规划与建设

第七条 市、县（市）、上街区人民政府应当将城市公共交通发展纳入当地国民经济和社会发展中长期规划及年度计划，并建立、完善在规划、建设、用地和资金投入等方面的保障体系，确保城市公共交通作为城市综合交通的主体优先发展。

第八条 市、县（市）、上街区人民政府应当组织市政、交通、发展改革、规划、财政、公安、国土资源、国有资产管理等部门根据城市总体规划编制城市综合交通体系规划、城市公共交通专项规划，报本级人民代表大会常务委员会批准。

经批准的城市综合交通体系规划和城市公共交通专项规划应当严格执行，不得擅自变更；确需变更的，应当按照规定程序报经批准。

第九条 城市综合交通体系规划应当明确城市公共交通发展目标，确定城市公共交通在城市综合交通体系中的定位、比例和规模、优先发展城市公共交通的措施、线网布局、城市公共交通与对外交通衔接方式的优化方案等。

城市公共交通专项规划应当包括城市公共交通设施的用地范围、枢纽和场站布局、线路布局、设施配置以及城市公共交通车辆优先通行系统等。

第十条 城市旧城改造和新城建设的控制性详细规划应当根据城市道路承受能力，科学编制。按照城市公共交通专项规划预留城市公共交通停车场、首末站、换乘枢纽站等设施用地。

城市公共交通设施用地符合《划拨用地目录》的，应当以划拨方式供地。

任何单位和个人不得侵占城市规划确定的城市公共交通设施用地或者擅自改变其土地用途。

第十一条 下列建设工程，应当按照控制性详细规划的要求，配套建设相应的城市公共交通设施，与主体工程同步设计、同步建设、同步交付使用：

（一）新建、改建或者扩建大型住宅区、大型商业区和机场、火车站、长途汽车站等客流集散场所；

（二）新建、改建或者扩建文化、卫生、体育、娱乐等大型公共设施。

未按规划配套建设相应城市公共交通设施的建设项目，有关部门不予审批、核准。

第十二条 新建、改建或者扩建城市主干道时，应当同步规划、建设港湾式停靠站等公共交通设施；新建、改建或者扩建其他城市道路时，应当同步规划、建设站台等设施。

第十三条 城市公共交通设施建设应当符合国家有关城市公共交通设施的建设标准，按照规定配建或设置无障碍设施。

城市公共交通站务设施影响道路安全、畅通的，城市公共交通经营者应当按照公安机关交通管理部门的要求及时调整。

第十四条 市、县（市）、上街区人民政府应当依据城市公共交通专项规划建设换乘枢纽站，并配套建设相应的机动车、非机动车停车场，配备指向标识、线路图、时刻表、换乘指南等服务设施。

市、县（市）、上街区人民政府应当组织城市公共交通行政主管部门和公安机关交通管理等部门，在城市主干道及其他有条件的城市道路，合理设置城市公共交通车辆专用道及优先通行的交通标识，提高城市公共交通的运行效率。

第十五条 公安机关交通管理部门应当通过设置优先通行信号或采取其他有效措施，保障城市公共交通车辆优先通行；在道路条件允许的情况下，允许城市公共交通车辆在禁左、禁右和单向行驶路段通行，并设立标志。

第十六条 城市公共交通设施由城市公共交通经营者负责定期维护，保证其性能完好。城市公共交通设施发生故障时，城市公共交通经营者应当及时抢修。

第十七条 任何单位和个人不得擅自迁移、拆除、占用城市公共交通设施。因城市建设确需迁移、拆除、占用城市公共交通设施的，建设单位应当报经城市公共交通行政主管部门同意，并按照规定予以补建或补偿。

禁止破坏、损毁城市公共交通设施。禁止在公交站点前后三十米内停放其他社会车辆。

第十八条 利用站牌、候车亭、公交车辆等发布广告的，应当遵守广告管理法律、法规规定，并不得覆盖站牌标识和车辆运营标识，不得妨碍乘客观察进站车辆视线和车辆行驶安全视线。

第十九条 城市公共交通应当以政府投入为主。

城市公共交通设施建设和新增车辆所需资金由政府投资，纳入城市建设投资计划和年度财政预算；并可采取企业筹资、社会融资等多种方式筹集资金。

城市公共交通企业缴纳的城市公用事业附加费用于城市公共交通车辆更新。

第二十条 市、县（市）、上街区人民政府应当建立、健全城市公共交通企业成本费用和政策性亏损审计与评价制度以及财政补贴、补偿机制。

城市公共交通行政主管部门会同财政、审计、价格、民政等有关部门每年对城市公共交通企业因低票价和承担社会福利以及完成政府指令性任务所增加的支出，进行年度审计与评价，报市人民政府批准后，给予等额的补贴和补偿。

城市公共交通财政补贴、补偿应当及时、足额拨付。

第二十一条 城市公共交通经营者按规定享受税费减免优惠。

有关部门应当严格执行国家、省、市有关优先发展城市公共交通方面的优惠政策。

第二十二条 市人民政府应当结合城市道路建设情况，发展大运量快速公共交通系统。

鼓励利用高新技术和科学管理方式，推进城市智能公共交通系统建设，提高城市公共交通服务水平。

鼓励、推广使用环保型城市公共交通车辆和洁净能源。

第三章 经营管理

第二十三条 城市公共交通实行特许经营制度。具体办法由市人民政府制定。

第二十四条 从事城市公共交通经营应当具备下列条件：

（一）依法注册的企业法人；

（二）有良好的银行资信、财务状况及相应的偿债能力；

（三）有符合城市公共交通经营要求的运营车辆、运营资金；

（四）有合理、可行的城市公共交通经营方案；

（五）有相应数量的技术、财务、经营等专业技术人员；

（六）有与经营业务相适应并取得驾驶员客运服务资格证的驾驶员；

（七）有健全的客运服务、行车安全等方面的运营管理制度和安全监督管理机制；

（八）法律、法规规定的其他条件。

第二十五条 城市公共交通经营者依照法定程序确定后，城市公共交通行政主管部门应当与之签订特许经营协议，并对运营车辆核发运营证。

第二十六条 城市公共交通行政主管部门应当根据城市公共交通专项规划设置、调整城市公共交通线路。

城市公共交通行政主管部门应当定期对城市公共交通线路设置的科学性和合理性进行评价。评价意见作为调整、优化城市公共交通线路的依据。

城市公共交通线路的设置、调整应当征求公安机关交通管理部门的意见，并广泛听取社会公众、有关专家和城市公共交通经营者的意见，必要时举行听证。

城市公共交通线路的设置、调整应及时向社会公布。

第二十七条 从事城市公共交通服务的驾驶人员应当具备下列条件，并取得城市公共交通行政主管部门核发的驾驶员客运服务资格证后，方可从事城市公共交通车辆驾驶：

（一）身体健康，无职业禁忌症；

（二）取得相应的机动车驾驶证，并且三年内未发生负有主要责任或全部责任的较大以上交通事故。

第二十八条 城市公共交通行政主管部门对被吊销驾驶员客运服务资格证的驾驶员，自吊销之日起五年内，不得核发驾驶员客运服务资格证。

第二十九条 禁止伪造、涂改、出租、出借或者转让运营证和驾驶员客运服务资格证。

第三十条　城市公共交通经营者依法取得的特许经营权不得擅自转让、出租。

城市公共交通经营者不得采取承包、挂靠、联营等方式转让经营权。

本条例施行前已采取承包、挂靠、联营等方式经营的，经营合同期满后，由城市公共交通行政主管部门按照本条例规定重新确定经营者。

第三十一条　特许经营期限届满前六个月，城市公共交通经营者可以向城市公共交通行政主管部门申请延续经营期限；城市公共交通经营者运营服务状况达到特许经营要求的，城市公共交通行政主管部门应当在其经营期限届满前三个月按规定重新签订特许经营协议。

第三十二条　因城市基础设施施工或者其他原因影响城市公共交通运营安全及畅通，确需临时变更线路的，施工单位应当提前十五日通知城市公共交通经营者。城市公共交通经营者应当及时报请城市公共交通行政主管部门，城市公共交通行政主管部门应当会同公安机关交通管理部门对线路进行变更。

城市公共交通经营者应当于线路变更实施前五日向社会公告。公告期满后，城市公共交通经营者应当按照变更后的线路运营，并及时更改原站牌。

第三十三条　城市公共交通票价的核定应当兼顾社会效益和经济效益，充分考虑居民承受能力和城市公共交通经营成本。

城市公共交通票价由价格行政主管部门组织召开听证会，并按照法定的权限和程序核定，及时向社会公布。

第三十四条　发生自然灾害及其他突发事件时，城市公共交通经营者应当服从当地人民政府对城市公共交通车辆的统一调度和指挥。

第四章　运营服务和安全管理

第三十五条　城市公共交通经营者应当按照特许经营协议和行业服务规范，诚信经营、规范服务、安全运营、文明行车。线路运营车辆有空调车的，城市公共交通经营者应科学安排空调车和普通车的班次。

第三十六条　城市公共交通经营者应当按照有关规定定期维护和检测运营车辆，保证其技术性能和设施完好，符合机动车安全、污染物排放等标准。

从事运营的车辆应当达到下列要求：

（一）车辆整洁，符合相关卫生标准和卫生要求；

（二）按照规定标明经营者名称、线路编号、途经站点、票价；

（三）在规定的位置张贴城市公共交通车辆乘坐规则、禁烟标志和投诉电话号码；

（四）设置老、弱、病、残、孕专座；

（五）无人售票车辆应当按照规定设置投币箱和电子报站设备；

（六）空调车应当开启通风设备；

（七）配备有效的消防设备和器材。

第三十七条 驾驶员、售票员从事运营服务时，应当遵守下列规定：

（一）着装整洁，文明、安全行车，规范作业；

（二）遵守道路交通安全法律、法规，按规定携带、佩戴相关证件；

（三）按照规定报清线路名称、车辆开往方向和停靠站点名称。设置电子报站设备的，应当正确使用；

（四）在规定的区域停靠，依次进出站；

（五）按照运营路线、班次、时间发车和行车，不得滞站、甩站、拒载、中途逐客、强行拉客，不得无故半途返回；

（六）不得要求乘客超出价格行政主管部门核定的票价标准购票、刷卡或投币；

（七）为老、弱、病、残、孕等特殊乘客提供必要的帮助；

（八）维护乘车秩序，保护乘客安全，对发现的盗窃、诈骗等违法行为应当予以制止，并报警；

（九）向乘客提供合法有效的等额车票。

第三十八条 公交车辆运营中发生故障不能正常行驶时，驾驶员、售票员应当及时向乘客说明原因，并安排乘客免费换乘后续同线路、同方向车辆或者调派车辆。

第三十九条 乘客应当依照规定足额购票、刷卡或者主动出示乘车票证，不得使用过期、伪造或者他人专用的乘车票证。

乘坐公交车辆应当遵守有关法律、法规和乘车规则的规定，不得有下列行为：

（一）在站点区域外拦车；
（二）携带易燃、易爆、有毒等危险物品；
（三）携带犬只等动物；
（四）损坏车内设施或者妨碍车辆行驶、停靠；
（五）将身体任何部位伸出车窗外；
（六）在车内吸烟、随地吐痰或者向车内外抛撒废弃物；
（七）在车内从事营销活动、散发宣传品。

乘坐公交车辆，遇有老、弱、病、残、孕等特殊乘客时，应当主动让位。

违反本条第一款、第二款规定的，驾驶员、售票员有权进行劝阻和制止；影响车内秩序和安全的，驾驶员、售票员可以拒绝为其提供运营报务。

第四十条　老年人、儿童、中小学生、残疾人按照规定可享受免费乘车或优惠乘车待遇。具体办法由市人民政府另行制定。

第四十一条　公安机关应当加强城市公共交通车辆内的治安管理，对在城市公共交通车辆内发生的盗窃、诈骗等违法行为，应当依法及时查处。

第四十二条　城市公共交通经营者应当建立、健全运营安全管理制度，定期检查各项安全防范措施落实情况，及时消除事故隐患。

城市公共交通经营者应当保证运营安全资金投入，设立相应的安全管理机构，配备专职安全管理人员。

城市公共交通经营者应当利用电子报站设备等多种形式，向乘客宣传安全乘车知识。

第四十三条　发生城市公共交通运营安全事故的，城市公共交通经营者应当按国家安全生产事故报告的规定，报告城市公共交通行政主管部门和其他有关部门。

第四十四条　城市公共交通行政主管部门和经营者应当制定城市公共交通突发事件应急预案；发生城市公共交通突发事件的，应当按照规定启动应急预案。

第四十五条　城市公共交通行政主管部门应当定期对公交线路运营服务状况进行评议，其评议结果向社会公布，并作为经营者特许经营权期满重新授予经营权的依据。城市公共交通行政主管部门组织评议时，应当邀请公交专家、乘客代表参加，并征询社会各方面的意见。

第四十六条 城市公共交通行政主管部门应当建立城市公共交通管理的举报、投诉制度，公开举报、投诉电话、通信地址、电子邮箱，接受社会监督。城市公共交通行政主管部门应当自受理举报、投诉之日起二十日内调查处理完毕，并将调查、处理结果及时反馈举报人、投诉人。

第五章 法 律 责 任

第四十七条 违反本条例规定，有下列行为之一的，由城市公共交通行政主管部门责令改正，并按下列规定予以处罚：

（一）城市公共交通经营者未按规定对城市公共交通设施进行定期维护或及时抢修，造成严重后果的，处以五千元以上二万元以下罚款；

（二）擅自迁移、拆除、占用或者破坏、损毁城市公共交通设施的，责令恢复原状或赔偿损失，并处以一千元以上五千元以下罚款；

（三）利用站牌、候车亭、公交车辆等发布的广告覆盖站牌标识、车辆运营标识或者妨碍乘客观察进站车辆视线、车辆行驶安全视线的，可处以五百元以上二千元以下罚款。

第四十八条 违反本条例规定，有下列行为之一的，由城市公共交通行政主管部门责令改正，并按下列规定予以处罚：

（一）未取得特许经营权擅自从事城市公共交通运营的，没收违法所得，并处以三万元以上五万元以下罚款；

（二）伪造、涂改、出租、出借或者转让运营证、驾驶员客运服务资格证的，收缴证件，并处以三千元以上一万元以下罚款。

第四十九条 城市公共交通经营者违反本条例规定，有下列行为之一的，由城市公共交通行政主管部门责令改正，并按下列规定予以处罚：

（一）采取挂靠、承包、联营等方式转让经营权的，没收违法所得，并处以一万元以上三万元以下罚款；

（二）未按照特许经营协议，擅自调整线路的，处以一万元以上三万元以下罚款；

（三）聘用未取得驾驶员客运服务资格证的人员从事驾驶活动的，按聘用人数每聘用一人处以一千元罚款。

有前款所列情形之一,情节严重的,由城市公共交通行政主管部门吊销其车辆运营证,并可报同级人民政府撤销其城市公共交通特许经营权。

第五十条 违反本条例第十条第三款规定,侵占城市规划确定的城市公共交通设施用地或者擅自改变土地用途的,由规划或国土资源部门责令改正;拒不改正的,依照有关法律法规规定给予行政处罚。

违反本条例第十七条第二款规定,在公交站点前后三十米内停放其他社会车辆的,由公安机关交通管理部门依照有关法律、法规规定给予行政处罚。

第五十一条 城市公共交通行政主管部门和其他有关部门有下列情形之一的,由本级人民政府或有管理权限的部门责令改正;对负有责任的主管人员和其他直接责任人员,依法给予行政处分;构成犯罪的,依法追究其刑事责任:

(一)对未按规定规划、建设城市公共交通配套设施的建设工程,办理有关审批手续的;

(二)对非法侵占城市规划确定的城市公共交通设施用地或者擅自改变土地用途,办理有关审批手续的;

(三)未按法定权限和程序核发车辆运营证、驾驶员客运服务资格证的;

(四)对发现的违法行为不及时查处或者违法实施行政处罚的;

(五)有其他滥用职权、玩忽职守、徇私舞弊行为的。

第六章 附 则

第五十二条 本条例自 2009 年 3 月 1 日起施行。

武汉市城市公共客运交通管理条例

（2004年4月28日武汉市第十一届人民代表大会常务委员会第十次会议通过，2004年5月29日湖北省第十届人民代表大会常务委员会第九次会议批准。根据2011年12月26日武汉市第十二届人民代表大会常务委员会第三十六次会议通过，2012年3月29日湖北省第十一届人民代表大会常务委员会第二十九次会议批准的《武汉市人民代表大会常务委员会关于修改〈武汉市城市道路交通管理若干规定〉等11件地方性法规中行政强制规定的决定》第一次修正。根据2019年6月21日武汉市第十四届人民代表大会常务委员会第二十二次会议通过，2019年7月26日湖北省第十三届人民代表大会常务委员会第十次会议批准的《武汉市人民代表大会常务委员会关于集中修改、废止部分地方性法规的决定》第二次修正）

第一章 总 则

第一条 为加强本市城市公共客运交通管理，维护营运秩序，提高服务质量，保障乘客和经营者的合法权益，促进城市公共交通事业的发展，根据有关法律、法规规定和本市实际，制定本条例。

第二条 本市城市公共客运交通的管理适用本条例。

本条例所称城市公共客运交通是指利用公共汽车、电车、轮渡等交通工具，按照规定的线路、站点（码头）和时间，为公众提供客运服务的活动。

第三条 市交通行政部门是本市城市公共客运交通行业的主管部门，负责本条例的组织实施。市城市公共客运交通管理机构对本市城市公共客运交通行业实施日常管理和监督检查。

政府其他有关部门，按照各自职责依法行使相关管理职能。

第四条 城市公共客运交通的发展，应当与城市经济发展、城市建设、环境保护和人民生活水平相适应，符合城市总体规划和市场经济的要求，并与其他公共客运交通方式相协调。

本市根据城市公共交通优先发展的原则，对城市公共客运交通的发展和运行给予相应的政策支持，鼓励多种经济成分参与城市公共客运交通的投资、建设和经营，鼓励在城市公共客运交通的经营和管理中采用先进的科学技术和管理方法。

第五条 市交通行政部门应当根据城市综合交通发展规划，组织编制城市公共客运交通发展规划，报市人民政府批准后，纳入全市国民经济和社会发展计划以及城市总体规划。

第六条 本市城市公共客运交通的营运活动，应当遵循统一规划、普遍服务、安全便捷、规范有序、公平竞争的原则。

第二章 线路管理

第七条 本市公共汽车、电车、轮渡客运线路（以下简称线路）的开辟和调整，应当根据城市公共客运交通发展规划，由市城市公共客运交通管理机构会同市公安交通管理等部门通过听证、论证等方式确定，并在实施之日的三日前向社会公布。

第八条 从事公共汽车、电车、轮渡营运，必须取得线路经营权。

线路经营权期限按照国家有关规定执行。

第九条 对新开辟的线路、经营权期限届满的线路以及其他原因需要重新确定经营者的线路，市城市公共客运交通管理机构应当通过招标等公开方式确定经营者，并向社会公布结果。

第十条 申请或者投标从事线路经营的，必须向市城市公共客运交通管理机构提交以下资料：

（一）书面申请；

（二）经营方案。

市城市公共客运交通管理机构应当自受理申请之日起二十日内作出决定。对符合条件的，应当作出准予参加招标的书面决定；对不符合条件的，应当书面告知理由。

第十一条　凡取得线路经营权的经营者，必须具备下列条件：

（一）有与经营规模相适应的客运车船；

（二）有符合要求的停车船场地和配套设施；

（三）有与经营方案相配套的经营管理制度；

（四）有与经营业务相适应并经培训合格的驾驶员和乘务员；

（五）法律、法规规定的其他条件。

第十二条　市城市公共客运交通管理机构应当与取得线路经营权的经营者签订合同。合同应当包括线路的名称、起止站点（码头）、行驶路线、开收班时间；车船数量与车船型；服务质量标准；经营期限；双方的权利和义务；合同的终止与变更；监督机制；违约责任等内容。

第十三条　经营者取得线路经营权后，应当依法办理相关手续，领取市城市公共客运交通管理机构核发的城市公共客运交通营运证，方可营运。

禁止涂改、伪造、冒用、转借城市公共客运交通营运证。

第十四条　经营者不得擅自转让线路经营权，不得以承包、挂靠等方式变相转让线路经营权。

第十五条　未经市城市公共客运交通管理机构批准，经营者不得擅自停业、歇业；确需停业、歇业的，应提前九十日向市城市公共客运交通管理机构提出书面申请，市城市公共客运交通管理机构应当自接到书面申请之日起二十日内作出是否准予的书面答复。

市城市公共客运交通管理机构准予经营者停业、歇业的，应当按照本条例规定重新确定经营者。

第十六条　本条例实施前已经批准且未确定运营期限的线路，由市城市公共客运交通管理机构根据有关规定对经营者予以考核；考核合格的，授予有期限的线路经营权。

第三章 客运管理

第十七条 经营者应当遵守下列规定：

（一）按照核准的线路、站点（码头）、时间从事营运；

（二）加强安全教育和安全管理，建立健全安全管理制度，保证营运安全；

（三）执行行业服务标准和规范，保证服务质量；

（四）执行政府价格主管部门依法核准的价格；

（五）接受乘客的监督，受理乘客的投诉。

第十八条 经营者投入的营运车船，除应当符合机动车船国家技术安全标准外，还应当符合下列要求：

（一）车船整洁，服务设施齐备完好；

（二）在规定位置标明经营者、线路名称、行驶路线图和营运收费标准；

（三）在规定位置放置城市公共客运交通营运证和标明服务投诉电话号码；

（四）无人售票车装有投币箱、电子报站设施，使用 IC 卡投币的车辆验卡设施完好准确；

（五）空调车装有温度计、通风换气设备；

（六）轮渡按照规定配备安全救生设施。

第十九条 驾驶员和乘务员营运服务时应当遵守下列规定：

（一）着装整洁，佩戴标志，礼貌待客，周到服务；

（二）按照核准的收费标准收费，向乘客提供有效的等额票据；

（三）按照规定的行驶路线准点均衡运行，不得追抢、超载，不得中途甩站、逐客；

（四）在规定的站点（码头）停靠和上下乘客，不得无故拒载或者滞留；

（五）规范服务，准确报清线路、站点（码头）名称，提示安全注意事项，为老、幼、病、残、孕及怀抱小孩的乘客提供必要的帮助；

（六）保持车船整洁，不得向车船外抛撒垃圾，并劝阻乘客向车船外抛撒垃圾；

（七）不得拒绝或歧视持规定证件免费乘车船的乘客；

（八）不得在车船内吸烟，并劝阻乘客在车船内吸烟。

前款规定，应当在车船内公示。

第二十条 车辆在运行中出现故障不能继续运营时，经营者或其驾驶员、乘务员应当安排乘客转乘同线路后序车辆，同线路后序车辆不得拒绝和重复收费。无法安排转乘同线路后序车辆的，应退还已收票款。

第二十一条 因城市道路、航道建设、维修和实施交通管制等原因致使营运线路暂时无法通行的，市城市公共客运交通管理机构应当及时通知有关经营者，并调整线路。

除突发事件外，临时调整营运线路，市城市公共客运交通管理机构应当提前三日通过新闻媒体公告。

除本条第一、二款规定的情形外，调整线路及站点对经营者的合法权益造成损失的，应当依法进行补偿。

第二十二条 遇有抢险救灾、突发事件等特殊情况时，经营者应当服从市城市公共客运交通管理机构和公安交通管理等部门的调度和指挥。

第二十三条 乘客享有获得安全、便捷客运服务的权利。遇有下列情形之一，乘客可以拒付车船费：

（一）不按照核准的收费标准收费的；

（二）不提供有效票据的；

（三）核定票价中包含空调费而未开启空调的；

（四）电子读卡机未开启或者发生故障，所持电子乘车卡无法使用的。

乘客乘坐车船时，因非交通事故造成人身意外伤害的，经营者应当依法承担相应的赔偿责任。

第二十四条 乘客应当自觉遵守城市公共客运交通乘坐规则，文明乘坐，并按照规定支付车船费。乘客违反乘坐规则或者不按照规定支付车船费，经劝阻拒不改正的，经营者或驾驶员、乘务员有权拒绝为其提供营运服务。

乘客不得要求驾驶员违反道路交通安全法律、法规行车和停车，不得辱骂、殴打驾驶员、乘务员。

第二十五条 市交通行政部门和市城市公共客运交通管理机构应当建立投诉受理制度，接受乘客、驾驶员和乘务员的投诉。市交通行政部门和市城市公共客运交通管理机构受理投诉，应当自受理之日起十日内调查处理完毕；

情况复杂的，可延长十日。依法应由其他部门调查处理的，应当及时移送其他部门。

市公安交通管理部门受理对未取得本市线路经营权和城市公共客运交通营运证从事城市客运经营的举报，并依法查处。

第二十六条 市交通行政部门和市城市公共客运交通管理机构应当建立健全监督制度，履行监督职责。监督检查人员履行职务时应当出示行政执法证件。

第四章 设施管理

第二十七条 新建、改建或扩建城市道路、交通枢纽站、大型商业街区、旅游景点、体育场馆和住宅小区等，应当按照城市公共客运交通发展规划配建、增建公共交通场站设施。

按规划确定的公共交通场站设施用地，任何单位和个人不得侵占，未经规划行政管理部门批准，不得擅自改变用途。

第二十八条 政府投资建设的城市公共客运交通场站设施，由市交通行政部门采用招标或者委托方式确定日常管理单位。社会投资建设的公共交通场站设施，由投资者或者其委托的单位负责日常管理。

对投入使用的公共交通服务设施，管理单位应当保持其整洁、完好，不得擅自停止使用或者改作他用。

第二十九条 电车供配电单位应当按照国家规定的技术标准和规范，定期对电车触线网、馈线网、变电站等供配电设施进行维护，保证其安全和正常使用。发生故障时，供配电单位应当立即组织抢修，尽快恢复其正常使用。

第三十条 设置公共汽车、电车站点和轮渡码头，应当符合国家有关技术规范要求和交通流量实际，方便乘客安全乘坐和转乘。

未经市城市公共客运交通管理机构同意，不得擅自设置和变动公共汽车、电车站点和轮渡码头。

第三十一条 市公安交通管理部门应当在城市有条件的主要道路、桥梁划设公共汽车和电车专用车道，并设置优先通行标志。

符合条件的单向机动车道，应当允许城市公交车辆双向通行。

第三十二条 禁止下列侵占、毁损城市公共客运交通服务设施或者影响其使用功能的行为：

（一）擅自迁移、挤占；

（二）污损、涂改、覆盖、毁坏；

（三）在公共汽车和电车车站沿道路前后三十米内（以车站站牌为准）路段停放其他车辆、设置摊点、摆放物品，妨碍公共汽车和电车停靠、通行；

（四）在电车触线网、馈线网上悬挂、架设宣传标语、广告牌及其他物品；

（五）其他危及安全的行为。

第三十三条 公共汽车、电车和轮渡的站点（码头）名称，由市城市公共客运交通管理机构根据地名管理的有关规定确定。

第三十四条 在公共汽车、电车和轮渡上设置广告，应当符合国家有关广告管理的法律、法规和城市公共客运交通管理的有关规定。

车辆改变颜色的，应当到市公安交通管理部门办理变更登记手续。

第五章　法　律　责　任

第三十五条 违反本条例第八条第一款、第十三条规定，未取得本市线路经营权和城市公共客运交通营运证从事城市客运经营的，由市公安交通管理部门没收非法所得，暂扣车辆，按每辆车处以五千元以上二万元以下罚款，并吊销机动车驾驶证、注销车辆牌证。

违反本条例第三十条第二款、第三十二条第一项、第二项规定，擅自设置和变动公共汽车、电车站点和轮渡码头，擅自迁移、挤占、污损、涂改、覆盖、毁坏城市公共客运交通服务设施的，由市城市公共客运交通管理机构责令限期恢复原状，并处以二百元以上二千元以下罚款。

第三十六条 经营者有下列行为之一，由市城市公共客运交通管理机构按下列规定予以处罚：

（一）违反本条例第十四条规定，擅自转让或变相转让线路经营权的，责令限期改正，没收非法所得，按每车船处以一万元罚款。拒不改正的，收回线路经营权，吊销城市公共客运交通营运证；

（二）违反本条例第十五条第一款、第十七条规定的，责令限期改正，并处以二千元以上一万元以下罚款。情节严重或者拒不改正的，收回线路经营权、吊销城市公共客运交通营运证；

（三）违反本条例第十八条规定，营运车船不符合要求的，责令限期改正。拒不改正的，按每车船处以三百元罚款。

第三十七条 驾驶员、乘务员违反本条例第十九条规定的，由市城市公共客运交通管理机构予以警告，并责令改正；对情节严重或者拒不改正的，处以五十元以上五百元以下罚款。

第三十八条 违反本条例有关道路交通安全、治安管理、城市管理等规定的，由有关行政管理部门依法予以处理。

第三十九条 当事人对行政处罚决定不服的，可以依法申请行政复议或者提起行政诉讼。

当事人逾期不申请行政复议或者不提起行政诉讼，又不履行行政处罚决定的，作出行政处罚的部门应当申请人民法院强制执行。

第四十条 市交通行政部门、市城市公共客运交通管理机构和其他管理部门及其工作人员有下列行为之一的，由其所在单位或上级主管部门给予行政处分：

（一）不按规定办理城市公共客运交通营运手续的；

（二）不按规定履行监督管理职能，致使营运秩序混乱的；

（三）不按规定受理和处理投诉的；

（四）不按法律、法规规定实施行政处罚的；

（五）滥用职权、玩忽职守、徇私舞弊的。

有前款所列行为，造成他人经济损失的，依法承担赔偿责任；构成犯罪的，依法追究刑事责任。

第六章　附　　则

第四十一条 本条例自 2004 年 8 月 1 日起施行。

黄冈市城市公共交通条例

(2019年12月16日黄冈市第五届人民代表大会常务委员会第二十五次会议通过,2020年6月3日湖北省第十三届人民代表大会常务委员会第十六次会议批准)

第一章 总 则

第一条 为了优先发展城市公共交通,方便公众出行,规范城市公共交通秩序,保障运营安全,引导绿色发展,根据有关法律法规的规定,结合本市实际,制定本条例。

第二条 本市行政区域内城市公共交通的规划、建设、运营以及监督管理适用本条例。

第三条 本条例所称城市公共交通,是指在市、县(市)人民政府确定的区域内,运用公共汽车及城市公共交通设施,按照核定的线路、站点、时间和票价运营,为公众提供基本公共出行服务的公益性事业。

本条例所称城市公共交通设施,是指为城市公共交通运营提供服务的停车场、保养场、首末站、专用道、换乘枢纽站、候车亭、站台、站牌、站务用房以及加油(气)站、电动公交车充电桩、智能化系统等配套设施。

第四条 市、县(市)人民政府应当建立城市公共交通发展联席会议制度,落实城市公共交通优先发展要求,促进城市公共交通可持续发展。

交通运输部门具体承担本行政区域内城市公共交通的管理工作以及联席会议的日常工作。

发展和改革、经济和信息化、公安、财政、自然资源和规划、生态环境、住房和城乡建设、应急管理、国资管理、城管执法等部门，根据各自职责，做好城市公共交通的相关工作。

第五条 市、县（市）人民政府应当鼓励和支持城市公共交通企业使用高效能、新能源车辆。

城市公共交通设施及车辆应当逐步达到无障碍化要求。

第六条 市、县（市）人民政府应当鼓励和引导各类投资主体参与城市公共交通的设施建设和运营服务。

第七条 市、县（市、区）人民政府应当完善城乡公共交通发展体系，优化配置城乡公共交通资源，统筹协调城乡公共交通发展，逐步扩展城市公共交通服务范围。

第二章 规 划 建 设

第八条 市、县（市）人民政府应当将优先发展城市公共交通纳入本级综合交通发展规划。

交通运输部门应当会同住房和城乡建设、自然资源和规划等部门根据国土空间规划组织编制城市公共交通规划，报上一级交通运输部门评审，经本级人民政府批准后实施，报省级交通运输部门备案，并向社会公布。

批准后的规划不得擅自变更；确需变更的，按照前款规定办理。

第九条 新建、改建、扩建下列建设项目，应当按照控制性详细规划的要求，并征求交通运输、公安、应急管理等部门的意见，配套建设相应的城市公共交通设施：

（一）车站、码头、机场等交通枢纽；

（二）政务服务中心、商业中心、大型文化娱乐场所、旅游景区（点）、体育场（馆）、学校、幼儿园、医院；

（三）规模居住区、产业园区；

（四）其他人流量密集的公共场所。

配套建设的城市公共交通设施应当与建设项目主体工程同步设计、同步建设、同步交付使用。未按照规定配套建设城市公共交通设施的，建设项目主体工程不得验收、交付使用。分期开发、分期交付使用的建设项目主体工程，在城市公共交通设施建成前，应当根据需要设置过渡设施。

交通运输部门应当参与建设项目的竣工验收。

第十条 城市公共交通设施由住房和城乡建设部门或者市、县（市）人民政府指定的专门机构负责建设，由交通运输部门负责管理。

城市公共交通设施建设应当因地制宜、突出特色，并与公众基本出行需求相适应。

新建、改建或者扩建城市主干道时，应当配套建设港湾式停靠站等设施；新建、改建或者扩建其他城市道路时，应当配套建设站台等设施。

城市公共交通线路上已经存在的妨碍城市公共交通的设施和障碍物应当依法限期拆除、迁移或者改造。

第十一条 政府投资建设的城市公共交通设施，应当采取招标或者指定方式确定日常维护单位。社会投资建设的城市公共交通设施，由投资者或者其委托的单位负责日常维护。

第十二条 任何单位和个人不得擅自拆除、迁移、占用、关闭城市公共交通设施。

因需要临时拆除、迁移、占用、关闭城市公共交通设施的，相关单位应当征求交通运输部门的意见，并按照有关规定恢复、补建或者给予补偿。

第十三条 交通运输部门应当会同公安、自然资源和规划、住房和城乡建设、城管执法等部门根据道路通行情况和道路条件，划定公共汽车专用道，并在有条件的路口增设公共汽车专用导向车道，保障公共汽车的优先通行。

市公安部门应当会同市交通运输、应急管理等部门制定公共汽车专用道管理办法。市、县（市）公安部门应当加强公共汽车专用道通行秩序管理。

第十四条 城市公共交通应当实现中心城区站点五百米全覆盖、万人公交车辆保有量达到国家标准。

交通运输部门设置城市公共交通站点名称，应当与当地标准地名统一，并做到同站同名。

第十五条 市、县（市）人民政府应当根据经济社会发展需要，同步加强自行车、步行等城市慢行系统规划和建设，合理布局公共自行车服务网点、自行车专用道和步行道，改善自行车、步行出行条件，做好与其他交通方式的衔接，方便乘客换乘和使用。

第十六条 市、县（市）人民政府应当加强城市公共交通智能化建设，重点建设公众出行信息服务、智能支付、车辆运营调度管理、安全监控和应急处置等信息化系统，促进智慧公共交通发展。

第三章 运营管理

第十七条 城市公共交通运营实行特许经营，按照属地管理原则，由交通运输部门负责实施。

交通运输部门应当通过公开招投标的方式确定城市公共交通企业。不适合招标或者无企业申请的，由交通运输部门会同相关部门提出方案，报本级人民政府批准后，采取直接授予的方式确定城市公共交通企业。

第十八条 交通运输部门应当与取得线路运营权的城市公共交通企业签订线路特许经营协议，并向社会公布。

城市公共交通线路运营的特许经营期限为五年。特许经营期限届满前三个月，交通运输部门应当根据本条例的规定重新确定城市公共交通企业。

城市公共交通企业取得线路运营权后，不得转让、出租或者变相转让、出租。

第十九条 城市公共交通企业应当配备具备下列条件的公共汽车：

（一）符合国家规定的公共汽车技术标准和安全、环境保护要求；

（二）经公安部门机动车登记并确认使用性质为城市公共交通客运；

（三）性能良好、设施完好；

（四）法律法规规定的其他条件。

第二十条 城市公共交通企业应当聘用具备下列条件的从业人员：

（一）身心健康，无可能危及运营安全的疾病或者病史；

（二）无吸毒或者暴力犯罪记录；

除前款条件外，聘用的驾驶员还应当具备下列条件：

（一）取得与准驾车型相符的驾驶证且实习期满；

（二）最近连续三个计分周期内没有记满十二分违规记录；

（三）无交通肇事犯罪、危险驾驶犯罪记录，无饮酒后驾驶记录；

（四）法律法规规定的其他条件。

第二十一条 城市公共交通企业因破产、解散、被取消线路运营权等原因不能正常运营的，交通运输部门应当采取临时指定城市公共交通企业、调配车辆等应对措施，保障公众出行需求。临时指定线路运营的时间不得超过一年。

第二十二条 鼓励利用公共汽车和城市公共交通设施发布公益广告。

利用公共汽车和城市公共交通设施发布广告的，不得覆盖站牌标识和车辆运营标识，不得妨碍车辆安全行驶、乘客上下车。

第四章 运营服务

第二十三条 城市公共交通企业应当遵守下列运营规定：

（一）执行相关行业标准、规范；

（二）按照核定的线路、站点、时间、班次组织运营；

（三）公布规定的票价标准并执行；

（四）定期对公共汽车及附属设备进行检测、维护、更新，保证其处于良好状态；

（五）制定服务规范并定期对从业人员进行职业素质培训；

（六）建立智能化信息管理服务系统；

（七）及时向相关部门提供所需的信息和数据；

（八）对特殊人群减免票价；

（九）执行政府指令的抢险、救灾、处理突发事件等应急任务；

（十）其他依法应当遵守的运营规定。

第二十四条 城市公共交通从业人员应当遵守下列工作规定：

（一）衣着整洁、文明礼貌，携带、佩戴相关证件；

（二）保持车容车貌整洁美观；

（三）按照核定的票价收费，提供有效的票证；

（四）执行有关优惠或者免费乘车的规定；

（五）正确及时报清线路名称、行驶方向和停靠站名称；

（六）提示安全注意事项，引导文明让座，为老、幼、孕、病、残乘客提供必要的帮助；

（七）发生突发事件时，及时组织疏散乘客；

（八）公共汽车发生故障、事故无法正常行驶时，引导乘客免费换乘相同线路、相同方向的车辆；

（九）按照核定的运营线路、车次、时间发车，不得到站不停、滞站揽客、中途甩客、违章占道，不得擅自站外上下乘客、中途调头；

（十）其他依法应当遵守的工作规定。

第二十五条 城市公共交通企业应当在公共汽车规定位置标明企业名称、线路编号、行驶线路示意图、运营价格标准、交通运输服务监督电话等服务标识，配备语音和电子报站、投币箱、电子验卡器等设备设施。

第二十六条 交通运输部门应当会同公安部门、城市公共交通企业，广泛听取公众、专家和相关部门的意见，确定城市公共交通线路并向社会公布。

交通运输部门应当定期组织城市公共交通客流调查和线路普查，对线网布局状况进行评估，及时提出优化方案，广泛听取公众、专家和相关部门的意见，调整城市公共交通线路，并向社会公布。

交通运输部门可以根据学校、产业园区、商业中心、车站的客流需要制定夜间线路、大站快线、微循环线路等，为公众提供多样化的服务。

第二十七条 因市政工程建设、举办大型公共活动等原因，确需临时变更城市公共交通运营线路、站点、时间的，公安部门应当提前七日告知交通运输部门，由交通运输部门组织城市公共交通企业提前三日将临时调整方案向社会公布，并按照变更后的线路、站点、时间运营。

因突发事件导致城市公共交通线路临时变更的，相关单位应当及时告知交通运输部门，由交通运输部门会同公安、城管执法等部门和城市公共交通企业制定临时调整方案，并及时向社会公布。

第二十八条 交通运输部门应当建立城市公共交通企业服务质量评价制度，定期对城市公共交通企业的服务质量进行评价并向社会公布，评价结果作为衡量城市公共交通企业运营绩效、发放政府补贴和线路运营权管理等的依据。

第二十九条　交通运输部门和城市公共交通企业应当分别建立完善投诉受理和处理制度，运用交通运输服务监督电话和其他有效方式，接受乘客投诉，并于受理投诉之日起十五日内将处理意见答复投诉人。

第五章　运营安全

第三十条　市、县（市）人民政府应当督促有关部门依法履行城市公共交通安全监督管理职责，及时协调、解决安全监督管理工作中存在的重大问题。

第三十一条　交通运输部门应当会同公安、应急管理等部门制定城市公共交通应急预案，报本级人民政府批准。

城市公共交通企业应当根据城市公共交通应急预案制定本企业的应急预案，组织专（兼）职安全应急队伍，并定期组织培训、演练。

城市公共交通突发事件发生后，市、县（市）人民政府应当启动城市公共交通应急预案，采取应急处置措施。

第三十二条　交通运输、公安、教育、应急管理等部门、城市公共交通企业以及社区、学校、新闻媒体等相关单位，应当加强安全乘车和应急知识的宣传教育。

第三十三条　城市公共交通企业应当履行下列安全生产管理责任：

（一）建立企业安全生产管理机构和安全生产管理责任制，配备专职安全生产管理人员；

（二）完善监控系统，加强城市公共交通运营安全动态监管；

（三）定期开展安全检查，及时消除事故隐患；

（四）在公共交通站场醒目位置公布禁止携带物品的目录；

（五）在公共汽车内张贴安全警示标志、安全疏散示意图，配备灭火器、安全锤、车门紧急开启装置、驾驶区域安全防护隔离设施等设备，并保证正常使用；

（六）制定城市公共交通企业运营安全操作规程，并定期对从业人员进行安全管理和教育培训；

（七）其他安全生产管理责任。

第三十四条　城市公共交通设施日常维护单位应当建立健全安全维护制度，定期对城市公共交通设施进行维护保养，保证其性能符合安全运营要求。

第三十五条　禁止下列不文明乘车的行为：

（一）携带犬、猫等活体动物乘车（导盲犬、军警犬、助残犬除外）；

（二）吃带果壳、有气味的食品，吸烟、饮酒、随地吐痰或者向车内外抛撒废弃物；

（三）争吵、谩骂、袒胸露背、霸占座位；

（四）刻画、损坏座椅；

（五）张贴、喷涂小广告；

（六）强行上下车或者妨碍其他乘客正常上下车；

（七）其他不文明行为。

城市公共交通从业人员接到报告或者发现上述行为，有权及时制止；制止无效的，可以拒绝其乘车。

第三十六条　禁止下列影响车辆正常运营、危害公共安全的行为：

（一）抢夺方向盘、变速杆等操纵装置，殴打、拉拽、辱骂从业人员；

（二）擅自操作有警示标志的按钮、开关装置，非紧急状态下动用紧急或者安全装置；

（三）携带管制刀具或者易爆性、易燃性、放射性、毒害性、腐蚀性物品乘车；

（四）其他影响车辆正常运营、危害公共安全的行为。

城市公共交通企业及其从业人员接到报告或者发现上述行为，有权及时制止；扰乱公共交通秩序，影响车辆正常行驶的，报告公安部门依法处理。

第三十七条　禁止下列影响城市公共交通运营秩序的行为：

（一）在城市公共交通站场及其出（入）口、站台前后三十米以内擅自停放公共汽车以外的其他车辆、堆放杂物、摆摊设点等；

（二）非法拦截或者强登、扒乘公共汽车；

（三）违反规定进入公共汽车专用道；

（四）其他影响城市公共交通运营秩序的行为。

城市公共交通企业及其从业人员接到报告或者发现上述行为，有权及时制止；制止无效的，报告城管执法或者公安部门依法处理。

第三十八条 公民有权制止干扰驾驶员安全驾驶和其他危害公共安全的违法行为；对确认为见义勇为的，由市、县（市）人民政府依法予以表彰、奖励。

第六章 政策扶持

第三十九条 市、县（市）人民政府应当建立城市公共交通设施用地优先保障制度，将城市公共交通设施用地纳入土地利用年度计划和建设用地供应计划。

符合城市公共交通设施用地条件的，应当以划拨方式或者协议方式供地。

第四十条 市、县（市）人民政府应当将城市公共交通发展资金纳入本级公共财政预算，建立和完善城市公共交通补贴补偿机制，支持城市公共交通设施的建设、维护和车辆的购置、更新。

第四十一条 城市公共交通实行政府定价。

市、县（市）人民政府对城市公共交通企业执行的低于运营成本的低票价及承担老年人、残疾人、现役军人、消防救援人员、学生等减免票和完成政府指令的应急任务等形成的政策性亏损，应当给予全额补偿；因技术改造、节能减排、经营冷僻线路等原因增加的成本，应当给予合理补贴。

第四十二条 交通运输部门应当会同发展和改革、财政、审计、国资管理等部门建立健全城市公共交通成本规制办法，对城市公共交通企业成本和费用进行年度审计和绩效评价，合理核定财政补贴补偿额度。

第七章 法律责任

第四十三条 违反本条例，法律法规已有规定的，从其规定。

第四十四条 违反本条例第十二条第一款规定的，由交通运输部门责令限期改正；逾期不改正的，对个人处二百元以上一千元以下的罚款，对单位处一千元以上五千元以下的罚款。造成城市公共交通设施损坏的，应当依法承担责任。

第四十五条 违反本条例第十八条第三款规定的，由交通运输部门责令限期改正；逾期不改正的，处一万元以上三万元以下的罚款。

第四十六条 违反本条例第二十条、第二十三条、第三十三条、第三十四条规定的，由交通运输部门责令限期改正；逾期不改正的，处五千元以上一万元以下的罚款。

第四十七条 违反本条例第二十四条第三项、第九项规定的，由交通运输部门给予警告，并处五十元以上二百元以下的罚款。

第四十八条 国家工作人员违反本条例规定，在城市公共交通管理工作中玩忽职守、滥用职权、徇私舞弊的，依法给予处分；构成犯罪的，依法追究刑事责任。

第八章 附 则

第四十九条 龙感湖管理区、白莲河示范区参照本条例规定执行。

第五十条 本条例自 2020 年 10 月 1 日起施行。

长沙市城市公共客运条例

(2005年9月2日长沙市第十二届人大常委会第二十二次会议通过，2005年9月29日湖南省第十届人大常委会第十七次会议批准)

第一章 总 则

第一条 为规范城市公共客运的管理，维护乘车人、经营者及其从业人员的合法权益，促进城市公共客运事业的健康发展，根据有关法律法规，结合本市实际，制定本条例。

第二条 本市市区城市公共客运规划、建设、经营、管理等活动，适用本条例。法律法规另有规定的，从其规定。

第三条 市人民政府城市公共客运行政主管部门（以下简称公共客运主管部门）负责本市城市公共客运管理工作；市城市公共客运管理机构（以下简称公共客运管理机构）对本市城市公共客运实施具体监督和管理。

市规划、公安、交通、建设、工商、税务、物价、城市管理、环境保护、质量技术监督等行政管理部门，应当依法履行相关监督管理职责。

第四条 城市公共客运应当遵循统筹规划、统一管理、有序竞争、安全便捷、兼顾社会效益和经济效益的原则。

市人民政府应当保障城市公共客运的优先发展，鼓励社会资本投资城市公共客运，依法保护合法经营，引导和鼓励规模经营。

鼓励城市公共客运经营者应用先进的科学技术和管理方法，提高服务质量和社会效益。

第五条 城市公共客运经营者及其从业人员，应当守法经营，文明服务。

乘车人应当文明乘车、讲究公德，同时有权获得安全、便捷、准点的客运服务。

对优质服务、拾金不昧、助人为乐、救死扶伤、见义勇为等方面表现突出的公共客运经营者及其从业人员、乘车人，应当给予表彰和奖励。

第六条 公共客运经营者及其从业人员可以自愿加入行业协会。

城市公共客运行业协会及其分会应当加强对其会员的服务、协调、教育和指导工作。

第二章 规 划

第七条 市人民政府应当组织公共客运主管部门及其他有关部门编制城市公共客运发展规划，并将公共客运事业纳入全市国民经济和社会发展规划。

第八条 城市公共客运发展规划应当与经济发展、城市建设、环境保护和人民生活水平相适应，符合城市总体规划。

城市公共客运应当以大容量的公共汽车为主体，适度发展出租汽车，有计划地发展轨道交通，促进多种客运方式协调发展。

第九条 城市公共客运发展规划应当包括以下内容：

（一）城市公共客运发展的目标和战略；

（二）城市各种公共客运方式的构成比例和规模总量；

（三）城市公共客运线网布局；

（四）城市公共客运枢纽设置、站场布局及公共汽车专用道、无障碍设施设置；

（五）城市公共客运运营车辆车型配置；

（六）城市公共客运行业科学技术的投入和推广应用。

第十条 城市公共客运发展规划在报批前，应当采取论证会、听证会等形式，广泛征求社会各方面的意见。

第十一条 城市公共客运发展规划经市人民政府批准后公布实施，任何单位和个人不得擅自变更。

市规划行政管理部门对纳入规划的城市公共客运设施用地，应当在相关地区的控制性详细规划中预留，任何单位和个人不得擅自占用或者改变其用途。

第三章 设 施

第十二条 城市公共客运设施包括客运站场、站务用房、站内设施、公共汽车专用道、出租汽车营业站点、电子服务设施等。

第十三条 市人民政府应当投资建设或者通过市场运作等方式组织建设城市公共客运设施。

城市公共客运设施由产权单位或者产权单位确定的管理单位负责管理，具备条件的公共客运站场应当向同行业开放。通过市场运作等方式建设的城市公共客运设施可以按照谁投资、谁受益的原则实行有偿使用。

第十四条 城市公共客运设施应当符合国家有关服务和技术规范；标识应当醒目、整洁和完好，便于识别。

第十五条 建设、改造城市道路时，应当优先改造影响公共汽车通行的路段和交叉口，城市主次干道应当逐步设置、完善港湾式停靠站；在道路条件许可的情况下，应当设置公共汽车专用道，在路口设置公共汽车优先通行信号系统；具备条件的单向机动车道应当允许公共汽车双向通行。

第十六条 机场、火车站、客运码头、长途汽车站等客流集散的公共场所，应当按照规划配套建设公共汽车枢纽站或者首末站、出租汽车营业站。

新建、改建、扩建城市道路和文化、教育、体育、医疗、商场、公园等大型公共场所以及1万人以上的居民小区时，应当建设公共汽车枢纽站或者首末站，或者设置公共汽车中途站以及划定出租汽车候客区域。

配套的城市公共客运设施应当与主体工程同步设计和建设。

城市道路禁停路段在500米以上的，由公共客运管理机构会同市公安机关交通管理部门设置适量的出租汽车即停即走停靠点。

第十七条 城市公共客运站点名称由公共客运管理机构确定，一般以地名、路街名、历史文化景点、重要机关和公共服务机构名称命名；确需以其他名称命名的，由公共客运主管部门报市人民政府审定。不同线路的同一站点应当使用统一站名。

第十八条　禁止损坏城市公共客运设施。任何单位和个人不得擅自迁移、拆除、改建、占用城市公共客运设施。

因城市建设确需迁移、拆除、改建、占用城市公共客运设施的，建设单位应当提前15日到公共客运主管部门和产权单位依法办理重建、补偿等有关手续。

第十九条　利用城市公共客运设施和运营车辆设置广告的，除应当符合广告、市容、车辆管理的法律法规外，还应当符合城市公共客运设施管理规范，不得影响车辆安全运营和服务标识、车辆号牌的识别。

第四章　许　　可

第二十条　从事公共汽车客运经营的经营者应当依法取得公共客运主管部门颁发的线路经营许可证。

从事出租汽车客运经营的经营者应当依法取得公共客运主管部门颁发的经营许可证，投入运营的车辆应当依法取得公共客运主管部门颁发的车辆运营证，出租汽车驾驶人还应当依法取得公共客运主管部门颁发的客运服务资格证。

第二十一条　公共汽车经营者应当具备下列基本条件：

（一）有与经营规模相适应且符合线路运营要求的车辆，或者相应的资信证明；

（二）有科学合理的线路运营方案；

（三）有与经营业务相适应并经培训合格的从业人员；

（四）有与运营方式相配套的管理机构和服务、行车安全等方面的管理制度；

（五）有与经营规模相适应的办公场所、停车场地和相关配套设施。

第二十二条　出租汽车经营者应当具备下列基本条件：

（一）有符合规定要求的客运车辆或者相应的资信证明；

（二）有符合规定要求的办公场所、停车场地；

（三）有与经营业务相适应并经培训合格的从业人员；

（四）有与经营方式相配套的经营管理制度。

第二十三条 公共客运主管部门授予公共客运经营者经营许可，应当按照有关规定确定合理期限。

经营许可期限届满后确定新一轮经营者的具体方式，由公共客运主管部门依据法律、法规和公开、公正、公平以及公共利益优先、优胜劣汰的原则确定。

经营者在本条例实施前合法取得的经营许可，在原批准期限内继续有效。

第二十四条 有下列情形之一的，公共客运主管部门应当通过招标投标方式确定公共汽车线路的经营者：

（一）新增公共汽车线路经营许可的；

（二）经营者自愿退回公共汽车线路经营许可的；

（三）公共汽车线路经营许可被依法收回的。

第二十五条 经营期限内需要转让线路经营许可的，应当经公共客运主管部门审查同意；受让方应当符合本条例第二十一条规定的基本条件，并在办理有关手续后方可运营。受让方经营权的期限为转让方剩余的期限；转让期间不得影响正常运营。

依法取得的线路经营许可两年内不得转让。禁止擅自转让或者以发包等方式变相转让线路经营许可。

第二十六条 出租汽车总量应当符合城市公共客运规划的要求和国家关于出租汽车配置标准的规定。

增加出租汽车总量，市人民政府必须经过论证和听证的方式决定；任何单位和个人不得擅自增加出租汽车数量。

第二十七条 有下列情形之一的，公共客运主管部门应当通过招标投标方式确定出租汽车的经营者：

（一）新增出租汽车经营许可的；

（二）经营者自愿退回出租汽车经营许可的；

（三）出租汽车经营许可被依法收回的。

第二十八条 经营期限内转让出租汽车经营许可的，应当在转让前征得公共客运主管部门同意；受让方应当符合本条例第二十二条规定的条件。受让方经营权的期限为转让方剩余的期限。

依法取得的出租汽车经营许可两年内不得转让。禁止擅自转让或者以发包等方式变相转让经营许可。

第二十九条　出租汽车驾驶人具备下列基本条件的，由公共客运主管部门核发客运服务资格证：

（一）符合岗位需要的身体条件和年龄要求，无传染性疾病；

（二）持有与准驾车型一致的驾驶证并经从业资格培训合格。

被吊销客运服务资格证的驾驶人，从吊销之日起满5年方可申领客运服务资格证。

第三十条　公共客运经营者合并、分立、解散的，应当向公共客运主管部门及有关部门办理相关手续，办理手续期间不得影响正常运营。

公共客运经营者不得擅自停业、歇业。确需停业、歇业的，应当提前2个月向公共客运主管部门提交书面申请。公共客运主管部门应当在接到报告后1个月内给予答复。

第三十一条　任何单位和个人不得涂改、伪造、租借公共汽车线路经营许可证或者出租汽车经营许可证、车辆运营证、驾驶人客运服务资格证。

第五章　运　　营

第三十二条　城市公共客运以本市市区为运营范围。

离本市市区较近的院校、较大医院、大中型企业及本市居民主要的休闲旅游点等往返市区人员集中的地方，市人民政府可以决定开通城市公共汽车。

乘坐城市出租汽车的乘客，目的地在本市市区以外的，城市出租汽车应当将乘客安全送达目的地。

第三十三条　设置、调整城市公共客运线路和站点，应当符合公共客运发展规划和安全、畅通的要求。公共客运主管部门在设置、调整前应当将方案向社会公布，广泛征求意见。

第三十四条　城市公共汽车经营者，应当遵守下列规定：

（一）执行城市公共汽车服务标准，向乘客提供安全、方便、准点和连续稳定的服务；

（二）按照批准的线路、站点、班次、时间、价格、车型、车辆数组织运营；

（三）按照规定设置客运服务标志；

（四）实行无人售票的公共汽车，在车上设置符合规定的投币箱、电子读卡机和电子报站设备，并保持其完好；投币箱旁备有车票；

（五）在客运车辆内设置老、弱、病、残、孕专用座位和禁烟标志；

（六）按照国家有关规定加强对客运车辆的维护和检测，保持车辆技术、安全性能符合有关标准；

（七）不得聘用不符合法律法规规定条件的人员从事客运业务；

（八）对从业人员进行管理、教育、培训和考核；

（九）不得要求从业人员违法违章作业。

第三十五条　因市政工程建设、大型公益活动等特殊情况变更公共汽车线路、站点或者营业时间的，公共客运管理机构和市公安机关交通管理部门应当在实施10日前通过媒体向社会公告；经营者也应同时在相关站点及车内告知乘车人。

因城市建设、重大活动、突发事件和抢险救灾需要采取临时措施时，公共客运经营者应当服从市人民政府或者有关部门对车辆的统一调度、指挥。征用车辆的，市人民政府或者有关部门应当给予合理补偿。

第三十六条　出租汽车经营者应当遵守下列规定：

（一）执行行业服务标准和规范，制定和实施车辆维修、安全行车、治安防范、卫生防疫和文明服务等制度；

（二）执行规定的收费标准，使用统一车费凭证；

（三）不得将出租汽车交给无客运资格证件的人员驾驶；

（四）对从业人员进行管理、教育、培训和考核；

（五）不得要求从业人员违法违章作业。

第三十七条　城市公共汽车驾驶人、乘务员从事运营服务时，应当遵守下列规定：

（一）按照规定的线路、班次运行，正确、及时播报线路名称、走向和停靠站点；依次进站停靠，有停靠站台的应当进入站台上下乘客；不得滞站揽客或者站外带客；不得溜站拒载、中途甩客；

（二）按规定向乘车人提供当次有效的车费凭证；

（三）运营途中无正当理由不得中断服务，因故障不能继续运行的，安排乘客免费换乘同线路其他车辆；

（四）保持车辆内外整洁卫生，劝阻乘车人吸烟和向车外抛撒垃圾；

（五）将拾得的遗失物及时归还乘车人；

（六）发现车内有危及乘车人生命财产安全的行为，予以制止；对涉嫌违法犯罪的行为，及时报告公安部门并协助调查取证；

（七）公共客运主管部门制定的运营服务规范。

第三十八条 出租汽车驾驶人在运营中除应当遵守第三十七条（四）、（五）项规定外，还应当遵守下列规定：

（一）随车携带车辆运营证、服务资格证；

（二）按照规定使用计价器，并提供当次有效车费凭证；

（三）无正当理由不得拒载，空车候客时应当展示空车标志，交接班或者暂停载客时应当在规定位置展示暂停载客标志；

（四）在出租汽车停靠点或者非禁止停车路段紧靠右边路沿停车，即停即走，不得滞留揽客；

（五）未经乘车人允许，不得故意绕道行驶，不得另载他人。

第三十九条 乘车人应当遵守公共客运主管部门制定的乘车规则，不得有下列行为：

（一）违法携带管制刀具、枪支弹药；

（二）携带易燃、易爆、剧毒等危险物品；

（三）携带未采取安全和卫生防护措施的动物；

（四）携带超过规定标准或者可能污损车辆的物品；

（五）胁迫或者强制驾驶人、乘务员做出其他违法违规行为。

乘车人应当主动支付车费或者出示有效免费乘车证件，不按规定支付车费或者出示有效免费乘车证件的，驾驶人、乘务员有权要求其补交车费。

乘车人违反前两款规定的，驾驶人可以拒绝为其提供服务。

第四十条 运营车辆已依法配备无线通信调度设备的，经营者应当将无线通信调度设备及其频率报公共客运管理机构登记备案，并保持设备处于良好的工作状态。

第四十一条　公共客运经营者及其从业人员的服务，应当受到社会尊重。任何单位和个人不得围堵妨碍公共客运车辆正常运营。

第四十二条　城市公共客运价格的确定和调整，应当依法召开听证会，广泛听取社会各界意见。

对承担规定的社会公益的公共客运经营者，市人民政府应当给予适当补偿。

第四十三条　未取得线路经营许可证、出租汽车车辆运营证的车辆，不得用于城市公共客运运营，不得擅自安装顶灯、计价器等与城市公共客运有关的配套设备，不得伪造、套用公共客运车辆专用号牌和服务标识标志。

禁止利用摩托车、客货两用车、残疾人专用车等非法从事城市公共客运活动，禁止异地出租汽车从事起点和终点都在本市市区的运营活动。

第六章　安　　全

第四十四条　城市公共客运设施必须符合国家有关安全技术标准。

公共客运主管部门应当会同公安、规划、城市管理等行政管理部门，按照国家规定划定城市公共客运站场安全保护范围。在安全保护范围内，任何单位和个人不得修建有碍站场使用的建筑物、构筑物或者进行其他妨碍公共客运的活动。

第四十五条　经营者或者管理者应当加强对运营车辆的检查、保养和维护，按照规定安装消防等安全防护设备，保证运营车辆和设备设施符合国家安全标准。公共客运管理机构应当加强督促检查。

第四十六条　经营者对本单位安全生产工作负有下列职责：

（一）建立、健全安全生产责任制，制定安全生产规章制度和操作规程；

（二）应当保证安全设施的必要投入，为从业人员提供必要的安全生产条件，加强对从业人员的安全生产培训；

（三）制定并实施生产安全事故应急预案；

（四）及时处理并如实报告生产安全事故；

（五）法律法规规章规定的其他职责。

第四十七条 公共客运主管部门应当制定公共客运突发事件的应急预案，建立重特大交通事故的处置机制。

发生城市公共客运重大安全事故后，应当按照规定及时启动应急预案，并按照国家相关规定及时调查处理。

第四十八条 乘车人需要去偏僻地区或者出市区时，出租汽车驾驶人可以要求乘车人随同到就近的公安机关或者相关部门办理登记手续。乘车人应当予以配合。

第七章 监督与投诉

第四十九条 公共客运管理机构应当依法对城市公共客运市场实施监督检查，及时查处违法违规行为，维护城市公共客运市场秩序。

公共客运管理机构依法检查公共客运车辆时，应有两人以上并出示有效检查证件；对违反本条例有关规定的，公共客运管理机构可以暂扣车辆运营证、驾驶人客运服务资格证和非法运营的车辆至行政处罚结束。暂扣时，应当出具凭证，并告知当事人在规定期限内接受处理。对暂扣的车辆应当妥善保管，不得使用，不得收取或者变相收取保管费用。

公共客运管理机构检查公共客运车辆，或者暂扣车辆运营证、驾驶人客运服务资格证和非法运营的车辆违反前款规定的，经营者和驾驶人有权拒绝。

第五十条 公共客运管理机构应当建立服务质量监督管理制度，对经营者、从业人员进行考核，建立经营者信用档案，组织有乘车人代表参加的对经营者运营服务状况的年度评议，评议结果应当向社会公布，并作为授予经营者新一轮经营许可的重要依据。

第五十一条 公共客运管理机构和经营者，应当建立举报、投诉处理制度，在公共客运设施和营运车辆的醒目位置公开投诉电话及其他联系方式，接受社会监督和乘车人投诉。

公共客运管理机构、经营者接到举报、投诉后，应当及时核实，并于20日内反馈处理结果。

第五十二条 乘车人与驾驶人、乘务员对客运服务有争议的，可以到公共客运管理机构申请调解。

第五十三条 公共客运主管部门和公共客运管理机构实施监督检查,不得妨碍城市公共客运经营者正常的经营活动,不得索取或者收受财物,不得谋取其他利益。

向公共客运行业收取有关费用时,应当出示物价部门依法核定的标准。任何单位和个人不得对公共客运行业乱收费。

第八章 法律责任

第五十四条 违反本条例的规定,行政机关及公共客运管理机构有下列行为之一的,由其上级行政机关或者监察机关责令纠正,对负有直接责任的主管人员依法给予行政处分:

(一)擅自增加出租汽车总量的;

(二)不按法定程序或者对不符合法定条件的申请人颁发线路经营许可证、出租汽车经营许可证和车辆运营证的;

(三)无期限或者重复授予线路经营许可证的;

(四)调整或变更线路、站点或者营业时间,未履行告知职责的;

(五)不履行法定监督管理职责的。

第五十五条 行政机关及客运管理机构的工作人员违反本条例规定滥用职权、徇私舞弊、玩忽职守的,由有关部门依法给予行政处分;造成行政相对人损失的,依法赔偿。

第五十六条 未经批准,公共客运经营者停业、歇业或者终止运营的,由公共客运管理机构责令改正,处10000元以上20000元以下罚款;严重影响运营秩序的,由公共客运主管部门吊销线路经营许可证、出租汽车经营许可证、车辆运营证,并处20000元以上30000元以下罚款。

第五十七条 未取得线路经营许可证或者出租汽车经营许可证、车辆运营证从事非法运营的,由公共客运管理机构没收违法所得,并处5000元以上20000元以下罚款;情节严重的,处以20000元以上30000元以下罚款。

涂改、伪造、租借线路经营许可证或者出租汽车经营许可证、车辆运营证从事非法运营的，依照前款规定处罚并收缴其证件。

第五十八条 擅自转让、变相转让公共汽车线路经营许可或者出租汽车经营许可的，公共客运管理机构应当责令限期改正，没收违法所得，可处5000元以上10000元以下罚款；情节严重的，由公共客运主管部门吊销线路经营许可证、出租汽车经营许可证、车辆运营证，并处10000元以上20000元以下罚款。

第五十九条 有下列行为之一的，由公共客运管理机构责令改正，并处500元以上3000元以下罚款；造成损失的，依法承担赔偿责任：

（一）损坏城市公共客运设施的；

（二）擅自迁移、拆除、改建、占用城市公共客运设施的；

（三）擅自在城市公共客运站场安全保护范围内修建建筑物、构筑物或者进行其他妨碍城市公共客运活动的。

第六十条 城市公共客运经营者有下列行为之一的，由公共客运管理机构或者相关行政主管部门责令改正，可并处1000元以上5000元以下罚款：

（一）未按照批准的线路、站点、班次、时间、票价、车型、车辆数组织运营的；

（二）变更线路、站点或者营业时间，未按规定告知乘车人的；

（三）不执行规定的收费标准，未使用统一车费凭证的；

（四）将运营的出租汽车交与无服务资格证的人员运营的；

（五）聘用不符合法律法规规定条件的人员从事客运业务的；

（六）要求从业人员违章作业的；

（七）城市公共客运设施不按规定设置统一标识标志的；

（八）未保持运营车辆服务设施、服务标识标志齐全完好的。

第六十一条 城市公共客运经营者及其从业人员有下列行为之一的，由公共客运管理机构责令改正，可并处100元以上500元以下罚款：

（一）未正确、及时播报线路名称、走向和停靠站点的；

（二）公共汽车滞站揽客、到站不停或者在规定站点范围外停车上下客的；

（三）公共汽车因故障不能继续运行时，未安排乘车人免费换乘同线路其他车辆的；

（四）中途甩客的；

（五）未随车携带车辆运营证、服务资格证的；

（六）未按照规定使用计价器的；

（七）无正当理由拒载或者空车候客时未展示空车标志，交接班或者暂停载客时未在规定位置展示暂停载客标志的；

（八）未经乘车人允许故意绕道行驶或者另载他人的；

（九）拒绝向乘车人提供当次有效车费凭证的。

第六十二条　有本条例第六十条、第六十一条所列行为，严重影响运营秩序或者造成乘车人权益重大损害的，公共客运管理机构可以责令相关经营者停业整顿；情节特别严重的，公共客运主管部门可以吊销相关经营者的线路经营许可证、出租汽车经营许可证、车辆运营证和相关从业人员的客运服务资格证。

第六十三条　因城市公共客运运营原因造成乘车人人身财产损害的，经营者应当依法承担相应的赔偿责任。

第六十四条　经营者及其从业人员对公共客运主管部门、公共客运管理机构及其他管理部门给予的行政处罚不服的，可以依法申请行政复议或者提起行政诉讼。

第九章　附　　则

第六十五条　本条例所称城市公共客运是指利用城市公共汽车、出租汽车等公共交通工具及城市公共客运设施为公众提供交通服务的活动。

本条例所称公共汽车是指：按照规定的编码（或者线路名称）、线路、站点、时间为乘车人提供交通服务并按核定的收费标准收费的客运汽车。

本条例所称出租汽车是指：经主管部门批准的按照乘车人意愿提供交通服务，并且按照行驶里程收费的5座客运汽车。

第六十六条　各县（市）城市公共客运管理可参照本条例执行。

第六十七条　本条例自2005年12月1日起施行。

广州市公共汽车电车客运管理条例

(2015年修正本)

(2000年1月14日广州市第十一届人民代表大会常务委员会第十三次会议通过。2009年4月15日广州市第十三届人民代表大会常务委员会第十九次会议修订。根据2015年5月20日广州市第十四届人民代表大会常务委员会第三十九次会议通过的《广州市人民代表大会常务委员会关于因行政区划调整修改〈广州市建筑条例〉等六十六件地方性法规的决定》修正)

第一章 总 则

第一条 为规范公共汽车电车客运管理,维护公共汽车电车客运秩序,保障客运安全,提高客运服务质量,维护乘客、从业人员与公共汽车电车线路经营者的合法权益,促进公共汽车电车客运行业的发展,根据本市实际情况,制定本条例。

第二条 本市行政区域内公共汽车电车规划的制定、客运服务设施的建设、线路的运营及其相关的管理活动适用本条例。

第三条 本条例所称公共汽车电车,是指在本市行政区域内按照核定的编码、线路、站点、时间和票价运营,供公众乘坐的汽车电车。

本条例所称客运服务设施,是指为公共汽车电车客运服务的首末站、中途站、枢纽站、停车场、维修保养场、站务用房、候车亭、站台、站牌、专用道、优先通行信号系统以及供配电系统等设施。

第四条 公共汽车电车客运的发展,应当遵循统筹规划、合理布局、方便快捷、政府扶持的原则，与经济发展、城市建设、环境保护和人民生活水平相适应，并与其他公共客运方式相衔接。

市和有关区人民政府应当按照优先发展公共交通的要求，加大对公共汽车电车行业的资金投入，在公共汽车电车线路运营和客运服务设施的规划、建设等方面给予政策扶持。具体办法由市和有关区人民政府制定。

本市适度发展大运量快速公共汽车交通系统，具体管理规定由市人民政府制定。

第五条 市交通行政主管部门是本市公共汽车电车客运的行政主管部门，负责组织实施本条例。

市交通行政主管部门所属的客运交通管理部门负责具体实施本市公共汽车电车客运的日常管理工作，并直接对越秀、荔湾、海珠、天河、黄埔、白云等区的公共汽车和电车客运进行日常管理和监督，对违反本条例的行为实施行政处罚。番禺、花都、南沙、增城、从化等区交通行政主管部门负责本辖区内公共汽车电车客运的管理工作，区所属运输管理机构负责本辖区公共汽车电车客运的日常管理和监督检查，对违反本条例的行为实施行政处罚。

发展和改革、财政、建设、国土资源和房屋管理、城乡规划、市政、公安、安全生产监督管理、工商、税务、环境保护、物价等有关行政管理部门，应当按照各自职能协同实施本条例。

第二章 规划和建设

第六条 市交通行政主管部门应当会同市发展和改革、城乡规划、建设、公安、市政等有关行政管理部门，根据本市综合交通体系规划和公共交通专项规划，编制公共汽车电车专项规划和公共汽车电车客运服务设施建设计划，报经市人民政府批准后组织实施。

公共汽车电车专项规划应当包括公共汽车电车客运在城市公共交通方式中的构成比例和规模、客运服务设施的用地范围、场站和线路布局、车辆和设备配置、专用道、无障碍设施配置等内容。

公共汽车电车客运站场建设计划应当纳入本市年度固定资产的投资计划。

第七条 制定公共汽车电车专项规划和公共汽车电车客运服务设施建设计划，应当遵循适度超前和方便市民出行的原则，适应城乡一体化、城际协调发展的需要，与其他公共交通专项规划合理衔接，扩大服务覆盖面，提高运行效率。

第八条 市交通行政主管部门在制定公共汽车电车专项规划草案和公共汽车电车客运服务设施建设计划草案的过程中，应当采取论证会、听证会或者其他方式征求专家和公众的意见。形成草案后，应当将草案向社会公示，公示时间不得少于三十日。

第九条 新建、改建、扩建公共汽车电车客运服务设施应当符合公共汽车电车客运服务设施建设计划。

第十条 城乡规划行政管理部门应当在控制性详细规划中优先、合理安排客运服务设施用地。任何单位和个人未经法定程序不得改变其使用性质。

第十一条 下列工程项目在编制修建性详细规划或者总平面图时，应当按照规划技术标准同时对公共汽车电车首末站、中途站、枢纽站进行规划设计或者预留用地：

（一）新建或者扩建火车站、公路客运站、客运码头、轨道交通车站、航空港；

（二）大型的工业园区、科技园区、商业区、旅游景点、公共文化娱乐场所、体育场馆；

（三）一万人以上的住宅小区；

（四）新建、扩建、改建城市道路以及需要设置客运服务设施的公路。

城乡规划行政管理部门审定本条第一款规定的工程项目的修建性详细规划或者总平面图时，应当核查公共汽车电车专项规划和公共汽车电车客运服务设施建设计划，并将审定结果抄送交通行政主管部门。

与本条第一款规定的工程项目配套的公共汽车电车首末站、中途站、枢纽站除由主体工程的建设单位负责建设的外，其他配套站场由交通行政主管部门负责组织建设，发展和改革、财政、建设、城乡规划、市政、公安等有关行政管理部门以及相关单位应当予以配合。建设单位应当保障配套站场与主体工程同步验收、同步投入使用。

鼓励、支持社会力量参与公共汽车电车首末站、中途站和枢纽站的建设。

第十二条　公共汽车电车首末站、中途站、枢纽站的站名应当以所在道路、文物古迹、公共设施、标志性建（构）筑物的标准名称命名，不同线路同一站点的站名应当统一。

第十三条　市政行政管理部门应当会同公安、交通、城乡规划行政管理部门根据城市道路的实际状况，设置公共汽车电车专用道和优先通行信号系统；结合城市道路的新建、扩建和改建，在主干道设置港湾式站台。

第十四条　客运服务设施建设工程项目的设计和施工，应当严格执行国家和省、市有关规定以及技术标准。城乡规划行政管理部门批复客运服务设施建设工程项目的设计方案时，应当将有关资料抄送交通行政主管部门。

第三章　经营许可

第十五条　设置、调整公共汽车电车线路，应当符合国家有关城市道路设计、城市公共交通站场设计等规范，方便乘客乘车、转车，满足交通安全、畅通的要求，并与轨道交通、公路客运、水路客运、铁路、航空等交通方式相衔接。

公共汽车电车中途车站设置的站距一般为五百米至一千米，在同一中途车站停靠的线路不得超过十二条。

第十六条　交通行政主管部门应当会同市政、公安等行政管理部门，根据公共汽车电车客运专项规划、客流调查与预测分析情况，制定公共汽车电车线路设置、调整计划。

公共汽车电车线路设置、调整计划应当包括线路走向、停靠站点、车辆数、车型、发车频率、首末班车时间等内容。

第十七条　交通行政主管部门应当将公共汽车电车线路设置、调整计划草案向社会公示，听取公众意见，公示时间不得少于三十日，并在组织实施二十日前向社会公布。

第十八条　公共汽车电车线路实行经营许可制度。交通行政主管部门应当通过招标的方式确定公共汽车电车线路经营者。

市交通行政主管部门负责组织本市越秀、荔湾、海珠、天河、黄埔、白云等区和跨区公共汽车电车线路经营许可的招标。番禺、花都、南沙、增城、从化等区交通行政主管部门负责组织本行政区域内公共汽车电车线路经营许可的招标。

第十九条 申请参加公共汽车电车线路投标的,应当具备下列条件:

(一)依法注册的企业法人;

(二)有良好的银行资信、财务状况及相应的偿债能力;

(三)有与其经营规模相适应的客运车辆或者相应的车辆购置金;

(四)有合理、可行的线路运营方案;

(五)有客运服务、行车安全等方面的运营管理制度及相应数量的驾驶人员;

(六)法律、法规规定的其他条件。

交通行政主管部门应当按照《中华人民共和国招标投标法》的有关规定确定中标人,并向中标人发出中标通知书。自中标通知书发出之日起三十日内,交通行政主管部门应当向中标人颁发线路经营许可证件,并与其签订线路经营协议。线路的经营期限每期不得超过八年。

市人民政府可以根据本条第一款所列条件制定具体的实施规定。

第二十条 线路经营协议应当包括下列内容:

(一)线路走向、停靠站点、发车频率、首末班车时间、配备车辆数、车型、车辆载客限额、票价;

(二)经营期限;

(三)经营服务质量标准;

(四)对车辆、客运服务设施、从业人员、安全生产的管理和监督措施;

(五)线路经营许可的变更、延续和终止;

(六)违约责任;

(七)争议解决方式;

(八)双方约定的其他事项。

第二十一条 线路经营期限内,公共汽车电车线路经营者可以根据线路的运营情况,提出调整线路走向、停靠站点、发车频率、车型等意见。公共汽车电车线路经营者与交通行政主管部门协商一致后,可以变更线路经营协议。

第二十二条 交通行政主管部门应当将公共汽车电车线路经营者的有关情况和线路经营协议的内容向社会公布。

公共汽车电车线路经营者取得线路经营许可后，不得转让线路经营许可，但法律、法规另有规定的除外。

第二十三条 公共汽车电车线路经营者在经营期限内要求暂停或者终止线路经营的，应当提前六十日向交通行政主管部门提出申请，交通行政主管部门自受理申请之日起二十日内作出是否准予暂停或者终止线路经营的决定。公共汽车电车线路经营者未经批准不得擅自暂停或者终止线路经营。

第二十四条 线路经营协议约定的经营期限届满六个月前，公共汽车电车线路经营者可以向交通行政主管部门申请延续经营期限。交通行政主管部门应当在公共汽车电车线路经营者经营期限届满三个月前作出是否准予延续的决定。

公共汽车电车线路经营者经营的线路符合公共汽车电车线路设置、调整计划，且公共汽车电车线路经营者运营服务状况良好的，交通行政主管部门应当作出准予延续的决定，并与其重新签订线路经营协议。

第二十五条 公共汽车电车线路经营者投入运营的车辆应当取得车辆运营证。取得车辆运营证的车辆应当具备下列条件：

（一）车辆技术性能符合国家机动车安全标准和运营车辆综合性能技术标准；

（二）符合国家有关使用清洁能源的规定，尾气排放符合本市执行的机动车污染物排放标准；

（三）在车辆内部安装和使用公共交通电子收费、治安视频监控、智能调度设备，但不得影响车辆安全运营；

（四）在规定位置标明公共汽车电车乘车守则、线路走向示意图、票价、服务和投诉电话，设置标识图案及其他服务标志；

（五）法律、法规规定的其他条件。

鼓励公共汽车电车线路经营者在公共汽车电车内部安装和使用电子服务信息发布等设备。

第二十六条 申请车辆运营证的公共汽车电车线路经营者，应当向交通行政主管部门提交下列文件：

(一)申请书；

(二)第二十五条规定条件的相关资料或者证明。

交通行政主管部门应当自受理申请之日起十五日内，对符合第二十五条规定条件的车辆，向公共汽车电车线路经营者核发车辆运营证；对不符合规定条件的车辆，应当以书面形式说明不予核发车辆运营证的理由。

第二十七条　市政工程施工、举办大型公共活动、重大节日活动、实施交通管制等影响公共汽车电车线路运营的，市政、公安等有关行政管理部门应当以书面形式及时通知交通行政主管部门，交通行政主管部门可以临时设置或者调整运营线路、站点，公共汽车电车线路经营者应当执行。

交通行政主管部门在临时设置或者调整运营线路、站点七日前，在线路各站点告示，并通过新闻媒体向社会公告，紧急情况下临时设置或者调整运营线路、站点的除外。

第四章　运营管理

第二十八条　市和有关区人民政府应当建立规范的公共汽车电车企业的成本费用评价制度和政策性亏损审计评估制度，评价结果和审计评估结果作为财政补贴、补偿的依据。

实行公共汽车电车低票价、月票以及为老年人、残疾人、伤残军人、学生等提供减免票措施的，市和有关区人民政府应当及时给予公共汽车电车线路经营者补贴；公共汽车电车线路经营者承担政府指令性任务的，市和有关区人民政府应当及时给予其补偿。具体办法由市人民政府制定。

第二十九条　有下列情形之一的，交通行政主管部门可以要求公共汽车电车线路经营者承担政府指令性任务，公共汽车电车线路经营者应当服从交通行政主管部门的统一调度、指挥：

(一)举行全市性重大社会活动；

(二)抢险救灾；

(三)其他需要紧急疏运的情形。

第三十条　公共汽车电车线路经营者在线路投入运营前，应当根据线路经营协议编制线路行车作业计划。编制、调整线路行车作业计划应当报交通行政主管部门备案。

线路行车作业计划应当包括线路走向、停靠站点、首末班车时间、配备车辆数、发车频率等事项。

第三十一条 公共汽车电车线路经营者应当遵守下列规定：

（一）不得涂改、出租、出借或者转让车辆运营证；

（二）不得擅自改变线路、站点运营；

（三）不得违反本条例规定拒载乘客、中途逐客、滞留车站候客；

（四）按照物价部门核定的票价标准收费，向乘客提供合法有效车票凭证；

（五）使用公共交通电子收费、智能调度、治安视频监控等设备；

（六）保持运营车辆清洁，定期消毒，使其符合国家卫生标准；

（七）按照国家有关规定维修、保养和检测运营车辆，保证车辆整洁、设施完好，车辆性能、尾气排放符合相关技术标准和环保标准；

（八）按照国家有关规定更新运营车辆；

（九）接受公众的监督并受理投诉；

（十）定期向交通行政主管部门填报运营统计报表。

鼓励公共汽车电车线路经营者在公共汽车电车线路运营和管理中应用先进的科学技术和管理方法。

第三十二条 采用装有空调设施车辆运营的，公共汽车电车线路经营者应当在车厢内显著位置显示车内温度信息。空调车运行时，应当开启通风换气设施；车厢内温度高于二十六摄氏度时，应当开启空调设施降低车内温度。

第三十三条 公共汽车电车线路经营者应当按照有关法律、法规的规定，建立、健全安全生产管理制度，设立安全生产管理机构或者配备安全生产管理人员，保证安全生产所必需的资金投入，依法承担运营安全生产责任，保障乘客乘车安全。

第三十四条 公共汽车电车线路经营者应当按照法律、法规关于消防管理、事故应急救援的规定，在车厢内按国家相关标准配置灭火、逃生等器材和设备，并定期检查、维护和更新，保持其技术性能有效。

第三十五条 公共汽车电车线路经营者应当建立、健全车厢治安防范管理制度，制定具体的客运安全事故应急预案，并定期组织客运安全事故应急演练。

突发公共汽车电车客运安全事故时，公共汽车电车线路经营者应当立即启动客运安全事故应急救援预案，抢救伤员，并且及时、如实向交通、安全生产监督、公安等有关行政管理部门报告。

第三十六条 公共汽车电车线路经营者应当对运输过程中乘客的伤亡，依照有关法律法规的规定承担相应责任。

第三十七条 公共汽车电车线路经营者应当定期对从业人员进行教育和培训，提高从业人员的服务质量。

第三十八条 公共汽车电车驾驶员在从事驾驶服务时，除应当遵守本条例第三十一条第一款第一项至第五项的规定外，还应当遵守下列规定：

（一）安全文明行车；

（二）按照规定携带和使用证照；

（三）维护乘车秩序，为老、幼、病、残、孕妇及抱婴者提供必要的帮助；

（四）协助、配合公安等行政管理部门查处在公共汽车电车上发生的违法行为；

（五）遇到突发事件危及乘客安全时，应当及时报告公司，必要时还应当报告公安等有关行政管理部门，并疏散乘客。

公共汽车电车驾驶员违反第三十一条第一款第一项至第五项规定的，由公共汽车电车线路经营者依照本条例第五十九条的规定承担法律责任。公共汽车电车线路经营者可以依照劳动合同、公司规章制度追究公共汽车电车驾驶员的责任。

第三十九条 车辆在运营过程中发生故障不能正常行驶时，驾驶员应当及时安排乘客免费换乘同线路的公共汽车电车；驾驶员无法安排的，乘客有权持乘车凭证要求公共汽车电车线路经营者退还车费。

第四十条 乘客应当遵守下列规定：

（一）不得携带易燃、易爆、有毒、放射性、腐蚀性、有刺激性气味以及其他危及行车安全的物品乘车；

（二）不得妨碍公共汽车电车驾驶员驾驶、影响行车安全；

（三）不得携带超大、超重、超长或者可能污损车辆、伤害其他乘客的物品；

（四）不得携带除导盲犬、扶助犬外的犬只和其他危及乘客人身安全的动物上车；

（五）不得损坏车辆和车辆上的设施；

（六）不得在车厢内吸烟、随地吐痰、乱扔废弃物；

（七）按规定支付车费、出示有效乘车票证；

（八）醉酒者、精神病患者、学龄前儿童及行动不方便者，应当有成年人陪同乘车；

（九）有序上、下车。

公共汽车电车乘车守则由市交通行政主管部门制定并公布。

提倡乘客主动为老、幼、病、残、孕妇、抱婴者让座。

第四十一条 乘客违反本条例第四十条规定的，驾驶员有权进行劝阻和制止。乘客违反本条例第四十条第一项、第二项、第三项、第四项、第五项、第八项规定，经劝阻拒不改正的，驾驶员可以拒绝为其提供客运服务，并告知有关行政管理部门。

乘客未按规定支付车费或者使用伪造、涂改、过期的乘车票证的，驾驶员可以要求其补交车费。乘客拒不补交的，驾驶员可以拒绝为其提供客运服务。

第四十二条 交通行政主管部门应当加强对客运服务设施的日常监督管理。任何单位和个人未经批准不得改变客运服务设施的使用功能。

第四十三条 公共汽车电车首末站、中途站、枢纽站的管理单位应当按照交通行政主管部门规定的技术标准在公共汽车电车车站划定车道标线，设置站名、站牌、指示牌等标志，维持站内行车秩序，保持站内环境清洁、设施完整。

公共汽车电车站牌上应当标明站名、线路名称、首末班车时间、沿途停靠站的站名、开往方向、营运收费标准、服务和投诉电话等内容，保持字迹清晰。

第四十四条 首末站、枢纽站的公共汽车电车应当在指定位置停车候客。

第四十五条 任何单位和个人不得有下列行为：

（一）擅自设置、调整、拆除、占用或者损坏客运服务设施；

（二）在电车架线杆、馈线范围内修建建筑物、构筑物或者堆放、悬挂物品；

（三）覆盖、涂改公共汽车电车站牌、标志牌或者客运交通标志；

（四）在中途站范围内停放非公共汽车电车车辆、设置摊点、摆放物品等；

（五）其他影响客运服务设施正常使用的行为。

第四十六条　在公共汽车电车车站、车身上设置广告的，不得覆盖站牌、车辆标志、车窗等设施和影响安全驾驶。

第五章　监督检查

第四十七条　交通行政主管部门应当按照法定职责和程序，定期对公共汽车电车客运活动进行监督检查。

公共汽车电车线路经营者、驾驶员应当接受交通行政主管部门及其工作人员依法实施的监督检查，如实提供有关资料、说明情况。

第四十八条　交通行政主管部门进行监督检查时，可以向公共汽车电车线路经营者、从业人员和乘客了解情况，查阅和复制有关材料，但应当保守被调查单位和个人的商业秘密、个人隐私。

第四十九条　交通行政主管部门应当加强对执法人员的管理，提高执法人员的素质和管理水平。

交通行政主管部门应当依法制定执法操作规范，向社会公布。执法操作规范应当体现文明执法的要求。

第五十条　交通行政主管部门的执法人员应当坚持公正、文明执法，坚持执法与教育、疏导、服务相结合，注重对违法行为的纠正和对违法行为人的教育。

第五十一条　交通行政主管部门在实施监督检查等行政执法时，执法人员不得少于两人。

交通行政主管部门的执法人员在执行职务时，应当使用文明用语，出示交通行政执法证件，不得侵害当事人的合法权益、辱骂或者威胁当事人、违法损毁当事人的证件或者物品。

第五十二条　交通行政主管部门应当制定对公共汽车电车线路经营者的

评议办法,定期组织公安、环保等有关行政管理部门、行业协会和乘客对公共汽车电车线路经营者履行线路经营协议的情况进行评议。评议结果应当向社会公布,并作为本条例第二十四条规定的是否准予延续公共汽车电车线路经营期限的依据之一。

第五十三条 交通行政主管部门应当建立举报和投诉制度,公开举报和投诉电话号码、通信地址和电子邮件信箱。属于实名举报或者投诉的,交通行政主管部门应当自受理举报或者投诉之日起十五日内将处理意见答复举报人或者投诉人。举报人和投诉人应当如实提供有关情况和证据。

第六章 法 律 责 任

第五十四条 交通行政主管部门有下列行为之一的,由本级人民政府或者上级主管部门责令改正、通报批评;对负有责任的主管人员和其他直接责任人员,由任免机关或者监察机关按照管理权限给予处分;构成犯罪的,依法追究刑事责任:

(一)违反本条例第十八条、第十九条规定,不通过招标方式确定公共汽车电车线路经营者,或者不按照《中华人民共和国招标投标法》规定进行招投标,或者向不符合法定条件的投标人核发线路经营许可证的;

(二)违反本条例第十九条、第二十三条、第二十四条、第二十六条规定,不在法定期限内核发有关许可证件或者作出有关决定的;

(三)违反本条例第二十六条第二款规定,对不符合法定条件的车辆核发车辆运营证的;

(四)违反本条例第二十九条规定,滥用职权违法调度、指挥公共汽车电车线路经营者,情节严重的;

(五)违反本条例第五十一条规定,粗暴执法,情节严重的,或者给公民人身和财产造成损害、给单位造成损失的;

(六)违反本条例第五十三条规定,接到举报或者投诉后未依法处理、答复,造成严重后果的;

(七)其他玩忽职守、滥用职权、徇私舞弊的行为。

交通行政主管部门组织编制公共汽车电车专项规划、公共汽车电车客运服务设施建设计划、公共汽车电车线路设置及调整计划，未按规定程序听取公众意见、向社会公开、报经批准的，由本级人民政府或者上级主管部门责令改正、通报批评。

第五十五条　公共汽车电车线路经营者有下列行为之一的，由交通行政主管部门责令限期改正，处以三万元以上十万元以下罚款；逾期未改正的，吊销线路经营许可和车辆运营证：

（一）违反本条例第二十二条第二款规定，取得线路经营许可后，将线路经营权违法转让的；

（二）违反本条例第二十三条规定，擅自暂停、终止线路运营的。

第五十六条　交通行政主管部门检查核实公共汽车电车线路经营者不具备本条例第十九条规定条件的，应当责令公共汽车电车线路经营者限期改正；逾期未改正的，吊销线路经营许可，吊销车辆运营证。

交通行政主管部门检查核实公共汽车电车车辆不具备本条例第二十五条规定条件的，责令公共汽车电车线路经营者限期改正；逾期未改正，对违反本条例第二十五条第一款第一项、第二项、第三项规定的，吊销车辆运营证，对违反本条例第二十五条第一款第四项规定的，处以三千元以上五千元以下罚款。

第五十七条　违反本条例规定，未取得线路经营许可、车辆运营证从事公共汽车电车经营的，由交通行政主管部门责令停止经营，没收违法所得，处以三万元以上十万元以下罚款。

第五十八条　违反本条例第二十九条规定，公共汽车电车线路经营者不服从交通行政主管部门统一调度、指挥的，由市交通行政主管部门责令改正；拒不改正的，处以五千元以上一万元以下罚款。

第五十九条　违反本条例第三十一条、第三十二条、第三十九条、第四十七条规定，由交通行政主管部门按照下列规定给予公共汽车电车线路经营者行政处罚：

（一）涂改、出租、出借或者转让车辆运营证的，责令改正，没收违法所得，处以一万元以上三万元以下的罚款；情节严重的，吊销车辆运营证；

（二）擅自改变线路、站点运营，拒载、中途逐客、滞留车站候客，不按照核定票价标准收费，不按照规定使用公共交通电子收费、智能调度、空调等设备的，处以二千元以上五千元以下罚款；

（三）不按照规定安排乘客免费转乘或者退回车费的，处以五百元以上一千元以下罚款；

（四）不按照国家有关规定维修、保养和检测运营车辆的，责令停止运营，暂扣车辆运营证，并按违规车辆每辆处以一万元以上三万元以下罚款；逾期未改正的，吊销车辆运营证；

（五）拒绝交通行政主管部门的监督检查，情节严重或者造成严重后果的，处以一千元以上三千元以下罚款；

（六）不受理投诉或者不按规定填报运营统计报表的，责令限期改正；拒不改正的，处以五百元以上一千元以下罚款。

第六十条 违反本条例第四十条第一款第一项、第二项、第三项、第五项规定的，由公安机关依照《中华人民共和国治安管理处罚法》的有关规定予以行政处罚；构成犯罪的，依法追究刑事责任。

违反本条例第四十条第一款第四项规定的，由公安机关依照《中华人民共和国治安管理处罚法》或者《广州市养犬管理条例》的有关规定予以行政处罚。

违反本条例第四十条第一款第六项规定的，由城市管理综合执法机关依照《广州市市容环境卫生管理规定》的有关规定予以行政处罚。

第六十一条 违反本条例第四十五条第一项规定，擅自设置、调整、拆除、占用或者损坏客运服务设施的，由交通行政主管部门责令限期改正，处以三千元以上五千元以下罚款。

第六十二条 非公共汽车电车车辆进入公共汽车电车专用车道内行驶或者在公共汽车电车中途站范围内停放的，由公安机关交通管理部门依照《中华人民共和国道路交通安全法》等有关法律法规的规定予以行政处罚。

第七章　附　　则

第六十三条 本条例自 2009 年 11 月 1 日起施行。

深圳市公共汽车运营服务管理办法

(深圳市政府四届一三一次常务会议审议通过,2009年3月24日以深圳市人民政府令第202号发布,自2009年5月1日起施行)

第一章 总 则

第一条 为加强深圳市公共汽车运营管理,规范公共汽车客运市场秩序,提高服务水平,保障乘客、经营者及从业人员的合法权益,促进公共交通事业的健康发展,根据有关法律法规的规定,结合本市实际,制定本办法。

第二条 本办法适用于本市公共汽车规划、建设、运营服务、监督管理及其相关活动。

第三条 本办法所称公共汽车,是指在城市中按照固定的线路、站点和时间运营,供公众乘坐的客运车辆。

本办法所称服务设施,是指为公共汽车客运服务的场站、专用车道、优先通行信号装置、智能化设施设备以及供配电等设施。

本办法所称场站,是指公共汽车的首末站、枢纽站、中途停靠站、车辆停放场、车辆保养场、候车亭和站牌架等设施。

第四条 公共汽车实施优先发展原则。政府在财税政策、资金安排、用地保障、设施建设等方面给予扶持,为公众提供安全可靠、方便快捷、经济舒适、节能环保的城市公共汽车服务。

第五条 公共汽车经营实行定线路、定站点、定车型、定票价、定服务时间、定车辆数制度。

第六条 深圳市人民政府交通运输行政管理部门（以下简称市交通运输主管部门）是全市公共汽车管理的行政主管部门，负责公共汽车客运政策制定、规划组织编制和实施，负责公共汽车服务规范的制定和运营监督管理，负责公共汽车客运信息化建设等。

宝安、龙岗区人民政府交通运输管理机关（以下简称区运政管理机关）依照本办法对本行政区域内公共汽车运营服务活动实行监督检查。

发展和改革、财政、规划、国土房产、工商物价、公安交警、城管、审计和国有资产管理等部门根据各自职责协助履行相应的监管职能。

第七条 市政府组织成立由市交通运输主管部门、发展和改革、财政、规划、国土房产、工商物价、公安交警、城管、审计和国有资产管理等部门人员以及市民代表组成的公共交通监督委员会，对公共汽车经营者进行监督。

经营者应当按年度向公共交通监督委员会通报运营和服务情况。

第二章 规划与建设

第八条 市交通运输主管部门会同市规划部门组织编制深圳市公共交通规划，依法批准后纳入深圳市城市总体规划。

市交通运输主管部门根据深圳市公共交通规划，负责编制公共汽车专项规划。

未经法定程序批准，任何单位和个人不得变更深圳市公共交通规划和公共汽车专项规划，不得占用或者改变公共汽车场站及其附属设施用地和用途。

在公共汽车场站用地范围内确需改变公共汽车场站使用功能或者面积的，应当报规划部门按照法定程序审批；规划部门在审查时应当征求市交通运输主管部门意见。

第九条 市规划、国土房产及有关部门按照深圳市公共交通规划、公共汽车专项规划及国家颁布的用地标准落实公共汽车场站用地，保证公共汽车场站和线路的合理布局。

公共汽车场站由市交通运输主管部门统筹建设管理。

第十条 市、区政府应当将公共汽车场站和配套设施纳入大型住宅区建设、工业区建设、城市旧城改造和新城建设计划。

客运站、航空港、码头、大型住宅区、轨道交通站点、大型商业中心、大型文化娱乐场所、大型体育场馆和学校、旅游景点等建设项目，应当按照规划标准确定与其规模相适应的公共汽车场站用地，并与主体工程同步规划、同步建设、同步投入使用。

第十一条 新建、扩建、改建城市道路，应当按照公共汽车专项规划和中途停靠站设置规范设置中途停靠站。

符合条件的城市道路应当开设公共汽车专用车道、港湾式停靠站。公共汽车专用车道包括全天公共汽车专用车道和分时段公共汽车专用车道两种，公安交警部门应当分别对全天公共汽车专用车道和分时段公共汽车专用车道设置标志并公示。

符合条件的单向通行道路，经公安交警部门同意，可以开设单向专用车道或者允许公共汽车双向通行；符合条件的主要交叉路口，经公安交警部门同意，可以设置公共汽车优先通行的标志、信号装置或者公共汽车专用信号。

市交通运输主管部门负责组织设置公共汽车中途停靠站，公安交警、规划、城管等部门应当予以配合。

第十二条 公共汽车首末站和中途停靠站的名称由市交通运输主管部门遵循同站同名原则统一命名，通常以标准地名、旅游景点、标志性建筑物或者与人民生活密切相关的其他公共设施名称命名。

未经市交通运输主管部门批准，任何单位和个人不得擅自命名或者变更站名。

公共交通站点名称发生变更的，经营者应当在接到市交通运输主管部门通知后10个工作日内相应变更报站器、线路运营标识等相关内容，在变更完成后3个工作日内将有关情况书面报送市交通运输主管部门备案。

第十三条 市交通运输主管部门会同经营者统一设置、撤换公共汽车站牌，并保持清晰、完好。

公共汽车站牌应当标明线路编号、途经道路、首末班车时间、所在站点和停靠站点的名称、开往方向、票价等内容，运营班次间隔在30分钟以上的线路，还应当标明每一班次车辆始发时间。

第三章　经营权管理

第十四条　深圳市公共汽车经营服务实行特许经营制度。有关公共汽车特许经营权管理适用深圳市公用事业特许经营的相关规定。

未取得特许经营权的经营者不得从事公共汽车经营活动。

第十五条　从事公共汽车特许经营的经营者，应当符合下列基本条件：

（一）具有在深圳市注册的企业法人资格；

（二）具有从事公共汽车经营服务所必需的运营资金；

（三）具有可行的经营服务方案。

第十六条　公共汽车运营线路，由市交通运输主管部门直接授予经营者线路经营权或者通过招标方式授予经营者线路经营权。线路经营权招标的范围、实施条件和具体程序，由市交通运输主管部门另行制定。

市交通运输主管部门可以采取单条线路或者多条线路组合的方式授予线路经营权。

线路经营授权书应当载明下列主要事项：

（一）线路经营权的授予；

（二）从事公共汽车客运服务的服务指标、高峰期处理措施及技术改进等具体要求；

（三）线路经营权撤销的条件和程序；

（四）线路配置车辆的最低数量和最高数量额度。

第十七条　线路经营权期限为5年，经营期限届满前6个月，经营者可以向市交通运输主管部门申请经营权延期，线路服务质量考核合格的，市交通运输主管部门可以予以批准，延长期限为5年，且不得超过特许经营权期限。

线路经营权期限届满或者未获延期的，由市交通运输主管部门收回该线路经营权。

第十八条　经营者有下列情形之一的，由市交通运输主管部门撤销部分或者全部线路经营权：

（一）将线路经营资格发包给其他单位或者个人经营的；

（二）擅自转让、抵押线路经营权的；

（三）以租赁、承包、挂靠、出售或者变相出售等方式将运营车辆交给驾驶员、售票员或者其他人员经营的；

（四）服务质量考核结果不合格且逾期不改正的；

（五）线路运营出现重大人员伤亡、财产损失、严重社会影响或者其他严重后果的事件。

第十九条 线路经营权期限届满或者线路经营权被依法撤销后，原经营者应当在市交通运输主管部门指定的经营者完成接管前，继续维持正常的公共汽车运营服务。

原经营者应当在市交通运输主管部门规定的时间内，将维持公共汽车经营业务正常运作所必需的资产及档案移交市交通运输主管部门指定的经营者。

第二十条 市交通运输主管部门应当定期组织公共汽车客流调查和线路普查。市交通运输主管部门在公共汽车客流调查和线路普查的基础上，通过论证会、听证会或者其他形式，广泛征求规划、公安交警等有关部门、区政府、公众、专家和经营者的意见，制定年度线路开设和调整计划。

年度线路开设和调整计划包括线路开辟和调整、场站设施、站点布设及运力投放等详细内容。

市交通运输主管部门应当将年度线路开设和调整计划向社会公布，并组织实施。

第二十一条 公共汽车线路应当保持相对稳定。因公共汽车专项规划修编和客流变化等情况确需作线路调整的，市交通运输主管部门在调整前应当充分听取规划、公安交警等部门、公众和经营者的意见，并在线路调整实施之日的7日前向社会公告调整方案。

第二十二条 因城市发展或者其他特殊情况需要在年度线路开设和调整计划外开设和调整线路的，由市交通运输主管部门征求规划、公安交警等部门意见后作出开设和调整线路的特别决定，并向社会公布。特别决定的时效为决定之日起至下一期公共汽车年度线路开设和调整计划向社会公布之日止。

第二十三条 由于道路交通管制、城市建设、重大活动、突发事件等因素影响公共汽车线路运营的，有关部门应当事先告知市交通运输主管部门，市交通运输主管部门会同公安交警部门可以做出临时调整线路决定，并将线路调整的信息及时向社会公布，调整因素消失后，应当及时恢复原线路运营。

第二十四条　市交通运输主管部门应当定期对公共汽车线网进行评估，评估的结果作为年度线路开设和调整计划的重要依据。

第二十五条　市交通运输主管部门负责智能公共交通系统的统筹建设管理工作。

市交通运输主管部门负责公共交通电子收费系统运营服务的监管，并制定结算规则。

第二十六条　公共汽车票价实行政府定价。

公共汽车票价调整应当依据社会平均成本、社会承受能力、财政补贴制度等因素依法确定。

第二十七条　经营者应当按市政府的规定向特殊群体提供免费或者优惠乘车服务，并统一执行市物价部门核准的票价优惠规定。

第二十八条　市交通运输主管部门应当制定公共汽车突发事件应急预案。

公共汽车突发事件发生后，电力、通信、供水、燃料供应等相关单位，应当优先保证公共汽车用电、通信、用水、燃料等需要。

第二十九条　基于公共利益或者在紧急情况下，市交通运输主管部门、区运政管理机关可以调用经营者的公共汽车车辆，经营者应当服从。

市交通运输主管部门、区运政管理机关调用经营者的公共汽车车辆，目的是为其他经营者解决紧急情况所需的，其他经营者应当向被调用车辆的经营者偿付相应费用。

第四章　运营服务

第三十条　经营者应当根据市交通运输主管部门线路经营授权书规定的线路运营时间、行驶道路、站点、时刻、车辆额度范围、车型、服务规范组织运营，不得擅自变更或者停止运营。

第三十一条 经营者可以使用线路经营授权书规定的公共汽车场站。

第三十二条 经营者应当按照规定配置足量车辆投入线路运营，投入线路运营的车辆不得低于最低配置车辆数，且不得高于最高配置车辆数。

投入线路运营的车辆应当符合市交通运输主管部门确定的技术标准、车辆型号、服务设施、设备和运营标识的要求，并经市交通运输主管部门检验合格后，方可投入使用。

第三十三条 市交通运输主管部门根据需要确定公共汽车车辆的颜色和车身图案。

在车辆上设置广告，除应当符合有关广告的法律、法规规定外，广告设置的位置、面积、色彩、内容等应当符合公共汽车广告设置的相关规定；且不得影响安全驾驶。

第三十四条 经营者应当定期对公共汽车车辆进行检查、保养和维修，做好记录，保证车辆符合下列要求：

（一）车辆技术状况及其附属设施符合安全运营的要求；

（二）车容整洁、设施完好；

（三）尾气排放符合环保技术要求；

（四）车辆应当按照规定设置投币箱、电子读卡器和电子报站器等设施，并保持完好；投币箱旁应当备有车票凭证；

（五）空调车应当定期维护车辆空调设施，保持其良好的工作状态，在车厢内显著位置设置温度计，当车厢温度高于 26 摄氏度时应当开启空调设施；车辆运营过程中应当开启车辆通风换气设施；

（六）在车厢内规定位置配备和标明紧急逃生设备；

（七）配备无线电通信调度设备的车辆，经营者应当将无线电通信的调度设备及其频率，报市交通运输主管部门备案，并保持设备处于连续、正常的工作状态。

第三十五条 公共汽车车辆有下列情形之一的，不得投入运营：

（一）投入运营时间超过规定的车辆运营年限的；

（二）车辆技术状况不符合安全技术要求的。

鼓励上述退出运营的车辆尽可能被循环利用，其再利用和再生利用应当安全、可靠，不得造成新的环境污染，具体办法由市政府另行制定。

第三十六条 经营者应当定期对从业人员开展安全生产、文明运营、优质服务等教育，并建立健全相应的业务考核制度。驾驶员、乘务员从事运营服务时，应当遵守如下规定：

（一）安全、文明行车；

（二）着装整洁，规范作业；

（三）服从管理，携带、佩戴相关证件；

（四）按照规定报站；

（五）依次进站，在规定的区域停靠；

（六）按照运营班次、时间准时发车，不得滞站、甩站、拒载、中途逐客、强行拉客；

（七）维护乘车秩序，为老、弱、病、残、孕及抱婴者提供必要的帮助；

（八）向乘客提供合法有效的等额车票；

（九）深圳市公共汽车服务规范规定的其他内容。

第三十七条 经营者及其从业人员有下列情形之一的，乘客可以拒绝支付或者要求退回车费：

（一）未在车厢内显著位置标明票价或者未按照核定票价收费的；

（二）未提供合法有效车票的；

（三）空调车辆未按照规定开启空调或者换气设施的；

（四）装有电子读卡器的车辆，电子读卡器未开启或者发生故障无法使用的；

（五）车辆运营中发生故障或者事故不能正常行驶时，驾驶员、乘务员应当及时安排乘客换乘同线路同方向的车辆，无法安排的，乘客有权要求按照原价退还车费。

第三十八条 乘客应当遵守下列规定：

（一）在站点区域内候车，有序上下车；

（二）车辆满载时，根据司乘人员的安排，等候下一辆车；

（三）不携带超大、超重、超长或者可能污损车辆、其他乘客的物品；

（四）不携带管制刀具或者易燃、易爆、有毒等危险物品；

（五）足额购票、投币、刷卡或者主动出示有效免费或者优惠乘车证件；

（六）不损坏车内设备，不妨碍车辆行驶、停靠等，不实施危及他人安全的行为；

（七）不携带宠物乘车；

（八）不在车厢内吸烟；

（九）深圳市公共汽车乘车规则规定的其他禁止性行为。

乘客违反前款规定，经劝阻拒不改正的，驾驶员、乘务员可以拒绝为其提供运营服务。

第五章 运营监管

第三十九条 经营者应当制定科学、具体的运营管理和服务质量制度，落实运营服务岗位责任制度。

第四十条 经营者应当自取得特许经营权之日6个月内，将未来5年运营服务滚动计划提交市交通运输主管部门。5年运营服务滚动计划应当包括下列主要内容：

（一）公共汽车线路的开辟和调整、运力投放规模、场站发展建议；

（二）公共汽车服务的改善计划；

（三）人力资源发展计划；

（四）重大投资计划；

（五）营收、财务情况分析。

经营者应当在每年9月底之前，报送从下一年开始的5年运营服务滚动计划。

第四十一条 经营者应当在每年第一季度末以前，向市交通运输主管部门报送上一年运营发展计划的执行情况和有关财务报表，并依法接受有关部门的财务、审计监督。

第四十二条 经营者服务水平不得低于特许经营和线路经营授权书的规定及服务规范要求。

第四十三条 市交通运输主管部门应当建立公共汽车服务质量考核体系，定期对经营者的运营服务情况及其运营的线路进行考核。考核体系应当包括安全生产、车辆设施、服务设施、人员素质、乘客满意度调查、司乘人员满意度调查、投诉处理、遵章守纪等方面内容。

第四十四条 经营者及其线路服务质量考核不合格的，经营者应当在结果公布之日起 15 日内提出整改方案和改善服务的承诺，进行整改，并在我市主要媒体显著位置刊登。

第四十五条 市财政部门和市交通运输主管部门应当依据服务质量考核结果确定经营者的实际补贴水平。

经营者应当将服务质量考核结果作为决定聘任或者解聘公司经理、高级管理人员及其报酬事项的重要依据之一。

第四十六条 市财政部门会同市交通运输主管部门建立公共汽车财政补贴和补偿制度。

公共汽车的财政补贴和补偿包括：政策性亏损补贴、政府指令性任务补偿及其他公益性补贴。

第四十七条 市政府根据公共汽车行业企业化运营、准服务公共产品、企业可持续发展、财政承担能力、本市企业平均利润率等因素，确定经营者合理利润水平。

市物价部门会同市交通运输、财政部门制定经营者成本费用审计与评价制度，定期对经营者的成本和费用进行审计与评价。

市交通运输主管部门会同市财政部门根据经营者合理利润水平、成本费用审计和评价结果、服务质量考核结果确定经营者实际利润水平，具体办法由市交通运输主管部门会同市财政、物价部门另行制定。

第四十八条 经营者应当对下列情况做好记录，并于每月 10 日前报市交通运输主管部门：

（一）每条线路的月客运量；

（二）每条线路月总单次和总里程、每月耗油量和平均运行速度；

（三）每条线路单车月营收；

（四）车辆保有量；

（五）车辆的维修与保养情况；

（六）车辆安全运行间隔里程；

（七）市交通运输主管部门认为需要提供的其他资料。

第四十九条 经营者应当将司乘人员、管理人员、运营车辆等相关信息定期报市交通运输主管部门备案，实现信息共享，并通过恰当途径向社会公布。

第六章 监督检查

第五十条 交通运输及相关部门应当加强对公共汽车运营管理法律、规范等执行情况的监督检查。

第五十一条 市交通运输主管部门、区运政管理机关和经营者应当建立投诉受理制度，接受对违反本规定行为的投诉和社会监督。

投诉人应当提供真实姓名、联系方式、投诉车辆号码、投诉事实和要求等资料。

投诉人未如实提供前款资料的，投诉受理机构可以不予受理。

第五十二条 市交通运输主管部门、区运政管理机关和经营者接受投诉后，应当在受理之日起 10 个工作日内，将处理结果告知投诉人。

第五十三条 市交通运输主管部门、区运政管理机关依法检查公共汽车时，应当出示有效检查证件并说明理由和法律依据，需要扣留车辆或者驾驶员有关证件的，应当为当事人出具凭证。

市交通运输主管部门、区运政管理机关检查车辆运营、扣留车辆和驾驶员的有关证件违反前款规定的，经营者和驾驶员有权拒绝。

第五十四条 公共汽车运营安全生产事故的报告和调查处理，依据相关法律、法规的规定进行。

第七章 法律责任

第五十五条 交通运输及相关部门有下列行为之一的，由本级人民政府或者上级人民政府有关部门或者监察机关依据职权责令改正，通报批评；对直接负责的主管人员和其他直接责任人员，依法给予处分；涉嫌犯罪的，依法移送司法机关处理：

（一）不履行法定交通管理职责的；

（二）对符合规定条件的申请应予受理而不予受理，或者对不符合规定条件的申请非法受理的；

（三）滥用职权，违法审批的；

（四）违法进行处罚的；

（五）玩忽职守，徇私舞弊的；

（六）其他不履行法定职责的行为。

第五十六条 违反本办法规定，未取得公共汽车特许经营权擅自从事公共汽车运营或者未取得公共汽车线路经营权擅自从事公共汽车运营的，由市交通运输主管部门或者区运政管理机关责令停止运营，处30000元罚款；涉嫌犯罪的，依法移送司法机关处理。

第五十七条 违反本办法规定，经营者有下列行为之一的，由市交通运输主管部门或者区运政管理机关责令改正，处10000元罚款；情节严重的，处30000元罚款：

（一）未按有关规定维护和检测车辆的；

（二）公共汽车车辆投入运营时间超过规定的运营年限或者车辆技术状况不符合安全技术要求仍投入运营的；

（三）擅自改变公共汽车场站或者其附属设施使用功能的；

（四）不服从公共汽车车辆调用的；

（五）未按规定建立安全生产管理、司乘人员教育、投诉受理等制度。

第五十八条 违反本办法规定，经营者有下列行为之一的，由市交通运输主管部门或者区运政管理机关责令改正，处30000元罚款：

（一）不按规定的线路、班次及时间组织运营的；

（二）不按规定开设或者调整公共汽车线路的；

（三）擅自停业、歇业或者终止运营的；

（四）强迫从业人员违章作业的；

（五）线路经营权期限届满或者线路经营权被依法撤销后，未在市交通运输主管部门指定的经营者完成接管前继续维持正常的公共汽车运营或者未在市交通运输主管部门规定的时间内，将维持公共汽车正常运作所必需的资产及档案移交市交通运输主管部门指定经营者。

第五十九条 违反本办法规定，经营者有下列行为之一的，由市交通运输主管部门或者区运政管理机关责令改正，处1000元罚款：

（一）未按照规定设置线路服务标志的；

（二）未按规定的站点停靠上下客的；

（三）车辆在运营中因故不能正常行驶时，未按照规定安排乘客换乘或者后续车辆驾驶员、乘务员拒载的；

（四）无正当理由拒载乘客、中途逐客、滞站揽客的；

（五）未在车辆内设置老、弱、病、残、孕、抱婴者专用座位和禁烟标志的；

（六）未按规定设置广告的；

（七）车体严重破损，车厢内外不整洁的；

（八）车门、座位、扶手等设施变形、松脱，影响乘客安全的；

（九）装有电子读卡器的车辆，电子读卡器未开启或者发生故障无法使用。

第六十条 违反本办法规定，经营者有下列行为之一的，由市交通运输主管部门或者区运政管理机关责令改正，处5000元罚款：

（一）公共汽车线路或者站点临时变更，未按照规定提前告知公众的；

（二）未按规定执行乘车优惠政策的；

（三）未在车厢内显著位置标明票价或者未按照核定票价收费的；

（四）未提供合法有效车票的；

（五）未按规定报送有关资料、计划、记录等材料的；

（六）线路配置的车辆低于最低配置数或者高于最高配置数。

第六十一条 违反本办法规定，有下列行为之一的，由市交通运输主管部门或者区运政管理机关责令改正，对个人处以500元罚款，对单位处以3000元罚款；造成损失的，依法承担赔偿责任：

（一）损坏公共汽车运营设施的；

（二）擅自关闭、拆除公共汽车运营设施或者挪作他用的；

（三）在公共汽车场站停放非公共汽车车辆、设置摊点、堆放物品的；

（四）覆盖、涂改、污损、毁坏或者迁移、拆除站牌的；

（五）其他影响公共汽车运营设施使用安全的行为。

第八章 附 则

第六十二条 校车和免费接送车辆管理不适用本办法。

第六十三条 本办法施行前已授予的公共汽车特许经营权和线路经营权期限，特许经营授权书、线路经营授权书、特许经营协议有规定的，从其规定；未作规定的，适用本办法。

第六十四条 本办法自 2009 年 5 月 1 日起施行。1998 年 5 月 21 日市政府第 71 号令发布的《深圳经济特区城市公共大巴专营管理规定》同时废止。

汕头经济特区城市公共汽车交通条例

(2012年10月29日汕头市第十三届人民代表大会常务委员会第十次会议通过。2019年12月30日汕头市第十四届人民代表大会常务委员会第二十八次会议修订)

第一章　总　　则

第一条　为优先发展城市公共汽车交通，引导绿色出行，保障城市公共汽车安全有序运营，保护乘客、经营者和从业人员的合法权益，根据有关法律、法规的基本原则，结合汕头经济特区（以下简称特区）实际，制定本条例。

第二条　本条例适用于特区范围内城市公共汽车交通的规划、建设、运营及其相关的管理监督活动。

第三条　城市公共汽车交通发展，应当遵循政府主导、统筹规划、优先发展、安全便捷、节能环保、服务公众的原则。

第四条　市人民政府负责组织领导特区范围内的城市公共汽车交通工作，督促有关部门依法履行管理职责，协调解决城市公共汽车交通工作的重大问题。

市交通运输行政主管部门是特区城市公共汽车交通的行政主管部门，负责组织实施本条例。

市交通运输行政主管部门具体负责金平、龙湖、濠江区范围内的城市公共汽车运营监督管理工作；澄海、潮阳、潮南区和南澳县［以下简称区

（县）〕交通运输行政主管部门负责本辖区内城市公共汽车运营监督管理工作。

发展和改革、自然资源、住房和城乡建设、城市管理和综合执法、公安、市场监督管理、财政、国有资产监督管理、税务、生态环境、交通运输综合执法等部门依照各自的职责权限，协同交通运输行政主管部门实施本条例。

第五条 城市公共汽车交通发展应当符合国土空间规划，并与经济发展、城市建设、环境保护和公众出行需要相适应。

第六条 市、区（县）人民政府应当将城市公共汽车交通事业发展纳入国民经济和社会发展规划，将城市公共汽车交通发展专项资金纳入本级财政预算，在财政政策、城市规划、用地保障、设施建设、交通管理、安全防范等方面体现公交优先原则，保障城市公共汽车交通设施建设和车辆的购置、更新，依法免征、减征城市公共汽车交通相关税费，落实国家成品油价格补贴、电价优惠等政策。

市、区（县）人民政府应当鼓励和支持采用新技术、新能源、新装备，推进应用大数据、移动互联网等信息技术，加强公共交通线路运行显示系统、多媒体综合查询系统、乘客服务信息系统、车辆运营调度管理系统、安全监控系统和应急处置系统等智能化建设，提高城市公共汽车客运服务水平。

第二章 规划建设

第七条 市、区（县）人民政府应当组织本级交通运输、发展和改革、自然资源、住房和城乡建设、公安、财政、生态环境等部门根据国土空间规划编制城市公共汽车交通规划。

编制城市公共汽车交通规划，应当按照科学合理、适度超前、城乡一体化的要求，与城乡发展布局、功能分区、用地配置和道路建设相协调，优化配置城乡公共汽车交通资源，科学规划设施布局，构建干线、快线、支线、专线等公交线网，加强与轨道客运、水上客运、道路客运等其他客运方式及对外交通的有效衔接，逐步扩展城市公共汽车交通服务范围。

编制城市公共汽车交通规划，应当采取论证会、听证会或者其他形式，广泛征求有关部门、专家学者和社会公众的意见。

第八条 市交通运输行政主管部门应当会同自然资源、住房和城乡建设、公安等部门编制城市公共汽车交通规划，报市人民政府批准后实施；区（县）交通运输行政主管部门编制城市公共汽车交通规划，应当先征求市交通运输行政主管部门的意见，由本级人民政府批准后实施。

经批准的城市公共汽车交通规划，任何单位和个人不得擅自变更；确需变更的，应当按照规划编制程序重新报请批准。

第九条 交通运输行政主管部门设置和调整城市公共汽车线路应当遵循出行便捷、换乘方便的原则，并符合城市公共汽车交通规划和安全、畅通的要求。

交通运输行政主管部门应当定期组织城市公共汽车客流调查和线路普查，对城市公共汽车线网进行优化调整，提高出行不便地区的线网和停靠站（点）覆盖率。

第十条 交通运输行政主管部门应当会同自然资源、住房和城乡建设、公安、生态环境等有关部门，根据城市公共汽车交通规划、客流调查和线路普查的情况，制定开辟、调整、终止城市公共汽车线路的计划，线路的重复率一般不得超过三分之一；区（县）交通运输行政主管部门可以根据本辖区的实际需要，提出跨区开辟、调整、终止线路的意见，经市交通运输行政主管部门会同有关部门审核同意后，纳入线路开辟、调整、终止的计划。

开辟、调整、终止城市公共汽车线路的计划应当在制定前公开征求社会各方面意见，并在实施之日的十日前向社会公告。

第十一条 自然资源行政管理部门应当按照国土空间规划和城市公共汽车交通规划预留城市公共汽车运营服务设施用地。未经法定程序批准，任何单位和个人不得侵占或者改变其使用性质。

城市公共汽车运营服务设施用地项目符合国家《划拨用地目录》的，按照划拨方式供地。

市、区（县）人民政府可以在确保城市公共汽车运营服务设施用地功能及规模的基础上，对城市公共汽车运营服务设施用地依法实行综合利用，提高土地利用效率。

城市公共汽车运营服务设施用地综合开发利用的收益，应当优先用于城市公共汽车交通基础设施建设和弥补运营亏损。

第十二条 城市公共汽车运营服务设施的设计和施工，应当符合国家和省的技术标准。

新城区开发、旧城区改造和铁路客运站、机场、公路客运站、客运码头、轨道交通枢纽站、城市主次干道、大型商业区、大型文化娱乐场所、大型旅游景点、大型体育场馆、大型工业园区、大型学校、大型医院、设计居住五千人以上的居民住宅小区等建设工程按照国家有关规定需要开展交通影响评价的，市、区（县）人民政府应当组织有关部门开展分析评价工作，并根据评价结果和国家有关标准提出解决方案。按规定必须配套的城市公共汽车站（点）以及相应的运营服务设施，应当纳入控制性详细规划或者修建性详细规划（总平面图），并与主体工程同时设计、同时施工、同时验收、同步交付使用。未按规划配套建设城市公共汽车交通设施的建设项目，有关部门不得审批、核准、验收。

分期开发、分期交付使用的建设项目，在城市公共汽车运营服务设施建成前，应当根据需要设置过渡设施。

第十三条 公安机关交通管理部门应当根据城市公共汽车交通规划、道路的技术条件、交通流量、出行结构等因素，会同交通运输行政主管部门科学划设高峰时段城市公共汽车专用车道。新建设单向三车道以上的道路，应当设置城市公交专用车道；符合条件的单向机动车道，应当允许城市公共汽车双向通行；符合条件的主要道口，应当设置城市公共汽车优先通行的标志、信号装置；新建、改建、扩建城市道路，应当设置城市公共汽车候车亭或者港湾式停靠站（点）；在客流相对集中的地段，应当设置城市公共汽车换乘中心。

第十四条 城市公共汽车停靠站（点）应当符合国家相关技术规范，根据方便乘客、站距合理和安全畅通的原则，由交通运输行政主管部门会同公安机关交通管理部门、市政设施建设部门。同一线路停靠站（点）间距一般为三百米至六百米；同一停靠站（点）停靠的线路，一般不得超过十五条。

城市主次干道的公共汽车停靠站点，一般设置在路口出道口一侧，距离路口不少于五十米。在没有设置中心隔离设施的路段，相对方向设置的停靠站点错开距离应当不少于三十米。

未经交通运输行政主管部门批准，任何单位和个人不得变更已建成的城市公共汽车停靠站（点）。

城市公共汽车停靠站（点）及其前后各三十米，专供城市公共汽车停靠使用，其他车辆不得停靠使用，正在执行任务的特种车辆除外。

第三章　经营管理

第十五条　城市公共汽车运营实行特许经营制度。市交通运输行政主管部门负责授予金平、龙湖、濠江区范围内及跨区（县）的线路运营权；区（县）交通运输行政主管部门负责授予起点站、终点站和线路走向均在本辖区内的线路运营权。

线路运营权实行无偿授予。交通运输行政主管部门应当通过公开招标的方式确定经营者。招标不成的，交通运输行政主管部门可以在符合线路运营权申请条件者中择优选择。因确需开通冷僻或者农村等客流稀少地区线路等情形不适合招标的，交通运输行政主管部门应当提出方案，报本级人民政府批准后，指定经营者运营。

线路运营权公开招标的标准、范围、实施条件和具体程序，由市交通运输行政主管部门另行制定。

第十六条　申请从事城市公共汽车线路运营的单位，应当符合下列条件：

（一）具备企业法人资格；

（二）有符合运营要求的车辆、设施或者书面承诺；

（三）有与运营业务相适应的驾驶人员、管理人员和其他专业人员；

（四）有完善的线路运营方案及经营资金、健全的安全生产管理制度和服务质量保障制度；

（五）符合城市公共汽车交通规划的要求；

（六）法律、法规规定的其他条件。

第十七条　城市公共汽车线路运营权期限为八年。交通运输行政主管部门应当与取得线路运营权的经营者签订线路特许经营协议。在线路经营权期限内，经营者应当自主经营，不得转让、出租或者变相转让、出租线路运营权。

线路运营期限届满，由原授予线路运营权的交通运输行政主管部门按照本条例第十五条规定重新确定经营者。

第十八条　经营者取得线路运营权后，投入运营的车辆的车型、数量应当符合特许经营协议约定的运营服务标准并报授予线路运营权的交通运输行政主管部门备案。运营期间车辆的车型、数量发生变更应当报交通运输行政主管部门备案。

城市公共汽车客运车辆每年应当按公安机关交通管理部门规定进行审验。未经审验或者审验不合格的，不得继续投入运营。

第十九条　经营者应当按照线路特许经营协议明确的线路走向、站点设置、首末班次时间、运营间隔、车辆载客限额、经营期限组织运营，不得擅自调整运营线路、班次和停靠站（点），不得擅自变更、暂停、终止城市公共汽车线路运营；确需变更、暂停或者终止的，应当提前三个月向授予线路运营权的交通运输行政主管部门提出书面申请。

第二十条　交通运输、公安、气象等部门应当加强沟通协作和信息共享，及时发布路况、气象等预警信息。

因道路交通管制、城市建设、重大活动等特殊情况确需临时调整运营线路或者停靠站（点）的，公安、住房和城乡建设、城市管理和综合执法等有关部门应当提前七日通知交通运输行政主管部门，交通运输行政主管部门应当会同公安机关交通管理部门及时作出临时调整线路决定并向社会公布。调整因素消失后，应当及时恢复原线路运营。

因自然灾害、恶劣气象条件以及突发事件临时变更、暂停线路运营无法提前报告的，应当在事后及时补报。

第二十一条　运营出现或者可能出现客流积压时，经营者应当及时采取增开临时班次、缩短发车间隔、延长运营时间、疏散乘客、临时限制客流等措施。必要时，交通运输行政主管部门应当组织经营者或者协调有关单位采取措施缓解客流积压。

第二十二条　经营者因破产、解散、被吊销许可证件以及其他法定原因不能正常运营，或者经批准终止城市公共汽车线路运营的，交通运输行政主管部门应当按照本条例第十五条规定重新确定经营者；无法及时选定经营者的，应当采取临时指定经营者、调配车辆等应对措施，保障社会公众出行需求。

第二十三条 经营者在线路经营期限内有下列情形之一的，由交通运输行政主管部门取消线路运营：

（一）擅自变更线路和票价的；

（二）擅自处分线路运营权的；

（三）擅自停业、歇业的；

（四）拒不执行政府指令性任务的；

（五）经营服务质量信誉考核不合格，经整改仍不合格的；

（六）丧失本条例第十六条规定条件的；

（七）其他违反线路特许经营协议的行为。

第二十四条 城市公共汽车以外的车辆不得从事城市公共汽车运营业务，不得在城市公共汽车停靠站（点）停靠或者上下客。

第二十五条 城市公共汽车车票价格实行政府定价。城市公共汽车车票价格由发展和改革部门按照法定的权限和程序核定，经本级人民政府批准，及时向社会公布。

经营者应当根据法律、法规、规章或者市、区（县）人民政府的决定，执行乘坐城市公共汽车的优惠规定。

第二十六条 经营者应当按照国家统一会计制度编制成本费用年度核算报告。实际执行车票价格低于正常运营成本的部分，市、区（县）人民政府应当给予补贴；因承担优惠乘车等社会福利政策所减少的收入，以及因完成开通冷僻或者农村等客流稀少地区线路、执行抢险救灾等政府指令性任务所增加的支出，市、区（县）人民政府应当给予专项财政补贴和补偿。补贴、补偿资金应当纳入财政预算。

第二十七条 财政部门应当会同交通运输行政主管部门、发展和改革部门、审计机关制定城市公共汽车交通成本费用评价制度，对经营者的成本和费用进行年度审计与评价，综合考虑服务质量评价结果、政府财政承受能力等因素，合理界定、计算盈亏和财政补贴、补偿额度，并向社会公布。城市公共汽车交通财政补贴、补偿应当及时并足额拨付。

第四章 运 营 服 务

第二十八条 交通运输行政主管部门应当根据公众出行需要，优化配置城市公共汽车交通资源，鼓励经营者提供定制线路、大站快线、微循环线路以及经济功能区、工（产）业园区、大学（高教）园区、社区接驳班车、夜间班车等多样化城市公共汽车交通服务。

城市公共汽车定制线路服务的具体管理办法，由市交通运输行政主管部门另行规定。

第二十九条 经营者应当遵守下列规定：

（一）遵守城市公共汽车运营管理的法律、法规和规章，执行行业标准、规范和规程；

（二）制定从业人员培训教育制度和考核机制，对从业人员进行有关法律法规、岗位职责、操作规程、服务规范、职业道德、安全防范、应急处置、旅客急救等基本知识与技能的上岗培训以及日常培训考核；

（三）结合岗位劳动强度和技术等级，建立健全职工工资、福利待遇与本地经济社会发展水平、劳动力市场价格相适应的调整机制；

（四）依法为从业人员办理社会保险，保障从业人员休息休假的权利，关爱从业人员心理健康，及时对从业人员出现的心理异常进行干预、疏导和调节；

（五）履行企业安全生产主体责任，建立公共安全教育和行车安全管理制度，保证运营安全；

（六）健全服务质量管理制度，及时发布运营服务信息，提供出行查询、网络充值、移动支付等便捷服务；

（七）建立运营车辆安全管理制度，按规定为运营车辆配备安全应急设施，并定期对运营车辆以及附属设备、安全应急设施进行检查、保养和维修，保证其车辆以及设施设备处于良好的技术和服务状态；

（八）接受乘客监督，受理乘客投诉；

（九）执行规定的运营价格，并按规定公示收费标准。

第三十条 城市公共汽车运营车辆应当符合下列要求：

（一）车辆整洁卫生，技术性能和设施设备完好，符合机动车安全、尾气排放等标准；

（二）标明公共汽车乘坐规则、线路走向示意图、安全警示标志、安全疏散示意图、禁止携带的危险物品和管制器具、服务和投诉电话、票价、线路编号标识、经营企业名称等；

（三）无人售票车辆设置符合规定的投币箱或以及电子闪付读卡机系统等电子识别设备；

（四）设置老、弱、病、残、孕和怀抱婴幼儿的乘客专用座位。

经营者应当在城市公共汽车上安装符合国家标准的卫星定位行车设备和电子监控系统，将车辆实时动态数据接入动态监控平台，并确保数据完整，随时接受监督管理。

第三十一条 装有空调设施的运营车辆，车厢内温度高于二十六摄氏度时，应当开启车辆空调设施。

除前款规定应当开启车辆空调设施的情形外，应当开启车辆通风换气设施。

第三十二条 城市公共汽车驾驶员、乘务员，应当具备以下条件：

（一）具有履行岗位职责的能力；

（二）身心健康，无可能危及行车安全的疾病病史；

（三）无危害公共安全、侵犯公民人身权利犯罪记录，无吸毒记录。

除前款规定外，驾驶员还应当持有取得相应的准驾车型机动车驾驶证并具有一年以上驾驶经历，无饮酒后驾驶记录，最近连续三个记分周期内没有记满十二分记录。

第三十三条 驾驶员、乘务员从事运营服务时，应当遵守下列规定：

（一）佩戴服务标志，遵守服务规范，衣着整洁，语言、举止文明；

（二）保持车辆整洁，遵守安全操作规程，维护乘车秩序；

（三）准确播报线路起始站名称、车辆行驶方向和途中本次停靠站（点）和下一次停靠站（点）名称，逐步增加外语报站；

（四）为老、弱、病、残、孕和怀抱婴幼儿的乘客提供可能的帮助；

（五）执行规定的收费标准，向乘客提供有效车票凭证；

（六）在规定的停靠站（点）上下客，不得强拉强运、拒载乘客、中途逐客、滞站候客、无正当理由到站不停；

（七）不得在车厢内吸烟、饮食；

（八）不得在行驶过程中使用手持电话或者与他人攀谈；

（九）遇到突发事件，应当及时疏散、抢救乘客。

第三十四条　乘客享有获得安全、便捷客运服务的权利。

经营者有下列情形之一的，乘客可以拒绝支付车费：

（一）车辆未标明收费标准的；

（二）不出具或者出具不符合规定的车票凭证的；

（三）装有空调设施的车辆未按规定开启空调或者通风换气设施的；

（四）装有电子闪付读卡机系统等电子识别设备的车辆，因故障无法使用电子乘车卡或者电子支付设备的。

车辆在运营中发生故障、行车事故不能正常行驶时，驾驶员、乘务员应当及时安排乘客免费乘坐同线路同方向的公共汽车，有关车辆驾驶员、乘务员不得拒载。

第三十五条　乘客应当遵守下列规定：

（一）在规定的停靠站（点）依次排队、上下车；

（二）上车主动投币、购票、使用电子乘车卡或者电子支付设备，或者出示有效乘车凭证；

（三）不得在乘车时饮酒、吸烟、吐痰、乱扔杂物或者从事其他不文明行为；

（四）醉酒者应当有神志清醒的成年人陪同乘车，精神病患者应当有监护人陪同乘车，学龄前儿童及行动不便者应当有合适人员陪同乘车；

（五）配合驾驶员、乘务员接受票证检验。

乘客违反前款规定的，驾驶员、乘务员应当及时制止或者劝阻；经制止或者劝阻拒不改正的，驾驶员、乘务员可以拒绝为其提供运营服务。

第三十六条　任何单位和个人不得实施下列行为：

（一）非法拦截城市公共汽车车辆、强行上下车、堵占站场出入口或者阻拦车辆运行；

（二）携带管制刀具以及易燃、易爆、有毒等危险品或者有碍乘客安全的犬只等动物乘车；

（三）抢夺城市公共汽车方向盘、变速杆等操纵装置，辱骂、拉拽、殴打或者以其他方式妨碍驾驶员正常驾驶；

（四）损坏城市公共汽车车辆及车辆上的设施或者擅自操作车内有警示标志的按钮或者开关装置；

（五）其他危害城市公共汽车运营安全、扰乱乘车秩序的行为。

经营者及其驾驶员等从业人员接到报告或者发现上述行为时，应当及时制止；制止无效的，应当立即报请交通运输行政主管部门、公安机关依法处置。

第三十七条　交通运输行政主管部门应当制定城市公共汽车交通突发事件应急预案，报同级人民政府批准后施行。

经营者应当根据城市公共汽车交通突发事件应急预案，制定本企业的城市公共汽车交通应急预案，并定期进行演练。

发生自然灾害或者城市公共汽车交通突发事件后，经营者应当服从交通运输行政主管部门的统一调度、指挥，及时组织车辆、人员进行疏运；交通运输行政主管部门应当按规定启动应急预案，供电、供水、燃油（气）供应、通信等相关单位，应当优先保障城市公共汽车交通用电、用水、用油（气）和通信需要。

第五章　设施管理

第三十八条　城市公共汽车运营服务设施由交通运输行政主管部门实施统一监督管理。

第三十九条　交通运输行政主管部门应当以道路、街道（镇）、村（居）、标志性建筑物、公共设施、文物古迹等的标准名称确定城市公共汽车运营线路站（点）名称。

交通运输行政主管部门应当按照统一标准设置、管理和维护城市公共汽车运营线路站（点）的站牌，推广应用电子站牌、信息显示屏及查询软件。线路站牌应当标明线路编号、首班车和末班车时间、所在站（点）和沿途停靠站（点）的名称、开往方向、票价标准、服务和投诉电话等内容；运营班次间隔在三十分钟以上的线路，应当在电子站牌、信息显示屏及查询软件中实时显示城市公共汽车到达当前站点的间隔站点信息。站牌受到污损的，应当及时修复。

城市公共汽车运营线路站（点）的候车亭和站场，应当按照规定建设、管理和维护。

第四十条 在城市公共汽车运营车辆、线路站牌、候车亭、站场设置广告，应当融入社会主义核心价值观内容，符合有关广告管理的规定和城市公共汽车交通设施管理规范，不得影响市容和交通安全，其中公益广告所占的比例不得低于广告总量的百分之十五。

未经交通运输行政主管部门同意，不得在城市公共汽车运营服务设施上悬挂、架设宣传标语及其他物品。

第四十一条 任何单位和个人不得擅自设置、迁移、拆除、占用或者关闭城市公共汽车运营服务设施。

因城市建设确需迁移、拆除、占用或者关闭城市公共汽车运营服务设施，除政府投资建设的市政设施外，建设单位应当按规定报经交通运输行政主管部门批准，并予以补建或者补偿。

第四十二条 禁止实施下列妨害城市公共汽车运营服务设施功能和安全的行为：

（一）盗窃、破坏、损毁城市公共汽车运营服务设施；

（二）阻碍城市公共汽车站台、站牌、候车亭的设置或者覆盖、涂改、污损以及擅自拆除城市公共汽车站台、站牌、候车亭；

（三）在城市公共汽车停车站场范围内停放非城市公共汽车车辆、设置摊点、堆放物品；

（四）其他妨害城市公共汽车运营服务设施功能和安全的行为。

第六章　监　督　检　查

第四十三条 交通运输行政主管部门应当建立经营者服务质量评价制度，

制定、公布城市公共汽车服务规范，对经营者及城市公共汽车运营线路实行年度经营服务质量信誉考核，考核结果记入信用档案，向社会公布，并作为政府财政补贴、补偿，城市公共汽车线路运营权管理的依据。

第四十四条　交通运输行政主管部门应当会同公安、应急管理等部门依法履行安全生产监督管理职责，定期进行安全检查，督促城市公共汽车客运经营者落实安全生产主体责任，及时采取措施消除安全隐患。

第四十五条　公安机关交通管理部门应当定期将城市公共汽车客运驾驶员发生交通事故以及交通违法的情况通报交通运输行政主管部门，交通运输行政主管部门应当督促相关经营者作出处理。

第四十六条　交通运输综合执法部门查处违法行为，应当有两名以上执法人员参加，并主动出示执法证件，对现场执法全程进行音像记录，归档保存执法全过程记录资料。交通运输行政主管部门应当在作出执法决定之日起二十个工作日内，向社会公布执法信息，接受公众监督。

第四十七条　交通运输行政主管部门、交通运输综合执法部门和经营者应当建立投诉受理和处理制度，公布投诉电话和电子邮箱，接受乘客投诉和社会监督。

任何单位和个人对违反本条例的行为有权向交通运输行政主管部门、交通运输综合执法部门和经营者投诉，投诉者应当如实提供有关情况及证据。

交通运输行政主管部门、交通运输综合执法部门和经营者接到举报、投诉后，应当及时核实处理，并于接到举报、投诉之日起十五日内将核实处理情况答复举报人、投诉人。

第七章　法律责任

第四十八条　经营者有下列行为之一的，由交通运输综合执法部门、区（县）负责交通运输综合执法的部门责令停止违法行为，没收违法所得，并处违法所得一倍以上五倍以下的罚款；没有违法所得或者违法所得不足一万元的，处一万元以上五万元以下的罚款：

（一）违反第十五条第一款规定，未取得线路运营权，擅自从事城市公共汽车运营业务的；

（二）违反第十七条规定，擅自转让、出租或者变相转让、出租线路运营权的。

第四十九条 经营者有下列行为之一的，由交通运输综合执法部门、区（县）负责交通运输综合执法的部门责令改正；逾期未改正或者拒不改正的，处一万元以上五万元以下的罚款：

（一）违反第十八条规定，未按照运营服务标准配备城市公共汽车车辆或者使用未报备的车辆从事城市公共汽车运营服务的；

（二）违反第二十九条第七项规定，未按照规定为城市公共汽车交通车辆配备安全应急设施，或者未对车辆以及附属设备、安全应急设施进行定期检测、维护保养的；

（三）违反第三十二条规定，聘用不符合条件的驾驶员、乘务员的。

第五十条 经营者违反本条例第三十条第二、三、四项规定，不标明公共汽车乘坐规则、线路走向示意图、安全警示标志、安全疏散示意图、禁止携带的危险物品和管制器具、服务和投诉电话、票价、线路编号标识、经营企业名称，不按规定设置投币箱或者电子闪付读卡机系统等电子识别设备，没有设置老、弱、病、残、孕和怀抱婴幼儿的乘客专用座位的，由交通运输综合执法部门、区（县）负责交通运输综合执法的部门责令改正；逾期未改正或者拒不改正的，处一千元以上五千元以下的罚款。

第五十一条 驾驶员、乘务员违反本条例第三十三条第一项至第六项规定的，由交通运输综合执法部门、区（县）负责交通运输综合执法的部门责令改正，逾期未改正或者拒不改正的，对经营者处二千元以上五千元以下的罚款。

第五十二条 驾驶员、乘务员违反第三十三条第九项、第三十四条第三款规定，未及时采取疏散乘客和车辆、限制客流、停止运行等应急措施，车辆发生运营故障不能正常行驶时未按照规定安排乘客换乘或者拒载的，由交通运输综合执法部门、区（县）负责交通运输综合执法的部门对经营者处一万元以上三万元以下的罚款。

第五十三条 任何单位和个人违反本条例第四十一条第一款、第四十二条第二项规定，擅自设置、迁移、拆除、占用或者关闭城市公共汽车运营服务设施，阻碍城市公共汽车站台、站牌、候车亭的设置或者覆盖、涂改、污损以及擅自拆除城市公共汽车站台、站牌、候车亭的，由交通运输综合执法部门、区（县）负责交通运输综合执法的部门责令停止违法行为、恢复原状，没收违法所得，情节严重的，并处五千元以上一万元以下的罚款；造成损失的，依法承担赔偿责任。

第五十四条 交通运输行政主管部门、交通运输综合执法部门的工作人员违反本条例规定，有下列情形之一的，依法给予处分；构成犯罪的，依法追究刑事责任。

（一）对不符合法定条件的经营者授予线路运营权的；

（二）不履行线路经营协议约定的监督管理职责的；

（三）未建立城市公共汽车运营投诉受理制度和服务质量信誉考核制度，或者对乘客投诉不予受理和答复的；

（四）有玩忽职守、滥用职权、徇私舞弊、索贿受贿行为的。

第五十五条 本条例施行后，法律、行政法规对本条例的有关行政处罚作出规定的，适用法律、行政法规的有关规定。违反本条例，有关法律、法规已有法律责任规定的，从其规定；构成治安违法行为的，由公安机关依法给予处罚；构成犯罪的，依法追究刑事责任。

第八章 附 则

第五十六条 本条例所称的城市公共汽车，是指在特区范围内按照核定的线路、停靠站（点）、时间、票价运营，为社会公众提供基本出行服务的客运车辆。

本条例所称的城市公共汽车运营服务设施，是指保障城市公共汽车运营服务的站场、候车亭、站台、站牌、加油（气）站、充电设施、站务用房以及调度（控制）中心、乘客服务信息系统等设施。

第五十七条 本条例自2020年3月1日起施行。

防城港市公共汽车客运管理条例

(2018年10月19日防城港市第六届人民代表大会常务委员会第二十次会议通过，2018年11月28日广西壮族自治区第十三届人民代表大会常务委员会第六次会议批准)

第一章 总 则

第一条 为了加强本市公共汽车客运管理，规范公共交通秩序，保障运营安全，提高服务质量，维护乘客、运营企业及其从业人员合法权益，促进公共汽车客运事业健康有序发展，根据有关法律法规，结合本市实际，制定本条例。

第二条 本市行政区域内公共汽车客运的规划、建设运营、服务、管理等活动适用本条例。

本条例所称公共汽车客运，是指在本市、县（市）人民政府确定的区域内，利用公共汽车客运车辆和公共汽车客运服务设施，按照规定的线路、编号、站点、时间和票价运营，为社会公众提供基本出行服务的活动。

本条例所称公共汽车客运服务设施，是指为公共汽车客运提供服务的停车场、保养场、站务用房、候车亭、站台、站牌以及加油（气）站、电动公交车充电设施等相关设施。

第三条 公共汽车客运事业遵循政府主导、社会参与、优先发展、安全环保、便捷高效、经济适用的原则。

鼓励公共汽车客运运营企业实行规模化、集约化、公司化经营。

第四条 市、县（市）人民政府应当加强对本行政区域内公共汽车客运工作的领导，在城市规划、财政金融、用地供给、设施建设、路权分配等方面优先保障公共汽车客运发展，引导公众优先选择公共汽车出行。

第五条 市、县（市）交通运输主管部门具体承担本行政区域内公共汽车客运管理工作。

发展和改革、国土资源、规划、财政、公安、城市管理、价格、环境保护、质量技术监督等主管部门按照各自职责，共同做好公共汽车客运管理工作。

第六条 市、县（市）人民政府应当将公共汽车客运事业发展所需政府投入的资金纳入本级人民政府的财政预算，重点用于支付服务设施建设和维护费用、政策性亏损补贴等。

市、县（市）人民政府鼓励和引导社会资金参与公共汽车客运服务设施的建设、维护和运营，促进公共汽车客运事业健康发展。

第七条 交通运输主管部门负责会同财政、价格、审计等主管部门建立规范的运营企业成本费用评价监审制度，并依照评价监审成本，建立科学合理的政府购买公共服务机制。

运营企业承担社会福利责任和完成政府指令性任务所造成的政策性亏损，市、县（市）人民政府应当按照监审确定的成本给予专项经济补偿或者适当补贴。

第八条 市、县（市）人民政府鼓励和支持运营企业使用新技术、新能源车辆。

市、县（市）人民政府应当推进智能化城市公共交通体系建设，利用物联网、大数据、移动互联网、人工智能等现代信息技术和先进的管理方式，逐步改进城市公共交通系统。

第二章 规划建设

第九条 公共汽车客运发展规划，按照属地管理原则，由市、县（市）交通运输主管部门会同发展和改革、规划、公安、国土资源、工信、城市管理等主管部门根据城市发展和社会公众基本出行需求统一编制，报本级人民政府批准后实施。

第十条 公共汽车客运发展规划，应当包括公共汽车在公共交通方式中的构成比例，线网布局，客运服务设施用地，场站、停靠站和专用车道设置等内容。

第十一条 市、县（市）交通运输主管部门组织编制公共汽车客运发展规划，应当向社会公示规划草案，并采取论证会、听证会或者其他方式广泛征求社会各方面意见。规划草案公示时间不得少于三十日。

第十二条 市、县（市）人民政府优先保障公共汽车客运服务设施用地。符合《划拨用地目录》的，可以以划拨方式供地。

城市总体规划中已确定和预留的公共汽车客运服务设施用地，任何单位和个人不得侵占或者擅自改变其使用性质。因特殊情况需要占用或者改变使用性质的，应当按照法定程序报批。

第十三条 新建、改建、扩建下列建设工程在编制项目设计方案时，应当按照规划技术设置公共汽车枢纽站、首末站、港湾式停靠站、候车亭等公共汽车客运服务设施或者预留用地：

（一）铁路客运站、公路客运站、客运码头、运输机场；

（二）大型工业园区、政务服务中心、商业中心、游客较集中的旅游景区（点）、综合性公共文化休闲场所、大型体育场馆、学校和医院；

（三）居住人口三千人以上的居住区；

（四）城市道路、需要设置公共汽车客运服务设施的公路。

第十四条 公共汽车客运服务设施的设计、施工和监理，建设单位应当按照规定委托具有相应资质的单位实施，并严格执行有关技术标准和规范。

与建设工程配套的公共汽车客运服务设施，应当根据公共汽车客运规划条件和土地划拨或者出让要求，与主体工程同步设计、同步建设、同步交付使用；确实无法同步建设或者同步交付使用的，应当设置过渡性公共汽车客运服务设施，方便居民出行。建设单位对该建设工程组织竣工验收时，应当通知交通运输主管部门参加并听取意见。

第十五条 公共汽车线网布局，应当明确线路功能、优化等级结构，实现公共汽车客运与铁路、公路、民航、水路等客运方式的有效衔接。

交通运输主管部门应当根据公共汽车客运发展规划、城乡发展和旅游发展实际需要，适时组织客流量调查和客运线路普查，优化公共汽车客运线网结构。

交通运输主管部门可以根据社会公众出行便利需要，组织运营企业提供社区公交、定制公交等多样化服务。

第十六条　交通运输主管部门会同规划、城市管理、公安机关交通管理等主管部门共同负责公共汽车客运站点的设置和命名。

公共汽车客运站点设置，应当综合考虑道路条件、场站规划、沿线单位和居住区分布情况等因素。同一线路站点的间距，一般在五百米至一千米；同一站名的上、下行站点间距一般不超过一百米；城市郊区、乡镇、村屯公共汽车站点，可以根据当地情况设置。

公共汽车客运站点命名应当遵循同站同名原则，一般以道路街道、传统地名、标志性建筑、公共设施、历史文化景点或者公共服务机构的名称命名。

第十七条　交通运输主管部门负责公共汽车客运线路站牌的规划设置，以及指导运营企业对公共汽车客运线路站牌进行具体建设、管理和维护。

设置公共汽车客运线路站牌，应当标明线路编码、所在站点和途经站点的名称、开往方向、首末班运营时间、票价、投诉电话等内容，并保持清晰。

第十八条　公安机关交通管理部门应当会同交通运输、规划、城市管理、环境保护等主管部门根据城市道路的技术条件、交通流量、出行结构、噪声和尾气控制等因素，科学设置或者调整公共汽车专用道以及优先通行信号系统。单行路符合条件的，可以允许公共汽车双向通行。

第三章　运营准入

第十九条　公共汽车客运实行特许经营，公共汽车线路运营权实行无偿授予。

交通运输主管部门授予公共汽车线路运营权，应当综合考虑运营申请企业的运力配置、运营方案、车辆设备、安全保障、服务质量、信用状况等因素，采取招投标方式进行；不符合招投标条件的，可以采取竞争性谈判方式进行；无法通过招投标、竞争性谈判方式确定的，可以采取直接择优授予的方式进行。

第二十条 申请公共汽车线路运营权应当符合下列条件：

（一）具有企业法人营业执照；

（二）具有承担相应经营风险能力的注册资本；

（三）具有符合运营线路要求的运营车辆或者提供保证符合国家有关标准和规定车辆的承诺书；

（四）具有合理可行、符合安全运营要求的线路运营方案；

（五）具有健全的经营服务管理制度、安全生产管理制度和服务质量保障制度；

（六）具有与经营规模相适应的停车、保养和维修场地；

（七）具有相应的管理人员和与运营业务相适应的从业人员；

（八）法律法规规定的其他条件。

第二十一条 运营企业根据本条例第十九条第二款取得线路运营资格的，应当自收到线路运营授予通知书之日起三十日内与交通运输主管部门签订线路特许经营协议。

线路特许经营协议的内容，应当包括运营线路、站点、班次及其间隔时间、车辆数、车型、车辆载客限额、票价、安全生产、运营服务质量标准、运营评估和考核、运营期限、违约责任以及应当由运营企业履行的义务和主管部门履行的职责。

在线路特许经营协议有效期限内确需变更协议内容的，由运营企业与交通运输主管部门协商签订补充协议，补充协议不得降低运营服务标准。

第二十二条 公共汽车线路运营权实行期限制，每期不超过六年。

因城市公共交通发展、公共汽车客运改制等公共利益需要，交通运输主管部门有权与运营企业协商或者单方提前终止线路特许经营协议，单方提前终止的应当依法予以补偿。

第二十三条 运营企业在线路特许经营协议履行期限内有下列情形之一的，交通运输主管部门可以终止其线路运营权。并解除线路特许经营协议：

（一）运营服务质量连续两年评估不合格，经整改仍不合格或者整改期间又发生社会影响较大生产安全责任事故的；

（二）未履行线路特许经营协议，交通运输主管部门要求整改而未整改的；

（三）因破产、解散等原因无法继续履行特许经营协议的；

（四）有法律法规规定的其他重大违法行为的。

运营企业因前款规定被交通运输主管部门终止线路运营权的，由此造成的损失以及产生的应急处置费用由运营企业独立承担。

第二十四条　公共汽车线路运营权期限届满，运营企业如需延续线路运营权的，应当在期限届满六个月前书面向交通运输主管部门提出申请。

交通运输主管部门应当在受理申请之日起六十日内，对该运营企业的运营资质、运营期间的运营状况和服务质量等进行评价，并根据评价结果作出是否予以延续的决定。

交通运输主管部门评价合格的，应当作出予以延续的决定，并与该运营企业重新签订线路特许经营协议；评价不合格的，应当作出不予延续的决定，并书面告知理由。

第二十五条　符合下列情形之一的，交通运输主管部门应当依照本条例第十九条规定重新选择该线路运营企业：

（一）运营企业未按照本条例第二十一条第一款规定签订线路特许经营协议的；

（二）运营权期限届满运营企业未按照规定申请延续线路运营权的；

（三）运营权期限届满线路运营权未获延续的；

（四）线路运营权终止的；

（五）运营企业存在其他丧失线路运营权情形的。

第四章　运营秩序

第二十六条　运营企业应当遵守下列规定：

（一）配备与运营企业运营规模相适应的管理人员；

（二）落实治安防范措施，协助公安机关做好公共汽车客运治安管理工作；

（三）加强对驾驶员、乘务员等从业人员的职业道德、安全管理、应急处置等方面的培训和考核；

（四）定期对公共汽车客运车辆及其安全设施设备进行检测、维护、更新；

（五）不得强迫驾驶员、乘务员、调度员等从业人员违章作业；

（六）不得擅自将公共汽车客运车辆用于非公共汽车客运运营；

（七）不得擅自调整运营线路、站点、时间和班次；

（八）不得擅自停运、罢运；

（九）不得擅自转让、出租或者以承包、挂靠等方式变相转让、出租线路运营权；

（十）履行法律法规规定的其他义务。

第二十七条 运营企业投放的公共汽车客运车辆应当符合下列要求：

（一）车辆性能、尾气排放符合国家有关技术标准；

（二）车辆整洁卫生、标志标识清晰；

（三）配置并使用车辆动态监控系统、车载监控视频、智能指挥调度设备设施；

（四）配置灭火器、安全锤、爆玻器等应急设备；

（五）法律法规规定的其他要求。

新增、更新公共汽车客运车辆应当使用新能源或者清洁能源车辆。

第二十八条 从事公共汽车客运的驾驶员、乘务员应当遵守以下规定：

（一）佩戴运营企业统一标志，文明行车，热情服务；

（二）运营中不得有吸烟、闲聊、使用手机等妨碍安全驾驶的行为；

（三）通过人行横道减速行驶或者停车让行；

（四）不得拒载乘客、中途甩客、滞站揽客、到站不停、站外上下乘客；

（五）交通运输主管部门制定的其他服务规范。

从事公共汽车客运调度的调度员，应当按照行车作业计划调度车辆，并如实记录行车数据。遇到特殊情况时，应当合理调度。

第二十九条 乘坐公共汽车的乘客应当遵守下列规定：

（一）文明乘车，礼让老、幼、病、残、孕乘客；

（二）按照规定主动支付乘车费或者出示乘车优惠凭证，不得伪造、冒用乘车优惠凭证；

（三）不得在公共汽车或者场站内饮酒、吸烟、乞讨或者乱扔废弃物；

（四）不得携带犬、猫等宠物乘车，但是采取了保护措施的导盲犬除外；

（五）不得损坏车内设施或者在车内躺卧、蹬踏座位、将身体任何部位伸出窗外；

（六）不得携带易污染车厢环境以及易燃、易爆、剧毒等危险物品和国家规定的管制器具乘车；

（七）不得有强行上下车、辱骂威胁驾驶员、抢夺方向盘等影响运营安全以及妨碍车辆行驶、停靠的行为。

乘客违反前款第二项规定的，驾驶员、乘务员可以要求其补交乘车费；乘客违反前款第二项至第七项规定经劝阻无效的，驾驶员、乘务员可以拒绝为其提供运营服务。

第三十条　因基础设施建设、道路交通管制、重大活动、突发事件等影响公共汽车客运线路运行的，有关部门应当及时告知交通运输主管部门；交通运输主管部门作出运营线路、站点、时间或者班次临时调整决定的，应当及时通知运营企业，并向社会公告。

第三十一条　设置公共汽车车身广告，应当遵守有关广告管理的法律法规，不得覆盖车辆运营标志，不得妨碍行车安全。

第三十二条　公共汽车客运实行政府定价。运营企业应当严格执行价格主管部门制定的运营收费标准。

第三十三条　运营企业应当免收下列乘客的乘车费用：

（一）残疾军人、伤残人民警察；

（二）盲人、二级以上肢体残疾人；

（三）七十周岁以上老年人；

（四）身高 1.2 米以下的儿童；

（五）法律法规以及市、县（市）人民政府规定免费乘车的其他人群。

第五章　运营监督

第三十四条　交通运输主管部门应当加强对公共汽车客运活动的监督检

查，维护正常运营秩序，保障运营服务质量。

第三十五条 交通运输主管部门应当建立运营企业服务质量评价制度，每年定期对运营企业的服务质量进行评价，并向社会公布评价结果。

交通运输主管部门进行评价时，应当通过多种途径公开听取各方面意见。评价指标包括安全生产、车辆设施、服务设施、人员素质、乘客和从业人员满意度调查、投诉处理、遵章守纪等内容。评价结果应当计入运营企业信用档案，并作为衡量运营企业运营绩效、发放政府补贴、延续或者终止公共汽车线路运营权的重要依据。

第三十六条 交通运输主管部门可以按照规定聘请公共汽车客运协管人员。具体聘请条件和程序，由交通运输主管部门根据实际情况制定。协管人员经培训合格后，协助交通运输主管部门维护公共汽车客运市场秩序。

第三十七条 交通运输主管部门和运营企业应当建立公共汽车客运服务投诉受理制度，公布投诉渠道，接受社会公众投诉，并对投诉人的个人信息予以保密。

投诉人采取实名投诉的，交通运输主管部门、运营企业接受投诉后，应当在受理之日起七个工作日内将处理结果告知投诉人；情况复杂的，应当在受理之日起十五个工作日内将处理结果告知投诉人。

第三十八条 交通运输主管部门开展监督检查，不得妨碍运营企业正常的运营活动，不得滥用职权、徇私舞弊、乱收费和乱罚款。

第六章 法 律 责 任

第三十九条 违反本条例规定的行为，法律法规已有法律责任规定的，从其规定。

第四十条 违反本条例规定，未取得线路运营权、未按照要求与交通运输主管部门签订线路特许经营协议，擅自从事公共汽车客运线路运营的，由交通运输主管部门责令停止经营，并处二万元以上三万元以下罚款；有违法所得的，没收违法所得。

第四十一条 运营企业违反本条例第二十六条第三项至第七项规定，有下列行为之一的，由交通运输主管部门责令改正，并处二千元以上一万元以下罚款：

（一）未对驾驶员、乘务员等从业人员进行职业道德、安全管理、应急处置等方面培训和考核的；

（二）未定期对公共汽车客运车辆及其安全设施设备进行检测、维护、更新的；

（三）强迫驾驶员、乘务员、调度员等从业人员违章作业的；

（四）擅自将公共汽车客运车辆用于非公共汽车客运运营的；

（五）擅自调整运营线路、站点、时间和班次的。

第四十二条　运营企业违反本条例第二十六条第八项、第九项规定，擅自停运、罢运，或者擅自转让、出租或者以承包、挂靠等方式变相转让、出租线路运营权的，由交通运输主管部门责令限期改正，并处一万元以上三万元以下罚款；有违法所得的，没收违法所得。

有前款规定情形之一，严重影响社会公共利益，或者经责令限期改正而拒不改正的，交通运输主管部门可以终止其线路运营权。

第四十三条　运营企业违反本条例第二十七条规定，投放公共汽车客运车辆不符合要求的，由交通运输主管部门责令限期改正，逾期不改正的，处二千元以上一万元以下罚款。

第四十四条　从事公共汽车客运的驾驶员、乘务员违反本条例第二十八条第一款规定，有下列行为之一的，由交通运输主管部门责令改正，并对运营企业处每次二百元罚款：

（一）未佩戴运营企业统一标志的；

（二）运营中有吸烟、闲聊、使用手机等妨碍安全驾驶行为的；

（三）拒载乘客、中途甩客、滞站揽客、到站不停、站外上下乘客的。

第四十五条　乘坐公共汽车的乘客违反本条例第二十九条第三项至第六项规定，有下列行为之一的，由交通运输主管部门责令改正，并处二百元以下罚款；造成公共汽车客运车辆以及相关客运服务设施损坏的，应当依法承担赔偿责任：

（一）在公共汽车内饮酒、吸烟、乞讨或者乱扔废弃物的；

（二）携带犬、猫等宠物乘车的；

（三）损坏车内设施或者在车内躺卧、蹬踏座位的；

（四）携带易污染物品乘车造成车厢环境污染的。

违反社会治安管理规定的，由公安机关依照《中华人民共和国治安管理处罚法》相关规定进行处罚。

第四十六条 运营企业违反本条例第三十一条规定，设置车身广告覆盖车辆运营标志或者妨碍行车安全的，由交通运输主管部门责令改正，并处一千元以上五千元以下罚款。

第四十七条 国家机关工作人员不履行或者不当履行本条例规定职责、造成严重后果的，或者有其他滥用职权、玩忽职守、徇私舞弊行为的，对负有责任的主管人员和其他直接责任人员依法给予处分；构成犯罪的，依法追究刑事责任。

第七章　附　　则

第四十八条 本条例施行前，运营企业与交通运输主管部门已签订特许经营协议且尚未到期的，按照协议约定继续执行，协议对本条例规定的内容未进行约定的，适用本条例。

本条例施行前，运营企业与交通运输主管部门未签订特许经营协议或者签订的特许经营协议已经到期但还在继续运营的，由交通运输主管部门组织考核，符合本条例第二十条规定的，授予该运营企业线路运营权，运营企业应当根据本条例第二十一条规定与交通运输主管部门签订特许经营协议；不符合的，由交通运输主管部门责令整改，经整改后仍不符合的，交通运输主管部门应当重新选择该线路运营企业。

第四十九条 本条例自2019年3月1日起施行。

海口市城市公共交通客运管理条例

(2007年9月28日海口市第十四届人民代表大会常务委员会第五次会议通过，2007年11月29日海南省第三届人民代表大会常务委员会第三十四次会议批准。根据2012年5月30日海南省第四届人民代表大会常务委员会第三十次会议批准的《海口市人民代表大会常务委员会关于修改〈海口市环境噪声污染防治办法〉等五件地方性法规的决定》修正)

第一章 总 则

第一条 为了加强本市城市公共交通客运管理，规范公交客运市场秩序，维护乘客、经营者及从业人员的合法权益，根据有关法律、法规的规定，结合本市实际，制定本条例。

第二条 本市行政区域内城市公共汽车（含城市旅游专线公共汽车）客运的规划、建设、经营及相关的管理活动适用本条例。出租车、渡轮（船）、轨道车等其他公共交通工具的客运管理，执行有关法律、法规或者规章的规定。

第三条 市交通行政主管部门（以下简称市交通部门）是本市城市公共交通客运（以下简称公交客运）的主管部门，负责本条例的组织实施。市公交客运管理机构具体实施公交客运的日常管理和监督检查，并依照本条例的授权实施行政处罚。

市人民政府有关部门按照各自职责，协同做好公交客运的管理工作。

第四条 公交客运管理应当遵循全面规划、统一管理、规模经营、适度竞争、安全运营、规范服务、便利乘客的原则。

第五条 城市公共交通是公益性事业。

市人民政府应当积极发展公交客运事业,在城市规划、建设管理、道路通行和资金投入等方面体现公交优先原则。

第六条 公交客运经营者(以下简称经营者)应当依照有关法律、法规和本条例的规定,承担社会福利和完成政府指令性任务。

市人民政府应当建立健全公共交通财政补贴、补偿制度,对经营者因实行低票价和承担社会福利形成的政策性亏损给予适当的经济补贴,对经营者因完成政府指令性任务所增加的支出给予相应经济补偿。

公共交通财政补贴、补偿制度由市交通部门会同财政部门制定,报市人民政府批准后实施。

第七条 公交客运所使用的车辆应当符合环境保护法律、法规的规定。市人民政府及有关部门应当采取积极措施,鼓励、推广使用环保型公交客运车辆和洁净能源。

第二章 规划建设

第八条 市人民政府应当根据城市建设、社会发展和公众出行的需要,组织编制城市综合交通体系规划和城市公共交通客运专项规划,纳入城市总体规划。

在编制规划过程中,应当采取论证会、听证会或者其他形式,广泛征求有关部门、公众和专家的意见。

第九条 城市公共交通客运专项规划应当包括各种城市公共交通方式的构成比例和规模、公共交通服务设施的用地范围、公交客运线路布局、枢纽和场站布局、车辆配置、设施配置、公共汽车专用道等。

第十条 市人民政府应当将公交客运年度发展计划纳入城市建设和管理年度计划。

市交通部门应当按照城市公共交通客运专项规划开通公交客运线路,新建、改建、扩建公交客运场站等服务设施及投放、更新公交客运车辆。

第十一条 城市公共交通客运专项规划确定的停车场、保养场、首末站、换乘枢纽站等公交客运服务设施用地，市规划行政主管部门应当在相关地区的详细规划中预留。其用地符合《划拨用地目录》的，市土地等行政主管部门应当按照规划标准以划拨方式供地。

任何单位和个人不得侵占城市规划确定的公交客运服务设施用地。

第十二条　市人民政府应当根据城市公共交通客运专项规划，加大对城市公交客运的投入，在枢纽、公交专用道和场站建设等方面，给予资金投入或者政策扶持。城市基础设施配套费应当按照国家有关规定用于城市交通建设，并向公交客运倾斜。

第十三条　有下列情形之一的，建设单位应当按照规划的要求配套建设公交客运服务设施，并与主体工程同时投入使用：

（一）新建改建或者扩建机场、火车站、长途汽车站、客运码头、大型商业区等客流集散的公共场所；

（二）新建改建或者扩建文化、卫生、体育、娱乐等大型公共设施。

第十四条　新建、改建、扩建城市道路时，市交通部门应当会同有关部门合理设置公共汽车专用道、公共汽车优先通行标志、信号装置。经市公安交通管理部门同意，单向行驶的道路，可以允许公共汽车双向通行。

本条例实施前原有的城市主、次干道应当逐步完善停靠站、候车亭和线路牌等设施建设，新建的城市主、次干道应当配套设计、同步施工、同时投入使用。

第十五条　公交客运场站由市公交客运管理机构实施统一管理和监督。纳入统一管理和监督的公交客运场站，不得擅自改变使用性质。

第十六条　公交客运停车场、车站应当划定车道标线，设置符合标准的站牌、提示牌等标志。

站牌上应当标明线路编码、首末班车时间、开往方向、运价标准、所在站点、沿途停靠站点名称等信息。

第十七条　市交通部门应当会同有关部门根据客流需要，广泛征求各方面的意见，科学合理地对公交客运站点进行规划、设置和调整。

公交客运线路站点，由市交通部门以所在或者就近的道路、公共设施、标志性建筑物、文物古迹、旅游景区（点）、国家机关驻地、自然地理实体、居民区等的名称冠名；不同线路的同一站点应当以同一名称冠名。

第十八条 利用站牌、候车亭、客运车辆等发布广告信息的，应当符合广告管理法律、法规规定，并不得覆盖站牌标识和车辆运营标识，不得妨碍乘客观察进站车辆视线和车辆行驶安全视线。

第十九条 任何单位和个人不得擅自迁移、拆除、占用或者关闭公交客运服务设施。因城市建设确需迁移、拆除、占用或者关闭公交客运服务设施的，应当经市交通部门同意，并按照规定补建或补偿。

禁止破坏、损毁公交客运服务设施。

第三章 经营管理

第二十条 公交客运线路实行特许经营制度。

从事公交客运线路经营的单位应当具备下列条件，并依法取得线路经营许可证后，方可从事线路经营：

（一）有独立的法人资格；

（二）有符合线路经营要求的运营资金、运营车辆或者相应的车辆购置资金；

（三）有与经营业务相适应、符合法律法规规定条件并取得客运服务资格证书的驾驶员；

（四）有符合要求的停车场地和配套设施；

（五）有合理、可行的线路运营方案；

（六）有健全的客运服务、行车安全等方面的运营管理制度；

（七）法律法规规定的其他条件。

第二十一条 申领经营许可证应当向市交通部门提交下列文件材料：

（一）书面申请；

（二）本条例第二十条规定条件的相关材料或者资信证明。

第二十二条 市交通部门应当根据行政许可法、招标投标法等有关法律的规定，通过招标等方式确定公交客运线路经营者。

公交客运线路经营权招标投标管理办法由市人民政府制定。

第二十三条 市交通部门应当与取得公交客运线路经营权的经营者签订

《公交客运线路特许经营协议》，并给其核发公交客运线路经营许可证。

第二十四条 《公交客运线路特许经营协议》应当载明下列事项：

（一）运营线路、站点、首末班车时间、发车间隔、车型及车辆数量、运价标准；

（二）线路经营权期限；

（三）各项运营服务指标；

（四）主管部门应当履行的职责；

（五）协议的变更和终止；

（六）违约责任；

（七）双方约定的其他事项。

本条例施行前已获准从事公交客运线路经营但没有办理线路经营权手续的经营者，应当在本条例施行后60日内到市交通部门补办城市公交客运线路经营权手续，并补签公交客运线路特许经营协议。逾期不办理的视为自动放弃其线路经营权。

第二十五条 市交通部门对取得公交客运线路经营权的经营者，按照线路经营许可证确定的运营车辆的数量核发车辆运营证。

第二十六条 经营者取得的公交客运线路经营许可证不得转让、出租，不得将公交客运线路经营权以单车承包、带车挂靠等方式发包、分包给其他单位或者个人经营。

本条例实施前违反前款规定的，由市交通部门按照有关法律、法规和本条例的规定进行清理规范，具体办法由市人民政府另行规定。

第二十七条 公交客运线路经营权期限最长为8年。

经营者拟在经营权期限内终止经营的，应当提前3个月向市交通部门提交终止经营的书面申请，经批准后方可停止运营。

线路经营权期满，市交通部门应当根据本条例的规定，重新确定该线路经营者，原经营者在同等条件下享有优先权。

第二十八条 经营者违反本条例规定被依法吊销公交客运线路经营许可证的，或者因其他特殊原因不能维持公交客运线路正常运营的，市交通部门可以指定其他取得许可证的公交客运经营者对该线路实行临时经营，但临时经营期限最长不得超过6个月。

第四章 运营服务

第二十九条 经营者应当按照公交客运线路特许经营协议确定的运营线路、站点、班次（车数）、车型和时间组织运营。

因城市基础设施建设或者道路交通流量流向发生变化，确需调整线路的，市交通部门可以对经营者的线路（站点）进行调整，经营者应当执行。线路调整前，市交通部门应当召开听证会，听取有关部门、公众、专家和经营者的意见。

根据前款规定调整线路的，市交通部门应当于实施调整之日的10日前向社会公告，并及时为经营者办理相应变更登记手续。

第三十条 经营者应当按照国家有关规定加强对运营车辆的管理，确保运营车辆达到下列要求：

（一）按照有关规定维护和检测车辆，保证其技术性能和设施完好，符合机动车安全、污染物排放等标准；

（二）车辆整洁，符合相关卫生标准和卫生要求；

（三）按照规定标明经营者名称、线路编号、途经站点、票价；

（四）在规定的位置张贴《城市公共交通车船乘坐规则》、禁烟标志和投诉电话号码；

（五）设置老、弱、病、残、孕专座；

（六）无人售票车辆应当按照规定设置投币箱和电子报站设备；

（七）空调车应当开启通风设备；

（八）配备有效的消防设备和器材。

第三十一条 驾驶员、乘务员从事运营服务时，应当遵守下列规定：

（一）着装整洁，文明安全行车，规范作业；

（二）服从管理，携带、佩戴相关证件；

（三）按照规定报清线路名称、车辆开往方向和停靠站点名称；设置电子报站设备的，应当正确使用电子报站设备；

（四）依次进站，在规定的区域停靠；

（五）按照运营线路、班次、时间发车和行车，不得滞站、甩站、拒载、中途逐客、强行拉客，不得无故半途返回；

（六）维护乘车秩序，为老、弱、病、残、孕等特殊乘客提供必要的帮助；

（七）向乘客提供合法有效的等额车票。

第三十二条 驾驶员、乘务员应当按照价格主管部门核定的收费标准计收车费，并使用税务部门统一监制的车票。

乘客应当依照规定足额购票或者主动出示乘车票证，不得使用过期、伪造或者他人专用的乘车票证，但有权拒绝支付多收的费用。

第三十三条 乘客享有获得安全、便捷客运服务的权利。

离休干部、70周岁以上的老年人、身高1.2米以下的儿童及持有全国统一印发的《残疾人证》的残疾人享有免费乘车待遇；小学生以及65周岁以上不满70周岁的老年人享有半票乘车待遇。

残疾人搭乘公共交通工具，依法享有免费携带随身必备的辅助器具的权利。

第三十四条 车辆运营中发生故障不能正常行驶时，驾驶员、乘务员应当及时向乘客说明原因，并安排乘客免费换乘后续同线路同方向车辆或者调派车辆；无法安排的，应当按照原价退还车票款。

第三十五条 乘客应当遵守下列规定：

（一）在站点区域内候车，有序上下车；

（二）不得携带易燃、易爆、有毒等危险物品；

（三）不得携带无安全或卫生防护措施的动物；

（四）不损坏车内设备，不妨碍车辆行驶、停靠，不实施危及他人安全的行为；

（五）《城市公共交通车船乘坐规则》的其他规定。

乘客违反前款规定，经劝阻拒不改正的，驾驶员、乘务员可以拒绝为其提供客运服务。

第三十六条 经营者应当建立、健全安全管理制度，定期检查各项安全防范措施落实情况，保证运营安全，并制定具体的公交客运突发事件应急预案。

第三十七条 遇有抢险救灾或者其他特殊情况时，经营者应当服从市交通部门对车辆的统一调度，组织疏运。

第五章 监督管理

第三十八条 经营者停业或者因道路改造等情况确需歇业的，应当提前20日提请市交通部门批准，并于10日前在线路站牌上公告。未经批准，经营者不得擅自停业、歇业。

第三十九条 公交客运车辆实行年度审验制度。未经年度审验或者经年度审验不合格并在规定期限内整改后仍不符合经营条件的，由市交通部门吊销其车辆运营证。

第四十条 经营者违反本条例后拒不接受处罚的，市公交客运管理机构可以暂扣其车辆运营证等相关证件，签发待理证，等接受处罚后交还。

第四十一条 市交通部门在监督检查过程中，对没有车辆运营证又无法当场提供其他有效证明的经营车辆可予以扣押，并当场交付押扣决定书和清单；对扣押车辆应当妥善保管，不得使用或者损毁。

市交通部门采取扣押措施后，应当及时查清事实，在规定期限内作出处理决定。

第四十二条 市公交客运管理机构和经营者应当建立投诉受理制度，接受乘客的投诉，并在20日内调查处理完毕，将结果告知投诉人。市交通部门应当定期核查投诉处理情况。

第四十三条 市交通部门应当制定公交客运突发事件的应急预案。

公交客运突发事件发生后，电力、通信、供水、燃料供应等相关单位，应当优先保证公交客运用电、通信、用水、燃料等需要。

第四十四条 市交通部门应当定期对公交客运线路运营服务状况进行评议，其评议结果向社会公布，并作为经营者公交客运线路经营权期满重新授予经营权的依据。

市交通部门组织评议时，应当邀请公交专家、乘客代表参加，并征询社会各方面的意见。

第六章 法 律 责 任

第四十五条 违反本条例第十一条第二款和第十九条规定的,由市交通部门责令改正,并处以3万元以上8万元以下罚款;造成损失的,依法承担赔偿责任。

第四十六条 违反本条例第十八条规定,利用站牌、候车亭、客运车辆等发布广告信息,不符合广告管理法律、法规规定的,由市交通部门移交有关部门依法处理;覆盖站牌标识和车辆运营标识,或者妨碍乘客观察进站车辆视线及车辆行驶安全视线的,由市公交客运管理机构责令限期改正,逾期不改正的处500元以上3000元以下罚款。

第四十七条 违反本条例第二十条规定,未取得公交客运线路经营许可证擅自从事公交客运线路经营活动的,由市公交客运管理机构责令停止经营,没收违法所得,并处10万元以上20万元以下的罚款。

第四十八条 取得公交客运线路经营许可证的经营者,违反本条例第二十六条第一款规定,有下列情形之一的,由市公交客运管理机构责令停止违法行为,没收违法所得,并处1万元以上3万元以下的罚款;情节严重的,由市交通部门吊销公交客运线路经营许可证及相应的车辆运营证:

(一)转让、出租其公交客运线路经营许可证的;

(二)将公交客运线路经营权以单车承包、带车挂靠等方式发包、分包给其他单位或者个人经营的。

第四十九条 经营者违反本条例第二十九条第一款、第三十条第(一)项、第三十七条和第三十八规定,有下列情形之一的,由市公交客运管理机构责令改正,并处1万元以上3万元以下的罚款;情节严重的,由市交通部门吊销公交客运线路经营许可证及相应的车辆运营证:

(一)未按照核准的线路、站点、车型、班次(车数)及时间运营的;

(二)运营车辆技术性能和设施等不符合有关标准的;

(三)抢险救灾或者其他特殊情况时不服从市交通部门对车辆的统一调度、组织疏运的;

（四）未经批准擅自停业、歇业的。

第五十条 驾驶员、乘务员违反本条例第三十一条规定的，由市公交客运管理机构责令改正，情节严重的，由市交通部门吊销其客运服务资格证，并对经营者处1000元以上3000元以下的罚款。

第五十一条 违反本条例第三十二条规定，驾驶员、乘务员未按照物价部门核定的收费标准计收车费的，按照有关价格管理法律、法规规定处理；未使用税务部门统一监制车票的，由市公交客运管理机构责令改正，并对经营者处1000元以上3000元以下的罚款。

第五十二条 违反本条例第三十条第（二）项至第（七）项、第三十三条第二款和第三十四条规定的，由市公交客运管理机构责令改正，并对经营者处1000元以上3000元以下的罚款。

第五十三条 违反本条例第三十五条规定，乘客不遵守有关乘车规定的，由市公交客运管理机构责令改正，可并处50元以上100元以下的罚款。

第五十四条 违反本条例规定，有关行政主管部门、公交客运管理机构及其工作人员有下列行为之一的，由市人民政府、所在单位或者上级主管部门责令改正，通报批评；对负有责任的主管人员和其他直接责任人员依法给予行政处分；构成犯罪的，依法追究刑事责任：

（一）未依法核发公交客运线路经营许可证、车辆运营证、服务资格证的；

（二）发现违反本条例的行为不予查处或者接到举报后不依法处理的；

（三）其他未依法履行职责或者滥用职权、徇私舞弊、玩忽职守的行为。

第七章 附 则

第五十五条 本条例所称的城市公共汽车（含城市旅游专线公共汽车）是指本市行政区域内，依照固定的线路、时间、站点运营，按核定的收费标准收费，供公众乘坐的客运车辆。

本条例所称的公交客运服务设施，是指为城市公共汽车客运服务的停车场、保养场、首末站、途经站、换乘枢纽站、站务用房、候车亭、站台、站牌以及供配电等设施。

本条例所称社会福利，是指对老年人、残疾人、儿童、小学生、伤残军人等实行减免费等优惠乘车的待遇。

本条例所称政府指令性任务，是指政府在出现抗洪防汛、抢险救灾、卫生防疫、战争等特殊情况时，下达给公交企业必须执行的任务。

第五十六条 本条例自 2008 年 3 月 1 日起施行。本条例实施前本市有关公交客运管理的规定与本条例规定不一致的，以本条例规定为准。

成都市城市公共汽车客运管理条例

(2002年10月17日成都市第十三届人民代表大会常务委员会第三十一次会议通过，2002年11月30日四川省第九届人民代表大会常务委员会第三十二次会议批准。根据2006年6月8日成都市第十四届人民代表大会常务委员会第二十五次会议通过，2006年9月28日四川省第十届人民代表大会常务委员会第二十三次会议批准的《成都市人民代表大会常务委员会关于修改〈成都市城市公共汽车客运管理条例〉的决定》修正)

第一章 总 则

第一条 为加强城市公共汽车客运管理，规范市场秩序，提高服务质量，保障乘客和经营企业的合法权益，促进公共汽车客运事业的发展，根据有关法律、法规，结合成都市实际，制定本条例。

第二条 本条例适用于本市行政区域内城市公共汽车客运（以下简称公共汽车客运）的经营及其相关活动的管理。

本条例所称城市公共汽车，是指按照规定的线路、编码、站点、时间运载乘客并按核定的收费标准收费的客运汽车。

第三条 市交通行政主管部门负责本市公共汽车客运管理工作和本条例的组织实施；区（市）县交通行政主管部门或者当地县级人民政府确定的其他部门负责当地公共汽车客运管理工作。

政府有关部门，按照各自职责协同实施本条例。

第四条 公共汽车客运的发展，应当与本市经济发展、城市建设、环境保护和人民生活水平相适应，符合城市总体规划和市场经济体制的要求，并与其他公共客运方式相协调。

  第五条 城市交通的规划、建设和管理工作，应当坚持公共交通优先发展的原则，对公共汽车客运投资和建设等给予相应的政策支持，鼓励多种经济成分的投资主体参与公共汽车客运投资、建设、经营。提倡在公共汽车客运的经营和管理领域应用先进的科学技术和管理方法。

  第六条 市公共汽车客运管理部门应当会同有关部门编制本市公共汽车客运发展规划，经市人民政府批准后，纳入城市总体规划和国民经济与社会发展计划。

  市公共汽车客运管理部门应当根据本市公共汽车客运发展规划的要求，编制公共汽车线网规划、场站建设规划并组织实施。

  第七条 本市公共汽车客运经营活动，应当遵循统一规划、方便乘客、规范服务、公平竞争、兼顾社会效益和经济效益的原则。

第二章 经营权管理

  第八条 市公共汽车客运管理部门应当按照"全面规划、统一管理、线路专营、依法监管"的原则，加强对全市公共汽车客运市场的调控和监管，并形成合理的运行机制和价格机制。

  第九条 公共汽车客运管理部门应当在听取社会各方面意见的基础上，根据方便市民出行的实际需要，会同有关部门，按照本市公共汽车线网规划的要求，开辟、调整公共汽车客运线路和站点，并在实施前予以公布。

  第十条 本市对公共汽车客运线路实行专营权管理。经营企业从事公共汽车线路营运，必须取得专营权。

  专营权每期不超过 8 年。

  第十一条 对新开辟的线路或需要重新确定经营企业的线路，公共汽车客运管理部门应当按照公开、公平、公正的原则，通过公开招标等方式将公共汽车客运线路专营权授予经营企业。

  第十二条 从事公共汽车客运的企业，必须具备下列条件：

  （一）取得经营公共汽车客运业务的《企业法人营业执照》；

（二）具有符合线路营运要求的营运车辆或者相应的车辆购置资金；

（三）具有合理、可行的营运方案；

（四）符合线路营运要求的停车场地和配套设施；

（五）有健全的客运服务、行车安全、车辆保修等方面的管理制度；

（六）有相应的管理人员和经培训合格的驾驶员、乘务员、调度员；

（七）公共汽车客运管理部门规定的其他条件。

第十三条 公共汽车客运管理部门应当与取得专营权的经营企业签订《专营合同》，并发给专营权证书。

第十四条 经营企业不得转让专营权，不得以带车挂靠、全承包或将专营权化解给他人的方式经营。不得以专营权为条件与他人签订含有偿使用性质的合同。

在专营权使用期限内，经营企业需要歇业的，应当缴销专营权证书，按规定办理有关手续并向社会公告。

专营权使用期届满后，由公共汽车客运管理部门无偿收回专营权。对在专营期内服务安全、信誉良好，受到乘客普遍欢迎和好评并愿意继续从事公共汽车客运服务的经营企业，公共汽车客运管理部门可给予不超过2年专营期的奖励。

第十五条 经营企业取得专营权后未在合同规定时间内开展经营活动的，由公共汽车客运管理部门无偿收回其专营权。

第十六条 本条例实施前已经运营的公共汽车客运线路，符合本条例规定条件的，由公共汽车客运管理部门授予公共汽车客运专营权。对不符合条件的，经限期整改仍达不到本条例规定条件的线路，应重新确定经营企业。

第十七条 经营企业应当对驾驶员、乘务员、调度员进行上岗培训，建立岗位培训考试制度，对经培训考试合格的，发给相应的服务证。

第十八条 公共汽车客运管理部门应当加强对公共汽车客运市场的管理，及时查处无证经营行为，维护客运市场秩序，保护经营企业的合法权益。

对已经确定经营企业的线路，除特殊情况外，不再开辟复线。

第十九条 公共汽车客运管理部门应当每年组织对经营企业的营运服务状况进行评议，评议结果应当作为奖励、授予、收回线路专营权的依据之一。

公共汽车客运管理部门组织对经营企业的营运状况进行评议时，应当邀请乘客代表和具有社会代表性的各界人士参加，广泛听取各方面的意见。

第二十条　线路专营权管理的具体办法，由公共汽车客运管理部门按职责分工制定，报市人民政府批准后实施。

第三章　客运管理

第二十一条　经营企业应当严格执行《专营合同》确定的客运服务标准。

经营企业应当按照公共汽车客运管理部门核准的线路、站点、班次、时间、车辆数、车型组织营运。

经营企业未经公共汽车客运管理部门批准，不得擅自调整、延伸营运线路或中断运营。

第二十二条　经营企业应当遵守下列规定：

（一）遵守公共汽车营运管理的法律、法规、规章，执行行业标准、规范、规程；

（二）服从公共汽车客运管理部门的监督管理；

（三）加强职业道德建设和服务质量管理，不断提高职工素质和服务质量；

（四）加强安全教育和行车安全管理，保证营运安全；

（五）按规定对营运设施进行保养和维修，保证其处于良好的营运服务状态；

（六）接受乘客的监督，受理乘客的投诉；

（七）执行政府价格部门核准的客运价格；

（八）服从公共汽车客运管理部门的应急调派用车；

（九）服从公共汽车客运管理部门因城市规划、建设、管理的需要等所做出的线路调整及对中途站亭等设施的改、迁建指令。

第二十三条　经营企业应当加强对营运车辆的保养和维修工作，保证投入营运的车辆符合下列要求：

（一）车辆性能、尾气排放等符合国家有关技术标准和环保标准；

（二）车容整洁、车内设施齐备完好；

（三）在规定位置标明营运收费标准和线路名称、经营企业名称；

（四）在规定位置张贴乘客投诉电话号码；

（五）色彩、标志符合公共汽车客运管理部门的统一要求。

第二十四条　在营运车辆和服务设施上设置广告，除应当符合广告管理法律、法规、规章规定外，广告的色彩、图案、标志、位置、面积、声响等还应当符合公共汽车客运管理的有关规定。

禁止在车厢内散发书面广告。

第二十五条　驾驶员、乘务员营运服务，应当遵守下列规定：

（一）着装整洁、佩戴服务证；

（二）在规定的站点上下乘客；

（三）按照核准的收费标准收费并出具有效等额票据；

（四）用普通话报清线路名称、车辆行驶方向、停靠站点名称并提示乘车安全注意事项，设置电子报站设备的，应当正确使用；

（五）保持车辆整洁，维护车厢内乘车秩序；

（六）为老、弱、病、残、孕乘客提供乘车帮助；

（七）不得故意压速行驶或相互追逐争抢乘客，不得在站点超车，不得在车站上、下乘客后滞留等客；

（八）不得拒载、甩站、强行拉客、中途逐客；

（九）不得在车厢内吸烟、讲脏话；

（十）不得将车辆交给不符合本条例规定的人员营运；

（十一）协助有关部门查处违法犯罪行为。

第二十六条　调度员进行营运调度，应当遵守下列规定：

（一）着装整洁、佩戴服务证；

（二）按照车辆运营作业计划调度车辆。

第二十七条　乘客应当自觉遵守乘车规则。违反乘车规则，经劝阻拒不改正的，驾驶员、乘务员可以拒绝对其提供服务。

乘客乘车应当支付车费。乘客不按规定支付车费的，驾驶员、乘务员有权要求其补交车费。

驾驶员或者乘务员不出具或者不配备规定的乘车票据的，乘客可以拒付车费。

第四章 设施建设和管理

第二十八条 城市总体规划及专项规划确定的停车场、枢纽站、首末站、保修场等公共汽车客运服务设施用地，未经公共汽车客运管理部门和规划部门同意，任何单位和个人不得侵占或者改变用途。

第二十九条 公共汽车场站建设，必须符合客运发展规划和年度建设计划，并按基本建设程序办理相关手续。

公共汽车场站的设计和施工，必须符合国家和省、市有关规定及技术标准，其设计方案应征求公共汽车客运管理部门的意见。项目竣工后，建设单位应当通知公共汽车客运管理部门参加验收，未经验收或者验收不合格的，不得投入使用。

第三十条 新区建设或者旧城改造，新建或者扩建火车站、公路客运站、轨道交通枢纽站、航空港和大型商业区、旅游景点、体育场馆和具有一定规模的居住区等工程时，需要配套建设公共汽车首末站的，建设单位应当根据城市规划的要求，配套建设公共汽车首末站。

第三十一条 政府投资建设的公共汽车枢纽站、首末站、公用站点，由公共汽车客运管理部门采用招标或者委托的方式确定日常管理单位；非政府投资建设的枢纽站、首末站、公用站点，由公共汽车客运管理部门和产权所有者协商后决定采用招标或者委托的方式确定日常管理单位。

公共汽车枢纽站设施按照谁投资、谁受益的原则，实行有偿使用。

第三十二条 具备条件的主要路段，应当设置公共汽车专用车道、港湾式停靠站；单向机动车道，应当允许公共汽车双向通行。

主要道口应设置公共汽车优先通行的标志和信号装置。

第三十三条 公共汽车首末站和站、点的设置应当符合公共汽车客运管理部门的规定。

公共汽车站桩、站牌、站（点）、停车场等客运服务设施，未经公共汽车客运管理部门批准，不得擅自设置、迁移、拆除、占用或关闭。

以取得土地使用权的土地自建的停车场按约定办。

第三十四条 禁止损坏公共汽车营运设施和配套服务设施。

第三十五条 禁止公共汽车串线营运；禁止其他机动车在规定时段驶入公共汽车专用车道和停靠站。

第五章 法律责任

第三十六条 违反本条例第十条第一款规定的，由公共汽车客运管理部门予以取缔，没收违法所得，可以并处 3000 元以上 3 万元以下的罚款。

第三十七条 违反本条例第十四条第一款、第二款规定的，由公共汽车客运管理部门收回专营权，没收违法所得，可以并处 5000 元以上 3 万元以下的罚款。

第三十八条 违反本条例规定，疏于安全教育和行车安全管理，造成重特大行车责任事故的，由公共汽车客运管理部门责令处理整改，逾期未达到整改要求的，解除专营合同，无偿收回其线路专营权。

第三十九条 违反本条例第二十一条第一款规定的，由公共汽车客运管理部门依法追究违约责任，责令其限期改正，逾期未改正的，解除专营合同，无偿收回其专营权。

第四十条 违反本条例第二十一条第三款规定的，由公共汽车客运管理部门责令改正，处以 2000 元以上 1 万元以下的罚款，可视其情节，减少其专营年限或者收回其专营权。

第四十一条 违反本条例第二十二条、第二十三条第（二）至第（五）项规定之一的，由公共汽车客运管理部门予以警告，责令限期整改，可以并处 1000 元以上 5000 元以下的罚款。

第四十二条 违反本条例第二十四条规定的，由公共汽车客运管理部门予以警告，责令改正，可以并处 500 元以上 5000 元以下的罚款。

第四十三条 驾驶员、乘务员、调度员违反本条例第二十五条、第二十六条的规定，不遵守服务规范的，由公共汽车客运管理部门给予警告，可处以 50 元以上 200 元以下的罚款。

第四十四条 违反本条例第三十三条第二款、第三十四条规定的,由公共汽车客运管理部门对个人处以 200 元以上 2000 元以下的罚款,对单位处以 2000 元以上 2 万元以下的罚款,造成损失的应予赔偿。

第四十五条 违反本条例第三十五条规定的,由公共汽车客运管理部门责令改正,处 2000 元以上 2 万元以下的罚款。

第四十六条 任何单位和个人对违反本条例规定的行为,均有权向公共汽车客运管理部门投诉。投诉人应当提供投诉事实、联系方式。

公共汽车客运管理部门应当自接到投诉之日起 5 个工作日内作出处理并答复投诉者。

第四十七条 公共汽车客运管理部门工作人员玩忽职守、滥用职权、徇私舞弊或对投诉人的投诉不及时处理和答复的,由其所在单位或者上级行政主管部门依法给予行政处分。

第四十八条 违反本条例规定,情节严重构成犯罪的,依法追究刑事责任。

第六章 附 则

第四十九条 本条例中所称复线是指总长度 70% 以上与原线路重复的新线路或者经过原线路主要客源段且起讫点与原线路相近的新线路。

第五十条 本条例自 2003 年 3 月 1 日起施行。

广安市城市公共汽车客运安全规定

(2019年3月21日广安市第五届人民代表大会常务委员会第十九次会议通过，2019年5月23日四川省第十三届人民代表大会常务委员会第十一次会议批准)

第一条 为了规范城市公共汽车客运秩序，倡导文明乘车，保障运行安全，保护乘车人、驾驶人人身财产安全，根据有关法律法规，结合广安市实际，制定本规定。

第二条 本规定所称城市公共汽车客运，是指在市、县级人民政府确定的区域内，运用符合国家有关标准和规定的城市公共汽车和客运服务设施，按照核准的线路、站点、时间和票价运营，为社会公众提供基本出行服务的活动。

本市行政区域内城市公共汽车驾驶人、乘车人、运营企业以及与城市公共汽车客运安全有关的单位和个人，应当遵守本规定。

第三条 法律、法规对城市公共汽车客运安全已有规定的，从其规定。

第四条 城市公共汽车驾驶人应当保护乘车人的人身财产安全，遵守下列规定：

(一) 遵守道路交通安全法律、法规，按照操作规范安全驾驶、文明驾驶；

(二) 不得在饮酒后驾驶城市公共汽车；

(三) 不得在服用国家管制的精神药品或者麻醉药品后驾驶城市公共汽车；

(四) 不得在患有妨碍安全驾驶机动车的疾病或者过度疲劳时驾驶城市公共汽车；

(五) 不得在驾驶过程中使用手持电话或者收听音乐、看电视；

（六）遇乘车人辱骂、拉拽、殴打或者其他妨碍安全驾驶的行为时，不得与乘车人发生冲突，当乘车人的行为直接危害安全驾驶时，应当立即安全停车并报警；

（七）发生突发事件时应当妥善处置并及时报警，保护乘车人安全，不得先于乘车人弃车逃离；

（八）按照规定的时段、线路和站点运营，不得追抢客源、滞站揽客；

（九）维护城市公共汽车车厢内的正常乘车秩序。

违反前款规定的，由公安机关或者城市公共交通主管部门依法处理；构成犯罪的，依法追究刑事责任。

第五条 乘车人应当文明乘车，不得有下列行为：

（一）辱骂、拉拽、殴打或者以其他方式故意伤害驾驶人；

（二）抢夺方向盘、变速杆等操纵装置；

（三）携带易燃、易爆、有毒（害）等危险物品；

（四）非法携带枪支、弹药或者国家规定的管制器具；

（五）携带未经安全包装的易碎、尖锐物品；

（六）携带有严重异味的物品；

（七）殴打、追逐、辱骂其他乘车人，或者起哄闹事；

（八）不按规定强行上下车；

（九）向车外抛洒物品；

（十）其他妨碍城市公共汽车客运安全、扰乱乘车秩序的行为。

违反前款规定的，由公安机关依法处理；构成犯罪的，依法追究刑事责任。

第六条 鼓励乘车人参与维护城市公共汽车客运秩序。乘车人有权劝阻和制止妨碍安全驾驶等危害客运安全的行为。

城市公共汽车运营企业可以在公共汽车车厢驾驶区附近设置安全劝导座位。鼓励坐在安全劝导座位的乘车人率先劝阻或者制止妨碍安全驾驶的行为。

前两款行为构成见义勇为的，依照《四川省保护和奖励见义勇为条例》的规定予以确认、保护和奖励。

第七条 城市公共汽车运营企业是客运安全的责任主体，应当遵守下列规定：

（一）依照规定聘用具有从业条件的人担任驾驶人，并对其进行客运安全教育、培训、管理和考核；

（二）不得将存在安全隐患的车辆投入运营；

（三）在车辆醒目位置设置安全警示标识；

（四）依照规定在车辆上安装智能视频监控、一键报警等技术防范设施和驾驶区防护隔离设施；

（五）在车辆上配备灭火器、电池舱自动灭火装置、电池箱灭火装置、安全锤等安全应急设备；

（六）在车辆上安装智能语音报站设施，利用车载媒体播放视频、语音等方式，提醒乘车人遵守规则、文明乘车。

城市公共汽车运营企业应当保证车辆及其设施、设备处于良好状态，并保障其安全运行。

违反前两款规定的，由城市公共交通主管部门责令限期改正，给予警告；逾期未改正的，处五千元以上一万元以下的罚款。

第八条　市、县级人民政府应当落实国家公共交通优先发展战略，加强对城市公共汽车客运安全工作的组织领导，统筹协调，督促落实。加大对城市公共汽车客运安全的投入，对安装安全防范设施、设备所需资金给予补贴，并将补贴资金列入本级预算。

第九条　市、县级交通运输、公安、应急管理等部门应当依据各自职责，负责城市公共汽车客运安全的指导、检查、监督，建立健全应急处置联动机制，协调解决客运安全方面的重大问题。

市、县级交通运输、公安、司法行政、教育、文化广播电视等部门应当通过以案说法等方式，加强城市公共汽车客运安全的宣传教育和舆论引导，增强公众自觉维护客运安全的意识。

有关负责城市公共汽车客运安全的行政机关及其工作人员滥用职权、玩忽职守、徇私舞弊的，依法给予处理；构成犯罪的，依法追究刑事责任。

第十条　本规定自2019年7月1日起施行。

达州市城市公共汽车客运条例

(2017年8月18日达州市第四届人民代表大会常务委员会第七次会议通过，2017年9月22日四川省第十二届人民代表大会常务委员会第三十六次会议批准)

第一章 总 则

第一条 为了规范城市公共汽车客运活动，保障运营安全，提高服务质量，保护乘客和运营企业合法权益，促进城市公共汽车客运事业健康有序发展，根据有关法律、法规的规定，结合达州市实际，制定本条例。

第二条 本条例适用于达州市行政区域内城市公共汽车客运的规划、建设、运营、管理等活动。

本条例所称城市公共汽车客运，是指在城市人民政府确定的区域内，运用城市公共汽车及其客运设施，按照核准的线路、站点、票价和时间运营，为公众提供基本出行服务的活动。

本条例所称城市公共汽车客运设施，是指城市公共汽车换乘枢纽站、首末站、保养场、停车场、站务用房、专用车道、加气（油）站、充电站（桩）、候车亭、站台、站牌、优先通行信号装置、智能公共交通系统等配套服务设施。

第三条 城市公共汽车客运发展坚持政府主导、统筹规划、公益为先、安全便捷、智能环保的原则。

第四条 市、县级人民政府应当根据国家优先发展公共交通战略，在城市规划、财政政策、用地供给、设施建设、路权分配等方面优先保障城市公共汽车客运发展。

市、县级人民政府应当将城市公共汽车客运专项资金纳入本级财政预算。

第五条　市级人民政府交通运输主管部门负责达州中心城区范围内的城市公共汽车客运管理工作，并指导各县（市）城市公共汽车客运管理工作。市级道路运输管理机构负责具体实施达州中心城区的城市公共汽车客运管理工作，并指导各县（市）组织实施城市公共汽车客运管理工作。

县级人民政府交通运输主管部门负责本行政区域内城市公共汽车客运管理工作。县级道路运输管理机构具体实施本行政区域内城市公共汽车客运管理工作。

市、县级人民政府发展改革、公安、财政、国土资源、环保、规划、住房城乡建设、林业园林、审计、国资、工商、税务、质监、安全监管、城管执法等部门，应当按照各自职责，共同做好城市公共汽车客运管理相关工作。

第二章　规划建设

第六条　市、县级人民政府在组织编制和调整城市总体规划、土地利用总体规划时，应当统筹城市公共汽车客运发展布局和用地配置。

第七条　市、县级人民政府交通运输主管部门会同发展改革、规划、住房城乡建设、国土资源、公安、环保、城管执法等部门，按照城市规划和土地利用总体规划，遵循科学合理、适度超前、换乘便捷、方便出行的原则，编制城市公共汽车客运发展规划及线网规划，报本级人民政府批准后实施。

第八条　因城市发展和城市功能需要，确需调整城市公共汽车客运发展规划及线网规划的，市、县级人民政府交通运输主管部门应当征求社会各方面的意见，并报本级人民政府批准。

第九条　市、县级人民政府应当将城市公共汽车客运设施用地纳入城市规划、土地利用年度计划和建设用地供应计划。

任何单位和个人不得擅自占用城市公共汽车客运设施用地或者改变土地用途。

第十条 新建的规模居住区、机场、火车站、港口码头、汽车客运站、商业中心、学校、医院、大型公共活动场所等建设项目，应当按照城市规划和土地利用总体规划配套规划建设城市公共汽车客运设施，并与建设项目主体工程同步交付使用。

涉及城市公共汽车客运设施的建设项目的规划、设计和竣工验收工作，应当征求市、县级人民政府发展改革、交通运输、国土资源、公安、城管执法等部门的意见。

第十一条 新建、改建或者扩建城市道路时，应当按照规划建设城市公共汽车客运设施；具备条件的，应当建设港湾式站台、城市公共汽车专用车道等城市公共汽车客运设施。

第十二条 城市公共汽车客运设施的日常管理单位应当按照有关标准和规定对城市公共汽车客运设施进行管理和维护。任何单位和个人不得擅自拆除、迁移、占用、毁损城市公共汽车客运设施。

因城市建设需要拆除、迁移、占用城市公共汽车客运设施的，建设单位应当报请所在地交通运输主管部门，共同制定相应的补建或者补偿方案，经本级人民政府批准后方可实施。

第十三条 市、县级人民政府应当根据道路条件及实际交通需求，优先设置城市公共汽车专用车道，并在符合条件的路口设置城市公共汽车专用导向车道、优先通行信号；单行路符合条件的，允许城市公共汽车双向通行。

第十四条 市、县级人民政府应当按照城市公共汽车客运线网规划，设置城市公共汽车站台（点）。任何单位和个人不得阻碍站台（点）设置。

城市公共汽车站台（点）前以及距离站台（点）三十米以内的路段，其他车辆不得停靠使用，正在执行任务的特种车辆除外。

第十五条 城市公共汽车站台（点）遵循同站同名原则统一命名，一般以所在道路、传统地名、公共设施、旅游景点、标志性建筑物或者与人民生活密切相关的其他公共设施的标准名称命名。

第十六条 城市公共汽车客运线路的站牌，应当标明线路编号、途经站台（点）、首末班营运时间、所在站台（点）名称、开往方向、运营线路图和票价等内容；定时城市公共汽车客运线路还应当标明首末站每班次发车时间。

第十七条 市、县级人民政府应当推广新技术、新能源、新装备,加强城市公共汽车客运智能化建设,推进物联网、大数据、移动互联网等现代信息技术在城市公共汽车客运运营、服务和管理方面的应用。

第三章 运营管理

第十八条 城市公共汽车客运实行特许经营,由市、县级人民政府按照法定程序确定运营企业后无偿授予城市公共汽车客运线路运营权,并签订特许经营协议。运营企业不得转让、出租或者变相转让、出租城市公共汽车客运线路运营权。

第十九条 城市公共汽车客运线路运营权期限为六年。运营期限届满六十日前,由市、县级人民政府重新确定下一期限的运营企业。

第二十条 申请特许经营权的企业应有与线路运营规模相适应的车辆(或者车辆购置资金)、设备、设施和运营资金,有与运营业务相适应的驾驶人员、管理人员和其他专业人员,有健全的安全、运营、服务管理等制度。

第二十一条 取得特许经营权的运营企业应当按照注册运营车辆数向市、县级道路运输管理机构申领道路运输证,并依照特许经营协议组织运营。

运营企业在运营期内不得擅自暂停或者终止运营。需要暂停或者终止运营的,应当在九十日前报市、县级道路运输管理机构批准。市、县级道路运输管理机构或者运营企业应当在拟暂停或者终止运营之日七日前向社会公告,并采取必要措施保障公众出行。

需要调整城市公共汽车站点、车型、首末班营运时间的,运营企业应当向市、县级道路运输管理机构提出申请,经批准后公告实施。

第二十二条 市、县级人民政府交通运输主管部门应当坚持成本监审原则,将成本监审作为确定和调整价格的重要程序,会同有关部门依法确定和调整城市公共汽车客运的票制票价。

第二十三条 市、县级人民政府应当建立健全城市公共汽车客运成本规制办法,科学界定运营企业成本标准,对于运营企业执行政府乘车优惠政策、承担政府指令性任务减少的收入，应当给予补偿补贴。

第二十四条 市、县级人民政府应当建立健全监督检查制度和运营企业服务质量、安全生产等考核评议办法，定期考核。考核结果向社会公布，并作为衡量运营企业运营绩效、给予补偿补贴和城市公共汽车客运线路运营权管理的重要依据。

第二十五条 市、县级人民政府应当制定城市公共汽车客运突发事件应急预案，定期组织演练，并建立应急处置联动机制，协调、解决城市公共汽车客运安全方面的重大问题。

市、县级人民政府交通运输、公安等部门以及运营企业应当加强安全乘车和安全应急知识宣传。

第二十六条 城市公共汽车客运发生突发事件，市、县级人民政府应当启动城市公共汽车客运突发事件应急预案，及时处置。

第二十七条 城市公共汽车客运发生安全事故，市、县级人民政府及交通运输、公安、安全监管等部门应当及时组织处置。

第二十八条 因市政工程建设、重大公共活动、节假日等需要临时调整线路走向、站点、运营时间或者运力的，建设单位、活动举办单位应当提前十日通报市、县级人民政府公安、交通运输部门。市、县级人民政府公安、交通运输部门应当会同相关单位和运营企业，制定道路交通管制方案和城市公共汽车运力调配、线路临时调整方案，提前向社会公告并组织实施。

第二十九条 市、县级人民政府交通运输主管部门、道路运输管理机构应当建立举报投诉处理制度，公开举报投诉电话，及时核实举报投诉事项，并于接到举报投诉之日起十五日内作出答复。

第三十条 乘客与运营企业对运营服务质量有争议时，可以申请市、县级道路运输管理机构或者依法成立的其他调解组织主持调解。

第四章 运营服务

第三十一条 运营企业应当使用符合国家规定标准的车辆，配备符合要求的相关服务设施和运营标识，按照规定对车辆进行维护和检测，保持车容车貌美观整洁和车辆技术状况良好。

运营企业及其投入运营的车辆应当依法年度审验。

第三十二条 城市公共汽车驾驶员应当具有相应的车辆驾驶资格，身心健康，无职业禁忌，三年内无重大以上交通责任事故记录。

城市公共汽车驾驶员应当接受有关法律、法规，城市公共汽车运营服务规范，车辆维修和安全应急等知识技能培训。

第三十三条 运营企业应当遵守以下规定：

（一）执行相关行业标准、规范，建立、健全管理制度；

（二）按照核准的线路、站点、运营时间和车型运营；

（三）执行核准的收费标准和有关优惠乘车的规定；

（四）建立智能化信息管理系统，并按照规定与行业信息管理系统互联互通，及时向相关部门提供所需信息和数据；

（五）严格城市公共汽车驾驶员准入审查，按照规定开展从业人员岗前及在岗培训考核，并报市、县级道路运输管理机构备案；

（六）遇重大公共活动或者发生灾害、突发事件等需要应急疏运的情形，服从市、县级道路运输管理机构的统一调度，及时组织车辆、人员进行疏运；

（七）法律、法规的其他规定。

第三十四条 运营企业是城市公共汽车客运安全生产的责任主体，应当履行下列安全生产职责：

（一）健全安全生产管理机构，安排安全生产专项资金，制定安全生产规章制度和操作规程，按照规定配备专职安全生产管理人员；

（二）建立和完善安全生产责任体系，落实全员岗位安全责任制；

（三）构建安全风险分级管控和隐患排查治理双重预防机制，定期组织安全隐患排查治理，确保运营车辆及附属设备状况良好；

（四）对从业人员进行安全生产教育、培训和考核，并建档备查；

（五）配备符合要求的安保人员和相应设备设施，加强安全检查和保卫工作；

（六）制定城市公共汽车客运安全生产突发事件应急预案，定期组织演练，发生安全生产事故，及时采取应急处置措施，并向事件发生地县级人民政府及其有关主管部门报告，配合有关部门依法调查处理；

（七）依法应当履行的其他安全生产职责。

第三十五条 驾驶员、乘务员应当遵守下列规定：

（一）服从管理，持证上岗，文明、安全行车；

（二）按照规定报清线路名称、车辆开往方向和停靠站点；

（三）按照运营班次、时间准时发车，在规定的区域停靠，不得滞站、甩站、拒载、甩客、强行揽客；

（四）保持车辆整洁、卫生，维护乘车秩序，为老、幼、病、残、孕以及其他需要帮助的乘客提供必要的帮助；

（五）及时处置突发事件，保护乘客安全，不得先于乘客弃车逃离；

（六）协助有关部门查处违法犯罪行为；

（七）法律、法规的其他规定。

第三十六条 乘坐城市公共汽车应当主动购票或者出示有效乘车凭证。

七十周岁以上老年人、重度残疾人、伤残军人和义务兵应当按照相关规定出示免票乘车凭证，免费乘坐城市公共汽车。

身高不足1.2米的儿童免费乘坐城市公共汽车。

第三十七条 乘客应当遵守下列规定：

（一）遵守乘车秩序，在站点区域内文明有序乘车；

（二）不得携带爆炸性、毒害性、放射性、腐蚀性物质，传染病病原体等危险物品或者国家规定的管制器具乘车；

（三）不得携带犬、猫等动物乘车，但携带有证明文件并且采取了保护措施的导盲犬除外；

（四）不得在城市公共汽车客运车辆或者场站内饮酒、吸烟、乞讨、卖艺或者乱扔废弃物等；

（五）不得损坏车内设备，不得妨碍车辆行驶、停靠等运营秩序，不得实施危及他人安全的行为；

（六）对运营企业履行安全生产职责予以配合。

乘客违反本条前款规定，经劝阻拒不改正的，驾驶员、乘务员有权拒绝为其提供运营服务。影响车辆正常运营的，报告公安机关依法处理。

第三十八条 城市公共汽车因故不能继续运行时，驾驶员、乘务员应当向乘客说明原因，并安排免费改乘同线路同方向的城市公共汽车。

第五章　法律责任

第三十九条 违反本条例规定，法律、法规已有处罚规定的，从其规定。

第四十条 运营企业违反本条例，有下列行为之一的，由市或者县级道路运输管理机构责令改正，可以并处两百元以上一千元以下的罚款：

（一）未持证上岗或者未文明、安全行车的；

（二）未按照规定报清线路名称、车辆开往方向和停靠站点的。

第四十一条 违反本条例规定，擅自拆除、迁移、占用、毁损城市公共汽车客运设施的，由市或者县级道路运输管理机构责令改正，对损坏的设施依法赔偿，并对个人处两百元以上一千元以下的罚款，对单位处两千元以上五千元以下的罚款。

第四十二条 运营企业违反本条例规定，有下列行为之一的，由市或者县级道路运输管理机构责令改正，并处一千元以上三千元以下的罚款：

（一）擅自暂停或者终止运营的；

（二）未配备符合要求的相关服务设施和运营标识的；

（三）未按照核准的线路、站点、时间、票价和车型运营的；

（四）未按照信息管理要求，及时提供信息和数据的；

（五）未对从业人员进行职业素质培训的。

第四十三条 运营企业违反本条例规定，有下列行为之一的，由市或者县级道路运输管理机构责令改正，并处二千元以上五千元以下的罚款：

（一）投入运营的城市公共汽车不符合规定要求的；

（二）聘用不符合本条例规定的人员从事城市公共汽车客运服务的；

（三）未按照市、县级道路运输管理机构的统一调度，及时组织车辆、人员进行疏运的；

（四）城市公共汽车驾驶员、乘务员在运营中滞站、甩站、拒载、甩客、强行揽客的。

第四十四条 运营企业违反本条例规定，将没有道路运输证的车辆投入运营的，由市或者县级道路运输管理机构责令改正，并处三千元以上一万元以下的罚款。

第四十五条　运营企业违反本条例规定，未按照规定将智能化信息管理系统与行业信息管理系统互联互通的，由市或者县级道路运输管理机构责令改正，并处五千元以上一万元以下的罚款；情节严重的，由市或者县级人民政府收回城市公共汽车客运线路运营权。

第四十六条　运营企业违反本条例规定，转让、出租或者变相转让、出租城市公共汽车客运线路运营权的，由市或者县级道路运输管理机构责令改正，并处一万元以上两万元以下的罚款；情节严重的，由市或者县级人民政府收回城市公共汽车客运线路运营权。

第四十七条　国家工作人员在城市公共汽车客运管理中，滥用职权、徇私舞弊、玩忽职守、索贿受贿的，由有权机关给予行政处分。

第六章　附　　则

第四十八条　经相关城市人民政府协商开通的毗邻城市间公共汽车客运，参照适用本条例。

第四十九条　本条例自2017年11月1日起施行。

贵阳市城市公共客运管理条例

(2006年12月28日贵阳市第十一届人民代表大会常务委员会第三十五次会议通过，2007年3月30日贵州省第十届人民代表大会常务委员会第二十六次会议批准)

第一章 总 则

第一条 为加强城市公共客运管理，促进城市公共客运事业发展，根据有关法律、法规的规定，结合本市实际，制定本条例。

第二条 城市公共交通是公益性事业，应当优先发展。

城市公共客运实行统一规划、协调发展，特许经营、规范管理，安全营运、优质服务的原则。

第三条 本市云岩、南明、小河区和其他县级人民政府所在地的城镇，以及市人民政府确定区域内城市公共客运的规划、建设、经营、管理适用本条例。

第四条 市人民政府城市客运行政主管部门负责全市城市公共客运的监督管理工作，具体负责云岩、南明、小河区，以及市人民政府确定区域内城市公共客运的监督管理工作，其所属城市客运管理机构负责有关具体工作。

其他县级人民政府城市客运行政主管部门，按照同级人民政府规定的职权，负责县级人民政府所在地城镇内城市公共客运的监督管理工作。

规划、公安、交通、财政、价格、工商、国土资源、质监等行政管理部门，应当根据职责，做好城市公共客运管理工作。

第五条 城市公共交通应当以政府投入为主，县级以上人民政府应当加大对城市公共交通事业的资金投入。对政府投入资金应当加强监督和管理。

鼓励单位和个人投资经营城市公共客运，建设城市公共客运服务设施，逐步实行公司化、规模化经营。

第二章　规 划 建 设

第六条　县级以上人民政府应当根据本地区国民经济和社会发展规划，编制城市综合交通体系规划、城市公共交通专项规划，按照规定批准后纳入城市总体规划。

编制城市综合交通体系规划、城市公共交通专项规划，应当公开征求市民和社会各界的意见。

第七条　城市公共汽车、电车、出租汽车等的配置比例，应当根据道路设施、客流等情况确定。

城市公共客运应当优先发展符合环保要求、运输效益较高的大容量车辆，逐步淘汰运力低、能耗高、污染大的车辆。

城市人民政府根据城市交通专项规划，结合道路建设情况，逐步开设城市公共客运专用车道，设置优先通行信号，提高城市公共交通设施的科技水平。

第八条　规划确定的城市公共客运场站等用地，应当在详细规划中预留，任何单位和个人不得擅自占用、改变其用途。

因城市建设确需占用、改变场站等用地的，应当按照规定报请批准，按照规划就近归还用地；没有条件归还的，依法补偿。

第九条　用于公共客运设施建设的经营权有偿使用费，应当不低于总金额的35%。

第十条　新建、扩建、改建城市道路、交通枢纽、商业街区、旅游景点、体育场馆、住宅小区，应当按照城市综合交通体系规划配建、增建公共客运设施。

第十一条　市人民政府城市客运行政主管部门应当会同公安机关交通管理部门，根据城市公共交通专项规划，设置线路、站点，完善城市交通网点的衔接。

新增、调整、关闭线路、站点，市人民政府城市客运行政主管部门应当会同公安机关交通管理等部门，通过公开征求意见、论证等方式确定；各方意见不一致的，应当进行听证。确定实施7日前，应当向社会公布。

第十二条　线路、站点、场站设置应当符合下列要求：

（一）线路、站点根据国家规范标准、本市道路状况设置；

（二）标志、文字规范醒目，场站名称中、英文对照准确；

（三）本站、下站、沿线站名、运行方向以及首末班次发车时间清晰准确；

（四）乘车须知、里程价格对照表、服务公约和监督电话号码齐备；

（五）有方便乘客候车、乘车的服务设施；

（六）夜间亮化符合规定。

第三章　经营服务

第十三条　城市客运行政主管部门应当根据城市综合交通体系规划、同级人民政府特许经营权出让计划，制定出让方案，经市人民政府审查，按照规定核准后组织实施。

出让计划、方案应当有利于降低成本、费用。

核准的线路、出租汽车总量，应当向社会公布。

第十四条　中标人、买受人应当按照规定期限与城市客运管理机构签订特许经营合同，付清经营权有偿使用费，领取经营资格证，办理车辆营运、工商、税务等手续。

禁止伪造、涂改、冒用经营资格证、车辆营运证。

第十五条　经营者应当遵守下列规定：

（一）车辆技术、安全性能符合标准；

（二）车辆依法投保；

（三）车厢内设施齐备完好，标志设置规范；

（四）按照规定安装、送检计价器；

（五）按照规定线路、站点、班次、时间营运，按期轮休，定期保养车辆；

（六）车辆按规定标明经营单位、车辆编号、线路站名、收费标准和投诉电话；

（七）不擅自停业、歇业、终止营运；

（八）不指使、强迫从业人员违章作业。

第十六条　驾驶员、乘务员应当遵守下列规定：

（一）持有国家规定的证、照；

（二）按时、准确播报站名、乘车注意事项；

（三）保持车辆整洁卫生，维护车内秩序；

（四）按照规定标准或者计价器显示金额收费，出具合法票据；

（五）不滞站揽客、甩站甩客、站外带客；

（六）对老、弱、病、残、孕、幼，以及需要紧急救助人员优先提供服务。

第十七条　出租汽车驾驶员还应当遵守下列规定：

（一）按照最佳线路或者乘客要求的路线行驶；

（二）不划地经营；

（三）按照规定使用计价器；

（四）营运时间不拒载乘客；

（五）未经乘客同意不另载客。

第十八条　乘客享有安全、便捷、文明礼貌客运服务的权利。有下列情形之一的，乘客有权拒付车费：

（一）车辆未标明收费标准的；

（二）计价器无有效期内鉴定合格印、证的；

（三）不使用计价器的；

（四）不出具合法票据的；

（五）中途停止服务的。

第十九条　乘客有下列情形之一，驾驶员、乘务员可以拒绝提供营运服务：

（一）携带易燃、易爆等违禁物品的；

（二）在禁止停车的地点拦车、下车的；

（三）不遵守乘车安全规定，又不听劝阻的；

（四）不投币、购票，拒绝按照计价器显示金额付费的；

（五）无人陪护的丧失自控能力的精神病患者、醉酒者。

第四章 监督管理

第二十条 城市客运管理机构应当建立学习培训制度，对经营者及其从业人员进行定期培训；建立投诉受理制度，设立、公开投诉电话、通信地址、电子邮件信箱，方便乘客投诉，接受社会监督。

第二十一条 城市客运管理机构受理投诉应当登记，情况清楚的，立即处理；需要调查的，自受理之日起10日内处理完毕；情况复杂的，经城市客运行政主管部门批准，可以适当延长，但最长不得超过20日。受理的投诉处理完毕，应当将结果反馈投诉人。

被调查人应当配合调查，并且提供相关材料。

因乘客投诉需要对营运车辆设施进行检测、鉴定的，费用由过错方承担。

第二十二条 实行城市公共交通企业成本费用定期审计、评价制度，企业运营成本必须向社会公布。

城市公共客运票价应当实行公平、统一的低票价，票价由价格行政管理部门核定后公布，核定票价应当进行听证。

城市公共客运企业依据法律、法规，优待现役军人、残疾人、老年人等乘车的，县级以上人民政府应当定期予以补贴。

第二十三条 城市客运管理机构应当建立服务质量、安全行车监管制度，根据特许经营合同，对经营者的服务质量、安全运行等情况，组织有乘客代表参加的年度考核。考核结果应当向社会公布。

经营者的考核结果，作为申请线路、出租车经营权的条件，记入信用档案，单位和个人有权查阅。

第二十四条 城市客运管理机构及其工作人员不得有以下行为：

（一）索取、收受财物；

（二）违法收费、罚款、扣车；

（三）擅自增加收费项目、提高收费标准。

城市客运管理机构，应当公布依法批准的行政事业性收费的项目、标准、依据。没有公布的项目，经营者有权拒缴。

第二十五条 禁止以下行为：

（一）损毁、侵占城市公共客运设施；

（二）擅自移动、改变、拆除城市公共客运设施；

（三）在场站、站点设置摊点、堆放物品、停放其他车辆。

第五章 法律责任

第二十六条 违反本条例规定的，由城市客运管理机构或者有关行政管理部门依法予以处罚。

第二十七条 违反本条例第六条第二款、第九条、第十条、第十三条第二款、第二十条、第二十一条第一款、第二十二条、第二十三条、第二十四条规定之一，尚不构成犯罪的，对直接负责的主管人员和直接责任人员依法给予行政处分；造成经济损失的，依法赔偿。

第二十八条 违反本条例第八条规定，擅自占用、改变城市公共客运场站等用地的，给予警告，责令停止违法行为，限期改正；逾期不改正的，依法拆除建筑物、构筑物，并处以同类地段商业用地土地出让金平均价格3倍以上5倍以下罚款。

第二十九条 违反本条例第十四条规定，未取得资格证、车辆营运证从事城市公共客运经营，伪造、涂改、冒用经营资格证、车辆营运证，尚不构成犯罪的，指定停放地点接受处理，没收违法所得；对单位处以1万元以上3万元以下罚款，对个人处以5000元以上1万元以下罚款。

第三十条 违反本条例第十五条规定之一的予以警告，责令立即改正；违反第一、五、六、七、八项规定的，处以100元以上500元以下罚款；拒不改正的，处以500元以上1000元以下罚款，责令停业整顿。

第三十一条 违反本条例第十六条第一项规定的，责令停止违法行为，没收违法所得，并处 5000 元以上 1 万元以下罚款。

违反本条例第十六条第二、四、六项规定的，予以警告，责令立即改正。

第三十二条 违反本条例第十六条第三、五项、第十七条规定之一、第十八条第五项的，责令改正，并可处 50 元以上 200 元以下罚款；拒不改正的，处以 200 元以上 1000 元以下罚款，并可以责令停业整顿。

第三十三条 违反本条例第二十五条规定之一的，责令改正，处 200 元以上 2000 元以下罚款；造成损失的，依法赔偿。

第六章　附　　则

第三十四条 本条例有关名词的含义为：

（一）城市公共交通，是指由城市大、中、小型公共汽车、电车、轨道交通、出租汽车等交通方式组成的公共客运交通系统；

（二）城市公共客运，是指城市公共汽车、电车、轨道交通等按照规定的线路、站点、时间，或者出租汽车按照乘客意愿运营，为乘客提供服务的活动；

（三）城市公共客运设施，是指公共交通场站、枢纽、公共交通专用道、优先通行信号等设施。

第三十五条 本条例自 2007 年 6 月 1 日起施行。

1999 年 6 月 16 日公布施行的《贵阳市城市社会客运管理条例》同时废止。

昆明市公共汽车客运条例

(2012年12月28日昆明市第十三届人民代表大会常务委员会第十四次会议通过，2013年3月28日云南省第十二届人民代表大会常务委员会第二次会议批准)

第一章 总 则

第一条 为了加强公共汽车客运管理，规范客运市场秩序，保障乘客、经营者及其相关从业人员的合法权益，促进城乡公共汽车客运协调发展，根据有关法律、法规，结合本市实际，制定本条例。

第二条 本市行政区域内公共汽车客运的规划、建设、运营、服务及相关管理等活动适用本条例。

第三条 本条例所称的公共汽车客运，是指利用符合国家或者地方标准的载客汽车，在本市行政区域内按照规定的编码、线路、站点、时间和收费服务标准运载乘客的运营活动。

本市公共汽车客运根据运营区域和特点分为以下四种类型：

（一）城市公共汽车客运：采用符合相关标准的城市公共汽车车型，主要依托于城市道路运营的活动；

（二）城际公共汽车客运：采用符合相关标准的公路客车车型，途经两个县级以上行政区域，主要依托于公路运营的活动；

（三）县乡公共汽车客运：采用符合相关标准的公路客车车型，在本县（市、区）行政区域内，连接乡（镇）之间，主要依托于公路运营的活动；

（四）镇村公共汽车客运：采用符合相关标准的公路客车车型，以乡

（镇）为单位，连接行政村之间，主要依托于公路运营的活动。

第四条 公共汽车客运应当遵循政府主导、社会参与、统筹规划、优先发展、安全运营、方便群众的原则。

第五条 市、县（市、区）人民政府应当加强对公共汽车客运工作的领导，在设施用地、资金安排、路权分配、财政扶持以及信息化建设等方面给予优先保障。

第六条 市、县（市、区）交通运输行政管理部门负责组织领导本行政区域的公共汽车客运管理工作。

交通运输行政管理部门所属的公共汽车客运管理机构负责具体实施公共汽车客运管理工作。

市、县（市、区）人民政府的有关部门，按照各自职责做好公共汽车客运的监督和管理工作。

第七条 鼓励和引导公共汽车客运行业逐步实现规模化、集约化运营。

鼓励和支持公共汽车客运经营者推广应用新技术、新能源运营车辆。

第二章 规 划 建 设

第八条 交通运输行政管理部门应当会同住建、规划、国土、公安等部门，根据城乡总体规划组织编制公共汽车客运发展专项规划，按照程序报批后组织实施。

第九条 公共汽车客运管理机构应当根据公共汽车客运发展专项规划和城乡发展的实际，定期组织客流调查和线路普查，合理调整和适时开辟公共汽车客运线路。

第十条 市、县（市、区）人民政府应当加强公共汽车客运服务设施建设，合理布局公共汽车客运场站，保障不同公共客运方式的衔接。

第十一条 编制控制性详细规划、土地利用总体规划时，应当优先保障公共汽车客运服务设施用地。

第十二条 市、县（市、区）人民政府应当按照统一规划、统一管理、站运分离、资源共享、有偿使用的原则，逐步推进公共汽车客运场站设施运营与公共汽车客运线路运营分离。

第十三条 新（改）建道路应当满足公共汽车客运发展需求，设置相应的公共汽车客运服务设施。

新城区开发、旧城区改造、居住小区建设和体育场馆、飞机场、火车站、城市轨道交通车站、长途汽车站、码头，以及大型商业中心、大型文化娱乐场所、旅游景点等工程项目的规划、建设，应当按照规划要求和相关标准配套建设相应的公共汽车客运服务设施，并与主体工程同步设计、同步建设、同步交付使用。

第十四条 有关行政管理部门在审查公共汽车客运服务设施建设工程项目设计方案前，应当征求交通运输行政管理部门、公安机关交通管理部门意见。工程竣工后，交通运输行政管理部门、公安机关交通管理部门应当参与验收。

第十五条 禁止下列损害公共汽车客运服务设施或者影响其使用功能的行为：

（一）侵占规划预留的公共汽车客运服务设施建设用地或者擅自改变其使用性质；

（二）挤占公共汽车客运服务设施用地或者改变土地用途；

（三）擅自改变公共汽车客运服务设施用途；

（四）擅自迁移、拆除、占用、关闭公共汽车客运服务设施；

（五）其他损害公共汽车客运服务设施或者影响其使用功能的行为。

第三章 运营许可

第十六条 从事公共汽车客运应当依法取得相关客运运营许可，并按照本条例规定取得公共汽车客运线路运营许可。

第十七条 申请公共汽车客运线路运营许可的，应当具备下列条件：

（一）依法取得相关客运运营许可；

（二）有与公共汽车客运服务相适应并经检测合格的车辆；

（三）有与公共汽车运营业务相适应的从业人员；

（四）有符合要求的公共汽车客运服务设施或者与公共汽车客运服务设施管理者达成使用协议的证明；

（五）有明确的线路和站点方案；

（六）有健全的安全生产管理制度；

（七）法律、法规规定的其他条件。

第十八条 从事公共汽车客运服务的驾驶人员应当具备下列条件：

（一）年龄不超过60周岁；

（二）身体健康，无职业禁忌；

（三）持有与准驾车型相符合的机动车驾驶证；

（四）3年内未发生负有主要或者全部责任的重大以上交通事故；

（五）经本市公共汽车客运行业培训合格。

第十九条 公共汽车客运管理机构自受理公共汽车客运线路运营申请之日起，应当在7日内审查完毕，并作出许可或者不予许可的决定。

第二十条 公共汽车客运管理机构在审查公共汽车客运线路许可申请时，应当考虑公共汽车客运市场的供求状况、普遍服务和方便群众等因素。

需要在非等级公路设置公共汽车客运线路的，公共汽车客运管理机构应当会同当地公安机关交通管理部门、安全生产监督行政管理部门，在对线路通行条件进行实地勘察的基础上进行设置。

第二十一条 公共汽车客运线路运营应当符合城市、城际、县乡、镇村公共汽车客运相关规范和标准的要求。根据运营区域和类型，运营期限为4年到8年。期限届满后需要延续的，应当重新提出申请。

第二十二条 公共汽车客运经营者不得转让公共汽车客运线路运营许可证照，不得擅自变更运营线路，不得擅自暂停、终止运营服务。

镇村公共汽车客运经营者采取区域经营、循环运行、设置临时发车点等灵活的方式运营，应当经公共汽车客运管理机构同意。

第二十三条 公安机关交通管理部门应当会同交通运输行政管理部门设置公共汽车客运车辆专用标识。未经运营许可的车辆，公安机关交通管理部门不予办理客运性质的机动车登记手续。

第二十四条 公共汽车客运经营者提供包车服务的，按有关规定办理相关手续。

第四章 运营服务

第二十五条 城市、镇村公共汽车客运实行政府定价；城际、县乡公共汽车客运实行政府指导价。

第二十六条 公共汽车客运经营者承担社会福利和完成政府指令性任务所增加的支出，由同级财政定期进行专项补偿。

第二十七条 调整公共汽车客运线路应当征求公安机关交通管理部门和公众的意见。

因工程建设、重大活动等影响公共汽车正常运营的，有关部门应当事先告知公共汽车客运管理机构，由公共汽车客运管理机构会同公安机关交通管理部门作出线路临时调整，并向社会公布，调整因素消失后及时恢复运营。

第二十八条 公共汽车客运经营者应当遵守下列规定：

（一）依法运营，服从管理；

（二）执行行业标准、规范，保证服务质量；

（三）开展安全教育，加强行车安全管理，保证运营安全；

（四）定期对客运车辆进行维护和检测，保持车辆技术、性能符合运营安全、环保、节能标准；

（五）按照有关规定投保相应的险种；

（六）按照核准的收费标准收费，提供有效的报销票证，执行相关优惠或者免费乘车的规定；

（七）遇有抢险救灾、突发性事件以及重大活动等情况时，服从当地政府的统一调度和指挥。

第二十九条 投入运营的公共汽车客运车辆应当符合下列规定：

（一）车辆性能符合国家规定的安全技术标准，污染物排放符合国家标准并达到相关要求；

（二）车辆整洁、设施完好；

（三）配置救生锤、灭火器等安全设备；

（四）安装具有行驶记录功能、符合标准的卫星定位装置，接入符合标准的监控平台或者监控端；

（五）在规定位置标明公共汽车客运类型、线路站点、票价、安全乘车须知和投诉电话等内容。

第三十条　驾驶员、乘务员应当遵守下列规定：

（一）遵守行业管理及服务规范，着装整洁，安全、文明行车；

（二）遵守道路交通安全法律、法规，按规定携带、佩戴相关证件；

（三）正确及时播报线路名称、走向、停靠站点和相关提示语，依次进站，规范停靠；

（四）引导乘客有序乘车、文明让座，为需要协助的乘客提供必要的帮助；

（五）不得拒载乘客、中途甩客、滞站揽客或者到站不停；

（六）在运营过程中因故不能继续运营时，应当安排乘客免费换乘同线路同方向运营车辆或者调派车辆；

（七）驾驶员连续驾驶时间不得超过4个小时。

第三十一条　乘客应当遵守下列规定：

（一）遵守社会公德，文明乘车；

（二）购票或者持有效票证乘车；

（三）不得携带宠物或者其他有碍乘客安全的物品乘车；

（四）不得携带管制器具以及爆炸性、易燃性、放射性、毒害性、腐蚀性等物品乘车；

（五）不得在车厢内吸烟、随地吐痰、乱扔垃圾、散发广告，或者向车外抛掷物品；

（六）学龄前儿童、不能辨认自己行为的醉酒者、精神病患者乘车应当有人陪护；

（七）不得有影响车辆正常行驶、乘客安全和乘车秩序的行为。

乘客违反上述规定情形之一，经劝阻拒不改正的，驾驶员、乘务员可以拒绝对其提供服务。

第三十二条　公共汽车客运服务设施的管理者应当加强服务设施的管理和维护。服务设施发生故障时，应当及时抢修，确保其性能完好和正常运行。

公共汽车客运服务设施的具体管理办法由交通运输行政管理部门另行制定。

第三十三条　公共汽车客运管理机构和公共汽车客运经营者应当建立投

诉受理制度，接受社会监督。

公共汽车客运管理机构和公共汽车客运经营者应当自受理投诉之日起 3 日内作出答复或者处理。

第三十四条 公共汽车客运管理机构应当建立公共汽车客运服务及信用评价机制。

第五章 监督保障

第三十五条 市、县（市、区）人民政府应当加强对公共汽车客运安全监督管理工作的领导，及时协调、解决安全监督管理工作中存在的重大问题。

交通运输、公安、安全监督等有关部门依照各自职责加强对公共汽车客运安全的监督管理。

第三十六条 交通运输、教育、公安等有关部门以及公共汽车客运经营者应当加强安全乘车和应急知识的宣传、教育和普及工作。

第三十七条 公共汽车客运经营者应当建立健全安全生产责任制、岗位责任制和安全生产管理各项制度，严格执行各项安全生产操作规程，加强车辆技术管理和驾驶员等从业人员管理，保障公共汽车客运运营安全。

第三十八条 交通运输行政管理部门应当加强对公共汽车客运管理机构的监督指导。

公共汽车客运管理机构应当加强对公共汽车客运活动的监督检查，及时查处违法、违规行为，维护公共汽车客运市场秩序。

第三十九条 公共汽车客运管理机构依法对公共汽车客运活动进行监督检查时，应当出示执法证件，并有 2 名以上的执法人员参加。

执法人员在实施监督检查过程中，对没有车辆运营证件又无法当场提供其他有效证明的车辆可以扣押，并妥善保管。

第四十条 公共汽车客运管理机构聘请的公共汽车客运协管人员，经培训合格后，协助公共汽车客运管理机构维护公共汽车客运市场秩序。工作经费由同级财政予以保障。

第四十一条 公共汽车客运管理机构实施监督检查，不得妨碍公共汽客运经营者正常的运营活动，不得徇私舞弊、乱收费、乱罚款。

第四十二条　交通运输行政管理部门应当会同有关部门制定公共汽车客运应急预案，报本级人民政府批准后实施。

第六章　法　律　责　任

第四十三条　违反本条例规定，有下列情形之一的，由公共汽车客运管理机构按照下列规定进行处罚：

（一）擅自迁移、拆除、占用、关闭公共汽车客运服务设施或者改变设施用途的，责令限期改正，逾期不改正的，处以1万元以上3万元以下罚款；造成损失的，依法承担赔偿责任；

（二）公共汽车客运经营者聘用不符合规定条件的驾驶员从事客运活动的，按照每人次处以500元以上1000元以下罚款；情节严重的，吊销公共汽车客运线路运营许可证照；

（三）未取得公共汽车客运运营许可和公共汽车客运线路运营许可，从事运营的，责令停止运营，处以3万元以上10万元以下罚款；

（四）公共汽车客运经营者未按规定投保有关险种的，责令限期投保；拒不投保的，吊销公共汽车客运线路运营许可证照；

（五）公共汽车客运服务设施的管理者未能确保公共汽车客运服务设施性能完好、正常运行的，发现故障未及时抢修，造成严重后果的，处以5000元以上2万元以下罚款；造成损失的，依法承担赔偿责任。

第四十四条　违反本条例规定，转让公共汽车客运运营许可或者公共汽车客运线路运营许可证照的，由公共汽车客运管理机构责令改正，处以2000元以上1万元以下罚款；有违法所得的，没收违法所得；情节严重的，吊销有关许可证照。

第四十五条　违反本条例规定，擅自变更运营线路或者暂停、终止运营服务的，由公共汽车客运管理机构责令改正，处以1万元以上5万元以下罚款。情节严重的，吊销公共汽车客运线路运营许可证照。

第四十六条　违反本条例规定，公共汽车客运经营者有下列情形之一的，由公共汽车客运管理机构责令限期改正，处以3000元以上5000元以下罚款：

（一）未建立安全生产责任制、岗位责任制和安全生产管理各项制度的；

（二）未定期对客运车辆进行维护和检测的；

（三）未建立投诉受理制度的；

（四）投入运营的公共汽车客运车辆不符合本条例规定的。

第四十七条　公共汽车客运驾驶员违反本条例规定，拒载乘客、中途甩客、滞站揽客或者到站不停的，处以100元以上500元以下罚款。

第四十八条　违反本条例规定，乘客有下列情形之一的，由公共汽车客运管理机构给予处罚：

（一）携带宠物或者其他有碍乘客安全的物品乘车的，处以50元以上100元以下罚款；

（二）在车厢内吸烟、随地吐痰、乱扔垃圾、散发广告、向车外抛掷物品及其他影响车辆正常行驶、乘客安全和乘车秩序行为的，处以10元以上50元以下罚款。

第四十九条　乘客违反社会治安管理规定，携带管制器具以及爆炸性、易燃性、放射性、毒害性、腐蚀性等物品乘车的，由公安机关依法给予处罚；构成犯罪的，依法追究刑事责任。

第五十条　有关行政管理部门、公共汽车客运管理机构及其工作人员在公共汽车客运管理工作中玩忽职守、滥用职权、徇私舞弊的，依法给予行政处分；构成犯罪的，依法追究刑事责任。

第七章　附　　则

第五十一条　本条例所称公共汽车客运服务设施，是指为公共汽车客运服务的枢纽站、客运站、首末站、中途停靠站等场站设施，以及专用道、信息管理等配套设施。

第五十二条　本条例自2013年7月1日起施行。

玉溪市城市公共交通管理办法（试行）

(2011年12月27日玉溪市第三届人民政府第74次常务会议讨论通过，2011年12月28日以玉溪市人民政府公告第32号发布，自2012年1月1日起施行)

第一章 总 则

第一条 为加快发展城市公共交通，规范客运活动秩序，保障运营安全，维护城市公共交通活动当事人合法权益，根据《云南省玉溪城市管理条例》和《云南省城市公共交通管理办法》等有关法律、法规、规章，结合实际，制定本办法。

第二条 玉溪市城市规划区内城市公共交通的专项规划、建设、运营、服务、安全及其相关管理活动，适用本办法。

本办法所称城市公共交通，是指在市人民政府确定的城市规划区内，利用公共汽车、电动公交车等交通工具和设施，按照核定的线路、站点、时间运营，为社会公众提供出行服务的客运活动。

第三条 城市公共交通是社会公益性事业。市人民政府应当在财政政策、城市规划、用地保障、设施建设、车辆投入和更新、交通管理等方面，优先支持城市公共交通发展。

第四条 市人民政府要将城市公共交通发展纳入国民经济和社会发展规划，完善基础设施，优化运营结构，加大资金投入和政策扶持，落实各项补贴、补偿等政策，并及时拨付有关费用。

鼓励社会资金投资城市公共交通建设、综合开发，鼓励城市公交企业使用环保节能型车辆。

第五条 城市公共交通实行公司化、集约化、规模化经营，按统一规划、统一管理、协调发展的方针，坚持公开、公正竞争的原则。

第六条 市交通运输行政主管部门是城市公共交通行业的主管部门，负责城市公共交通行业监督管理工作。

市公交出租车辆管理处负责实施玉溪市城市规划区内公共交通行业的具体管理工作。其职责是：

（一）贯彻执行国家、省、市有关城市公共交通的法律、法规、规章和规定；

（二）负责发放《道路运输经营许可证》、《道路运输证》、《从业资格证》；

（三）负责城市公共交通营运的日常监督管理；

（四）负责对城市公共交通企业的经营资质审定、质量信誉考核及从业人员资格培训；

（五）负责处理投诉和查处违法行为。

发展改革委、工业信息化委、公安、财政、工商、税务、住房城乡建设、规划、质量技术监督、城市管理综合行政执法等有关部门，按照各自职责，负责相关监督管理工作。

第七条 城市公共交通实行政府定价，并建立成本增减价格联动机制。企业因承担社会公益性事业减少的收入，市人民政府应当给予补偿，并将补偿资金纳入市人民政府公共财政预算，由市人民政府财政部门采集数据，审核补偿金额，按季拨付。

第二章　规划建设

第八条 市交通运输行政主管部门应当会同相关部门组织编制综合交通运输体系规划，报市人民政府批准后实施。

市人民政府应当将公共交通基础设施建设纳入城市规划，优先发展城市公共交通，市交通运输行政主管部门应当会同相关部门根据城市总体规划、综合交通运输体系规划、道路交通通行条件、方便市民出行需要，充分论证调研，组织编制城市公共交通专项规划，适时调整公交线路，拟定调整方案，报市人民政府批准，由交通、公安、规划、国土、住房城乡建设等部门共同组织实施。

第九条 市人民政府应当优先安排公共交通设施建设用地，将公共交通场站和配套设施纳入城市旧城改造和新城建设计划。

城市公共交通规划确定的停车场、枢纽站、始末站、保修场等城市公共交通服务设施用地，符合划拨用地目录的，应当划拨供给。

新城区开发、旧城区改造、居住小区建设和体育场馆、火车站、长途汽车站，以及大型商业中心、大型文化娱乐场所、旅游景点等工程项目的规划、建设，应当按照城市公共交通规划配套建设公共交通场站，并实行同步设计、同步建设、同步竣工、同步交付使用。

第十条 有关部门在审批涉及城市公共交通建设工程项目设计方案前，应当征求市交通运输行政主管部门的意见。工程竣工后，市交通运输行政主管部门应当参与验收。

第十一条 新建、改建、扩建城市道路时，应当根据城市公共交通线路、客运服务设施建设、道路交通安全等专项规划设置候车站、始发站场。对符合公共交通车辆通行条件的居住区，应当设置公共交通线路站点。

具备条件的城市主干道可以设置城市公共汽车专用车道，保证公共汽车优先通行。

第十二条 城市公共交通运营企业应当按照规定和标准设置公交站牌，并在站牌上标明线路名称、行驶方向、始末班时间、所在站点和沿途停靠站点以及票价等信息。

第十三条 任何单位和个人不得有下列行为：

（一）侵占规划预留的公共交通设施建设用地或者擅自改变其使用性质；

（二）随意挤占公共交通设施用地或者改变土地用途；

（三）擅自改变公共交通场站设施的用途；

（四）擅自迁移、拆除、占用、关闭公共交通停车场、站点、站牌、候车亭等客运服务设施；

（五）损坏公共交通设施和配套服务设施。

第三章 运营许可

第十四条 从事城市公共交通运营的企业,应当具备下列条件:

(一) 良好的银行资信和相应的偿债能力;

(二) 符合运营要求的流动资金和运营车辆;

(三) 符合规定的驾驶人员和相应的管理人员;

(四) 健全的运营服务、安全生产、应急处置等管理制度;

(五) 法律、法规、规章规定的其他条件。

第十五条 从事公共交通运营的车辆应当具备下列条件:

(一) 符合规定的车型,且技术性能和设施完好;

(二) 符合有关技术标准和安全、环保、卫生要求;

(三) 配备有效的消防设备和器材;

(四) 安装卫星定位车载终端设备和收费刷卡设备。

第十六条 从事城市公共交通运营的驾驶人应当具备下列条件:

(一) 年龄在21周岁以上,60周岁以下;

(二) 身体健康,无职业禁忌;

(三) 持有相应准驾车型的机动车驾驶证,并有3年以上驾龄;

(四) 3年内未发生负有主要责任以上的重特大交通事故;

(五) 3年内驾驶证未被记满12分;

(六) 经市公交出租车辆管理处培训考核合格,取得从业资格证。

第十七条 从事城市公共交通运营的,应当依法取得线路运营许可。申请线路运营许可的,应当符合第十四条规定的条件,并向市公交出租车辆管理处提交下列材料:

(一) 客运企业法人资格证明;

(二) 注册资金300万元以上,符合规定车型的运营车辆20辆以上,与其经营规模相适应的停车场地和配套设施;

(三) 与运营规模相适应的驾驶人员、管理人员和其他专业人员;

(四) 线路运营方案和健全的运营服务、安全管理制度;

（五）法律、法规、规章规定的其他条件。

第十八条 城市公共交通线路经营权通过直接授予的许可方式取得，使用期限为 8 年。

（一）市公交出租车辆管理处对申请从事城市公共交通运营的企业，应当在 20 日内作出决定。许可的，发给《道路运输经营许可证》，持《道路运输经营许可证》向相关部门申请办理营业执照、税务登记证、专用车辆牌证后，由市公交出租车辆管理处核发《道路运输证》；不予许可的，应书面通知申请人。

（二）因客运市场宏观调控、行业规划涉及的其他客运车辆，确需转换经营方式的，需向市公交出租车辆管理处提交申请材料，由市交通运输行政主管部门审核，提出方案报市政府批准实。

本办法实施前已取得城市公共交通线路经营权的经营者，依据本办法重新登记许可。

未取得城市公共经营许可的车辆，不得从事公共交通客运经营活动。

第十九条 取得线路运营许可的企业，应当与市公交出租车辆管理处签订运营服务协议。协议内容应当包括线路名称、站点、首班车和末班车时间、线路配置车辆的最低数量、票价、服务质量承诺、安全保障措施等。

第二十条 取得线路运营许可的企业，确需调整线路、站点、时间或者减少运营车次的，应当向市公交出租车辆管理处提出书面申请。批准调整的，公共交通运营企业应当于实施前 10 日向社会公告。

因市政工程建设、大型公益活动等特殊情况需要临时变更线路、时间、站点的，建设或者主办单位应当在 20 日前书面告知公共交通运营企业。公共交通运营企业应当于 10 日前在站点张贴公告，并通过媒体向社会公告。

第二十一条 公共交通运营企业需要停业、歇业或者停开线路的，应当提前 6 个月向作出许可的市公交出租车辆管理处申请办理有关手续。经批准停业、歇业或者停开线路的，公共交通运营企业应当在停业、歇业或者停开线路之前 30 日向社会公告。

第二十二条 城市公共交通线路运营期限届满需要延续的，应当在期限届满 6 个月前提出申请。市公交出租车辆管理处应当自受理之日起 20 日内作出决定。对符合运营安全、服务质量等要求的，应当作出准予延续的决定；

对不符合要求的，应当作出不予延续的决定，并书面告知申请人。

第二十三条　城市公共交通经营企业不得擅自转让公交线路经营权，不得出租、买卖、涂改、伪造其持有的证件、票据。

第四章　运营服务

第二十四条　公共交通运营企业应当按照核准的线路、站点、班次间隔、首班车和末班车时间运营，并遵守下列规定：

（一）依法运营，服从管理；

（二）执行行业标准、规范，保证服务质量，接受社会监督；

（三）开展安全教育，加强行车安全管理，保证运营安全；

（四）对运营设施进行维护，保证其处于良好的运营服务状态；

（五）执行价格主管部门核准的客运价格；

（六）不得聘用不符合规定条件的驾驶人从事公共交通运营活动；

（七）非营运时间，车辆统一进入停车场停放；

（八）遵守城市公共交通的其他服务规范。

第二十五条　运营车辆应当按照规定的期限和标准进行维护，保持车容整洁、设施齐备完好、色彩、标志符合要求，在规定位置标明线路站点、票价、安全乘车须知和投诉电话等内容。

在城市公共交通车辆和设施设置广告，需经市公交出租车辆管理处同意，并应当符合广告管理等有关规定，不得影响城市公共交通运营服务和安全。

第二十六条　公共交通运营企业不得使用报废、擅自改装拼装、检测不合格的车辆以及不符合国家强制标准要求的车辆从事公共交通客运运营。

运营企业应当建立车辆技术档案和管理档案，及时、完整、准确记载有关内容并向交通、公安交通管理部门报备。

第二十七条　城市公共交通从业人员运营服务时应当遵守下列规定：

（一）遵守交通法规，文明驾驶；

（二）衣着整洁，文明礼貌；

（三）按照核准的收费标准收费，提供有效的报销票证；

（四）执行有关优惠或免费乘车的规定；

（五）正确及时报清公共汽车线路名称、行驶方向和停靠站名称，提示安全注意事项，为老、幼、病、残、孕等乘客提供可能的帮助；

（六）按照核定的运营线路、车次、时间发车和运营，不得到站不停、滞站揽客、中途甩客、擅自站外上下乘客、中途调头；

（七）按规定携带、佩戴相关证件；

（八）合理调度、及时疏散乘客；

（九）法律、法规、规章规定的其他行为。

第二十八条 乘客应当遵守下列规定：

（一）遵守公共道德，服从管理；

（二）不得携带易燃、易爆、有毒等危险品乘车；

（三）不得携带宠物和易污染等有碍乘客安全或者健康的物品乘车；

（四）不得在车厢内吸烟、吐痰、乱扔垃圾、散发广告，或者向车外抛掷物品；

（五）不得有影响车辆正常行驶、乘客安全和乘车秩序的行为；

（六）学龄前儿童、醉酒者、精神病患者乘车应当有人陪护；

（七）身高 120 厘米以上的乘客应当按照规定付费乘车。

乘客违反上述规定情形之一，经劝阻拒不改正的，驾驶员、乘务员可以拒绝对其提供服务。

第二十九条 符合下列条件之一的乘客，乘坐公共交通免费：

（一）身高不足 120 厘米的儿童；

（二）持免费乘车卡的 60 周岁以上的老年人、盲人和下肢残疾的残疾人；

（三）现役军人。

第五章 运营安全

第三十条 市人民政府应当加强对城市公共交通安全管理工作的领导，督促有关部门履行安全监督管理职责，及时协调、解决安全监督管理中的重大问题。

交通运输行政主管部门应当定期开展安全检查，督促企业消除安全隐患。

安全生产监督、公安等有关部门应当按照职责对城市公共交通安全实施监督管理。

第三十一条　公共交通运营企业应当采取措施，加强安全管理，并履行下列职责：

（一）建立健全安全生产管理机构，配备专职安全生产管理人员；加强车辆和驾驶人源头管理，建立健全管理档案，并将车辆和驾驶人基础台账报送公安交通管理部门纳入重点车辆、驾驶人监管；

（二）建立健全安全生产责任制，落实车辆定期例保检验等安全管理制度，加强安全检查，消除隐患；

（三）建立并实施从业人员安全教育培训制度，保证从业人员熟悉安全运营规章制度和安全操作规程。

第三十二条　公共交通运营企业应当在公共交通车辆及公共场站的醒目位置设置安全警示标志，并保持灭火器、安全锤、车门紧急开启装置等安全应急装置完好有效。

城市公共交通场站经营企业应当建立安全巡查制度。遇到危及运营安全的紧急情况，应当及时采取疏散或者限制客流等临时措施，确保运营安全。

第三十三条　交通运输行政主管部门应当会同有关部门制定城市公共交通应急预案，报同级人民政府批准后实施。

运营企业应当根据城市公共交通应急预案制定本企业的应急预案，定期进行演练。

第三十四条　发生城市公共交通突发事件，人民政府应当启动应急预案，采取应急处置措施。

遇有抢险救灾、突发性事件以及重大活动等情况时，运营企业应当服从人民政府的统一调度和指挥。

第六章　监督管理

第三十五条　市交通运输行政主管部门应当会同有关部门制定城市公共

交通安全行车、服务质量、车容车貌等方面的标准和规范。

市公交出租车辆管理处应当加强对城市公共交通活动的监督检查，及时查处各类违法行为。

第三十六条 市公交出租车辆管理处应当建立 24 小时值班、举报投诉制度，公开举报投诉电话、通信地址、电子邮箱，接受社会监督。

第三十七条 市公交出租车辆管理处应当对公共交通运营企业进行质量信誉考核。

第七章 法 律 责 任

第三十八条 国家工作人员在城市公共交通管理工作中玩忽职守、滥用职权、徇私舞弊的，依法给予处分；构成犯罪的，依法追究刑事责任。

第三十九条 违反本办法第十八条规定，未取得运营线路许可从事城市公共交通运营活动的，由城市综合行政执法机构责令停止运营，处 5000 元以上 3 万元以下罚款；情节严重的，依法没收从事非法运营的车辆。

第四十条 有下列行为之一的，由市公交出租车辆管理处进行处罚：

（一）违反本办法第十三条第（四）项规定的，责令改正，限期恢复原状，处 1 万元以上 3 万元以下罚款；造成损失的，依法承担赔偿责任；

（二）违反本办法第十三条第（五）项规定的，处 500 元以上 5000 元以下罚款；造成损失的，依法承担赔偿责任；

（三）违反本办法第十九条规定的，责令改正，处 1000 元以上 5000 元以下罚款；

（四）违反本办法第二十一条规定，公共交通运营企业未经批准擅自停业、歇业或者停开线路的，责令改正，处 5000 元以上 3 万元以下的罚款；

（五）违反本办法第二十三条规定的，责令改正，处 1 万元以上 3 万元以下罚款；

（六）违反本办法第二十四条规定，公共交通运营企业未经批准擅自调整线路、站点、时间运营或者擅自减少运营车次的，责令改正，处 2000 元以上 1 万元以下罚款；

（七）违反本办法第二十四条第（六）规定的，按照每人次处以500元以上1000元以下罚款；

（八）违反本办法第二十七条第（一）至（五）、（七）、（八）项规定的，视情节予以警告，暂扣或吊销从业资格证；

（九）违反本办法第二十七条第（六）项规定的，予以警告，可以并处50元以上200元以下罚款。

第四十一条　违反本办法规定的其他行为，由相关部门依照各自职权依法查处。

第四十二条　法律、法规、规章另有规定的从其规定。

第八章　附　　则

第四十三条　红塔区城乡公交按现行管理体制进行管理。

第四十四条　本办法自2012年1月1日起施行。

西安市公共汽车客运条例

(2018年6月29日西安市第十六届人民代表大会常务委员会第十二次会议通过，2018年7月26日陕西省第十三届人民代表大会常务委员会第四次会议批准)

第一章 总 则

第一条 为了促进公共汽车客运事业发展，规范公共汽车客运市场秩序，保障运营安全，提高服务质量，保护当事人合法权益，方便公众日常出行，依据有关法律、法规，结合本市实际，制定本条例。

第二条 本市行政区域内公共汽车客运的规划、建设、运营、服务及相关活动，适用本条例。

第三条 本条例所称公共汽车客运，是指利用符合国家有关标准和规定的公共汽车（含电车）等交通工具和公共汽车客运服务设施，按照核定的线路、编号、站点、时间和票价运营，为社会公众提供基本出行服务的活动。

本条例所称的公共汽车客运服务设施，包括保障公共汽车客运服务的停车场、首末站、保养场、换乘枢纽站及其配套设施，候车亭、站台、站牌、港湾等站务设施，油气电供配设施以及公共汽车专用车道、公共交通智能化设备等相关设施。

第四条 公共汽车客运遵循政府主导、社会参与、统筹规划、优先发展、安全便捷、节能环保的原则。

第五条 公共汽车客运具有社会公益属性。市、区县人民政府是发展公共汽车客运事业的责任主体，应当将公共汽车客运纳入本级国民经济和社会发展规划，保证公共汽车客运事业发展的财政投入。公共汽车客运财政补贴资金列入年度财政预算。

市、区县人民政府及开发区管理委员会应当采取相应措施，在财政政策、城市规划、场站用地、设施建设、路权分配等方面优先保障公共汽车客运事业发展，引导公众优先选择公共汽车客运方式出行。

第六条 市交通运输主管部门负责本市公共汽车客运管理工作，其所属的公共汽车客运管理机构负责具体管理工作。

阎良区、临潼区、高陵区、鄠邑区、周至县、蓝田县交通运输主管部门负责本辖区内公共汽车客运管理工作。

发展改革、规划、建设、财政、价格、市政公用、人社、国土资源、公安、城市轨道交通等部门应当按照各自职责，做好公共汽车客运相关工作。

第七条 市、区县人民政府根据经济社会发展需要，推进城乡公共汽车客运一体化发展，支持公共汽车运营线路向镇、学校、旅游景点、工业园区等人口密集区域延伸。

第八条 鼓励社会资本参与公共汽车客运服务设施的建设和运营，引导公共汽车运营企业规模化、集约化经营。

推广新技术、新能源、新装备和大数据、移动互联网等现代信息技术在公共汽车运营、服务和管理方面的应用。

第二章 规划与建设

第九条 公共汽车客运发展规划是公共汽车客运建设、管理、发展的依据。

市规划部门应当会同市交通运输主管部门根据城市总体规划、土地利用总体规划和城市综合交通体系规划，组织编制市公共汽车客运发展规划，并征求建设、国土资源、公安机关交通管理等部门和社会各方意见，报市人民政府批准后，由市交通运输主管部门组织实施。

阎良区、临潼区、高陵区、鄠邑区、周至县、蓝田县规划部门应当会同本级交通运输主管部门根据市公共汽车客运发展规划组织编制本辖区的公共汽车客运发展规划，报本级人民政府批准后，由所在区县的交通运输主管部门组织实施，并报市交通运输主管部门备案。

经批准的公共汽车客运发展规划，任何单位和个人不得擅自变更。确需变更的，应当按照规划编制程序重新报请批准。

第十条 编制公共汽车客运发展规划应当与城市发展布局、功能分区、用地配置和道路建设相衔接，科学规划场站布局，优化客运线网结构，实现公共汽车客运与铁路、公路、民航、轨道交通等客运方式的便捷换乘。

第十一条 规划部门编制控制性详细规划时，应当与公共汽车客运发展规划相衔接，优先保障公共汽车客运服务设施用地，根据地块开发强度、人口指标等因素，明确公共汽车客运服务设施的用地范围、功能布局和控制要求。经确定的公共汽车客运服务设施用地，任何单位和个人不得擅自占用或者改变其用途。

公共汽车客运发展规划确定的公共汽车客运服务设施用地符合划拨用地目录的，应当予以划拨。

第十二条 在确保公共汽车客运服务设施使用功能及规模的前提下，其用地范围内的地上地下空间可以按照市场化原则实施土地综合开发利用。涉及变更土地用途的，依法办理相关手续。

第十三条 新建、改建、扩建机场、火车站、长途汽车站、轨道交通车站等客流集散的公共场所，文化、医疗、教育、体育、娱乐、商业、旅游等大型活动场所和大型住宅小区，需要配套建设公共汽车客运服务设施的，应当在规划条件中明确；规划条件应当作为土地出让合同或者划拨决定书的附件，并不得擅自变更。

第十四条 配套建设的公共汽车客运服务设施应当与主体工程同步设计、同步建设、同步验收、同步交付使用；未按照规定进行配套建设的，主体工程不得交付使用。

分期开发、分期交付使用的建设项目，在公共汽车客运服务设施建成前，应当根据需要设置过渡设施。

第十五条 新建、改建、扩建城市道路时，应当根据公共汽车客运发展规划设置公共汽车客运服务设施；具备条件的，应当设置公共汽车港湾式停靠站。

第十六条　公共汽车客运服务设施的设计和施工应当符合国家、省、市有关规定和技术标准，其设计方案应当征求交通运输主管部门的意见。竣工验收时，应当通知交通运输主管部门参加。

公共汽车客运服务设施的建设应当逐步达到无障碍设施的要求和技术标准。

第十七条　公共汽车客运管理机构应当根据公共汽车客运发展规划和社会公众出行需求，适时组织客流量调查，合理调整或者开辟公共汽车客运线路、站点和运营时间，提高线网和站点覆盖率，优化公共汽车客运线网。调整或者开辟线路、站点、运营时间方案应当征求社会公众意见，并在实施前向社会公布。

调整或者开辟公共汽车客运线路，应当具备公交场站和公共汽车道路通行条件。

第十八条　公安机关交通管理部门应当会同交通运输主管部门和运营企业根据城市道路的技术条件、交通流量、出行结构等因素，科学划设公共汽车专用车道和设置优先通行信号系统，完善公共汽车专用车道交通标志、标线，加强专用车道监控管理，保障公共汽车优先通行。在符合条件的禁止转向和单向行驶路段，可以允许公共汽车通行；具备条件的主要路口，可以设置公共汽车专用导向车道。

第十九条　公共汽车客运管理机构应当会同公安机关交通管理部门和运营企业根据沿线单位和住宅区分布情况，按照方便乘客、站距合理的原则，科学设置站点位置。经确定的站点位置，任何单位和个人不得擅自变更。

公共汽车客运管理机构应当会同运营企业按照同站同名、指位明确的原则，以传统地名或者所在道路、历史文化景点、公共设施、标志性建（构）筑物、公共服务机构等的标准名称命名站点，方便乘客识别。

第二十条　任何单位和个人不得妨碍公共汽车站点使用。在公共汽车站点及距离站点三十米以内的路段，禁止其他车辆停靠。

第二十一条　公共汽车首末站及中途站点应当设置站牌，并标明下列内容：

（一）线路名称、所在站点和沿途停靠站点名称、首末班运营时间；

（二）服务监督电话；

（三）其他应当明确的服务事项。

站牌设计应当美观实用，与街区风貌保持一致，有条件的站点应当设置电子显示屏。站牌应当保持清洁，标识明确，站名加标英文。

第二十二条 因城市建设等需要，确需迁移、拆除或者占用公共汽车客运服务设施的，相关单位应当经公共汽车客运服务设施管理单位同意，并按照规定予以恢复、补建或者补偿。

第二十三条 市建设部门应当将公共汽车客运车辆购置和公共汽车客运服务设施的建设、维护项目纳入年度城市建设计划。

第三章 运营管理

第二十四条 本市公共汽车客运实行特许经营。

从事公共汽车客运线路运营的，应当取得公共汽车客运管理机构授予的公共汽车线路运营权，并与公共汽车客运管理机构签订线路特许经营协议。

第二十五条 公共汽车线路运营权实行无偿授予。

阎良区、临潼区、高陵区、鄠邑区、周至县、蓝田县公共汽车客运管理机构负责授予首末站和线路走向均在本区县范围内的公共汽车线路运营权。市公共汽车客运管理机构负责授予其他公共汽车线路运营权。

第二十六条 公共汽车客运管理机构应当根据规模经营、适度竞争的原则，综合考虑运力配置、社会公众需求等因素，通过服务质量招投标的方式选择运营企业，授予公共汽车线路运营权；不符合招投标条件的，由公共汽车客运管理机构在已取得线路运营权的运营企业中择优选择。

本条例实施前已经批准但未确定运营期限的线路，由公共汽车客运管理机构授予符合规定条件的运营企业有期限的线路运营权，并签订线路特许经营协议。

第二十七条 申请公共汽车线路运营权，应当符合下列条件：

（一）具有企业法人营业执照；

（二）具有符合运营线路要求的运营车辆或者符合国家有关标准和规定车辆的承诺书；

（三）具有合理可行、符合安全运营条件的线路运营方案及经营资金；

（四）具有与经营业务相适应的管理人员和符合规定的从业人员；

（五）具有健全的经营管理制度、安全生产管理制度和服务质量保障制度；

（六）法律、法规规定的其他条件。

第二十八条 公共汽车线路运营权期限每次不超过十年。

线路运营权期限届满，需要延续的，运营企业应当在期限届满前九十日内，向公共汽车客运管理机构提出书面申请。公共汽车客运管理机构应当根据企业运营状况、服务质量考核结果以及运营安全情况等，在接到申请之日起三十日内作出是否延续的决定。准予延续的，应当与运营企业重新签订运营协议；不予延续的，应当作出不予延续的决定并书面告知理由。

对新开辟的线路、公共汽车线路运营权期限届满需要重新确定运营企业的线路或者其他需要重新确定运营企业的线路，由公共汽车客运管理机构按照本条例第二十六条的规定重新确定。

第二十九条 取得公共汽车线路运营权的运营企业，应当自取得线路运营权之日起六个月内开展运营，并按照线路特许经营协议的要求从事线路运营。

第三十条 公共汽车线路运营权期限内，运营企业不得擅自停止运营服务。确需暂停或者终止的，应当提前三个月向公共汽车客运管理机构提出书面申请。公共汽车客运管理机构应当在接到申请之日起六十日内作出决定并向社会公布。决定作出之日前，运营企业不得停止运营服务。

第三十一条 运营企业应当按照确定的线路、站点、时间运营，不得擅自调整。

因城市基础设施建设、重大群众性活动或者道路交通管制等特殊原因，需要临时调整公共汽车运营线路、站点或者运营时间的，有关部门应当及时告知公共汽车客运管理机构并由运营企业及时向社会公布。

第三十二条 运营企业在公共汽车线路运营权期限内有下列情形之一的，公共汽车客运管理机构有权收回线路运营权，并根据需要及时采取应对措施，保障公众出行：

（一）运营服务质量不符合标准且未整改或者经整改仍不符合要求的；

（二）转让、出租或者变相转让、出租线路运营权的；

（三）发生重大安全生产责任事故的；

（四）未按照规定申请延续线路运营权期限的；

（五）其他依法需要收回线路运营权情形的。

第三十三条 公共汽车客运票价实行政府定价。

价格部门应当会同财政部门、交通运输主管部门建立公共汽车客运票价与运营企业运营成本和政府补贴的联动机制，根据运营企业运营成本、居民消费价格指数和不同交通方式之间的比价关系制定或者调整公共汽车客运票价。

公共汽车客运票价的制定和调整，由价格部门按照相关权限的规定提出方案，举行听证会，依照规定程序报批。

第三十四条 市、区县人民政府可以制定乘坐公共汽车的票价优惠政策，明确优惠乘车的条件、范围、优惠时段、标准和办理程序等事项。

第三十五条 运营企业应当按照线路特许经营协议制定行车作业计划，如实记录、保存线路运营情况和相关数据，并向公共汽车客运管理机构报送。

第四章 运营服务

第三十六条 运营企业应当按照线路特许经营协议和公共汽车客运管理机构确定的运营服务要求从事线路运营。

第三十七条 运营企业应当遵守下列规定：

（一）执行国家和行业标准、规范；

（二）建立健全安全生产和服务质量保障制度；

（三）定期组织从业人员进行职业道德、交通安全、服务规范、应急处置等方面的教育和培训；

（四）按照核准的票价收费，使用统一有效的票证；

（五）定期维修和检测运营车辆，确保车辆符合行车安全和环保标准；

（六）法律、法规的其他有关规定。

第三十八条 运营企业投入运营的车辆应当符合下列要求：

（一）车辆技术性能符合相关标准；

（二）在规定的位置标明乘坐规则、收费标准、运营企业名称、线路走向示意图、警示标志、儿童免费乘车的身高标尺和服务监督电话号码等信息；

（三）在规定的位置设置线路标识牌、电子读卡器、投币机等设备；

（四）配备中英文语音报站系统和行驶记录定位装置；

（五）设置老、幼、病、残、孕的乘客专用座位和必要的急救备用药品；

（六）车容车貌整洁卫生，设施齐全完好；

（七）配置符合标准的安全锤、灭火器等安全应急设备，安装视频监控设备和车载终端；

（八）其他的车辆服务设施和标识。

第三十九条 从事公共汽车运营服务的驾驶员、乘务员，应当具备下列条件：

（一）具有履行岗位职责的能力；

（二）身心健康，无传染性疾病、精神疾病等可能危及行车安全的疾病或者病史；

（三）无吸食毒品或者暴力犯罪记录。

除前款规定外，从事公共汽车运营服务的驾驶员还应当具备下列条件：

（一）取得与准驾车型相符的机动车驾驶证且实习期满；

（二）连续三个记分周期内无交通违法记满分记录；

（三）无交通肇事、危险驾驶犯罪记录，无饮酒后驾驶记录；

（四）法律、法规规定的其他条件。

第四十条 运营企业应当按照国家有关规定和标准，对公共汽车驾驶员、乘务员进行有关法律法规、岗位职责、操作规程、服务规范、安全防范和应急处置等方面基本知识与技能的培训和考核；考核合格的，方可上岗。

运营企业应当将相关培训、考核情况建档，并报公共汽车客运管理机构备案。

第四十一条 驾驶员、乘务员在提供运营服务时，应当遵守下列规定：

（一）遵守交通安全法律、法规；

（二）按照规定的线路、站点和时间运营，不得到站不停、拒载乘客、中途甩客或者在站点外随意停车上下客；

（三）不得在车辆运行时闲谈、吸烟、使用手持电话；

（四）按照价格部门核准的票价收费，执行优惠乘车的有关规定；

（五）按照规定播报线路名称、走向和停靠站名称，提示安全注意事项，引导乘客有序乘车、文明让座；

（六）维护车内设施，保持车辆整洁；

（七）统一着装、文明服务，为老、幼、病、残、孕乘客提供必要的帮助；

（八）对车辆运行过程中出现的突发事件进行应急处置；

（九）按照相关规定使用车辆空调设施；

（十）其他有关运营服务的规定。

第四十二条 乘客应当遵守下列规定：

（一）按照规定的票价支付费用或者主动出示有效乘车凭证；

（二）遵守乘车规则，爱护公共汽车服务设施；

（三）不得吸烟、饮酒、随意吐痰、乱扔废弃物等；

（四）不得携带易燃、易爆、剧毒等危险品或者易污染车厢环境和损伤他人的物品；

（五）不得在车厢内从事营销、乞讨、卖艺或者发放宣传品等活动；

（六）学龄前儿童、醉酒者、精神疾病患者和行动不便者，应当在他人陪同下乘车；

（七）不得携带宠物；

（八）不得有其他侵害司乘人员和乘客人身安全或者妨碍车辆正常运行的行为。

第四十三条 公共汽车在线路运营途中发生故障无法继续运营时，驾驶员、乘务员应当及时向乘客说明原因，安排乘客免费改乘同方向线路的后续车辆或者采取其他有效措施疏导乘客，并及时报告运营企业。

第四十四条 公共汽车客运服务设施管理单位应当健全运营、维护、安全管理制度，定期对场站等服务设施进行维修保养，保证其技术状况、安全性能符合国家和行业标准。

第五章 运营安全

第四十五条 运营企业应当落实安全生产主体责任，建立健全企业安全生产管理制度和责任体系，配备专职安全生产管理人员和设施设备，加强从业人员安全教育培训，定期开展安全检查和隐患排查，增强突发事件防范和应急能力，保障公共汽车运营安全。

第四十六条　交通运输主管部门应当会同有关部门制定公共汽车客运突发事件应急预案，并报本级人民政府批准。

运营企业应当根据公共汽车客运突发事件应急预案制定本企业的应急预案，报交通运输主管部门备案，并定期组织演练。

第四十七条　有下列情形之一的，运营企业应当按照公共汽车客运管理机构的统一调度，及时组织车辆、人员进行疏运：

（一）抢险救灾或者突发事件；

（二）主要客流集散点运力严重不足；

（三）重大公共活动；

（四）其他需要应急疏运的情形。

第四十八条　公共汽车驾驶员、乘务员或者安保人员对乘客携带的可疑物品应当进行安全检查。乘客拒不接受安全检查的，公共汽车驾驶员、乘务员或者安保人员可以拒绝其乘车。

第四十九条　公共汽车客运管理机构应当会同有关部门，定期进行安全检查，督促运营企业及时采取措施消除安全隐患。

第五十条　禁止从事下列扰乱乘车秩序、危害公共汽车运营安全的行为：

（一）非法拦截或者强行上下公共汽车；

（二）妨碍驾驶员的正常驾驶；

（三）擅自操作车内有警示标志的按钮或者开关装置；

（四）其他扰乱乘车秩序、危害公共汽车运营安全的行为。

运营企业从业人员接到报告或者发现上述行为时，应当及时制止；制止无效的，及时报告公安机关。

第五十一条　任何单位和个人都有保护公共汽车客运服务设施的义务，并不得有下列行为：

（一）破坏、盗窃公共汽车客运车辆及设施、设备；

（二）擅自关闭、侵占、拆除公共汽车客运服务设施或者挪作他用；

（三）擅自覆盖、涂改、污损、毁坏或者迁移、拆除站牌；

（四）其他影响公共汽车客运服务设施功能和安全的行为。

第五十二条 利用公共汽车和有关客运服务设施设置广告的，应当遵守有关广告管理的法律、法规及标准。设置的广告不得覆盖站牌标识和车辆运营标识，不得影响车辆安全行驶。

第六章 监督保障

第五十三条 市人民政府应当建立公共汽车客运管理联席会议制度，研究、协调、解决涉及公共汽车客运的重大事项和相关问题。

第五十四条 市、区县人民政府应当建立运营企业运营成本核算和补偿、补贴制度，组织财政、价格、审计、交通运输等部门定期对运营企业的运营成本进行审计和评价，科学核定运营企业成本标准，合理界定财政补贴、补偿额度和范围。

运营企业因执行票价低于成本票价、政府乘车优惠政策和因承担政府指令性任务所造成的政策性亏损，市、区县人民政府应当及时、足额给予财政补贴。

第五十五条 市、区县人民政府及交通运输主管部门和运营企业应当建立公共汽车客运从业人员工资保障机制和工资正常增长机制，保障其收入与经济社会发展水平相适应。

第五十六条 公共汽车客运相关部门应当按照下列规定，履行监督管理职责：

（一）发展改革部门负责公共汽车客运服务设施建设项目的审批，协调公共汽车客运的能源供应等事项；

（二）国土资源部门按照公共汽车客运发展规划，做好公交场站及其他服务设施建设用地的保障工作；

（三）公安机关及其交通管理部门依法查处扰乱公共汽车运营秩序、危害公共汽车客运安全的行为；科学设置公交专用车道、优先通行标志和信号装置；

（四）市政公用部门按照公共汽车客运发展规划，制定年度公共汽车客运服务设施建设实施计划；

（五）安监管理部门依法负责公共汽车客运安全生产工作的综合监督管理。

第五十七条　交通运输主管部门应当建立运营企业服务质量考核制度，定期对运营企业的服务质量进行考核并向社会公布，考核结果作为相关部门评价运营企业运营绩效、发放政府补贴和线路运营权准入与退出的主要依据。

第五十八条　交通运输主管部门应当统筹推进公交智能化建设，推进信息技术在公共汽车运营管理、服务监督和行业管理等方面的应用，重点建设公众出行信息服务系统、车辆运营调度管理系统、安全监控系统和应急处置系统。加强公共汽车客运与其他交通方式、城市道路交通管理系统的信息共享和资源整合，提高服务效率。

第五十九条　公共汽车客运管理机构应当加强对公共汽车运营活动的监督检查。实施监督检查时，应当有两名以上人员参加，出示行政执法证件，并不得妨碍运营企业的正常经营活动。

第六十条　公共汽车客运管理机构和运营企业应当建立投诉受理制度，公布受理方式。受理投诉、举报后，应当及时调查、处理，并在接到投诉、举报之日起十个工作日内将处理结果告知投诉、举报人。对不属于职责范围内的事项，及时移送有关部门，并将移交情况告知投诉、举报人。

第七章　法　律　责　任

第六十一条　违反本条例第二十四条和第二十八条规定，未取得线路运营权擅自运营或者运营期限届满未申请延续擅自运营的，由公共汽车客运管理机构责令停止运营，并处一万元以上五万元以下罚款；有违法所得的，没收违法所得。

第六十二条　违反本条例第二十九条规定，运营企业未在规定期限内开展运营的，由公共汽车客运管理机构责令限期改正；逾期未改正或者拒不改正的，处一万元以上三万元以下罚款。

第六十三条　违反本条例第三十条规定，运营企业擅自停止运营服务的，由公共汽车客运管理机构责令限期改正；逾期未改正或者拒不改正的，处一万元以上三万元以下罚款。

第六十四条 违反本条例第三十一条、第三十二条和第四十七条规定，运营企业有下列行为之一的，由公共汽车客运管理机构责令限期改正；逾期未改正或者拒不改正的，处一万元以上五万元以下罚款；有违法所得的，没收违法所得；情节严重的，收回线路特许经营权：

（一）擅自调整运营线路、站点和时间的；

（二）转让、出租或者变相转让、出租线路运营权的；

（三）未按照公共汽车客运管理机构的统一调度进行疏运的。

第六十五条 违反本条例第三十七条、第三十九条和第四十条规定，运营企业有下列行为之一的，由公共汽车客运管理机构责令限期改正；逾期未改正或者拒不改正的，处五千元以上一万元以下罚款：

（一）未定期对运营车辆进行维修检测的；

（二）聘用不符合本条例规定条件的驾驶员和乘务员的；

（三）未按照规定对驾驶员和乘务员进行培训、考核和建档备案的。

第六十六条 违反本条例第三十八条规定，运营企业未配置符合要求的服务设施和运营标识的，由公共汽车客运管理机构责令限期改正；逾期未改正或者拒不改正的，处五千元以下罚款。

第六十七条 违反本条例第四十一条和第四十三条规定，运营企业有下列行为之一的，由公共汽车客运管理机构给予警告，并对负有责任的驾驶员或者乘务员处五十元以上二百元以下罚款：

（一）到站不停、拒载乘客、中途甩客或者在站点外随意停车上下客的；

（二）未按照核准票价收费或者未执行优惠乘车规定的；

（三）未按照规定播报线路名称、走向和停靠站名称以及提示安全注意事项的；

（四）未按照相关规定使用车内空调设备的；

（五）车辆因故障不能正常行驶，未组织乘客免费转乘同线路后续车辆的。

第六十八条 违反本条例第四十二条和第五十条规定，有下列行为之一的，由公安机关依法予以处罚；构成犯罪的，依法追究刑事责任：

（一）携带易燃、易爆、剧毒等危险品乘车的；
（二）非法拦截或者强行上下公共汽车的；
（三）妨碍驾驶员正常驾驶的；
（四）擅自操作车内有警示标志的按钮、开关装置的；
（五）其他扰乱乘车秩序、危害人身安全和车辆运营安全的行为。

第六十九条 违反本条例第四十六条规定，运营企业未制定应急预案并组织演练的，由公共汽车客运管理机构责令限期改正；逾期未改正或者拒不改正的，处五千元以上二万元以下罚款。

发生影响公共汽车运营安全的突发事件时，运营企业未按照应急预案的规定采取应急处置措施，造成严重后果的，由公共汽车客运管理机构处二万元以上十万元以下罚款。

第七十条 违反本条例第五十一条规定，破坏公共汽车客运服务设施的，由公共汽车客运管理机构责令改正，对损坏的设施依法赔偿，并对个人处一千元以下罚款，对单位处五千元以下罚款；构成犯罪的，依法追究刑事责任。

第七十一条 违反本条例规定的其他行为，法律、法规已有法律责任规定的，从其规定。

第七十二条 交通运输主管部门、公共汽车客运管理机构以及其他有关部门的工作人员未履行本条例规定的监管职责或者有其他滥用职权、玩忽职守、徇私舞弊的行为的，由上级行政主管部门或者监察机关对直接负责的主管人员和其他责任人员依法给予处分；构成犯罪的，依法追究刑事责任。

第八章 附　　则

第七十三条 本条例自 2018 年 12 月 1 日起施行。

兰州市城市公共汽车客运管理条例

(2017年4月27日兰州市第十六届人民代表大会常务委员会第四次会议通过，2017年7月28日甘肃省第十二届人民代表大会常务委员会第三十四次会议批准)

第一章 总 则

第一条 为了促进畅交通、治污染和公共汽车（含以电力、天然气以及其他燃料为动力的公共电车、公共燃气车等，以下统称为"公共汽车"）客运事业的发展，规范公共汽车客运活动，保障运营安全，提高服务质量，维护公共汽车客运当事人的合法权益，根据有关法律、法规的规定，结合本市实际，制定本条例。

第二条 本条例适用于本市行政区域内公共汽车客运的规划、建设、运营、服务以及监督管理等活动。

第三条 公共汽车客运应当遵循政府主导、优先发展、统筹规划、安全运营、节能环保、方便群众的原则。

第四条 市、县（区）人民政府交通运输行政主管部门负责本行政区域内公共汽车客运管理工作，其所属的道路运输管理机构承担具体的监督管理工作。

发展和改革、公安、财政、国土、建设、规划、生态、城管、审计、安监、国资监管等管理部门，根据各自职责，协同做好公共汽车客运的相关管理工作。

第五条 市、县（区）人民政府应当将公共汽车客运服务纳入本级国民经济和社会发展规划。

市、县（区）人民政府应当将公共汽车客运发展政府投入资金纳入本级人民政府的财政预算，财政资金主要用于场站等基础设施建设、运营的政策性亏损补贴和支持新能源车辆购置等方面。

第六条 鼓励按照城乡公共汽车客运一体化的要求，向周边的农村、学校、旅游景点、工业园区等延伸公共汽车客运线路。

鼓励和引导公共汽车客运行业逐步实现规模化、集约化运营。

鼓励和支持公共交通智能化建设，推进公共汽车客运行业应用物联网、大数据、移动互联网等智能化的先进科学技术及管理方法。

鼓励和推广使用新能源、低排放和无障碍设施车辆，减少燃油车辆，淘汰老旧车辆，建设新能源、无障碍站点设施。

第七条 鼓励公共汽车客运行业开展爱岗敬业、明礼诚信等各类文明服务和安全技术竞赛，表彰奖励先进线路、班组、车辆和个人。

对完成政府指令性运输任务成绩突出，遵章守纪、安全行驶、文明服务显著，有救死扶伤、见义勇为等先进事迹的运营企业和个人予以表彰奖励。

第二章 规划建设

第八条 市、县（区）人民政府及其规划行政主管部门在组织编制城乡总体规划和控制性详细规划时，应当将公共汽车客运与城乡发展布局、功能分区、用地配置和道路发展同步规划，统筹公共汽车客运与公路、铁路、民航、轨道交通、水路等其他运输方式的衔接，方便市民换乘。

第九条 市、县（区）人民政府交通运输行政主管部门应当会同规划、建设、国土、公安、生态等部门，根据城乡总体规划组织编制公共汽车客运发展专项规划，并按照程序报本级人民政府批准后组织实施。

第十条 公共汽车客运发展专项规划确定的公共汽车客运设施用地应当在控制性详细规划中预留和公布，非经法定程序，任何单位和个人不得改变其用途。

市、县（区）人民政府应当在公共汽车客运设施规划用地方面给予保障,符合国家《划拨用地目录》规定的,应当以划拨方式供地。

第十一条 经市、县(区)人民政府批准,在确保公共汽车客运设施用地功能及规模的基础上,可以对公共汽车客运设施用地的地上地下空间按照市场化原则依法进行综合利用。涉及变更土地用途的,依法办理相关手续。

公共汽车客运设施用地综合利用的收益应当用于公共汽车客运设施的建设、维护、管理及公共汽车客运运营政策性亏损补贴。

第十二条 建设新城区、居民区、商务区、大型公共活动场所、机场、火车站、长途汽车客运站、轨道交通主要换乘站等项目,应当按照城乡总体规划和控制性详细规划以及公共汽车客运发展专项规划的要求配套建设公共汽车客运设施。

新建居住小区确定建设公共汽车客运设施的,应当在土地出让条件中明确相关责任,并不得擅自变更;对于分期开发的,在公共汽车客运设施建成前,应当设置过渡公共汽车站点设施。

配套建设的公共汽车客运设施,应当与项目主体工程同步设计、同步建设、同步验收。

对未按照公共汽车客运发展专项规划配套设计、建设公共汽车客运设施的项目,建设主管部门不予批准工程建设。

第十三条 新建、改建或者扩建城市道路时,规划建设行政主管部门应当按照规划要求和技术规范,同步规划、建设公交专用车道、港湾式停靠站等公共汽车客运设施并应有明确标识。

公共汽车客运停车场、首末站应当配建供公共汽车客运从业人员工间休息的基本用房和相关设施。

第三章 设 施 管 理

第十四条 公共汽车客运经营者应当对公共汽车及客运服务设施定期进行检查、养护和维修,保证其技术、安全性能和相关指标符合国家和行业标准。

第十五条 因城市建设、道路施工、交通管理等需要,确需占用、迁移、拆除公共汽车客运设施的，相关单位应当经交通运输行政主管部门同意，并予以恢复、补建。需要异地建设的，应当先建设后拆除。

对废弃的公共汽车设施，公共汽车客运经营者应当在废弃之日起的三十日之内予以拆除。

第十六条 公共汽车客运线路站点应当根据场站规划、沿线单位和居住区分布情况及国家的相关规范标准，按照方便乘客、站距合理的原则设置。

常规公共汽车客运线路的站距一般为五百米至八百米；快速公共汽车客运线路的站距一般为八百米至一千五百米；城市郊区、镇村公共汽车站点间距根据当地情况设置。

同一站点的上、下行站点距离一般不得超过一百米，且站名应当相同（单行线除外）。

站点离交叉路口的距离应当大于一百米。

公共汽车客运线路、站点的设置、变更情况应当向道路运输管理机构备案并向社会公布。

第十七条 公共汽车客运线路站点应当以传统地名或者所在道路、文物古迹、公共设施、标志性建（构）筑物的标准名称命名，方便乘客识别。

站点名称应当保持稳定，不得频繁更名和利用站点命名进行商业交易。

公共汽车客运站点命名情况应当向市民公布并向道路运输管理机构备案。

第十八条 公共汽车客运线路的站牌，由客运经营者负责设置。站牌应当标明线路编号、途经站点、首末班运营时间、所在站点名称、开往方向、票价等内容；定时班线还应当标明首末站每班次发车时间。

客运线路和站点进行调整的，客运经营者应当在调整前对前款规定的相关站牌内容进行调整。

站牌设计应当美观实用，与街区风貌适当保持一致。

站牌应当保持清洁，相关内容字迹清晰，标识明确，站名加标英文。

第十九条 利用公共汽车客运设施和车辆发布广告的，不得覆盖站牌标识和车辆运行标识，不得妨碍车辆行车、进出站观察视线，不得影响安全驾驶。

第二十条 禁止下列损害公共汽车客运设施或者妨碍公共汽车客运正常运行的行为：

（一）损坏、窃取公共汽车及客运设施；

（二）擅自关闭、拆除公共汽车客运设施或者改变公共汽车客运设施用途；

（三）在公共汽车客运车站前后三十米路段内停放非公共交通车辆、设置摊点、堆放物品；

（四）遮盖、涂改、污损、毁坏或者擅自迁移、拆除公共汽车客运站牌；

（五）其他影响公共汽车及客运设施正常、安全使用的行为。

第四章　运　营　管　理

第二十一条　市、县（区）交通运输行政主管部门及其所属的道路运输管理机构应当根据公共汽车客运发展规划、城市发展需要、道路交通情况和公众意见，合理设置和调整公共汽车客运线路，并在实施前予以公布。

设置和调整的公共汽车客运线路应当与现有公共汽车客运线网相匹配，其首站或者末站附近应当具备建设公共汽车停车场等固定基础设施的条件。

第二十二条　申请从事公共汽车客运经营的，应当具备下列条件：

（一）依法注册的企业法人；

（二）有与线路经营规模相适应的运营车辆或者车辆购置资金、停车场、营业场所和运营资金；

（三）有与线路经营业务相适应的管理人员和从业人员；

（四）有符合要求的公共汽车客运服务设施或者与客运服务设施管理者达成使用协议的证明；

（五）有合理、可行的运营方案；

（六）有健全的运营、安全管理等制度；

（七）法律、法规规定的其他条件。

第二十三条　公共汽车客运实行特许经营。特许经营权应当通过招投标的方式取得；以招投标方式无法确定的，由道路运输管理机构从已取得运营权的运营企业中择优选择。

第二十四条　取得公共汽车客运线路运营权的经营者应当与道路运输管

理机构签订运营协议。本市公共汽车客运线路运营权期限不得超过八年。

公共汽车客运线路运营权期限届满前九十日,经营者可以向道路运输管理机构申请延续运营权。道路运输管理机构对经营者运营状况、服务质量等进行评价考核合格的,应当在运营权期限届满前六十日内予以批准,并与经营者重新签订运营协议;考核不合格的,应当责令其限期整改或者作出不予延续批准的决定并书面告知理由。

公共汽车客运线路运营权期限届满未申请延续的,由道路运输管理机构无条件收回该公共汽车客运线路运营权。

第二十五条 公共汽车客运经营者不得擅自停止运营。需要暂停运营的,应当提前九十日向道路运输管理机构提出书面申请;道路运输管理机构应当自收到申请之日起六十日内作出决定。

公共汽车客运经营者被依法注销线路运营权,或者经批准暂停运营,以及出现其他无法保障线路正常营运情况时,道路运输管理机构应当采取必要的措施,保证公众正常出行。

第二十六条 经营者不得擅自转让、出租和质押公共汽车客运线路运营权。经营者在经营期限内发生分立、合并等情形,需要变更公共汽车客运线路运营权的,应当经道路运输管理机构批准。

第二十七条 客运经营者应当向道路运输管理机构申请办理车辆营运证,道路运输管理机构应当按照核定的车辆数量配发车辆营运证。经营者自取得公共汽车客运线路运营权之日到开展运营的期限不得超过六个月。

第五章 运营服务

第二十八条 从事公共汽车客运经营的车辆,应符合国家、行业标准和下列规定:

(一)车辆性能符合国家规定的安全技术标准,污染物排放符合相关标准;

(二)车辆整洁、设施完好;

(三)配置智能车载一体化终端、救生锤、灭火器等运营设备和安全设备；

（四）安装具有车辆行驶轨迹记录功能的车载设备、接入具备车辆数据传输、处理和管理的智能化系统平台；

（五）设置老、弱、病、残、孕和怀抱婴幼儿的乘客专用座位；

（六）在规定位置张贴线路走向示意图、运营收费标准、禁烟标志、乘坐规则和投诉联系方式；

（七）车载电子刷卡机或者投币箱等收费设施的价格设置正确，使用功能正常；

（八）法律、法规规定的其他条件。

第二十九条 经营者应当遵守下列规定：

（一）执行行业标准、规范，保证服务质量；

（二）按照核定的线路、站点、车次和时间运营；

（三）按照核准的收费标准收费，提供有效的报销票证，执行乘车费用优惠的相关规定；

（四）按照国家和地方标准设置运营线路标识、标牌和中英文双语服务设施；

（五）定期对客运车辆进行维护和检测，保持车辆技术、性能符合运营安全、环保、节能标准；

（六）按照法律法规规定投保相应的险种；

（七）定期组织对从业人员进行有关法律法规、职业道德、岗位职责、操作规程、服务规范和安全应急知识的培训；

（八）遇有抢险救灾、突发性事件以及重大活动等情况时，服从当地政府的统一调度和指挥。

第三十条 由于道路交通管制、城市建设、道路改造、重大活动等因素影响公共汽车客运线路运行的，有关部门应当提前七个工作日告知道路运输管理机构；因突发事件导致公共汽车客运线路临时变更的，有关部门应当及时告知道路运输管理机构，由道路运输管理机构作出临时调整的决定，及时通知经营者，并向社会公告。

第三十一条 有下列情形之一的，经营者应当服从道路运输管理机构的统一调度，及时组织车辆、人员进行运输：

（一）主要客运集散地运力严重不足的；
（二）举行重大社会活动的；
（三）发生灾害、突发事件的；
（四）其他需要应急运输的情形。

第三十二条　公共汽车客运驾驶员应当具备下列条件：
（一）取得符合准驾车型的《机动车驾驶证》，且实习期已满；
（二）最近连续三个记分周期内没有记满12分的交通违法记录；
（三）身心健康，无职业禁忌症；
（四）无交通肇事犯罪、危险驾驶犯罪记录，无饮酒后驾驶记录；
（五）法律、法规规定的其他条件。

公共汽车客运驾驶员应当接受公共汽车客运经营者或者有资质的专业培训机构组织的培训和考试，考试合格后方可上岗。

公共汽车客运经营者应当将公共汽车客运驾驶员的培训考试情况及时报道路运输管理机构备案。

第三十三条　公共汽车客运经营者应当做好驾驶员、乘务员的教育、培训、管理。驾驶员、乘务员应当遵守下列规定：
（一）遵守交通法规和安全制度规程，文明行车，不得随意变道，通过人行横道线应当礼让行人；
（二）用中英文双语正确及时报清线路名称、行驶方向和停靠站名称；按照核定的收费标准收费；
（三）统一着装，规范服务，态度和蔼，耐心礼貌待客，使用普通话，用语文明，引导乘客有序乘车、文明让座，为老、幼、病、残、孕乘客提供可能的帮助，向乘客提示安全注意事项；
（四）载客运营中不得有闲谈、使用手机等妨碍安全驾驶的行为；
（五）按照规定线路行驶，不得私自改道或者越站行驶；
（六）不得擅自停止车辆运营；
（七）不得载客充加燃料；
（八）不得到站不停、拒载乘客、滞站揽客、中途甩客、站外上下乘客；
（九）按照运营计划正点运行；
（十）发现乘客遗失物品应妥善保管，及时上交；

（十一）运营车辆发生故障不能正常行驶时，应安排乘客换乘；

（十二）及时对车辆运营中出现的突发情况进行处置；

（十三）其他有关运营服务的规定。

第三十四条 乘客应当遵守下列规定：

（一）听从驾驶员、乘务员的指引，排队等车，按序乘车，前门上车，后门下车，按规定支付乘车费；

（二）不得携带易燃、易爆、剧毒、管制刀具等危险品及易污染车厢环境的物品乘车，应当配合驾驶员、乘务员做好安检工作；

（三）不得有强行上下车、抢夺方向盘、殴打驾驶员等严重影响运营安全及妨碍车辆行驶、停靠的危险行为；

（四）不得携带重量、体积、占地面积超过乘坐规则规定的物品上车；

（五）不得在车内吸烟、随地吐痰或者向车内外扔纸屑、果皮等垃圾；

（六）除导盲犬等残障人士的扶助犬外，不得携带其他宠物乘车；

（七）不得冒用、串用他人所持有的优惠票卡；

（八）不得有损坏车内设施或者在车内躺卧、蹬踏座位、将身体任何部位伸出窗外等行为；

（九）不得在车内从事营销、行乞、卖艺及散发宣传品等活动；

（十）学龄前儿童以及醉酒者、精神病患者，应当有他人陪同乘车。

乘客违反本条前款规定，经劝阻拒不改正的，驾驶员、乘务员可以拒绝为其提供运营服务，并可以向相关部门报告。相关部门接到报告后，应当及时处理。对未按照规定支付乘车费的，驾驶员、乘务员应当要求其补交乘车费。

第六章　保 障 监 督

第三十五条 公共汽车客运实行政府定价。

市、县（区）人民政府应当建立和完善公共汽车客运票制票价与经营者运营成本、政府补贴的联动机制，完善多层次、差别化的公共汽车客运票价体系。

交通运输行政主管部门应当根据服务质量、运输距离及换乘方式等因素，综合考虑企业运营成本、社会承受能力、本区域经济状况及不同交通方式之间的比价关系向同级人民政府提出确定或者调整公共汽车客运票价的建议。

价格主管部门应当会同交通运输主管部门研究处理前款的建议，适时启动票价确定和调整工作，同时依法向社会公开征求意见，依法组织听证。

票价确定和调整应当由同级人民政府决定和公布。

第三十六条　市、县（区）人民政府应当完善政府购买公共汽车客运服务机制，建立健全公共汽车客运成本规制办法，科学界定成本标准，施行年度审计评价，根据费用年度核算和服务质量评价考核结果，对经营者因实行低于成本的票价、特殊人员减免票、承担政府指令性任务等形成的政策性亏损给予补偿；对在车辆购置、基础设施建设、技术改造、节能减排、经营冷僻线路等方面的投入，给予适当的补贴。

市、县（区）人民政府应当加强对公共汽车客运经营者落实公益性职能和政府补助资金使用的监管，制定相应的监管制度，定期检查，定期安排审计。

交通运输主管部门应当建立公共汽车客运运营成本和服务信息公开制度，定期如实向社会公布相关信息，方便公众查询，接受社会监督。

第三十七条　市、县（区）人民政府应当制定不同年龄段的老年人、残疾人、中小学生等特殊人员乘坐公共汽车客运车辆的优惠政策，明确优惠乘车的条件、范围、标准以及凭证办理程序。

规范公共汽车乘车优惠卡的种类，减少或者取消本法规实施前已经发放的不合理、不适当的优惠卡。

对部分优惠卡种可以实行在高峰时间段内按全票价刷卡，用票价调节引导乘客错时乘车。

第三十八条　市、县（区）公安机关应当会同交通运输、规划、建设等部门根据道路条件、交通状况，编制公共汽车专用车道网络实施方案，根据本市道路许可条件适当设置公共汽车专用车道、港湾式停靠站、优先信号灯和相应的标志标线等，保障公共汽车优先通行。

校车、通勤车、机场巴士可以按照规定使用公共汽车专用车道。

禁止其他车辆进入已经划定并向社会公布的公共汽车专用车道和停车位。

公共汽车客运经营者应当建立和完善公共汽车运营实时监管信息平台，实时收集各个线路和站点的乘车情况，根据乘车高峰、平峰，科学调度、合理安排各个线路的发车数量和发车频次。

第三十九条 市、县（区）人民政府及其交通运输等相关部门和公共汽车客运经营者应当建立公共汽车客运从业人员工资保障机制和工资正常增长机制，保障其收入与本市经济社会发展水平相适应。

公共汽车经营者应当合理调配工作时间，建立健全适合公共汽车客运行业的休息休假制度，保障从业人员休息休假的权利。

第四十条 市、县（区）人民政府及其交通运输行政主管部门、国资监管机构、道路运输管理机构以及公共汽车客运经营者应当加强公共汽车客运安全管理工作，完善安全设施，制定完善公共汽车突发事件应急预案，定期组织相关部门、机构和公共汽车客运经营者以及乘客进行演练，按照技术规范做好安全检查，消除安全隐患。

第四十一条 交通运输主管部门及其所属的道路运输管理机构、公共汽车客运经营者应当建立完善投诉处理制度，接受对违反本条例行为的投诉。

自受理投诉之日起五个工作日内将处理结果告知投诉人。

第七章　法　律　责　任

第四十二条 违反本条例规定，经营者有下列行为之一的，由道路运输管理机构责令改正，并予以相应处罚：

（一）未经许可擅自从事公共汽车客运的，有违法所得的，没收违法所得，处违法所得二倍以上十倍以下罚款；没有违法所得或者违法所得不足二万元的，处三万以上十万以下的罚款；

（二）未按照规定检查、养护、维修公共汽车及客运设施的，处一千元以上五千元以下的罚款；

（三）未按照规定办理车辆营运证的，处三千元以上一万元以下的罚款；

（四）聘用不符合本条例规定的人员从事公共汽车客运服务的，处一千元以上三千元以下的罚款；

（五）对废弃的公共汽车设施没有及时拆除的，处三千元以上五千元以下的罚款。

第四十三条 违反本条例规定，经营者有下列行为之一的，由道路运输管理机构责令改正，并予以相应处罚：

（一）擅自停止运营的，处一千元以上三千元以下罚款；

（二）未按照道路运输管理机构确定的运营方案组织运营的，处五千元以上一万元以下罚款；情节严重的，处一万元以上三万元以下罚款；情节特别严重的，取消公共汽车客运经营权；

（三）未制定应急预案并组织演练的，处一万元以下的罚款；发生影响运营安全的突发事件，未按照应急预案的规定采取应急处置措施，造成严重后果的，处二万元以上三万元以下的罚款；

（四）未及时将公共汽车客运驾驶员的培训考试情况向道路运输管理机构备案的，处一千元以上五千元以下罚款。

第四十四条 违反本条例规定，经营者有下列行为之一的，由道路运输管理机构责令改正，处二万元以上三万元以下罚款，有违法所得的，依法没收违法所得；造成损失的，依法承担赔偿责任；情节严重的，可以收回其运营权：

（一）允许其他车辆挂靠从事公共汽车客运的；

（二）线路运营权被依法收回后继续经营的；

（三）取得公共汽车客运线路运营权超过六个月未运营的；

（四）不服从紧急运输统一调度的。

第四十五条 违反本条例规定，单位或者个人有下列行为之一的，由道路运输管理机构责令改正，并对个人处一千元以下的罚款，对单位处五千元以下罚款，造成损失的，应当给予赔偿，构成犯罪的，依法追究刑事责任：

（一）损坏、窃取公共汽车及客运设施的；

（二）擅自关闭、拆除公共汽车客运设施或者改变公共汽车客运设施用途的；

（三）遮盖、涂改、污损、毁坏或者擅自迁移、拆除公共汽车客运站牌的；

（四）其他影响公共汽车客运设施正常、安全使用的行为。

第四十六条　违反本条例规定，公共汽车客运驾驶员、乘务员有下列行为之一的，由道路运输管理机构责令改正，并处二百元以上一千元以下罚款：

（一）未按照规定线路行驶，擅自改道或者越站行驶的；

（二）载客充加燃料的；

（三）到站不停、拒载乘客、滞站揽客、中途甩客、站外上下乘客、随意变道抢道占道、通过人行横道线不礼让行人的；

（四）服务态度蛮横，语言不文明的；

（五）载客运营中有闲谈、使用手机等妨碍安全驾驶的；

（六）擅自停止车辆运营的；

（七）未及时对车辆运营中出现的突发情况进行处置的；

（八）其他违反运营服务有关规定的行为。

第四十七条　违反本条例规定，乘客有下列行为之一的，由公安机关依法处罚；构成犯罪的，依法追究刑事责任：

（一）携带易燃、易爆、剧毒等危险品乘车的；

（二）强行上下车、抢夺方向盘、殴打驾驶员的；

（三）故意损坏车内设施的。

第四十八条　市、县（区）交通运输行政主管部门及其所属的道路运输管理机构以及发展和改革、公安、财政、国土、建设、规划、生态、城管、价格、审计、安监、国资监管等其他部门和单位的工作人员在执行公共汽车客运管理监督职务中，滥用职权、徇私舞弊、玩忽职守的，由所在单位或者上级机关给予行政处分；构成犯罪的，依法追究刑事责任。

第四十九条　违反本条例规定的其他行为，有关法律、法规已有处罚规定的，从其规定。

第八章　附　　则

第五十条　本条例所称的公共汽车客运，是指利用公共汽车以及公共汽车客运设施，在市、县（区）人民政府确定的范围内，按照核定的线路、编号、车站、票价和时间运行，为社会公众提供出行服务且具有社会公益属性的运输活动。

本条例所称公共汽车客运设施，是指保障公共汽车客运的换乘枢纽、停车场、首末站、加气站、充电站（桩）、调度中心、站台、站牌、候车亭、港湾式停靠站、专属维修设施、公共汽车专用车道、优先通行信号装置、智能化设施设备等。

第五十一条 本条例自 2017 年 11 月 1 日起施行。2003 年 8 月 22 日兰州市第十三届人民代表大会常务委员会第十一次会议通过，2003 年 11 月 28 日甘肃省第十届人民代表大会常务委员会第七次会议批准实施的《兰州市城市公共汽车电车客运管理条例》同时废止。

西宁市城市公共汽车客运特许经营管理办法

(2015年8月6日西宁市政府第49次常务会议审议通过，2015年8月11日以西宁市人民政府令第141号公布，自2015年9月15日起施行)

第一条 为了规范城市公共汽车客运特许经营活动，保障社会公共利益和公共安全，维护特许经营者的合法权益，促进城市公共汽车客运事业的健康发展，根据有关法律、法规的规定，结合本市实际，制定本办法。

第二条 本市城市规划区内城市公共汽车客运线路审批、客运服务设施的规划、建设、运营监督管理等相关活动适用本办法。

第三条 本办法所称城市公共汽车，是指在城市中按照规定的线路、站点、班次和时间营运，按照市价格主管部门核定的收费标准收费，供公众乘坐的客运车辆。

本办法所称城市公共汽车客运特许经营，是指市人民政府按照有关法律、法规的规定，通过市场竞争机制选择城市公共汽车客运经营者，通过协议明确权利义务和风险分担，明确其在一定期限和范围内从事城市公共汽车客运经营并提供客运服务的制度。

第四条 城市公共汽车坚持优先发展原则。政府在财税政策、资金安排、用地保障、设施建设等方面给予扶持，为公众提供安全可靠、方便快捷、经济舒适、节能环保的城市公共汽车客运服务。

实施城市公共汽车客运特许经营，应当遵循公开、公平、公正，保护各方信赖利益和维护公共利益的原则。

第五条 市交通行政主管部门负责本市行政区域内城市公共汽车客运监督管理工作，按照城市综合交通规划组织编制城市公共交通发展规划，授予城市公共汽车客运经营者特许经营权。市道路运输管理机构负责城市公共汽车客运特许经营的日常管理工作。

第六条 市发改、规划和建设、财政、国土等有关行政主管部门依照各自职责，按照城市综合交通规划，保障公共汽车场站和配套设施建设。公共汽车场站和配套设施建设应当纳入城市旧城改造和新城建设计划。鼓励社会资本投资建设公共汽车场站及其附属设施。

第七条 未经法定程序批准，任何单位和个人不得占用或者改变公共汽车场站及其附属设施用地和用途。在公共汽车场站用地范围内确需改变公共汽车场站使用功能或者面积的，应当报市规划行政主管部门审批。

第八条 公安机关交通管理部门应当会同有关部门根据城市道路通行情况，在具备条件的城市道路设置城市公共汽车专用道、公交港湾、公交优先通行信号系统及配套设施。

第九条 从事城市公共汽车客运服务，应当依法取得城市公共汽车客运特许经营权。市交通行政主管部门应当根据城市公共交通发展规划，制定特许经营项目实施方案，经市人民政府批准后，在30日内报省建设行政主管部门备案。

第十条 城市公共汽车客运特许经营项目实施方案应当包括下列内容：

（一）项目名称；

（二）项目实施机构；

（三）项目建设规模、投资总额、实施进度，以及提供公共产品或公共服务的标准等基本经济技术指标；

（四）可行性分析，提高公共服务质量效率的分析估算等；

（五）特许经营者应当具备的条件及选择方式；

（六）特许经营期限；

（七）投资回报、价格及其测算；

（八）政府承诺和保障；

（九）应当明确的其他事项。

第十一条 市交通行政主管部门应当根据批准的特许经营项目实施方案，采取公开招标、竞争性谈判等方式选择特许经营者，并将中标结果向社会公示，公示时间不得少于20日。

公示期满无异议的，市交通行政主管部门应当与特许经营者签订特许经营协议，授予其城市公共汽车客运特许经营权，颁发特许经营证件，并向投入运营的车辆配发相关证件。

第十二条 城市公共汽车客运特许经营协议应当包括以下内容：

（一）特许经营内容、方式、区域、范围和期限；

（二）提供城市公共汽车客运服务标准；

（三）设施、设备的权属、处置、维护与更新改造；

（四）收益取得方式，价格和收费标准的确定方法以及调整程序；

（五）特许经营状况的评估期限、方式；

（六）应急预案和临时接管预案；

（七）特许经营权的变更和终止；

（八）违约责任和争议的解决方式；

（九）双方认为应当约定的其他事项。

第十三条 城市公共汽车客运特许经营期限不得超过 8 年。特许经营期限届满后，市交通行政主管部门应当根据本办法的规定选择特许经营者。

第十四条 城市公共汽车客运特许经营者经营期限届满终止或者提前终止的，应当提前 30 日向市交通行政主管部门提出申请，并按照特许经营协议约定，以及有关法律、法规的规定办理评估、移交、接管、验收等手续。

第十五条 城市公共汽车客运特许经营者，应当具备下列条件：

（一）依法注册的企业法人；

（二）具有从事公共汽车经营服务所必需的运营资金和符合国家相关营运要求的停车场地和配套设施、设备；

（三）具有与经营业务相适应的相应数量的技术、财务等专业人员，有经培训考试合格、取得道路运输从业资格的从业人员；

（四）具有合理、可行的经营方案，完善的运输安全生产制度；

（五）法律、法规规定的其他条件。

第十六条 从事城市公共汽车客运的车辆实行定期维护、定期检测、年度审验制度。城市公共汽车客运特许经营者应当保持公共汽车客运服务设施完好，技术、安全性能符合国家规定的标准。

城市公共汽车及客运服务设施发生故障时，城市公共汽车客运特许经营者应当及时抢修，未经年度审验或者审验不合格的，由市道路运输管理机构责令限期改正或者办理变更手续。

第十七条　城市公共汽车客运特许经营者应当遵守下列规定：

（一）不得转让、出租特许经营权或者擅自处置、抵押特许经营设施、设备；

（二）在特许经营协议约定的范围内从事城市公共汽车客运特许经营业务，执行城市公共汽车服务标准，向乘客提供安全、便捷、稳定的服务，并对公共汽车客运服务设施进行养护和更新；

（三）不得擅自停业、歇业；

（四）按照规定的线路、站点、班次及时间组织营运；

（五）不得强迫从业人员违章作业；

（六）按照规定设置线路客运服务标志；

（七）在客运车辆内设置老、弱、病、残、孕专用座位和张贴禁烟标志、线路图、收费标准等相关标识；

（八）法律、法规、规章规定和特许经营协议约定的其他规定。

第十八条　城市公共汽车客运特许经营者应当根据营运要求和客流量编制线路行车作业计划，报市道路运输管理机构备案。

第十九条　因市政工程建设、大型活动等特殊情况需要临时变更城市公共汽车客运线路或者站点的，城市公共汽车客运特许经营者应当提前10日在站点张贴公告，必要时，应当通过新闻媒体向社会公告。

第二十条　城市公共汽车在营运中发生故障不能正常行驶时，驾驶员应当及时向乘客说明原因，并安排乘客免费换乘后续同线路同方向车辆。

第二十一条　任何单位和个人都有保护城市公共汽车客运服务设施的义务，不得有下列行为：

（一）损坏城市公共汽车客运服务设施；

（二）擅自关闭、拆除、迁移城市公共汽车客运服务设施或者将城市公共汽车客运服务设施移做他用；

（三）在城市公共汽车站停放非公共汽车客运车辆、设置摊点、堆放物品；

（四）其他影响城市公共汽车客运服务设施使用安全的行为。

第二十二条　市道路运输管理机构、城市公共汽车客运特许经营者应当制定城市公共汽车重大突发事件应急预案。突发事件发生后，及时启动应急预案，保障城市公共汽车客运服务的正常营运。

发生灾害以及其他重大突发事件，为了公共利益的需要，市人民政府可以依法征用城市公共汽车客运特许经营车辆及其服务设施，特许经营者应当配合。由此给特许经营者造成损失的，市人民政府应当依法给予补偿。

第二十三条　城市公共汽车客运特许经营者对安全客运工作负有下列职责：

（一）符合交通运输企业安全生产标准化考核标准；

（二）建立健全本单位的安全客运责任制；

（三）组织制定本单位安全管理规章制度和操作规程；

（四）保证本单位安全投入的有效实施，为从业人员提供必要的安全客运条件；

（五）督促检查本单位的安全客运工作，及时消除客运安全事故隐患；

（六）加强对从业人员的安全客运教育与培训；

（七）发生城市公共汽车客运安全事故后按照国家有关规定及时报告，并启动应急救援预案。

第二十四条　乘客享有获得安全便捷客运服务的权利，有按照规定支付车费、不携带危险品乘车、遵守乘坐规则的义务。

第二十五条　任何单位和个人不得违反法律、法规的规定，阻拦、扣押正常营运中的城市公共汽车。

第二十六条　市道路运输管理机构应当加强对城市公共汽车客运活动的监督检查，维护正常的城市公共汽车客运市场秩序，并建立投诉受理和处理制度，公开投诉电话号码、通信地址和电子邮件信箱。

任何单位和个人都有权对城市公共汽车客运活动中的违法行为进行投诉。市道路运输管理机构收到投诉后，应当及时核实并处理。确有违法行为的，将处理结果告知投诉人。

第二十七条　市道路运输管理机构依法对城市公共汽车客运特许经营者的经营活动进行监督检查时，应当有两名以上的执法人员参加，并向当事人出示执法证件，监督检查人员应当如实记录监督检查的情况和处理结果。

市道路运输管理机构实施监督检查，不得妨碍城市公共汽车经营者正常的经营活动，不得索取或者收受财物，不得谋取其他利益。

第二十八条 市道路运输管理机构应当建立城市公共汽车客运特许经营者的信用档案，并依据信用档案对城市公共汽车经营者服务状况进行年度评议，将信用档案及评议结果向社会公布。城市公共汽车客运特许经营者的基本情况、服务质量、经营中的不良行为等应当记入信用档案。

第二十九条 违反本办法规定的行为，法律、法规已有处罚规定的，从其规定。

第三十条 城市公共汽车客运特许经营者有下列行为之一的，由市交通行政主管部门依法撤销特许经营权：

（一）擅自转让、出租经营权，或者擅自处置、抵押特许经营设施、设备的；

（二）未按照法律、法规及有关标准、规范和特许经营协议约定从事特许经营活动，不履行普遍服务义务，或者不履行养护和更新义务，危及公共利益、公共安全的；

（三）擅自停业、歇业的；

（四）因经营管理不善，造成重大质量、生产安全责任事故，不宜继续从事特许经营活动的；

（五）法律、法规、规章禁止的其他行为。

第三十一条 城市公共汽车客运特许经营者有下列行为之一的，由市道路运输管理机构责令改正，并处以一万元以上三万元以下的罚款：

（一）未按照规定的线路、站点、班次及时间组织营运的；

（二）强迫从业人员违章作业的；

（三）未按照国家有关规定维护和检测客运车辆，车辆技术、安全性能不符合有关标准的。

第三十二条 城市公共汽车客运特许经营者有下列行为之一的，由市道路运输管理机构责令改正，并处以一千元以上五千元以下的罚款：

（一）未在客运车辆内设置老、弱、病、残、孕专用座位和未按照规定设置线路客运服务标志及其他应当设置的标识的；

（二）公共汽车客运线路或者站点临时变更，未按照规定提前告知公众的；

（三）公共汽车客运车辆在营运中发生故障不能正常行驶时，未按照规定安排乘客换乘或者后续车辆拒载的；

（四）公共汽车客运车辆到站不停或者在规定站点范围外停车上下客；无正当理由拒载乘客、中途逐客、滞站揽客的。

第三十三条 违反本办法规定，有下列行为之一的，由市道路运输管理机构责令改正，并处以一千元以上三千元以下的罚款；造成损失的，依法承担赔偿责任：

（一）损坏城市公共汽车客运服务设施的；

（二）擅自关闭、拆除、迁移城市公共汽车客运服务设施或者将城市公共汽车客运服务设施移做他用的；

（三）在城市公共汽车站停放非公共汽车客运车辆、设置摊点、堆放物品的；

（四）其他影响城市公共汽车客运服务设施使用安全的行为。

第三十四条 市交通行政主管部门、市道路运输管理机构及其工作人员不履行法定职责、干预特许经营者正常经营活动、徇私舞弊、滥用职权、玩忽职守的，依法给予行政处分；构成犯罪的，依法追究刑事责任。

第三十五条 本办法具体应用问题由市交通行政主管部门负责解释。

市辖县的公共汽车客运经营管理参照本办法执行，也可依据本办法制定实施细则。

第三十六条 本办法自2015年9月15日起施行。

西宁市城乡公交客运管理办法

(2010年1月8日西宁市政府第32次常务会议通过,2010年1月28日以西宁市人民政府令第98号公布,自2010年3月1日起施行)

第一章 总 则

第一条 为了加强城乡公交客运管理,维护城乡公交客运秩序,促进城乡公交事业发展,保障乘客、经营者和从业人员的合法权益,根据有关法律法规,结合本市实际,制定本办法。

第二条 凡在本市行政区域内从事城乡公交客运和城乡公交客运场(站)经营及其相关管理活动的单位和个人,应当遵守本办法。

第三条 本办法所称的城乡公交客运,是指客运车辆在依法核定的乡村公路和城市道路上依托公交场(站)、候车站(点),按照规定的城市(镇)与乡村、乡村与乡村之间的线路、站点、票价、时间运行的一种客运方式。

第四条 市、县交通行政主管部门负责本行政区域城乡公交客运的监督管理工作,其所属的城乡公交客运管理机构具体负责实施本行政区域内的城乡公交客运管理工作。

发展改革、公安、规划、建设、质监、安监、城管执法、财政、工商等部门应当按照各自职责,协同做好城乡公交客运管理工作。

第五条 城乡公交客运发展应当遵循统筹规划、政府主导、企业经营、有序发展、安全运行、方便群众的原则。

市、县人民政府应当对城乡公交客运的发展在城乡规划、建设、管理、资金投入、用地保障等方面给予扶持。

第六条 城乡公交客运具有公益性质,应当配合政府承担社会福利性工作和完成政府指令性任务。

承担社会福利性工作和政府指令性任务的支出,县级以上人民政府应当予以补偿。

第七条 城乡公交客运实行公司化、规模化经营,禁止挂靠或变相挂靠经营。

第二章 发 展 规 划

第八条 城乡公交客运发展规划应在政府统一领导下,组织交通、规划等部门进行编制,并将其纳入城市总体规划和国民经济与社会发展计划。市和市辖县城乡公交客运发展规划应当统一编制,市辖县结合实际编制本行政区域城乡公交客运发展规划。

城乡公交客运发展规划应当根据社会经济发展需要,明确城乡公交客运发展战略和目标,科学合理设置城乡公交客运线网和场(站)。

第九条 市、县交通行政主管部门应根据城乡公交客运发展规划的要求,编制城乡公交客运线网规划、公交场(站)规划,并组织领导城乡公交客运管理机构实施。

第十条 城乡公交客运线网规划应当明确线路布局及功能,优化线路资源结构,与城市化进程和道路建设相适应。

城乡公交客运管理机构应当按照城乡公交客运线网规划新辟或调整城乡公交客运线路。可通过开通区间公交、直达公交和快速公交等多种方式优化城乡公交线网运行效率。

第十一条 城乡公交客运场(站)规划应当适度超前,科学合理安排城乡公交设施用地、枢纽场(站)和候车站(点)布局、安全保障设施配置,提高公交服务覆盖面和运行效率。

第三章　场（站）建设和管理

第十二条　城乡公交客运场（站）是社会公共基础设施，其建设应以政府投入为主。市、县人民政府应当通过资金投入、用地保障、减免相关费用、落实优惠政策等措施，支持城乡公交客运场（站）的建设和经营。

第十三条　城乡公交客运场（站）规划确定的公交场（站）、候车站（点）等城乡公交设施用地，符合《划拨用地目录》的，应当以划拨方式供地。

第十四条　城乡公交客运首末站点设置应当具备下列条件：

（一）与本线路相适应的站务用房和停车场地；

（二）具有完善的站务安全管理规章制度；

（三）配备必要的安检设施、设备；

（四）配备专职安检员、调度员。

第十五条　城乡公交客运管理机构应当加强城乡公交设施的管理，督促有关单位加强城乡公交设施的维护，确保设施完好。

第十六条　任何单位和个人不得擅自迁移、拆除、占用或者关闭公交场（站）、候车站（点）等城乡公交设施。因建设确需迁移、拆除、占用或者关闭公交客运场（站）、候车站（点）等城乡公交设施的，应经城乡公交客运管理机构同意，并按照规定补建或者补偿。

第四章　经营许可

第十七条　城乡公交线路经营权授予实行特许经营许可制度或者直接授予制度。

第十八条　城乡公交客运管理机构可以通过招标方式实施线路特许经营许可。招标应当以安全、服务质量、运营成本等为主要内容。

线路冷僻的，城乡公交客运管理机构也可以采用直接授予的方式确定城乡公交线路经营企业。禁止有偿实施线路经营许可，禁止对同一条线路重复授予线路经营权。

第十九条 从事城乡公交经营的，应当具备下列条件：

（一）依法注册的客运企业法人；

（二）有与其经营业务相适应并经检测合格的车辆和运营资金；

（三）有合理、可行、符合安全运营条件的线路经营方案；

（四）有符合本办法第十四条规定的首末发车站点；

（五）有符合本办法第二十条规定的驾驶人员；

（六）有与经营业务相适应的其他专业人员和管理人员；

（七）有健全的运营、安全管理等制度。

第二十条 从事城乡公交服务的驾驶人员应当具备下列条件：

（一）年龄不超过 60 周岁，身体健康，无职业禁忌症；

（二）取得相应的机动车驾驶证件；

（三）经城乡公交客运管理机构对有关公交法规、车辆维修和安全应急基本知识考核合格，取得从业资格证；

（四）3 年内无重大以上交通责任事故记录。城乡公交客运管理机构对被吊销从业资格证的驾驶员，自吊销之日起 5 年内，不得向其核发从业资格证。从事城乡公交服务的乘务员、调度员等人员经城乡公交企业培训合格后，方可上岗。

第二十一条 从事城乡公交客运经营的，应当按照下列规定提出申请，并提交符合本办法第十九条规定条件的相关材料：

（一）从事县级行政区域内城乡公交客运经营的，向县城乡公交客运管理机构提出申请；

（二）从事本市行政区域内跨两个县级以上行政区域城乡公交客运经营的，向市城乡公交客运管理机构提出申请。

依照前款规定收到申请的城乡公交客运管理机构，应当自受理申请之日起 20 日内审查完毕，作出许可或者不予许可的决定。予以许可的，与申请人签订特许经营协议后核发城乡公交特许经营许可证。不予许可的，应当书面通知申请人并说明理由。

第二十二条 特许经营协议应当载明下列事项：

（一）营运线路、站点、首班和末班车时间、班次间隔、车辆数及车型、票制、票价；

（二）线路经营权期限；

（三）各项营运服务指标；

（四）主管部门应当履行的职责；

（五）安全管理和突发事件应急措施；

（六）履约担保；

（七）特许经营权的终止和变更；

（八）违约责任；

（九）争议解决方式；

（十）双方认为应当约定的其他事项。

第二十三条　城乡公交客运管理机构对取得城乡公交特许经营许可证的企业，按照特许经营协议确定的运营车辆数量，对符合有关标准、技术规范要求的车辆核发车辆营运证。

第二十四条　依法取得的特许经营许可证、车辆营运证、从业资格证不得出租、转让。

禁止采取承包、挂靠等方式变相转让特许经营许可。

第二十五条　城乡公交企业需要延续线路经营期限的，应当在该线路经营期限届满9个月前向城乡公交客运管理机构提出申请。符合相关要求的城乡公交客运管理机构应当在经营期限届满6个月前予以批准。

符合下列情形之一的，城乡公交客运管理机构应当对城乡公交线路经营权重新授予或者进行调整：

（一）线路经营权未获延期的；

（二）城乡公交企业未按期申请或者不申请延续经营的；

（三）特许经营许可证被吊销的。

第五章　运营服务和安全管理

第二十六条　城乡公交企业应当按照城乡公交运营服务标准和规范，并根据特许经营协议的约定，履行普遍服务的义务。

城乡公交企业应当科学、合理调度车辆，及时疏运乘客。

城乡公交企业应当将线路营运方案报城乡公交客运管理机构备案，并按规定报送统计资料。

第二十七条 城乡公交企业应当使用符合国家和地方有关标准、技术规范的车辆从事城乡公交运营，定期对车辆进行检测、维护，保持车辆技术状况良好和车容整洁，并为旅客投保承运人责任险。

城乡公交企业应当在车辆规定位置安装公交 IC 卡收费系统读卡机、公布运行线路图、价格表、投诉电话等运营服务标识，并携带运营服务的相关证件。

第二十八条 城乡公交客运车辆的载客人数按《机动车运行安全技术条件》（GB7258—2004）和《客车装载质量计算方法》（GB12428—1990）核定，在供站立乘客用的地板面积内按照 6 人/平方米以下的标准执行。

第二十九条 城乡公交企业应当加强对驾驶员、乘务员、调度员等人员的培训教育，提高其业务技能和服务水平。

第三十条 城乡公交客运车辆驾驶员、乘务员、调度员等人员从事运营服务时，应当遵守交通规则，执行有关服务规范，并不得有下列行为：

（一）不按核准的线路、站点、时间、票价运营；

（二）甩客、敲诈乘客或者滞站揽客；

（三）拒绝享受免费乘车待遇或者持优待票证乘车的乘客。

第三十一条 乘客应当遵守下列规定：

（一）遵守社会公德，讲究文明卫生，服从乘务人员的管理，维护良好的城乡公交秩序；

（二）按照规定购票乘车，顺序上下车；

（三）不得携带宠物和有异味的物品乘车；

（四）不得在车厢内抽烟；

（五）不得有影响车辆正常通行、乘客安全和乘车秩序的其他行为。

第三十二条 城乡公交场（站）应当制定运营管理制度，做好场（站）维护管理，保证场（站）设施、设备完好、保障正常营运。

在城乡公交客运车辆和设施设置广告、进行商业开发和其他经营活动的，应当经市、县交通行政主管部门批准，并不得影响城乡公交运营服务和安全。

进入城乡公交场（站）的单位和个人，应当遵守场（站）运营管理制度。

第三十三条 城乡公交客运车辆在营运过程中发生故障不能正常行驶时，驾驶员、乘务员应当及时向乘客说明原因，并安排乘客免费换乘后续同线路同方向车辆或调派车辆，后续车辆驾驶员、乘务员不得拒载。

第三十四条 未经城乡公交客运管理机构批准，城乡公交企业不得擅自变更、暂停、终止线路运行。经批准城乡公交线路变更、暂停、终止的，城乡公交企业应当提前向社会公布。

由于道路改造、重大活动等因素影响城乡公交线路运行的，有关部门应当提前告知城乡公交客运管理机构，由其作出临时调整线路的决定，并及时通知城乡公交企业。

第三十五条 城乡公交企业停业、歇业的，应当提前3个月书面向城乡公交客运管理机构申请，未经批准不得停业、歇业。经营者领取特许经营许可证6个月内尚未经营或者擅自停止经营的，由城乡公交客运管理机构注销其特许经营许可证。

第三十六条 城乡公交企业因破产、解散、被吊销许可证或者其他原因不能正常运营时，城乡公交客运管理机构应当及时采取措施，保证城乡公交服务的连续和稳定。

第三十七条 城乡公交客运管理机构和城乡公交企业应当建立投诉受理制度，公布举报电话、通信地址和电子邮件信箱，接受对违法行为的投诉和社会监督。

城乡公交企业对乘客投诉应当及时作出答复，需要调查的，应当自受理投诉之日起15个工作日内作出答复。乘客对答复有异议的，可以向城乡公交客运管理机构投诉，城乡公交客运管理机构应当自受理乘客投诉之日起15个工作日内作出答复。

第三十八条 市价格行政主管部门应当会同交通行政主管部门根据运营成本等因素制定城乡公交价格。市价格行政主管部门应当会同交通行政主管部门根据公众承担能力、财政补贴等因素确定城乡公交执行票价。

城乡公交企业应当执行规定的价格。

第三十九条 市、县人民政府应当加强对城乡公交安全管理，支持、督促各有关部门依法履行城乡公交安全监督管理职责，对安全监督管理中存在的重大问题应当予以及时协调、解决。

市、县交通行政主管部门及其所属的城乡公交客运管理机构应当对城乡公交企业、车辆和从业人员实行资质管理，定期对城乡公交企业进行安全检查，并督促企业纠正安全隐患，履行源头管理的安全职责。

第四十条 城乡公交企业承担运营安全主体责任，应当采取有效措施，加强企业运营安全管理。企业主要负责人对本企业的运营安全全面负责。

第四十一条 城乡公交企业应当履行下列安全运营职责：

（一）建立健全企业安全生产管理机构，配备专职安全生产管理人员；

（二）建立健全企业安全生产责任制，落实有关安全管理制度，定期开展安全检查，消除事故隐患；

（三）建立从业人员安全生产教育、培训制度，要求从业人员熟悉安全运营规章制度和安全操作规程。

第四十二条 城乡公交企业和公交场（站），应当在公交车辆及公交场（站）醒目位置设置安全警示标志，并保持灭火器、安全锤、车门紧急开启装置等安全应急装置的完好。

城乡公交企业和公交场（站）应当开展安全乘车和应急情况处置的宣传活动。

第四十三条 市、县交通行政主管部门应当会同有关部门针对自然灾害、突发公共卫生事件、城乡公交运营安全事故以及其他突发事件制定城乡公交应急预案，报本级人民政府批准后实施。城乡公交企业和公交场（站）应当针对前款规定的突发事件制定本企业的城乡公交应急预案，组建相应的应急队伍，并定期进行演练。

第四十四条 发生突发事件后，市、县人民政府应当针对突发事件的性质、特点和危害程度，立即组织有关部门，调动应急救援队伍和社会力量，启动应急预案，采取应急处置措施。城乡公交企业应当启动本企业的应急预案，并服从市、县人民政府的统一调度、指挥。

第六章 监督管理

第四十五条 市、县人民政府及其有关部门应当加强对城乡公交法律、法规、规章以及规划、设施建设、特许经营协议书执行情况的监督检查。

城乡公交客运管理机构应当依法对城乡公交活动实施监督管理，制止和查处违法行为。

第四十六条 城乡公交客运管理机构应当建立对城乡公交企业和驾驶员服务质量考核制度，将考核结果计入信用档案，并作为延续线路经营权、招投标线路经营权和撤销线路许可的依据。

第四十七条 城乡公交客运管理机构的工作人员实施监督检查时，应当有两名以上的执法人员参加，并向当事人出示执法证件。被监督检查的单位和个人应当接受依法实施的监督检查，如实提供有关资料或者情况。

第四十八条 城乡公交客运管理机构应当依法对行政许可事项进行监督管理，定期核对行政许可登记事项。对行政许可登记内容发生变化的，应当依法及时变更；对不符合法定条件或者线路经营权授权书的，责令限期改正。限期不改正的，撤销相应的行政许可；对自行终止经营或者其他符合法定注销情形的，注销相应的行政许可。

第七章 法律责任

第四十九条 违反本办法规定，未取得特许经营许可证从事城乡公交运营的，由市、县交通行政主管部门责令停止运营，没收违法所得，并处10000元以上30000元以下的罚款。

第五十条 违反本办法规定，非法转让、出租、伪造特许经营许可证件的，由市、县交通行政主管部门责令改正，收缴有关证件，处5000元以上10000元以下的罚款；有违法所得的，没收违法所得。

以欺骗、贿赂等不正当手段取得特许经营许可证的，由原发证机关吊销特许经营许可证，没收违法所得，并处 3000 元以上 5000 元以下的罚款。

第五十一条 违反本办法规定，城乡公交企业未经批准，擅自暂停、终止、变更线路经营的，由市、县交通行政主管部门责令改正，处 1000 元以上 3000 元以下的罚款；情节严重的，由原发证机关吊销特许经营许可证，并吊销相应的车辆营运证。

第五十二条 违反本办法规定，城乡公交企业有下列行为之一的，由市、县交通行政主管部门责令改正，处 3000 元以上 5000 元以下的罚款；情节严重的，由原发证机关吊销特许经营许可证及相应的车辆营运证：

（一）使用不符合标准的车辆从事城乡公交运营的；

（二）不按规定维护和检测车辆的；

（三）未按核准的线路、站点、时间、票价运营的。

第五十三条 违反本办法规定，城乡公交客运车辆驾驶员有下列行为之一的，由市、县交通行政主管部门责令改正，处 100 元以上 300 元以下罚款；情节严重的，由原发证机关吊销驾驶员从业资格证：

（一）甩客、敲诈乘客或者滞站揽客的；

（二）拒绝享受免费乘车或者持优待票证乘车乘客的；

（三）无正当理由拒载乘客的。

第五十四条 违反本办法规定，城乡公交企业使用无从业资格证的驾驶员的，由市、县交通行政主管部门责令改正，处 1000 元以上 3000 元以下的罚款；情节严重的，由原发证机关吊销特许经营许可证。

第五十五条 违反本办法规定，擅自迁移、拆除、占用或者关闭公交场（站）、候车站（点）等城乡公交设施的，由市、县交通行政主管部门责令限期改正或者拆除，处 1000 元以上 5000 元以下的罚款；造成损失的，依法承担赔偿责任。

第五十六条 违反本办法规定，城乡公交企业未制定突发事件应急预案，或者发生突发事件后不按规定及时启动应急预案的，由市、县交通行政主管部门责令改正，处 1000 元以上 5000 元以下罚款。

违反本办法规定，城乡公交企业未执行安全管理制度的，由市、县交通行政主管部门责令改正，处 5000 元以上 10000 元以下的罚款；由原发证机关吊销特许经营许可证及相应的车辆营运证。

第五十七条 违反本办法其他规定的,由有关行政机关依照相关法律、法规的规定进行处罚。

违反本办法规定,构成犯罪的,依法追究刑事责任。

第五十八条 违反本办法规定,交通行政主管部门及其城乡公交客运管理机构有下列行为之一的,由本级人民政府或者上级交通行政主管部门责令改正,通报批评;对负有责任的主管人员和其他直接责任人员,依法给予行政处分;情节严重,构成犯罪的,依法追究刑事责任:

(一)未依法核发特许经营许可证的;

(二)有偿授予线路经营权的;

(三)重复授予线路特许经营许可证的;

(四)未依法核发车辆运营证的;

(五)发现未依法取得特许经营许可而从事城乡公交运营的单位和个人,不予查处或者接到举报后不依法处理的;

(六)其他玩忽职守、滥用职权、徇私舞弊的行为。

第八章 附 则

第五十九条 本办法具体应用问题由西宁市交通行政主管部门负责解释。

第六十条 本办法自 2010 年 3 月 1 日起施行。本办法实施前,已投入运营的城乡公交企业,不符合本办法规定条件的,应当在本办法实施 6 个月内予以整改;逾期未整改,或者整改后仍然达不到规定条件的,由市、县交通行政主管部门依法注销经营权。

乌鲁木齐市城市公共汽车客运管理条例

(2006年9月29日乌鲁木齐市第十三届人民代表大会常务委员会第三十三次会议通过，2006年11月24日新疆维吾尔自治区第十届人民代表大会常务委员会第二十七次会议通过)

第一章 总 则

第一条 为加强城市公共汽车客运管理，维护公共汽车客运市场秩序，保障营运安全，维护乘客和经营者及从业人员的合法权益，根据有关法律、法规，结合本市实际，制定本条例。

第二条 本市行政区域内城市公共汽车客运的规划、设施建设和经营活动，均应遵守本条例。

第三条 本条例所称城市公共汽车，是指在城市中按规定的线路、站点、班次、票价和时间营运，供公众乘坐的客运车辆。

城市公共汽车客运设施，是指为城市公共汽车客运服务的站台、站牌、候车亭、专用停车场、站务用房、枢纽站及其他相关设施。

第四条 市城市交通行政主管部门是本市城市公共汽车客运行业的行政主管部门。其所属的市客运管理机构负责本市城市公共汽车客运行业的日常管理和监督检查工作。

发展和改革、财政、建设、规划、国土资源、公安、工商、环境保护、市政市容、质量技术监督等部门应按照各自职责，协同做好城市公共汽车客运管理工作。

第五条 市人民政府应将城市公共汽车客运事业纳入国民经济和社会发

展计划，坚持政府主导、政策扶持、优先发展的原则。

第六条 城市公共汽车客运的发展应当坚持全面规划、统一管理、公平竞争、安全营运、方便快捷、优质服务、保护环境的原则。

第二章 规划建设

第七条 市城市交通行政主管部门应根据城市总体规划组织编制城市公共汽车客运发展专项规划，报市人民政府批准后实施。

第八条 新区开发、旧城改造、居住区建设以及新建、扩建机场、火车站、长途客运汽车站、旅游景点和大型商业、娱乐、文化、教育、体育中心等项目时，应根据城市公共汽车客运发展专项规划，划定城市公共汽车客运设施建设用地。

第九条 城市公共汽车客运发展专项规划确定的城市公共汽车客运设施建设用地，不得侵占或改变用途。

第十条 新建、改建、扩建城市道路，应当按照城市公共交通优先发展的原则设置城市公共汽车专用道、公交港湾和优先通行信号系统。

第十一条 城市公共汽车客运设施建设项目的设计和施工，应当符合国家有关技术标准和规范。

第十二条 城市公共汽车客运设施应按规定设置相关标志。

第三章 经营管理

第十三条 城市公共汽车客运经营实行特许经营。

第十四条 城市公共汽车客运特许经营权应当通过公开招标方式确定经营者。

第十五条 取得城市公共汽车客运特许经营权的经营者，由市城市交通行政主管部门颁发城市公共汽车客运经营许可证，并签订《城市公共汽车客运特许经营协议》后方可从事城市公共汽车客运经营活动。

第十六条　申请从事城市公共汽车客运的经营者，应向市城市交通行政主管部门提交下列资料：

（一）书面申请；

（二）经营方案；

（三）合法有效的资信证明。

第十七条　从事城市公共汽车客运的经营者应当具备下列条件：

（一）有符合规定数量和规格的客运车辆或相应的经营资金；

（二）有符合规定要求的专用停车场地和配套设施；

（三）有合理可行的经营方案；

（四）有与经营方式相配套的各项管理制度；

（五）有取得相应资格的管理人员、安全人员、司乘人员；

（六）具有承担相应责任的能力；

（七）法律、法规规定的其他条件。

第十八条　市客运管理机构应当按照批准的线路和配车数向经营者发放城市公共汽车客运营运证。

申请变更城市公共交通线路和配车数的经营者，应当向市城市交通行政主管部门提出书面申请，经审核批准后方可变更。

第十九条　从事城市公共汽车客运服务的司乘人员，应当经市客运管理机构考核合格，取得城市公共汽车客运服务资格证后，方可上岗。

第二十条　城市公共汽车客运经营者不得擅自转让、出租或以其他方式变相转让特许经营权。

第二十一条　禁止涂改、倒卖、伪造、出租、出借城市公共汽车客运经营许可证、客运营运证、客运服务资格证。

第四章　营运管理

第二十二条　城市公共汽车客运经营者应当在特许经营的范围内进行营运，并遵守下列规定：

（一）按照核准的线路、时间、站点、班次、车型和配车数组织营运；

（二）定期对车辆进行检查、保养、消毒，保持车辆整洁卫生、服务设施齐全，车辆技术、安全性能和环保指标符合国家有关标准；

（三）执行行业服务标准和规范；

（四）执行政府价格主管部门依法核准的价格；

（五）按规定设置营运标志、禁烟标志及老、幼、病、残、孕专座；

（六）对从业人员进行职业道德、专业技能和安全教育培训；

（七）不得将车辆交给不具备城市公共汽车客运服务资格的人员驾驶；

（八）按规定的线路行驶，不得无故拒绝载客、中途逐客（甩客）、强行拉客、滞站揽客、追车抢道；

（九）接受乘客的监督，受理并妥善处理乘客投诉。

第二十三条 城市公共汽车客运经营者不得擅自停业、歇业或者终止营运；确需停业、歇业或者终止营运的，应提前90日向市城市交通行政主管部门提出书面申请，经批准后方可停业、歇业或者终止营运。

第二十四条 城市公共汽车经营者对安全客运工作负有下列职责：

（一）建立、健全本单位的安全客运责任制；

（二）组织制定本单位安全规章制度和操作规程；

（三）保证本单位安全投入的有效实施，为从业人员提供必要的安全客运条件；

（四）督促、检查本单位的安全客运工作，及时消除客运安全事故隐患；

（五）加强对从业人员的安全客运教育与培训，组织制定并实施本单位的客运安全事故应急救援预案；

（六）及时、如实报告客运安全事故。

第二十五条 城市公共汽车客运司乘人员应遵守下列规定：

（一）安全营运，文明服务，礼貌待客；

（二）按规定佩带服务标志，携带城市公共汽车客运营运证和客运服务资格证；

（三）正确使用电子报站设施，及时报清线路、站名，关心老、幼、病、残、孕和怀抱小孩的乘客；

（四）按规定向乘客给付票据；

（五）维护车内秩序，营运中发现车内有违法犯罪行为时，及时协助公安机关进行处理；

（六）不得拒绝和歧视持规定证件免费乘车的乘客。

第二十六条 乘客应遵守下列规定：

（一）在公交站点区域内依次候车，有序上下；

（二）不得携带易燃、易爆、剧毒等危险品以及各种活畜、禽类和宠物乘车；

（三）主动投币、刷卡或出示票证，并接受司乘人员的查验；

（四）不得损坏车辆设施或进行其他妨碍车辆行驶、停靠和乘车安全的行为；

（五）不得要求司乘人员违反道路交通安全法律、法规行车和停车。

第二十七条 城市公共汽车在营运中发生故障不能正常行驶的，司乘人员应及时向乘客说明原因，并安排乘客免费换乘后续同线路营运车辆，后续营运车辆不得拒载。

第二十八条 发生灾害、突发事件和重大活动时，城市公共汽车客运经营者应当服从市城市交通行政主管部门对车辆的统一调度、指挥，由此发生的费用，应当给予合理补偿。

第五章 法律责任

第二十九条 城市公共汽车客运经营者有下列情形之一的，由市城市交通行政主管部门责令其限期改正，逾期不改的，撤销特许经营权，并终止特许经营协议：

（一）以特许经营项目的营运权设定担保，或者擅自转让、出租特许经营项目的营运权，或者擅自处置、抵押特许经营设施、设备的；

（二）未按照法律、法规及有关标准、规范和特许经营协议约定从事特许经营活动，不履行普遍服务义务，或者不履行养护、维修和更新改造义务，危及公共利益、公共安全的；

（三）因经营管理不善，造成重大质量、生产安全责任事故，不适宜继续从事特许经营活动的；

（四）擅自停业、歇业的；

（五）法律、法规、规章禁止的其他情形。

第三十条 城市公共汽车客运经营者有下列情形之一的，由市城市交通行政主管部门责令停止违法行为，没收违法所得和从事违法经营活动的设施、设备，可以并处违法所得2倍以下的罚款；没有违法所得的，可以并处5000元以上5万元以下的罚款：

（一）未取得特许经营权证，擅自从事特许经营活动的；

（二）超出特许经营许可范围进行经营活动的；

（三）涂改、倒卖、出租、出借特许经营权证的。

第三十一条 城市公共汽车客运经营者有下列行为之一的，由市客运管理机构责令停止违法行为，并处以5000元以上3万元以下罚款：

（一）未取得城市公共汽车客运营运证，从事经营活动的；

（二）未按核准的线路、站点、班次及时间组织营运的；

（三）强迫从业人员违章作业的；

（四）未按照国家有关规定维护和检测客运车辆，车辆技术、安全性能不符合有关标准的。

第三十二条 城市公共汽车客运经营者有下列情形之一的，由市客运管理机构责令改正，并处以1000元以上5000元以下罚款：

（一）擅自变更车型、配车数的；

（二）未按规定设置营运标志的；

（三）拒载、滞站揽客、越站营运、中途逐客、强行拉客的；

（四）将车辆交给不具备城市公共汽车客运服务资格的人员驾驶的；

（五）涂改、倒卖、伪造、出租、出借城市公共汽车客运营运证和客运服务资格证的；

（六）客运车辆在营运中发生故障不能正常行驶时，未按照规定安排乘客换乘或者后续营运车辆拒载的。

第三十三条 城市公共汽车客运司乘人员违反本条例第二十五条规定的，由市客运管理机构在其服务资格证上予以违规记载，一年内被记载违规三次的，吊销其服务资格证。

违反本条例第二十五条（一）、（二）、（六）项规定之一的，由市客运管理机构责令改正，并处以 100 元以上 200 元以下罚款。

第三十四条 违反本条例应当受到行政处罚的其他行为，由有关部门依照有关法律、法规规定予以处罚。

第三十五条 市城市交通行政主管部门工作人员和市客运管理机构执法人员有下列行为之一的，由其所在单位或上级主管部门给予行政处分；构成犯罪的，由司法机关依法追究刑事责任：

（一）不依法履行职责的；

（二）违法行为造成后果的；

（三）对当事人的各类申请故意刁难、推诿、不依法办理的；

（四）履行公职不按规定出示有关证件的；

（五）其他滥用职权、徇私舞弊、玩忽职守的行为。

第三十六条 当事人对行政处罚决定不服的，可依法申请行政复议或提起行政诉讼。

第六章　附　　则

第三十七条 本条例自 2007 年 1 月 1 日起施行。

乌鲁木齐市城市公共汽车客运特许经营管理办法

(2006年8月17日乌鲁木齐市人民政府第43次常务会议通过，2006年9月20日以乌鲁木齐市人民政府令第80号公布，自2006年10月20日起施行)

第一条 为规范城市公共汽车客运特许经营活动，加快城市公共汽车客运事业发展，根据《新疆维吾尔自治区市政公用事业特许经营条例》，结合本市实际，制定本办法。

第二条 本市行政区域内城市公共汽车客运特许经营活动及其管理适用本办法。

第三条 本办法所称城市公共汽车客运特许经营，是指经市城市交通局依照法定程序，通过招标方式，授予特许经营者在特许经营期限、范围内从事城市公共汽车客运经营并取得合理收益的行为。

第四条 市城市交通局是本市城市公共汽车客运特许经营管理的行政主管部门，具体履行下列职责：

（一）监督获得特许经营权的经营者履行法定义务和特许经营协议规定的义务；

（二）对获得特许经营权的经营者的经营计划实施情况和服务质量以及安全生产情况进行监督考核；

（三）受理公众对获得特许经营权的经营者的投诉；

（四）在危及或可能危及公共利益、公共安全等紧急情况下，临时接管特许经营项目；

（五）协助相关部门核算和监控特许经营者的成本，提出价格调整意见；

（六）依法应当履行的其他职责。

第五条 城市公共汽车客运特许经营应当坚持公开、公平、公正和公共利益优先的原则。

第六条 市城市交通局应当根据城市公共汽车客运发展专项规划制定城市公共汽车客运特许经营权出让实施方案，报市人民政府批准。

市城市交通局制定特许经营权出让实施方案，应当通过召开听证会或其他公开方式听取公众意见。

第七条 城市公共汽车客运特许经营项目确定后，由市城市交通局通过招标方式选择特许经营者。

第八条 城市公共汽车客运特许经营项目招标投标程序，依照招标投标法的规定。

第九条 市城市交通局应向社会公示招标投标情况和拟确定的特许经营者，公示时间不少于20天。

公示期满无异议的，由市城市交通局报市人民政府批准后与中标者签订城市公共汽车客运特许经营协议，授予其特许经营权。

第十条 城市公共汽车客运特许经营者应具备下列条件：

（一）有符合规定数量和规格的客运车辆或相应的经营资金；

（二）有符合规定要求的专用停车场地和配套设施；

（三）有合理可行的经营方案；

（四）有与经营方式相配套的各项管理制度；

（五）有取得相应资格的管理人员、安全人员、司乘人员；

（六）具有承担相应责任的能力；

（七）法律、法规规定的其他条件。

第十一条 城市公共汽车客运特许经营期限为5～8年。特许经营期届满后，应当依法重新组织招投标，选择特许经营者。

第十二条 城市公共汽车客运特许经营者在特许经营期间，经评估能够完全履行特许经营协议的，可以在特许经营期限届满前60日内申请延长特许经营期；市城市交通局收到延期申请后，应当按本办法第九条规定向社会公示后，20日内作出是否准予延期的决定。

延长特许经营期一次不得超过两年，最多不得超过两次。

第十三条 城市公共汽车客运特许经营协议应包括以下内容：

（一）特许人、特许经营者；

（二）特许经营项目名称、方式、内容、区域、期限；

（三）服务的质量、安全标准以及保证持续提供服务的措施；

（四）价格和收费的确定方法、标准以及调整程序；

（五）特许经营权处分与混业经营的限制；

（六）特许经营状况的评估期限、方式；

（七）设施、设备的权属、处置、移交、养护、维修与更新改造；

（八）补偿约定和履约担保；

（九）特许经营协议的变更与终止；

（十）违约责任；

（十一）争议解决的方式；

（十二）双方认为应当约定的其他事项。

第十四条 城市公共汽车客运特许经营者应当遵守下列规定：

（一）执行城市公共汽车客运行业服务标准和规范，按规定承担社会公益性任务；

（二）科学合理制定年度经营计划和调度方案；

（三）按照国家安全生产有关法律、法规和行业安全生产标准规范，组织安全生产；

（四）按照核准的线路、时间、站点、班次、车型和配车数组织营运；

（五）定期对车辆进行检查、保养、消毒，保持车辆整洁卫生、服务设施齐全，车辆技术、安全性能和环保指标符合国家有关标准；

（六）执行政府价格主管部门依法核准的价格；

（七）按规定设置营运标志、禁烟标志及老、幼、病、残、孕专座；

（八）对从业人员进行职业道德、专业技能和安全教育培训；

（九）接受乘客的监督，受理并妥善处理乘客投诉。

第十五条 城市公共汽车客运特许经营者不得擅自停业、歇业或者终止营运。

第十六条 城市公共汽车客运特许经营者不得擅自转让或者以其他方式处置特许经营权。

第十七条 城市公共汽车客运特许经营者取得特许经营权，应当按照市人民政府确定的标准缴纳特许经营权出让费。特许经营权出让费纳入财政性资金统一监管。

第十八条 城市公共汽车客运特许经营者在公交线路特许经营期限内因解散、破产和其他原因单方提出解除特许经营协议的，应提前3个月提出书面申请；在市城市交通局同意解除特许经营协议前，特许经营者应当保证正常的经营与服务。

第十九条 市城市交通局应当制定城市公共汽车客运特许经营应急预案，特许经营权发生变更或者终止时，应采取有效措施保证城市公共汽车客运服务的连续性和稳定性。

第二十条 有下列情形之一的，市城市交通局可以对公交线路进行调整和变更：

（一）因轨道交通、道路交通等发展及实施线网优化需要进行线网调整的；

（二）因城市基础设施建设或根据道路状况实施营运调整的；

（三）因其他不可抗力因素需要调整的。

第二十一条 市城市交通局应根据有关考核办法和特许经营协议对城市公共汽车客运特许经营者营运服务状况进行考评；考评不合格的，责令限期整改，并按照有关法规、规章进行处罚。

第二十二条 城市公共汽车客运特许经营者有下列情形之一的，市城市交通局应当责令其限期改正，逾期不改正的，可以撤销特许经营权，并终止特许经营协议：

（一）违反规定以特许经营权设定担保，或者擅自转让、出租运营权，或者擅自处置、抵押特许经营设施、设备的；

（二）未按照法律、法规及有关标准、规范和特许经营协议约定从事特许经营活动，不履行普遍服务义务，或者不履行养护、维修和更新改造义务，危及公共利益、公共安全的；

（三）因经营管理不善，造成重大质量、生产安全责任事故，不适宜继续从事特许经营活动的；

（四）擅自停业、歇业的；

（五）法律、法规、规章禁止的其他情形。

第二十三条 城市公共汽车客运特许经营者有下列情形之一的，市城市交通局应当依法办理注销特许经营权手续：

（一）特许经营期满，特许经营者未申请延续的；

（二）特许经营者丧失行为能力，或者被依法终止的；

（三）特许经营协议事项发生变化，依法解除或者终止特许经营协议的；

（四）特许经营权依法被撤销的；

（五）法律、法规、规章规定应当注销的其他情形。

第二十四条 市城市交通局工作人员有下列行为之一的，由其所在单位或上级主管部门给予行政处分；构成犯罪的，由司法机关依法追究刑事责任：

（一）对符合法定条件的申请人不予受理特许经营申请，或者不依法办理延长特许经营权申请手续的；

（二）不依法采用招标投标方式选择特许经营者，或者在招标投标活动中弄虚作假的；

（三）不依法对特许经营者履行协议情况进行监督，或者不组织对特许经营状况进行评估的；

（四）违法撤销特许经营权、办理注销特许经营权手续，终止特许经营协议的；

（五）其他不履行监督管理职责的行为。

第二十五条 本办法自 2006 年 10 月 20 日起施行。

城市公共汽电车客运地方性法规规章汇编

上册

《城市公共汽电车客运地方性法规规章汇编》编写组　编

人民交通出版社股份有限公司

北京

内 容 提 要

本书上册汇编了 23 项省级城市公共汽电车客运相关地方性法规规章，下册汇编了重点城市的 43 项有关城市公共汽电车客运的地方性法规规章。本书旨在为政府相关部门制定城市公共汽电车客运发展政策、加强城市公共汽电车客运行业管理提供参考，也可供科研机构、高校及城市公共汽电车客运企业研究、学习使用。

图书在版编目(CIP)数据

城市公共汽电车客运地方性法规规章汇编/《城市公共汽电车客运地方性法规规章汇编》编写组编.—北京：人民交通出版社股份有限公司，2020.9
　ISBN 978-7-114-16539-9

　Ⅰ.①城… Ⅱ.①城… Ⅲ.①公共汽车—旅客运输—交通法—地方法规—汇编—中国②电车—旅客运输—交通法—地方法规—汇编—中国 Ⅳ.①D922.296.9

中国版本图书馆 CIP 数据核字(2020)第 078969 号

Chengshi Gonggong Qi-Dianche Keyun Difangxing Fagui Guizhang Huibian

书　　名：	城市公共汽电车客运地方性法规规章汇编（上册）
著　作　者：	《城市公共汽电车客运地方性法规规章汇编》编写组
责任编辑：	杨丽改　刘　洋　李　洁
责任校对：	赵媛媛
责任印制：	刘高彤
出版发行：	人民交通出版社股份有限公司
地　　址：	(100011)北京市朝阳区安定门外外馆斜街 3 号
网　　址：	http://www.ccpcl.com.cn
销售电话：	(010)59757973
总　经　销：	人民交通出版社股份有限公司发行部
经　　销：	各地新华书店
印　　刷：	北京虎彩文化传播有限公司
开　　本：	720×960　1/16
印　　张：	20
字　　数：	336 千
版　　次：	2020 年 9 月　第 1 版
印　　次：	2020 年 9 月　第 1 次印刷
书　　号：	ISBN 978-7-114-16539-9
全套定价：	160.00 元

(有印刷、装订质量问题的图书由本公司负责调换)

PREFACE 前 言

城市公共交通是满足人民群众基本出行需求的社会公益性事业,与人民群众生产生活息息相关,是政府应当提供的基本公共服务和重大民生工程。党中央、国务院高度重视城市公共交通发展。2012年12月,国务院发布了《关于城市优先发展公共交通的指导意见》(国发〔2012〕64号),进一步确立了城市公共交通优先发展战略,并提出了一系列优先发展公共交通的重大政策措施。

国务院大部门体制改革以来,交通运输部认真落实党中央、国务院决策部署,积极履行指导城市客运管理职责,加强与有关部门的协作配合,加强对地方的指导,深入落实城市公共交通优先发展战略,加快完善城市公共交通法规规章,深化开展公交都市创建活动,推动完善公交优先支持政策,大力推广应用新能源汽车等,努力推动城市公共交通发展取得新成效。各地进一步加大对城市公共交通的支持力度,完善配套政策措施,全面改善发展环境,城市公共交通服务保障能力不断提高,城市公共交通客运服务质量稳步提升,城市公共交通行业改革取得了新进展,城市公共交通行业治理体系和治理能力得到进一步提升。

党的十九大作出了建设交通强国的重大决策部署。建设交通强国是以习近平同志为核心的党中央立足国情、着眼全局、面向未来作出的重大决策,是新时代做好交通工作的总抓手。2019年9月,党中央、国务院印发了《交通强国建设纲要》,明确要求"完善治理体系,提升治理能力""坚持法治引领,完善综合交通法规体系,推动重点领域法律法规制定修订"。近年来,在各地、各部门的大力支持下,制定出台《城市公共交通条例》工作取得了积极进展。在推动国家层面立法的同时,各地也积极主动开展工作,通过制定出台城市公共交通发展的地方性法规、政府规章或者规范性文件等,将城市公共交通优先发展的各项有力政策措施予以制度化,积累了很多宝贵的经验,对于推动我国城市公共交通法制化进程提供了有力支撑。

为便于加强交流学习,在各级交通运输主管部门的支持帮助下,我们对全国各地出台的涉及城市公共交通发展的相关地方性法规、政府规章进行了整理,汇编了《城市公共汽电车客运地方性法规规章汇编》一书。本书分为上、下两册,上册汇编了省级城市公共汽电车客运相关地方性法规和政府规章,下册汇编重点城市有关城市公共汽电车客运的地方性法规和政府规章,各省份和城市的公共汽电车客运法规均按照涉及省份和城市的行政区划顺序进行了排序。本书可供各级公共交通主管部门及有关企事业单位相关人员学习和参考。

本书汇编时收录的文稿均为当前的最新有效版本,但鉴于地方性法规、政府规章处于不断修订完善的过程,建议读者使用时查询以最新版本为准。

编 者
2020 年 4 月

CONTENTS 目　录

天津市客运公共交通管理条例 …………………………………………… 1
河北省道路运输条例 ……………………………………………………… 10
山西省城市公共客运条例 ………………………………………………… 24
吉林省城市公共客运管理条例 …………………………………………… 32
黑龙江省道路运输条例 …………………………………………………… 47
上海市公共汽车和电车客运管理条例 …………………………………… 64
上海市道路交通管理条例 ………………………………………………… 80
江苏省道路运输条例 ……………………………………………………… 100
浙江省道路运输条例 ……………………………………………………… 119
浙江省城市交通管理若干规定 …………………………………………… 136
安徽省城市公共汽车客运管理条例 ……………………………………… 142
福建省道路运输条例 ……………………………………………………… 153
江西省道路运输条例 ……………………………………………………… 171
山东省道路运输条例 ……………………………………………………… 191
湖北省城市公共交通发展与管理办法 …………………………………… 207
湖南省市政公用事业特许经营条例 ……………………………………… 218
重庆市公共汽车客运条例 ………………………………………………… 227
四川省道路运输条例 ……………………………………………………… 243
贵州省城市公共交通条例 ………………………………………………… 258
云南省城市公共交通管理办法 …………………………………………… 270
甘肃省道路运输条例 ……………………………………………………… 279
宁夏回族自治区道路运输管理条例 ……………………………………… 290
新疆维吾尔自治区道路运输条例 ………………………………………… 301

上册部分法规规章链接

天津市客运公共交通管理条例

(2015年8月19日天津市第十六届人民代表大会常务委员会第二十次会议通过)

第一章 总 则

第一条 为了促进本市客运公共交通健康发展,维护客运公共交通市场秩序,保护乘客和经营者的合法权益,满足公众基本出行需要,保障公共交通安全,根据国家法律法规相关规定,结合本市实际,制定本条例。

第二条 本市行政区域内客运公共交通的规划、建设、管理、运营、服务及其相关活动,适用本条例。本市轨道交通管理按照市人民政府有关规定执行。

本条例所称客运公共交通是指利用客运公共汽(电)车及其有关设施,按照规定的线路、站点、时间、票价运营,为公众提供基本出行服务的活动。

第三条 本市发展客运公共交通应当遵循方便群众、综合衔接、绿色发展、因地制宜的原则,为公众提供安全、卫生、便捷、经济适用、节能环保的客运公共交通服务。

第四条 市和区县人民政府应当加强对发展客运公共交通的组织领导,将客运公共交通发展纳入到国民经济和社会发展规划,优先发展客运公共交通。

市和区县人民政府应当保证对客运公共交通发展的财政投入。

第五条 市交通运输行政管理部门主管全市客运公共交通工作。市客运公共交通管理机构负责具体管理工作。

区县交通运输行政管理部门按照分工负责本辖区内客运公共交通管理工作。

发展改革、建设、规划、国土房管、财政、公安等相关部门在各自职责范围内做好相关工作。

第六条 市和区县人民政府应当采取路权保障、管理智能化等措施，引导公众优先选择客运公共交通方式出行。

第七条 客运公共交通经营者应当遵守法律法规，安全营运、规范服务、公平竞争，提升服务效率和服务品质。

鼓励客运公共交通经营者采用新能源、低排放车辆。

第二章　规划与建设

第八条 市人民政府应当根据本市和京津冀交通一体化发展的需求，编制综合交通体系规划，优化配置客运公共交通资源，完善公共交通网络体系。

第九条 市交通运输行政管理部门应当会同有关部门根据综合交通体系规划，组织编制全市客运公共交通专项规划，经市人民政府批准后实施。

编制客运公共交通专项规划应当采取多种方式征询公众意见。

第十条 规划主管部门在组织编制控制性详细规划时，应当与客运公共交通专项规划相互衔接，将客运公共交通设施建设纳入控制性详细规划。

第十一条 规划主管部门在编制、修改控制性详细规划时，应当对下列客流集中的区域规划客运公共交通场站：

（一）机场、铁路客运站、客运码头、长途汽车首末站、城市轨道交通枢纽站；

（二）大型的商业中心、文化娱乐场所、旅游景区、体育场馆、医疗机构；

（三）大型居住区、产业园区、教育园区；

（四）其他客流集中的公共场所。

第十二条 建设行政管理部门会同交通运输行政管理部门根据客运公共交通专项规划，制定年度客运公共交通场站建设计划，建设资金由财政统筹安排。

第十三条 建设单位负责配套建设客运公共交通场站的，建设单位应当按照相关规范和标准，与主体工程同步设计、同步建设、同步验收，交付交通运输行政管理部门。

第十四条 新建、改建、扩建城市道路，具备条件的，应当规划建设港湾式停靠站。

第十五条 交通运输行政管理部门通过招投标等方式，确定客运公共交通场站的经营管理单位。

客运公共交通场站经营管理单位应当健全运营管理制度，维护场站运营秩序，保证场站设施、设备完好。

进入客运公共交通场站的线路，由市客运公共交通管理机构或者区县交通运输行政管理部门确定。

第十六条 交通运输行政管理部门会同公安交通行政管理部门根据道路条件、交通流量等因素，组织设置客运公共交通车辆优先通行车道，配置相应的智能交通管理系统，提高运行效率。

第三章 客运公共交通线路及其经营权

第十七条 交通运输行政管理部门应当根据客运公共交通专项规划和公众出行需求，适时调整和优化客运公共交通线网结构，提高线网和站点覆盖率，实现与轨道交通等其它交通方式的便捷衔接。

第十八条 交通运输行政管理部门应当定期组织客运公共交通客流调查和线路普查，会同公安交通行政管理部门通过论证会、听证会或者其他形式，广泛征求有关部门、公众、专家和经营者的意见，增设、调整客运公共交通线路。

滨海新区、武清区、宝坻区、静海县、宁河县、蓟县交通运输行政管理部门增设、调整本行政区域内客运公共交通线路，应当报市交通运输行政管理部门备案。

第十九条　从事客运公共交通线路运营的，应当取得线路经营权。

首末站和行经路线在中心城区、环城四区及跨区县的线路经营权，由市交通运输行政管理部门授予。首末站和行经路线在滨海新区、武清区、宝坻区、静海县、宁河县、蓟县的线路经营权，由本区县交通运输行政管理部门授予。

第二十条　交通运输行政管理部门授予线路经营权时，应当确定客运公共交通站名。

客运公共交通站名经确定后不得擅自变更。

第二十一条　申请取得客运公共交通线路经营权，应当具备下列条件：

（一）具有企业法人资格；

（二）具有符合线路运营要求的车辆或者相应的车辆购置资金；

（三）具有健全的运营、服务、安全管理制度；

（四）具有相应的管理人员和合格的驾驶员、调度员等人员。

第二十二条　对新开辟的线路，线路经营权期限届满需要重新确定经营者的线路，或者其他需要重新确定经营者的线路，应当通过招投标方式授予线路经营权。

第二十三条　经营者取得线路经营权后，交通运输行政管理部门应当核发线路经营权证书。

第二十四条　客运公共交通线路经营权期限为八年。在线路经营权期限内，客运公共交通线路经营者不得转让或者以承包、挂靠等方式变相转让线路经营权。

线路经营权期限届满六个月前，客运公共交通线路经营者可以向交通运输行政管理部门提出延长线路经营权期限的书面申请。交通运输行政管理部门根据经营者运营服务的状况对其考核合格的，可以延长其线路经营权期限，延长期限不得超过八年。

第二十五条　客运公共交通线路经营者在线路经营权期限内，不得擅自暂停、终止线路运营。

客运公共交通线路经营者要求暂停、终止线路运营的，应当提前九十日向交通运输行政管理部门提出书面申请；交通运输行政管理部门应当自收到申请之日起六十日内作出决定。

第四章　客运公共交通运营管理

第二十六条　客运公共交通线路经营者应当遵守下列规定：

（一）按照规定要求编制线路行车作业计划，报市客运公共交通管理机构或者区县交通运输行政管理部门备案，并组织运营；

（二）配备符合规定标准的车辆及信息监控系统，并按照规定报送运营数据；

（三）建立安全管理制度，配备专职安全管理人员，定期进行运营安全检查；

（四）加强驾驶员职业道德、服务标准、安全运行培训教育，定期检查考核；

（五）定期对驾驶员进行身体健康检查，发现有不适宜驾驶工作的疾病或者有心理疾患的，暂停其驾驶工作；

（六）车辆出现故障不能继续运行时，及时安排乘客免费转乘同线路同方向车辆；

（七）按照核定的运营收费标准收费并出具车票凭证。

第二十七条　运营车辆应当符合下列要求：

（一）车辆设施性能完好，车容整洁、车厢干净；

（二）在明显位置标明线路经营者名称和车辆编号；

（三）按照规定设置线路标志牌、运行线路图、收费标准、乘车守则、投诉电话等标识；

（四）配备卫星定位车载终端、视频监控和语音报站装置，保持性能完好；

（五）设置老、幼、残、孕乘客专用座位；

（六）设置安全警示标识，保持灭火器、安全锤、车门紧急开启装置等安全设施完好；

（七）空调运营车辆根据季节变化在车厢内温度高于二十八摄氏度或者

低于十六摄氏度时，开启车辆空调设备。

第二十八条 驾驶员应当遵守下列规定：

（一）遵守交通法律法规，执行服务标准，恪守职业道德，使用文明用语，安全文明行车、停靠；

（二）按照核准的线路、站点、时间、间隔运营；

（三）在规定的站点上下乘客；

（四）按照规定使用语音报站装置；

（五）不得在车厢内吸烟、接打手机、使用非车载视听设备；

（六）不得拒绝持免费乘车证件的乘客乘车；

（七）不得疲劳驾驶。

第二十九条 客运公共交通站牌应当标明线路名称、首末班车时间、所在站点和沿途停靠站点的名称、开往方向、收费标准等内容，并保持清晰、完好；运营班次间隔在三十分钟以上的线路，还应当标明运营间隔时间。

第三十条 交通运输行政管理部门应当建设客运公共交通安全运营监控系统和应急处置系统。支持社会力量建设客运公共交通信息服务系统。

第三十一条 公安交通行政管理部门对道路实行交通管制，影响客运公共交通线路正常运营的，应当提前通知市客运公共交通管理机构和区县交通运输行政管理部门。

市客运公共交通管理机构和区县交通运输行政管理部门对需要临时变更、暂停客运公共交通线路运营的，应当及时向社会公告。

第三十二条 市和区县人民政府建立客运公共交通经营成本费用评价制度、政策性亏损评估制度和补贴、补偿制度。

完善价格补贴机制，合理确定补贴范围，对实行低票价、减免票以及承担政府指令性任务等形成政策性亏损的，市和区县财政给予适当补贴。

第三十三条 乘客应当遵守下列规定：

（一）遵守乘车守则和乘车秩序，文明乘车；

（二）按照规定支付车费，或者主动出示免费乘车证件；

（三）不得携带管制器具以及易燃、易爆、有毒、放射性、腐蚀性等危险物品乘车；

（四）不得携带宠物乘车；

（五）不得在车厢内吸烟、随地吐痰、乱扔废弃物；

（六）不得强行上下车，或者妨碍驾驶员的正常工作；

（七）醉酒者、精神病患者、学龄前儿童及行动不便者，应当有成年人陪同乘车。

乘车守则由市交通运输行政管理部门制定并公布。

第三十四条 禁止下列妨碍客运公共交通运营的行为：

（一）在客运公共交通场站及其出入口通道停放车辆、堆放杂物或者摆摊设点；

（二）拦截运营车辆；

（三）损坏运营车辆和设施设备；

（四）占用、损毁、拆除客运公共交通场站及其设施；

（五）其他妨碍客运公共交通运营的行为。

第五章 监督检查

第三十五条 市客运公共交通管理机构和区县交通运输行政管理部门应当加强对客运公共交通运营活动的监督检查，及时制止和查处违法行为。

被监督检查的单位和个人应当接受监督检查，如实提供有关情况或者资料。

第三十六条 市客运公共交通管理机构和区县交通运输行政管理部门应当建立客运公共交通运营服务质量评议考核制度，定期对线路经营者的安全生产、作业计划执行、车辆设施、服务设施、乘客满意度调查、投诉处理、遵章守纪等情况进行评议考核。

第三十七条 市客运公共交通管理机构、区县交通运输行政管理部门和客运公共交通经营者应当建立投诉受理制度，公布投诉方式，接受社会监督。

第三十八条 市客运公共交通管理机构和区县交通运输行政管理部门受理乘客投诉后，应当在十五个工作日内答复；情况复杂的，应当在二十个工作日内答复。

客运公共交通经营者收到乘客投诉后,应当在十个工作日内答复。

第六章 法 律 责 任

第三十九条 违反本条例第十九条第一款规定的,由交通运输行政管理部门处以五千元以上五万元以下罚款;在作出行政处罚前,可以扣押非法运营的车辆。

第四十条 客运公共交通线路经营者违反本条例第二十四条第一款规定的,由交通运输行政管理部门没收转让所得,吊销线路经营权证书。

客运公共交通线路经营者违反本条例第二十五条第一款规定的,由交通运输行政管理部门处以五千元以上五万元以下罚款;情节严重的,吊销线路经营权证书。

第四十一条 客运公共交通线路经营者违反本条例第二十六条、第二十七条规定的,由市客运公共交通管理机构或者区县交通运输行政管理部门责令改正,并可处以一千元以上一万元以下罚款;情节严重的,处以一万元以上五万元以下罚款。

第四十二条 客运公共交通驾驶员违反本条例第二十八条规定的,由市客运公共交通管理机构或者区县交通运输行政管理部门对其所属的客运公共交通线路经营者处以五百元以上一千元以下罚款。

第四十三条 违反本条例第三十四条规定的,由市客运公共交通管理机构或者区县交通运输行政管理部门责令改正,对个人可处以五百元以上二千元以下罚款,对单位可处以二千元以上二万元以下罚款。

第四十四条 违反本条例规定,构成治安违法的,由公安机关依法给予治安管理处罚;构成犯罪的,依法追究刑事责任。

第四十五条 违反本条例规定,交通运输行政管理部门、市客运公共交通管理机构、其他负有客运公共交通管理职责的部门及其工作人员滥用职权、玩忽职守、徇私舞弊或者有其他失职、渎职行为的,依法给予处分;构成犯罪的,依法追究刑事责任。

第七章　附　则

第四十六条　本条例自 2015 年 12 月 1 日起施行。市人民政府 1991 年 4 月 12 日公布的《天津市维护公共交通车辆运营秩序的规定》（1991 年市人民政府令第 34 号）同时废止。

河北省道路运输条例

(2017年7月28日河北省第十二届人民代表大会常务委员会第三十一次会议通过)

第一章 总 则

第一条 为了规范道路运输市场秩序，保障道路运输安全，保护道路运输当事人合法权益，促进道路运输业健康发展，根据《中华人民共和国道路运输条例》和有关法律、行政法规的规定，结合本省实际，制定本条例。

第二条 在本省行政区域内从事道路运输经营、道路运输相关业务及其监督管理活动，适用本条例。

本条例所称道路运输经营包括城市公共汽电车客运、班车客运、包车客运、旅游客运、出租汽车客运、货运经营等活动。

道路运输相关业务包括道路运输站（场）经营、机动车维修、机动车驾驶员培训、汽车租赁等活动。

第三条 道路运输业发展应当遵循统筹规划、科学发展、节能环保、安全便捷的原则，优先发展公共交通，推进交通物流业发展，促进道路运输城乡一体化和区域协同发展。

第四条 县级以上人民政府应当加强对道路运输管理工作的领导，将交通运输发展规划纳入国民经济和社会发展规划，统筹道路运输与其他运输方式协调发展，落实用地和税收方面的优惠政策，保障道路运输管理、应急处置等经费。

第五条 县级以上人民政府交通运输主管部门负责本行政区域内的道路运输管理工作。

县级以上道路运输管理机构负责具体实施道路运输管理工作。

县级以上人民政府发展和改革、公安、财政、住房和城乡建设、安全生产监督管理、工业和信息化、质量技术监督、工商行政管理、税务等有关部门应当按照各自职责做好道路运输相关工作。

第六条 从事道路运输经营、道路运输相关业务，应当依法向工商行政管理机关办理有关登记手续后，按照法律、行政法规和本条例规定的条件，依法取得相应的经营许可，并依照批准的经营许可事项从事经营活动。

外商投资道路运输经营、道路运输相关业务应当符合我国法律、行政法规和相关规定。

第七条 县级以上人民政府及其有关部门、道路运输经营者应当落实道路运输安全责任，制定有关应急预案，定期组织演练，开展从业人员安全教育和职业道德培训，排查事故隐患，采取有效预防措施，保证道路运输安全。

第八条 鼓励道路运输以及相关业务实行规模化、集约化经营，使用符合国家标准的节能环保车辆，推广大数据、云计算、电子支付、互联网等信息技术在经营和管理领域的应用。

第九条 道路运输行业相关协会应当建立健全行业自律制度，规范和指导会员经营行为，维护会员合法权益，参与道路运输相关政策、行业标准的研究制定和宣传，促进道路运输业健康发展。

第十条 任何单位和个人都有权对道路运输违法经营行为进行投诉举报。

县级以上人民政府交通运输主管部门、道路运输管理机构应当建立健全投诉举报受理和奖励制度，公布服务监督电话，接到投诉举报后应当依法依规处理。

第二章　道路运输经营

第一节　一般规定

第十一条 客运经营车辆不得违反规定载货，货运经营车辆不得运输旅客。

客运经营者提供校车服务的，应当按照校车管理的相关法律、行政法规规定进行管理。

第十二条　从事道路运输经营的从业人员，应当依法取得相应从业资格，并随身携带相关证件。

第十三条　道路运输经营者应当建立健全道路运输经营管理制度，并遵守下列规定：

（一）履行道路运输安全生产主体责任；

（二）依法为其所属道路运输经营车辆向有关道路运输管理机构申领道路运输证件，并随车携带；

（三）按照国家规定和标准，对道路运输经营车辆进行定期维护检测，确保车辆技术状况良好、排放符合国家和本省环保标准；

（四）按照国家规定和标准，为道路运输经营车辆安装电子标识和卫星定位终端设备，不得擅自移除电子标识、关闭卫星定位终端设备、屏蔽卫星定位终端设备信号；

（五）建立和完善各类台账和档案，并按照有关规定向道路运输管理机构如实报送有关资料和信息。

第十四条　道路运输经营者从事道路运输经营活动应当实行明码标价制度，按照规定使用税务部门监制的发票或者车票。实行政府定价和政府指导价的应当按照核定标准收取费用，实行市场调节价的应当自觉维护正常价格秩序。

第十五条　客运、货运驾驶员连续驾驶四小时的，应当停车休息，休息时间不得少于二十分钟；班车客运、包车客运和旅游客运驾驶员二十四小时内累计驾驶时间不得超过八小时。

第十六条　乘客乘坐客运车辆不得有下列行为：

（一）携带易燃、易爆、剧毒等危险化学品；

（二）擅自操作、破坏车辆及相关设施、设备；

（三）干扰驾驶员和乘务员正常工作影响行车安全；

（四）乘坐实行实名制管理的客运经营车辆，拒不提供有效身份证件；

（五）其他危害道路运输安全的行为。

驾驶员、乘务员发现乘客有上述行为的，有权劝阻和制止，对不听劝阻的乘客，应当拒绝为其提供客运服务。

第二节　城市公共汽电车客运

第十七条　城市公共汽电车客运是公益性事业，实行特许经营。设区的市、县级人民政府应当制定特许经营实施方案，推进城乡公共交通服务方式多样化发展。

城市公共汽电车客运经营者应当按照设区的市、县级人民政府指令执行社会公益性任务，因实行低票价、减免票、经营冷僻线路、节能减排等措施造成亏损的，设区的市、县级人民政府应当给予补偿或者补贴。

第十八条　设区的市、县级人民政府应当根据城市道路的交通流量、出行结构等因素，科学设置公共交通专用车道、公共交通优先通行信号、充电站及配套供电设施，提高城市公共汽电车的通行效率。

城市公共汽电车客运服务设施用地以划拨方式为主，可以按照批准的土地用途和使用条件依法综合利用。

第十九条　城市公共汽电车客运线路经营权实行无偿授予和期限制度，具体期限由设区的市、县级人民政府依法确定。

禁止转让或者以承包、出租等方式变相转让城市公共汽电车客运线路经营权。

第二十条　城市公共汽电车客运线路设定应当包括编号、走向、站点、首末班车时间、车辆数量和型号、票制、票价、安全保障措施、服务质量承诺等内容。

新开通城市公共汽电车客运线路涉及道路交通安全的，应当征求沿途县级以上人民政府公安机关交通管理部门意见。

第二十一条　城市公共汽电车客运应当按照确定的线路、站点、班次和时间经营，按照核准收费标准收费，不得拒绝享受减免票待遇的乘客乘车。

第三节　班车客运、包车客运和旅游客运

第二十二条　县级以上道路运输管理机构应当根据当地客运市场的供求状况、主要客流流向和流量变化等因素，适时调整班车客运结构，完善客运布局，满足公众出行要求。

推进城乡客运一体化发展。推行农村客运班线、毗邻地区客运班线公司化和公交化经营。实行公交化经营并享受公共交通财政补贴的，应当执行城市公共汽电车客运服务标准和票价。

班车客运、包车客运的经营权期限为四年至八年，具体经营权期限由省级道路运输管理机构确定。经营权期限届满需要延续经营的，应当重新提出申请。

第二十三条　班车客运经营车辆应当按照道路运输管理机构批准的线路、班次、客运站点、时间运行和停靠，在规定的客运站点进站上下乘客。

县级行政区域内的等外公路需要开通农村客运班车的，县级道路运输管理机构应当会同当地公安交通管理部门提出通用车型、载客人数、通行时间、通行限速等安全控制事项。

第二十四条　包车客运经营者应当自备或者租用期限为三年以上且与其车辆规模相适应的办公经营场所和停车场地，配备与其经营规模相适应的安全管理人员，停车场地的位置与面积应当符合国家和本省有关规定。

包车客运经营者应当持有包车票或者包车合同，凭包车客运标志牌，按照约定的起始地、目的地和线路行驶。不得按照班车模式定点定线运营，不得招揽包车合同外的旅客乘车。

第二十五条　旅游客运按照营运方式分为定线旅游客运和非定线旅游客运。定线旅游客运按照班车客运管理，非定线旅游客运按照包车客运管理。

第二十六条　班车客运、包车客运和旅游客运经营不得有下列行为：

（一）超过机动车核定载客人数载客；

（二）中途将乘客交给他人运输或者甩客；

（三）在高速公路上下乘客、装卸行李和包裹。

第四节　出租汽车客运

第二十七条　出租汽车客运包括巡游出租汽车客运（简称巡游车）和网络预约出租汽车客运（简称网约车）。

巡游车实行特许经营，经营权无偿使用，新增出租汽车的经营权期限不得超过八年，经营期限内不得变更经营主体。具体期限由设区的市、县级人民政府确定。既有出租汽车的经营权期限按照所在地人民政府具体规定执行。

网约车的经营许可及其监督管理依照国家有关规定执行。

第二十八条 设区的市、县级人民政府应当根据经济发展水平、交通流量和出行需求等因素,按照高品质服务、差异化经营的原则,适度发展巡游车,有序发展网约车。

设区的市、县级人民政府应当在机场客运站、铁路客运站、汽车客运站等公共场所设置出租汽车行驶路线和停靠区域。鼓励设立出租汽车综合服务区和服务站。

第二十九条 出租汽车驾驶员应当依法取得相应从业资格,经服务所在地道路运输管理机构从业资格注册后方可从事出租汽车客运服务。巡游车驾驶员应当配发巡游车服务监督卡。

第三十条 巡游车经营权期限届满的,经营者应当到所在地道路运输管理机构办理退出经营手续,交回巡游车经营许可证件,相关经营车辆应当变更车体颜色并交回专用标志、计价器等专用设施。需要延续经营的,经营者应当重新提出申请。

第三十一条 出租汽车客运经营不得有下列行为:

(一)出租、出借、转让、涂改道路运输许可证件以及巡游车服务监督卡;

(二)在巡游车车窗上贴有色膜或者使用有色玻璃;

(三)巡游车拒绝载客;

(四)网约车巡游揽客。

第三十二条 出租汽车服务规范、车型、车容车貌、专用设施以及年度审验制度由所在地设区的市、县级人民政府交通运输主管部门制定。

第五节 货运经营

第三十三条 县级以上道路运输管理机构应当引导、整合道路货物运输资源,鼓励道路货物运输经营者拓宽经营渠道、创新经营方式。使用总质量为四千五百千克以下的载货汽车从事普通货运经营的,可以不再申请办理道路运输经营许可手续。

第三十四条 货运经营者应当按照货物运输规则和作业规程受理、承运货物，并采取必要措施防止运输中货物脱落、扬撒、流失或者渗漏。

第三十五条 危险货物托运人应当按照规定选择具有资质的承运人和承运车辆，向承运人说明危险货物的品名、性质、应急处置方法等情况。

危险货物承运车辆应当悬挂明显的危险货物运输标志，配备合格的安全防护设备，并符合相关技术标准。

危险货物承运人应当采取必要措施，防止危险货物燃烧、爆炸、辐射或者泄漏；配备具有国家规定资质条件的驾驶人员、随车押运人员和装卸管理人员。

第三十六条 县级以上人民政府负责本行政区域内的道路货物运输超限超载源头治理工作，设区的市、县级人民政府应当将货运源头单位向社会公示，接受社会监督。

货运源头单位的生产经营主管部门和行政许可部门应当加强货运源头单位装载行为的监督管理，督促货运源头单位履行治理超限超载主体责任。

县级以上道路运输管理机构应当按照有关规定通过巡查、派驻人员等方式对所在地人民政府公示的货运源头单位实施监督检查，制止违法超限超载车辆出站（场）。

货运源头单位应当配备称重计量设施、设备，健全车辆配载、装载登记、统计制度和档案，建立超限超载责任追究制度。不得为车辆超标准装载、配载，不得为证照不全、非法改装的车辆装载、配载。

第三十七条 道路货物运输经营者不得运输法律、行政法规禁止运输的货物。

货物托运人应当按照有关法律、行政法规的规定办理限运、凭证运输手续。

道路货物运输经营者在受理法律、行政法规规定的限运、凭证运输货物时，应当查验并确认有关手续齐全有效后方可运输。

第三章 道路运输相关业务

第三十八条 汽车客运站经营者应当按照规定配备安全设施、设备和安全管理人员，设置安全标识，执行车辆、人员、货物进出站安全检查和登记查验制度。

第三十九条　汽车客运站的站级由道路运输管理机构根据国家和本省相关行业标准核定和管理。

汽车客运站应当实行实名售票和实名查验。通过网络、电话等方式实名购票的，购票人应当提供真实准确的旅客有效身份信息。

第四十条　鼓励道路货物运输站（场）经营者、货物运输代理经营者采用无车承运等方式发展货物运输。

货物运输无车承运经营者应当建立相关信息系统，委托具有货运经营资质的企业、车辆和驾驶员执行运输任务，与受委托的货运实际承运人签订运输服务合同，实现对货主和实际承运人信息服务、交易、运输、结算等环节全过程动态管理。

第四十一条　机动车维修经营者对机动车进行整车修理、总成修理、二级维护的，应当与托修方签订合同，并按照规定进行竣工质量检验，建立机动车维修档案。

机动车维修实行质量保证期制度。机动车维修经营者应当公示承诺的维修质量保证期，所承诺的维修质量保证期不得低于国家有关规定。

第四十二条　机动车驾驶员培训机构不得有下列行为：

（一）未与学员签订驾驶培训合同或者不按教学大纲、合同约定进行培训；

（二）使用不符合规定的车辆及设施、设备或者改装培训车辆车载计时终端进行培训活动；

（三）采取异地培训、恶意压价、欺骗学员等不正当手段进行培训；

（四）委托其他不具备资质的机构，或者以报名点、招生处、分校等形式开展培训；

（五）未建立学员档案、培训记录或者伪造、篡改培训记录。

第四十三条　申请从事汽车租赁经营应当具备下列条件：

（一）具有符合国家标准的九座以下小型客车；

（二）具有与其经营规模相适应的经营场所、停车场地；

（三）具有符合国家和本省规定的安全管理制度、服务规程、应急保障措施以及相应的技术服务人员；

（四）法律、行政法规规定的其他条件。

第四十四条 用于汽车租赁经营的车辆，经营者应当到所在地道路运输管理机构办理车辆备案手续，领取车辆备案证明文件。

第四十五条 汽车租赁经营者应当与承租人签订汽车租赁合同，对承租人提供的有效证件原件进行查验，将有关信息在合同中载明，向承租人提供证件齐全、符合国家相关技术标准的车辆，并进行安全提示。汽车租赁经营者不得向承租人提供汽车租赁驾驶服务。

承租人应当具备驾驶租赁车辆相应的资格，并出示相关证件。汽车租赁期间因承租人过错造成的道路交通违法行为由承租人负责。

汽车租赁经营者和承租人不得使用租赁车辆从事或者变相从事其他客运经营活动。

第四十六条 汽车租赁车辆购买交强险、第三者责任险等相关保险时，应当按照车辆登记的使用性质对应的保险费率投保。鼓励汽车租赁经营者与保险公司共同开发保险产品，提高汽车租赁经营者抗风险能力。

第四章　京津冀区域协作

第四十七条 省人民政府应当积极推进道路运输区域一体化发展，与北京市、天津市人民政府建立道路运输协调机制，定期协商道路运输重大事项。

第四十八条 省人民政府交通运输主管部门制定道路运输相关政策，应当统筹考虑与北京市、天津市道路运输的协调，按照统一规划、统一标准、统一管理的要求，促进道路运输区域协作和发展。

第四十九条 省人民政府交通运输主管部门应当与北京市、天津市人民政府交通运输主管部门建立区域联合执法机制，加强区域道路运输管理信息共享和预警联动，解决跨区域道路运输纠纷，促进区域道路运输工作联防联治。

第五十条 省人民政府有关部门应当加强与北京市、天津市人民政府有关部门的道路运输科研合作，组织开展区域道路运输重大问题的联合科研，提高区域道路运输科技水平。

第五章 监督管理

第五十一条 县级以上人民政府应当加强道路运输的监督管理，完善监督管理体系，健全监督管理制度，落实监督管理责任。

县级以上人民政府交通运输主管部门以及道路运输管理机构，应当加强对道路运输经营以及道路运输相关业务的监督检查，对道路运输以及相关业务经营者、从业人员实施动态监管，推行服务质量信誉考核制度，并将考核结果向社会公布。

县级以上道路运输管理机构和县级以上人民政府公安机关交通管理部门、安全监管部门应当依据法定职责对道路运输车辆动态监控工作实施联合监督管理。

第五十二条 县级以上道路运输管理机构应当依托互联网、云计算、卫星定位等先进科技手段，建设道路运输行业监管、公共服务等信息系统，并向社会发布道路运输公共服务信息。

县级以上人民政府有关部门应当建立信息共享、联合执法机制，相互通报道路运输相关信息，联合查处道路运输违法行为。

第五十三条 道路运输经营车辆驾驶员有下列道路交通违法行为的，公安机关交通管理部门应当在依法查实后及时通报车辆所有人住所地同级道路运输管理机构：

（一）发生致人死亡道路交通事故负同等以上责任的；

（二）在一个交通违法记分周期内有两次满分记录的；

（三）饮酒、吸食或者注射毒品、服用国家管制的精神药品或者麻醉药品后驾驶机动车的；

（四）依法吊销、注销、撤销和降级机动车驾驶资格的；

（五）非法运输危险化学品的；

（六）因道路交通安全违法行为被处以行政拘留处罚的。

道路运输管理机构在执法检查过程中，发现使用拼装车辆、报废车辆、非法改装车辆和无车辆行驶证件或者使用伪造车辆行驶证件的，应当在依法查实后及时通报同级公安机关交通管理部门，并移交相关车辆。

第五十四条 道路运输管理机构应当重点在道路运输和道路运输相关业务经营场所、客货集散地实施监督检查。

道路运输管理机构工作人员进行监督检查时，应当按照规定统一着装并持有效行政执法证件，使用车辆应当设置统一的标志和示警灯。

第五十五条 道路运输管理机构在实施道路运输监督检查中，对无道路运输证件、持无效道路运输证件，又无法当场提供其他有效证明的，或者拒不接受检查影响道路交通安全的，可以暂扣相应车辆或者相关证件。法律、行政法规另有规定的，从其规定。

车辆依法解除扣押后，道路运输管理机构应当通知当事人限期领取车辆；当事人逾期不领取的，逾期之日起的车辆保管费用由当事人承担；无法通知当事人并经公告九十日后仍不领取的，扣押车辆的道路运输管理机构应依法处理该车辆。

第六章 法律责任

第五十六条 违反本条例规定，县级以上道路运输管理机构及其工作人员有下列情形之一的，依法给予处分；构成犯罪的，依法追究刑事责任：

（一）违反规定审查批准道路运输经营业务的；

（二）参与或者变相参与道路运输经营以及道路运输相关业务的；

（三）违反规定拦截、检查正常行驶的道路运输车辆的；

（四）违反规定扣留道路运输车辆、道路运输证件的；

（五）其他玩忽职守、滥用职权、徇私舞弊的行为。

第五十七条 违反本条例规定，擅自移除道路运输经营车辆的电子标识的，由车辆所有人住所地县级以上人民政府公安机关交通管理部门责令限期改正，处二千元以上五千元以下的罚款；擅自关闭卫星定位终端设备、屏蔽卫星定位终端设备信号的，由县级以上道路运输管理机构责令限期改正，处二千元以上五千元以下的罚款。

第五十八条 违反本条例规定，客运经营者、货运经营者不按规定维护和检测运输车辆的，由县级以上道路运输管理机构责令改正，处一千元以上三千元以下的罚款；情节严重的，处三千元以上五千元以下的罚款。

第五十九条　违反本条例规定，客运、货运驾驶员连续驾驶四小时未停车休息二十分钟或者班车客运、包车客运和旅游客运驾驶员二十四小时内累计驾驶时间超过八小时的，由县级以上人民政府公安机关交通管理部门责令改正，并依法予以相应处罚。

第六十条　违反本条例规定，擅自转让或者以承包、出租等方式变相转让城市公共汽电车客运线路经营权的，由县级以上道路运输管理机构责令限期改正；逾期未改正的，处一万元以上三万元以下的罚款；情节严重的，依法取消相关城市公共汽电车客运经营者的特许经营权。

第六十一条　违反本条例规定，有下列行为之一的，由县级以上道路运输管理机构责令限期改正，对相关城市公共汽电车客运经营者处一千元以上三千元以下的罚款；情节严重的，由原许可机关吊销道路运输经营许可证：

（一）不按照确定的线路、站点、班次和时间经营的；

（二）不按照核准收费标准收费的；

（三）拒绝享受减免票待遇的乘客乘车的。

第六十二条　违反本条例规定，包车客运经营者按照班车模式定点定线运营，或者招揽包车合同外的旅客乘车的，由县级以上道路运输管理机构责令改正，处一千元以上三千元以下的罚款；情节严重的，由原许可机关吊销道路运输经营许可证或者吊销相应的经营范围。

第六十三条　违反本条例规定，班车客运经营、包车客运经营和旅游客运经营中途将乘客交给他人运输、甩客或者在高速公路上下乘客、装卸行李和包裹的，由县级以上道路运输管理机构责令限期改正，处一千元以上三千元以下的罚款；情节严重的，吊销相关车辆道路运输证件。

第六十四条　违反本条例规定，在非巡游车上使用巡游车车体颜色、专用标志、计价器的，由县级以上道路运输管理机构责令限期改正，没收相关专用标志、计价器，并处三千元以上一万元以下的罚款。

第六十五条　违反本条例规定，出租汽车客运经营者在巡游车车窗上贴有色膜、使用有色玻璃或者巡游车拒绝载客、网约车巡游揽客的，由县级以上道路运输管理机构责令限期改正，处五百元以上二千元以下的罚款；

出租、出借、转让、涂改道路运输许可证件以及巡游车服务监督卡的，由县级以上道路运输管理机构责令限期改正，处二千元以上五千元以下的罚款。

第六十六条 违反本条例规定，道路运输企业一年内违法超限超载运输的货运车辆超过本单位货运车辆总数百分之十的，由道路运输管理机构责令其停业整顿；情节严重的，吊销其道路运输经营许可证，并向社会公告。道路货物运输车辆驾驶员违法超限超载运输的，由有关部门依法处理，一年内三次以上违法超限超载运输的，由发证机构吊销其从业资格证件，自吊销之日起五年内不得从事道路货物运输经营；构成犯罪的，依法追究刑事责任。

第六十七条 违反本条例规定，机动车驾驶员培训机构有下列行为之一的，由县级以上道路运输管理机构，责令改正，并按照下列规定予以处罚：

（一）未建立学员档案、培训记录或者伪造、篡改培训记录的，处二千元以上五千元以下的罚款；

（二）使用不符合规定的车辆及设施、设备或者改装培训车辆车载计时终端进行培训活动的，处三千元以上一万元以下的罚款；

（三）采取异地培训、恶意压价、欺骗学员等不正当手段进行培训，或者委托其他不具备资质的机构培训，或者以报名点、招生处、分校等形式开展培训的，处一万元以上三万元以下的罚款。

第六十八条 违反本条例规定，未取得道路运输经营许可擅自从事汽车租赁经营的，由县级以上道路运输管理机构责令限期改正，有违法所得的，没收违法所得，并处五千元以上二万元以下的罚款。

第六十九条 违反本条例规定，使用未办理租赁车辆备案、未领取车辆备案证明文件的车辆从事汽车租赁经营的，由县级以上道路运输管理机构责令限期改正，并按照非法从事汽车租赁经营的车辆数量，处每辆车二千元以上五千元以下的罚款；非法从事汽车租赁经营的车辆数量超过十辆的，责令汽车租赁经营者停业整顿并暂扣道路运输经营许可证件。

第七十条 违反本条例规定，汽车租赁经营者和承租人使用租赁车辆从事或者变相从事其他客运经营活动的，由县级以上道路运输管理机构责令限期改正，处一万元以上三万元以下的罚款。

第七章 附 则

第七十一条 本条例所称城市公共汽电车客运,是指在设区的市或者县级人民政府确定的区域内使用符合国家标准的车辆和服务设施,按照核准的线路、站点、时间和票价运营,为社会公众提供基本出行服务的一种客运方式。

本条例所称班车客运,是指营运客车在城乡道路上按照固定的线路、时间、站点、班次运行的一种客运方式。

本条例所称包车客运,是指以运送团体旅客为目的,将客车包租给用户安排使用,提供驾驶劳务,按照约定的起始地、目的地和路线行驶,按行驶里程或者包用时间计费并统一支付费用的一种客运方式。

本条例所称巡游车,是指可在道路上巡游揽客、站点候客,喷涂、安装出租汽车标识,以七座及以下乘用车和驾驶劳务为乘客提供出行服务,并按照乘客意愿行驶,根据行驶里程和时间计费的一种出租汽车客运方式。

本条例所称网约车,是指以互联网技术为依托构建服务平台,整合供需信息,使用符合条件的车辆和驾驶员,提供非巡游的预约出租汽车服务的一种出租汽车客运方式。

本条例所称货运源头单位,是指从事砂石料、铁粉、煤炭、钢材、水泥、危险化学品等生产经营的企业和港口经营企业、火车站、道路货物运输站场,以及其他从事道路货物运输装载、配载的经营者。

本条例所称的道路运输证件,包括道路运输经营许可证、道路运输证、从业资格证。

第七十二条 本条例自2017年11月1日起施行。

山西省城市公共客运条例

(2015年5月28日山西省第十二届人民代表大会常务委员会第二十次会议通过)

第一章 总 则

第一条 为了规范城市公共客运市场秩序，维护乘客、经营者和从业人员的合法权益，保障城市公共客运安全，促进城市公共客运事业发展，根据有关法律、行政法规的规定，结合本省实际，制定本条例。

第二条 本条例适用于本省行政区域内的城市公共客运规划、建设、管理和运营服务。

本条例所称城市公共客运是指在设区的市、县（市）人民政府确定的区域内以公共汽（电）车、轨道交通车辆等交通工具和城市公共客运设施为公众提供出行服务的活动。

第三条 城市公共客运是社会公益性事业，应当坚持统筹规划、优先发展、公平竞争、安全便捷、服务乘客的原则。

第四条 设区的市、县（市）人民政府是城市公共客运事业发展的责任主体，应当将城市公共客运纳入本地经济和社会发展规划，将城市公共客运发展资金和管理经费列入本级财政预算。

设区的市、县（市）人民政府交通运输主管部门负责监督管理本行政区域城市公共客运工作，其所属的城市客运管理机构具体承担本行政区域城市公共客运监督管理工作。

第五条 省人民政府交通运输主管部门及其所属的城市客运管理机构负

责指导本省行政区域内的城市公共客运工作。

县级以上人民政府发展和改革、财政、公安、国土资源、住房和城乡建设、环保、规划、安监等部门，在各自的职责范围内做好城市公共客运的相关工作。

第六条 相邻城市的人民政府可以统筹配置城市公共客运资源。对符合安全运行条件，经协商一致开通公共客运线路的，纳入城市公共客运管理。

第七条 鼓励社会资金参与城市公共客运设施建设和运营。

鼓励城市公共客运线路向周边农村、学校、旅游景点、工业园区等延伸。

鼓励设区的市、县（市）人民政府采购和使用电力、燃气、甲醇等新能源、新技术的节能环保型车辆。

第二章　规划和建设

第八条 设区的市、县（市）人民政府在组织编制城市总体规划和控制性详细规划时，应当将城市公共客运与城市发展布局、功能分区、用地配置和道路发展同步规划，统筹城市公共客运与公路、铁路、民航等其他运输方式的衔接。

第九条 设区的市、县（市）人民政府交通运输主管部门负责编制、调整城市公共客运专项规划，报本级人民政府批准后实施。

编制、调整城市公共客运专项规划应当向社会公开征求意见。

第十条 设区的市、县（市）人民政府国土资源主管部门应当将城市公共客运设施用地纳入土地利用总体规划，优先保障城市公共客运设施用地。

任何单位和个人不得擅自改变城市公共客运设施用地的用途。

第十一条 设区的市、县（市）人民政府应当对新建、改建、扩建城市道路、交通枢纽及规模居住区、商业中心、学校、医院等大型建设项目规划建设配套的城市公共客运设施。

第十二条 设区的市、县（市）人民政府应当采取措施增加城市公共客运设施建设、公共汽（电）车购置等投入。

第十三条 任何单位和个人不得毁坏或者擅自占用、移动、拆除城市公共客运设施，确需占用、移动、拆除城市公共客运设施的，应当征得设区的市、县（市）人民政府交通运输主管部门同意。

第三章 管理和服务

第十四条 申请从事城市公共汽（电）车客运经营的，应当向当地城市客运管理机构提供下列材料：

（一）书面申请；

（二）企业法人资格证明；

（三）拟投入车辆、场站设施的资金来源证明；

（四）运营方案和可行性报告；

（五）载明服务质量、安全应急保障措施、票制票价、社会责任等内容的承诺书；

（六）法律、法规规定的其他材料。

城市客运管理机构收到前款规定的申请材料后，交由交通运输主管部门报本级人民政府审批。予以批准的，由城市客运管理机构颁发经营许可证，配发车辆营运证；不予批准的，由城市客运管理机构书面告知申请人，并说明理由。

第十五条 从事城市公共汽（电）车客运经营的，应当符合下列条件：

（一）有符合要求的运营车辆、场站设施；

（二）有相应的管理人员、驾驶员和其他相关人员；

（三）有专门的安全生产管理机构和健全的规章制度。

第十六条 城市公共汽（电）车客运车辆应当符合相应的运行安全技术标准和污染物排放标准，并经相关部门检测合格。

第十七条 城市公共汽（电）车的驾驶员应当符合下列条件：

（一）身体健康；

（二）具有相应的机动车驾驶证；

（三）三年内无较大以上且负同等以上责任的道路交通责任事故记录。

第十八条 城市公共汽（电）车客运经营权期限为五年至十年，具体期限由设区的市、县（市）人民政府确定。经营权期限届满，需要延续经营的，应当在经营期限届满前六十日内重新提出申请。

禁止转让、出租城市公共汽（电）车经营权。

第十九条 城市公共汽（电）车客运经营者应当为公众提供连续的运营服务，在经营期限内确需暂停或者终止运营的，应当提前三十日向城市客运管理机构提出申请；经设区的市或者县（市）人民政府批准的，经营者应当于暂停或者终止运营的十日前在当地媒体发布公告，并在相关站点告示。

第二十条 城市公共汽（电）车客运经营者因破产、解散、被取消经营权及不可抗力等原因暂停或者终止运营时，当地人民政府应当组织交通运输、财政、公安等部门及时采取应对措施，保持公共客运的连续性。

第二十一条 城市公共汽（电）车客运经营者新增、调整运营线路、车辆数量的，应当经城市客运管理机构同意，并于实施前及时向社会公告。

设区的市、县（市）人民政府根据经济社会发展需要和公众出行需求，可以指定城市公共汽（电）车客运经营者开通相关线路。

第二十二条 城市公共客运票价实行政府定价。

设区的市、县（市）人民政府价格主管部门应当会同财政、交通运输主管部门，根据运营成本、居民收入、消费价格指数等因素确定票价。票价确定和调整应当向社会公开征求意见，并依法组织听证。

第二十三条 设区的市、县（市）人民政府应当制定老年人、儿童、残疾人、军人和学生等特殊群体乘坐城市公共客运车辆的优惠政策，明确优惠乘车的条件、范围、标准以及凭证办理程序。

第二十四条 设区的市、县（市）人民政府应当根据城市公共客运成本费用年度核算和服务质量评价结果，对执行政府定价、指令性任务、优惠乘车等原因造成的政策性亏损给予补贴或者补偿。

城市公共汽（电）车客运经营者利用城市公共客运设施或者车辆取得的广告、租赁等其他收益，应当用于城市公共客运车辆购置、维护和基础设施建设，弥补公共客运政策性亏损。

第二十五条 公安机关交通管理部门根据城市道路通行条件、交通流量、出行方式等因素，可以设置公交专用道和城市公共客运车辆优先通行信号系统；符合条件的单行道和禁止转向的路口，可以允许公共汽（电）车双向通行、转向。

第二十六条 城市公共汽（电）车客运经营者应当遵守下列规定：

（一）按照核定的线路、站点、车次和时间运营；

（二）执行价格主管部门核定的收费标准；

（三）按照国家和地方标准设置运营线路标识、标牌，在外国人出行较多的线路提供双语服务；

（四）车辆喷涂城市客运经营者名称和服务监督电话，车辆内标明线路走向示意图、价格表、乘客须知、特需乘客专用座位标识、驾驶员姓名等；

（五）不得使用检测不合格、报废或者拼装的车辆从事城市公共客运；

（六）执行有关优惠乘车的规定；

（七）定期组织对驾驶员、乘务员、调度员进行有关法律法规、职业道德、岗位职责、操作规程、服务规范和安全应急知识的培训；

（八）按照城市客运管理机构的要求报送统计资料。

第二十七条　城市公共汽（电）车司乘人员应当遵守下列规定：

（一）随车携带车辆营运证；

（二）遵守交通法律法规、岗位职责，文明行驶；

（三）按照服务规范，向乘客提供服务；

（四）执行核定的票价和有关优惠乘车的规定；

（五）为特需乘客提供必要的帮助；

（六）发现乘客遗留物品应妥善保管，及时上交；

（七）不得拒载乘客、甩站不停、滞站揽客、站外上下乘客；

（八）及时对车辆运营中出现的火灾等险情进行处置。

第四章　安全与应急

第二十八条　设区的市、县（市）人民政府应当加强本行政区域内城市公共客运安全工作的领导，建立健全城市公共客运安全监督管理机制，及时协调、解决城市公共客运安全工作重大问题。

第二十九条　城市公共客运经营者是城市公共客运安全生产的责任主体，履行下列安全生产义务：

（一）建立健全安全生产相关制度；

（二）保障安全生产工作经费；

（三）配备安全生产管理人员；

（四）配备相关安全设施、设备，在车辆醒目位置设置安全警示标志、安全疏散示意图等，在车辆内配备灭火器、安全锤、车门紧急开启装置等安全应急设备；

（五）建立运营车辆档案，定期对运营车辆及安全设施、设备进行检测、维护、更新；

（六）定期开展安全隐患排查治理。

第三十条 城市公共客运经营者应当根据城市公共交通运输突发事件应急预案制定本企业的应急预案，组建安全应急队伍，配备应急抢险器材、设备，定期开展演练。

第三十一条 城市公共客运突发事件发生后，城市公共客运经营者和县级以上人民政府应当及时启动相应的应急预案。

遇有抢险救灾、突发事件以及重大活动等情况时，城市公共客运经营者应当服从当地人民政府的统一调度和指挥。

第三十二条 禁止下列危害或者妨碍城市公共客运运营安全的行为：

（一）携带易燃、易爆、腐蚀性危险品以及管制刀具等违禁物品乘车；

（二）非紧急状态下操作有警示标志的按钮、开关装置，动用紧急或者安全装置；

（三）干扰司乘人员的正常工作；

（四）违反规定上、下车；

（五）携带动物乘车，导盲犬除外；

（六）在场站或者其出入口通道，擅自停放车辆、堆放杂物或者摆摊设点；

（七）法律、法规禁止的其他行为。

城市公共客运经营者及其从业人员发现上述行为应当及时制止或者报警，公安机关接到报警后，应当及时依法处置。

第五章 监督检查

第三十三条 设区的市、县（市）人民政府交通运输主管部门应当制定相关制度，加强对城市客运管理机构执法活动、城市公共客运经营者运营行为的监督管理。

第三十四条　城市客运管理机构应当建立健全内部监督机制和投诉受理制度，公开举报和投诉电话、通讯地址、电子邮箱等，接受社会监督。

第三十五条　城市客运管理机构应当对城市公共客运经营者进行服务质量信誉考核，并将考核结果向社会公示。

第三十六条　城市客运管理机构执法人员实施监督检查时，可以向有关单位和个人了解情况，查阅、复制有关资料。被监督检查的单位和个人应当接受依法实施的监督检查，如实提供有关资料或者情况。

实施监督检查时，应当两人以上，佩带标志，出示合法有效的行政执法证件。

城市客运管理监督检查的专用车辆，应当喷涂专用标识标志。

第三十七条　城市客运管理机构执法人员在实施监督检查时，发现使用变造、伪造、套用车辆号牌，使用检测不合格、报废或者拼装车辆从事城市公共客运经营的，应当移交公安机关交通管理部门依法处理。

第六章　法律责任

第三十八条　违反本条例规定，法律、行政法规已经规定法律责任的，从其规定。

第三十九条　违反本条例规定，未取得城市公共客运经营许可擅自从事城市公共客运经营的，由城市客运管理机构责令停止违法行为，没收违法所得，并处以一万元以上三万元以下罚款。

第四十条　违反本条例规定，城市公共客运经营者擅自暂停或者终止运营的，由城市客运管理机构责令限期改正；逾期不改的，处以三万元以上五万元以下罚款。

第四十一条　违反本条例规定，转让、出租公共汽（电）车经营权的，由城市客运管理机构处以一万元以上三万元以下罚款，并由原许可机关撤销许可。

第四十二条　违反本条例规定，城市公共客运经营者或者从业人员有下列情形之一的，由城市客运管理机构责令限期改正，可以并处以五百元以上三千元以下罚款：

（一）未按照核定的线路、站点、车次和时间运营的；

（二）未按照规定对相关人员进行培训的；

（三）未随车携带车辆营运证的；

（四）拒载乘客、甩站不停、滞站揽客、站外上下乘客的。

第四十三条　交通运输主管部门及其城市客运管理机构工作人员在城市公共客运管理工作中，滥用职权、玩忽职守、徇私舞弊的，依法给予处分；构成犯罪的，依法追究刑事责任。

第七章　附　　则

第四十四条　本条例所称城市公共客运设施是指城市公共客运枢纽站、首末站、公交专用道、调度室、车场、供电线网、线杆、站台、无障碍设施以及站杆、站牌、候车亭、栏杆及配套安全设施等。

第四十五条　轨道交通的规划、建设、管理和营运服务另行规定。

第四十六条　本条例自2015年10月1日起施行。1995年7月20日山西省第八届人民代表大会常务委员会第十六次会议通过，2010年11月26日山西省第十一届人民代表大会常务委员会第二十次会议修正的《山西省城市公共客运管理暂行条例》同时废止。

吉林省城市公共客运管理条例

(2009年9月25日吉林省第十一届人民代表大会常务委员会第十四次会议通过。根据2017年3月24日吉林省第十二届人民代表大会常务委员会第三十三次会议《吉林省人民代表大会常务委员会关于修改和废止〈吉林省农业机械管理条例〉等21件地方性法规的决定》修改)

第一章 总 则

第一条 为了加强城市公共客运管理，规范城市公共客运市场秩序，保障乘客、城市公共客运经营者以及从业人员的合法权益，促进城市公共客运事业发展，根据有关法律、法规，结合本省实际，制定本条例。

第二条 本条例适用于本省行政区域内城市公共客运规划、建设、经营、乘坐、管理活动。

第三条 本条例所称城市公共客运，包括城市公共汽电车客运和出租汽车客运。

城市公共汽电车客运，是指在城市内按照规定的线路、站点、时间和价格，为社会公众提供客运服务的经营活动。

出租汽车客运包括巡游出租汽车客运和网络预约出租汽车客运。巡游出租汽车客运是指可在道路上巡游揽客、站点候客，喷涂、安装出租汽车标识，以七座及以下乘用车和驾驶劳务为乘客提供出行服务，并按照乘客意愿行使，根据行驶里程和时间计费的经营活动；网络预约出租汽车客运是指以互联网技术为依托构建服务平台，整合供需信息，使用符合条件的车辆和驾驶员，提供非巡游的预约出租汽车服务的经营活动。

第四条 省和市、县（市）城市公共客运主管部门负责指导、监督本行政区域城市公共客运的管理工作，其所属的承担城市公共客运管理职能的机构负责具体管理工作。

县级以上人民政府其他有关部门应当按照各自职责，做好与城市公共客运管理有关的工作。

第五条 城市公共汽电车客运具有公益性质。城市人民政府应当在财政预算、财税政策、资金安排、用地保障、设施建设、交通管理等方面支持城市公共汽电车客运优先发展，确立城市公共汽电车客运在城市公共客运中的主体地位，为公众提供安全可靠、方便快捷、经济舒适、节能环保的公共客运服务。

出租汽车客运是城市公共客运的重要组成部分，城市人民政府应当按照有关规定，促进出租汽车客运与其他客运方式协调发展。

第六条 城市人民政府应当鼓励和引导城市公共客运逐步实行规模化、集约化经营；鼓励使用节能、环保型车辆以及先进技术，提高公共客运行业服务能力。城市公共客运主管部门应当制定城市公共客运服务规范，提高行业服务质量。

第七条 对在城市公共客运工作中有突出贡献的单位和个人，城市人民政府应当给予奖励。

第二章 规划与建设

第八条 城市人民政府应当根据当地经济建设、社会发展和人民生活需要编制城市公共汽电车客运专项规划和出租汽车客运专项规划并公布实施。专项规划应当符合城市综合交通体系专项规划。

城市公共汽电车客运专项规划应当确定城市公共汽电车客运发展目标、规模、优先发展的政策与措施，与其他交通运输方式的接驳，客运设施、线路及站点布局等；出租汽车客运专项规划应当确定客运出租汽车投放数量、车型结构配置、服务场站、科技设施设备建设等。具体内容由省城市公共客运主管部门确定。

第九条 城市人民政府应当在城市规划中确定相关城市公共客运设施用地，任何单位和个人不得擅自改变其用途。

第十条 实施新区开发、旧城改造和建设飞机场、火车站、长途汽车站、大型商业网点、文化体育场（馆）、公园等大型公共设施项目时，城市人民政府应当组织配套建设相应的城市公共客运设施，并与主体工程同时设计、同时建设、同时竣工、同时交付使用。

第十一条 城市人民政府应当统一组织建设以下城市公共客运设施：

（一）停车场（站）、调度室（亭）；

（二）站台设施（含站台、候车亭、站杆、站牌）；

（三）车辆轨道、隔离屏障、供电设施。

第十二条 城市公共客运设施由城市人民政府统一组织管理。

禁止擅自移动、拆除、占用城市公共客运设施。因工程建设等原因确需移动、拆除、占用的，建设单位应当按照市政公用设施有关规定办理手续并予以补建。

第十三条 城市人民政府应当根据城市道路的实际状况，开设公共汽电车专用道和优先通行信号系统。

第三章 城市公共汽电车客运

第十四条 城市公共汽电车线路和站点设置，由城市公共客运主管部门会同公安、建设等部门根据城市公共汽电车客运专项规划，遵循居民出行便捷、换乘方便、布局合理的原则，经广泛征求公众意见后确定。

第十五条 城市公共汽电车站点由城市公共客运管理机构以所在道路、标志性建（构）筑物、公共设施、文物古迹、重要机关或者企事业单位的名称统一命名。

城市公共汽电车站点应当按照国家标准设置站牌。站牌应当标明线路名称、始末班车时间、所在站点和沿途停靠站点名称等内容。

第十六条 城市公共汽电车客运经营实行行政许可制度。从事城市公共汽电车客运经营应当向城市公共客运管理机构申请取得城市公共汽电车客运经营许可后，再申请线路经营许可。

第十七条　申请城市公共汽电车客运经营许可应当符合下列条件并提交相应材料：

（一）依法注册的企业法人；

（二）有符合城市人民政府要求的运营资金、运营车辆、场站设施；

（三）有相应的经营管理人员、驾驶员、调度员和其他从业人员；

（四）有合理、可行的经营方案；

（五）有健全的客运服务、安全管理等方面的运营管理制度。

城市公共客运管理机构对符合许可条件的，颁发城市公共汽电车客运经营许可证件。

第十八条　申请线路经营许可应当符合城市公共客运管理机构规定的线路运营方案要求，并提交相应材料。

线路运营方案应当包括线路运营协议条款、客运设施管理、运营车辆及人员、服务要求、经营期限等内容。

第十九条　城市公共客运管理机构可以通过招投标或者直接许可的方式确定城市公共汽电车客运线路经营者。

不得以有偿方式进行线路经营许可。

线路经营许可不得转让。

第二十条　城市公共客运管理机构应当与取得城市公共汽电车客运线路经营许可的经营者签订线路运营协议。线路运营协议应当包括线路名称、走向、站点、配备车辆数量与车型、首末班车时间、行车间隔、服务质量及考核办法、运营协议的调整条件等。

城市公共客运管理机构可以根据城市规划、建设施工情况、乘客需求、合同约定和国家有关规定调整线路运营协议。

第二十一条　城市公共汽电车客运线路经营许可期限最长不得超过10年。线路经营许可有效期届满两个月前，经营者可以向城市公共客运管理机构申请许可延续；对符合许可条件的，城市公共客运管理机构应当准予延续。

第二十二条　城市公共汽电车客运线路经营者在经营期限内，不得擅自变更线路运营方案、暂停或者终止经营。

确需变更线路运营方案、暂停或者终止经营的，城市公共汽电车客运线路经营者应当提前两个月向城市公共客运管理机构提出申请。

城市公共汽电车客运线路经营者取得线路经营许可超过一个月无正当理由未投入运营，以及投入运营后无正当理由连续3日或者年度内累计7日停止运营的，城市公共客运管理机构经过告知后，可以注销其线路经营许可。

第二十三条 因道路交通管制、工程建设、举办重大活动等特殊情况影响城市公共汽电车运行的，有关部门应当提前告知城市公共客运管理机构，由城市公共客运管理机构作出临时调整线路的决定并提前向社会公布。

第二十四条 从事运营的城市公共汽电车应当符合技术标准和服务规范，并取得车辆运营证。车辆运营证应当一车一证。

城市公共汽电车客运经营者应当按照国家和省有关规定维护、检测车辆。

城市公共客运管理机构应当对车容车貌、车辆安全设施和服务设施、经营者维护、检测的情况定期检查。不得要求对同一项目进行重复检测。

禁止使用报废车辆和擅自改装车辆从事运营。

第二十五条 经营者更新车辆应当向原许可机关办理变更手续，车辆标准不得低于原车辆。车辆更新后，原许可经营期限不变。

第二十六条 利用运营车辆设置广告的，应当符合国家有关法律、法规规定和城市公共客运主管部门制定的服务规范。

第二十七条 城市公共客运主管部门和城市公共汽电车经营者应当制定城市公共汽电车客运突发事件应急预案，遇有突发事件时应当及时启动应急预案。

第二十八条 城市公共汽电车驾驶员应当符合下列条件，经市、县（市）城市公共客运管理机构考试合格，取得从业资格证：

（一）男性年龄在60周岁以下，女性年龄在55周岁以下，初中以上文化程度，身体健康；

（二）有本地常住户口或者居住证；

（三）取得相应的机动车驾驶证1年以上，3年内无重大交通责任事故记录；

（四）遵守法律、法规。

从业资格证被吊销的，自吊销之日起5年内不得申请。

已经取得道路运输从业资格证的，可以从事相应的城市公共汽电车驾驶。

城市公共汽电车调度员、售票员应当由经营企业进行培训，考试合格后上岗。

第二十九条 城市公共汽电车客运经营者应当遵守下列规定：

（一）按照核定的线路、站点、车次和时间运营；

（二）按时向城市公共客运管理机构报送统计报表；

（三）执行价格管理部门规定的收费标准；

（四）为车辆配备线路走向示意图、价格表、乘客须知、禁烟标志、特殊乘客专用座位、投诉电话等服务设施和标志；

（五）制定从业人员的安全操作规程，对驾驶员、调度员、售票员进行安全和服务的教育培训；

（六）遇有抢险救灾和突发事件等特殊情况，服从当地人民政府的指挥调度；

（七）不得安排未取得驾驶员从业资格证的人员从事运营；

（八）按照运营协议的约定运营。

第三十条 城市公共汽电车驾驶员和售票员应当遵守下列规定：

（一）随车携带车辆运营证和从业资格证；

（二）按照核定的线路、站点、车次和时间运营；

（三）执行价格管理部门规定的收费标准；

（四）运营车辆因故障不能正常行驶时，及时向乘客说明原因，并安排乘客免费换乘同线路同方向车辆，后续车辆驾驶员和售票员不得拒载；

（五）不得拒绝按规定使用优惠凭证的乘客乘车；

（六）按照规定驾驶车辆，提供安全服务；

（七）不得拒载、甩客、敲诈乘客、站外上下客、滞站揽客。

第三十一条 乘坐城市公共汽电车应当遵守下列规定：

（一）按顺序排队等候乘车，先下后上；

（二）上车主动购票、投币或者出示有效乘车凭证；

（三）儿童集体乘车的，应当按照人数购买车票；1名成人乘可以免费携带1名身高1.2米（含1.2米）以下的儿童；

（四）醉酒者、精神病患者、行为不能自理者和学龄前儿童应当有看护陪同方可乘车；

（五）不得在车厢内吸烟、吐痰、乱扔杂物；

（六）不得携带易燃、易爆、剧毒等危险品或者易污染、损伤他人的物品；

（七）不得携带动物乘车；

（八）遵守其他有关乘车规定。

第三十二条　城市人民政府制定特殊群体乘坐城市公共汽电车的优惠政策时，应当明确优惠乘车的条件、范围、优惠标准以及优惠凭证办理程序。

第三十三条　有下列情形之一的，城市人民政府应当对城市公共汽电车客运经营者给予相应的补贴或者补偿：

（一）执行政府规定的限制价格造成的政策性亏损；

（二）执行优惠乘车政策减少的收入；

（三）完成政府指令性任务增加的支出。

补贴和补偿应当及时拨付，不得拖欠或者挪用。补贴和补偿办法由城市人民政府制定。

第四章　出租汽车客运

第三十四条　出租汽车客运经营实行行政许可制度。企业应当取得出租汽车客运经营资格后申请出租汽车运营许可，个人应当取得驾驶员从业资格证后申请出租汽车运营许可。

第三十五条　申请出租汽车客运经营资格应当符合下列条件并提交相应材料：

（一）依法注册的企业法人；

（二）有符合城市人民政府要求的运营资金、固定的经营场所、停车场地和经营方案；

（三）有相应的管理机构、管理人员；

（四）有健全的客运服务、安全管理等方面的运营管理制度。

城市公共客运管理机构对符合许可条件的，颁发城市出租汽车客运经营资格证件。

第三十六条 市、县（市）人民政府可以依照法律、法规规定确定出租汽车运营许可方式。采取有偿出让方式许可的，应当按照国家有关规定报请批准。

市、县（市）人民政府应当实行出租汽车总量控制，并根据出租汽车客运专项规划、市场供求状况，结合本地经济社会发展水平和城市规模等，合理确定出租汽车数量，并适时调整，保持市场供需基本平衡；在许可时不得承诺许可期限内不增加或者减少出租汽车数量。

出租汽车运营许可期限最长不得超过8年。

第三十七条 企业和个人申请出租汽车运营许可应当符合下列条件并提交相应材料：

（一）有符合有关标准和城市人民政府规定的车辆；

（二）有符合本条例规定条件的驾驶员；

（三）城市人民政府规定的其他条件。

个人只能申请一个出租汽车运营许可。

城市公共客运管理机构对符合许可条件的，按车颁发出租汽车运营许可证件。

第三十八条 以无偿方式取得的出租汽车运营许可不得转让。以有偿方式取得出租汽车运营许可2年以上或者经营者丧失经营能力的，经过批准可以转让。受让方应当符合许可条件。转让后原经营期限不变。

城市人民政府为了公共利益需要，可以变更或者撤回已经生效的出租汽车运营许可，并依法给予补偿。

第三十九条 出租汽车运营许可有效期届满一个月前，经营者可以向城市公共客运管理机构申请运营许可延续；城市客运管理机构应当根据许可方式、许可条件和出租汽车投放数量等决定是否准予延续。

第四十条 出租汽车客运经营者在经营期限内，不得擅自暂停或者终止经营。

经营者因故不能正常营业的，应当到原许可机关办理暂停或者终止经营手续，将有关证件交原许可机关登记保管。

经营者取得出租汽车运营许可超过一个月无正当理由未投入运营，或者暂停经营超过一年仍未恢复运营的，城市公共客运管理机构经过告知后，可以注销其运营许可。

第四十一条 出租汽车客运驾驶员应当符合下列条件并提交相应材料，经市、县（市）城市公共客运管理机构考试合格，取得从业资格证：

（一）男性年龄在60周岁以下，女性年龄在55周岁以下，初中以上文化程度，身体健康；

（二）有本地常住户口或者居住证；

（三）取得相应的机动车驾驶证1年以上，1年内无重大交通责任事故记录；

（四）遵守法律、法规。

从业资格证被吊销的，自吊销之日起5年内不得申请。

第四十二条 出租汽车应当符合车辆技术标准和服务规范，按照规定，配置标志顶灯、计价器、服务显示标志，喷涂标识，贴挂运价标签、乘客须知和服务监督卡等。

利用出租汽车设置广告的，应当符合国家有关法律、法规规定和城市公共客运主管部门制定的服务规范。

出租汽车经营者应当按照国家和省有关规定维护、检测车辆。

城市公共客运管理机构应当对车容车貌、车辆安全设施和服务设施、经营者维护、检测的情况定期检查。不得要求对同一项目进行重复检测。

禁止使用报废车辆和擅自改装车辆从事运营。

第四十三条 逐步推广使用出租汽车专用号段牌照，鼓励采用卫星定位系统、税控计价器、电子识别系统等先进技术，加强出租汽车运营管理。

鼓励出租汽车经营者采取预约服务、统一调度等方式提供出租汽车服务，减少车辆空驶，提高里程利用率。

第四十四条 经营者更新车辆应当向原许可机关办理变更手续，车辆标准不得低于原车辆，车型应当符合城市人民政府的有关规定。车辆更新后，原许可经营期限不变。

第四十五条 城市人民政府应当在机场、火车站等客流集散地设置出租汽车待租的运营站（场），由城市公共客运管理机构指定单位或者人员进行日常管理。

第四十六条 出租汽车客运经营者应当遵守下列规定：

（一）按时向城市公共客运管理机构报送统计报表；

（二）确定车辆驾驶员并到城市公共客运管理机构备案，办理服务监督卡；

（三）执行价格管理部门规定的收费标准，公示收费项目和收费标准，向出租汽车驾驶员发放客运出租汽车专用票据；

（四）与聘用的驾驶员依法签订劳动合同，不得损害驾驶员的合法权益；

（五）公布服务监督电话，及时处理投诉；

（六）对驾驶员进行安全和服务的教育培训；

（七）不得私自安装、改动、维修计价器和拆卸计价器铅封；

（八）不得安排未取得驾驶员从业资格证和服务监督卡的人员运营。

第四十七条 出租汽车驾驶员应当遵守下列规定：

（一）随车携带出租汽车运营许可证件、驾驶员从业资格证和服务监督卡。

（二）按照乘客要求或者合理的路线行驶，不得绕行。

（三）按照规定使用计价器，不得私自改动、维修计价器和拆卸计价器铅封。

（四）执行价格管理部门规定的收费标准，向乘客提供客运出租汽车专用票据。

（五）按照规定合理使用服务标志。载客时应当启用载客标志，不得甩客，未经乘客同意不得搭载他人乘车；待租时应当启用待租标志，不得拒载，不得以其他方式主动揽客；需要暂停载客时应当起用暂停服务标志。

（六）保持车内清洁和卫生，不得吸烟。

（七）不得以欺骗、威胁乘客等方式高额收取费用，不得隐匿乘客财物。

（八）不得将车辆交给未取得驾驶员从业资格证和服务监督卡的人员运营。

（九）文明驾驶，安全服务。

第四十八条 乘客应当文明乘车，不得吸烟、乱扔东西和污损车内设施。有下列情形之一的，出租汽车驾驶员可以拒绝其乘车：

（一）在禁止停车的路段要求乘车的；

（二）无看护陪同的醉酒者或者精神病患者要求乘车的；

（三）携带易燃、易爆、有毒等危险物品要求乘车的；

（四）乘客的要求违反交通管理、治安管理法律法规的。

第四十九条 乘客应当按照规定标准支付车费和过桥、过路、过渡、停车等费用。

有下列情形之一的，乘客可以拒绝支付车费：

（一）未按照规定使用计价器的；

（二）未向乘客出具客运出租汽车专用票据或者高于计价器显示金额收费的；

（三）中途拒绝服务或者在基础里程内因故未完成运送服务的；

（四）未经乘客同意，搭载他人乘车的。

第五十条 乘客需要去偏僻地区或者出市区时，出租汽车驾驶员或者乘客可以到就近的公安机关办理验证登记手续，对方应当予以配合。

第五十一条 出租汽车不得异地运营，承运的起点或者终点应当在核定的经营区域内，异地送达返程时不得在异地滞留待租。

禁止出租汽车从事道路旅客班线运输经营。

第五十二条 未取得出租汽车运营许可的车辆不得安装、使用出租汽车标志顶灯等出租汽车标志、标识。

第五十三条 汽车租赁经营者以提供驾驶服务等方式从事或者变相从事出租汽车运营活动的，按照未取得出租汽车运营许可，擅自从事出租汽车运营处理。

第五章 监督检查

第五十四条 城市公共客运主管部门和城市公共客运管理机构应当定期对下级城市公共客运管理机构的执法活动进行监督检查，及时纠正下级城市公共客运管理机构违法、不适当和不作为的行为，并依法报请有关部门追究有关人员的责任。

第五十五条 城市公共客运管理机构应当公开办事制度，建立投诉举报制度，接受社会监督。对公民、法人以及其他组织的投诉应当受理，并在规定期限内作出答复和处理。

第五十六条　城市公共客运管理机构执法人员应当经过专业知识和法律知识培训，考核合格并取得交通行政执法资格证。

执法人员监督检查时，应当出示执法证件。

监督检查专用车辆，应当按照国家规定配置统一标志和示警灯。

第五十七条　城市公共客运管理机构执法人员监督检查时，可以要求有关单位和人员提供相关许可证件，调阅、复制有关资料，调查了解有关情况。

发现违法行为的，应当当场予以纠正，依法处理。无法当场处理的，城市公共客运管理机构可以暂扣车辆运营证或者出租汽车运营许可证件，并责令限期改正或者接受处理。经营者在规定期限内整改完毕或者接受处理的，返还其车辆运营证或者出租汽车运营许可证件。暂扣应当出具暂扣凭证，暂扣期间不停止经营。

检查时对不能出示车辆运营证或者出租汽车运营许可证件又不能当场提供其他有效证明的，可以暂扣其经营车辆，并出具暂扣凭证。被暂扣车辆应当妥善保管，不得使用。

第五十八条　上级人民政府应当对下级人民政府城市公共客运管理工作进行督查考核。

城市公共客运管理机构对城市公共客运经营者及其从业人员进行经营行为和服务质量考核，根据考核结果进行信誉评定。对信誉评定良好的，给予奖励；对信誉评定不合格的，给予相应惩罚，直至吊销许可。考核具体办法和标准由省城市公共客运主管部门制定。

第六章　法律责任

第五十九条　未取得城市公共客运许可擅自从事经营活动的，涂改、伪造许可从事经营活动的，由城市公共客运管理机构责令停止违法行为，并对经营者处以一万元以上三万元以下罚款；情节严重的，处以三万元以上五万元以下罚款。

无运营许可的车辆安装出租汽车标志、标识的，由城市公共客运管理机构予以没收。

第六十条 城市公共客运经营者有下列行为之一的，由城市公共客运管理机构责令限期改正，并处以一万元以上三万元以下罚款；逾期未改正的，吊销许可：

（一）转让城市公共汽电车客运线路经营许可或者非法转让出租汽车运营许可的；

（二）擅自变更城市公共汽电车线路运营方案或者出租汽车经营方案的；

（三）擅自暂停、终止经营的；

（四）批准暂停期间，擅自从事经营活动的。

城市公共汽电车未按照核定的线路、价格、站点、车次和时间运营的，由城市公共客运管理机构责令改正，对经营者处以二千元以上五千元以下罚款；情节严重的，处以五千元以上一万元以下罚款；情节特别严重的，可以吊销线路经营许可。

第六十一条 城市公共客运经营者使用无运营证的车辆的，擅自改装车辆从事运营的，车辆未参加定期检查或者定期检查不合格继续运营的，由城市公共客运管理机构责令限期改正，并处以五千元以上一万元以下罚款；情节严重的，可以吊销许可。

使用报废车辆从事运营的，由城市公共客运管理机构暂扣车辆，移交公安机关处理，并对驾驶员处以一千元以上三千元以下罚款；情节严重的，可以吊销从业资格证。对经营者处以一万元以上三万元以下罚款；情节严重的，可以吊销线路经营许可或者出租汽车运营许可。

第六十二条 无从业资格证或者安排无证人员从事城市公共客运驾驶活动的，由城市公共客运管理机构责令改正，对驾驶人员处以五百元以上一千元以下罚款，对经营者处以二千元以上五千元以下罚款；造成重大以上交通责任事故的，吊销许可。

无出租汽车服务监督卡或者安排无服务监督卡人员从事经营活动的，按照前款规定处罚。

第六十三条 城市公共客运驾驶员未随车携带车辆运营证、从业资格证、出租汽车运营许可证件或者服务监督卡的，由城市公共客运管理机构予以警告,并处以二十元以上二百元以下罚款。

第六十四条 城市公共汽电车客运经营者有下列行为之一的,由城市公共客运管理机构责令改正,并对从业人员处以五十元以上二百元以下罚款,对经营者处以一千元以上三千元以下罚款:

(一) 车辆不能正常行驶时,未安排乘客免费换乘同线路同方向车辆或者后续车辆从业人员拒载的,拒绝持优惠凭证乘客乘车及其他拒载行为的;

(二) 城市公共汽电车甩客、站外上下客、滞站揽客的。

第六十五条 城市公共汽电车遇有抢险救灾和突发事件等特殊情况,不服从当地人民政府指挥调度的,由城市公共客运管理机构对经营者处以一千元以上五千元以下罚款;情节严重的,处以五千元以上一万元以下罚款,并吊销线路经营许可。

第六十六条 出租汽车驾驶员有下列行为之一的,由城市公共客运管理机构责令改正,处以一千元以上二千元以下罚款;情节严重的,处以二千元以上五千元以下罚款;情节特别严重的,可以吊销从业资格证:

(一) 未经乘客同意搭载他人乘车、启用待租标志后拒载、主动揽客或者甩客的;

(二) 未按照乘客要求或者合理的路线行驶,故意绕行的;

(三) 以欺骗、威胁等方式向乘客高额收取费用的;

(四) 在运营服务中有其他侵害乘客合法权益行为的。

出租汽车驾驶员利用出租汽车从事违法犯罪活动被依法处理的,城市公共客运管理机构可以吊销其从业资格证。

第六十七条 出租汽车异地运营、异地送达返程时滞留待租的,由城市公共客运管理机构对驾驶员处以二千元以上五千元以下罚款。

第六十八条 未按照规定安装、使用合格计价器的,未使用出租汽车专用发票的,由城市公共客运管理机构责令改正,对驾驶员处以五百元以上一千元以下罚款;对经营者处以一千元以上三千元以下罚款。

擅自改动计价器或者拆卸计价器铅封导致计价器失准的,对相关责任人处以二千元以上五千元以下罚款;情节严重的,可以并处吊销许可。

第六十九条 城市公共客运经营者和从业人员已经不具备经营许可条件的,由城市公共客运管理机构责令限期改正;逾期未改正的,由原许可机关吊销许可。

第七十条 利用运营车辆设置广告不符合国家法律、法规规定和服务规范的，由城市公共客运管理机构责令限期改正；逾期不改的，责令停止运营，直至改正。

第七十一条 城市公共客运管理机构工作人员有下列行为之一的，由有关部门依法给予行政处分；构成犯罪的，依法追究刑事责任：

（一）未按照法定的条件、程序和期限实施行政许可的；

（二）参与或者变相参与城市公共客运经营的；

（三）未及时查处违法行为的；

（四）未按照规定处理投诉的；

（五）违法扣留城市公共客运车辆或者有关证件的；

（六）收受、索取他人财物或者以其他方式非法谋取利益的；

（七）未按照法律、法规规定实施行政处罚的。

第七章 附 则

第七十二条 镇（乡）人民政府所在地公共客运依照本条例管理。

城市公共汽电车客运线路延伸到城市外的，应当按照道路运输有关规定取得许可。城外区域的运营，按照道路运输有关规定监督管理。

轨道车等其他公共客运另行规定。

网络预约出租汽车管理，按照国家有关规定执行。

第七十三条 本条例自2010年3月1日起施行。

黑龙江省道路运输条例

(2016年6月17日黑龙江省第十二届人民代表大会常务委员会第二十六次会议通过。根据2018年4月26日黑龙江省第十三届人民代表大会常务委员会第三次会议《黑龙江省人民代表大会常务委员会关于废止和修改〈黑龙江省统计监督处罚条例〉等72部地方性法规的决定》修改)

第一章 总 则

第一条 为了维护道路运输市场秩序，保障道路运输安全，保护道路运输各方当事人的合法权益，促进道路运输业的健康发展，根据《中华人民共和国道路运输条例》等有关法律、行政法规，结合本省实际，制定本条例。

第二条 在本省行政区域内从事道路运输经营、道路运输相关业务及其管理活动的，适用本条例。

本条例所称道路运输经营，包括公共汽（电）车客运、班线客运、包车客运、旅游客运、出租汽车客运等道路旅客运输经营（以下简称客运经营）和道路货物运输经营（以下简称货运经营）。

本条例所称道路运输相关业务，包括道路运输站（场）经营、机动车维修经营、机动车驾驶员培训和汽车租赁经营。

本条例所称管理活动是指县级以上人民政府对道路运输业发展制定相关政策，交通运输主管部门、道路运输管理机构对道路运输经营者经营许可办理、经营行为监督、为公众运输提供的社会化服务以及县级以上人民政府的有关部门按照各自职责，对道路运输进行管理的相关工作。

第三条 道路运输的发展应当遵循统筹规划、合理引导、安全便捷、节能环保、禁止封锁和垄断的原则。

从事道路运输经营以及道路运输相关业务，应当依法经营，文明经营，文明服务，诚实守信，公平竞争，保障安全。

道路运输管理应当依法、规范、公平、公正、公开、高效、为民、利民、便民。

第四条 县级以上人民政府应当根据国民经济和社会发展规划，制定本行政区域道路运输发展规划，纳入城乡规划，并与航空、铁路、水路运输等发展规划合理衔接，构建道路运输综合服务体系，发展智慧运输；在城市规划区范围内，铁路的线路、车站、枢纽以及其他有关设施的规划，应当纳入所在城市的总体规划；民用机场建设规划应当与城市建设规划相协调。

县级以上人民政府应当优先发展公共交通，加快淘汰尾气排放不合格的运输车辆，推广使用新能源车辆；执行国家购买新能源公共汽（电）车优惠政策；加大对公共汽（电）车客运、旅游客运、道路运输站（场）建设、城乡物流等的投入和政策扶持；推进城乡客运均等化服务，提高乡村的通班车率。

第五条 县级以上人民政府交通运输主管部门主管本行政区域的道路运输管理工作。

县级以上道路运输管理机构负责具体实施道路运输管理工作。

县级以上人民政府公安、发展和改革、国土资源、住房和城乡建设等有关部门应当按照各自的职责，共同做好道路运输管理相关工作。

第六条 道路运输行业协会应当建立行业自律机制，规范和监督会员经营行为，推动行业诚信建设，提升会员的服务质量，维护公平竞争，保护行业和会员的合法权益，促进道路运输业健康发展。

第二章 道路运输经营

第一节 客运经营

第七条 客运经营者应当依法取得营业执照和道路运输经营许可证，并在许可的经营范围内从事经营活动。

第八条 公共汽（电）车客运线路和班线客运的班线应当科学规划、合理配置，经营权采取招标方式确定。申请人不足三个的，招标人可以重新组织招标，重新招标申请人仍不足三个的，按照实施行政许可管理，根据受理行政许可申请的先后顺序作出准予行政许可的决定。对无申请人的公共汽（电）车客运线路，市、县级人民政府及其道路运输管理机构应当采取资金扶持和线路搭配等方式，确定经营主体，开通线路。

市、县级道路运输管理机构应当同取得公共汽（电）车客运线路经营权的经营者签订协议书，协议书应当明确经营方式、经营区域、经营期限、服务质量和标准、违约责任等事项。

县级以上道路运输管理机构应当向取得班线客运经营权的经营者依法发放许可证明。

第九条 县级以上人民政府应当在财政政策、用地保障、设施建设、道路交通管理等方面支持公共汽（电）车客运发展。

公共交通企业因承担社会福利而增加的费用，县级以上人民政府应当予以合理补贴。

第十条 公共汽（电）车交通基础设施管理单位负责对公共汽（电）车交通基础设施的维护；发现损坏的，应当及时维修，确保正常使用。

任何单位和个人不得擅自迁移、拆除和占用公共汽（电）车交通基础设施或者擅自改变其使用性质，不得擅自改变公共交通用地性质。

第十一条 新建、扩建居民小区和大型公共活动场所，应当同时依据道路运输发展规划建设公共汽（电）车首末站或者停靠站点。新建首末站和停靠站点，应当具备遮雨功能。

前款规定的小区和大型公共活动场所交付使用后，市道路运输管理机构应当确定公共汽（电）车客运经营者，并组织其在六个月内开通公共汽（电）车线路。

第十二条 城市新建道路时应当建设港湾式停靠站；城市改造道路时，道路宽度符合《城市公共交通站、场、厂设计规范》要求的，应当建设港湾式停靠站。

第十三条 公安机关交通管理部门应当会同交通运输主管等部门设置公共汽（电）车专用道。机场专线客车、校车和班车可以使用公共汽（电）车专用道。

第十四条 机场、火车站、道路旅客运输站（场）、客运码头的经营者应当会同道路运输管理机构合理规划、建设公交站点，方便旅客换乘。

第十五条 道路运输管理机构应当制定冬、夏两季运行图，根据客运市场的客流量情况和车辆载客情况，合理规划线路和发车时间间隔。

价格主管部门应当依据运营成本和社会承受能力等，合理确定公共汽（电）车客运票价。

第十六条 公共汽（电）车、班线客运新增、变更、暂停、终止线路运营，变更站点、站名的，道路运输管理机构应当提前三十日征求社会公众意见，进行科学论证，并将意见采纳情况向社会公告。

道路运输管理机构、公共汽（电）车和班线客运经营者应当分别在信息服务网站、相关公交站点、车辆、客运站等及时公告线路调整的时间、运行线路和站点的位置等信息。

因工程建设、大型活动等特殊情况需要临时变更公共汽（电）车、班线客运线路或者站点的，建设单位或者有关部门应当提前三十日书面告知所在地道路运输管理机构，道路运输管理机构以及客运经营者应当按照前款规定及时公告。

第十七条 省道路运输管理机构应当制定公共汽（电）车、班线客运服务规范。对服务标准，从业人员要求，文明用语，公交站台、站亭、站牌的标准，站点的命名原则等做出规定。

第十八条 推行农村客运以公交化的模式营运。实行公交化营运的农村客运班线，站点、车辆、行驶线路、票价、财政补贴等参照城市公交客运的有关规定执行。

第十九条 包车客运经营者应当与包车人签订包车合同，包车合同应当约定时间、起始地和目的地、线路等。

第二十条 旅游经营者应当使用有合法经营手续的车辆运载游客，并登记游客的身份证件。

旅游客运车辆应当随车携带游客名单，不得运载游客名单以外的人员。

第二十一条 县级以上道路运输管理机构应当根据旅游发展规划和旅游主管部门公布的旅游市场情况，开通、调整旅游客运班线。

机场、火车站、道路旅客运输站（场）、客运码头、旅游景区应当合理设置旅游客运车辆停靠场所。

第二十二条　公共汽（电）车、班线、包车、旅游客运经营者应当向旅客连续提供运输服务。因客观原因导致车辆无法行驶的，应当及时安排改乘或者退还票款，不得加收费用；降低车辆类型等级的，应当退还相应的票款。

客运经营者应当为旅客提供良好的乘车环境，确保车辆的设施齐全、有效，保持车辆清洁、卫生。

公共汽（电）车、班线客运经营者应当按照规定的线路、站点、班次和时间顺序营运。

公共汽（电）车应当设置老、弱、病、残、孕专座。

旅游客运车辆应当按规定设置导游专座。

第二十三条　公共汽（电）车客运驾驶员在运营服务中，应当携带相关证件，文明安全驾驶，规范作业，不得有下列行为：

（一）不按照规定线路行驶或者不按照规定站点停靠；

（二）无故拒载乘客、中途甩客、滞站揽客；

（三）乘客上、下车过程中关闭车门；

（四）违反法律、法规的其他行为。

第二十四条　机场、火车站、道路旅客运输站（场）、客运码头等场所，应当划定出租汽车行驶路线和专用候车区域，出租汽车应当依次候客经营。

除经营性停车场（站）外，其他为社会车辆提供服务的停车场所，管理单位不得对临时停靠的出租汽车收取任何费用。

第二十五条　出租汽车客运经营者应当遵守下列规定：

（一）合理设置出租汽车交接班时间；

（二）不得擅自暂停、终止出租汽车经营；

（三）不得非法转让出租汽车客运经营权；

（四）不得聘用不符合法定条件的驾驶人员从事出租汽车运营；

（五）不得从事班线客运；

（六）依法应当遵守的其他规定。

第二十六条　出租汽车客运驾驶人员应当遵守下列规定：

（一）在车辆醒目位置放置服务监督标志；

（二）使用经检定合格的客运出租汽车计价器，不得擅自改动、串用计价器，不得破坏计价器准确度；

（三）收取运费不得超过计价器明示的金额，并给付收费票据，但价格主管部门核准可以收取的其他费用除外；

（四）运营起始地和目的地至少有一端在核定的经营区域内；

（五）交接班前在车辆明显位置明示交接班时段和去向；

（六）不得途中甩客、倒客、故意绕道，未经乘客允许不得搭载其他乘客；

（七）不得利用车载通讯设施传播、接听与营运无关的信息；

（八）不得显示空车时拒绝载客，不得在运载乘客时显示空车信号；

（九）依法应当遵守的其他规定。

第二节 货运经营

第二十七条 货运经营者应当依法取得营业执照和道路运输经营许可证，并在许可的经营范围内从事经营活动。

从事危险货物运输的，应当依法取得危险货物运输经营许可。从事危险货物运输的驾驶人员、装卸管理人员、押运人员应当具备国家规定的资质条件，依法取得上岗资格证。

第二十八条 县级以上人民政府应当引导发展多式联运、甩挂运输、集装箱运输、封闭厢式运输、冷链运输等现代运输方式和装备。

完善城乡物流配送体系，推进县、乡、村消费品和农资配送网络体系建设。

第二十九条 货运经营者应当按照货物运输规则受理、承运货物，并采取必要措施防止运输中货物的脱落、扬撒、流失或者渗漏。

货运经营者应当建立并执行承运验视制度，不得承运禁止运输的物品。

第三十条 货运经营者不得有下列行为：

（一）混合装载性质相抵触、运输条件要求不同的货物；

（二）使用非集装箱车辆从事集装箱货物运输；

（三）使用危险货物的专用车辆运输普通货物；

（四）使用罐式集装箱以外的移动罐体从事危险货物运输；

（五）依法应当禁止的其他行为。

第三十一条 托运危险货物的，应当将危险货物委托给具备危险品运输资格的运输企业承运，向承运企业说明危险货物的品名、性质、应急处置方法等情况，并严格按照国家有关规定包装，设置明显标志。

第三十二条 道路危险货物运输经营者应当对运输车辆进行维护，确保车辆技术状况符合法定标准。

第三十三条 危险货物运输车辆驾驶人员应当遵守危险货物运输相关规定，押运人员应当对危险货物进行监管。

危险货物运输车辆应当悬挂或者喷涂符合国家标准要求的警示标志，随车携带道路运输危险货物安全卡，配备安全防护、环境保护和应急救援器材等设备。

第三十四条 道路危险货物运输经营者对重复使用的危险货物包装物、容器，在重复使用前应当进行检查；存在安全隐患的，应当维修或者更换。

第三章　国际道路运输

第三十五条 从事国际道路运输的，应当持有有效的国际道路运输许可证和相关单证，车辆须标明国际道路运输国籍识别标志。

第三十六条 口岸所在地人民政府应当在口岸联检厅设立国际道路运输办公场所；在口岸设立的国际道路运输管理机构应当依法与有关部门联合检查国际道路运输车辆，并采用现代化科技手段，简化出入境运输手续，提高口岸通关效率。

第三十七条 境外国际道路运输车辆进入本省境内的，应当符合中华人民共和国有关道路运输车辆外廓尺寸、轴荷及载质量标准规定，并按照确定的国际道路运输线路运行。与中华人民共和国签署有关双边、多边协定的，从其协定。

第三十八条 在口岸设立的国际道路运输管理机构应当与对外经济贸易主管部门和国际货物运输代理企业建立运力、货源信息共享机制，及时发布车辆和货源信息，为国际道路运输提供服务。

第四章 道路运输相关业务

第一节 道路运输站（场）经营

第三十九条 道路旅客运输站（场）经营者应当对进站（场）车辆实行统一调度和管理，按照车辆核定载客限额售票，维持旅客乘降秩序，不得拒绝经批准的车辆进入站（场），不得接纳未经批准的车辆在站（场）内从事经营活动。

二级以上道路旅客运输站（场）应当配备并使用行包安全检查和视频监控设备。

第四十条 道路旅客运输站（场）经营者应当提供下列服务：

（一）在站（场）内显著位置公布客运车辆运营信息、收费项目和标准、旅客乘车须知、站（场）外换乘信息、明示客运车辆终到站的具体地点；

（二）提供行包托运办理、小件寄存、咨询等服务；

（三）设置免费候车室，老、弱、病、残、孕专座和公共厕所；

（四）设立旅客意见簿，公布投诉电话，受理旅客投诉；

（五）保持站（场）清洁、卫生；

（六）依法应当提供的其他服务。

第四十一条 道路旅客运输站（场）经营者、票务代理机构应当使用全省统一式样的客票，逐步实现异地联网售票、电子售票、自动售票机售票等多种售票方式，并为旅客出行提供客票信息查询服务。

第四十二条 道路货物运输站（场）经营者应当建立并执行货物验视、装载、配载登记等管理制度，按照规定配备安全设施、设备和相关指示标志，不得擅自改变站（场）用途和服务功能。

第四十三条 道路货物运输站（场）经营者应当按照货物的性质、保管要求对货物进行登记，并分类存放，保证货物完好无损。危险货物的存放应当符合国家有关规定。

道路货物运输站（场）内的搬运、装卸应当按照国家规定的操作规程作业。从事危险货物和大型、特种物件搬运、装卸的，应当配备专用工具和防护设备。

第二节　机动车维修经营

第四十四条　机动车维修经营者应当按照有关技术规范维修车辆，建立并执行机动车维修质量保证期制度；采用节能环保方式维修机动车，并按照规定处置废弃物。

第四十五条　机动车维修经营者应当建立维修配件采购登记制度，查验配件合格证书，建立台账并记录配件购买日期、供应商名称及地址、配件名称及型号规格等内容，保存能够证明进货来源的原始凭证和台账不少于两年。

对承接机动车二级维护、总成修理、整车修理的，机动车维修经营者应当按照规定建立维修档案。

机动车维修经营者应当将配件分别标识，明码标价。

第四十六条　任何单位和个人不得强制或者变相强制机动车所有者到指定的修理厂维修机动车或者装配机动车附加设备。

第四十七条　机动车维修经营者应当按照许可范围和类别承修车辆，不得承修报废机动车、拼装机动车，擅自改装机动车以及使用假冒伪劣配件。

对危险货物运输车辆进行维修作业时，机动车维修经营者应当做好安全防护工作。

第三节　机动车驾驶员培训

第四十八条　县级以上道路运输管理机构应当对机动车驾驶员培训机构资格条件、培训记录等情况进行检查。

公安机关交通管理部门受理经机动车驾驶员培训机构培训的人员申请机动车驾驶证考试，应当按照国家有关规定查验并收存机动车驾驶员培训机构出具的培训记录。

第四十九条　机动车驾驶员培训机构应当遵守下列规定：

（一）按照核定的经营类别、培训范围开展培训活动；

（二）按照规定的教学大纲和培训教材进行培训，保证学时，真实准确地填写教学日志和培训记录；

（三）教学车辆应当符合国家、行业标准的规定，配置学时计时仪；

（四）使用本机构的车辆开展培训；

（五）在许可的训练场地内开展场地训练；

（六）按照指定的时间、地点和路线进行培训；

（七）向培训结业、考试合格的人员颁发机动车驾驶培训结业证书；

（八）依法应当遵守的其他规定。

机动车驾驶员培训机构应当对经营类别、培训范围、收费项目和标准、教练员、教学场地、投诉举报电话等情况予以公示。

第五十条　机动车驾驶员培训机构的教练员应当使用教练车辆从事驾驶培训，不得向学员索要或者变相索要、收取财物。

第四节　汽车租赁经营

第五十一条　从事汽车租赁经营的，经营者应当在依法取得营业执照之日起三十日内，将营业执照和车辆信息报送所在地市、县道路运输管理机构备案。

汽车租赁经营者的备案事项发生变化的，应当在十五日内告知原备案的道路运输管理机构。

第五十二条　汽车租赁经营者应当遵守下列规定：

（一）在经营场所显著位置公布服务项目、收费标准、租车流程以及监督电话；

（二）与承租人签订租赁合同；

（三）按照规定进行车辆安全技术检验，对车辆进行维护保养，保证车辆技术性能良好、符合安全行驶条件；

（四）建立租赁经营管理档案和车辆管理档案；

（五）将车辆租给持有相应机动车驾驶证的承租人；

（六）不得以提供驾驶劳务等方式从事或者变相从事道路运输经营；

（七）依法应当遵守的其他规定。

第五十三条　汽车承租人应当随车携带承租车辆的相关手续，不得实施下列行为：

（一）利用承租车辆从事违法活动；

（二）将承租车辆抵押、变卖、转租；

（三）将承租车辆转交给未持相应机动车驾驶证的人员驾驶；

（四）依法应当禁止的其他行为。

第五十四条 用于租赁的车辆应当符合下列要求：

（一）车辆号牌、行驶证齐全有效；

（二）已按照国家规定办理相应的保险；

（三）随车配备有效的车用灭火器、故障车警示标志牌和必要的维修工具；

（四）八座以下（含驾驶员）。

第五章 道路运输安全

第五十五条 县级以上人民政府应当加强道路运输安全工作的领导。

县级以上人民政府交通运输主管部门及其道路运输管理机构依法对道路运输安全工作实施监督管理。

县级以上公安机关负责道路交通安全的管理工作。

第五十六条 道路运输和道路运输相关业务经营者是道路运输安全的责任主体，应当建立和落实道路运输安全制度，开展从业人员安全教育培训，排查事故隐患，采取有效预防措施，保证道路运输安全。

客运经营者、危险货物运输经营者应当依法分别为旅客或者危险货物投保承运人责任险。

第五十七条 道路运输经营者应当对驾驶人员开展冬季以及雨、雪、雾等特殊天气行车安全教育培训，配备提高车辆安全性能的装备，并向驾驶人员发送特殊天气预警信息。

第五十八条 客货营运车辆应当按照国家有关规定安装具有行车记录仪功能的卫星定位装置，并确保正常使用。

道路运输经营者应当按照有关规定建立或者接入卫星定位系统监控平台，制定卫星定位系统动态监控管理制度，配备专（兼）职人员对车辆实时监控，及时向驾驶人员发送提示信息，监督、纠正营运车辆超员、超速、疲劳驾驶等违法行为，并做好记录。

第五十九条　道路客运、道路货运、道路运输站（场）、机动车驾驶员培训机构、汽车租赁经营者应当建立道路运输车辆安全检查制度，发现车辆故障应当及时排除。

客运车辆通道内不得堆放障碍物，并保持畅通。

道路客运、道路货运、机动车驾驶员培训机构、汽车租赁经营者应当对警示标志牌、灭火器、自动灭火装置、安全锤、安全带等车辆安全设备定期检查，及时补充更换车辆安全设备。

班线客运、旅游客运驾驶人员以及乘务员应当在发车前告知乘车安全规定和常识，驾驶人员、乘务员、客运站站务员还应当督促旅客系好安全带。

班线、旅游等客运车辆未按照有关规定配备安全带的，不得运营。对旅客未系安全带的，客运站（场）经营者应当禁止客运车辆出站（场）。

第六十条　道路运输经营者应当根据车辆运行时间和里程，按照规定的数量配备驾驶人员，减轻驾驶人员劳动强度，落实强制休息制度。

第六十一条　旅客不得有下列行为：

（一）非法拦截或者强行上下客运车辆；

（二）影响驾驶人员安全驾驶；

（三）破坏客运车辆设施、设备；

（四）携带管制刀具以及爆炸性、易燃性、放射性、毒害性、腐蚀性等影响公共安全的物品乘坐客运车辆；

（五）其他危害客运车辆运营安全的行为。

第六章　监　督　管　理

第六十二条　县级以上道路运输管理机构应当建立健全监督检查制度，推行执法全过程记录，严格按照法定权限和程序对道路运输经营和道路运输相关业务活动进行监督检查。

县级以上道路运输管理机构和公安机关交通管理部门应当建立案件移交

机制,对执法活动中发现涉及对方管辖的案件,应当及时移交。

第六十三条 道路运输管理机构的执法人员应当经考试合格后,持证上岗。实施监督检查时,应当不少于二人,并持有效执法证件,规范、文明执法。

第六十四条 县级以上道路运输管理机构应当依托互联网、云计算等先进科技手段,组织建设道路运输行业监管、公共服务等信息系统,并向社会发布道路运输公共服务信息。

县级以上道路运输管理机构和公安机关交通管理部门应当建立信息共享机制,为道路运输和道路运输相关业务经营者、驾驶人员提供营运车辆违法行为以及驾驶员培训、考试、发证等信息查询服务。

交通运输、公安、气象、旅游等部门应当加强沟通协作和信息共享,及时发布气象、路况等预警信息,共同做好特殊天气的道路运输安全工作。

第六十五条 县级以上道路运输管理机构应当建立道路运输市场运价指数采集、构成和市场供求等动态成本监测分析制度,适时发布道路运输价格指数和市场供求状况信息。

第六十六条 县级以上人民政府交通运输主管部门应当加强道路运输行业诚信体系建设,建立道路运输、道路运输相关业务经营者服务质量和信用档案,制定守信激励、失信惩戒办法,提高道路运输业服务质量。

第六十七条 县级以上人民政府交通运输主管部门及其道路运输管理机构应当建立举报投诉制度,公开举报投诉电话、通信地址或者电子邮件信箱,接受社会监督;对举报投诉应当按照职责依法开展调查和处理,在三十日内作出处理决定并向举报人反馈。

第六十八条 县级以上人民政府应当建立道路应急运力储备和道路运输应急保障制度。

道路运输经营者应当完成县级以上人民政府下达的抢险救灾等应急运输任务。对承担应急运输任务的道路运输经营者,县级以上人民政府应当予以合理补偿。

第六十九条 县级以上人民政府及其交通运输主管部门,在做出影响公众和道路运输经营者重大利益的决策之前,应当开展听证和社会风险评估,并完善各类应急预案。

第七章 法 律 责 任

第七十条 违反本条例规定，道路运输管理机构的工作人员有下列情形之一的，依法追究其相关责任：

（一）未依法实施行政许可的；

（二）发现违法行为未及时查处的；

（三）违反规定拦截、检查正常行驶的道路运输车辆的；

（四）违法扣留营运车辆、车辆营运证的；

（五）参与或者变相参与道路运输经营以及道路运输相关业务的；

（六）索取、收受他人财物或者谋取其他利益的；

（七）其他违法行为。

第七十一条 违反本条例规定，未能及时维修公共汽（电）车交通基础设施的，由县级以上道路运输管理机构责令限期维修；拒不维修的，处以二千元罚款。

违反本条例规定，擅自迁移、拆除和占用公共汽（电）车交通基础设施的，由县级以上道路运输管理机构责令改正，处以三千元罚款。

第七十二条 违反本条例规定，逾期未开通公共汽（电）车线路的，由市道路运输管理机构责令公共汽（电）车客运经营者在三十日内开通；逾期仍不开通的，由市道路运输管理机构责令停业整顿。

第七十三条 违反本条例规定，公共汽（电）车、班线客运经营者有下列情形之一的，由县级以上道路运输管理机构责令改正，并按照下列规定予以处罚：

（一）未按照确定的线路、站点、班次、时间营运的，处以三千元罚款；

（二）未在相关公交站点、车辆、客运站公告线路调整信息的，处以五千元罚款。

第七十四条 公共汽（电）车客运驾驶员违反本条例第二十三条规定的，由县级以上道路运输管理机构处以二百元罚款。

第七十五条 违反本条例规定，旅游经营者使用无合法经营手续的车辆运载游客或者未登记游客身份证件的，由县级以上道路运输管理机构处以一千元罚款。

第七十六条 违反本条例规定，出租汽车客运驾驶人员有下列情形之一的，由县级以上道路运输管理机构责令改正，处以二百元罚款：

（一）未在车辆醒目位置放置服务监督标志的；

（二）交接班前未在车辆明显位置明示交接班时段和去向的；

（三）利用车载通讯设施传播、接听与营运无关的信息的。

第七十七条 违反本条例规定，道路货运经营者未建立货物验视制度的，由县级以上道路运输管理机构责令改正，处以一千元罚款；道路货运经营者未执行货物验视制度的，由县级以上道路运输管理机构责令改正，处以三千元罚款。

第七十八条 违反本条例规定，道路旅客运输站（场）经营者有下列情形之一的，由县级以上道路运输管理机构责令改正，并按照下列规定予以处罚：

（一）二级以上道路旅客运输站（场）未配备并使用行包安全检查和视频监控设备的，处以五千元罚款；

（二）未提供本条例第四十条规定的服务项目的，处以一千元罚款。

第七十九条 违反本条例规定，机动车维修经营者未按照规定建立维修配件采购登记台账、记录有关内容的，由县级以上道路运输管理机构责令改正，处以五千元罚款。

第八十条 违反本条例规定，机动车驾驶员培训机构在许可的训练场地外开展场地训练的，由县级以上道路运输管理机构责令改正，处以二千元罚款。

第八十一条 汽车租赁经营者未按本条例要求备案的，由县级以上道路运输管理机构责令限期改正，逾期不改的，处以一千元罚款。

第八十二条 违反本条例规定，汽车租赁经营者有下列情形之一的，由县级以上道路运输管理机构责令改正，并按照下列规定予以处罚：

（一）未按照要求公布服务项目、收费标准、租车流程以及监督电话的，处以一千元罚款；

（二）未与承租人签订租赁合同的，处以一千元罚款；

（三）未向承租人提供技术状况良好的车辆的，处以一万元罚款；

（四）未建立租赁经营管理档案和车辆管理档案的，处以一千元罚款；

（五）租赁车辆并提供驾驶员劳务服务的，按照未取得道路运输经营许可，擅自从事道路运输经营进行处罚。

第八十三条　违反本条例规定，道路运输和道路运输相关业务经营者有下列情形之一的，由县级以上道路运输管理机构按照下列规定予以处罚：

（一）道路运输经营者不能保证具有行车记录仪功能的卫星定位装置正常使用的，责令改正，拒不改正的，处以八百元罚款；

（二）道路运输经营者未建立或者未接入卫星定位系统监控平台的，责令限期改正，逾期不改的，处以五千元罚款；

（三）道路客运、道路货运、道路运输站（场）、机动车驾驶员培训机构、汽车租赁经营者未建立道路运输车辆安全检查制度的，责令改正，处以一千元罚款；

（四）在发车前，班线客运、旅游客运驾驶人员以及乘务员未向乘客告知乘车安全规定和常识，驾驶人员、乘务员、站务员未督促旅客系好安全带的，责令改正，处以二百元罚款。

第八十四条　道路运输经营者有下列情形之一的，由县级以上道路运输管理机构按照下列规定处理：

（一）不符合道路运输安全生产条件，经整改仍不合格的，吊销道路运输经营许可证；

（二）客运经营者、危险货物运输经营者拒不投保承运人责任险的，吊销道路运输经营许可证；

（三）经营期限到期未延续的，注销道路运输经营许可；

（四）依法应当吊销道路运输经营许可证、注销道路运输经营许可的其他情形。

第八章　附　　则

第八十五条　法律、行政法规另有规定的，从其规定。

第八十六条 本条例下列用语的含义：

（一）班线客运，是指营运客车在城乡道路上按照固定的线路、时间、站点、班次运行的一种客运方式，包括直达班线客运和普通班线客运。

（二）包车客运，是指以运送团体乘客为目的，将营运客车提供给客户安排使用，由经营者提供驾驶劳务，按照约定的起始地、目的地、线路、时间行驶，并由客户按照约定支付费用的一种客运方式。

（三）汽车租赁，是指在约定时间内租赁经营者将供租赁的乘用汽车交付承租人使用，收取租赁费用，不提供驾驶劳务的经营方式。

第八十七条 国家对出租汽车的经营管理另有规定的，从其规定。

第八十八条 本条例自 2016 年 10 月 1 日起施行。1997 年 2 月 16 日黑龙江省第八届人民代表大会常务委员会第二十六次会议通过的《黑龙江省道路运输管理条例》同时废止。

上海市公共汽车和电车客运管理条例

（2000年9月22日上海市第十一届人民代表大会常务委员会第二十二次会议通过。根据2003年10月10日上海市第十二届人民代表大会常务委员会第七次会议《关于修改〈上海市公共汽车和电车客运管理条例〉的决定》第一次修正。根据2006年6月22日上海市第十二届人民代表大会常务委员会第二十八次会议《关于修改〈上海市公共汽车和电车客运管理条例〉的决定》第二次修正。根据2010年7月30日上海市第十三届人民代表大会常务委员会第二十次会议《关于修改〈上海市公共汽车和电车客运管理条例〉的决定》第三次修正。根据2011年12月22日上海市第十三届人民代表大会常务委员会第三十一次会议《关于修改本市部分地方性法规的决定》第四次修正。根据2018年11月22日上海市第十五届人民代表大会常务委员会第七次会议《关于修改本市部分地方性法规的决定》第五次修正）

第一章 总　　则

第一条　为了加强本市公共汽车和电车客运管理，维护营运秩序，提高服务质量，保障乘客和经营者的合法权益，促进公共汽车和电车客运的发展，根据本市实际情况，制定本条例。

第二条　本条例适用于本市行政区域内公共汽车和电车客运的经营及其相关的管理活动。

本条例所称公共汽车和电车，是指在本市行政区域内按照固定的线路、站点和规定的时间营运，用于运载乘客并按照核定的营运收费标准收费的汽车和电车。

第三条 上海市交通行政管理部门（以下简称市交通行政管理部门）是本市公共汽车和电车客运的行政主管部门，并负责本条例的组织实施。

市交通行政管理部门所属的上海市城市交通运输管理处（以下简称市运输管理处）负责具体实施本市公共汽车和电车客运的日常管理工作，并直接对黄浦、徐汇、长宁、静安、普陀、虹口、杨浦等区的公共汽车和电车客运进行日常管理和监督；市交通行政管理部门所属的上海市城市交通行政执法总队（以下简称市交通执法总队）具体负责本市公共汽车和电车客运监督检查工作，并按照本条例的规定实施行政处罚。

浦东新区以及闵行、宝山、嘉定、金山、松江、奉贤、青浦、崇明等区交通行政管理部门（以下简称区交通行政管理部门）负责组织领导本行政区域内的公共汽车和电车客运管理工作。区交通行政管理部门所属的交通运输管理机构（以下简称区运输管理机构）负责具体实施本行政区域内公共汽车和电车客运日常管理和监督工作；区交通行政管理部门所属的交通行政执法机构（以下简称区交通执法机构）负责具体实施本行政区域内公共汽车和电车客运监督检查工作，并按照本条例的规定实施行政处罚。

区人民政府和有关行政管理部门按照各自职责，协同实施本条例。

第四条 本市实施公共交通优先发展战略。市和区人民政府应当按照城乡一体化的要求，对公共汽车和电车客运在资金投入、规划用地、设施建设、场站维护、道路通行等方面给予扶持，并形成合理的价格机制，为市民提供快捷、安全、方便、舒适的客运服务。

市和区人民政府对公共汽车和电车客运方面的资金投入应当纳入公共财政预算体系。

本市鼓励在公共汽车和电车客运的经营和管理领域应用先进的科学技术及管理方法，鼓励采用新能源、低排放车辆。

第五条 市交通行政管理部门应当根据城市发展和方便市民出行的实际需要，经听取区人民政府有关部门意见后，组织编制公共汽车和电车客运专项规划，由市规划行政管理部门综合平衡，报市人民政府批准后，纳入城市总体规划。

公共汽车和电车客运专项规划应当包括公共汽车和电车在城市公共交通方式中的构成比例和规模、客运服务设施的用地范围、场站和线路布局、专用道和港湾式停靠站设置等内容。

公共汽车和电车客运专项规划应当与轨道交通等其他专项规划合理衔接，形成布局合理、经济高效的营运体系。

第六条 本市公共汽车和电车客运的经营活动，应当遵循服从规划、公平竞争、安全营运、规范服务、便利乘客的原则。

第七条 本市根据公共汽车和电车客运服务的公益性特点，建立职工工资增长主要与其产生的社会效益相联系的机制。

第二章 线路和线路经营权

第八条 市和区交通行政管理部门应当在听取各方面意见的基础上，会同有关部门根据本市公共汽车和电车客运专项规划，制定或者调整本市、本区公共汽车和电车客运线网规划（以下简称线网规划）及场站规划。

本市公共汽车和电车客运线路（以下简称线路）的开辟、调整、终止，应当符合线网规划的要求。

第九条 市和区交通行政管理部门应当定期组织公共汽车和电车客流调查和线路普查，对公共汽车和电车客运线网进行优化调整，实现与轨道交通等其他交通方式的有效衔接，并提高出行不便地区的线网密度。

市和区交通行政管理部门应当会同公安、建设等行政管理部门，根据线网规划、客流调查和线路普查情况，制定开辟、调整、终止线路的计划，并通过公开征求意见、召开听证会等方式征询涉及范围内单位、居民的意见，作为线路开辟、调整、终止的依据之一。

区人民政府也可以根据本地区的实际需要，提出跨区开辟、调整、终止线路的意见，经市交通行政管理部门会同公安、建设等行政管理部门审核同意后，纳入线路开辟、调整、终止的计划。

市和区交通行政管理部门根据计划开辟、调整、终止线路的，应当在实施之日的十日前予以公布。

第十条 市和区交通行政管理部门应当为新建居住区等建设项目同步配套公共汽车和电车线路，或者与邻近公共交通站点接驳的线路。

市和区规划行政管理部门应当会同市和区交通行政管理部门，按照居住区公共服务设施设置的有关标准，将新建居住区等建设项目配套的公共汽车和电车站点设施用地纳入相关控制性详细规划。公共汽车和电车站点设施应当与新建居住区等建设项目同步设计、同步建设、同步竣工、同步交付使用。新建居住区分片开发的，应当根据实际情况，设置过渡公共汽车和电车站点设施。

第十一条　旅游线路应当纳入线网规划。旅游线路的开辟、调整、终止，由市旅游行政管理部门提出，经市交通行政管理部门平衡后确定。

旅游线路应当按照方便游客的原则，在旅游景点设立固定站点，并与旅游景点的开放和营业时间相适应。

第十二条　经营者从事线路营运，应当取得有关交通行政管理部门授予的线路经营权。区交通行政管理部门负责授予起讫站和线路走向均在本区内线路营运的线路经营权；市交通行政管理部门负责授予其他线路营运的线路经营权。

线路经营权每期不得超过八年。在线路经营权期限内，经营者不得擅自处分取得的线路经营权。

第十三条　经营者取得线路经营权，应当具备下列条件：

（一）取得本市《企业法人营业执照》；

（二）符合线路营运要求的营运车辆或者相应的车辆购置资金；

（三）符合线路营运要求的停车场地和配套设施；

（四）具有合理、可行的线路营运方案；

（五）具有健全的客运服务、行车安全等方面的营运管理制度；

（六）具有相应的管理人员和经培训合格的驾驶员、乘务员、调度员，其中驾驶员应当有一年以上驾驶年限。

第十四条　对新开辟的线路，线路经营权期限届满需要重新确定经营者的线路，或者在线路经营权期限内需要重新确定经营者的线路，市和区交通行政管理部门应当通过招标方式授予经营者线路经营权。

线路经营权期限届满六个月前，经营者可以向市或者区交通行政管理部门提出取得新一期线路经营权的书面申请。市或者区交通行政管理部门根据经营者营运服务的状况，在线路经营权期限届满三个月前，决定是否授予其线路经营权。

经营者取得线路经营权的，由市或者区交通行政管理部门发给线路经营权证书。

第十五条 市财政部门应当会同市交通行政管理部门建立规范的公共汽车和电车企业成本费用审计与评价制度。市和区审计部门应当依法加强审计监督。审计与评价结果作为财政补贴的依据之一。

市和区人民政府对实行公共交通换乘优惠、对老年人等符合规定条件的乘客实施的乘车免费措施以及在农村等客流稀少地区开辟线路的公共汽车和电车经营者，应当及时给予补贴。

第十六条 市和区交通行政管理部门应当加强城市公共汽车和电车客运基础设施的建设；加强公共汽车和电车客运市场管理，查处无证经营行为；除特殊情况外，对已经确定经营者的线路不再开辟复线。

第十七条 市和区交通行政管理部门应当定期组织对经营者的营运服务状况进行评议，评议内容主要包括营运服务、安全行车、统计核算、遵章守纪、市民评价等。评议结果作为授予或者吊销线路经营权的依据之一。

市和区交通行政管理部门组织对经营者的营运服务状况进行评议时，应当邀请乘客代表参加，并听取社会各方面的意见。

市和区交通行政管理部门应当将国有公共汽车和电车企业营运服务状况的评议结果告知国有资产监督管理机构。国有资产监督管理机构依照有关法律、法规的规定，对国有公共汽车和电车企业进行监管。

第十八条 取得线路经营权的经营者，应当配备符合要求的营运车辆，并将车辆基本信息报送市运输管理处或者区运输管理机构。

驾驶员、乘务员、调度员应当经市运输管理处培训合格后方可上岗。

第三章 营运管理

第十九条 经营者在营运中应当执行取得线路经营权时确定的客运服务、行车安全等方面的营运管理制度。

经营者应当按照核准的线路、站点、班次、时刻、车辆数、车型、车辆载客限额组织营运，不得擅自变更或者停止营运。

车辆载客限额由市公安部门和市运输管理处共同核准。

第二十条　经营者应当根据本条例规定的营运要求和客流量编制线路行车作业计划，报市运输管理处或者区运输管理机构备案。经营者应当按照线路行车作业计划营运。

市运输管理处、区运输管理机构应当对经营者的线路行车作业计划的执行情况进行监督检查。

第二十一条　采用无人售票方式营运的线路，经营者应当在无人售票营运车辆上设置符合市交通行政管理部门规定的投币箱、电子读卡机和电子报站设备，并保持其完好；投币箱旁应当备有车票凭证。

起讫站设在火车站、客运码头、机场的线路，经营者不得采用无人售票方式营运。

第二十二条　采用装有空调设施的车辆营运的，经营者应当定期维护车辆空调设施，保持其良好的工作状态，并在车厢内显著位置设置温度计。

每年的六月一日至九月三十日期间和十二月一日至次年三月一日期间，以及在此期间外车厢内温度高于二十八摄氏度或者低于十二摄氏度时，经营者应当开启车辆空调设施。

除前款规定应当开启车辆空调设施的情形外，经营者应当开启车辆通风换气设施。

第二十三条　经营者在营运过程中，应当在规定的站点安排上下客。在本市城镇范围外，站点间距超过一定距离的，经市运输管理处或者区运输管理机构会同公安部门审核批准，经营者可以在核准的共用招呼站安排上下客。

第二十四条　经营者因解散、破产等原因在线路经营权期限内需要终止营运的，应当在终止营运之日的三个月前，书面告知市或者区交通行政管理部门。市或者区交通行政管理部门应当在经营者终止营运前确定新的经营者。

第二十五条　需要暂停或者终止线路营运、站点使用的，经营者应当向市或者区交通行政管理部门提出书面申请，经审核批准后实施。

需要变更站点或者营运线路的，经营者应当向市运输管理处或者区运输管理机构提出书面申请，经市运输管理处或者区运输管理机构会同公安、建设等行政管理部门审核批准后实施。

线网规划调整的，市运输管理处或者区运输管理机构可以要求经营者实施营运调整，经营者应当予以执行。

道路、地下管线等城市基础设施施工或者道路状况影响营运安全的，市运输管理处或者区运输管理机构根据公安、建设等行政管理部门提出的意见，可以要求经营者实施营运调整，经营者应当予以执行。

第二十六条　除不可抗力或者其他紧急情况外，经市运输管理处或者区运输管理机构批准实施营运调整的，经营者应当于实施之日的五日前，在线路各站点公开告示。

除不可抗力或者其他紧急情况外，市运输管理处或者区运输管理机构根据本条例第二十五条第三款、第四款规定实施营运调整的，应当于实施之日的十日前，在线路各站点公开告示营运调整和临时站点设置情况。

两条或者两条以上相关联的线路同时发生营运调整的，市运输管理处或者区运输管理机构还应当通过新闻媒体公开告示。

第二十七条　有下列情形之一的，经营者应当按照市运输管理处或者区运输管理机构的统一调度，及时组织车辆、人员进行疏运：

（一）主要客运集散点供车严重不足的；

（二）举行重大社会活动的；

（三）轨道交通发生突发事件需要应急疏散的；

（四）其他需要应急疏运的。

第二十八条　经营者应当按照市人民政府核定的营运收费标准收费。

经营者向乘客收取营运费用后，应当出具由市交通行政管理部门和市税务部门认可的等额车票凭证。

第二十九条　市和区交通行政管理部门应当建设公共汽车和电车客运服务信息系统，提供营运信息发布、出行查询、应急报警等信息服务，方便乘客出行。

经营者应当配备符合规定标准的车辆信息监控系统和图像监控设施，并按照规定发送营运数据。

第三十条　经营者应当制定并执行安全教育培训、现场管理、应急处置等各项安全制度，防止和减少事故发生。发生安全事故的，经营者应当立即启动应急预案，妥善处理事故，并及时向市或者区交通行政管理部门报告。

经营者可以采取商业保险、事故赔偿专用资金等方式，保障营运事故的善后处理。

经营者应当加强对营运车辆的检查、保养和维修工作，并予以记录，保证投入营运的车辆符合下列要求：

（一）车辆整洁、设施完好；

（二）车辆性能、尾气排放符合国家规定的技术规范；

（三）在规定的位置，标明营运收费标准、线路名称和经营者名称；

（四）在规定的位置，张贴市交通行政管理部门按照本条例制定的《上海市公共汽车和电车乘坐规则》（以下简称《乘坐规则》）、线路走向示意图以及乘客投诉电话号码；

（五）按照规定设置应急窗、救生锤、灭火器等设施。

第三十一条 经营者应当加强对驾驶员、乘务员、调度员的管理，提高服务质量。

驾驶员、乘务员从事营运服务时，应当遵守下列规定：

（一）遵守交通法规，安全文明行车；

（二）按照核准的线路、站点、班次、时刻、车辆载客限额营运；

（三）按照核准的营运收费标准收费；

（四）在规定的站点或者核准的共用招呼站安排上下客；

（五）按照规定报清线路名称、车辆行驶方向和停靠站点名称，设置电子报站设备的，应当正确使用电子报站设备；

（六）保持车辆整洁，维护车厢内的乘车秩序；

（七）不得将车辆交给不具备本条例规定条件的人员营运；

（八）车辆不得在站点滞留，妨碍营运秩序；

（九）为老、幼、病、残、孕妇及怀抱婴儿的乘客提供必要的乘车帮助；

（十）不得在车厢内吸烟。

调度员从事营运调度时，应当遵守下列规定：

（一）按照行车作业计划调度车辆，遇特殊情况时合理调度；

（二）如实记录行车数据。

第三十二条 乘客享有获得安全、便捷客运服务的权利。

有下列情形之一的，乘客可以拒绝支付车费：

（一）营运车辆上未按规定标明营运收费标准的；

（二）驾驶员或者乘务员不出具或者不配备符合规定的车票凭证的；

（三）装有空调设施的车辆上未按规定开启空调或者换气设施的；

（四）装有电子读卡机的车辆上因电子读卡机未开启或者发生故障，无法使用电子乘车卡的。

车辆营运中发生故障不能正常行驶时，乘客有权要求驾驶员、乘务员组织免费乘坐同线路同方向的车辆，同线路同方向车辆的驾驶员、乘务员不得拒绝；驾驶员、乘务员在规定时间内无法安排乘坐同线路同方向车辆的，乘客有权要求按照原价退还车费。

第三十三条 乘客不得携带易燃、易爆、有毒、有放射性、有腐蚀性以及有可能危及人身和财产安全的其他危险物品，并应当遵守《乘坐规则》，文明乘车。经营者及其从业人员发现乘客违反规定的，应当对其进行劝阻和制止，经劝阻拒不改正的，可以拒绝为其提供营运服务；对坚持携带危险物品乘车的，应当立即报告公安机关。

危险物品的目录和样式由市公安部门和交通行政管理部门公告，经营者按照规定方式予以张贴。

乘客乘车应当按照规定支付车费。乘客未按规定支付车费的，经营者及其从业人员可以要求其补交车费，并可以对其按照营运收费标准的五倍加收车费。

第四章 设施建设和管理

第三十四条 本市城市总体规划中确定和预留的公共汽车和电车客运用地和空间，未经原审批单位批准，任何单位或者个人不得侵占或者改变其用途。

第三十五条 市和区人民政府应当支持、鼓励并参与新建、改建或者扩建大型的公共汽车和电车站点设施以及停车场地，对公共汽车和电车车辆更新给予补贴。政府投资建设的公共汽车和电车站点免费提供给公共汽车和电车经营者使用；政府投资建设的公共汽车和电车停车场、保养场低价租赁给公共汽车和电车经营者使用。

新建、改建、扩建公共汽车和电车站点设施以及停车场地,应当符合本市公共汽车和电车客运专项规划、线网规划和场站规划。规划管理部门在核发建设工程规划许可证前,应当征求市或者区交通行政管理部门的意见。

有下列情形之一的,建设单位应当按照规划要求配套建设公共汽车和电车起讫站点设施:

(一)新建或者扩建机场、火车站、客运码头、长途汽车站、轨道交通车站等客流集散的公共场所的;

(二)新建或者扩建大型公共设施的;

(三)新建或者扩建具有一定规模的居住区的。

公共汽车和电车站点设施以及停车场地投入使用前,建设单位应当通知市或者区交通行政管理部门参加验收;未按规定验收或者验收不合格的,不得投入使用。

未经市或者区交通行政管理部门审核批准,不得将场站设施关闭或者移作他用。

第三十六条 线路站点应当按照方便乘客、站距合理的原则设置。

线路站点的站距一般为五百米至一千米。

经营者应当在线路起讫站点设置车辆调度、候车设施,张贴《乘坐规则》、营运收费价目表以及乘客投诉电话号码。

新辟线路的起讫站点,应当分别设置上客站和下客站。

第三十七条 经营者应当按照市运输管理处规定的统一标准,在公共汽车和电车站点设置站牌(包括临时站牌,下同)。

公共汽车和电车站牌应当标明线路名称、首末班车时间、所在站点和沿途停靠站点的名称、开往方向、营运收费标准等内容,并保持清晰、完好;营运班次间隔在三十分钟以上的线路,还应当标明每一班次车辆途经所在站点的时间。

第三十八条 公共汽车和电车站点的日常管理单位,由市或者区交通行政管理部门和授权经营单位或者产权所有者协商采用招标或者委托的方式确定。

站点日常管理单位应当按照市交通行政管理部门的规定，定期维护保养站点设施，保持候车亭、站牌等设施整洁、完好。市和区交通行政管理部门应当加强对站点日常管理工作的监督检查。

进入站点营运的驾驶员、乘务员，应当遵守站点管理制度。

第三十九条 在营运车辆上设置广告，除应当符合有关广告的法律、法规规定外，广告设置的位置、面积、色彩应当符合公共汽车和电车营运管理的有关规定。

车厢内不得播放有声广告或者散发书面广告。

利用候车亭设置广告的，总体面积不得超过候车亭立面的百分之四十，其中公益广告所占的面积或者时间比例不得低于广告总量的百分之十。

第四十条 电车供电单位应当按照国家规定的技术标准和规范，定期对电车触线网、馈线网、变电站等电车供电设施进行维护，保证其安全和正常使用。电车供电设施发生故障时，电车供电单位应当立即组织抢修，尽快恢复其正常使用。

电车供电单位应当按照国家有关规定，设立供电设施保护标志。

禁止下列危害电车供电设施安全的行为：

（一）损坏、覆盖电车供电设施及其保护标志；

（二）在电车触线网、馈线网上悬挂、架设宣传标语、广告牌或者其他设施；

（三）危害电车供电安全的其他行为。

建设工程施工可能危及电车供电设施安全的，建设单位应当与电车供电单位协商，采取相应的安全保护措施后方可施工。

运输超高物件需要穿越电车触线网、馈线网的，运输单位应当采取相应的安全保护措施，并书面通知电车供电单位。

第四十一条 本市根据主要机动车道的道路情况、公共汽车和电车客运量以及公共汽车和电车流量等，开设高峰时段公共汽车和电车专用车道；符合条件的单向机动车道，应当允许公共汽车和电车双向通行；符合条件的主要道口，应当设置公共汽车和电车优先通行的标志、信号装置；本市主要机动车道，应当开设港湾式停靠站。

第五章　监督检查和投诉

第四十二条　市交通行政管理部门和市运输管理处、市交通执法总队、区交通行政管理部门、区运输管理机构、区交通执法机构应当加强对公共汽车和电车营运活动的监督检查。

上述部门从事监督检查的人员应当持有行政执法证件。

第四十三条　市运输管理处、区运输管理机构和经营者应当建立投诉受理制度，接受乘客对违反本条例规定行为的投诉。

第四十四条　经营者应当自受理乘客投诉之日起十个工作日内作出答复。乘客对经营者的答复有异议的，可以向市运输管理处或者区运输管理机构申诉。

市运输管理处或者区运输管理机构应当自受理乘客投诉或者申诉之日起二十个工作日内作出答复。

第四十五条　市运输管理处或者区运输管理机构可以向经营者核查投诉及投诉处理情况。市运输管理处或者区运输管理机构向经营者核查投诉及投诉处理情况的，应当向经营者发出核查通知书。经营者应当自收到核查通知书之日起十个工作日内，将有关情况或者处理意见书面回复市运输管理处或者区运输管理机构。

第六章　法　律　责　任

第四十六条　违反本条例第十二条第一款规定，未取得线路经营权擅自从事公共汽车和电车营运的，由市交通执法总队或者区交通执法机构没收其非法所得，并处以五千元以上五万元以下的罚款。市、区交通行政管理部门在作出行政处罚前可以将营运车辆扣押，责令行为人在规定的期限内到指定地点接受处理。

第四十七条　违反本条例第十二条第二款规定，有下列行为之一的，由市或者区交通行政管理部门没收其非法所得，并可处以五千元以上五万元以下的罚款或者吊销其线路经营权证书：

（一）将线路经营权发包给其他单位或者个人经营的；

（二）擅自转让线路经营权的。

经营者违反本条例第十九条第一款规定，未执行客运服务、行车安全等营运管理制度的，由市或者区交通行政管理部门责令其限期改正，逾期不改正的，市或者区交通行政管理部门可以吊销其线路经营权证书。

有第一款、第二款行为，造成公私财产重大损失、严重社会影响或者其他严重后果的，市或者区交通行政管理部门可以吊销其部分或者全部的线路经营权证书。

第四十八条 驾驶员、乘务员、调度员有下列行为之一的，市交通执法总队或者区交通执法机构可处以警告或者五十元以上二百元以下的罚款：

（一）违反本条例第三十一条的第二款、第三款规定，不遵守从业人员服务规范的；

（二）违反本条例第三十二条第三款规定，未按规定组织乘客免费换乘或者退票的；

（三）违反本条例第三十八条第三款规定，不遵守站点管理制度的。

第四十九条 经营者有下列行为之一的，由市交通执法总队或者区交通执法机构责令改正或者限期改正，并可处以警告或者二百元以上二千元以下的罚款：

（一）违反本条例第十九条第二款规定，超过核准的车辆载客限额营运的；

（二）违反本条例第二十条第一款规定，未按备案的线路行车作业计划营运的；

（三）违反本条例第二十二条规定，装有空调设施的车辆未按照规定营运的；

（四）违反本条例第二十九条第二款规定，未按照规定标准配备监控设施，或者未按照规定发送营运数据的；

（五）违反本条例第三十条第一款规定，发生安全事故未按照规定报告的；

（六）违反本条例第三十条第三款规定，营运车辆不符合要求的。

经营者有下列行为之一的，由市交通执法总队或者区交通执法机构责令改正或者限期改正，并可处以警告或者五百元以上五千元以下的罚款：

（一）违反本条例第二十条第一款规定，未将行车作业计划报备案的；

（二）违反本条例第二十三条规定，未在规定的站点或者核准的共用招呼站安排上下客的；

（三）违反本条例第二十八条规定，未按核准的营运收费标准收费，收费后不出具等额车票凭证的；

（四）违反本条例第三十一条规定，连续两个月内，经营者的驾驶员、乘务员、调度员违章率超过百分之二的。

经营者有下列行为之一的，由市交通执法总队或者区交通执法机构责令改正或者限期改正，并可处以一千元以上一万元以下的罚款：

（一）违反本条例第二十四条规定，擅自终止营运的；

（二）违反本条例第二十五条的第一款、第二款规定，擅自实施营运调整的；

（三）违反本条例第二十六条第一款规定，未公开告示营运调整情况的；

（四）违反本条例第二十七条规定，不服从统一调度的。

第五十条　有下列行为之一的，由市交通执法总队或者区交通执法机构责令行为人改正或者限期改正，并可处以二千元以上二万元以下的罚款：

（一）违反本条例第三十五条第五款规定，经营者擅自将场站设施关闭或者移作他用的；

（二）违反本条例第三十六条第三款规定，经营者未按规定在线路起讫站点设置车辆调度、候车设施的；

（三）违反本条例第三十七条规定，经营者未按规定设置站牌的；

（四）违反本条例第三十八条第二款规定，站点日常管理单位未按照规定维护保养站点设施的；

（五）违反本条例第三十九条第一款规定，经营者在营运车辆上设置广告的位置、面积、色彩不符合公共汽车和电车营运管理要求的；

（六）违反本条例第三十九条第二款规定，在车厢内播放有声广告或者散发书面广告的；

（七）违反本条例第三十九条第三款规定，利用候车亭设置广告，广告总体面积超过候车亭立面的百分之四十的；

（八）违反本条例第四十条的第三款、第四款、第五款规定，危害电车供电设施安全的。行为人的违法行为造成财产损失的，还应当承担赔偿责任。

第五十一条　市和区交通行政管理部门、市运输管理处、市交通执法总队、区运输管理机构、区交通执法机构应当建立、健全对客运监督检查人员执法的监督制度。有关行政管理部门及其工作人员有下列行为之一的，由其所在单位或者上级主管部门给予行政处分；构成犯罪的，依法追究刑事责任：

（一）违法实施行政许可的；

（二）违法实施行政处罚的；

（三）违反本条例规定，未履行监督管理职责的；

（四）违反本条例规定，接到投诉、申诉后未依法处理、答复，造成严重后果的；

（五）其他玩忽职守、滥用职权、徇私舞弊的行为。

第五十二条　当事人对市和区交通行政管理部门或者市运输管理处、市交通执法总队、区运输管理机构、区交通执法机构的具体行政行为不服的，可以依照《中华人民共和国行政复议法》或者《中华人民共和国行政诉讼法》的规定，申请行政复议或者提起行政诉讼。

当事人对具体行政行为逾期不申请复议，不提起诉讼，又不履行的，作出具体行政行为的部门可以申请人民法院强制执行。

第七章　附　　则

第五十三条　本条例中有关用语的含义：

（一）复线，是指总长度百分之七十以上与原线路重复的新线路，或者经过原线路主要客源段且起讫站点与原线路相近的新线路。

（二）城镇，是指中心城、新城、中心镇、一般镇。

（三）驾驶员、乘务员、调度员违章率，是指违反本条例规定的驾驶员、乘务员、调度员人次占经培训合格的驾驶员、乘务员、调度员总数的百分比。

第五十四条 本条例施行前经营者已经从事线路营运的，应当向市交通行政管理部门办理取得线路经营权的手续。

第五十五条 本条例自 2001 年 1 月 1 日起施行。

上海市道路交通管理条例

（1997年7月10日上海市第十届人民代表大会常务委员会第三十七次会议通过。根据1999年7月12日上海市第十一届人民代表大会常务委员会第十一次会议《关于修改〈上海市道路交通管理条例〉的决定》第一次修正。根据2000年4月10日上海市第十一届人民代表大会常务委员会第十七次会议《关于修改〈上海市道路交通管理条例〉的决定》第二次修正。根据2001年5月24日上海市第十一届人民代表大会常务委员会第二十八次会议《关于修改〈上海市道路交通管理条例〉的决定》第三次修正。2016年12月29日上海市第十四届人民代表大会常务委员会第三十四次会议修订）

第一章 总 则

第一条 为了加强道路交通管理，保障道路交通有序、安全、畅通，根据《中华人民共和国道路交通安全法》及其实施条例等有关法律、行政法规，结合本市实际，制定本条例。

第二条 本市行政区域内道路交通规划与设施、车辆和驾驶人、道路通行、道路停车、综合治理等活动，适用本条例。

第三条 本市道路交通管理应当坚持适应超大型城市特点，与城市规划、建设相协调；坚持绿色交通理念，优先发展公共交通；坚持动态交通和静态交通协调发展，合理配置道路资源；坚持依法管理，严格查处道路交通违法行为；坚持以人为本，为公众提供便捷、高效的服务。

第四条 市、区人民政府应当保障道路交通管理工作与经济建设和社会发展相适应。

公安机关负责道路交通安全管理工作。

交通行政管理部门负责道路与交通设施的规划、建设、管理，以及交通综合协调等工作。

规划国土资源、住房城乡建设、财政、经济信息化、司法行政、质量技术监督、工商行政、环境保护、城管执法等部门应当按照各自职责，共同做好道路交通管理工作。

第五条 本市加强道路交通文明建设，各级人民政府应当以弘扬尊法守法、绿色、安全、文明出行等理念为重点，通过宣传教育，不断提高社会公众的道路交通安全意识和交通文明素质。

第二章 交通规划与设施

第六条 市交通行政管理部门根据城市总体规划和综合交通发展规划，组织编制道路交通专业规划，纳入相应的城乡规划。

编制控制性详细规划应当与道路交通相关专项规划相衔接，并征求市交通行政管理部门、市公安机关以及专家和公众的意见，根据意见对规划草案予以修改完善。

第七条 市级系统层面的道路交通基础设施专项规划，由市交通行政管理部门与市规划国土资源行政管理部门共同组织编制；市级项目层面的道路交通基础设施专项规划，由市交通行政管理部门组织编制。区级层面的道路交通基础设施专项规划，由区交通行政管理部门会同区规划国土资源行政管理部门组织编制，并报市交通行政管理部门与市规划国土资源行政管理部门备案。

在编制前款规定的道路交通基础设施专项规划时，应当征求市公安机关以及专家和公众的意见。

第八条 本市实施公共交通优先发展战略。市交通行政管理部门应当会同市公安机关，根据公共交通客运需求和道路通行情况，编制本市公交专用道专业规划，构建适应超大型城市特点和符合优先发展公共交通战略的公交专用道体系。

设置公交专用道，应当综合道路功能定位、交通流量、客流需求等因素，并根据实际情况予以调整。公交专用道上应当设置专用标志、标线，明示通行时间。

在公交专用道上设置的公交站点，可以利用信息化手段公布公交线路、车辆、班次到站时间等信息。

第九条 交通行政管理部门应当定期组织开展客流调查以及公共汽（电）车的线路普查，会同公安机关以及住房城乡建设等部门制定公共汽（电）车线路的新辟、调整、终止计划，优化公共汽（电）车客运线网，推进与轨道交通网络以及其他交通方式的有效融合和衔接，提高公共交通系统的整体效率。

交通行政管理部门应当会同公安机关科学、合理地设置公共汽（电）车具体的线路和站点，方便乘客候车、乘车，方便公共汽（电）车停靠，方便路面公共交通与轨道交通等交通方式的换乘。

第十条 本市倡导慢行优先，改善慢行交通环境，保障慢行交通通行空间。完善非机动车和行人的过街通道，优化交叉路口设计；完善系统、连续的非机动车道网络，优化非机动车标志、标线配置；加强轨道交通站点周边非机动车道、步行通道的建设和管理。

改建、扩建城市道路，应当保障非机动车和行人安全通行。机动车和非机动车、行人混合通行且存在交通安全隐患的道路，应当设置隔离设施。

第十一条 交通行政管理部门会同公安机关等相关部门对根据国家和本市规定需要开展交通影响评价的建设项目，依法组织开展交通影响评价。规划国土资源行政管理部门应当结合交通影响评价意见，对该项目的建设工程设计方案进行审核。

第十二条 建设项目的交通设计应当符合国家和本市相关技术标准。建设项目的出入口与道路衔接的，规划国土资源行政管理部门对其建设工程设计方案进行审核时，应当按照有关规定征求交通行政管理部门、公安机关的意见。

第十三条 新建、改建、扩建道路，建设单位应当编制道路交通组织方案，并经公安机关审核同意；其中交通标志、标线和可变车道、路口诱导屏的设计，应当经交通行政管理部门审核同意。

新建、改建、扩建的道路应当经公安机关和交通行政管理部门验收合格后，方可交付使用。

任何单位和个人不得擅自设置、移动、占用或者损毁交通标志、标线等交通设施。

第十四条　已经投入使用的道路，公安机关可以根据道路交通管理的需要，及时调整道路交通组织方案。公安机关负责交通信号灯的新增和调整；交通行政管理部门负责交通标志、标线的新增和调整。

对于常发性拥堵区域和路段，市公安机关应当会同市交通行政管理部门以及所在地的区人民政府，制定优化道路交通组织方案并推进实施。

第十五条　城市快速路（含高架道路，下同）、隧道、桥梁等道路应当按照科学、安全、畅通的原则，设置限速标志、标线。

第十六条　交通行政管理部门、公安机关应当按照有关规定和标准，科学、规范、合理地设置交通信号灯、交通标志和标线等交通设施，并依据职责分工，保持各项交通设施功能完好。对配时不合理的交通信号灯或者容易造成辨认错误的交通标志、标线，交通行政管理部门、公安机关应当及时进行科学合理的调整。

交通设施损毁、缺失或者存在安全隐患的，设施管理养护单位应当及时修复、更换，排除隐患。

道路两侧及隔离带上种植的树木或者其他植物，设置的广告牌、管线等，应当与交通设施保持必要的距离，不得遮挡路灯、交通信号灯、交通标志，不得妨碍安全视距，不得影响通行。

第十七条　设置横跨道路的管道、横幅等物体的，物体下沿距地面不得小于五点二米；在沿街建筑物上向人行道延伸物体的，物体下沿距地面不得小于二点五米，物体边缘距车行道不得小于零点二米。

第十八条　新建轨道交通站点、公共汽（电）车站点，应当按照规划要求，配套建设机动车和非机动车停车设施。

鼓励区人民政府对其辖区内现有轨道交通站点、公共汽（电）车站点进行停车设施改造，满足社会公众绿色出行需求。

第三章　车辆和驾驶人

第十九条　机动车和按照本市有关规定应当注册登记的非机动车以及其他通行工具，应当经公安机关注册登记，取得车辆号牌、行驶证或者行车执照等登记凭证后方可上道路行驶；自行车、残疾人手摇轮椅车等非机动车实行自愿登记。

经注册登记的车辆，发生登记事项变更、所有权转移、用作抵押以及报废、灭失等情况的，应当按照规定办理变更登记、转移登记、抵押登记和注销登记。

第二十条　市人民政府应当根据本市交通发展规划、道路通行条件、道路交通管理和环境保护的实际情况，采取相应的车辆登记限制措施，并向社会公布。

第二十一条　本市对车辆号牌的发放实行总量调控。

机动车号牌额度年发放量、发放以及注册登记办法，由市交通行政管理部门会同市公安机关和其他有关部门提出，报市人民政府批准后实施。

第二十二条　尚未注册登记的机动车，因提取车辆、申请注册登记需要临时上道路行驶的，应当取得公安机关核发的临时行驶车号牌。

公安机关根据前款规定核发临时行驶车号牌，不得超过两次；每张临时行驶车号牌的有效期限不得超过十五日。

第二十三条　本市对符合国家和本市标准要求的电动自行车、残疾人机动（电动）轮椅车实行产品目录管理制度。禁止生产、销售不符合国家和本市要求的电动自行车、残疾人机动（电动）轮椅车。

在电动自行车、残疾人机动（电动）轮椅车的销售场所，销售者应当在显著位置张贴本市电动自行车和残疾人机动（电动）轮椅车的产品目录。

禁止拼装、加装、改装的非机动车上道路行驶；任何单位和个人不得伪造、变造或者使用伪造、变造的非机动车号牌、行车执照，禁止使用其他非机动车的号牌、行车执照。

第二十四条 向本市公安机关申领机动车驾驶证,应当持本市户籍证明或者《上海市居住证》等在本市居住、居留的证明。

在道路上学习机动车驾驶技能,应当在教练员随车指导下进行。禁止教练员酒后教练机动车。

第二十五条 公安机关对机动车驾驶人违反道路交通安全法律、法规的行为,除依法给予行政处罚外,实行驾驶证累积记分制度。

禁止由他人替代记分,禁止替代他人记分,禁止介绍替代记分。

第二十六条 现场发现的道路交通违法行为,公安机关未当场作出行政处罚决定的,应当出具《道路交通安全违法行为处理通知书》或者《公安交通管理行政强制措施凭证》。当事人应当在接到上述通知书、凭证之日起十五日内接受调查、处理。当事人逾期未接受调查、处理,违法事实清楚的,公安机关可以依法作出行政处罚决定。

第二十七条 交通技术监控设备记录的道路交通违法行为,公安机关调查核实无误后,应当及时录入道路交通违法信息管理系统,并通过邮寄等方式将处理通知送达机动车所有人或者管理人;也可以通过手机短信等方式提醒有关当事人。驾驶人或者机动车所有人、管理人应当自处理通知送达之日起十五日内接受调查、处理;对违法行为无异议的,可以通过网络或者电话等形式接受处理。驾驶人或者机动车所有人、管理人逾期未接受调查、处理,违法事实清楚的,公安机关可以依法作出行政处罚决定。

交通技术监控设备记录的超限运输等道路运输违法行为,交通行政管理部门调查核实无误后,通过邮寄等方式将处理通知送达道路运输企业。道路运输企业应当自处理通知送达之日起十五日内,到交通行政管理部门接受调查、处理。道路运输企业逾期未接受调查、处理,违法事实清楚的,交通行政管理部门可以依法作出行政处罚决定。

第二十八条 公安机关应当为单位和个人查询道路交通违法、机动车驾驶证审验、变更机动车登记信息等提供便利。

机动车所有人、管理人和驾驶人应当经常查询车辆或者其本人交通安全记录;登记的通信地址、电话等联系方式发生变更的,应当在变更之日起三十日内向公安机关备案。

第四章 通 行 管 理

第二十九条 下列车辆，可以上本市道路行驶：

（一）经注册登记的机动车，但全挂车、三轮汽车、轻便三轮摩托车、普通正三轮摩托车以及外省市号牌低速货车除外；

（二）按照本市有关规定注册登记的非机动车；

（三）自行车、残疾人手摇轮椅车；

（四）市人民政府允许上道路行驶的其他车辆。

外省市号牌拖拉机以及前款规定以外的其他车辆和其他通行工具，不得上道路行驶。

第三十条 市公安机关根据必要、合理和有利交通畅通的原则，可以对机动车、非机动车以及行人采取均衡交通流量、分隔车辆通行时间、划定限制通行区域和核发机动车通行凭证、限制通行、禁止通行、疏导等交通管理措施。

采取前款规定的交通管理措施，应当通过设置交通标志、标线或者发布通知、决定等方式明示。车辆驾驶人和行人应当遵守上述交通标志、标线指示和通知、决定规定。

第三十一条 禁止货运机动车在城市快速路、高速公路客车专用道行驶。交通行政管理部门应当通过设置交通标志、标线等方式予以明示。

第三十二条 城市快速路禁止拖拉机、非机动车、行人通行，并禁止下列机动车行驶：

（一）摩托车；

（二）轮式专用机械车；

（三）铰接式客车；

（四）全挂拖斗车；

（五）拖挂施工机具的车辆；

（六）专项作业车；

（七）带挂车的汽车；

（八）悬挂教练汽车号牌和试验用临时行驶车号牌的机动车；

（九）设计最高时速低于六十公里的机动车。

第三十三条 公交专用道在规定时段内供公共汽（电）车专用行驶，其他车辆不得驶入，但下列车辆可以借用公交专用道行驶：

（一）执行紧急任务的特种车辆；

（二）实施清障施救作业的车辆；

（三）正在运载学生的符合《校车安全管理条例》规定的校车；

（四）正在载人的核定载客人数二十人以上的载客汽车；

（五）根据交通信号指示允许借用公交专用道的车辆。

双休日和全体公民放假节日全天允许其他车辆驶入公交专用道。

第三十四条 驾驶机动车上道路行驶，不得有下列行为：

（一）同方向有两条以上机动车道的道路未设置限速标志、标线的，在城市道路（城市快速路除外）上的最高行驶速度超过每小时六十公里，在公路（高速公路除外）上的最高行驶速度超过每小时八十公里；

（二）一次连续变换两条车道；

（三）机动车驾驶人未使用安全带；

（四）在高速公路上行驶时，超过座位数搭载乘客；

（五）安排未满十二周岁未成年人乘坐副驾驶座位；

（六）驾驶家庭乘用车携带未满四周岁的未成年人时，未配备或者未正确使用儿童安全座椅；

（七）拨打接听手持电话、浏览电子设备等妨碍安全驾驶的行为；

（八）道路交通安全法律、法规规定的其他禁止行为。

第三十五条 驾驶非机动车上道路行驶，不得有下列行为：

（一）违反规定，不在非机动车道内行驶或者未靠车行道的右侧行驶；

（二）通过设置有交通信号的路口，不按照交通信号的指示通行；

（三）逆向行驶；

（四）驾驶残疾人机动（电动）轮椅车未随身携带本市残疾人证；

（五）驾驶残疾人机动（电动）轮椅车载人或者驾驶其他非机动车违反国家和本市有关规定载人；

（六）非下肢残疾的人驾驶残疾人机动（电动）轮椅车；

（七）道路交通安全法律、法规规定的其他禁止行为。

倡导驾驶电动自行车、残疾人机动（电动）轮椅车上道路行驶时佩戴安全头盔。

第三十六条　行人应当遵守下列规定：

（一）在人行道内行走，无人行道或者人行道有障碍物无法行走时，可以在距道路或者障碍物边缘一米宽度内行走；

（二）行人通过路口或者横过道路，应当走人行横道或者过街设施；通过有交通信号灯的人行横道，应当按照交通信号灯指示通行；通过没有交通信号灯、人行横道的路口，或者在没有过街设施的路段横过道路，应当在确认安全后通过；

（三）不得跨越、倚坐道路隔离设施；

（四）道路交通安全法律、法规的其他规定。

第三十七条　机动车乘坐人在配有安全带的座位就座时，应当使用安全带。

第三十八条　车辆和行人在道路上通行，应当遵守下列让行规定：

（一）同方向行驶的右转弯机动车和左转弯非机动车均被放行的，通过路口时左转弯非机动车优先通行；

（二）相对方向行驶的左转弯机动车和非机动车均被放行的，通过路口时非机动车优先通行；

（三）车辆在有交通信号控制的路口遇放行信号时，先予放行的车辆和行人优先通行；

（四）车辆驶入、驶出、穿越道路时，在道路内正常行驶的车辆、行人优先通行；

（五）行人因无人行道或者人行道有障碍物借用非机动车道、机动车道时，行人优先通行；

（六）道路交通安全法律、法规规定的其他让行规定。

第三十九条　本市外环线以内以及公安机关规定的其他区域为机动车禁鸣喇叭区域。

第四十条　交通行政管理部门、公安机关应当加强对道路交通情况的实时监测。发现道路交通拥堵的，公安机关应当及时派员进行指挥疏导。

车辆在道路上发生故障、交通事故或者违反交通标志、标线指示，已经或者可能造成道路交通拥堵，驾驶人未及时自行移动车辆的，公安机关应当采取措施，尽快恢复交通。

第四十一条　本市实行机动车交通事故快速处置机制。对事实清楚、车辆可以移动的机动车物损交通事故，当事人应当在固定证据后迅速撤离现场。撤离现场后，可以至交通事故保险理赔服务中心集中办理交通事故处理、勘验定损、保险理赔等业务。具体规定由市公安机关会同保险监督部门制定。

第四十二条　交通事故死亡人员身份无法确定的，本市道路交通事故社会救助基金管理机构可以要求保险公司和事故责任人承担赔偿责任，并代为保管赔偿款。

第五章　停车管理

第四十三条　本市道路停车泊位的设置实行总量控制，并建立道路停车泊位动态调整机制。本市外环线以内一般不再新增全天性道路停车泊位，逐步减少现有全天性道路停车泊位。本市外环线以内，有下列情形之一的，可以设置时段性道路停车泊位：

（一）停车泊位与停车需求矛盾突出的住宅小区，其周边道路具备夜间等时段性停车条件的；

（二）停车需求集中但现有停车资源无法满足的中小学、幼儿园和医院，其周边道路条件允许的；

（三）夜间停车需求集中但现有停车资源无法满足的商业街区，其周边道路条件允许的；

（四）停车资源严重不足区域的人行道范围内，条件允许且不影响行人正常行走的。

第四十四条　公安机关应当根据本市道路停车泊位设置规划，在不影响道路交通安全、畅通的前提下，结合区域停车资源供求状况、道路通行条件和承载能力，经征求交通行政管理部门意见后，确定道路停车泊位设置方案。

交通行政管理部门应当按照道路停车泊位设置方案，划设停车泊位标线，设置道路停车标志，公示停车收费标准和道路停车规则，并按规定落实监管责任。

任何单位和个人不得以安装地锁、划设标线等方式擅自设置道路停车泊位。

在道路上停放机动车，应当在道路停车泊位内停放。

第四十五条 区人民政府应当指定专门管理部门设置非机动车道路停放点。

在道路上停放非机动车，应当使用非机动车道路停放点，不得在停放点以外区域停放。

第四十六条 设置禁止停车标志、标线或者禁止长时停车标志、标线，应当根据道路条件和通行情况，遵循规范、科学、合理的原则。

时段性临时停车需求突出的路段，可以设置禁止长时停车标志、标线并增设辅助交通标志，引导机动车在规定时段内有序临时停车。

机动车驾驶人应当遵守禁止停车或者禁止长时停车标志、标线的指示。

第四十七条 机动车在未设置禁止停车或者禁止长时停车标志、标线的路段临时停车，应当紧靠道路右侧，机动车驾驶人不得离车，上下人员或者装卸物品后立即驶离。

第四十八条 区人民政府应当根据区域停车需求，加强公共停车场（库）的建设和管理。

倡导道路沿线有条件的单位和住宅小区，建设机械式立体停车设施。

第四十九条 鼓励医院、学校和其他企业、事业单位在满足自身停车需求的情况下，向社会公众开放其专用停车场（库）。鼓励住宅小区与周边专用停车场（库）对口协作，对停车泊位的利用实行错时互补。

第五十条 交通行政管理部门应当建立道路停车泊位的信息共享机制，推进停车诱导信息化系统建设。

鼓励利用移动终端应用软件等多种媒介，方便社会公众出行前查询停车泊位信息和预订车位，实现自动计费支付等功能。

第五十一条 机动车违反约定且长期占用道路停车泊位的，道路停车泊位的管理者可以告知机动车所有人限期将机动车移出道路停车泊位。机动车所有人逾期未予移出的，道路停车泊位的管理者可以将机动车转移至路外停车场地。

第六章 综 合 治 理

第五十二条 本市建立道路交通综合治理机制，以政府部门为主导，加强基层治理，落实单位交通安全责任，引导社会公众积极参与，通过推广使用先进技术、信用信息归集和使用、广泛开展宣传教育等多种手段，推进道路交通协调发展。

第五十三条 本市倡导出行优先选择公共交通；倡导有条件的单位推行错时上下班、居家办公等措施；倡导依法采用新能源汽车分时租赁、公共自行车租赁等方式出行。

本市倡导先取得机动车号牌额度再购置车辆，倡导先取得停车位所有权或者使用权再购置车辆，合理调控机动车拥有和使用。

第五十四条 区人民政府所属的城市网格化管理机构网格监督员，在对工作责任网格进行巡查的过程中，发现道路交通违法行为的，应当及时收集证据、上报信息，并对反馈的处置结果进行核查。

街道办事处、乡镇人民政府应当利用城市网格化管理平台，加强对道路交通相关管理事项的组织协调和指导监督。

第五十五条 公安机关在完成车辆登记和驾驶证核发等相关行政程序时，应当对车辆所有人、机动车驾驶人进行道路交通安全法律、法规的教育。

公安机关、交通行政管理部门在作出行政处罚决定，发还被暂扣的机动车驾驶证等证件，或者解除扣留车辆的行政强制措施时，应当对违法行为人进行道路交通安全和交通运输法律、法规的教育。

第五十六条 本市推广运用大数据、物联网等先进科技手段，创新交通管理工作模式，提升交通管理工作水平。

公安机关、交通行政管理部门应当充分运用先进的智能化手段，利用互联网、移动终端应用软件、交通诱导显示屏等多种媒介，及时发布实时路况、交通拥堵指数，为社会公众提供信息引导服务。公安机关可以利用直升机、无人机等开展空中巡查，配合地面交通疏导和管控。

第五十七条 本市实行道路交通违法行为记录与机动车交通事故责任强

制保险费率挂钩制度，对保险周期内有多次或者严重道路交通违法行为记录的，应当提高其保险费率。

鼓励电动自行车、残疾人机动（电动）轮椅车所有人投保第三者责任保险。

第五十八条 有下列情形之一的，相关信息纳入本市公共信用信息服务平台：

（一）实施严重道路交通违法行为，依法被处以暂扣机动车驾驶证、吊销机动车驾驶证、拘留等行政处罚的；

（二）由他人替代记分、替代他人记分或者介绍替代记分的；

（三）发生交通事故后逃逸的；

（四）一年内有五次以上道路交通违法逾期不履行处罚决定的。

第五十九条 机关、企业、事业单位、社会组织应当加强对所属车辆和驾驶人的交通安全管理，并履行下列义务：

（一）组织制定本单位的交通安全制度，落实交通安全责任制目标，开展职工交通安全宣传教育活动；

（二）定期进行车辆安全检查，及时排除车辆故障，保障车辆安全性能，制止不符合运行安全技术条件的车辆上道路行驶；

（三）建立对所属车辆驾驶人的交通安全教育学习制度，督促车辆驾驶人遵守道路交通安全法律、法规以及相关规定；专业运输单位和机动车较多的非专业运输单位，每月应当对所属驾驶人开展不少于一次的交通安全教育；

（四）专业运输单位和车辆较多的非专业运输单位应当配备交通安全专职人员，并加强车辆营运安全管理和营运场所秩序管理；

（五）法律、法规规定的其他交通安全管理义务。

客运车辆、危险化学品运输车辆和专门为工程建设服务的车辆应当按照有关规定安装、使用符合国家标准的行驶记录仪、车载卫星定位终端或者转向可视系统，并接入相关政府部门的动态监控系统。

运输建筑垃圾、工程渣土的车辆应当按照核定的路线、时间运输建筑垃圾、工程渣土。

公安机关应当对机关、企业、事业单位、社会组织所属车辆和驾驶人交通安全管理加强指导和宣传。交通行政管理部门应当对专业运输单位安全运输加强监督管理。市交通行政管理部门、市公安机关应当建立信息交换机制，共享营运车辆、营运驾驶员及其交通安全违法、事故责任承担情况等信息。

第六十条　利用互联网、软件工具等提供召车信息的服务商，应当向交通行政管理部门提供客运服务驾驶人和车辆的信息。

第六十一条　公安机关、交通行政管理部门实施下列道路交通管理事项前，应当公告相关方案，听取与管理事项相关公众的意见：

（一）公交专用道的设置与调整；

（二）单行道的设置与调整；

（三）公共汽（电）车线路的设置与调整；

（四）道路停车泊位的设置与调整；

（五）禁止停车或者禁止长时停车标志、标线的设置与调整。

公安机关、交通行政管理部门应当及时研究公众意见，对单位和个人提出的合理化建议，应当在决策时予以采纳；对反映集中的意见不予采纳的，应当予以回应。

第六十二条　新闻出版、文广影视、教育等部门和工会、共青团、妇联等群众团体应当做好交通安全宣传教育工作。

学校应当开展交通安全专题教育活动，将交通安全教育纳入法制课程教育的内容。

机动车驾驶培训机构在开展培训过程中，应当加强对教练员、学员的交通安全教育。

广播、电视、报刊、互联网等媒体应当开展交通安全和尊法守法的宣传报道。

第六十三条　鼓励社会公众有组织地参与道路交通志愿服务，协助公安民警维护交通秩序和宣传道路交通安全法律、法规。

鼓励医院、学校配合公安机关疏导周边道路交通拥堵，劝阻周边道路交通违法行为。

社会公众发现道路交通违法行为的，可以向公安机关举报。公安机关对社会公众提供的视听资料等证据材料进行调查核实后，可以对违法车辆的所有人或者管理人依法予以行政处罚，能够确定驾驶人的，对驾驶人依法予以行政处罚。

第六十四条　交通事故当事人可以通过行政调解、人民调解、司法调解等多种方式，解决道路交通事故损害赔偿争议。

人民调解委员会、人民法院可以在公安机关事故处理场所设置调解点；保险同业公会可以组织保险公司进驻公安机关事故处理场所，及时提供保险理赔服务。

第七章　执 法 监 督

第六十五条　公安机关、交通行政管理部门等应当严格、规范、公正、文明执法，加强对执法人员的管理、教育和培训、考核，提高执法人员的素质和道路交通管理水平。任何单位和个人都应当尊重执法人员，对其依法履行职务的行为予以配合。

第六十六条　公安机关、交通行政管理等部门及其执法人员应当严格遵守法定职权和执法程序。

公安机关、交通行政管理等部门应当推行执法标准和指引，根据道路交通执法统一的要求，为执法人员提供健全、完备、可操作的执法指引。

第六十七条　公安机关、交通行政管理部门等应当公开办事制度和办事程序，依托互联网平台和移动终端，推行预约、"一站式"等便民措施。

市交通行政管理部门应当会同市公安机关建立道路交通通行状况实时监测机制，发布交通信息，引导交通出行。

第六十八条　公安机关、交通行政管理部门与负有道路交通管理工作职责的其他部门应当紧密配合，提高工作协同性，并建立排堵保畅、信息通报、联合执法、案件移送等协作机制。

城管执法部门在执法过程中发现道路交通违法行为的，应当将相关信息通知公安机关或者交通行政管理部门。

第六十九条　作出罚款决定的行政机关应当与收缴罚款的机构分离；不得以罚款数额作为行政机关绩效考核指标。

第七十条　公安机关、交通行政管理部门等应当加强执法指导和监督，实施执法质量考评、执法责任制和执法过错追究制度，并接受社会和公众的监督，防止和纠正道路交通执法中的违法或者不当行为。

公安机关、交通行政管理部门等应当公布举报电话,受理群众的举报和投诉并及时调查处理,反馈查处结果。

第七十一条 警务辅助人员在公安民警的指导和监督下,协助开展疏导交通、劝阻、纠正交通安全违法行为、采集交通违法信息、开展交通安全宣传教育等工作;所取得的证据,经调查核实后可以作为公安机关作出行政处罚的依据。

公安机关应当加强对警务辅助人员的管理、培训、考核。考核不合格的,不得上岗。

警务辅助人员履行职责时,应当统一着装、携带证件、佩戴统一的标识。

第八章 法律责任

第七十二条 违反本条例规定的行为,《中华人民共和国道路交通安全法》及其实施条例等有关法律、行政法规有处理规定的,从其规定。

第七十三条 违反本条例第十三条第三款规定,擅自设置交通标志、标线等交通设施的,由交通行政管理部门、城管执法部门以及公安机关依据各自职责处二百元以上二千元以下罚款,并责令立即恢复原状,拒不恢复的代为恢复,所需费用由违法行为人承担。

违反本条例第十七条规定,未遵守横跨道路的管道、横幅设置规定的,由公安机关责令改正,对个人处二百元以上一千元以下罚款,或者对单位处二千元以上一万元以下罚款。

第七十四条 违反本条例第十九条第一款规定,非机动车未按规定注册登记的,由公安机关处五十元以上二百元以下罚款;其他通行工具未按规定注册登记的,由公安机关处一百元以上一千元以下罚款。

违反本条例第二十三条第一款规定,销售未纳入产品目录的电动自行车、残疾人机动(电动)轮椅车的,由工商行政管理部门处五千元以上五万元以下罚款。

违反本条例第二十三条第三款规定,使用伪造、变造的非机动车号牌、行车执照或者使用其他非机动车的号牌、行车执照的,由公安机关处二百元以上一千元以下罚款。

违反本条例第二十四条第二款规定，教练员酒后教练机动车的，由公安机关处五百元以上三千元以下罚款，并处暂扣六个月机动车驾驶证，情节严重的，并处吊销机动车驾驶证。

违反本条例第二十五条第二款规定，由他人替代记分的，由公安机关处五百元以上二千元以下罚款；替代他人记分的，由公安机关处一千元以上五千元以下罚款，情节严重的，并处暂扣一个月以上三个月以下机动车驾驶证；介绍替代记分的，由公安机关处二千元以上二万元以下罚款。替代他人记分或者介绍替代记分有违法所得的，没收违法所得。

第七十五条 违反本条例有关机动车通行管理规定的下列行为，由公安机关依据下列规定处罚：

（一）违反本条例第三十条第二款、第三十二条规定，未遵守以通知、决定等方式明示的交通管理措施，未遵守城市快速路限行规定的，处二十元以上二百元以下罚款；

（二）违反本条例第三十四条第（二）项、第（四）项规定，驾驶机动车一次连续变换两条车道，在高速公路上行驶时超过座位数搭载乘客的，处警告或者五十元以上二百元以下罚款；

（三）违反本条例第三十七条规定，在配有安全带的座位就座时未使用安全带的，对机动车乘坐人处警告或者二十元以上五十元以下罚款；

（四）违反本条例第三十一条、第四十六条第三款规定，驾驶机动车未遵守交通标志、标线指示的，依据违反交通标志、标线的规定处罚；

（五）违反本条例第四十七条规定，现场发现机动车违法临时停车的，公安机关可以口头警告，令其立即驶离，驾驶人不在现场或者虽在现场但拒绝立即驶离，妨碍其他车辆、行人通行的，处二十元以上二百元以下罚款，并可以将该机动车拖移至不妨碍交通的地点或者公安机关指定的地点停放；

（六）违反本条例第四十七条规定，交通技术监控设备记录机动车违法临时停车的，公安机关设置的警示牌、电子标识等给予的警告或者推送的即时信息视为警告，令其立即驶离，驾驶人不在现场或者虽在现场但拒绝立即驶离，妨碍其他车辆、行人通行的，处二十元以上二百元以下罚款。

违反本条例第三十四条第（四）项规定，公共汽（电）车在高速公路上行驶时超过座位数搭载乘客的，由交通行政管理部门对车辆单位处五百元以上五千元以下罚款。

第七十六条 违反本条例第三十五条第一款第（四）项、第四十五条第二款规定，驾驶残疾人机动（电动）轮椅车未随身携带本市残疾人证，在道路上停放非机动车未使用非机动车道路停放点的，由公安机关处警告或者二十元以上五十元以下罚款。

违反本条例第三十五条第一款第（五）项规定，驾驶残疾人机动（电动）轮椅车载人或者驾驶其他非机动车违反国家和本市有关规定载人的，由公安机关处二十元以上五十元以下罚款；驾驶非机动车从事客运活动的，按照有关规定处以一千元以上五千元以下的罚款。

第七十七条 违反本条例第四十四条第三款规定，擅自设置道路停车泊位的，由交通行政管理部门处五百元以上五千元以下罚款，并责令立即恢复原状，拒不恢复的代为恢复，所需费用由违法行为人承担。造成道路损坏的，违法行为人应当依法予以赔偿。

第七十八条 违反本条例第五十九条第一款规定，机关、企业、事业单位、社会组织未履行交通安全管理义务的，由公安机关或者交通行政管理部门责令改正，必要时可以责令停业整顿；造成重大交通事故的，处二千元以上一万元以下罚款；造成特大交通事故的，处一万元以上十万元以下罚款；对交通安全专职人员和其他直接责任人员，处警告或者二百元以上一千元以下罚款。

违反本条例第五十九条第三款规定，运输建筑垃圾、工程渣土的车辆未按照核定的路线、时间运输建筑垃圾、工程渣土的，责令改正，对驾驶人处五十元以上二百元以下罚款，可以并处暂扣一个月以上三个月以下机动车驾驶证；对车辆单位处五百元以上二千元以下罚款。

违反本条例第六十条规定，提供召车信息的服务商未向交通行政管理部门提供客运服务驾驶人和车辆信息的，由交通行政管理部门责令改正，处三万元以上十万元以下罚款。

第七十九条 执行职务的公安民警发现机动车在本市有道路交通违法行为逾期未接受处理记录累积达到五起以上的，可以先予扣留机动车行驶证，并通知机动车所有人、管理人或者驾驶人及时接受处理，处理完毕后，发还机动车行驶证。

第八十条 机动车一年内在本市有下列道路交通违法行为记录累积达到十起后再发生交通违法行为的，公安机关依据法律规定给予有关证照的处罚：

（一）在未设置禁止停车或者禁止长时停车标志、标线的路段违反停放、临时停车规定；

（二）违反规定驶入公交专用道；

（三）在高速公路路肩上行驶；

（四）在本市外环线以内以及公安机关规定的其他区域和路段鸣喇叭。

第八十一条 执行职务的公安民警发现有下列情形之一的，可以先予扣留车辆或者通行工具，并通知当事人及时接受处理：

（一）违反本条例第十九条第一款规定，未按规定注册登记的非机动车以及其他通行工具上道路行驶的；

（二）违反本条例第二十三条第三款规定，拼装、加装、改装的非机动车上道路行驶，使用伪造、变造的非机动车号牌、行车执照或者使用其他非机动车的号牌、行车执照的；

（三）违反本条例第三十条第二款规定，未遵守以交通标志、标线或者通知、决定等方式明示的交通管理措施，采取其他措施无法避免危害发生或者无法控制危险扩大的；

（四）违反本条例第三十五条第一款第（六）项规定，非下肢残疾的人驾驶残疾人机动（电动）轮椅车的；

（五）道路交通安全法律、法规规定可以扣留车辆或者通行工具的其他情形。

当事人接受处理后，应当立即发还车辆或者通行工具，但未按规定注册登记的非机动车以及其他通行工具，其领取人应当采取托运措施。

对拼装、加装、改装的非机动车，由公安机关依法予以恢复原状；对伪造、变造的非机动车号牌、行车执照或者使用其他非机动车的号牌、行车执照，由公安机关予以收缴。

当事人逾期未接受处理，并经公告三个月仍未接受处理的，由公安机关将拼装、加装、改装的非机动车送交有资质的企业拆解，将其他车辆和通行工具依法处理。

第九章 附 则

第八十二条 本条例自 2017 年 3 月 25 日起施行。

江苏省道路运输条例

(2012年11月29日江苏省第十一届人民代表大会常务委员会第三十一次会议通过。根据2017年6月3日江苏省第十二届人民代表大会常务委员会第三十次会议《关于修改〈江苏省固体废物污染环境防治条例〉等二十六件地方性法规的决定》修正)

第一章 总 则

第一条 为了规范道路运输市场，保障道路运输安全，保护道路运输有关各方当事人的合法权益，促进道路运输业发展，根据《中华人民共和国道路运输条例》以及有关法律、行政法规，结合本省实际，制定本条例。

第二条 在本省行政区域内从事道路运输经营以及道路运输相关业务的，应当遵守本条例。

前款所称道路运输经营是指为社会公众提供汽车运输有偿服务的活动，包括道路旅（乘）客运输经营和道路货物运输经营。道路旅（乘）客运输（以下简称客运）包括班车客运、包车客运、旅游客运、公共汽车客运、出租汽车客运；道路货物运输（以下简称货运）包括普通货物运输、专用运输、大型物件运输和危险货物运输。

道路运输相关业务包括机动车维修、机动车综合性能检测、机动车驾驶人培训、汽车租赁、道路运输站（场）和交通物流、货运代理、货运信息服务等经营业务。

第三条 县级以上地方人民政府应当加强对道路运输管理工作的领导，统筹道路运输与其他运输方式协调发展，优化调整道路基础设施、运输装备和运输服务的结构，完善现代道路运输体系，逐步实现城乡、区域客运一体化和货运的专业化、集约化，推进交通物流业发展，为促进国民经济发展和改善人民生活提供运输保障。

县级以上地方人民政府应当优先发展公共汽车客运，对公共汽车客运发展、道路运输站（场）枢纽建设、交通物流发展等给予政策和资金扶持。

县级以上地方人民政府应当将道路运输管理所需经费纳入本级财政预算，并对抢险、救灾、战备等应急运输所需支出予以保障。

第四条 县级以上地方人民政府交通运输主管部门负责组织领导本行政区域的道路运输管理工作，道路运输管理机构负责具体实施道路运输管理工作。

县级以上地方人民政府其他有关部门按照各自职责，共同做好道路运输管理的相关工作。

第五条 县级以上地方人民政府交通运输主管部门应当会同有关部门，依法编制本行政区域的道路运输发展规划，拟定产业政策，报同级人民政府批准后组织实施。

编制道路运输发展规划应当依据国民经济和社会发展规划，与城乡规划和土地利用总体规划相衔接，并符合综合交通运输体系发展规划。

道路运输站（场）、公交站场、出租汽车服务中心、驾驶人培训教练场地等交通设施布局和建设应当纳入城乡规划，并在编制控制性详细规划时予以规划控制。

第六条 道路运输管理遵循公开、公正、高效、便民的原则，保护正当竞争，制止非法经营。

从事道路运输以及相关业务经营活动，应当依法经营、诚实信用、公平竞争。任何单位和个人不得封锁或者垄断道路运输市场。

第七条 鼓励道路运输以及相关业务经营者实行规模化、集约化、公司化经营，鼓励使用符合国家标准的节能和新能源汽车从事道路运输以及相关业务经营活动，鼓励发展甩挂运输、多式联运等运输方式。

第八条 道路运输相关行业协会应当按照自愿自律的原则，根据行业协会章程，规范和指导会员经营行为，维护会员合法权益，促进道路运输业健康发展。

第二章 一般规定

第九条 从事道路运输以及相关业务经营活动，应当具备法律、法规和本条例规定的条件，依法取得道路运输许可，按照核定的期限、范围、种类、项目、区域和场所等许可事项从事经营活动。

用于客运、货运、机动车驾驶人培训、汽车租赁、交通物流经营的车辆，应当按照国家规定向车籍所在地县级以上道路运输管理机构申请配发道路运输证件，并随车携带。

第十条 客运、货运的驾驶人员，道路危险货物运输的装卸管理人员、押运人员，应当按照国家规定参加考试取得从业资格证件，并在从事道路运输以及相关业务经营活动时随身携带。

第十一条 道路运输以及相关业务经营者自取得经营许可之日起无正当理由超过一百八十日未经营，或者开业以后连续一百八十日停止经营的，由道路运输管理机构注销相应的道路运输经营许可证件、道路运输证件。

道路运输以及相关业务经营者变更道路运输以及相关业务行政许可事项的，应当向作出行政许可决定的道路运输管理机构提出申请；符合法定条件、标准的，道路运输管理机构应当依法办理变更手续。

班车客运、包车客运、旅游客运和出租汽车客运经营者需要终止经营的，应当提前三十日告知作出行政许可决定的道路运输管理机构。公共汽车客运经营者需要终止经营的，应当提前九十日向作出行政许可决定的道路运输管理机构提出申请；未经批准，不得停运。

第十二条 道路运输车辆应当符合机动车国家安全技术标准和污染物排放标准，符合国家和省规定的燃料消耗量限值标准，并按照规定进行维护、综合性能检测和技术等级评定。

第十三条 道路运输管理机构按照国家规定对道路运输经营者的经营条件以及营运车辆实行年度审验。

第十四条 道路运输管理机构应当加强道路运输公共信息服务，建立管理信息系统，实现与相关服务系统的互联互通，并定期向社会发布有关运输信息。

道路运输以及相关业务经营者应当按照国家和省有关规定，建立健全经营管理、安全管理、统计和档案制度，及时向道路运输管理机构以及相关部门报送相关信息。

配备卫星定位行车安全信息设备的相关道路运输经营者以及从事公路客运联网售票、城市公共交通卡等经营活动的相关经营者应当按照国家和省有关规定，及时向道路运输管理机构以及相关部门提供相关数据。

第十五条 道路运输经营者应当承担县级以上地方人民政府下达的抢险、救灾、战备等应急运输任务，服从县级以上地方人民政府或者有关部门的统一调度、指挥。县级以上地方人民政府对承担应急运输任务的道路运输经营者应当给予合理补偿。

发生旅（乘）客严重滞留时，县级以上地方人民政府及其有关部门应当及时采取有效措施进行疏散，客运经营者应当服从统一调度、指挥。

第十六条 道路运输以及相关业务经营者不得有下列行为：

（一）使用未经年度审验或者年度审验不合格的车辆从事道路运输；

（二）使用拼装、擅自改装的车辆或者达到报废标准的车辆从事道路运输；

（三）使用未经检测、检测不合格或者未按照规定进行定期维护的车辆从事道路运输；

（四）聘用未取得相应从业资格的人员从事道路运输以及相关业务经营活动；

（五）法律、法规禁止的其他行为。

第三章　道路运输安全

第十七条 道路运输管理机构依法对道路运输经营者、营运车辆和营运驾驶员实施准入管理，对道路旅（乘）客运输站（以下简称客运站）安全生产实施监督，参与道路运输生产安全事故的调查处理。

公安机关交通管理部门负责道路交通安全管理工作。

道路运输以及相关业务经营者是安全生产的责任主体，其主要负责人对本单位的安全生产工作全面负责。

第十八条 公安机关交通管理部门、道路运输管理机构应当建立道路运输以及相关业务信息共享系统，实现道路运输驾驶员、驾驶人培训教练员、道路运输车辆、交通违法、交通事故和驾驶人培训、考试等信息的共享。

公安机关交通管理部门应当根据国家和省有关规定，为申请从事客运、货运的驾驶员以及驾驶人培训教练员，出具相应的安全驾驶经历证明。

客运、货运驾驶员因吸毒、醉酒驾驶等违法行为被吊销或者注销机动车驾驶证的，公安机关交通管理部门应当及时告知道路运输管理机构，道路运输管理机构应当撤销其从业资格。

第十九条 道路运输以及相关业务经营者应当建立健全安全生产责任制，制定和实施安全生产规章制度、操作规程，制定生产安全事故应急救援预案并定期组织演练，对生产安全事故隐患进行排查治理，保障运输安全。从事客运经营和危险货物运输的企业，还应当设立安全生产管理机构或者配备安全生产管理人员，并有与其运输业务相适应的经营场所、设施设备和停车场地。

道路运输以及相关业务经营者应当对从业人员进行安全生产教育和培训，未经安全生产教育和培训合格的从业人员不得上岗作业。

第二十条 道路运输经营者应当在其车辆核定的载客载货限额内运送旅（乘）客或者货物。

道路运输站（场）以及交通物流、货运代理、货运信息服务等经营者应当在车辆核定的载客载货限额内进行配载，不得将受理的运输业务交由不具备相应运输资质的经营者承运。

第二十一条 客运车辆、危险货物运输车辆、重型载货车辆、半挂牵引车辆应当安装并正常使用符合国家标准的卫星定位行车安全信息设备。相关道路运输经营者应当对其车辆运行情况进行实时监控，并保证其信息监控系统与道路运输管理机构的管理信息系统实时连通。

鼓励其他道路运输车辆安装符合国家标准的卫星定位行车安全信息设备。

第二十二条 客运站经营者应当建立进出站检查制度，对营运车辆和驾驶员的相关情况进行查验，不符合规定的车辆不得进出站营运。

班车客运经营者不得使用未经安全例检或者经安全例检不符合要求的车辆从事道路运输。

包车客运、旅游客运经营者应当在每次发车前对车辆进行安全检查，未经安全检查或者检查不合格的，不得载客营运。

第二十三条　客运站经营者应当建立危险品检查制度，防止旅（乘）客携带危险品进站乘车。

一级、二级客运站应当实行封闭发车，配备、使用行包安全检查设备，提高危险品检查效率和质量。

第二十四条　客运、货运驾驶员连续驾驶时间不得超过四个小时；超过四个小时的，应当停车休息，休息时间不得少于二十分钟。

高速公路单程运行六百公里以上、其他公路单程运行四百公里以上的客运车辆，应当随车配备两名以上驾驶员。

第二十五条　道路运输经营者应当加强客运、货运驾驶员安全管理。对发生道路交通事故致人死亡且负同等以上责任，或者交通违法记满十二分的，道路运输经营者不得安排其驾驶客运、货运车辆。

第四章　客货运输

第二十六条　道路运输管理机构应当根据客运市场供求状况、普遍服务和方便群众等因素实施道路客运经营许可，并与客运经营者签订经营权使用合同，对道路运输经营行为、服务质量等进行约定。客运经营者应当按照经营权使用合同的约定经营。

新增客运班线、公共汽车客运线路以及新增包车、旅游客车或者出租汽车客运运力的，道路运输管理机构应当通过服务质量招标的形式作出许可决定。具体办法由省交通运输主管部门制定。

第二十七条　春节、国庆节等法定节假日和重大活动期间临时从事客运经营的，应当经道路运输管理机构核准。

临时从事客运经营的车辆技术等级不得低于二级，营运期限不得超过三十日。

第二十八条 客运的经营期限为四年至八年。班车客运、包车客运、旅游客运的经营期限由省道路运输管理机构确定；公共汽车客运、出租汽车客运的经营期限由设区的市、县（市、区）人民政府确定。

经营期限届满需要延续经营的，按照省交通运输主管部门的有关规定执行。

第二十九条 道路运输管理机构应当做好客运市场信息采集工作，定期公布客运市场供求状况。对需要增加运力的线路，应当制定增加运力的方案，向社会公布并组织实施。

县（市、区）际以上客运班线年平均实载率低于百分之七十的，道路运输管理机构不得批准新增运力和班次；年平均实载率达到百分之八十以上的，道路运输管理机构应当通过服务质量招标增加运力和班次。

第三十条 鼓励班车、包车、旅游客运经营者实行公司化经营。实行公司化经营应当遵守下列规定：

（一）车辆产权属于客运经营者所有；

（二）客运经营者与车辆司乘人员签订劳动合同，依法办理社会保险；

（三）车辆营业收入全部上缴客运经营者，并由客运经营者统一考核营运成本，司乘人员劳动报酬不与单车利润直接挂钩；

（四）客运经营者统一经营管理车辆，并承担全部经营风险和安全管理责任；

（五）不以承包、租赁等任何方式转让或者变相转让客运经营权。

第三十一条 班车、包车、旅游客运车辆应当按照规定置放营运标志牌，按照批准的线路、班次、站点、经营区域运行和停靠，公布监督电话号码以及受理投诉部门。

客运班车应当按照车票标明的车次、类型等级、时间、地点运送旅（乘）客。

第三十二条 省际客运班车需要变更停靠站点的，由站点所在地设区的市道路运输管理机构核定。县（市、区）际客运班车需要变更停靠站点的，由设区的市道路运输管理机构核定。县（市、区）内客运班车需要变更停靠站点的，由县（市、区）道路运输管理机构核定。

第三十三条 县（市、区）境内或者毗邻县（市、区）间至少有一端在乡（镇）、村的客运线路，有客运站或者固定发车点，道路具备通行条件的，可以开行农村客运班线。农村客运班线可以实行循环营运、专线营运。

鼓励发展乡（镇）村公交，鼓励农村客运班线、毗邻地区客运班线实行公司化经营和公交化营运，实行城市公共汽车客运模式营运。开行乡（镇）村公交或者农村客运班线、毗邻地区客运班线实行公交化营运的，站点、车辆、财政补贴等参照城市公共汽车客运的有关规定执行。享受公交财政补贴和税费优惠的，应当执行城市公共汽车服务标准和票价政策。

第三十四条 包车、旅游客运经营者从事客运经营应当向道路运输管理机构申请领取包车客运标志牌。

包车、旅游客运运行线路一端应当在车籍所在地，旅游客运运行线路至少有一端应当在旅游景区（点）。

旅行社不得将旅游客运业务交给未取得相应客运经营资格的单位或者个人承运。

第三十五条 从事公共汽车客运经营和出租汽车客运经营的，应当向所在地县级道路运输管理机构提出申请；经营区域涉及设区的市城区范围的，应当向设区的市道路运输管理机构提出申请，并具备下列条件：

（一）有符合国家规定和营运要求的车辆、设施、资金；

（二）有符合国家规定条件的驾驶人员；

（三）有安全生产管理制度和服务质量保障措施；

（四）法律、法规规定的其他条件。

从事城市公共汽车客运经营的，还应当具有企业法人资格以及与营运业务相适应的专业人员和管理人员。

第三十六条 县级以上地方人民政府应当在财政政策、资金安排、城市规划、用地保障、设施建设、交通管理等方面采取有效措施，优先发展公共汽车客运，满足社会公众出行需求。

县级以上地方人民政府应当建立公共交通服务质量考核机制，定期发布公共交通出行服务报告。

公共汽车客运配套设施用地符合划拨用地目录的，可以以划拨方式供地；涉及经营性用途的，应当按照有偿方式办理土地使用手续。公共汽车客运配套设施用地按照批准的土地用途和使用条件可以依法综合利用，提高土地利用效率。

设区的市和县（市、区）人民政府及其有关部门应当根据营运成本等因素确定公共汽车票价。对实行低票价、减免票营运的，应当给予财政补贴。对公共汽车客运企业承担政府指令性运输任务所增加的支出，应当给予补偿。

设区的市和县（市、区）人民政府及其有关部门可以根据道路状况、出行结构、交通流量等因素，开设公共汽车专用道，建设公共汽车客运智能化信息系统，为公众提供便捷服务。

第三十七条 县级以上地方人民政府及其有关部门应当采取措施，建设换乘系统，实现不同出行方式的衔接。

鼓励城市公共汽车客运线路向郊区、毗邻乡（镇）村延伸。

第三十八条 新建、改建、扩建居民小区、开发区、城市道路和大型公共活动场所等工程项目，应当将公共汽车停车场、中途停靠站、首末站等公共交通设施作为配套建设的内容，合理规划，科学设置，实行同步设计、同步建设、同步竣工、同步交付使用。

公共汽车客运配套设施已建成的，道路运输管理机构应当及时确定开行公共汽车客运线路。

第三十九条 公共汽车客运经营者应当按照所在地道路运输管理机构确定的线路、站点、班次、时间以及营运服务规范从事营运。

因受工程建设、重大活动等特殊情况影响，需要临时调整公共汽车客运线路和站点的，建设单位或者有关部门应当报经道路运输管理机构审核同意。准予调整的，道路运输管理机构应当提前五日向社会公布，公共汽车客运经营者应当在相关公交站点公告线路和站点的调整信息。有关部门和单位应当采取措施，保证公共汽车客运正常运行。

第四十条 严格控制出租汽车客运经营权有偿出让。已经实行出租汽车客运经营权有偿出让的，应当逐步实行无偿使用；确需继续实行有偿出让或者以有偿出让方式新增出租汽车客运运力的，应当报省人民政府批准。有偿出让所得资金，应当实行收支两条线管理，专项用于出租汽车客运服务设施建设与管理。

以无偿使用方式新增出租汽车客运运力的，应当经设区的市人民政府批准，并报省交通运输主管部门备案。

第四十一条　设区的市和县（市、区）人民政府应当根据本行政区域道路运输发展规划和节能环保的要求，综合考虑人口规模、交通流量、交通结构、出行需求等因素确定出租汽车的投放数量和车型，并通过资金支持、场地保障等措施，鼓励建设出租汽车服务中心和电话召车系统，实现出租汽车客运健康发展。

设区的市和县（市、区）价格主管部门应当合理确定出租汽车客运运价构成与标准；建立油（气）价与运价联动机制，及时、合理调整运价。确定、调整出租汽车客运运价应当听取公众意见。

第四十二条　出租汽车客运企业应当全额出资购买营运车辆，不得利用出租汽车客运经营权、收取抵押金或者要求驾驶员垫资、借款等方式，向驾驶员转嫁投资和经营风险。

出租汽车客运经营者实行承包经营的，应当与驾驶员签订书面承包经营合同，承包费用应当公平合理。承包经营合同格式文本由省交通运输主管部门会同工商、价格等部门制定。

第四十三条　客运经营者应当按照省交通运输主管部门制定的营运规范经营，提供安全、便捷、优质的运输服务，不得侵害旅（乘）客合法权益。

班车、包车、旅游客运经营不得有下列行为：

（一）超定员载客；

（二）中途将旅客交给他人运输、擅自变更车辆运输或者甩客；

（三）班车客运经营者在站点外上下旅客、装卸行包；

（四）不安装、使用卫星定位行车安全信息设备；

（五）违反法律、法规的其他行为。

城市公共汽车客运经营不得有下列行为：

（一）不按照确定的线路、站点、班次和时间营运；

（二）不按照规定进站、出站，争道、抢道；

（三）无故拒载乘客、中途逐客、滞站揽客、到站不停；

（四）不按照规定放置服务监督卡、线路走向示意图、监督投诉电话号码；

（五）违反法律、法规的其他行为。

出租汽车客运经营不得有下列行为：

（一）不按照规定设置和使用标志牌、标志灯、计价器、卫星定位装置、

IC 卡刷卡器以及信息化管理设施；

（二）不按照规定喷涂车身颜色、标明经营者名称、监督投诉电话号码、放置服务监督卡；

（三）不按照合理线路或者乘客要求的线路行驶，未经乘客同意绕道行驶；

（四）不按照规定主动向乘客出具合法有效的票据；

（五）无故中断运输、倒客、甩客、拒载、未经乘客同意搭载其他乘客；

（六）异地经营、从事或者变相从事班线客运经营；

（七）违反法律、法规的其他行为。

出租汽车客运经营者不按照规定使用计价器、不主动出具发票、不接受 IC 卡付费、无故绕行、无故中断运输、倒客、甩客、未经乘客同意搭载其他乘客的，乘客有权拒付车费。

第四十四条 县级以上地方人民政府应当加强对公路超限运输治理的领导，组织、协调有关部门做好公路超限运输相关治理工作。

道路运输管理机构应当会同有关部门每年对本行政区域内重点货物运输源头单位进行调查登记。道路运输管理机构应当对重点货物运输源头单位定期巡查，其他相关行业主管部门应当加强对重点货物运输源头单位的监督管理。

重点货物运输源头单位名单由设区的市和县（市、区）人民政府定期向社会公示。

第四十五条 货运经营者、货物运输源头单位不得超载运输，未经批准不得超限运输。

重点货物运输源头单位应当配备经检定合格的称重计量设施、设备，对出场车辆装载情况称重计量，记录货物承运人、车辆装载情况等有关称重计量信息。

第四十六条 从事货运经营和危险货物、放射性物品道路运输的，应当符合国家有关道路运输的法律、法规规定，具有一定规模的自有车辆，具体管理办法由省交通运输主管部门会同有关部门制定。

第四十七条 县级以上地方人民政府应当采取措施，对统一标识的专用配送车型的车辆，在城区通行、停靠、装卸作业等方面提供便利，促进城市交通物流配送业的发展。

第五章　道路运输相关业务

第四十八条　鼓励机动车维修经营者实行品牌化、专业化、连锁经营。从事机动车维修直营连锁经营的，其总部与各网点可以在经营所在地设区的市城区或者县（市、区）范围内，共享技术负责人和道路运输管理机构规定的大型维修设施、设备。

第四十九条　机动车维修经营者应当按照国家和省有关规定采用节能环保方式维修机动车、处置废弃物。

机动车维修经营者应当建立配件采购登记制度，建立配件登记档案，查验产品合格证等相关证明，登记配件名称、规格型号、购买日期以及供应商名称等信息。

第五十条　从事机动车综合性能检测经营的，应当向设区的市道路运输管理机构提出申请，并具备下列条件：

（一）符合布局规划；

（二）有符合国家和省规定并与其经营范围相适应的检测场地、设施、设备，计量检测仪器设备应当经检定合格；

（三）有符合国家和省规定条件并与其经营业务相适应的检测人员及管理人员；

（四）有健全的管理制度和质量保障措施；

（五）检测工艺符合规范要求；

（六）法律、法规规定的其他条件。

第五十一条　机动车综合性能检测经营者应当按照国家标准以及相关规定进行检测，出具综合性能检测报告，建立检测档案。机动车综合性能检测经营者应当在经营场所公布收费项目和标准，并按照价格部门核定的标准收费。

交通运输、公安、环境保护部门应当采取有效措施，逐步建立统一的机动车检测制度。

第五十二条　从事机动车驾驶人培训经营的，应当具备国家和省规定的条件，并向所在地县级道路运输管理机构提出申请；在设区的市城区范围内从事机动车驾驶人培训经营的，应当向设区的市道路运输管理机构提出申请。

申请领取机动车驾驶证的，应当学习机动车驾驶技能，并经机动车驾驶人培训考核合格。

第五十三条 从事汽车租赁经营的，应当向设区的市道路运输管理机构提出申请，并具备下列条件：

（一）有企业法人资格；

（二）自有十辆以上符合国家标准、经检测合格的九座以下小型客车；

（三）有与经营业务相适应的经营场所、停车场地；

（四）有符合国家规定条件并与经营业务相适应的专业人员和管理人员；

（五）有健全的业务操作规程、安全生产管理制度、服务质量保障措施和应急预案；

（六）法律、法规规定的其他条件。

鼓励汽车租赁经营者实行连锁经营。

第五十四条 鼓励汽车租赁经营者为租赁车辆办理车上座位责任险。

汽车租赁经营者租赁车辆时，应当与承租人签订车辆租赁合同，提供检测合格和证件齐全有效的车辆。汽车租赁经营者不得向承租人提供驾驶劳务。

第五十五条 县级以上地方人民政府及其有关部门应当统筹规划建设综合交通运输枢纽和集疏运中心，实现城市公共交通、公路、铁路、水路、航空等运输方式的相互衔接。

县级以上地方人民政府及其有关部门应当在机场、车站、码头、旅游景区（点）等客流集散地和大型居住区、体育场馆等公共场所，规划、设置城市公交、出租汽车的专用候车站点，为乘客提供方便，并不得向停车候客的出租汽车收费。

道路运输站（场）的设置应当方便旅（乘）客出行，满足货物集散需求。未经原许可机关批准，不得搬迁或者改变用途。

第五十六条 从事道路运输站（场）经营的，应当符合国家和省相关规定。

客运站应当加强管理，在购票、候车、托运行李等方面为旅（乘）客或者托运人提供文明卫生的场所和优质安全的服务。客运站应当按照约定及时与客运经营者结算票款，不得歧视对待或者阻碍其正常营运，不得出售未经批准的客运站（点）车票，不得接纳未经批准进站营运的车辆。

客运站应当按照公平、合理、有序的原则确定班车发车时间，并报所在地道路运输管理机构备案。

客运站应当向公众提供真实有效的票务信息，按照规定使用统一的公路客运联网售票系统，并提供窗口、网络、电话等多种售票方式。

鼓励传统道路货物运输站（场）向综合型交通物流基地转型，为道路运输以及相关业务经营者提供公平、便利的服务。

第五十七条　从事交通物流经营的，应当向所在地县级道路运输管理机构提出申请；在设区的市城区范围内从事交通物流经营的，应当向设区的市道路运输管理机构提出申请，并具备下列条件：

（一）有企业法人资格；

（二）有固定的经营场所以及与经营范围、规模相适应的运输车辆、货运站房、仓储场地、停车场地和设施；

（三）具有一定营运范围的货物集散、分拨网络；

（四）有与其经营业务相适应的专业人员和管理人员；

（五）具备交通物流经营信息化管理能力；

（六）有健全的安全生产管理制度以及业务操作规程；

（七）法律、法规规定的其他条件。

第五十八条　从事货运代理、货运信息服务经营的，应当向所在地县级道路运输管理机构提出申请；在设区的市城区范围内从事货运代理、货运信息服务经营的，应当向设区的市道路运输管理机构提出申请，并具备下列条件：

（一）有与其经营业务相适应的资金；

（二）有与其经营规模和功能相适应的经营场所；

（三）有与其经营规模相适应的通讯、信息等设施设备；

（四）有符合国家规定条件并与其经营业务相适应的专业人员和管理人员；

（五）有健全的安全生产管理制度和业务操作规程；

（六）法律、法规规定的其他条件。

第六章 监督检查

第五十九条 县级以上地方人民政府交通运输主管部门及其道路运输管理机构、公安机关和其他有关部门应当依法对道路运输实施监督管理,查处违法行为,维护道路运输以及相关业务经营者和有关当事人的合法权益,不得乱设卡、乱收费、乱罚款。

第六十条 道路运输监督检查人员可以在道路运输以及相关业务经营场所、客货集散地、普通公路、公路收费站区、高速公路服务区和重点货物运输源头单位进行监督检查;在公路路口进行监督检查时,不得随意拦截正常行驶的道路运输车辆。

道路运输监督检查人员进行调查或者检查时,应当出示行政执法证件,并不得少于两人。被检查单位和人员应当予以配合,不得弄虚作假,不得拒绝接受检查。

道路运输管理机构和其他有关部门应当建立违法经营投诉举报受理制度,对投诉举报应当在三十日内调查处理完毕,并将结果告知投诉举报人。

第六十一条 道路运输管理机构可以通过监控设施设备收集、固定有关违法事实,并根据监控设施设备收集、固定的有关违法事实证据,依法对违法当事人予以处理、处罚。

第六十二条 道路运输管理机构在监督检查中,对于危害较小的违法行为,应当以教育为主,可以减轻或者免予处罚。

第六十三条 道路运输管理机构在实施道路监督检查过程中,对无道路运输证件、持无效道路运输证件或者超出道路运输证件标明的经营范围从事道路运输经营,又无法当场提供其他有效证明的,或者拒不接受检查影响道路交通安全的,可以扣押车辆,并当场出具凭证,责令其在规定期限内到指定地点接受处理。对扣押车辆应当妥善保管,不得使用,不得收取或者变相收取保管费用。

车辆依法解除扣押的,道路运输管理机构应当书面通知当事人限期领取车辆,通知应当送达当事人;当事人逾期不领取的,逾期之日起的车辆保管费用由当事人承担，经公告九十日仍不领取的，道路运输管理机构可以依法处理该车辆。

第六十四条 道路运输管理机构应当对道路运输以及相关业务经营者及其从业人员实施动态管理和违法行为累积记分制度，定期对其经营行为、服务质量、安全生产等情况进行质量信誉考核，并将考核结果向社会公布。质量信誉考核结果应当纳入服务质量招标评标标准。

第七章　法　律　责　任

第六十五条 未经许可或者使用伪造、涂改、擅自接受他人转让、变相转让的经营许可证件从事班车、包车、旅游客运经营、货运经营的，由县级以上道路运输管理机构责令停止违法行为，有违法所得的，没收违法所得，处以违法所得二倍以上十倍以下罚款；没有违法所得或者违法所得不足二万元的，处以三万元以上十万元以下罚款。

未经许可或者使用伪造、涂改、擅自接受他人转让、变相转让的经营许可证件从事机动车维修经营、机动车驾驶人培训、道路运输站（场）经营的，由县级以上道路运输管理机构责令停止违法行为，有违法所得的，没收违法所得，处以违法所得二倍以上十倍以下罚款；没有违法所得或者违法所得不足一万元的，处以二万元以上五万元以下罚款。

未经许可或者使用伪造、涂改、擅自接受他人转让、变相转让的经营许可证件从事公共汽车客运、出租汽车客运、机动车综合性能检测、汽车租赁、交通物流、货运代理、货运信息服务等经营的，由县级以上道路运输管理机构责令停止违法行为，有违法所得的，没收违法所得，处以违法所得二倍以上十倍以下罚款；没有违法所得或者违法所得不足五千元的，处以五千元以上三万元以下罚款。

第六十六条 有下列情形之一的，由县级以上道路运输管理机构责令限期改正，处以三千元以上一万元以下罚款；情节严重的，可以并处吊销相应的道路运输经营许可证件、道路运输证件或者核减相应的经营范围：

（一）取得道路运输经营许可的经营者使用无道路运输证件、无效道路运输证件或者超出道路运输证件标明的经营范围的车辆，从事道路运输经营活动的；

（二）超出核定的期限、范围、区域或者场所等许可事项从事道路运输经营的；

（三）客运站出售未经批准的客运站（点）车票，或者接纳未经批准进站营运的车辆的；

（四）机动车综合性能检测站经营者未按照国家标准和相关规定进行检测的；

（五）公共汽车客运经营者未经批准停运的。

第六十七条 取得相应许可的道路运输以及相关业务经营者不符合许可条件继续经营的，由县级以上道路运输管理机构责令限期整改，可以处以二千元以上一万元以下罚款；逾期不整改或者整改不合格的，吊销相应的道路运输经营许可证件、道路运输证件或者核减相应的经营范围。

第六十八条 有下列情形之一的，由县级以上道路运输管理机构责令限期改正，处以一千元以上三千元以下罚款；情节严重的，可以并处吊销相应的道路运输经营许可证件、道路运输证件或者核减相应的经营范围：

（一）未按照规定参加年度审验的；

（二）未按照规定安装卫星定位行车安全信息设备，或者未按照规定报送信息的；

（三）客运车辆未按照规定使用标志牌，未按照批准的线路、班次、经营区域、类型等级营运或者不按照核定的站点停靠的；

（四）道路运输经营者不按照规定维护、检测运输车辆的；

（五）聘用无相应从业资格的人员从事经营活动的；

（六）包车、旅游客运运行线路起、讫点均不在车籍所在地，或者旅游客运运行线路起、讫点均不在旅游景区（点）的；

（七）客运经营者不按照规定放置服务监督卡、线路走向示意图、公布监督投诉电话号码或者受理投诉部门的；

（八）出租汽车客运经营者异地经营，从事或者变相从事班线客运经营的；

（九）出租汽车客运经营者不按照规定设置标志牌、标志灯、计价器、

IC卡刷卡器或者信息化管理设施的；

（十）机动车维修经营者未执行配件登记制度的；

（十一）交通物流、货运代理、货运信息服务等经营者不按照核定载客、载货限额进行配载，或者将受理的运输业务交由不具备相应资质的经营者承运的。

第六十九条　有下列情形之一的，由县级以上道路运输管理机构责令改正，处以二百元以上一千元以下罚款；逾期不改正的，可以处以暂扣从业资格证件十日以下处罚：

（一）道路运输驾驶员不按照规定使用卫星定位行车安全信息设备的；

（二）公共汽车驾驶员不按照确定的线路、站点、班次和时间营运，或者到站不停的；

（三）出租汽车驾驶员不按照合理路线或者乘客要求的线路行驶，未经乘客同意绕道行驶，不按照规定使用标志牌、标志灯、计价器、IC卡刷卡器以及有关信息化管理设施，不按照规定主动向乘客出具合法有效的票据，拒载或者未经乘客同意搭载其他乘客的。

第七十条　客运、货运驾驶员连续驾驶时间超过四个小时不停车休息或者停车休息时间不足二十分钟的，由公安机关交通管理部门处以警告或者二百元罚款；客运车辆不按照规定随车配备两名以上驾驶员的，由公安机关交通管理部门责令客运经营者改正，处以五百元以上二千元以下罚款。

第七十一条　对违法行为累积记分达到规定分值的道路运输以及相关业务经营者、从业人员，道路运输管理机构可以暂扣、吊销道路运输经营许可证件、道路运输证件或者从业资格证件。

被吊销道路运输经营许可证件、道路运输证件或者被吊销、撤销从业资格证件的道路运输以及相关业务经营者和从业人员，在处罚执行完毕之日起二年内不得申请相应范围的道路运输或者相关业务经营以及从业资格。

第七十二条　县级以上地方人民政府交通运输主管部门及其道路运输管理机构、公安机关和其他有关部门的工作人员在道路运输监督管理中有下列情形之一的，依法给予处分；构成犯罪的，依法追究刑事责任：

（一）违法实施行政许可的；

（二）参与或者变相参与道路运输以及相关业务经营的；

（三）发现违法行为未及时查处的；

（四）违反规定拦截、检查运输车辆的；

（五）违法扣押运输车辆、道路运输证件的；

（六）索取、收受他人财物，或者谋取其他利益的；

（七）没有法定的行政处罚、收费依据或者违反法定标准进行处罚、收费的；

（八）在规定的期限内对投诉举报不作出处理、答复的；

（九）其他滥用职权、玩忽职守、徇私舞弊的行为。

第八章 附 则

第七十三条 既从事农田作业又从事货物运输的拖拉机的运输管理，依照国务院有关规定执行。

第七十四条 道路运输管理机构依照本条例发放道路运输经营许可证件、道路运输证件、标志牌、从业资格证件可以收取工本费。具体收费标准由省财政、价格主管部门会同省交通运输主管部门核定。

第七十五条 本条例自 2013 年 4 月 1 日起施行。2001 年 8 月 24 日江苏省第九届人民代表大会常务委员会第二十五次会议通过的《江苏省道路运输市场管理条例》同时废止。

浙江省道路运输条例

(2012年3月31日浙江省第十一届人民代表大会常务委员会第三十二次会议通过)

第一章 总 则

第一条 为了维护道路运输市场秩序，保障道路运输安全，保护当事人的合法权益，促进道路运输业的健康发展，根据《中华人民共和国道路运输条例》和其他有关法律、行政法规的规定，结合本省实际，制定本条例。

第二条 在本省行政区域内从事道路运输经营、道路运输相关业务经营和相关管理活动，适用本条例。

本条例所称的道路运输经营，是指单位或者个人以汽车为他人提供道路旅客运输或者道路货物运输服务的经营活动，包括班车客运、包车客运、公共汽车客运、出租汽车客运等道路旅客运输经营和道路货物运输经营。

本条例所称的道路运输相关业务经营，包括道路运输站（场）经营、机动车维修经营和营运车辆维修质量检验经营、机动车驾驶员培训经营和汽车租赁经营。

第三条 道路运输发展应当遵循统筹规划、合理引导、安全便捷、节能环保的原则，并按照综合高效、优势互补的要求，与轨道、水路、航空和管道等其他运输方式合理衔接、协调发展。

道路运输管理应当遵循公平、公正、公开、便民和保障安全的原则。

第四条 县级以上人民政府应当加强对道路运输工作的领导，根据国民经济和社会发展规划，制定本行政区域道路运输发展规划，构建社会化、专业化、信息化、智能化的现代道路运输服务体系，提高道路运输公共服务能力。

道路运输管理和应急运输保障所需经费纳入部门预算，由同级财政予以保障。

第五条 县级以上人民政府交通运输主管部门主管本行政区域内的道路运输管理工作；其所属的道路运输管理机构负责具体实施道路运输管理工作。

县级以上人民政府其他有关部门应当按照各自职责做好道路运输管理的相关工作。

第六条 道路运输和道路运输相关业务经营者，应当依法经营、诚实守信、公平竞争，为服务对象提供安全、便捷、优质的服务。

鼓励成立道路运输相关行业协会，发挥行业协会在维护道路运输市场秩序、保障道路运输安全和促进道路运输业发展等方面的作用。

第二章 道路运输经营

第一节 班车客运、包车客运

第七条 道路运输管理机构应当按照道路运输发展规划，结合客运市场供求状况和普遍服务、方便群众等要求，确定班车客运（包括定线旅游客运，下同）线路的拟开通计划，并将拟开通计划在省、市道路运输管理机构信息服务网站定期集中公告。

班车客运线路营运权应当采取服务质量招标方式授予经营者；投标人仅有一个的，由道路运输管理机构作出是否许可的决定。

第八条 班车客运经营者应当按照核定的班车客运线路从事客运经营活动，提供的服务质量应当符合承诺标准。

班车客运经营者应当在核定的经营期限内向公众提供连续的运输服务，不得转让客运班线营运权，不得擅自暂停或者终止班线营运；需要暂停或者终止班线营运的，应当提前三十日报经原许可机关同意。原许可机关同意暂停或者终止班线营运的，应当依法安排其他经营者从事班线营运或者提前向公众公告终止班线营运。

班车客运经营者不得途中甩客、站外揽客。

第九条 包车客运（包括非定线旅游客运，下同）经营者应当持包车合同或者其他有效凭证，按照约定的车辆、时间、起讫地和线路营运，不得招揽包车合同以外的旅客乘车。

第十条 道路运输管理机构依法许可班车客运、包车客运后，应当对经营者已取得车辆营运证的车辆配发规定的客运标志牌。

第十一条 车辆因客观原因无法行驶的，班车客运、包车客运经营者应当安排旅客改乘或者退票，不得加收费用；因经营者及其驾驶人员、乘务人员的过错造成旅客漏乘、误乘的，经营者应当根据旅客要求安排改乘或者退票，并依法承担相应的赔偿责任。

第二节 公共汽车客运

第十二条 县级以上人民政府应当在财政政策、用地保障、设施建设、道路交通管理等方面支持公共汽车客运发展，合理设置公共汽车专用道、港湾式停靠站和优先通行信号系统，鼓励社会公众选择公共交通方式出行。

各级人民政府应当采取措施，提高乡村班车公交化水平，为农村居民出行提供安全、便捷、经济的客运服务。

第十三条 公共汽车客运线路营运权应当采取招标等公平方式授予经营者。

取得公共汽车客运线路营运权的经营者在投入营运前，应当取得市、县道路运输管理机构核发的经营许可证。

申请经营许可证，应当符合下列条件：

（一）有企业法人资格；

（二）有符合规定标准的公共汽（电）车和场站等设施；

（三）有符合规定条件的驾驶人员以及与营运业务相适应的其他专业人员和管理人员；

（四）有健全的安全生产管理制度、服务质量保障制度以及相应的责任承担能力；

（五）法律、法规规定的其他条件。

第十四条 公共汽车客运经营者应当遵守下列规定：

（一）按照核定的线路、站点、车次和时间营运；

（二）为车辆配备线路走向示意图、价格表、乘客须知、禁烟标志、特殊乘客专用座位、监督投诉电话等服务设施和标志；

（三）制定从业人员安全运行、进出站台提示、乘运秩序维持和车辆卫生保持等操作规程并监督实施；

（四）依法应当遵守的其他规定。

第十五条 在城镇建成区范围内行驶的公共汽车可以设立站立乘员席。

除高速公路以外的三级以上公路的路况、站台设施、标志标线以及公共汽车车况和车辆行驶速度等符合安全保障要求的，市、县人民政府可以决定行经该公路的公共汽车设立站立乘员席。

第十六条 县级以上道路运输管理机构应当根据车况、高峰期乘客待车时间、乘客拥挤度、到站准时率等因素对公共汽车客运经营者服务质量进行定期考核，并根据考核结果予以奖惩。服务质量考核应当听取公众的意见，并向社会公布考核结果。

第三节　出租汽车客运

第十七条 客运出租汽车营运权应当采取服务质量招标方式授予经营者；市、县人民政府可以决定以其他公平方式授予经营者。

市、县人民政府应当根据本行政区域道路运输发展规划、市场供求状况和节能环保的要求，科学合理地确定客运出租汽车的投放数量和车型，制定客运出租汽车服务质量招标方案。招标方案应当明确经营期限、承运人责任险投保义务、服务质量等要求。

第十八条 客运出租汽车营运权期限不得超过八年，根据单车服务质量考核结果可以予以奖励延长，但奖励延长的期限不得超过四年。

市、县人民政府对客运出租汽车营运权收取有偿使用费的，应当对本行政区域内的所有经营者逐步按照相同标准收取有偿使用费，保证经营者公平负担。有偿使用费应当按年收取。

第十九条 市、县道路运输管理机构应当制定客运出租汽车服务质量考核办法，建立考核结果与单车营运期限延长等奖惩措施挂钩机制。服务质量考核应当包含乘客满意度测评的内容。

第二十条 取得客运出租汽车营运权的经营者在投入营运前，应当取得市、县道路运输管理机构核发的经营许可证。

申请经营许可证，应当符合下列条件：

（一）有符合规定条件的驾驶人员和规定标准的车辆；

（二）有健全的安全生产管理制度、服务质量保障制度以及相应的责任承担能力；

（三）有与经营规模相适应的管理人员；

（四）法律、法规规定的其他条件。

第二十一条　客运出租汽车应当按照规定喷刷车辆标志色，设置顶灯、防劫装置和专用待租、暂停营业的标志，安装计价器，在醒目位置标明起步价和车公里运价等运费标准、经营者名称或者姓名以及监督电话。

第二十二条　从事出租汽车客运服务的驾驶人员，应当按照国家有关规定取得从业资格证，并经从业资格注册后方可从事出租汽车客运服务。

第二十三条　客运出租汽车驾驶人员应当遵守下列规定：

（一）持经注册的从业资格证上岗，并在车辆醒目位置放置服务监督标志；

（二）按照规定使用客运出租汽车计价器；

（三）收取运费不得超过计价器明示的金额，但价格主管部门核准可以收取其他费用的除外；

（四）在核定的营运区域内营运，不得异地驻点营运；

（五）不得途中甩客、故意绕道，未经乘客同意不得拼载，显示空车时不得拒绝载客；

（六）依法应当遵守的其他规定。

第二十四条　客运出租汽车驾驶人员在机场、车站、码头、宾馆、商厦、医院等公共场所，应当依次候客经营。

任何单位和个人不得向客运出租汽车驾驶人员收取候客停车费或者变相收取其他费用。

第二十五条　鼓励出租汽车客运经营者实行员工化经营模式，依法与驾驶人员签订劳动合同。

出租汽车客运经营者与驾驶人员签订承包合同的，双方应当协商确定承包费、风险保证金等事项；承包费和风险保证金的数额不得高于县级以上道路运输管理机构规定的最高限额。

出租汽车客运经营者应当通过安排替班驾驶人员、免收驾驶人员必要休息时间班费和病假时间班费等方法，减轻驾驶人员劳动强度，保障驾驶人员休息休假权利。

第二十六条　市、县人民政府应当通过资金支持、场地保障等措施，鼓励建设客运出租汽车服务区，为出租汽车驾驶人员提供餐饮、车辆简单维护、洗车等服务。

市、县人民政府应当根据需要建设电话召车系统，为乘客召车提供便利。

第四节　货物运输经营

第二十七条　县级以上人民政府应当根据财力情况建立物流发展资金，支持物流信息互联互通和数据交换共享平台建设，推广应用物流先进设施设备，促进现代物流业发展。

第二十八条　鼓励采用集装箱车辆、封闭厢式车辆和重型车辆以及甩挂运输方式从事道路货物运输经营。

对采用前款规定车辆和方式从事道路货物运输经营的，应当给予通行费等方面的优惠。

第二十九条　鼓励发展货物配送和快递服务等货物运输，保障居民生活和生产的需要。

市、县人民政府及其有关部门应当采取措施，为城市货物配送和快递服务货运车辆进城通行、停靠、装卸作业等提供便利条件。

第三十条　道路危险货物运输经营者应当加强安全生产管理，配备专职安全管理人员，按照规定接入统一的危险货物运输信息管理平台，制定突发事件应急预案，严格落实各项安全措施。

道路危险货物运输经营者运输危险货物时，应当遵守危险货物运输线路、时间和速度等方面的有关规定，并采取必要措施防止危险货物发生燃烧、爆炸、辐射或者泄漏等事故。

第五节　共同规定

第三十一条　实行政府定价和政府指导价的公共汽车客运、出租汽车客运、班车客运，其经营者应当按照核定标准收取费用，并按照规定使用由税务部门监制的发票（车票）。

县级以上人民政府价格主管部门应当根据营运成本和城乡居民承受能力等因素，合理确定客运价格。公共汽车客运和乡村班车客运收入低于营运成本的，县级以上人民政府应当给予补贴。

第三十二条　道路运输营运车辆应当随车携带车辆营运证，班车和包车客运车辆还应当随车携带客运标志牌。

任何单位和个人不得伪造、涂改、转让、租借经营许可证、车辆营运证、客运标志牌或者使用伪造、涂改、转让、租借的经营许可证、车辆营运证、客运标志牌。

第三十三条　道路运输营运车辆应当符合国家和省规定的综合性能技术标准、污染物排放标准和燃料消耗量限值，按照国家和省规定的行驶间隔里程或者时间进行维护和综合性能检测以及技术等级评定。

鼓励道路运输经营者使用符合国家标准的清洁能源汽车从事道路运输。

第三十四条　道路旅客运输经营者应当为乘客提供良好的乘车环境，保持车辆安全、清洁、卫生，并采取必要的措施防止在运输过程中发生侵害乘客和司乘人员人身、财产安全的违法行为。

第三十五条　乘客不得携带易燃、易爆、剧毒、有放射性、腐蚀性等影响公共安全的物品乘车；货主不得在托运普通货物时夹带危险品以及其他禁运物品。

道路旅客运输经营者应当拒绝携带前款规定物品的乘客乘车，普通货物运输经营者不得承运夹带危险品以及其他禁运物品的货物。

乘客应当遵守乘运秩序，爱护乘运设施，保持车内卫生，不得违反规定携带宠物乘车；违反规定携带宠物乘车的，道路旅客运输经营者有权拒绝该乘客乘车。

第三十六条　县级以上人民政府应当建立道路应急运力储备和道路运输应急保障制度，定期组织开展演练，提高道路应急运输能力。

县级以上人民政府下达的抢险、救灾、战略物资等紧急道路运输任务和指令性计划运输，由同级人民政府交通运输主管部门组织实施。道路运输经营者应当服从统一调度，确保如期完成，由此发生的费用按照国家和省有关规定给予补偿。

第三十七条 班车客运经营者、包车客运经营者和危险货物运输经营者应当按照规定标准分别为旅客或者危险货物投保承运人责任险。

投保承运人责任险的最低限额由省交通运输主管部门会同省保险监督管理机构规定。国家另有规定的,从其规定。

第三十八条 包车客运车辆、三类以上客运班线车辆、客运出租汽车和危险货物运输车辆应当安装具有行驶记录功能的卫星定位终端设备。

驾驶人员应当按照规定使用卫星定位终端设备,保持完好并及时检定,不得擅自关闭。车辆所属单位应当加强对车辆安全行驶情况的动态监控。

公安机关交通管理等部门应当依法加强散装水泥运输车、混凝土搅拌车和自卸式重型砂土车等车辆的交通运输安全的管理。

第三章 道路运输相关业务经营

第一节 道路运输站(场)经营

第三十九条 道路旅客运输站(场)经营者应当合理安排客运班车的发班方式和时间,公平对待进站发班的客运车辆,不得拒绝接纳经道路运输管理机构批准的车辆进站(场)营运,不得擅自接纳未经道路运输管理机构批准的车辆进站(场)营运。客运班车的发班方式、发班时间的确定及变更,应当向市、县道路运输管理机构备案。

道路旅客运输经营者与道路旅客运输站(场)经营者对客运班车发班方式和发班时间的安排发生争议,且协商不成的,由市、县道路运输管理机构决定。

道路旅客运输站(场)经营者应当向公众提供真实有效的票务信息,按照规定接入统一的售票信息服务平台,并提供窗口、网络、电话等多种售票方式。

第四十条 道路运输站(场)经营者应当按照规定配备安全设施设备,设置安全标识,执行车辆进出站(场)安全检查和登记查验制度。

二级以上道路旅客运输站(场)应当按照规定配备并使用行包安全检查

和视频监控设备。

旅客应当配合道路旅客运输站（场）经营者对行包的安全检查；拒不接受安全检查的，道路旅客运输站（场）经营者有权拒绝其乘车。

第四十一条 道路货物运输站（场）包括综合货运站（场）、零担货运站（场）、集装箱中转站（场）、物流中心等经营场所。道路货物运输站（场）经营服务包括货物集散服务、货运配载服务、货运代理服务和仓储理货服务。

道路货物运输站（场）经营者应当按照规定接入统一的物流信息服务平台，为进场的货运经营者提供信息支持和便捷、安全的配套服务。

第四十二条 货运配载、货运代理经营者应当将受理的运输货物交由有相应经营资格的承运人承运，不得承接按照规定应当办理准运手续而未办理的货物运输代理业务。

第四十三条 仓储理货经营者应当按照货物的性质、保管要求和有效期限，对货物分类存放，保证仓储货物完好。

第四十四条 市、县人民政府组织编制城市总体规划和批准交通运输相关专项规划时，应当合理确定道路运输站（场）布局和站（场）及其必要配套设施建设需要的规划用地面积，并通过资金补助等措施扶持站（场）建设。

新建、改建、扩建道路运输站（场），建设单位应当按照规定编制可行性研究报告，对站（场）的作业能力、功能定位、交通影响、区位布局合理性等进行分析评估。

道路运输站（场）建成后，应当按照批准或者核准的功能定位投入使用，不得擅自变更用途。

第二节　机动车维修经营和营运车辆维修质量检验经营

第四十五条 从事机动车维修经营的，其场地、设施设备、技术人员、管理制度以及环境保护措施应当符合机动车维修业开业的有关标准和要求。

第四十六条 机动车维修经营者应当遵守下列规定：

（一）按照国家有关技术规范对机动车进行维修，不得使用假冒伪劣配件维修机动车，保证维修质量，向托修方出具规定格式的机动车维修凭证；维修凭证应当载明维修部位、配件生产商名称、保修期限等内容；

（二）未经托修方同意不得擅自增减维修作业项目；

（三）对机动车进行整车修理、总成修理、二级维护的，应当采用机动车维修合同示范文本与托修方签订书面合同，并按照规定要求建立机动车维修档案。

第四十七条 机动车维修经营者对营运车辆进行整车修理、总成修理、二级维护的，作业完成后应当对车辆进行维修质量竣工检验；不具备检验能力的，应当委托其他取得经营许可的维修质量检验经营者进行检验，保证营运车辆安全性、动力性、经济性、污染物排放标准等符合国家和省规定的综合性能技术标准。

第四十八条 机动车维修经营者、机动车配件经销者应当按照规定建立配件采购登记制度，查验配件合格证书，记录配件的进货日期、供应商名称以及地址、产品名称、品牌、规格型号、适用车型等内容，保存能够证明进货来源的原始凭证。

机动车维修经营者、机动车配件经销者应当将配件分别标识，明码标价。

第四十九条 从事营运车辆维修质量检验经营的，应当具备下列条件：

（一）有符合车辆综合性能技术检验要求的检验场地以及设施设备；

（二）有必要的技术和管理人员；

（三）有健全的检验管理制度；

（四）法律、法规规定的其他条件。

申请营运车辆维修质量检验经营的，应当向省道路运输管理机构提出书面申请，并附送符合前款规定条件的相关证明材料。

第五十条 营运车辆维修质量检验经营者应当经省质量技术。监督部门计量认证，取得计量认证合格证书后，方可从事营运车辆维修质量检验经营。

第五十一条 营运车辆维修质量检验经营者应当按照有关标准进行检验，确保检验结果准确，如实提供检验结果证明，并承担相应的法律责任。

营运车辆维修质量检验经营者应当在经营场所公布其收费项目和标准，按照规定收取费用。

营运车辆维修质量检验经营者应当为经其检验的机动车建立维修质量检验档案。

第三节 机动车驾驶员培训经营

第五十二条 从事机动车驾驶员培训经营的，其场地、设施设备、教学人员配备等应当符合机动车驾驶员培训开业的有关标准。

教练车辆应当符合有关技术标准，配备副制动器、副后视镜、灭火器以及培训学时计时管理设备，并取得经公安机关交通管理部门注册登记的教练车辆号牌。

第五十三条 机动车驾驶员培训教练员应当符合国家和省规定的条件，按照统一的教学大纲规范教学，并遵守下列规定：

（一）如实填写教学日志以及培训记录；

（二）不得索要学员财物；

（三）不得酒后教学；

（四）不得将教练车辆交给与教学无关的人员驾驶；

（五）不得同时使用两辆以上教练车从事驾驶培训；

（六）不得使用非教练车辆从事驾驶培训；

（七）在操作教学期间不得离岗。

第五十四条 机动车驾驶员培训经营者应当遵守下列规定：

（一）与学员签订机动车驾驶员培训合同，明确双方权利义务；

（二）在核定的教学场地和公安机关交通管理部门指定的教练路线、时间进行培训；

（三）如实签署培训记录，建立教学日志、学员档案；

（四）不得利用非教练车辆从事驾驶培训经营；

（五）增减教练车辆的，自增减发生之日起二十日内向市、县道路运输管理机构备案。

第五十五条 道路运输管理机构应当加强对机动车驾驶员培训过程的监管。公安机关交通管理部门在受理机动车驾驶证考试科目申请时，应当按照国家规定查验机动车驾驶员培训经营者出具的培训记录。

公安机关交通管理部门、道路运输管理机构应当建立驾驶员培训考试、发证等信息共享机制。

第四节 汽车租赁经营

第五十六条 从事汽车租赁经营的,应当在依法取得工商营业执照之日起二十日内将营业执照和车辆信息,报送市、县道路运输管理机构备案。

第五十七条 汽车租赁经营者应当遵守下列规定:

(一)租赁车辆的综合性能技术等级达到二级以上;

(二)与承租人签订汽车租赁书面合同,明确双方权利义务;

(三)不得出租十座以上客运车辆,但出租给单位作为员工固定班车的除外。

汽车租赁经营者从事道路运输经营活动的,应当取得相应道路经营许可。未经许可,不得从事或者变相从事包车客运等道路运输经营活动。

第五十八条 在车辆租赁期间,因承租人、驾驶人员过错发生交通违法、交通责任事故以及其他因承租人、驾驶人员行为造成租赁车辆被扣押、丢失等后果的,由承租人依法承担责任。法律、行政法规另有规定的,从其规定。

第四章 监督检查

第五十九条 道路运输管理机构应当建立健全监督检查制度,依法对道路运输和道路运输相关业务经营活动进行监督检查。

相关经营者应当接受并配合检查,如实提供有关情况和材料。

第六十条 道路运输和道路运输相关业务经营者应当在经营许可证、车辆营运证期限届满前提出延续申请;期限届满未提出延续申请,经公告后仍不提出延续申请的,由原许可机关注销经营许可证、车辆营运证。

第六十一条 道路运输管理机构工作人员在执行检查任务时,应当持有效执法证件,按照规定着装,佩戴标志,文明执法。

道路运输监督检查专用车辆,应当设置统一、便于识别的道路运输稽查标志和示警灯。

第六十二条 道路运输管理机构应当严格按照法定权限和程序进行监督检查。

道路运输管理机构应当重点在道路运输和道路运输相关业务经营场所、客货集散地、高速公路收费站及服务区、经省人民政府批准设立的检查站，依法对道路运输和道路运输相关业务经营活动实施监督检查。

道路运输管理机构在公路路口进行监督检查时，不得拦截正常行驶的道路运输车辆，但拦截已发现有违法经营行为嫌疑的车辆或者被举报有违法经营行为嫌疑的车辆除外。

第六十三条　道路运输管理机构在实施道路运输监督检查过程中，对没有车辆营运证又无法当场提供其他有效证件的经营车辆，可以予以扣押；但对其中客运公共汽车、客运出租汽车，应当由交通运输主管部门予以扣押，法律、行政法规另有规定的，从其规定。

车辆扣押机关应当对车载乘客改乘其他车辆提供帮助，所需费用由经营者承担；车载的鲜活物品或者易腐烂、易变质物品，由车辆当事人自行及时处理，车辆扣押机关应当给予必要协助。

对车辆依法解除扣押后，车辆扣押机关应当通知当事人限期领取车辆；当事人逾期不领取的，逾期之日起的车辆保管费用由当事人承担。经再次通知限期领取，当事人逾期超过六十日仍不领取的，车辆扣押机关可以依法处理该车辆。

第六十四条　道路运输管理机构应当建立健全公开办事和举报投诉制度，接受社会监督，并确保举报投诉电话有人负责接听；对当事人的举报投诉应当受理，并在受理之日起二十日内作出答复和处理。

第六十五条　省交通运输主管部门应当建立健全道路运输和道路运输相关业务经营者服务质量和信用考核制度，提高和促进道路运输业的服务质量和信用建设。

第六十六条　道路运输管理机构应当按照规定收集、统计、公布道路运输经营和管理等相关信息，建立道路运输公共服务信息系统，为公众和相关经营者提供必要、方便的信息服务。

道路运输和道路运输相关业务经营者应当按照规定向道路运输管理机构和统计部门报送相关统计资料和信息。统计资料和信息应当保证真实、准确、完整，不得漏报、瞒报。

第六十七条　县级以上人民政府交通运输、公安机关交通管理、安全生产、国土资源、气象等部门应当加强沟通协作和信息共享，做好雾霾、台风、冰雪等极端天气情况下的道路运输安全预报、预警、预防，共同做好道路运输安全工作，防止重大交通事故发生。

第六十八条 公安机关交通管理部门与道路运输管理机构应当建立营运车辆违法行为处理以及交通事故处置联动机制。

营运车辆驾驶人员被公安机关交通管理部门撤销机动车驾驶许可或者吊销机动车驾驶证的，原许可机关应当相应吊销其从业资格证。

第六十九条 道路运输和道路运输相关业务经营者应当建立安全管理档案和安全情况报告制度，按照规定向道路运输管理机构报告道路运输安全情况。

发生有人员死亡的道路交通事故的，事故车辆的经营者应当在规定时间内向有关部门和车籍地道路运输管理机构报告，不得瞒报、谎报、漏报或者迟报。道路运输管理机构接到报告后，应当在规定时间内报告本级交通运输主管部门和上级道路运输管理机构。

第五章 法 律 责 任

第七十条 违反本条例规定的行为，有关法律、法规已有法律责任规定的，从其规定。

第七十一条 违反本条例规定，有下列行为之一的，由县级以上道路运输管理机构责令停止经营，没收违法所得，并处一万元以上五万元以下罚款：

（一）未取得经营许可证、车辆营运证或者使用伪造、涂改、转让、租借、失效的经营许可证、车辆营运证从事公共汽车或者出租汽车客运经营的；

（二）转让或者变相转让客运班线营运权的；

（三）未取得经营许可证或者使用伪造、涂改、转让、租借、失效的经营许可证从事营运车辆维修质量检验经营的。

第七十二条 知道或者应当知道属于未经许可的道路运输经营行为而为其提供车辆的，由县级以上道路运输管理机构责令停止违法行为，没收违法所得，并处二千元以上二万元以下罚款。

第七十三条　违反本条例规定，营运车辆维修质量检验经营者提供虚假车辆检验报告的，由县级以上道路运输管理机构责令改正，没收违法所得，并处一万元以上五万元以下罚款，可以对直接负责的主管人员和直接责任人员处二千元以上一万元以下罚款；情节严重的，由原许可机关吊销经营许可证。

违反本条例规定，营运车辆维修质量检验经营者未按规定建立机动车维修质量检验档案的，由县级以上道路运输管理机构责令改正，处二千元以上二万元以下罚款；情节严重的，由原许可机关吊销经营许可证。

第七十四条　道路运输和道路运输相关业务经营者未按规定对已经核准的车辆进行维护和检验、使用不符合相应综合性能技术标准的车辆、改变已经核准的场地或者设施设备等许可条件，导致其与相应许可条件不符的，由县级以上道路运输管理机构责令限期改正，处一千元以上五千元以下罚款；逾期不改正的，由原许可机关吊销车辆营运证、经营许可证。

第七十五条　违反本条例规定，有下列情形之一的，由县级以上道路运输管理机构责令改正，处三百元以上三千元以下罚款，可以并处暂扣三十日以下车辆营运证、从业资格证；情节严重的，由原许可机关吊销车辆营运证、从业资格证、经营许可证或者取消相应客运班线营运权：

（一）包车客运经营者招揽包车合同以外的旅客乘车的；

（二）班车客运经营者途中甩客、站外揽客的；

（三）公共汽车客运经营者有违反本条例第十四条规定行为的；

（四）出租汽车客运经营者有违反本条例第二十一条规定行为的；

（五）客运出租汽车驾驶人员有违反本条例第二十三条规定行为的；

（六）包车客运车辆、三类以上客运班线车辆、客运出租汽车和危险货物运输车辆的经营者和驾驶人员，未按规定安装和使用具有行驶记录功能的卫星定位终端设备的；

（七）机动车驾驶员培训教练员有违反本条例第五十三条规定行为的；

（八）道路运输和道路运输相关业务经营者未按规定实施安全生产管理制度，或者未按规定期限报告道路运输安全情况或者隐瞒、拖延不报、谎报道路运输安全事故的。

第七十六条 违反本条例规定，有下列情形之一的，由县级以上道路运输管理机构责令改正，处一千元以上一万元以下罚款；情节严重的，由原许可机关吊销经营许可证：

（一）道路危险货物运输经营者、道路运输站（场）经营者未按规定接入统一管理或者服务信息平台的；

（二）道路旅客运输站（场）经营者对进站（场）的客运班车的发班方式、发班时间未按规定备案或者拒不执行道路运输管理机构关于客运班车发班方式和发班时间决定，或者未按规定配备并使用行包安全检查设备的；

（三）货运配载、货运代理经营者有违反本条例第四十二条规定行为的；

（四）机动车维修经营者有违反本条例第四十六条、第四十七条和第四十八条第一款规定行为的；

（五）机动车驾驶员培训经营者有违反本条例第五十四条规定行为的；

（六）道路运输和道路运输相关业务经营者聘用无法定从业资格证的人员从事道路运输和道路运输相关业务经营活动的；

（七）道路运输和道路运输相关业务经营者未按规定向道路运输管理机构报送相关统计资料和信息的。

第七十七条 汽车租赁经营者有违反本条例第五十六条和第五十七条第一款规定行为的，由县级以上道路运输管理机构责令改正，处一千元以上一万元以下罚款。

第七十八条 道路运输经营者未按本条例规定随车携带车辆营运证、客运标志牌的，由县级以上道路运输管理机构责令改正，处警告或者二十元以上二百元以下罚款。

第七十九条 县级以上人民政府交通运输主管部门及其道路运输管理机构和其他有关部门的工作人员有下列行为之一的，由有权机关依法给予处分；构成犯罪的，由司法机关依法追究刑事责任：

（一）未按相关法律、行政法规和本条例规定的条件、程序和期限实施行政许可的；

（二）发现违法行为不及时依法查处的；

（三）违反法定权限和程序实施监督检查、行政处罚的；

（四）索取、收受他人财物，或者谋取其他非法利益的；

（五）其他违法行为。

第六章　附　　则

第八十条　本条例下列用语的含义：

（一）班车客运，是指营运客车在城乡道路上按照固定的线路、时间、站点、班次运行的一种客运方式，包括直达班车客运和普通班车客运。

（二）包车客运，是指以运送团体旅客为目的，将营运客车提供给客户安排使用，由经营者提供驾驶劳务，按照约定的起讫地、目的地、线路、时间行驶，并由客户按照约定支付费用的一种客运方式。

（三）公共汽车客运，是指利用公共汽（电）车和公共交通设施，在市、县人民政府确定的范围内按照固定的线路、站点、车次和时间运行，为社会公众提供基本出行服务且具有社会公益性质的一种客运方式。

（四）服务质量招标方式，是指通过公开招标，对参加投标的客运经营者的质量信誉情况、经营规模、运力结构和安全保障措施、服务质量承诺、营运方案等因素进行综合评价，择优确定客运经营者的许可方式。

第八十一条　从事非经营性道路危险货物运输的，应当遵守本条例有关经营性道路危险货物运输的规定。

校车的安全管理依照法律、法规规定执行；道路旅客运输经营者从事学生上下学接送服务经营的，应当同时遵守本条例有关道路旅客运输的规定。

第八十二条　本条例自2012年7月1日起施行。2001年4月19日浙江省第九届人民代表大会常务委员会第二十六次会议通过、2005年9月30日浙江省第十届人民代表大会常务委员会第二十次会议修订的《浙江省道路运输管理条例》同时废止。

浙江省城市交通管理若干规定

(浙江省人民政府第12次常务会议审议通过,2013年9月26日以浙江省人民政府令第316号公布,自2013年11月1日起施行)

第一条 为了缓解城市交通拥堵,改善城市交通和人居环境,促进城市建设和交通协调发展,根据《中华人民共和国城乡规划法》、《中华人民共和国道路交通安全法》和《中华人民共和国道路交通安全法实施条例》等法律、法规的规定,结合本省实际,制定本规定。

第二条 城市应当构建资源节约、环境友好、结构协调、安全高效的综合交通体系。

第三条 城市人民政府是城市交通发展的责任主体。

城市人民政府及其有关部门应当结合本市交通特点,统筹城市发展和交通设施规划建设,平衡交通供求,优化设施利用,加强城市交通一体化管理。

城市应当优先发展公共交通。较大规模城市应当积极发展轨道交通、快速公共汽(电)车等大容量公共交通系统。

第四条 城市人民政府交通运输、城乡规划、国土资源、建设、公安、人民防空、发展和改革、财政、城市管理行政执法等部门应当按照各自职责,加强协同配合,共同做好城市交通管理及缓解城市交通拥堵工作。

机关、团体、企业事业单位及其他组织应当加强文明交通和绿色出行的宣传、教育;新闻媒体、教育机构应当经常性地组织相关公益宣传和教育活动。

倡导和支持通过公共交通、步行和自行车、通勤班车、智能租车、拼车、错峰出行等方式,减少机动车出行总量,均衡交通流量时空分布。

第五条 编制(包括修改,下同)城市总体规划、县(市)域总体规划,应当按照以城市公共交通支撑和引导城市发展的原则,统筹城市布局和交通发展。

编制城市总体规划、县（市）域总体规划，应当充分考虑交通需求与交通承载能力，合理确定土地开发强度、功能分区和路网结构，避免大量人口在缺乏便捷交通保障的较小区域过度集聚，避免因居住区域和工作区域远距离分离而产生过多的机动化出行量。

第六条 城市人民政府应当组织编制城市综合交通体系规划，具体工作由城乡规划部门会同发展和改革、交通运输、公安等部门负责实施。城市综合交通体系规划的规划期限应当与城市总体规划、县（市）域总体规划的规划期限相一致。

编制城市综合交通体系规划，应当科学判断城市交通发展趋势，统筹城市道路、公共交通、步行与自行车交通、停车、货运、交通枢纽、对外交通以及交通管理等系统的功能配置、总体布局，引导城市交通协调发展。城市综合交通体系规划的具体编制，按照国家相关编制导则的要求执行。

第七条 城市人民政府应当组织编制城市公共交通规划。城市公共交通规划应当以城市综合交通体系规划为依据。

城市公共交通规划应当以提供通达、快速、经济、安全的公共交通服务为总体目标，确定城市公共交通的结构、分工、规模，明确公共交通网络和场站的布局、技术要求、用地规模控制标准以及车辆配备总量标准，方便交通衔接换乘，促进城乡公共交通一体化发展。拟建设城市轨道交通的，应当确定其网络和车辆基地的布局、控制要求等内容。

第八条 城市人民政府应当按照城市综合交通体系规划和公共交通规划的要求，加大对公共交通设施及配套服务设施的建设和维护投入。

迁移、拆除公共交通场站设施的，应当征得交通运输等相关部门的同意。

第九条 城市人民政府应当保障交通设施用地，并优先保障公共交通设施用地。

城市人民政府应当支持公共交通设施用地的地上、地下空间的综合开发，开发收益用于公共交通基础设施建设和弥补公共交通运营亏损。

第十条 城市人民政府应当将城市公共交通发展纳入公共财政保障体系，按照国家和省的规定，采取下列财政、税收、价格措施，支持和促进公共交通的发展：

（一）对公共交通车辆（包括公共自行车）等设备的购置和更新给予资

金补助；

（二）对城市公共交通行业实行成品油、燃气等能源价格补贴；

（三）对城市轨道交通运营企业实行电价优惠；

（四）依法减征或者免征公共交通车船的车船税；

（五）免征城市公共交通企业新购置的公共汽（电）车的车辆购置税；

（六）对实行低票价、减免票、承担政府指令性任务等形成的政策性亏损以及企业在技术改造、节能减排、经营冷僻线路等方面的投入给予适当补贴、补偿；

（七）国家和省规定的其他支持措施。

城市人民政府应当制定相关制度，综合考虑载客数、运营里程、服务质量和政策性亏损等相关因素，合理确定政府补贴、补偿的范围和标准，相关资金应当及时足额到位。财政部门应当会同交通运输、价格等部门对城市公共交通企业的财务会计及成本核算实施监督。

城市人民政府交通运输部门应当会同财政、价格等部门定期对城市公共交通企业的服务质量进行评价。评价结果应当与给予城市公共交通企业的补助、补贴和补偿挂钩。

第十一条 城市人民政府及其有关部门可以根据城市公共交通运行状况，划定或者增加公共交通专用车道、优先车道，实施公共交通信号优先等措施，提高公共交通的准点率。

公共交通专用车道、优先车道的设置，按照城市公共交通规划确定的技术要求执行。

第十二条 城市公共交通企业应当完善服务标准和规范，优化线网设置，合理延长服务时间，及时淘汰落后车辆，保持车辆整洁完好，保障服务质量。鼓励城市公共交通企业及依法获得相关经营权的其他企业开展公共自行车租赁、高峰通勤等公共交通服务。

城市公共交通企业应当提前公示新增或者调整的线路、站点、班次和早晚班起止时间，建立公众意见接收和反馈制度，接受社会监督。

城市人民政府交通运输部门应当定期组织客流调查，根据公众出行需求及变化，适时组织制订公共交通线网结构优化调整方案，并向社会公开征求意见。方案确定后，城市公共交通企业应当执行。

第十三条 城市人民政府及其有关部门应当依据城市综合交通体系规划，结合城市地形地貌、自然条件和城市交通发展实际，细化、落实城市步行和自行车交通系统的发展政策及设施布局，提高道路环境的舒适性和安全性，保障道路通行条件和正常使用。在人流集中的大型商业中心、办公区、公共交通枢纽等区域，可以建设步行连廊等立体步行设施。

第十四条 新建交通流量集中、对城市局部交通有较大影响的下列建设项目，城市人民政府城乡规划部门应当会同交通运输、公安等部门对建设项目可能造成的交通影响进行评价，为建设项目规划选址或者拟定出让用地规划条件提供参考依据；按规定需要编制建设项目选址论证报告的，交通影响评价应当作为其中的专门章节：

（一）大型超市、物流仓储中心；

（二）影剧院、体育场（馆）、医院、学校等公共设施；

（三）城市中心区及主干道两侧的宾馆、饭店、商厦等大型商业建筑；

（四）大型居住区；

（五）对城市局部交通有较大影响的其他建设项目。

建设项目交通影响评价的具体办法，由省住房和城乡建设部门会同省交通运输部门、省公安部门制定。

建设项目交通影响评价的费用纳入财政预算，不得向建设单位收取。

第十五条 城市人民政府应当合理规划，加大投入，充分利用地面、地下等空间，开发和建设公共停车场、停车位、机械式停车库等停车设施。鼓励社会力量参与公共停车设施的开发、建设和管理。

新建、改建、扩建城市规划区内各类建筑工程，建设单位应当按照相关规划和标准的要求建设停车设施，并与主体工程同步设计、建设、竣工和交付使用。

未经依法批准，已建成的停车设施不得改变用途。建筑工程需改变用途的，改变用途后其停车位的配置应当符合相应的配套建设指标；不能达到规定指标的，城乡规划部门不予批准改变用途。

严格控制道路停车位数量。在城市拥堵区域相关路段不得新设道路停车位；已经设置的，应当逐步取消，具体范围和期限由施划道路停车位的部门确定和公布。

第十六条　对政府定价、政府指导价的公共停车位实行差异化收费政策。中心城区的停车收费应当高于其他区域的停车收费，同一区域内道路停车收费应当高于道路外的停车收费。

道路停车位的使用，应当根据实际情况，采取临时使用、限时使用和非固定使用等办法，提高使用效率。

第十七条　城市人民政府及其有关部门为了保障城市交通畅通，根据城市的交通状况和建设预期等因素，可以根据权限对小汽车等车辆采取限行、限停、提高停车收费等具体措施。

第十八条　城市人民政府及其有关部门应当采取措施，促进信息和自动化等技术在交通资源共享利用、交通组织与控制、公共交通线网优化和交通公益服务等方面的应用，加强车辆调度、安全监控、应急处置、公共交通"一卡通"、公共停车位自动计费、公众出行信息和停车诱导等管理和服务系统的建设，并促进智能租车等新型交通服务业的发展，提高城市交通管理和服务的效率、质量和科学化水平。

第十九条　城市人民政府公安部门应当会同有关部门，对城市交通现状适时组织进行专业评估，根据交通出行规律，按照安全、效率和公共交通优先的原则，科学实施交通组织、道路交叉口渠化、交通信号管理和人行横道布设，最大限度提升城市道路设施的使用效率。

公安、城市管理行政执法等部门应当开展经常性的城市道路交通违法行为整治。公安部门可以根据城市道路交通秩序状况，确定一定时期的重点整治内容和范围。

第二十条　在城市道路上发生交通事故，仅造成轻微财产损失，并且基本事实清楚的，应当先撤离现场再进行协商处理。

车辆行驶中发生故障但能够移动的，当事人应当立即自行将车辆移到不妨碍道路交通的路边。

第二十一条　城市人民政府应当加强对城市交通管理以及缓解城市交通拥堵相关工作的督促检查，并将其纳入工作目标责任制考核，对工作严重失职的单位和有关人员按照有关规定实行问责。

上级人民政府及有关部门应当加强对下级人民政府及有关部门的监督、考核和指导。

城市人民政府应当指定有关部门收集、分析和评估公众对改善城市交通的意见和建议，为城市交通管理和发展提供决策参考。

第二十二条 县人民政府所在地镇的交通管理，参照本规定执行。

第二十三条 本规定自 2013 年 11 月 1 日起施行。

安徽省城市公共汽车客运管理条例

(2016年3月31日安徽省第十二届人民代表大会常务委员会第二十八次会议通过)

第一章 总 则

第一条 为了促进城市公共交通事业优先发展，规范城市公共汽车客运市场秩序，维护城市公共交通活动当事人合法权益，引导公众绿色出行，根据有关法律、行政法规，结合本省实际，制定本条例。

第二条 本条例适用于本省行政区域内城市公共汽车客运的规划、建设、运营以及监督管理等活动。

本条例所称的城市公共汽车客运，是指在设区的市、县（市）人民政府确定的区域内，利用公共汽车和客运服务设施，按照核定的线路、站点、时间、价格运营，为社会公众提供出行服务的活动。

第三条 城市公共汽车客运是为公众提供基本出行服务的社会公益性事业，应当遵循政府主导、统筹规划、方便公众、安全便捷、绿色发展的原则。

第四条 设区的市、县级人民政府是发展城市公共汽车客运的责任主体，应当在设施建设、用地安排、路权分配、财税扶持等方面优先保障城市公共汽车客运发展，引导公众优先选择城市公共汽车出行。

鼓励社会资本参与城市公共汽车客运基础设施建设和运营，引导城市公共汽车客运经营企业规模化经营。

各级人民政府应当根据经济社会发展需要，推进城乡公共汽车客运一体化。

第五条 县级以上人民政府交通运输行政主管部门主管本行政区域内的城市公共汽车客运管理工作,其所属的道路运输管理机构负责具体实施城市公共汽车客运管理工作。

县级以上人民政府有关部门应当依据各自职责,共同做好城市公共汽车客运管理工作。

第二章 规划与建设

第六条 设区的市、县(市)人民政府交通运输行政主管部门应当会同住房城乡建设、规划、公安、国土资源等部门根据城市总体规划编制城市公共交通规划,报本级人民政府批准后实施。

城市公共交通规划应当根据经济社会发展需要,科学规划线网布局,优化重要交通节点设置和方便换乘,加强城市公共汽车客运与轨道交通、个体机动化交通以及步行、自行车出行的协调,促进城市内外交通便利衔接和城乡公共交通一体化发展。

编制城市公共交通规划,应当向社会公示规划草案,广泛征求社会意见,并对公众意见采纳情况向社会公布。

第七条 设区的市、县级人民政府应当优先保障城市公共汽车客运服务设施用地。符合《划拨用地目录》的,应当以划拨方式供地。

城市公共交通规划确定和预留的城市公共汽车客运服务设施用地,应当纳入城市用地规划统一管理,任何单位和个人不得侵占或者擅自改变其使用性质。

鼓励城市公共汽车客运服务设施土地使用者依法进行综合开发,提高土地利用效率。综合开发的收益用于城市公共汽车客运服务设施建设以及弥补运营亏损。

第八条 设区的市、县级人民政府规划、公安、交通运输等部门应当根据城市道路的技术条件、交通流量、出行结构、噪声和尾气控制等因素,科学设置或者调整公共汽车专用道以及优先通行信号系统,加强专用道的监控管理,禁止其他车辆进入公共汽车专用道行驶,保障城市公共汽车路权优先。

道路运输管理机构应当根据公共客运发展规划和城乡发展的实际需要，适时组织客流量调查和客运线路普查，优化公共汽车线网，合理调整公共汽车客运线路、站点和运营时间。

第九条 实施新区开发、旧城改造、大型住宅小区建设以及新建、改建、扩建机场、火车站、长途汽车客运站、码头、轨道交通等设施和旅游景点、大型商业、娱乐、文化、教育、体育等公共设施时，设区的市、县级人民政府应当按照公共汽车客运配建标准配套建设城市公共汽车客运服务设施，并与主体工程同步设计、同步建设、同步竣工、同步交付使用。

第十条 城市公共汽车客运服务设施的经营管理者应当加强管理和维护，保障设施安全、完好。

任何单位和个人不得擅自占用、移动、拆除城市公共汽车客运服务设施。确需占用、移动、拆除城市公共汽车客运服务设施的，应当经道路运输管理机构和城市公共汽车客运服务设施经营管理者同意，并及时予以恢复重建。

任何单位和个人不得污损、涂改、覆盖城市公共汽车客运服务标志等设施；不得摆摊设点、堆积物品，妨碍公共汽车站点使用。在公共汽车站点及距离站点三十米以内的路段，其他车辆不得停靠。

第十一条 城市公共汽车站点的命名应当指位明确、导向无误，一般以传统地名或者所在道路、标志性建筑物、公共设施、历史文化景点或者公共服务机构的名称命名，由道路运输管理机构确定。

第三章 经营许可

第十二条 从事城市公共汽车客运经营活动，应当具备下列条件：
（一）有合理、可行的经营方案；
（二）有与经营规模相适应的运营车辆；
（三）有相应的经营管理人员、调度员、驾驶员和其他从业人员；
（四）有与经营方案相配套的客运服务、安全管理等方面的运营管理制度；
（五）法律、法规规定的其他条件。

第十三条 从事城市公共汽车客运运营的车辆，应当符合规定的车型、相关技术标准,性能和设施安全、完好,安装和使用具有信息采集、存储、交换和监控功能的设施。

第十四条 从事城市公共汽车客运运营的驾驶员,应当符合下列条件:

(一)取得相应的机动车驾驶证;

(二)三年内无重大以上交通责任事故记录;

(三)身心健康,无传染性疾病,无癫痫、精神病等可能危及行车安全的疾病病史;

(四)法律、法规规定的其他条件。

第十五条 从事城市公共汽车客运经营,应当向设区的市、县(市)道路运输管理机构申请取得城市公共汽车客运经营权。

道路运输管理机构应当采取以服务质量为主要条件的招标、竞争性谈判等竞争方式,将城市公共汽车客运经营权授予符合法定条件的城市公共汽车客运经营企业;通过招标、竞争性谈判等竞争方式无法确定的,可采取直接授予的方式。

禁止以有偿方式确定城市公共汽车客运经营权。禁止转让或者以承包、出租等方式变相转让城市公共汽车客运经营权。

第十六条 道路运输管理机构应当与取得城市公共汽车客运经营权的企业签订运营协议。运营协议应当包括线路、站点、配备车辆数量与车型、发车间隔、首末班车时间的最低要求、经营期限、服务质量及考核办法、安全责任、违约责任等。

第十七条 城市公共汽车客运经营企业经营期限届满需要延续经营的,应当在期限届满前六个月向道路运输管理机构提出申请。道路运输管理机构应当根据该企业服务质量考核结果、运营安全情况等,作出是否延续的决定。

第四章 运营管理

第十八条 城市公共汽车客运经营企业应当按照运营协议确定的线路、站点、时间、班次运营。确需调整的,应当经道路运输管理机构同意,并提前十日向社会公告。

因市政工程建设、大型群众性活动等情况需要临时变更线路、站点、时间的，建设单位、活动举办者应当向公安机关交通管理部门和道路运输管理机构报告；公安机关交通管理部门应当会同道路运输管理机构与城市公共汽车客运经营企业协商确定调整运营方案，并由城市公共汽车客运经营企业提前十日向社会公告。因道路、桥梁除险加固等紧急情况需要临时调整的，应当及时向社会公告。

第十九条　城市公共汽车客运经营企业应当按照国家和省有关标准和规定设置公交站牌，并在站牌上标明线路名称、行驶方向、首末班车时间、发车间隔、所在站点和沿途停靠站点等信息。

第二十条　城市公共汽车客运实行政府定价。

价格行政主管部门根据社会承受能力、企业运营成本和交通供求状况等因素确定城市公共汽车客运票价。

确定城市公共汽车客运票价应当依法举行听证。

第二十一条　免收下列乘客的乘车费用：

（一）现役军人、残疾军人、因公致残人民警察；

（二）盲人、二级以上肢体残疾人；

（三）七十周岁以上老年人以及设区的市、县（市）人民政府规定免费乘车的其他老年人；

（四）身高1.3米以下的儿童；

（五）其他享受免费乘车政策的人员。

乘客可以免费携带重量三十千克以下或者长宽高之和不超过二百厘米的物品。

第二十二条　城市公共汽车客运经营企业应当遵守下列规定：

（一）执行城市公共汽车客运服务标准，向乘客提供安全、便利、稳定的服务，维护乘客的合法权益；

（二）公示并执行价格行政主管部门规定的收费标准，落实减免票政策；

（三）在车厢内显著位置公布服务监督电话，张贴线路走向示意图，设置老、弱、病、残、孕专用座位和禁烟标志；

（四）加强对运营车辆的维护和检测，保持车辆技术、安全性能符合有关标准；

（五）运营车辆因故障不能正常行驶的，及时组织乘客免费转乘同线路的其他车辆或者调派车辆，后续车辆驾驶员和乘务员不得拒载；

（六）加强对从业人员职业道德、业务技能、安全生产的教育培训，组织从业人员定期进行健康检查，不得强迫从业人员违反安全生产制度作业；

（七）不得擅自停业、歇业或者终止运营；

（八）建立投诉举报制度，及时处理乘客投诉。

第二十三条　城市公共汽车客运经营企业应当落实安全生产主体责任，建立、健全安全生产管理制度，保证安全资金投入，设立安全管理机构，配备安全管理人员，加强运营安全检查，及时消除事故隐患。

第二十四条　城市公共汽车客运经营企业应当在运营车辆和场站醒目位置设置安全警示标志、安全疏散示意图，保证安全通道、出口畅通，保持灭火器、安全锤、车门紧急开启装置等安全应急设施、设备完好。

城市公共汽车客运经营企业应当制定具体应急预案，并定期进行演练。遇到危及运营安全的紧急情况，应当及时启动应急预案。

第二十五条　城市公共汽车客运经营企业应当与从业人员依法订立劳动合同，建立工资收入正常增长机制，依法缴纳社会保险费，保障从业人员法定休息权利。

第二十六条　公共汽车驾驶员、乘务员以及其他从业人员应当遵守下列规定：

（一）文明驾驶，安全驾驶；

（二）按规定携带、佩戴相关证件；

（三）按照核定的运营线路、车次、时间发车和运营，依次进站停靠，不得到站不停、滞站揽客、中途甩客，不得在站点外随意停车上下乘客；

（四）按照核准的收费标准收费，执行有关优惠或者免费乘车的规定；

（五）及时准确报清线路名称、行驶方向和停靠站点名称，提示安全注意事项，为老、幼、病、残、孕乘客提供帮助；

（六）及时采取措施，处置突发情况；

（七）国家和省制定的城市公共汽车客运其他服务规范。

第二十七条　乘客应当遵守下列规定：

（一）按秩序乘车；

（二）上车主动购票、投币、刷卡或者出示有效乘车凭证；

（三）学龄前儿童乘车应当有父母或者其他有监护能力的成年人监护；

（四）不得携带易燃、易爆、有毒等危险品或者有放射性等有碍他人安全、健康的物品乘车；

（五）不得携带犬、猫等动物乘车，但导盲犬除外；

（六）不得在车厢内吸烟、随地吐痰，不得向车外抛扔废弃物；

（七）听从驾驶员、乘务员的管理；

（八）不得实施可能影响车辆正常运营、行驶安全、乘客安全的行为。

第五章　保障与监督

第二十八条　县级以上人民政府应当推进信息技术在城市公共汽车客运运营管理、服务监督和行业管理等方面的应用，建设公众出行信息服务系统、车辆运营调度管理系统、安全监控系统和应急处置系统，完善城市公共汽车客运移动支付体系，促进智能公交发展。

第二十九条　县级以上人民政府应当增加投入，发展低碳、高效、大容量的城市公共汽车客运交通，支持和鼓励城市公共汽车客运经营企业使用新能源汽车，推动新能源汽车规模化应用和新能源供给设施建设，淘汰不符合排放标准的老旧车辆。

第三十条　设区的市、县级人民政府应当组织交通运输、财政、价格等有关部门建立城市公共汽车客运经营企业成本评估制度，合理界定城市公共汽车客运补贴范围和补贴额度。

设区的市、县级人民政府对城市公共汽车客运经营企业实行低于成本的票价、减免票、承担政府指令性任务等形成的政策性亏损，应当足额补贴；对城市公共汽车客运经营企业在车辆购置、技术改造、节能减排、经营冷僻线路等方面的投入，应当给予适当补贴。具体办法由设区的市、县级人民政府制定。

审计机关应当依法加强对城市公共汽车客运补贴资金使用的监督，并定期公布审计结果。

第三十一条　县级以上人民政府应当建立城市公共汽车客运发展水平绩效评价制度，定期开展评价，评价结果应当向社会公布。

上级人民政府应当将评价结果纳入对本级人民政府负有公共交通管理职责的相关部门及其负责人和下级人民政府及其负责人的考核内容。

第三十二条　设区的市、县级人民政府应当加强对城市公共汽车客运安全管理工作的领导，督促有关部门履行安全监督管理职责，及时协调、解决安全监督管理中的重大问题。

设区的市、县级人民政府交通运输行政主管部门应当定期开展安全检查，督促企业消除安全隐患。

第三十三条　设区的市、县级人民政府交通运输行政主管部门应当会同有关部门制定城市公共汽车客运突发事件应急预案，报本级人民政府批准。

城市公共汽车客运突发事件发生后，交通运输等部门和城市公共汽车客运经营企业应当立即启动应急预案，采取应对措施。

第三十四条　公安、交通运输等部门以及公共客运经营者应当加强安全乘车和安全应急知识宣传工作，普及公共客运安全应急知识；学校应当对学生开展安全、文明乘车教育。

第三十五条　道路运输管理机构应当建立健全监督检查制度，依法加强对城市公共汽车客运运营服务的监督检查。

第三十六条　道路运输管理机构应当建立城市公共汽车客运经营企业服务质量考核制度，并定期组织实施。考核结果应当作为发放政府补贴、城市公共汽车客运经营权延续与退出的重要依据。

第三十七条　道路运输管理机构应当建立城市公共汽车客运运营服务投诉举报制度，公布投诉举报电话、通信地址和电子邮件信箱。

乘客对城市公共汽车客运经营企业、驾驶员和乘务员违反本条例规定的行为，有权向道路运输管理机构投诉。道路运输管理机构应当自接到投诉之日起十日内进行调查处理，并将调查处理情况答复投诉人。

第六章　法　律　责　任

第三十八条　违反本条例第八条第一款、第十条第三款规定，占用公共汽车专用道，或者在公共汽车站点及距离站点三十米以内的路段停靠其他车辆的，由公安机关交通管理部门依法处罚。

违反本条例第十条第二款规定，擅自占用、移动、拆除城市公共汽车客运服务设施，或者经同意占用、移动、拆除城市公共汽车客运服务设施未及时恢复重建的，由道路运输管理机构责令限期改正，对单位处一千元以上五千元以下罚款，对个人处五百元以上一千元以下罚款。

违反本条例第十条第三款规定，污损、涂改、覆盖城市公共汽车客运服务标志、设施，或者摆摊设点、堆积物品妨碍公共汽车站点使用的，由市容环境卫生管理部门依法处罚。

第三十九条 违反本条例第十五条第一款、第三款、第十八条、第二十二条第七项规定，城市公共汽车客运经营企业有下列行为之一的，由道路运输管理机构责令限期改正，处一万元以上三万元以下罚款；有违法所得的，没收违法所得：

（一）未取得城市公共汽车客运经营权擅自从事运营的；

（二）转让或者以承包、出租等方式变相转让城市公共汽车客运经营权的；

（三）未按照规定的线路、站点、班次及时间组织运营的；

（四）擅自停业、歇业或者终止运营的。

有前款第二至四项规定情形之一，经责令限期改正而拒不改正、情节严重的，道路运输管理机构可以终止运营协议。

第四十条 违反本条例第十三条、第十四条、第二十二条第六项规定，城市公共汽车客运经营企业有下列行为之一的，由道路运输管理机构责令限期改正，处一千元以上五千元以下罚款：

（一）聘用不符合本条例规定条件的驾驶员驾驶运营车辆的；

（二）使用不符合本条例规定条件的车辆从事运营，或者未按照国家有关规定加强对运营车辆的维护和检测，影响安全运行的；

（三）强迫从业人员违反安全生产制度作业的。

第四十一条 违反本条例第二十二条第三项、第五项、第八项规定，城市公共汽车客运经营企业有下列行为之一的，由道路运输管理机构责令限期改正；拒不改正的，处一千元以上五千元以下罚款：

（一）未在车厢内显著位置公布服务监督电话，张贴线路走向示意图，

以及设置老、弱、病、残、孕专用座位和禁烟标志的;

(二)运营车辆因故障不能正常行驶,未组织乘客免费转乘同线路的其他车辆或者调派车辆,以及后续车辆驾驶员和乘务员拒载的;

(三)未处理乘客投诉的。

第四十二条 违反本条例第二十六条规定,公共汽车驾驶员、乘务员有下列行为之一,由道路运输管理机构责令限期改正,处警告或者五十元以上二百元以下罚款:

(一)到站不停、滞站揽客、中途甩客或者在站点外随意停车上下乘客的;

(二)未按照核准的收费标准收费的;

(三)未及时准确报清线路名称、行驶方向和停靠站点名称,提示安全注意事项的。

第四十三条 乘客有违反本条例第二十七条规定的行为,经劝阻无效的,驾驶员、乘务员可以拒绝其乘车;造成车辆及相关设施损坏的,应当依法承担赔偿责任;扰乱公共汽车上的秩序或者非法拦截或者强登、扒乘公共汽车,影响车辆正常行驶的,由公安机关根据《中华人民共和国治安管理处罚法》的规定,依法追究法律责任。

第四十四条 国家机关工作人员违反本条例第三十二条第二款、第三十三条、第三十七条规定,有下列情形之一的,由有权机关依法给予处分;构成犯罪的,依法追究刑事责任:

(一)未依法定期开展安全检查,或者在监督检查中发现重大事故隐患,未依法及时处理的;

(二)未按规定采取措施处置突发事件或者处置不当,造成不良后果的;

(三)未按照规定处理乘客投诉的;

(四)索取、收受他人财物或者以其他方式非法谋取利益的;

(五)其他玩忽职守、滥用职权、徇私舞弊行为的。

第七章 附 则

第四十五条 本条例下列用语的含义:

（一）城市公共汽车客运服务设施，是指为公共汽车客运服务的停车场、保养场、站务用房、候车亭、站台、站牌以及油汽供配电等设施。

（二）城市公共汽车站点，是指供乘客上下车的，为公共汽车客运服务的首末站、途中站。

第四十六条 城市公共汽车客运经营企业接受委托提供校车服务的，按照国务院《校车安全管理条例》有关规定执行。

第四十七条 推行城乡公交一体化的城市，设区的市人民政府可以参照本条例，结合本地实际，制定具体管理办法。

设区的市可以制定城市轨道交通管理办法。

公共汽车客运跨城市运营的，由相关设区的市、县级人民政府共同商定运营方式和管理模式。

第四十八条 本条例自2016年6月1日起施行。

福建省道路运输条例

(2013年11月29日福建省第十二届人民代表大会常务委员会第六次会议通过)

第一章 总 则

第一条 为维护道路运输市场秩序，保障道路运输安全，保护道路运输有关各方当事人的合法权益，推进道路运输业的健康发展，根据有关法律、法规，结合本省实际，制定本条例。

第二条 在本省行政区域内从事道路运输经营、道路运输相关业务和道路运输管理活动的，适用本条例。

本条例所称道路运输经营是指为社会公众提供汽车运输有偿服务的活动，包括道路旅客运输经营（以下简称客运经营）和道路货物运输经营（以下简称货运经营）。道路运输相关业务包括道路运输站（场）、机动车维修、机动车驾驶员培训、汽车租赁等业务。

第三条 发展道路运输应当遵循统筹规划、合理引导、安全便捷、节能环保的原则，鼓励道路运输以及相关业务经营者实行规模化、集约化、公司化经营。

第四条 县级以上地方人民政府应当根据当地经济和社会发展的需要，制定并组织实施本行政区域道路运输发展规划，构建现代道路运输服务体系，实现道路运输与铁路、水路、航空等其他运输方式的合理衔接。

县级以上地方人民政府应当采取措施，扶持乡村道路运输，促进城乡道路运输一体化。

第五条 县级以上地方人民政府交通运输主管部门负责组织领导本行政区域内的道路运输管理工作；其所属的道路运输管理机构负责具体实施道路运输管理工作。

县级以上地方人民政府其他有关部门按照各自职责，做好道路运输管理的相关工作。

第六条 道路运输行业相关协会应当根据行业协会章程，建立健全行业自律制度，规范和指导会员经营行为，维护会员合法权益，参与道路运输相关政策、行业标准的研究制定和宣传贯彻，促进道路运输业健康发展。

第二章 道路运输经营

第七条 从事道路运输经营的，应当依法取得道路运输经营许可。

从事道路运输经营的车辆，应当依法取得车辆营运证。

第八条 道路运输经营者应当按照规定的行驶间隔里程或者时间对道路运输车辆进行维护和检测，确保道路运输车辆符合国家和本省规定的技术标准、排放标准和燃料消耗量限值，并建立道路运输车辆技术档案。

第九条 道路运输经营者应当执行县级以上地方人民政府及其交通运输主管部门下达的抢险、救灾、交通战备等应急运输任务。

道路运输经营者执行应急运输任务的，由车辆实际使用单位或者县级以上地方人民政府按照国家规定标准承担相应运输费用，并对不足部分给予适当补偿。

第一节 班线客运、包车客运和旅游客运经营

第十条 县级以上道路运输管理机构根据当地客运市场的供求状况、主要客流流向和流量变化情况，可以适时调整客运结构，完善客运布局，满足公众出行要求。

第十一条 有下列情形之一的，县级以上道路运输管理机构可以采取招标投标的方式配置客运班线经营权：

（一）同一条客运班线有三个以上申请人申请的；

（二）根据客运市场的供求状况、普遍服务和方便群众等因素，道路运输管理机构决定开通的客运班线，或者在原客运班线上投放新的运力；

（三）已有的客运班线经营期限到期，原经营者不具备延续经营资格条件，需要重新许可的。

第十二条 班线客运车辆应当按照许可的线路、班次、客运站点运行和停靠，在规定的客运站点进站上下旅客，不得沿途揽客。

第十三条 包车客运经营者应当持有包车票或者包车合同，凭车籍所在地县级以上道路运输管理机构核发的包车客运标志牌，按照约定的时间、起讫地和线路运营，不得招揽包车合同外的旅客乘车。

第十四条 客运车辆无法继续行驶或者因班线客运、包车客运和旅游客运经营者及其驾驶人员的过错造成旅客漏乘、误乘的，经营者应当安排改乘或者退票，不得加收费用。客运经营者应当确保车辆的设施设备齐全有效，保持车辆清洁、卫生。

第十五条 班线客运、包车客运和旅游客运经营者及其驾驶人员不得有下列行为：

（一）无正当理由拒载旅客；

（二）超过机动车核定载客人数载客；

（三）中途将旅客交给他人运输或者甩客；

（四）在高速公路上上下旅客、装卸行包；

（五）不执行政府指导价、政府定价；

（六）其他侵害旅客合法权益的行为。

第二节 公共汽车客运经营

第十六条 县级以上地方人民政府应当组织编制公共交通发展规划，严格按照规划要求落实公共汽车客运基础设施配建标准，设置公共汽车专用道、港湾式停靠站和优先通行信号系统，在城市规划、用地保障、设施建设、道路通行、财政投入等方面支持公共汽车客运优先发展，满足社会公众出行需求。

第十七条 设区的市、县（市）人民政府应当建立公共汽车客运经营企业成本评估制度和补贴补偿制度，并定期组织对企业服务质量进行测评，测评结果作为政府发放补贴的重要依据。

第十八条 从事公共汽车客运经营的，应当具备下列条件：

（一）有企业法人资格；

（二）有符合国家有关标准的车辆、设施；

（三）有符合规定的运营资金；

（四）有符合国家规定条件的驾驶员、专业人员和管理人员；

（五）有健全的运营服务和安全管理制度；

（六）法律、法规规定的其他条件。

第十九条 公共汽车客运经营者必须按照确定的线路、站点、时间、车辆数量和服务规范运营，不得有下列行为：

（一）未经批准转让线路经营权；

（二）未经批准新增、变更、暂停、终止线路运营；

（三）不按照规定设置线路走向示意图、监督投诉电话号码；

（四）违反法律、法规的其他行为。

公共汽车客运经营者新增、变更、暂停、终止线路运营的，应当经当地道路运输管理机构批准。经批准新增、变更、暂停、终止线路运营的，道路运输管理机构应当提前五日向社会公布，客运经营者应当在相关公交站点公告调整信息。

第二十条 公共汽车客运驾驶员在运营服务中，应当携带相关证件，安全驾驶，规范作业，不得有下列行为：

（一）不按照规定线路行驶或者不按照规定站点停靠；

（二）无故拒载乘客、中途甩客、滞站揽客；

（三）违反法律、法规的其他行为。

第三节 出租汽车客运经营

第二十一条 设区的市、县（市）人民政府应当根据本行政区域城市总体规划编制出租汽车客运行业发展规划，合理确定本行政区域出租汽车客运发展的规模，适时投放运力，服务城乡经济社会发展，满足人民群众出行的需要。

交通运输主管部门应当通过服务质量招标等公开、公平的方式实施出租汽车客运经营许可，出租汽车客运经营期限由设区的市、县（市）人民政府确定。

第二十二条　申请从事出租汽车客运经营的，应当具备下列条件：

（一）有符合规定条件的驾驶人员和规定标准的车辆；

（二）有健全的安全生产管理制度、服务质量保障制度以及相应的责任承担能力；

（三）有与经营规模相适应的管理人员；

（四）法律、法规规定的其他条件。

设区的市、县（市）交通运输主管部门应当自受理申请之日起二十日内作出许可或者不予许可的决定。作出许可的，向申请人颁发《出租汽车客运经营资格证》。

第二十三条　从事出租汽车客运经营活动的车辆应当取得《出租汽车车辆营运证》，由设区的市、县（市）人民政府交通运输主管部门依法核发；从事出租汽车客运服务的驾驶人员应当按照国家有关规定取得《出租汽车驾驶员从业资格证》，由设区的市道路运输管理机构依法核发，并经从业资格注册后方可从事出租汽车客运服务。

第二十四条　取得《出租汽车客运经营资格证》《出租汽车车辆营运证》《出租汽车驾驶员从业资格证》后不符合原取得条件的，由原发证机关依法予以撤销。

第二十五条　出租汽车客运经营者应当在车籍所在地交通运输主管部门规定的区域内经营；或者根据乘客的需要，往返于车籍地与非车籍地之间，但不得从事或者变相从事班线客运。

出租汽车客运经营的区域由设区的市人民政府交通运输主管部门经本级人民政府批准后向社会公布。

第二十六条　出租汽车客运经营者应当遵守下列规定：

（一）按照国家、行业和地方的有关标准和规定，对营运车辆进行定期维护、检测检验，保证营运车辆符合本条例第二十七条规定的条件；

（二）不得聘用无《出租汽车驾驶员从业资格证》的人员驾驶出租汽车从事经营活动；

（三）变更法定代表人、更新车辆的，向所在地人民政府交通运输主管部门备案；

（四）合理设置出租汽车交接班时间，满足公众出行需求；

（五）不得非法转让出租汽车客运经营许可；

（六）法律、法规规定的其他情形。

第二十七条　从事出租汽车客运经营活动的车辆除应当符合国家规定的机动车技术标准外，还必须具备以下条件：

（一）符合国家和地方营运车辆标准；

（二）符合车籍所在地人民政府交通运输主管部门规定的车型、车身颜色；

（三）固定装置统一的出租汽车顶灯、空车标志、暂停载客标志，车身喷有经营者名称和监督电话号码；

（四）安装经检定合格的出租汽车里程计价器，在车内醒目位置张贴起步价、每公里运价等价费的收取标准；

（五）法律、法规规定的其他条件。

第二十八条　出租汽车客运驾驶员营运时应当文明行车、优质服务并遵守下列规定：

（一）随车携带《出租汽车车辆营运证》《出租汽车驾驶员从业资格证》，按照规范放置道路运输管理机构配发的服务监督卡；

（二）不得将出租汽车交给无《出租汽车驾驶员从业资格证》的人员驾驶从事经营活动；

（三）按照规定使用经检定合格的里程计价器，并主动向乘客出具营运车票；

（四）无正当理由不得拒载或者未经乘客同意招徕其他乘客同乘；

（五）营运途中不得有甩客、无故绕行或者其他刁难、欺骗、勒索乘客的行为；

（六）交接班前在车辆明显位置明示交接班时段和去向。

第二十九条　机场客运站、铁路客运站、道路旅客运输站（场）、客运码头等单位，应当划定出租汽车行驶路线和专用候车区域，向出租汽车开放运营。出租汽车驾驶员应当服从统一调度，按序发车。

除经营性的专用停车场（站）外，其他为社会车辆提供服务的停车场所，管理单位不得向临时停靠的出租汽车驾驶员收取任何费用。

第三十条　鼓励企业或者个人建立出租汽车服务站，为出租汽车客运经营者、驾驶员提供休憩、餐饮、保洁等服务。

第四节　货物运输经营

第三十一条　县级以上道路运输管理机构应当引导、整合道路货物运输资源；鼓励道路货物运输企业采用甩挂运输方式，建设、改造满足甩挂运输要求、装备先进的道路运输站（场），按照标准化的生产业务流程和设施设备开展甩挂运输。

第三十二条　货运经营者应当按照货物运输规则和作业规程受理、承运货物，并采取必要措施防止运输中货物的脱落、扬撒、流失或者渗漏。

第三十三条　危险货物运输车辆应当悬挂危险货物运输标志，配备合格的安全防护设备，并符合相关技术标准。

运输危险货物应当采取必要措施，防止危险货物燃烧、爆炸、辐射或者泄漏；除驾驶人员外，应当随车配备押运人员。

第三十四条　货运经营者不得有下列行为：

（一）混合装载性质相抵触、运输条件要求不同的货物；

（二）使用非集装箱专用卡车运送集装箱；

（三）使用移动罐体（罐式集装箱除外）从事危险货物运输；

（四）使用罐式专用车辆或者运输有毒、腐蚀、放射性危险货物的专用车辆运输普通货物。

第三章　道路运输相关业务

第三十五条　从事道路运输站（场）经营、机动车维修经营、机动车驾驶员培训、汽车租赁经营业务的，应当依法取得经营许可。

从事货物运输代理、货物运输配载、货物仓储理货等业务的，应当自取得工商营业执照之日起二十日内向所在地县级道路运输管理机构备案。

第一节 道路运输站（场）经营

第三十六条 县级以上地方人民政府应当将道路运输站（场）专项规划纳入当地城乡规划和土地利用总体规划，与城市公共交通以及其他运输方式相互衔接，并符合城市道路交通安全管理规划。

第三十七条 道路运输站（场）的建设应当与公路、城市道路相互协调；新建、改建、扩建县乡公路的，应当将农村客运站、候车亭、招呼站等设施统一规划，同步设计、同步建设、同步验收。

道路运输站（场）等涉及公益性的项目用地，享受划拨方式供地或者工业用地政策，县级以上地方人民政府给予财政补助等方面支持。

第三十八条 道路旅客运输站（场）经营者应当遵守下列规定：

（一）在站（场）内显著位置公布进站（场）客运车辆的班车类别、客车类型等级、运输路线、起讫停靠站点、班次、发车时间、票价等信息；

（二）为合法进站（场）经营的客运车辆合理安排发车时间，公平售票；

（三）不得允许未经批准进站（场）营运的车辆在站（场）内从事经营活动；

（四）法律、法规规定的其他情形。

道路旅客运输站（场）经营者应当逐步实现异地联网售票、电子售票；在道路旅客运输站（场）外设置客运售票点，应当自设置之日起二十日内向所在地县级道路运输管理机构备案。

第三十九条 道路货物运输站（场）经营者应当遵守下列规定：

（一）公平对待使用货运站（场）的道路货物运输经营者；

（二）不得允许无证经营的车辆在站（场）内从事经营活动；

（三）无正当理由不得拒绝合法货运车辆进站（场）经营；

（四）不得垄断货源、抢装货物、扣押货物；

（五）不得擅自改变站（场）用途和服务功能；

（六）法律、法规规定的其他情形。

第四十条 货物运输代理、货物运输配载、货物仓储理货服务经营者应当诚信经营，与托运人、承运人签订服务合同。

货物运输代理、货物运输配载服务经营者应当向承运人和托运人提供及时、准确的运输信息；不得将所受理的运输业务交给没有合法资格的承运人承运；不得承接应当办理而未办理准运手续的货物运输代理业务。

货物仓储理货服务经营者应当按照货物的性质、保管要求和有效期限，对货物分类存放，保证仓储货物完好。

第二节 机动车维修经营

第四十一条 机动车维修经营者应当按照有关技术标准和工艺规范维修车辆。

机动车维修经营者应当建立维修配件采购登记台账，记录配件购买日期、供应商名称及地址、配件名称及型号规格等内容。

机动车维修经营者应当按照国家和本省有关规定采用节能环保方式维修机动车、处置废弃物。

第四十二条 机动车维修经营者对机动车进行整车修理、总成修理、二级维护的，应当与托修方签订合同，并按照规定进行竣工质量检验，建立机动车维修档案。

机动车维修经营者不具备行业规定竣工质量检验条件的，应当委托具备条件的机动车维修经营者或者维修竣工质量检测机构实施竣工质量检验，检验数据应当真实有效。

第四十三条 机动车维修实行维修质量保证期制度。机动车维修经营者应当公示承诺的维修质量保证期，所承诺的维修质量保证期不得低于国家有关维修质量保证期的规定。

在维修质量保证期内，因维修质量原因造成机动车无法正常使用的，机动车维修经营者应当无偿返修并承担因返修给当事人造成的损失；造成道路交通责任事故的，应当依法承担法律责任。

第三节 机动车驾驶员培训

第四十四条 机动车驾驶员培训机构应当遵守下列规定：

（一）按照经营许可证核定的经营类别、培训范围开展培训活动；

（二）按照规定的教学大纲和培训教材进行培训，真实准确地填写教学日志和培训记录；

（三）向培训结业的学员颁发全国统一式样的机动车驾驶培训结业证书；

（四）教学车辆应当符合国家、行业标准的规定，配置学时计时仪；

（五）不得在许可的训练场地外开展场地训练；

（六）不得采取哄抬价格、欺骗学员等不正当手段开展培训活动；

（七）不得允许非本机构车辆以其名义开展培训活动；

（八）不得聘用未取得《教练员证》的人员从事培训活动。

机动车驾驶培训机构的教学车辆由道路运输管理机构予以配发《教学车辆证》，并随车携带。

第四十五条 道路运输管理机构应当根据机动车驾驶培训机构执行教学大纲、颁发结业证书等情况对培训记录进行核签。公安机关交通管理部门在受理经驾驶培训机构培训的机动车驾驶证考试申请时，应当按照国家有关规定查验并收存驾驶培训机构出具的培训记录。

道路运输管理机构和公安机关交通管理部门应当按照各自职责范围，做好驾驶员培训学时计时、考试及质量跟踪，建立机动车驾驶员培训与考试的衔接制度。

第四节 汽车租赁经营

第四十六条 从事汽车租赁经营的，应当具备下列条件：

（一）自有十辆以上经安全技术检验合格的车辆；

（二）车辆类型为核载人数为九人以下的载客汽车；

（三）有与其经营业务相适应的办公场所、停车场地；

（四）有必要的经营管理、车辆技术、安全管理人员；

（五）有健全的安全管理制度；

（六）法律、法规规定的其他条件。

从事汽车租赁经营的，应当在取得工商营业执照后，向所在地县级以上道路运输管理机构提出申请，并提交符合前款规定的相关材料。县级以上道路运输管理机构应当自受理申请之日起二十日内作出许可或者不予许可的决定。作出许可的，向申请人颁发《汽车租赁经营许可证》，并向相应车辆配发《租赁汽车证》。

鼓励汽车租赁经营者规模化、网络化发展，自有车辆达300辆以上的汽车租赁经营者异地设立分支机构的，报设立地道路运输管理机构备案。

第四十七条　汽车租赁经营者应当与承租人签订租赁合同，汽车租赁合同由省道路运输管理机构统一格式。

第四十八条　汽车租赁经营者应当遵守下列规定：

（一）汽车租赁经营者应当向承租人提供技术状况良好，《机动车行驶证》《租赁汽车证》和机动车第三者责任强制保险单均合法有效的车辆；

（二）按照有关规定加强车辆日常维护，定期进行安全技术检验；

（三）保持租赁车辆技术状况良好，建立健全车辆档案；

（四）新增租赁车辆应当向原许可的道路运输管理机构报备，由道路运输管理机构配发《租赁汽车证》；

（五）按规定报送统计报表；

（六）不得伪造、变造、出租、转让汽车租赁经营手续；

（七）不得将车辆租给未持相应机动车驾驶证的承租人；

（八）法律、法规规定的其他情形。

第四十九条　汽车承租人应当遵守下列规定：

（一）随车携带承租车辆的《租赁汽车证》等相关证件；

（二）不得利用承租车辆从事违法活动；

（三）不得将承租车辆进行抵押、变卖；

（四）不得将承租车辆转交给未持有效机动车驾驶证的人驾驶；

（五）法律、法规规定的其他情形。

第四章　道路运输安全

第五十条　各级地方人民政府对本行政区域内道路运输安全监督管理负领导责任。

县级以上地方人民政府交通运输主管部门负责对同级道路运输管理机构实施道路运输安全管理工作进行指导监督。

县级以上道路运输管理机构依法实施道路运输安全监督管理。

县级以上公安机关负责道路交通安全的管理工作；应当根据道路旅客运输和危险货物运输驾驶员、机动车驾驶培训教练员的申请，为其提供三年内无重大以上交通责任事故的证明或者教练员相应安全驾驶经历证明。

第五十一条 道路运输以及道路运输相关业务经营者是道路运输安全的责任主体，其主要负责人是本企业道路运输安全的第一责任人，应当履行法律法规规定的职责。

第五十二条 道路运输以及道路运输相关业务经营者应当遵守下列规定：

（一）建立和完善安全生产责任制度；

（二）建立和完善从业人员安全生产教育、培训和考核上岗制度，未经安全生产教育和培训考核合格的道路客货运输驾驶员不得上岗作业；

（三）建立和完善安全生产事故隐患排查治理制度；

（四）建立和完善营运车辆安全检查制度，未经安全检查或者安全检查不合格的车辆不得参加营运；

（五）建立和完善安全事故报告制度，按照规定向道路运输管理机构报告道路运输事故情况。

第五十三条 道路运输以及道路运输相关业务经营者应当制定生产安全事故应急处置预案并组织预案演练。

道路运输经营者应当加强对营运车辆驾驶员的应急处置能力的教育、培训。

第五十四条 道路运输经营者应当要求每名驾驶员连续驾驶时间不得超过四个小时且在二十四小时内驾驶时间累计不得超过八个小时。

客运车辆行驶公路营运里程与驾驶员的配比、安全监管等规定由省人民政府另行制定。

第五十五条 道路旅客运输站（场）经营者应当建立行包安全检查制度，按照国家规定配备行包安全检查设备，对进站的行包进行安全检查。

行包未经安全检查或者检查不合格的，旅客不得携带进站乘车。

第五十六条 道路运输经营者应当按照国家和本省规定为营运车辆安装、使用符合国家规定标准的卫星定位车载终端，并实时监控，与道路运输监控平台实时连通。

鼓励汽车租赁经营者、机动车驾驶员培训机构为汽车租赁车辆、机动车驾驶员培训教学车辆安装符合国家规定标准的卫星定位车载终端。

第五十七条 客运经营者应当加强乘车安全宣传，采取必要措施依法保障乘客人身、财产安全，驾驶员、乘务员对危害安全和乘运秩序的行为应当及时制止。

乘客应当遵守乘车安全规则，不得携带易燃易爆等影响公共安全的物品，不得擅自操作、破坏车辆及相关设施、设备，以及干扰驾驶员、乘务员的正常工作等危害道路运输安全的行为。

第五十八条 客运车辆发生较大以上道路运输生产安全事故且负同等以上责任的，道路客运经营者三年内不得申请新增客运运力。

客运车辆发生较大以上的道路运输生产安全事故且负同等以上责任的，或者经公安机关交通管理部门通报发生超员百分之五十以上的，原作出道路运输许可的机构应当立即收回配发该车的牌证。

第五章 监督管理

第五十九条 道路运输管理机构应当加强对道路运输以及道路运输相关业务经营活动的监督检查。道路运输管理机构的执法人员应当严格按照职责权限和程序进行监督检查，并持有效执法证件，按照规定统一着装，佩戴标志。

道路运输监督检查专用车辆应当设置统一的执法标志和示警灯。

第六十条 道路运输管理机构的执法人员可以在道路运输及相关业务经营场所、客货集散地和经省人民政府批准设立的交通公路稽查站岗实施监督检查。

道路运输管理机构的执法人员在实施监督检查时，除有违法经营行为嫌疑和被举报有违法经营行为嫌疑的车辆外，不得随意拦截正常行驶的道路运输车辆。

道路运输管理机构对无营运证件从事道路运输经营，又无法当场提供其他有效证明的，可以依法暂扣其车辆；对依法暂扣的车辆，应当妥善保管。

第六十一条 道路运输管理机构应当加强道路运输经济运行分析和市场监测，定期向社会发布道路运输经济运行、市场供求等信息。

道路运输以及道路运输相关业务经营者应当按照规定向道路运输管理机构报送相关统计资料和信息。

第六十二条 道路运输管理机构应当按照国家规定对道路运输车辆进行年度审验。对审验不合格的，道路运输管理机构应当责令经营者限期整改。经营者在整改期间不得从事相关经营活动。

第六十三条 道路运输管理机构应当定期对道路运输以及道路运输相关业务经营者及其从业人员的经营行为、服务质量、安全生产等情况进行质量信誉考核，并向社会公布考核结果。

第六十四条 道路运输以及道路运输相关业务经营者应当遵守价格管理规定，依法实行明码标价。

第六章 法 律 责 任

第六十五条 违反本条例的规定，道路运输经营者有下列情形之一的，由县级以上道路运输管理机构责令改正，按照下列规定处罚：

（一）包车客运经营者未持有包车票、包车合同、包车客运标志牌，或者不按照约定的时间、起讫地和线路运营，或者招揽包车合同外的旅客乘车的，处一千元以上三千元以下罚款；

（二）班车客运、包车客运和旅游客运经营者及其驾驶人员无正当理由拒载旅客，或者在高速公路上上下旅客、装卸行包的，处一千元以上三千元以下罚款；

（三）货运经营者使用非集装箱专用卡车运送集装箱的，处一千元以上三千元以下罚款；

（四）货运经营者使用移动罐体（罐式集装箱除外）从事危险货物运输，或者使用罐式专用车辆以及运输有毒、腐蚀、放射性危险货物的专用车辆运输普通货物的，处三千元以上一万元以下罚款；

（五）道路运输经营者未按照规定安装、使用符合国家规定标准的卫星定位车载终端的，处三千元以上五千元以下罚款。

道路运输经营者未建立道路运输车辆技术档案，或者道路运输车辆未按规定进行年度审验，或者不符合规定的技术标准、排放标准和燃料消耗量限值的，由县级以上道路运输管理机构责令改正；拒不改正的，处一千元以上三千元以下罚款。

第六十六条 违反本条例的规定，道路旅客运输站（场）经营者有下列情形之一的，由县级以上道路运输管理机构责令改正，处三千元罚款；有违法所得的，没收违法所得：

（一）未按照规定为合法进站（场）的客运车辆合理安排发车时间，公平售票的；

（二）擅自接纳未经批准进站（场）营运的车辆在站（场）内从事经营活动的；

（三）未按照规定配备行包安全检查设备的。

第六十七条 违反本条例的规定，在道路旅客运输站（场）外设置客运售票点或者从事货物运输代理、货物运输配载、货物仓储理货等业务，未按照规定备案的，由县级以上道路运输管理机构责令限期改正；拒不改正的，处一千元以上三千元以下罚款。

第六十八条 违反本条例的规定，机动车维修经营者有下列情形之一的，由县级以上道路运输管理机构责令改正，按照下列规定处罚；有违法所得的，没收违法所得：

（一）未按照有关技术标准和工艺规范维修车辆的，处一千元以上三千元以下罚款；

（二）未按照规定建立维修配件采购登记台账、机动车维修档案的，处一千元以上三千元以下罚款。

第六十九条 违反本条例的规定，机动车驾驶员培训机构有下列情形之一的，由县级以上道路运输管理机构责令改正，处二千元以上五千元以下罚款；情节严重的，暂扣经营许可证：

（一）在许可的训练场地外开展场地训练的；

（二）使用不符合国家、行业标准规定的车辆或者未按照规定配置学时记时仪的车辆，或者使用非本机构车辆开展培训活动的；

（三）聘用未取得教练员证的人员从事培训活动的。

违反本条例的规定，机动车驾驶员培训机构的教学车辆未按照规定随车携带《教学车辆证》的，由县级以上道路运输管理机构责令机动车驾驶员培训机构改正，处二百元罚款。

第七十条 违反本条例的规定，未经许可擅自从事汽车租赁经营的，由县级以上道路运输管理机构责令停业，处三千元以上三万元以下罚款；有违法所得的，没收违法所得。

第七十一条 违反本条例的规定，汽车租赁经营者有下列情形之一的，由县级以上道路运输管理机构责令改正，处一千元以上三千元以下罚款：

（一）未与承租人签订规范的汽车租赁合同的；

（二）未向承租人提供技术状况良好的车辆的；

（三）未按照规定维护租赁车辆的；

（四）新增租赁车辆未向原许可的道路运输管理机构备案的；

（五）将车辆租给未持相应机动车驾驶证的承租人的。

违反本条例的规定，汽车租赁经营者伪造、变造、出租、转让汽车租赁经营手续，或者使用未取得《租赁汽车证》的车辆从事租赁经营活动的，由县级以上道路运输管理机构责令改正，处二千元以上一万元以下罚款。

第七十二条 违反本条例的规定，未取得《出租汽车客运经营资格证》从事出租汽车客运经营的，由县级以上道路运输管理机构责令停业，处五千元以上二万元以下罚款；有违法所得的，没收违法所得。

第七十三条 违反本条例的规定，出租汽车客运经营者或者驾驶员有下列情形之一的，由县级以上道路运输管理机构责令改正，按照下列规定处罚；有违法所得的，没收违法所得：

（一）从事起、讫点均不在本车籍所在地的营运，或者从事、变相从事班线客运的，处一千元以上五千元以下罚款；

（二）使用无《出租汽车车辆营运证》的车辆从事出租汽车客运经营的，处三千元以上一万元以下罚款；

（三）未按照规定对营运车辆进行定期维护、检测检验，或者营运车辆不符合本条例第二十七条规定条件的，处一千元以上三千元以下罚款；

（四）聘用未取得《出租汽车驾驶员从业资格证》的人员，驾驶出租汽

车从事经营活动的,处一千元以上三千元以下罚款;

(五)变更法定代表人、更新车辆等未备案的,处一千元以上三千元以下罚款;

(六)擅自转让《出租汽车客运经营资格证》《出租汽车车辆营运证》的,处二千元以上一万元以下罚款;

(七)未取得有效《出租汽车驾驶员从业资格证》或者服务监督卡驾驶出租汽车从事经营活动,或者将出租汽车交给无《出租汽车驾驶员从业资格证》的人员驾驶从事经营活动的,处五百元以上二千元以下罚款;

(八)未随车携带《出租汽车车辆营运证》《出租汽车驾驶员从业资格证》,或者未按照规范放置服务监督卡从事经营活动的,处二百元罚款;

(九)未按照规定使用经检定合格的里程计价器,或者营运途中甩客、无故绕行的,处五百元以上二千元以下罚款;

(十)无正当理由拒载,或者未经乘客同意招徕其他乘客同乘,或者交接班前不在车辆明显位置明示交接班时段和去向的,处五百元以上二千元以下罚款。

第七十四条 违反本条例的规定,公共汽车客运经营者有下列情形之一的,由县级以上道路运输管理机构责令改正,按照下列规定处罚:

(一)擅自转让公共汽车线路经营权的,处一万元以上三万元以下罚款;

(二)未经批准新增、变更、暂停、终止公共汽车线路运营的,处一千元以上五千元以下罚款;

(三)不按照规定设置线路走向示意图、监督投诉电话号码,处三百元以上一千元以下罚款。

第七十五条 违反本条例的规定,公共汽车客运驾驶员有下列情形之一的,由县级以上道路运输管理机构责令改正,处三百元以上一千元以下罚款:

(一)不按照规定线路运营或者不按照规定站点停靠的;

(二)无故拒载乘客、中途甩客、滞站揽客的。

第七十六条 从事道路运输管理的工作人员有下列行为之一的,依法给予处分;构成犯罪的,依法追究刑事责任:

(一)不依照法定的条件、程序和期限实施行政许可的;

(二)参与或者变相参与道路运输经营以及道路运输相关业务的;

（三）发现违法行为不及时查处的；

（四）违反规定拦截、检查正常行驶的道路运输车辆的；

（五）违法扣留车辆、车辆营运证的；

（六）索取、收受他人财物或者谋取其他利益的；

（七）其他违法行为的。

第七章　附　　则

第七十七条　本条例所称汽车租赁是指在约定时间内租赁经营者将租赁汽车交付承租人使用，收取租赁费用的经营活动。

本条例所称甩挂运输是指牵引车在货物装卸作业点甩下所拖的挂车，换上其他挂车继续运行的运输组织方式。

第七十八条　本条例自 2014 年 1 月 1 日起施行。

江西省道路运输条例

(2010年11月26日江西省十一届人民代表大会常务委员会第二十次会议通过。2017年9月29日江西省第十二届人民代表大会常务委员会第三十五次会议修订)

第一章 总 则

第一条 为了维护道路运输市场秩序，保障道路运输安全，保护道路运输有关各方当事人的合法权益，促进道路运输业的健康发展，根据《中华人民共和国道路运输条例》和有关法律、行政法规的规定，结合本省实际，制定本条例。

第二条 本省行政区域内从事道路运输经营、道路运输相关业务及其管理活动，应当遵守本条例。

本条例所称道路运输经营，包括道路旅客运输经营（以下简称客运经营）和道路货物运输经营（以下简称货运经营）。客运经营包括班线客运、包车客运、旅游客运、城市公共汽（电）车客运、出租汽车客运。出租汽车包括巡游出租汽车（以下简称巡游车）和网络预约出租汽车（以下简称网约车）。

本条例所称道路运输相关业务，包括道路运输站（场）经营、机动车维修经营、机动车驾驶员培训、汽车租赁经营。道路运输站（场）包括客运站和货运站（场）。

第三条 道路运输的发展应当遵循统筹规划、合理引导、节能环保、安全便捷的原则。鼓励道路运输经营者实行规模化、集约化、公司化经营。

从事道路运输经营以及道路运输相关业务，应当依法经营、诚实守信、公平竞争、保障安全。

道路运输监督管理应当依法、公正、高效、便民。

第四条 县级以上人民政府应当根据国民经济和社会发展的需要，组织编制道路运输发展规划。道路运输发展规划应当符合城乡规划和土地利用总体规划，并与航空、铁路、水路运输等规划相衔接。

县级以上人民政府应当采取措施推进城乡道路运输一体化发展，在用地保障、设施建设、道路通行、财政投入方面给予支持。

第五条 县级以上人民政府交通运输主管部门负责组织领导本行政区域的道路运输管理工作。

县级以上道路运输管理机构负责具体实施道路运输管理工作。

发展改革、工业和信息化、财政、住房和城乡建设、商务、国土资源、工商、质量技术监督、价格、旅游、公安、安全生产监督、通信管理、网信等部门按照各自职责，做好道路运输管理相关工作。

第六条 县级以上人民政府应当建立道路应急运输保障机制。

道路运输经营者应当承担县级以上人民政府下达的抢险救灾、交通战备、突发事件等应急运输任务，服从县级以上人民政府或者有关部门的统一调度、指挥。对承担应急运输任务的道路运输经营者，县级以上人民政府应当予以补偿。

第七条 道路运输行业协会应当建立健全行业自律机制，推动行业诚信建设，规范和指导会员经营行为，提升会员职业道德水平和服务质量，保护行业和会员的合法权益，促进道路运输业健康发展。

第二章　道路运输经营

第一节　班线客运、包车客运经营

第八条 从事班线客运、包车客运经营，应当依法取得营业执照和道路运输经营许可证，并在许可的经营范围内从事经营活动。班线客运、包车客运不得挂靠经营。

县级以上道路运输管理机构应当向取得许可的班线客运、包车客运经营者申请投入运输的车辆配发车辆营运证。班线客运、包车客运车辆应当随车携带车辆营运证。

班线客运、包车客运驾驶员应当按照国家规定取得相应的从业资格，从事道路客运经营活动时随身携带从业资格证。

班线客运、包车客运经营者更换客运车辆的，应当选择符合国家规定的客运车辆，并向原许可机构提出申请；原许可机构应当在受理申请后三个工作日内作出是否核发车辆营运证的决定。

第九条 客运班线经营权应当通过服务质量招标方式取得。符合条件的投标人不足三人的，依法择优确定经营者。依法取得的客运班线经营权不得擅自转让。法律、法规另有规定的除外。

客运班线的经营期限为四年至八年。县级以上道路运输管理机构在作出客运班线经营许可时，应当明确具体的经营期限。经营期限届满需要继续经营的，应当在届满六十日前重新提出申请。

班线客运经营者应当按照核定的线路运营，并向公众连续提供服务，不得擅自暂停或者终止。需要暂停或者终止客运经营的，应当在暂停或者终止前三十日告知原许可机构。

第十条 成立线路公司或者实行区域经营的客运班线，其经营者可以自主确定运力投放、班次增减和停靠站点变更，并报原许可机构备案。

班线客运、包车客运经营者可以利用移动互联网等信息技术为乘客提供专业化、个性化的出行设计、出行预约等客运定制服务，并报原许可机构备案。

第十一条 省际、市际班线客运经营者或者其委托的售票单位、起讫点和中途停靠站点客运站，应当实行客票实名售票和实名查验。

鼓励应用公路客运联网售票系统售票，逐步与铁路、民航、水运等售票系统对接，推进联程联运和一票制服务。

第十二条 各级人民政府应当采取措施提高乡镇和行政村的通班车率，满足农村居民的生产和生活基本需求。

县境内或者毗邻县间的线路，起讫点至少有一端在乡（镇）、行政村，且设置客运站或者临时发车点的，经线路所在地县级人民政府交通运输主管部门会同公安、安全生产监督等有关部门审核同意后，可以依法开通农村客运班线。

鼓励农村客运班线公交化运营。采取公交化运营的农村客运班线，经当地县级人民政府组织评估同意后，可以使用符合国家规定要求的公共汽（电）车。对执行城市公共汽（电）车客运服务标准和票价政策的，其站点设置、车辆配置、财政补贴参照城市公共汽（电）车客运的有关规定执行。

第十三条　包车客运经营者应当按照约定的时间、起讫点和线路行驶，不得招揽包车合同约定以外的旅客乘车，不得从事或者变相从事班线客运。

第十四条　鼓励道路客运融入旅游发展，支持开通旅游专线、旅游直通车，拓展客运站旅游集散功能。

实行定线旅游运输的，按照班线客运管理；实行非定线旅游运输的，按照包车客运管理。从事旅游客运的车辆，应当在乘员限额内设置导游座位。

第十五条　班线客运、包车客运经营者及驾驶员应当遵守下列规定：

（一）在运输车辆外部适当位置喷印经营者名称或者标识，在车厢内显著位置公示监督投诉电话；

（二）为旅客提供良好的乘车环境，保持车辆清洁、卫生；

（三）运输过程中发生侵害旅客人身、财产安全的治安违法行为时，应当及时制止并向公安机关报告；

（四）不得超过核定载客人数载客或者违反规定载货；

（五）不得强迫旅客乘车、擅自变更运输车辆或者将旅客移交他人运输以及甩客、敲诈旅客；

（六）运输车辆因故障不能正常行驶，需要更换其他车辆或者将旅客移交他人运输的，不得加收费用；

（七）依法应当遵守的其他规定。

第二节　城市公共汽（电）车客运经营

第十六条　县级以上人民政府应当优先发展城市公共交通。

实施新区开发、旧城改造和新建、改建、扩建规模居住区、交通枢纽、商业中心、工业园区、学校、医院等建设项目时，市、县人民政府应当按照国家有关标准，规划、建设配套的城市公共汽（电）车客运设施，科学设置公共汽（电）车专用道、港湾式停靠站和优先通行信号系统，并与其他公共设施和应急通道相衔接。

第十七条 城市公共汽（电）车线路、站点的设置，由市、县道路运输管理机构会同公安、住房和城乡建设、城乡规划等部门，根据城市公共交通规划和城市公共交通发展的需要，按照安全通畅、换乘方便、布局合理和普遍服务的原则，征求公众意见和调研论证后确定，并及时向社会公告。

市、县道路运输管理机构应当按照有关标准对城市公共汽（电）车线路、站点进行统一命名，方便乘客出行及换乘。

城市公共汽（电）车站点的站牌应当标明线路名称、始末班车时间、所在站点和沿途停靠站点名称等内容。

第十八条 城市公共汽（电）车线路需要向城市规划区外延伸的，应当由市、县人民政府交通运输主管部门会同公安、住房和城乡建设、城乡规划等部门，对延伸道路的状况、站台设施、标志标线、车辆技术要求和类型等级、运行限速等条件进行综合评估和公示，确定符合条件后，报本级人民政府批准；延伸线路跨行政区域的，经线路起点地所在市、县人民政府与途经地和目的地所在市、县人民政府协商同意后，由线路起点地所在市、县人民政府批准。

第十九条 申请城市公共汽（电）车客运经营许可的，应当具备下列条件，并向市、县道路运输管理机构提交相应材料：

（一）有企业法人营业执照；

（二）有符合国家标准和规定的车辆；

（三）有与其经营业务相适应的驾驶员、乘务员和其他从业人员；

（四）有客运服务、安全生产管理和从业人员安全操作规程等方面的制度；

（五）法律、法规规定的其他条件。

市、县道路运输管理机构应当自受理申请之日起二十日内审查完毕，作出许可或者不予许可的决定。予以许可的，向申请人颁发道路运输经营许可证，并向申请人投入运输的车辆配发车辆营运证；不予许可的，应当书面通知申请人并说明理由。

第二十条 城市公共汽（电）车线路经营权应当通过服务质量招标方式取得。符合条件的投标人不足三人的，依法择优确定经营者。依法取得的城市公共汽（电）车线路经营权不得擅自转让。法律、法规另有规定的除外。

城市公共汽（电）车线路经营期限为五年至十年，同一城市实行同一期限。市、县道路运输管理机构在确定线路经营权时，应当明确具体的经营期限。经营期限届满需要继续经营的，应当在届满六十日前重新提出申请。

第二十一条 城市公共汽（电）车客运经营者应当按照核定的线路、站点、班次和时间运营，并向公众连续提供服务，不得擅自暂停或者终止。需要暂停或者终止的，应当提前九十日向原许可机构报告，并向社会公告。

由于交通管制、城市建设、重大公共活动、公共突发事件等影响城市公共汽（电）车线路正常运营的，市、县道路运输管理机构和城市公共汽（电）车客运经营者应当及时向社会公告相关线路运营的变更、暂停情况，并采取相应措施，保障社会公众出行需求。

第二十二条 城市公共汽（电）车客运经营者应当遵守下列规定：

（一）为车辆配备线路走向示意图、乘客须知、禁烟标志、特殊乘客专用座位、监督投诉电话等服务设施和标识；

（二）在车辆和场站醒目位置设置安全警示标志、安全疏散示意图，公布禁止携带的违禁物品目录等；

（三）为车辆设置消防、安全锤、报警等安全装置和音视频监控等设施设备；

（四）保持运输车辆车况良好、车容整洁，随车携带车辆营运证；

（五）按照规定向市、县道路运输管理机构报送有关统计报表；

（六）执行价格主管部门核定的收费标准；

（七）依法应当遵守的其他规定。

城市公共汽（电）车客运经营者应当聘用符合国家规定要求的驾驶员。

第二十三条 城市公共汽（电）车驾驶员、乘务员从事客运服务时应当遵守下列规定：

（一）衣着整洁、文明礼貌、服务规范，为老、幼、病、残、孕乘客提供必要的帮助；

（二）在规定的站点上下客，不得无故拒载、中途甩客、滞站揽客、到站不停或者擅自改变线路；

（三）及时告知线路名称、车辆行驶方向和停靠站点名称；

（四）车辆因故障不能正常行驶，及时组织乘客免费转乘同线路的其他车辆；

（五）执行价格主管部门核定的收费标准，向乘客提供有效票据；

（六）依法应当遵守的其他规定。

发现携带易燃、易爆、有毒等危险品的乘客，驾驶员、乘务员应当进行劝止；劝止无效的，应当拒绝提供服务。

第二十四条　城市公共汽（电）车客运经营者应当依照有关法律、法规的规定，承担社会福利和完成政府指令性任务。

市、县人民政府应当建立健全公共交通财政补贴、补偿机制，对城市公共汽（电）车客运经营者因政策性亏损以及承担社会福利和完成政府指令性任务增加的支出，给予相应的补贴、补偿，公共交通财政补贴应当列入本级财政预算，并及时、足额拨付。

市、县人民政府交通运输主管部门应当会同本级财政、审计、价格等有关部门，对城市公共汽（电）车客运经营者因政策性亏损以及承担社会福利和完成政府指令性任务增加的支出进行年度审计与评价，合理界定和计算增加的支出。

第三节　出租汽车客运经营

第二十五条　市、县人民政府应当根据城市特点、社会公众出行需要，统筹发展出租汽车客运经营，为社会公众提供品质化、多样化的出行服务。

市、县人民政府应当将出租汽车综合服务区、停靠点、候客泊位等服务设施纳入城市基础设施建设规划并组织实施；在机场、车站、码头、商场、学校、医院和文化体育场馆等大型公共场所和居民住宅区可以划定出租汽车候客区域。

第二十六条　出租汽车客运经营实行出租汽车客运经营许可、车辆经营许可和驾驶员从业资格许可制度。

出租汽车客运经营、车辆经营和驾驶员从业的许可条件和程序，应当按照国家有关规定执行。

第二十七条　巡游车车辆经营权应当通过服务质量招标方式取得。符合条件的投标人不足三人的，依法择优确定经营者。依法取得的巡游车车辆经营权不得擅自转让。法律、法规另有规定的除外。

巡游车车辆经营权限为四年至八年,同一城市实行同一期限。市、县道路运输管理机构在实施车辆经营许可时,应当明确具体的经营期限。经营期限届满需要继续经营的,应当在届满六十日前重新提出申请。

第二十八条　出租汽车客运经营者应当遵守下列规定:

(一)在核定的经营范围和经营区域内从事经营活动,超出核定的经营区域的,起讫点一端应当在核定的经营区域内;

(二)按照规定投保承运人责任险和国家规定的其他强制性保险,保障乘客、驾驶员合法权益;

(三)保证车辆技术状况和客运服务设施完好,随车携带车辆营运证;

(四)按照规定提供服务车辆、驾驶员的信息,配合市、县道路运输管理机构依法调取查阅相关数据信息;

(五)依法应当遵守的其他规定。

第二十九条　巡游车客运经营者可以通过电信、互联网等方式提供电召服务。巡游车电召服务平台应当提供二十四小时不间断服务,按照乘客需求及时调派巡游车。

网约车客运经营者应当公布符合国家规定的计程计价方式,合理确定网约车运价,明确服务项目和质量承诺,保证线上登记与线下实际提供服务的车辆、驾驶员一致,并依法采集、保存、使用数据信息,加强数据信息保护和安全管理。

第三十条　出租汽车驾驶员从事客运服务时应当遵守下列规定:

(一)衣着整洁、文明礼貌、服务规范、安全行车;

(二)遵守交通法律、法规,随身携带从业资格证;

(三)不得在禁止停车路段停车待租、上下乘客;

(四)不得中途甩客,未经乘客同意不得搭载他人或者绕道行驶;

(五)保持车身内外整洁、设施设备完好,不得在车内吸烟;

(六)遵守电召或者网约服务规定,按照乘客约定的时间、地点提供服务;

(七)依法应当遵守的其他规定。

巡游车驾驶员应当按照规定使用顶灯、空车待租、计程计价等设施设备。

网约车驾驶员不得巡游揽客。

第三十一条　除下列情形外，出租汽车驾驶员不得无故拒载：

（一）乘客不能控制自己行为且无人随车监护的；

（二）乘客携带易燃、易爆、有毒等危险品的；

（三）乘客不愿按照规定计费标准支付车费的；

（四）乘客的要求违反道路交通安全有关法律、法规和交通管制的。

第三十二条　任何单位和个人不得向未取得合法资质的车辆、驾驶员提供信息对接开展网约车客运经营服务。不得以私人小客车合乘名义提供网约车客运经营服务。

任何车辆和驾驶员不得通过未取得经营许可的网络服务平台提供客运经营服务。

第四节　道路货运经营

第三十三条　从事货运经营，应当依法取得营业执照和道路运输经营许可证，并在许可的经营范围内从事经营活动。

市、县道路运输管理机构应当向取得许可的货运经营者申请投入运输的车辆配发车辆营运证。货运车辆应当随车携带车辆营运证。

货运从业人员应当按照国家规定取得相应的从业资格，从事货运经营活动时随身携带从业资格证。

第三十四条　鼓励采用集装箱、封闭箱式、多轴重型车辆运输，开展多式联运，引导货运经营者建立全程运输一单制服务方式，应用电子运单、网上结算等互联网服务模式。

第三十五条　市、县人民政府应当根据实际采取措施，对喷印交通运输和公安部门规定标识的专用物流配送车辆，在城市通行、停靠、装卸作业等方面提供便利。

第三十六条　货物集散地、货运站（场）应当按照国家规定为货运车辆装载、配载货物。禁止货运车辆违反国家有关规定超限、超载运输。

货运经营者运输大型物件时，应当制定道路运输组织方案，并按照规定在运输车辆上装置统一标识和悬挂标志旗。涉及超限运输的，应当依法办理相应手续。

第三十七条　货运经营者不得运输法律、行政法规禁止运输的货物。

货运经营者在受理法律、行政法规规定限运、凭证运输的货物时，应当查验并确认有关手续齐全有效后方可运输。

托运人应当按照有关法律、行政法规的规定办理限运、凭证运输手续。

第三十八条 道路危险货物运输车辆应当悬挂危险货物运输标志，按照国家标准配备安全防护、环境保护和消防设施设备，并随车配备押运人员。

第三十九条 道路危险货物运输经营者运输危险货物时，应当遵守有关部门对危险货物运输线路、时间、速度方面的规定，并采取必要措施防止燃烧、爆炸、辐射、泄漏等。

道路危险货物运输经营者应当按照国家规定使用道路危险货物电子运单管理系统，进行运输组织和业务管理。

道路危险货物运输经营者不得使用罐式专用车辆或者运输有毒、感染性、腐蚀性、放射性危险货物的专用车辆运输普通货物，不得将危险货物与普通货物混装。

第四十条 危险货物托运人应当委托具有道路危险货物运输资质的经营者承运，严格按照国家有关规定包装，设置明显标志，并向承运人说明危险货物的品名、性质、数量、危害、应急处置方法等情况。

第三章 道路运输相关业务

第四十一条 从事道路运输站（场）经营、机动车维修经营及机动车驾驶员培训，应当依法取得营业执照和道路运输经营许可证，并在许可的经营范围内从事经营活动。

第四十二条 道路运输站（场）的设置和建设应当符合国家标准，有利于车辆出入、旅客出行和货物集散。

道路运输站（场）经营者不得随意改变站（场）用途和服务功能。

第四十三条 客运站经营者应当公布进站客车的班线类别、客车类型等级、运输线路、起讫停靠站点、班次、发车时间、票价等信息，调度车辆进站发车，疏导旅客，维持秩序。

客运站经营者应当设置旅客购票、候车和乘车指示，以及行李寄存和托运、公共卫生等服务设施，向旅客提供安全、便捷、优质的服务。

第四十四条 货运站（场）经营者应当按照货物的性质、保管要求对货物进行登记，并分类存放，保证货物完好无损。危险货物的存放应当符合国家有关规定。

货运站（场）内的搬运、装卸应当按照国家规定的操作规程作业。从事危险货物和大型、特种物件搬运、装卸的，应当配备专用工具和防护设备。

第四十五条 机动车维修经营者应当遵守下列规定：

（一）在经营场所醒目位置公布标明经营范围等内容的维修标志牌、机动车维修工时定额、收费标准、服务承诺和监督投诉电话。

（二）按照公布的工时定额和标准收取费用，不得虚报维修项目和费用。

（三）按照许可范围和类别承修车辆，不得承修已报废机动车，不得擅自改装机动车。

（四）按照国家和省标准对机动车进行维修；尚无标准的，可以参照机动车生产企业提供的维修手册、使用说明书和有关技术资料进行维修。

（五）记录机动车维修情况，并建立电子档案。

（六）对维修竣工质量检验合格的机动车出具合格证，对在维修质量保证期内因维修质量原因造成机动车无法正常使用的，应当无偿返修。

机动车维修配件实行追溯制度。机动车维修经营者应当记录配件采购、使用信息，查验产品合格证等相关证明，并按照规定留存配件来源凭证，不得使用假冒伪劣配件。

第四十六条 机动车驾驶员培训机构应当遵守下列规定：

（一）与学员签订书面的培训服务合同，明确培训方式和内容、收费项目和标准以及双方的权利义务等内容；

（二）在核定的教练场地进行驾驶培训，用于教学的车辆应当符合国家标准、取得牌证、具有统一标识，并按照有关规定维护和检测；

（三）按照国家统一的教学大纲规定的培训内容和学时进行培训，并向考核合格的学员颁发国家统一式样的培训结业证书；

（四）使用符合国家技术规范的计时培训系统，如实记录、储存培训信息，并向当地县级道路运输管理机构上传培训记录。

第四十七条 机动车驾驶员培训机构应当聘用与其培训业务相适应的教练员，并将教练员信息报送当地县级道路运输管理机构。

教练员应当规范施教，不得向学员索取、收受财物或者谋取其他利益。

第四十八条 县级道路运输管理机构应当对机动车驾驶员培训机构上传的培训记录进行核查。

公安机关交通管理部门受理经机动车驾驶员培训机构培训的人员申请机动车驾驶证考试，应当按照国家有关规定查验机动车驾驶员培训机构出具的培训记录。

第四十九条 从事汽车租赁经营的，应当在依法取得营业执照之日起三十日内将营业执照和车辆信息，报送当地县级道路运输管理机构备案。

备案事项发生变化的，应当在十五日内告知原备案的道路运输管理机构。

第五十条 鼓励汽车租赁经营者实行连锁经营，利用互联网等信息技术开展分时租赁服务，建立完善服务管理机制，加强对租赁车辆有序停放、安全行车的管理。

第五十一条 汽车租赁经营者应当遵守下列规定：

（一）对承租人身份、拟驾驶人的机动车驾驶证进行查验并实名登记，对身份不明或者拒绝身份查验的，不得提供服务；

（二）与承租人签订汽车租赁合同，提供符合有关标准和证件齐全有效的车辆；

（三）按照规定对车辆进行安全技术检测、维护，保持车辆技术性能良好、符合安全行驶条件；

（四）不得以提供驾驶劳务等方式从事或者变相从事道路运输经营；

（五）依法应当遵守的其他规定。

第五十二条 用于租赁的车辆应当符合下列要求：

（一）车辆号牌、行驶证齐全有效；

（二）已按照国家规定办理相应的保险；

（三）随车配备有效的车用灭火器、故障车警示标志牌和必要的维修工具；

（四）九座以下的客运车辆；

第四章 道路运输安全

第五十三条 县级以上人民政府交通运输、公安等部门和道路运输管理机构应当按照各自职责，加强道路运输安全宣传教育，督促、检查道路运输及相关业务经营者落实道路运输安全责任制度，提高道路运输安全的规范化水平。

第五十四条 道路运输及相关业务经营者是道路运输安全生产的责任主体，应当建立和落实道路运输安全生产制度，开展从业人员安全教育培训，排查事故隐患，采取有效预防和治理措施，保证道路运输安全。

客运经营者、道路危险货物运输经营者应当依法分别为旅客或者危险货物投保承运人责任险。

第五十五条 道路运输经营者应当落实道路运输车辆动态监控主体责任，建立健全动态监控管理相关制度，加强对车辆运行的安全管理。

道路运输经营者应当在总质量十二吨以上的普通货物运输车辆、牵引车辆、危险货物运输车辆和客运车辆上安装车载终端实时监控设备，接入符合标准的监控平台，并保证其正常运行。

第五十六条 道路运输经营者应当采取安全监控、运营调度等措施防止驾驶员疲劳驾驶。

班线客运、包车客运和货运经营者应当对在高速公路上日运行里程超过六百公里、在其他公路上日运行里程超过四百公里的车辆，随车配备两名以上驾驶员。

第五十七条 道路运输车辆应当符合国家和省规定的技术标准、排放标准和燃料消耗量限值标准，并按照规定进行维护、综合性能检测、技术等级评定和车辆类型划分。

道路运输经营者应当建立车辆技术和维护档案，并实行一车一档。不得使用报废、检测不合格、擅自改装和其他不符合国家规定的车辆从事道路运输经营。

设区市道路运输管理机构应当向社会发布取得计量认证证书并符合国家

相关标准的机动车综合性能检测机构目录。

机动车综合性能检测机构应当按照国家标准检测，如实出具检测报告，并对检测和评定结果负责。

第五十八条 客运经营者应当按照国家和省标准，为车辆配备安全设施设备，并保证齐全有效。在运输过程中，驾驶员、乘务员应当告知乘车安全规定和常识，提示、督促乘客系好安全带。

第五十九条 客运站实行站级管理。客运站经营者应当建立出站客运车辆检查制度。三级以上客运站应当配备专职检验员，对出站客运车辆进行安全检查。禁止超载车辆和未经安全检查合格的客运车辆出站。

二级以上客运站应当配备并使用行李包裹安全检测设备，旅客应当配合安全检查；拒不接受安全检查的，客运站有权拒绝其进站乘车。

包车客运车辆发车前的安全检查由包车客运经营者负责。

第五章　监督管理

第六十条 县级以上道路运输管理机构应当建立健全监督检查制度，采取随机抽查、定期巡查、重点检查相结合的方式，严格按照法定权限和程序对道路运输经营、道路运输相关业务活动进行监督检查，并推行执法全过程记录。

县级以上道路运输管理机构履行职能所需经费应当列入本级财政预算。

第六十一条 县级以上道路运输管理机构应当重点在道路运输及相关业务经营场所、客货集散地和省人民政府批准设立的检查站进行监督检查。

县级以上道路运输管理机构执法人员实施监督检查时，应当按照规定着装整齐、佩带标志，出示行政执法证件，文明执法，不得随意拦截正常行驶的道路运输车辆。

第六十二条 县级以上道路运输管理机构在实施道路运输监督检查中，对未取得车辆营运证、持无效车辆营运证或者超出车辆营运证载明的经营范围从事道路运输经营，又无法当场提供其他有效证明的，可以扣押该车辆。

道路运输管理机构对扣押的车辆应当出具扣押凭证，并妥善保管，不得使用，不得收取或者变相收取保管费用。

车辆依法解除扣押后，道路运输管理机构应当通知当事人限期领取车辆；当事人逾期不领取的，逾期之日起的车辆保管费用由当事人承担。

第六十三条 县级以上道路运输管理机构应当加强道路运输信息化服务与管理，依托互联网、云计算等科学技术，向社会发布道路运输公共服务信息。

道路运输管理机构、公安机关交通管理部门应当建立驾驶员培训、考试、发证、交通违法肇事等信息共享机制和协同处置机制，加强监督检查。

第六十四条 县级以上道路运输管理机构应当建立健全道路运输服务行业信用管理体系，对道路运输及相关业务经营者、取得资格的从业人员按照国家和省有关规定进行信用评价，纳入公共信用信息平台，定期向社会公布信用评价结果。

对信用评价良好的道路运输及相关业务经营者，予以激励支持；对信用评价不合格的道路运输及相关业务经营者，予以惩戒。对信用评价不合格的从业人员，建立不良行为记录并予以公示。

第六十五条 道路运输及相关业务经营者自取得经营许可之日起，无正当理由超过一百八十日未经营，或者开业以后连续一百八十日停止经营的，原许可机构可以注销其道路运输经营许可。

道路运输及相关业务经营者不再具备规定的许可条件的，由原许可机构责令限期整改；拒不整改或者整改后仍不合格的，撤销其许可。

第六十六条 县级以上道路运输管理机构应当依法对道路运输车辆技术等级评定情况、车辆结构及尺寸变动情况和违章记录等进行年度审验。审验不合格的，应当责令经营者限期整改，该车辆在整改期间不得运营；整改后仍不合格的或者逾期六个月未参加年度审验的，应当依法办理有关道路运输经营许可的注销手续。

第六十七条 县级以上道路运输管理机构在实施道路运输监督检查过程中，发现道路运输及相关业务经营者不遵守服务质量承诺、不规范经营或者存在安全隐患的，应当责令限期整改；拒不整改或者整改后仍不合格的，应当责令停业整顿。

第六十八条 班线客运、包车客运、出租汽车和货运经营者发生一次较大道路运输安全事故且负同等以上责任的，县级以上道路运输管理机构一年内不得批准其扩大经营范围、新增客运班线或者车辆。

　　班线客运、包车客运、出租汽车和货运经营者一年内发生二次以上较大道路运输安全事故且负同等以上责任或者发生一次重特大道路运输安全事故且负同等以上责任的，县级以上道路运输管理机构三年内不得批准其扩大经营范围、新增客运班线或者车辆。

　　第六十九条　县级以上道路运输管理机构应当建立道路运输投诉举报制度，公开投诉举报电话号码、通信地址或者电子邮件信箱。

　　任何单位和个人都有权对道路运输违法行为进行举报。县级以上人民政府交通运输主管部门、道路运输管理机构及其他有关部门收到举报后，应当依法及时查处，并反馈查处结果。

第六章　法　律　责　任

　　第七十条　违反本条例规定，县级以上人民政府交通运输主管部门、道路运输管理机构及其他有关部门的工作人员有下列行为之一的，依法给予处分：

　　（一）未依照法定条件、程序和期限实施行政许可的；

　　（二）参与或者变相参与道路运输及相关业务经营的；

　　（三）发现违法行为不及时查处的；

　　（四）违反规定拦截、检查正常行驶的道路运输车辆的；

　　（五）违法扣留运输车辆、车辆营运证的；

　　（六）索取、收受他人财物，或者谋取其他利益的；

　　（七）其他违法行为。

　　第七十一条　违反本条例规定，未经许可擅自从事城市公共汽（电）车客运经营的，由县级以上道路运输管理机构责令停止经营；有违法所得的，没收违法所得，处违法所得二倍以上十倍以下罚款；没有违法所得或者违法所得不足二万元的，处三万元以上十万元以下罚款。

　　违反本条例规定，出租汽车客运经营者超越核定的经营范围运营的，由县级以上道路运输管理机构责令改正，处五千元以上二万元以下罚款；情节严重的，由原许可机构吊销其经营许可证。

第七十二条 违反本条例规定，道路运输经营者未随车携带车辆营运证的，由县级以上道路运输管理机构责令改正，处警告或者二十元以上二百元以下罚款。

第七十三条 违反本条例规定，客运经营者擅自转让客运班线、城市公共汽（电）车线路、巡游车车辆经营权的，由县级以上道路运输管理机构没收违法所得，处一万元以上五万元以下罚款，并由原许可机构吊销其经营许可证。

第七十四条 违反本条例规定，客运经营者、道路危险货物运输经营者未按照规定投保承运人责任险的，由县级以上道路运输管理机构责令限期投保；拒不投保的，由原许可机构吊销其道路运输经营许可证。

第七十五条 违反本条例规定，总质量为十二吨以上的普通货物运输车辆、牵引车辆、危险货物运输车辆和客运车辆未按照规定安装或者正常使用车载终端实时监控设备的，由县级以上道路运输管理机构责令经营者改正，处三千元以上八千元以下罚款。

第七十六条 违反本条例规定，道路运输经营者未按照规定维护和检测运输车辆的，由县级以上道路运输管理机构责令改正，处一千元以上五千元以下罚款。

违反本条例规定，道路运输经营者使用检测不合格、擅自改装已取得车辆营运证的车辆的，由县级以上道路运输管理机构责令改正，处五千元以上二万元以下罚款。

第七十七条 违反本条例规定，机动车维修经营者使用假冒伪劣配件维修机动车，承修已报废机动车或者擅自改装机动车的，由县级以上道路运输管理机构责令改正；有违法所得的，没收违法所得，处违法所得二倍以上十倍以下罚款；没有违法所得或者违法所得不足一万元的，处二万元以上五万元以下罚款，没收报废车辆；情节严重的，由原许可机构吊销其经营许可证。

第七十八条 违反本条例规定，有下列行为之一的，由县级以上道路运输管理机构责令改正，处五千元以上二万元以下罚款；情节严重的，由原许可机构吊销其经营许可证：

（一）城市公共汽（电）车客运经营者擅自暂停、终止线路运输服务的；

（二）道路危险货物运输经营者使用危险货物专用车辆运输普通货物，或者将危险货物与普通货物混装的；

（三）机动车驾驶员培训机构未使用符合国家技术规范的计时培训系统，或者未按规定使用系统如实记录、储存培训信息和上传培训记录的；

（四）机动车驾驶员培训机构未在核定的教练场地进行驾驶培训的。

第七十九条 违反本条例规定，有下列行为之一的，由县级以上道路运输管理机构责令限期改正；逾期未改正的，处一千元以上三千元以下罚款：

（一）班线客运、包车客运车辆因故障不能正常行驶，需要更换其他车辆或者将旅客移交他人运输而加收费用的；

（二）城市公共汽（电）车客运经营者未按照核定的线路、站点、车次和时间运营的；

（三）二级以上客运站未按照规定配备并使用行李包裹安全检测设备的；

（四）机动车维修经营者未按照规定公布维修标志牌、工时定额和收费标准的；

（五）机动车维修经营者未按照规定建立机动车维修电子档案或者执行维修质量保证的；

（六）机动车维修经营者未按照规定执行维修配件追溯制度的；

（七）机动车驾驶员培训机构使用不符合要求的教学车辆的；

（八）汽车租赁经营者未按照规定报送营业执照和车辆信息备案的，或者提供的租赁车辆不符合本条例规定的。

第八十条 违反本条例规定，有下列行为之一的，由县级以上道路运输管理机构责令改正，处二百元以上二千元以下罚款：

（一）城市公共汽（电）车驾驶员、乘务员无故拒载、中途甩客、滞站揽客、到站不停或者擅自改变线路的；

（二）出租汽车驾驶员无故拒载、中途甩客、未经乘客同意搭乘他人或者绕道行驶的；

（三）巡游车驾驶员未按照规定使用顶灯、空车待租、计程计价等设施设备的；

（四）网约车驾驶员巡游揽客的。

第八十一条 道路运输经营者发生较大及以上道路运输安全事故，且负主要以上责任的，由县级以上道路运输管理机构吊销事故车辆的车辆营运证和驾驶员的从业资格证，并责令道路运输经营者限期整改。道路运输经营者拒不整改或者整改后仍不合格的，由原许可机构吊销其道路运输经营许可证。

发生较大及以上道路运输安全事故的，在事故责任认定前，道路运输经营者应当停止事故车辆运营。

第八十二条 被吊销道路运输经营许可证的，自吊销之日起二年内不得申请相应范围的道路运输及相关业务经营许可。

被吊销从业资格证、车辆营运证的，自吊销之日起二年内不得申请道路运输从业资格和车辆营运证。

第八十三条 对违反本条例规定的行为，《中华人民共和国道路运输条例》及其他有关法律、法规已有行政处罚规定的，适用其规定。

违反本条例规定，构成犯罪的，依法追究刑事责任。

第七章　附　　则

第八十四条 本条例下列用语的含义：

（一）班线客运，是指营运客车在城乡道路上按照固定的线路、时间、站点、班次运行的一种客运方式。

（二）包车客运，是指以运送团体旅客为目的，将客车包租给用户安排使用，提供驾驶劳务，按照约定的起讫点和线路行驶，根据行驶里程或者包用时间计费并统一支付费用的一种客运方式。

（三）城市公共汽（电）车客运经营，是指在市、县人民政府确定的区域内，利用公共汽（电）车按照核定的线路、站点、车辆、时间、票价运营，为社会公众提供公益性基本出行服务的道路运输经营活动。

（四）巡游车客运经营，是指可在道路上巡游揽客，喷涂、安装出租汽车标识，以七座以下乘用车和驾驶劳务为乘客提供出行服务，并按照乘客意愿行驶，根据行驶里程和时间计费的经营活动。

（五）网约车客运经营，是指以互联网技术为依托构建服务平台，整合供需信息，使用符合条件的车辆和驾驶员，提供非巡游的预约出租汽车服务的经营活动。

（六）货运经营，是指为社会提供公共服务、具有商业性质的道路货运活动。道路货运包括道路普通货运、道路货物专用运输、道路大型物件运输和道路危险货物运输。

（七）汽车租赁经营，是指经营者按照汽车租赁合同的约定，以九座以下客车为租赁物提供租赁服务，收取租赁费用，不提供驾驶劳务的经营活动。

（八）服务质量招标方式，是指县级以上道路运输管理机构在不实行有偿或者竞价的前提下，通过公开招标对申请人的质量信誉情况、经营规模、运力结构、安全保障措施、服务质量承诺、经营方案等方面进行综合评价，择优确定经营者的许可方式。

第八十五条 本条例自 2018 年 1 月 1 日起施行。

山东省道路运输条例

(2010年11月25日山东省第十一届人民代表大会常务委员会第二十次会议通过。根据2015年7月24日山东省第十二届人民代表大会常务委员会第十五次会议《关于修改〈山东省农村可再生能源条例〉等十二件地方性法规的决定》第一次修正。根据2018年1月23日山东省第十二届人民代表大会常务委员会第三十五次会议《关于修改〈山东省机动车排气污染防治条例〉等十四件地方性法规的决定》第二次修正。根据2018年9月21日山东省第十三届人民代表大会常务委员会第五次会议《关于修改〈山东省民用建筑节能条例〉等十件地方性法规的决定》第三次修正)

第一章 总 则

第一条 为了维护道路运输市场秩序,保障道路运输安全,保护道路运输有关各方当事人的合法权益,促进道路运输业健康发展,根据《中华人民共和国道路运输条例》等法律、行政法规,结合本省实际,制定本条例。

第二条 在本省行政区域内从事道路运输经营、道路运输相关业务和道路运输管理活动,适用本条例。

本条例所称道路运输经营包括道路班车客运、包车客运、旅游客运、城市公共交通客运、出租汽车客运等客运经营(以下简称客运经营)和道路货物运输经营(以下简称货运经营);道路运输相关业务包括道路运输站(场)经营、机动车维修经营和机动车驾驶员培训以及汽车租赁等经营业务。

第三条 道路运输工作应当遵循科学发展、统筹规划、节能环保、安全便捷的原则。

道路运输管理应当依法行政，高效便民，公平、公正、公开。

第四条 县级以上人民政府应当加强对道路运输管理工作的领导，制定道路运输发展规划，保障道路运输管理经费投入，统筹各类道路运输方式协调发展，为促进国民经济发展和改善人民生活提供运输保障。

县级以上人民政府应当调整、优化基础设施结构、运输装备结构和运输服务结构，加强道路建设和维护，为道路运输安全便捷提供条件。

县级以上人民政府应当积极发展农村道路运输，采取措施促进城乡客运一体化。

第五条 县级以上人民政府应当对农村客运、城市公共交通客运、道路运输站（场）枢纽建设以及应急运输保障等公共服务事业给予政策和资金扶持。

鼓励道路运输企业实行规模化、集约化经营，鼓励使用符合国家标准的新能源汽车从事道路运输。

第六条 县级以上人民政府交通运输行政主管部门负责组织领导本行政区域内的道路运输管理工作；其所属的道路运输管理机构、交通运输监察机构按照规定的职责具体实施道路运输管理工作。

发展改革、经济和信息化、公安、财政、国土资源、住房城乡建设、环境保护、税务、工商行政管理、质量技术监督、安全生产监督管理、旅游、价格和气象等部门应当按照各自职责，做好道路运输管理的相关工作。

第七条 从事道路运输经营和道路运输相关业务，应当依法经营，诚实守信，公平竞争，为服务对象提供安全、便捷、优质的服务。

第二章 道路运输经营

第一节 一般规定

第八条 从事道路运输经营的，应当具备法律、法规规定的条件，在取得工商营业执照后向县级以上道路运输管理机构提出申请，依法取得相应的行政许可。从事道路班车客运、包车客运、旅游客运、出租汽车客运经营和道路货运经营的车辆应当依法取得车辆营运证。

客运经营企业不得实行挂靠经营。

第九条 对从事道路运输经营的驾驶员、道路危险货物运输押运员等道路运输经营从业人员实行从业资格制度。

第十条 道路运输车辆应当符合国家和省规定的技术标准、排放标准和燃料消耗量限值，按照规定的行驶间隔里程或者时间进行维护和综合性能检测以及技术等级评定。

机动车检验检测机构依法取得质量技术监督部门颁发的计量认证证书，可以开展机动车综合性能检测业务。

第二节 班车客运、包车客运和旅游客运

第十一条 班车客运经营者应当按照核定的客运班线和经营期限从事客运经营活动。

本条例施行前未核定经营期限的班车客运经营者，应当自本条例生效之日起六个月内到县级以上道路运输管理机构办理经营期限核定手续。逾期未申请办理经营期限核定手续的，对超过同等级客运车辆经营期限的班车客运经营者，道路运输管理机构可以依法注销其相应的班线经营许可。

客运班线经营期限届满，原取得的客运班线经营权自行终止；需要延续经营的，班车客运经营者应当在期限届满前六十日重新提出申请。

第十二条 道路运输管理机构应当按照道路运输规划，结合客运市场供求状况、普遍服务和方便群众等因素确定班车客运经营者。

同一客运班线有三个以上申请人的，道路运输管理机构应当采取招标投标方式实施客运班线经营许可，不得以有偿使用或者竞价的方式确定经营者。

第十三条 班车客运经营者应当在许可的经营期限内向公众连续提供运输服务；暂停或者终止班线经营的，应当经原许可机关同意，并于暂停或者终止班线经营十日前在班线途经各客运站发布通知。

第十四条 县境内或者毗邻县间至少有一端在乡（镇）、行政村的线路，行驶道路经有关部门验收合格且班线的起讫点设置客运站或者固定发车点的，可以开行农村客运班线。

经县级以上道路运输管理机构同意，农村客运可以实行区域运营、循环运营、专线运营、公交化运营等方式。实行公交化运营的，道路、站点、车辆、行驶线路、票价、财政补贴等参照城市公共汽（电）车客运的有关规定执行。享受公交财政补贴的农村客运班线经营者应当执行城市公共汽（电）车的服务标准和票价政策。

第十五条　包车客运经营者应当持有包车票或者包车合同，凭车籍所在地县级以上道路运输管理机构核发的包车客运标志牌，按照约定的时间、起讫地和线路运营，不得招揽包车合同外的旅客乘车。

第十六条　旅游客运按照营运方式分为定线旅游客运和非定线旅游客运，定线旅游客运按照班车客运管理，非定线旅游客运按照包车客运管理。旅游客运线路的一端应当在旅游景区（点）。

第十七条　班车、包车和旅游客运经营者不得有下列行为：

（一）无正当理由拒载旅客；

（二）超定员载客；

（三）中途将旅客交给他人运输或者甩客；

（四）在高速公路上、城区内的车站以外上下旅客、装卸行包；

（五）不执行政府指导价、政府定价；

（六）其他侵害旅客合法权益的行为。

第十八条　车辆无法继续行驶或者因班车、包车和旅游客运经营者及其驾乘人员的过错造成旅客漏乘、误乘的，经营者应当安排改乘或者退票，不得加收费用。

客运经营者应当为旅客提供良好的乘车环境，保持车辆安全、清洁、卫生，并采取必要的措施防止在运输过程中发生侵害旅客人身、财产安全的违法行为。

第三节　城市公共交通客运

第十九条　城市公共交通是为社会公众提供基本出行服务的社会公益性事业。城市人民政府应当在财政政策、资金安排、城市规划、用地保障、设施建设、交通管理等方面支持城市公共交通优先发展，确保城市公共交通在城市交通中的主导地位，鼓励社会公众选择城市公共交通出行。

第二十条　新建、改建、扩建居民小区、城市道路和大型公共活动场所等工程项目，应当将公共汽（电）车停车场、中途停靠站、首末站等城市公共交通设施作为配套建设的内容，合理规划，科学设置，实行同步设计、同步建设、同步竣工、同步交付使用。

城市人民政府可以根据城市道路的实际状况、交通流量、出行结构等因素，开设公共汽（电）车专用道，设置公共汽（电）车优先通行信号系统。鼓励发展大运量的快速公共交通系统。

城市人民政府应当根据运营成本等因素确定城市公共交通票价；票价低于正常运营成本的，城市人民政府应当给予补贴。

第二十一条　从事城市公共汽（电）车客运经营应当向所在地设区的市或者县（市）道路运输管理机构提出申请，并具备下列条件：

（一）有企业法人资格；

（二）有符合运营要求的车辆、设施和资金；

（三）有符合规定的驾驶人员以及与运营业务相适应的其他专业人员和管理人员；

（四）有健全的安全生产管理制度和服务质量保障措施。

道路运输管理机构应当综合考虑企业条件、运力配置、社会公众出行需求等因素，自受理申请之日起二十个工作日内作出许可或者不予许可的决定。

第二十二条　道路运输管理机构应当采取招标投标方式确定城市公共汽（电）车客运线路运营权，并核发相应的线路许可证。不适合招标或者招标不成的，道路运输管理机构可以采取直接授予的方式确定城市公共汽（电）车客运线路运营权。确定运营权不得采取有偿使用或者竞价的方式进行。

第二十三条　城市公共汽（电）车客运线路运营权实行期限制，具体期限由设区的市或者县（市）人民政府确定。

第四节　出租汽车客运

第二十四条　设区的市或者县（市）人民政府应当综合考虑城市人口、经济发展水平、交通流量、出行需求等因素，编制出租汽车客运发展规划，实行总量调控。

第二十五条 设区的市或者县（市）人民政府确定新增出租汽车运力，应当召开听证会，听取有关方面的意见。对新增出租汽车运力指标的投放，应当采取公开招标的方式依法进行。

第二十六条 取得出租汽车客运经营权，应当向所在地设区的市或者县（市）道路运输管理机构提出申请，并具备下列条件：

（一）有企业法人资格；

（二）有符合规定条件的运营资金、车辆及配套设施、设备；

（三）有符合规定条件的驾驶人员；

（四）有健全的安全生产管理制度和服务质量保障措施。

道路运输管理机构应当根据出租汽车客运发展规划，综合考虑出租汽车客运市场供求状况，通过招标投标等公开、公平的方式作出许可或者不予许可的决定。

第二十七条 出租汽车驾驶员应当具备下列条件，经设区的市道路运输管理机构考试合格，取得从业资格证件：

（一）取得相应的机动车驾驶证，并有两年以上安全驾驶经历；

（二）不超过法定退休年龄，身体健康，无职业禁忌症；

（三）有营运地常住户口或者居住证明。

第二十八条 出租汽车客运经营权实行期限制，具体期限由设区的市或者县（市）人民政府确定。

本条例实施前取得的出租汽车客运经营权尚未到期的，经营权管理按照设区的市或者县（市）人民政府有关规定执行。

第五节 货 运

第二十九条 鼓励发展封闭、厢式、罐式货车运输和甩挂运输等专业化货运，整合货运、货运代理和货运站（场）等运输资源向现代物流业发展。

第三十条 取得道路普通货运、道路货物专用运输经营许可，应当向县级以上道路运输管理机构提出申请，并具备下列条件：

（一）有与其经营业务相适应的资金；

（二）有符合规定条件的驾驶人员；

（三）有健全的安全生产管理制度和服务质量保障措施；

（四）有固定的办公场所以及与经营范围、规模相适应的停车场地。

道路运输管理机构应当自受理申请之日起二十个工作日内作出许可或者不予许可的决定。

第三十一条 货运经营者和货物托运人可以采用道路货物运单的形式订立道路货物运输合同。

第三十二条 站场、厂矿等货物集散地以及其他道路运输装载场所的经营者，应当按照车辆装载标准的规定为车辆装载、配载货物，不得超标准装载、配载货物。

第三十三条 货运经营者应当按照货物运输规则和作业规程受理、承运货物，遵守国家和省有关禁运、限运、检疫控制进出境货物的管理规定，并采取必要措施防止运输中货物的脱落、扬撒或者泄漏。

第三十四条 危险货物运输车辆应当悬挂危险货物运输标志，配备合格的安全防护设备，并符合相关技术标准。除驾驶人员外，应当随车配备押运人员。

运输危险货物的罐体应当出厂检验合格，取得质量技术监督部门核发的有关证件，并在罐体检验合格的有效期内承运危险货物。

第三章 道路运输相关业务

第一节 一般规定

第三十五条 从事道路运输站（场）、机动车维修、机动车驾驶员培训经营的，应当具备法律、法规规定的条件，在取得工商营业执照后向道路运输管理机构提出申请，依法取得相应的经营许可。

第二节 道路运输站（场）经营

第三十六条 县级以上人民政府及其有关部门应当统筹规划综合交通运

输枢纽和集疏运中心建设，实现道路运输站（场）与城市交通、铁路、航空等其他运输方式的相互衔接。

鼓励多渠道筹资建设道路运输站（场）。

第三十七条 道路运输管理机构按照国家标准对道路运输站（场）进行站级核定。站（场）迁址、站内运营、设施设备等条件发生重大变化的，应当重新核定站级。

道路运输站（场）经营者按照国家和省规定的项目和标准收费。

第三十八条 道路货运站（场）经营者应当按照核定的业务范围经营，并在站（场）内公示经营者的名称、经营范围、位置平面图、紧急疏散通道和投诉举报电话。

鼓励引导搬运装卸、货运代理、货运配载等道路运输辅助业务经营者向具备综合性服务条件的物流中心（园区）聚集。

第三节 机动车维修经营

第三十九条 机动车维修经营者应当按照国家有关规定实行价格公示制度、维修质量检验制度、维修竣工出厂合格证制度和质量保证期制度，不得承修已报废的机动车，不得擅自改装机动车。

第四十条 机动车维修经营者应当实行配件采购登记制度，建立配件登记档案，实行重要配件入库制度，不得使用假冒伪劣配件维修机动车。

第四十一条 机动车维修经营者不得占用道路等公共场所进行维修作业，不得在居民区、商业区等人员密集区域内从事危险货物运输车辆维修和产生噪声、有害气体等污染的机动车维修。

第四十二条 机动车所有者或者使用者有权自行选择维修经营者。任何单位和个人不得强制或者变相强制机动车所有者或者使用者实行定点维修或者安装、购买附加设备和产品。

第四节 机动车驾驶员培训

第四十三条 道路运输管理机构与公安机关交通管理部门应当建立机动车驾驶员培训与考试发证管理的衔接制度，运用信息化手段保证机动车驾驶员培训考试质量。

公安机关交通管理部门在受理机动车驾驶证考试申请时应当查验经道路运输管理机构审核的培训记录，并存入驾驶员考试档案。

第四十四条 机动车驾驶员培训单位应当在核准的注册地按照全国统一的教学大纲进行学时制培训，建立教学日志、学员档案，向培训合格的学员颁发结业证书。

机动车驾驶员培训单位应当向道路运输管理机构如实提供培训记录。

机动车驾驶员培训单位不得采取异地培训、恶意压价、欺骗学员等不正当手段开展培训活动，不得允许非本单位的教练车辆以其名义进行机动车驾驶员培训活动。

第四十五条 机动车驾驶培训教练员应当按照核定的准教类别规范施教，如实填写教学日志和培训记录，不得擅自减少学时和培训内容。

机动车驾驶培训教练员应当按照规定接受驾驶新知识、新技术的教育，提高职业素质。

第四十六条 机动车驾驶培训教练车应当按规定使用标识、号牌和携带车辆营运证，安装和使用培训计时管理系统，在规定的教练场地内培训。

机动车驾驶培训教练车的技术等级应当达到二级以上，其维护、检测、技术管理和审验应当遵守道路运输车辆的有关规定。

禁止使用报废的、检测不合格的和其他不符合国家规定的车辆从事机动车驾驶员培训业务。

第五节　其他道路运输相关业务

第四十七条 汽车租赁经营者应当使用自有车辆从事租赁经营，并与承租人签订车辆租赁合同，提供符合技术标准和证件齐全有效的车辆。

汽车租赁经营者应当加强租赁车辆的管理，按照国家规定进行安全技术检验和日常维护，确保车辆性能良好。

第四十八条 汽车租赁经营者不得将车辆租赁给不具备与租赁车辆相适应的驾驶资格的人员驾驶，不得向承租人提供驾驶劳务，但提供一年以上汽车租赁的除外。

第四章 道路运输安全

第四十九条 县级以上人民政府应当依法对道路运输安全生产进行监督管理。

交通运输行政主管部门应当加强对道路运输市场准入条件的审查，依法对道路运输站（场）安全生产、道路运输车辆技术状况、道路运输从业人员资格进行监督管理，提高道路运输安全生产水平。

公安、旅游、安全生产监督管理等部门应当按照各自职责做好道路运输安全生产监督管理工作。

第五十条 道路运输和道路运输相关业务经营者应当对本单位的安全生产负责，遵守安全生产法律法规，建立健全安全生产责任制，制定并落实安全生产管理制度和突发事件应急预案，定期对道路运输从业人员进行安全教育，提高交通安全意识。

道路运输和道路运输相关业务经营者及其从业人员应当遵守道路运输安全生产制度和操作规程，不得违章作业和超限超载运输，不得违章指挥作业。

客运班车、包车、旅游客车、出租汽车、危险货物运输车辆应当安装和使用符合相关标准的卫星定位车载终端等行车安全和信息化设施，并保证其正常运行。

第五十一条 高速公路单程六百公里以上、其他公路单程四百公里以上的客运车辆，应当随车配备两名以上驾驶员。每名驾驶员连续驾驶时间不得超过四个小时，停车休息时间不得少于二十分钟。

包车客运经营者应当在每次发车前进行车辆安全检查。未经安全检查或者检查不合格的，不得载客运营。

城市公共汽（电）车客运经营者应当在公共汽（电）车及公交场站醒目位置设置安全警示标识，并保持灭火器、安全锤、车门紧急开启装置等安全应急装置的完好。

第五十二条 货物运输车辆应当按规定粘贴反光防撞标识，危险货物运输车辆还应当按规定粘贴警示标识。

危险货物托运人应当委托具有道路危险货物运输资质的经营者承运危险货物，并向运输经营者说明危险货物的品名、性质、应急处置方法等情况。

危险货物托运人在交付危险货物前，应当登记查验运输经营者、车辆和人员的资格证件。

第五十三条　道路运输站（场）经营者应当按规定配备安全设施设备，设置安全标识，执行车辆进出站（场）安全检查和登记查验制度。

道路客运站经营者应当按照确定的线路、班次、车辆、站点和发车时间，组织车辆进站、售票，不得在当日二十二时至次日五时安排客运班车始发。

一、二级道路客运站应当实行封闭发车，配备并使用行包安全检查设备和视频监控设备。鼓励三级以下道路客运站配备行包安全检查设备。

第五十四条　旅客应当接受安全检查；拒不接受安全检查的，客运站有权拒绝其进站、乘车；强行进站、乘车的，由公安机关依法处理。

旅客应当遵守有关乘车安全的规定，听从驾乘人员的安全提示，不得携带易燃易爆等违禁物品乘车。

第五十五条　县级以上人民政府应当建立道路应急运力储备和道路运输应急保障制度，定期开展演练，提高道路应急运输能力。

交通运输、公安、国土资源、气象等部门应当根据天气变化，加强信息沟通和共享，适时做好雾霾、冰雪等极端天气情况下的道路运输安全预报、预警、预防工作，防止重大事故发生。

道路运输和道路运输相关业务经营者应当执行县级以上人民政府及其交通运输行政主管部门下达的抢险救灾、交通战备等应急运输任务，由此发生的费用及补偿按照国家有关规定执行。

第五章　监督管理

第五十六条　交通运输行政主管部门所属的道路运输管理机构、交通运输监察机构应当依法对道路运输活动实施监督管理，不得乱设卡、乱收费、乱罚款。

道路运输的收费项目和收费标准，由省价格、财政部门会同省交通运行政主管部门制定。国家另有规定的除外。

第五十七条 道路运输管理机构应当加强道路运输经济运行分析和市场监测,定期向社会发布道路运输经济运行、市场供求等信息。

道路运输和道路运输相关业务经营者应当按照规定向道路运输管理机构报送相关统计资料和信息。

第五十八条 道路运输管理机构应当按照国家规定对道路运输车辆进行年度审验。对审验不合格的,道路运输管理机构应当责令经营者限期整改。经营者在整改期间不得从事相关经营活动。

第五十九条 道路运输管理机构应当定期对道路运输和道路运输相关业务经营者及其从业人员的经营行为、服务质量、安全生产等情况进行质量信誉考核,并将考核结果向社会公布。

第六十条 道路运输管理机构或者交通运输监察机构在实施道路运输监督检查中,对无车辆营运证从事道路运输经营、机动车驾驶员培训,又无法当场提供其他有效证明的车辆,可以予以暂扣,并出具暂扣手续,告知当事人在规定的期限内到指定地点接受处理。对暂扣车辆应当妥善保管,不得使用,不得收取或者变相收取保管费用。

当事人应当在规定的时间内到指定地点接受处理。逾期不接受处理的,道路运输管理机构或者交通运输监察机构可以依法作出行政处罚决定。当事人无正当理由逾期不履行行政处罚决定的,道路运输管理机构或者交通运输监察机构可以申请人民法院强制执行。

第六十一条 道路运输汽车客票、道路货物运单、结算凭证以及证件、标识由省道路运输管理机构按照规定印制、发放和管理。

逐步推广和使用电子化道路运输票据、证件、标识。

第六十二条 道路运输和道路运输相关业务经营者应当遵守价格管理规定,依法实行明码标价。

经营者收取费用,应当使用国家和省规定的票据;不给付合法票据的,旅客、货主和其他服务对象可以拒付费用。

第六十三条 道路运输管理机构或者交通运输监察机构的执法人员应当严格按照职责权限和程序进行监督检查,并持有效执法证件,按规定统一着装,佩戴标志,文明执法,自觉接受社会监督。

道路运输监督检查专用车辆应当设置统一的执法标志和示警灯。

交通运输行政主管部门所属的道路运输管理机构、交通运输监察机构应当公开受理举报、投诉的电话、通讯地址、电子邮件信箱；对受理的投诉，应当及时处理并限期予以答复。

第六章　法律责任

第六十四条　违反本条例规定的行为，法律、行政法规已规定法律责任的，从其规定；法律、行政法规未规定法律责任的，按照本条例的规定执行。

第六十五条　违反本条例规定，未经许可擅自从事城市公共汽（电）车客运经营的，由设区的市或者县（市）道路运输管理机构或者交通运输监察机构责令停止违法行为，处一万元以上五万元以下罚款；有违法所得的，没收违法所得。

违反本条例规定，未经许可擅自从事出租汽车客运经营的，由县级以上道路运输管理机构或者交通运输监察机构责令停止违法行为，处五千元以上三万元以下罚款；有违法所得的，没收违法所得。

第六十六条　违反本条例规定，有下列行为之一的，由县级以上道路运输管理机构或者交通运输监察机构责令改正，处三千元以上一万元以下罚款：

（一）城市公共汽（电）车客运经营者使用无车辆营运证的车辆从事城市公共汽（电）车客运经营的；

（二）出租汽车客运经营者使用无车辆营运证的车辆从事出租汽车客运经营的；

（三）机动车驾驶员培训单位使用无车辆营运证的教练车从事培训活动的。

第六十七条　违反本条例规定，有下列行为之一的，由县级以上道路运输管理机构或者交通运输监察机构责令改正，处三千元以上一万元以下罚款；有违法所得的，没收违法所得；有本条第（五）项行为情节严重的，由实施许可的机关吊销经营许可证或者核减相应的经营范围：

（一）客运经营企业实行挂靠经营的；

（二）未核定客运班线经营期限的班车客运经营者逾期未申请办理核定手续的；

（三）聘用无相应从业资格证件的人员从事道路运输经营或者道路运输相关业务的；

（四）道路危险货物运输车辆未悬挂危险货物运输标志，或者未安装安全防护设备，或者未随车配备押运人员的；

（五）机动车驾驶员培训单位采取不正当手段开展培训活动或者允许非本单位的教练车辆以其名义进行机动车驾驶员培训活动的；

（六）包车客运经营者未按规定对车辆进行发车前安全检查的；

（七）道路客运站经营者在禁止发车的时间安排发车的；

（八）一、二级道路客运站不实行封闭发车或者未按规定配备并使用行包安全检查设备和视频监控设备的。

第六十八条　违反本条例规定，道路运输装载场所的经营者超标准装载、配载货物的，由县级以上道路运输管理机构或者交通运输监察机构责令改正，按照每辆次处以一千元罚款，但每次罚款不得超过三万元。

第六十九条　违反本条例规定，有下列行为之一的，由县级以上道路运输管理机构或者交通运输监察机构责令改正，处二千元以上五千元以下罚款，有违法所得的，没收违法所得：

（一）机动车维修经营者在人员密集区域内从事危险货物运输车辆维修的；

（二）汽车租赁经营者将车辆租赁给不具备与租赁车辆相适应的驾驶资格的人员驾驶或者向承租人提供驾驶劳务的；

（三）客运班车、包车、旅游客车、出租汽车、危险货物运输车辆未按规定安装、使用卫星定位车载终端的；

（四）道路客运车辆未按规定随车配备两名以上驾驶员的；

（五）城市公共汽（电）车客运经营者未按规定设置安全警示标识和安全应急装置的。

第七十条　违反本条例规定，有下列行为之一的，由县级以上道路运输管理机构或者交通运输监察机构责令改正，处一千元以上三千元以下罚款，有违法所得的，没收违法所得：

（一）包车客运、非定线旅游客运经营者不使用或者使用无效包车客运标志牌、包车票、包车合同，或者招揽包车合同外的旅客乘车的；

（二）班车、包车和旅游客运经营者无正当理由拒载旅客的；

（三）班车、包车和旅游客运经营者在城区内的车站以外上下旅客、装卸行包的；

（四）机动车维修经营者未按规定建立配件登记档案和重要配件入库制度的；

（五）机动车驾驶员培训单位未按规定使用教练车标识、未安装和使用培训计时管理系统、未在规定的教练场地内培训或者未按规定维护和检测教练车的；

（六）机动车驾驶员培训单位未按照核定的准教类别规范施教，或者未如实填写教学日志和培训记录，或者擅自减少学时和培训内容的；

（七）道路运输车辆逾期未参加年度审验的。

第七十一条　交通运输行政主管部门及其所属的道路运输管理机构、交通运输监察机构工作人员在道路运输监督管理中有下列情形之一的，依法给予处分；构成犯罪的，依法追究刑事责任：

（一）不依照本条例规定的条件、程序和期限实施行政许可的；

（二）参与或者变相参与道路运输经营以及道路运输相关业务的；

（三）发现违法行为不及时查处的；

（四）违反规定拦截、检查正常行驶的道路运输车辆的；

（五）违法扣留运输车辆、车辆营运证的；

（六）索取、收受他人财物，或者谋取其他利益的；

（七）没有法定的行政处罚、收费依据或者违反法定标准进行罚款、收费的；

（八）其他滥用职权、玩忽职守、徇私舞弊的行为。

第七章　附　　则

第七十二条　仅为企业、事业单位职工或者个人生活服务的客运、货运汽车和仅在工矿区域内的货运汽车及吊车、铲车等装卸机械不适用本条例的规定。

学校校车管理按照国家有关规定执行。

第七十三条 本条例自 2011 年 3 月 1 日起施行。1996 年 2 月 9 日山东省第八届人民代表大会常务委员会第二十次会议通过的《山东省道路运输管理条例》同时废止。

湖北省城市公共交通发展与管理办法

(2014年1月13日湖北省人民政府常务会议审议通过,2014年1月18日以湖北省人民政府令第368号公布,自2014年4月1日起施行)

第一章 总 则

第一条 为了优先发展城市公共交通,规范城市公共交通秩序,保障公众出行需要和运营安全,维护乘客、经营者及从业人员的合法权益,发挥城市公共交通对资源节约型、环境友好型社会建设的促进作用,推进城镇化和城乡一体化,根据有关法律、法规,结合本省实际,制定本办法。

第二条 本省行政区域内从事城市公共交通规划、建设、运营、发展、管理及其相关活动适用本办法。

本办法所称城市公共交通,是指在城市人民政府确定的区域内,利用公共汽车、电车、轨道交通等城市公共交通车辆及相关的配套设施,按照确定的线路、时间、站点、票价运营,为社会公众提供出行服务的活动。

第三条 城市公共交通是公益性事业,应当遵循政府主导、统筹规划、积极扶持、方便群众、安全舒适、绿色发展的原则。

倡导公众绿色出行。

第四条 城市人民政府应当将优先发展城市公共交通纳入国民经济和社会发展规划,组织交通运输、财政、税务、公安、规划、住房和城乡建设、国土资源等部门在规划布局、资金投入、财税政策、设施建设、装备更新、路权保障等方面建立保障体系,构建以城市公共交通为主的机动化出行系统,促进城市基础设施建设和综合管理水平提升。

城市人民政府应当充分发挥国有经济在发展城市公共交通中的主导作用，吸引和鼓励社会资金参与城市公共交通基础设施建设，指导城市公共交通企业规模化经营和适度竞争，推广应用新技术、新设备，执行行业运营规范、服务标准。

第五条 城市人民政府应当根据城市实际发展需要统筹建设以公共汽（电）车为主体，包括快速公共汽车等地面公共交通系统，有条件的特大城市、大城市有序推进轨道交通系统建设，提高城市公共交通保有水平、运营时速、覆盖率和准点率。大城市基本实现中心城区公共交通站点500米全覆盖，公共交通出行分担率达到60%以上。

城市人民政府应当采取措施，引导公众优先选择公共交通方式出行。

第六条 城市人民政府是发展城市公共交通的责任主体。

省人民政府交通运输主管部门及其所属的道路运输管理机构负责指导全省城市公共交通管理工作。

城市人民政府交通运输主管部门及其所属的道路运输管理机构（包括单独设立的城市公共交通管理机构，下同）负责本行政区域城市公共交通的发展和监督管理工作。

其他有关部门按照职责分工，共同做好城市公共交通的相关工作。

第二章 规划和建设

第七条 省人民政府应当将优先发展城市公共交通纳入全省综合交通发展规划。

城市人民政府交通运输主管部门应当会同住房和城乡建设、规划、公安、国土资源、环境保护等部门根据城市总体规划编制城市公共交通规划，由上一级交通运输主管部门组织评审，经本级人民政府批准后实施，报省交通运输主管部门备案，并向社会公布。

城市公共交通规划应当包括城市公共交通的发展目标和战略、各种交通方式构成比例和规模、设施和线路布局、车辆配置、信息化建设、环境保护、设施用地保障等内容。

编制城市公共交通规划应当广泛征求社会公众意见。

第八条 城市人民政府规划主管部门在组织编制控制性详细规划时，应当与城市公共交通规划相衔接，并优先保障城市公共交通设施用地。

第九条 城市公共交通规划中确定的城市公共交通设施用地符合《划拨用地目录》的，应当以划拨方式供地。

在确保城市公共交通设施用地功能及规模的前提下，鼓励对城市公共交通设施用地实行综合利用，提高土地利用效率。城市公共交通设施用地综合开发的收益用于城市公共交通基础设施建设和弥补运营亏损。

任何单位和个人不得非法占用城市公共交通设施用地。

第十条 城市人民政府应当从公共事业、市政公用设施、土地出让、出租车经营权有偿出让等收费和收益中安排适当资金，设立城市公共交通发展专项资金，确保城市公共交通投资逐年上升，优先保障综合交通枢纽、大容量公共交通、公交场站建设和车辆购置、更新。城市公共交通管理经费纳入本级财政预算。

城市公共交通发展享受下列优惠政策：

（一）免征城市公共交通企业新购置的公共汽（电）车的车辆购置税；

（二）依法减征或免征城市公共交通车船的车船税；

（三）按国家规定免征城市公共交通站场城镇土地使用税；

（四）对城市轨道交通运营企业和新能源公交车辆实施电价优惠；

（五）落实国家成品油价格补贴政策；

（六）国家和省制定的其他优惠政策。

第十一条 在实施城市新区开发、旧城改造以及航空港、铁路客运站、水路客运码头、公路客运站、轨道交通、居住区、商务区等建设时，城市人民政府应当组织有关部门对城市建设项目进行交通影响评价，并按照国家规定标准配套建设相应的城市公共交通设施，与主体工程同步规划、同步设计、同步建设、同步竣工、同步交付使用。

第十二条 设置公共汽车、电车站点应当符合国家有关技术规范，满足社会公众出行需求。

符合条件的地区应当建立换乘中心，建设配套的机动车、非机动车停车场，实现公共汽车、电车、出租汽车、轮渡、轨道交通间的便捷换乘，保证城市公共交通与铁路、公路、水路、民航等其他综合交通运输方式的有效衔接。

第十三条 鼓励和引导城市公共交通企业针对大型社区、学校、工业园等布设公交微循环线路，增加出行路径和交通通道，承担零星客流的收集，并驳运到最近的区域公交枢纽或城市主干道公交干线上，减少步行到站距离，方便市民出行。

第十四条 城市人民政府应当根据城市道路的技术条件、交通流量、出行结构、噪声和尾气控制等因素，科学设置或调整公共汽车、电车专用道及优先通行信号系统，保障城市公共交通路权优先。

第十五条 城市人民政府应当推进信息技术在城市公共交通运营管理、服务监管和行业管理等方面的应用，建设公众出行信息服务系统、车辆运营调度管理系统、安全监控系统和应急处置系统，促进智能公交发展。

城市人民政府应当完善城市公共交通移动支付体系建设，推广普及城市公共交通"一卡通"，逐步实现跨区域互联互通。

第十六条 城市人民政府应当大力发展低碳、高效、大容量的城市公共交通系统，支持和鼓励城市公共交通企业及时淘汰更新不符合排放标准的老旧车辆，优先使用新能源、混合动力客车并提高其在城市公共交通车辆中的使用比例，采用清洁节能、先进适用的新技术，建立车辆燃油消耗考核机制，减少污染物排放。

第十七条 政府投资建设的城市公共交通设施，应当采用招标或者指定方式确定日常管理单位。社会投资建设的城市公共交通设施，由投资者或者其委托的单位负责日常管理。

投入使用的城市公共交通设施，应当保持其性能完好、整洁干净，不得擅自停止使用或改作他用。

第十八条 任何单位和个人不得毁坏或者擅自移动、关闭、拆除城市公共交通设施。

确需占用、移动、拆除城市公共交通设施的，应当征求道路运输管理机构的意见，并按照有关规定恢复、补建或者给予补偿。

第三章　运营准入与管理

第十九条　城市公共交通企业应当具备下列条件：

（一）良好的银行资信和相应的偿债能力；

（二）符合规定的运营资金；

（三）健全的运营服务、安全生产、应急处置等管理制度；

（四）满足线路运营需求的运营方案、公共交通车辆、停靠场地和配套设施；

（五）与运营业务相适应的驾驶人员和管理人员；

（六）法律、法规、规章规定的其他条件。

第二十条　城市公共交通企业的运营车辆应当具备下列条件：

（一）符合国家、省有关城市公共交通车辆的技术标准和安全、环境保护要求；

（二）经公安机关机动车登记确认使用性质为"公交客运"；

（三）技术性能良好、设施完好。

第二十一条　城市公共交通企业的驾驶人员应当具备下列条件：

（一）持有城市公共交通车辆驾驶证件1年以上；

（二）身体健康，无职业禁忌；

（三）3年内无重大以上交通责任事故记录；

（四）通过道路运输管理机构或其认可的城市公共交通企业组织的城市公共交通运营服务规范、车辆维修和安全应急知识考核。

第二十二条　道路运输管理机构应当根据城市公共交通规划和城市发展的实际需要，设置、调整城市公共交通线路，并广泛征求有关部门和社会公众的意见。

第二十三条　道路运输管理机构应当采取服务质量招标的方式将城市公共交通线路运营权授予符合本办法第十九条、第二十条、第二十一条规定条件的城市公共交通企业，并与其签订城市公共交通线路运营合同。不适合招标或者招标不成的，道路运输管理机构可以采取直接授予的方式确定城市公共交通线路运营权。

城市公共交通线路运营合同应当载明线路编号、走向、站点、首末班车（船）时间、线路配置车辆（船舶）的数量、型号、票制、票价、服务质量承诺、安全保障措施、违约责任等。

禁止转让或者以承包、挂靠等方式变相转让城市公共交通线路运营权。

第二十四条 城市公共交通企业确需变更线路走向、站点、时间或者减少运营车次的，应当经道路运输管理机构同意后于实施之日前10日向社会公告。

因市政工程建设、大型公益活动等特殊情况需要临时变更线路、时间、站点的，公安机关应当在7日前告知道路运输管理机构。由道路运输管理机构组织城市公共交通企业提前3日向社会公告。

第二十五条 未经道路运输管理机构批准，城市公共交通企业不得擅自暂停、终止城市公共交通线路运营。

经批准暂停、终止城市公共交通线路运营的，城市公共交通企业应当在暂停、终止之日前30日向社会公告。

城市公共交通企业因破产、解散、取消线路运营权等原因不能正常运营时，道路运输管理机构应当及时采取措施保证城市公共交通服务的连续性。

第二十六条 城市公共交通线路运营期限由城市人民政府确定，一般4至8年。

城市公共交通线路运营期限届满需要延续运营的，应当在期限届满3个月前与道路运输管理机构协商续签线路运营合同。道路运输管理机构应当根据运营安全、服务质量、信誉考核等情况作出是否续签的决定。

第二十七条 城市公共交通实行政府定价，票价由价格主管部门会同同级财政、交通运输主管部门根据运营成本等因素确定，并根据运营成本变化、城市居民消费价格指数和居民收入增长情况等进行调整。

制定城市公共交通票价，应当充分体现社会公益性事业特征，有利于优化城市交通结构，引导社会公众选择城市公共交通出行。

第二十八条 城市公共交通实际执行票价低于运营成本的，城市人民政府应当给予补贴。

对城市公共交通企业执行政府指令的低票价、承担老年人、残疾人、学生等优惠乘车，以及持月票和"一卡通"优惠乘车等方面形成的政策性亏损，以及企业因技术改造、节能减排、经营冷僻线路等原因增加的成本，城市人民政府应当给予补偿或补贴。补偿或补贴资金纳入本级财政预算。

交通运输主管部门应当会同财政、价格、审计等有关部门定期对城市公共交通企业的成本、费用进行审计和绩效评价，其结论作为城市人民政府对城市公共交通企业进行补偿或补贴的依据。

第四章 运营服务与安全

第二十九条 道路运输管理机构应当制定城市公共交通服务规范和乘坐规则。

城市公共交通企业应当科学编制线路作业计划，合理调度，缩短乘客等候时间；做好运营设备的日常维护，及时更新符合环境保护标准的城市公共交通车辆。

第三十条 城市公共交通企业应当按照城市公共交通线路运营合同提供服务，并遵守以下规定：

（一）落实运营车辆检查、保养和维修制度，确保安全营运；

（二）执行城市公共交通服务规范，开展文明窗口建设，保证服务质量；

（三）执行城市价格主管部门依法核准的票价，落实国家和省制定的减免票政策；

（四）制定并实施对从业人员的培训、管理制度；

（五）接受乘客的监督，受理乘客投诉。

第三十一条 城市公共交通企业投入的运营车辆，应当符合下列要求：

（一）车辆整洁，符合相关卫生标准，服务和安全设施、应急装置齐全完好；

（二）在规定位置标明企业名称、线路编号、行驶线路示意图、运营价格标准；

（三）在规定位置标明指示标志和投诉举报电话；

（四）无人售票车装有投币箱、语音和电子报站设施，使用IC卡投币的车辆验卡设施完好准确；

（五）安装车辆动态监控设备并正常使用。

第三十二条 城市公共交通从业人员服务时应当遵守下列规定：

（一）衣着整洁，文明礼貌；

（二）按照核准的收费标准收费，提供有效的票证；

（三）执行有关优惠或免费乘车的规定；

（四）正确及时报清公共汽车线路名称、行驶方向和停靠站名称，提示安全注意事项，为老、幼、病、残、孕乘客提供可能的帮助；

（五）按照核定的运营线路、车次、时间发车和运营，不得到站不停、滞站揽客、中途甩客、违章占道，不得擅自站外上下乘客、中途调头；

（六）按规定携带、佩戴相关证件；

（七）合理调度、及时疏散乘客；

（八）遵守城市公共交通的其他服务规范。

第三十三条 城市公共交通企业应当加强公共交通车辆驾驶人员的聘用管理，对发生道路交通事故致人死亡且负同等以上责任的，交通违法计分满十二分的，以及有酒后驾驶、超速50%以上，或者12个月内有3次以上超速违法记录的应当依法解除聘用合同。

第三十四条 乘客享有获得安全、便捷服务的权利。遇有不按照核准的票价收费、不提供有效票据的，乘客可以拒付车费。

乘客应当遵守城市公共交通乘坐规则，讲究文明卫生，服从管理，按照规定购票；不得携带易燃、易爆、有毒等危险品或者有碍他人安全、健康的物品乘车，不得携带宠物乘车，不得在城市公共交通车辆内饮食、吸烟、乞讨以及实施其他可能影响车辆正常运营、乘客安全和乘车秩序的行为。

第三十五条 城市公共交通车辆在运行中出现故障不能继续运营时，城市公共交通企业或其驾驶员应当安排乘客转乘同线路后续车辆，同线路后续车辆不得拒绝换乘和重复收费。

第三十六条 城市人民政府应当加强对城市公共交通安全管理工作的领导，督促有关部门依法履行城市公共交通安全监督管理职责，及时协调、解决安全监督管理工作中的重大问题。

第三十七条 城市人民政府应当加强安全乘车和安全应急知识宣传教育

工作，普及城市公共交通安全应急知识。

第三十八条 城市公共交通企业应当落实安全生产主体责任，建立、健全安全生产管理制度，制定并组织实施突发事件应急预案，保证安全资金投入，设立必要的安全管理机构，配备专职安全管理人员，加强城市公共交通运营安全动态监管，开展安全检查，并及时消除事故隐患。

城市公共交通企业应当在城市公共交通车辆和城市公共交通场站醒目位置设置安全警示标志、安全疏散示意图，并保持灭火器、安全锤、车门紧急开启装置等安全应急设施、设备完好。

第三十九条 城市人民政府交通运输主管部门应当会同有关部门制定城市公共交通应急预案，报本级人民政府批准。

城市公共交通企业应当根据城市公共交通应急预案制定本企业的应急预案，组织专兼职安全应急队伍，定期进行演练。

第四十条 城市公共交通突发事件发生后，城市人民政府应当启动应急预案，采取应急处置措施。

遇有抢险救灾、突发性事件以及重大活动等情况时，城市公共交通企业应当服从城市人民政府的统一调度和指挥。

第五章　监督检查

第四十一条 省人民政府应当建立城市公共交通发展绩效评价制度，将城市公共交通发展水平纳入城市人民政府年度目标考核体系。

上级人民政府应当对下级人民政府优先发展城市公共交通的政策措施、补贴、补偿及管理工作等实施绩效评价，评价结果纳入年度目标考核内容。

第四十二条 交通运输主管部门及其道路运输管理机构应当加强对城市公共交通的监督管理。

交通运输主管部门及其道路运输管理机构的执法人员在实施监督检查时，应当遵守交通运输行政执法行为规范，可以向城市公共交通企业或从业人员了解情况，查阅、复制有关资料。涉及商业秘密和个人隐私应当保密。

被监督检查单位和个人应当接受依法实施的监督检查，如实提供有关资料。

第四十三条　道路运输管理机构应当建立和定期组织实施城市公共交通企业服务质量考核制度，将考核结果作为衡量城市公共交通企业运营绩效、发放政府补贴、准入与退出的重要依据，并向社会公开。

第四十四条　道路运输管理机构和城市公共交通企业应当建立投诉受理制度，公开举报和投诉电话、通信地址、电子邮箱等，接受社会监督。

城市公共交通企业应当自收到乘客投诉之日起 15 日内作出答复。逾期不答复或者对答复有异议的，乘客可以向道路运输管理机构投诉，道路运输管理机构应当自收到乘客投诉之日起 15 日内作出答复。

第六章　法律责任

第四十五条　城市公共交通从业人员不依线运行，到站不停、滞站揽客、中途甩客、违反规定中途调头的，由城市人民政府交通运输主管部门给予警告，并处 50 元以上 200 元以下的罚款。

第四十六条　违反本办法规定，有下列行为之一的，由城市人民政府交通运输主管部门责令限期改正，逾期不改正的，处以 5000 元以上 2 万元以下的罚款：

（一）城市公共交通企业聘用不符合规定条件的驾驶人员从事城市公共交通运营的；

（二）城市公共交通企业使用不符合规定条件的车辆从事城市公共交通运营的；

（三）城市公共交通企业未执行城市公共交通服务规范的；

（四）城市公共交通企业擅自调整线路、站点、首班车和末班车时间、线路走向的。

第四十七条　损坏城市公共交通设施或配套服务设施的，由城市人民政府交通运输主管部门处 500 元以上 2000 元以下的罚款；造成损失的，依法承担赔偿责任。

擅自移动、关闭、拆除城市公共交通设施或者挪作他用的，由城市人民政府交通运输主管部门责令改正，逾期不改正的，处 1 万元以上 3 万元以下的罚款；造成损失的，依法承担赔偿责任。

第四十八条 违反本办法规定，有下列行为之一的，由城市人民政府交通运输主管部门责令限期改正，逾期不改正的，处1万元以上3万元以下的罚款：

（一）城市公共交通企业转让或者以承包、挂靠等方式变相转让城市公共交通线路运营资格的；

（二）城市公共交通企业未经批准擅自停业、歇业或者停开线路的；

（三）未取得城市公共交通线路运营权从事城市公共交通运营的。

第四十九条 国家工作人员违反本办法规定，在城市公共交通管理工作中玩忽职守、滥用职权、徇私舞弊的，依法给予行政处分；构成犯罪的，依法追究刑事责任。

第七章 附 则

第五十条 城市轨道交通管理办法另行制定。

用于公共交通的城市轮渡的管理参照本办法执行。

第五十一条 公共交通跨城市运营的，由相关城市人民政府共同商定运营方式和管理模式。

第五十二条 本办法自2014年4月1日起实施。

湖南省市政公用事业特许经营条例

（2006年5月31日湖南省第十届人民代表大会常务委员会第二十一次会议通过。根据2008年11月28日湖南省第十一届人民代表大会常务委员会第五次会议《关于修改〈湖南省市政公用事业特许经营条例〉的决定》第一次修正。根据2016年7月30日湖南省第十二届人民代表大会常务委员会第二十三次会议《关于修改〈湖南省行政事业性收费管理条例〉等五部地方性法规的决定》第二次修正）

第一章 总 则

第一条 为了规范市政公用事业特许经营活动，保障公众利益和特许经营者的合法权益，促进市政公用事业健康发展，根据《中华人民共和国行政许可法》和其他有关法律、法规，结合本省实际，制定本条例。

第二条 本条例所称市政公用事业特许经营，是指政府通过招标等公平竞争方式，许可特定经营者在一定期限、一定地域范围内经营某项市政公共产品或者提供某项公共服务。

第三条 本省行政区域内涉及公共资源配置和直接关系公共利益的下列行业可以实行特许经营：

（一）城市自来水供应、管道燃气供应、集中供热；

（二）城市污水处理、垃圾处理；

（三）城市公共客运（城市出租汽车除外）；

（四）法律、法规规定的其他行业。

按照前款规定实行特许经营的，应当遵守本条例。

第四条　省人民政府管理市政公用事业的有关部门负责本省行政区域内市政公用事业特许经营的指导和监督。

设区的市、自治州、县（市、区）人民政府主管市政公用事业的部门（以下称市政公用事业主管部门），依据本级人民政府的授权，负责市政公用事业项目特许经营的实施，并对特许经营活动进行监督管理。

县级以上人民政府发展改革、规划、财政、国土资源、水利、价格、环境保护、工商行政管理、国有资产管理等部门，按照各自的职责，负责市政公用事业特许经营的有关工作。

第五条　县级以上人民政府应当根据经济与社会发展需要增加对市政公用事业的财政投入。

特许经营者因承担法律、法规及政府规定的指令性义务形成的政策性亏损，政府应当给予补贴。

第六条　实施市政公用事业特许经营，应当遵循公众利益优先和公开、公平、公正的原则。

第七条　公众享有对市政公用事业特许经营的知情权和监督权。有关人民政府应当建立社会参与机制，保障公众对特许经营活动的有效监督。

第二章　特许经营权的授予

第八条　市政公用事业特许经营可以采用下列形式：

（一）许可特定经营者投资建设并经营某项目，经营期限届满后移交政府；

（二）许可特定经营者向政府支付某已建项目的建设资金后经营该项目，经营期限届满后移交政府；

（三）许可特定经营者租赁经营某已建项目，经营期限届满，特许经营权终止；

（四）法律、法规规定的其他形式。

人民政府按照前款规定实施特许经营收取的费用，应当专项用于市政公用事业，不得挪作他用，并依法接受审计监督。

第九条 特许经营期限应当根据行业特点、经营规模、经营方式等因素确定，最长不得超过三十年。

第十条 设区的市、自治州、县（市、区）人民政府决定实施特许经营的市政公用事业项目，由市政公用事业主管部门会同发展改革、财政、价格、国有资产管理等部门，根据城市规划、市政公用事业各专业规划、经济和社会发展要求等进行论证，并公开征求有关部门和公众意见或者听证后，制定实施方案，报本级人民政府批准。跨行政区域的市政公用事业项目的特许经营实施方案，由有关人民政府共同组织制定，报共同的上一级人民政府批准。

前款规定的特许经营实施方案，应当报省人民政府管理市政公用事业的有关部门备案。

第十一条 市政公用事业特许经营实施方案，应当明确下列事项：

（一）项目的基本情况；

（二）该项目基本经济、技术分析；

（三）特许经营权的授予方式；

（四）特许经营的形式、主要内容、范围及期限；

（五）拟许可的特许经营者数量、特许经营者的条件；

（六）财政补贴及其他优惠措施；

（七）政府的监督管理措施。

第十二条 市政公用事业特许经营实施方案经批准后，由市政公用事业主管部门通过公开发行的报纸、电视、政府网站等向社会公告，并组织实施。

第十三条 符合下列条件的企业法人，可以申请从事市政公用事业项目的特许经营：

（一）银行资信和财务状况良好，并有满足该项目经营必需的资金或者可靠的资金来源及相应偿债能力；

（二）有良好的经营业绩；

（三）有相应数量和相应从业资格的技术、财务、管理人员和该项目经营必需的设备、设施；

（四）有切实可行的经营方案和保证提供持续、稳定、方便、及时、安全、优质、价格合理的普遍服务的能力；

（五）有关法律、法规、规章规定的其他条件。

第十四条 同一地域范围内的同一行业市政公用事业特许经营权，应当授予两个以上的经营者；但因行业特点和地域条件的限制，无法授予两个以上经营者的除外。

第十五条 市政公用事业特许经营招标，应当遵守招标投标法律、法规；应当将保证市政公共产品或者公共服务的供应、质量、安全和价格合理作为实质要件，并在招标文件中列明具体要求。招标文件由市政公用事业主管部门会同发展改革、财政、价格等部门组织专家编制，报本级人民政府批准。

招标工作由市政公用事业主管部门依法委托招标代理机构进行。

第十六条 市政公用事业主管部门在特许经营者确定之日起三十日内，与特许经营者签订市政公用事业特许经营协议，并颁发市政公用事业特许经营授权书。

市政公用事业特许经营协议应当具体约定下列事项：

（一）项目名称、内容、经营地域、特许经营实施方式、经营期限；

（二）市政公共产品或者公共服务的名称、数量、质量标准和安全标准；

（三）投资回报方式及其确定、调整机制；

（四）设备设施的权属及保养维护、建设、更新改造责任；

（五）政府的保障措施；

（六）政府向特许经营者移交项目及期限届满或者解除特许经营协议后特许经营者向政府移交项目的内容、数量、质量标准，移交的方式、程序、期限；

（七）履约担保；

（八）违约责任；

（九）特许经营协议的解除及其补偿办法；

（十）法律、法规、规章规定和双方认为应当约定的其他事项。

市政公用事业特许经营协议的实质内容，不得有与招标文件内容相抵触的约定。市政公用事业特许经营协议允许公众查阅。

第十七条 特许经营期限届满后，有关人民政府应当按照本条例的规定，重新进行特许经营权的授予。特许经营权的重新授予应当于特许经营期限届满六个月前完成。

第十八条 特许经营期内,特许经营者因自身原因无法继续经营的,可以申请解除特许经营协议。市政公用事业主管部门应当于收到申请之日起三十日内,查明情况,报请本级人民政府审查决定是否准许。准许解除特许经营协议的,市政公用事业主管部门应当于决定之日起九十日内,依照本条例的规定确定新的特许经营者。

在前款规定的期间内,原特许经营者应当善意履行看守职责,并保证市政公共产品或者公共服务的正常提供。

依照本条规定解除特许经营协议的,原特许经营者应当依照特许经营协议的约定承担违约责任。

第十九条 特许经营期内,特许经营者因不可抗力无法继续经营的,可以申请解除特许经营协议。市政公用事业主管部门应当临时接管该项目,保障该项市政公共产品或者公共服务的正常提供,并于接管之日起九十日内,依照本条例的规定确定新的特许经营者。

第三章 特许经营者的权利和义务

第二十条 特许经营者依法取得的市政公用事业特许经营权受法律保护,有关人民政府及其市政公用事业主管部门不得擅自撤回或者改变。

因有关法律、法规、规章修改、废止,或者授予特许经营权所依据的客观情况发生重大变化,为了公共利益的需要,可以依法变更或者收回已经授予的特许经营权。由此给特许经营者造成财产损失的,有关人民政府应当依法给予补偿。

第二十一条 特许经营者具有下列权利:

(一)依法自主经营;

(二)依法获取收益;

(三)请求政府及其有关部门制止和排除侵害特许经营权的行为;

(四)建议对发展规划和价格等进行调整;

(五)享受有关的优惠政策和财政补贴;

（六）拒绝和抵制各种乱收费、乱摊派等行为；

（七）法律、法规、规章规定的和特许经营协议约定的其他权利。

第二十二条 特许经营者应当遵守下列规定：

（一）根据特许经营协议编制中长期发展规划、年度经营计划和应急预案，并报市政公用事业主管部门备案；

（二）依法经营，保证安全，履行普遍服务、持续服务义务；

（三）按照特许经营协议的约定提供数量充足、质量合格的市政公共产品或者公共服务；

（四）按照政府审定的价格提供市政公共产品或者公共服务；

（五）按照城市规划和特许经营协议的约定投资建设和更新改造相关市政公用设施；

（六）做好设备设施的保养维护工作，确保其状况良好、运转正常；

（七）允许其他经营者按照规划要求连接其投资建设或者经营管理的公用设施，其收费按照价格主管部门的规定执行；

（八）接受市政公用事业主管部门及其他有关部门对其提供的市政公共产品或者公共服务的数量、质量、价格以及安全状况等的监督检查；

（九）经营期限届满或者解除特许经营协议后，按照法律、法规、规章的规定或者特许经营协议的约定，向市政公用事业主管部门或者其指定的单位完整移交正常经营必需的档案资料、正常运行的设备设施和其他应当移交的资产；

（十）履行法律、法规、规章规定的和特许经营协议约定的其他义务。

第二十三条 特许经营者不得有下列行为：

（一）擅自转让或者以承包经营、挂靠等方式变相转让特许经营权；

（二）质押特许经营权；

（三）降低所提供的市政公共产品或者公共服务的质量，减少应当提供的市政公共产品或者公共服务的数量，迟延或者间断提供市政公共产品或者公共服务，擅自提高市政公共产品或者公共服务的价格；

（四）擅自向消费者收取未经价格主管部门批准的费用；

（五）擅自停业、歇业；

（六）法律、法规、规章和特许经营协议禁止的其他行为。

第四章 监督管理

第二十四条 市政公用事业主管部门，应当履行下列职责：

（一）依法制止和排除或者要求有关部门依法制止和排除侵害特许经营权的行为；

（二）督促特许经营者履行法定的和特许经营协议约定的义务；

（三）对特许经营者提供的市政公共产品或者公共服务的数量、质量、价格以及安全生产、设备设施保养维护等情况进行监督；

（四）组织专家对特许经营者的经营情况进行中期评估或者年度评估，并向公众公布评估结果；

（五）协助有关部门核算和监控企业成本，必要时提出价格调整建议；

（六）受理、处理公众对特许经营活动的投诉；

（七）制定市政公用事业特许经营应急预案，在出现危及或者可能危及公共利益、公共安全的紧急情况时，采取有效措施或者临时接管特许经营项目；

（八）特许经营期限届满或者解除特许经营协议后，依照法律、法规、规章的规定和特许经营协议的约定接收或者监督原特许经营者向新特许经营者移交项目；

（九）每年初向本级人民政府报告上一年度市政公用事业特许经营实施情况；

（十）法律、法规、规章规定的其他职责。

第二十五条 实施市政公用事业特许经营的人民政府应当组织建立市政公用事业特许经营公众监督委员会，代表公众对市政公用事业特许经营活动进行监督。公众监督委员会成员中，非政府部门的专家和公众代表不得少于三分之二。

对市政公用事业特许经营中关系公众利益的事项，公众监督委员会有权提出意见和建议。有关人民政府、政府有关部门和特许经营者应当充分听取公众监督委员会的意见，及时解决公众监督委员会提出的问题；对不予采纳的意见，应当向公众监督委员会书面说明理由。

第二十六条　价格主管部门应当加强对市政公共产品、公共服务价格的管理和监督检查，依法制定或调整市政公共产品、公共服务价格，查处价格违法行为。

制定或者调整市政公共产品、公共服务价格，应当根据社会平均成本、经营者合理收益、社会承受能力以及其他相关因素予以确定。

第二十七条　制定或者调整市政公共产品、公共服务价格，价格主管部门应当对特许经营成本进行监审，确保价格成本的真实、准确。

第二十八条　市政公共产品、公共服务价格的制定、调整，可以由特许经营者、消费者组织、公众监督委员会、行业协会或者市政公用事业主管部门书面向价格主管部门提出制定或者调整市政公共产品、公共服务价格的申请，也可以由有定价权的价格主管部门依法直接提出定价、调价方案。

第二十九条　价格主管部门制定或调整市政公共产品、公共服务价格，应当依法组织听证。

第三十条　价格主管部门在会同市政公用事业主管部门制定市政公共产品、公共服务价格方案时应当充分吸收听证会所提出的意见。价格方案报本级人民政府批准后在公开发行的报纸、电视、政府网站等媒体上公告，并组织实施。

第五章　法律责任

第三十一条　以欺骗、贿赂等不正当手段取得特许经营权的，由市政公用事业主管部门撤销特许经营权，并由有关行政主管部门依法予以处罚；构成犯罪的，依法追究刑事责任。

被撤销特许经营权的企业或者其他经济组织，三年内不得申请从事市政公用事业特许经营。

第三十二条　特许经营者有下列情形之一的，由市政公用事业主管部门责令改正；拒不改正的，经本级人民政府批准，可以解除特许经营协议，收回特许经营权：

（一）擅自转让或者变相转让特许经营权，或者质押特许经营权的；

（二）不履行普遍服务义务，或者不履行设备设施保养维护、建设、更新改造义务，危及公众利益、公共安全的；

（三）所提供的市政公共产品或者公共服务达不到国家规定或者特许经营协议约定的标准，严重影响公众利益的；

（四）造成重大安全责任事故，或者存在重大安全隐患、危及公共安全的；

（五）因经营管理不善、财务状况严重恶化，危及公众利益的；

（六）擅自停业、歇业的；

（七）法律、法规、规章规定或者特许经营协议约定应予收回特许经营权的其他情形。

第三十三条　市政公用事业主管部门依照本条例第三十一条、第三十二条的规定，撤销或者收回特许经营权，应当告知特许经营者有要求举行听证的权利。特许经营者要求举行听证的，市政公用事业主管部门应当组织听证。

第三十四条　违反本条例的其他违法行为，有关法律法规规定了处罚的，依照其规定执行。

第三十五条　市政公用事业主管部门及其他有关部门的工作人员在市政公用事业特许经营监督管理活动中玩忽职守、徇私舞弊、滥用职权的，依法给予行政处分；构成犯罪的，依法追究刑事责任。

第六章　附　　则

第三十六条　本条例自 2006 年 10 月 1 日起施行。

重庆市公共汽车客运条例

(2018年9月29日重庆市第五届人民代表大会常务委员会第五次会议通过)

第一章 总 则

第一条 为了加强公共汽车客运管理，保障运营安全，规范运营秩序，提高运营服务质量，维护乘客和公共汽车客运经营企业及其从业人员的合法权益，促进公共汽车客运优先发展，根据有关法律、法规，结合本市实际，制定本条例。

第二条 本市行政区域内公共汽车客运的规划建设、运营管理、运营服务、运营安全及其相关监督管理活动，适用本条例。

第三条 公共汽车客运是具有公益性的服务行业，坚持公共利益优先、有效配置资源和安全便民、优质服务、节能环保、集约发展的原则。

第四条 市、区县（自治县）人民政府应当落实国家公共交通优先发展战略，将公共汽车客运发展纳入国民经济和社会发展规划，保证公共汽车客运的财政投入，在城乡规划、用地供给、设施建设、路权分配等方面给予保障。

市、区县（自治县）人民政府应当加强绿色出行宣传，引导公众优先选择公共汽车等出行方式。

第五条 市交通主管部门负责全市公共汽车客运管理工作。区县（自治县）交通主管部门负责本行政区域内公共汽车客运管理工作。

道路运输管理机构具体承担公共汽车客运管理工作。

发展改革、财政、城乡规划、城乡建设、公安、国土房管、城市管理、安监、价格、税务等部门依据各自职责，做好公共汽车客运管理相关工作。

第六条 公共汽车客运经营企业（以下简称经营企业）应当依法经营、公平竞争、安全运营、规范服务，提升服务质量，自觉接受相关部门和社会公众的监督。

第七条 鼓励和支持公共汽车客运应用新技术、新能源，推广使用具有无障碍设施的车辆等新装备，推进现代信息技术应用，促进城市公共交通智能化发展。

第二章 规划建设

第八条 交通主管部门应当会同本级发展改革、城乡规划、城乡建设、公安、国土房管、城市管理等部门编制公共汽车客运专业规划，报本级人民政府批准后实施。

市交通主管部门负责编制主城区公共汽车客运专业规划；主城区以外各区县（自治县）交通主管部门负责编制本行政区域的公共汽车客运专业规划。公共汽车跨区域运营的，跨区域运营内容应当分别纳入相应区域的公共汽车客运专业规划。

市交通主管部门编制主城区公共汽车客运专业规划，应当征求相关区人民政府意见。

公共汽车客运专业规划的修改，依照前款规定执行。

第九条 公共汽车客运专业规划包括企业数量、运行区域、站场和线网布局等内容。

公共汽车客运专业规划应当与道路、铁路、航空、水路、城市轨道运输等规划相协调，实现公共汽车客运与其他运输方式有效衔接。

第十条 交通主管部门应当根据公共汽车客运专业规划，组织编制公共汽车客运服务设施建设年度计划和公共汽车客运线路年度计划。

市道路运输管理机构编制主城区公共汽车客运服务设施建设年度计划、公共汽车客运线路年度计划，应当征求相关区人民政府和相关部门意见，报市交通主管部门批准后实施。

主城区以外各区县（自治县）道路运输管理机构编制公共汽车客运服务设施建设年度计划、公共汽车客运线路年度计划，应当征求相关部门意见，报所在地交通主管部门批准后实施。

第十一条　公共汽车客运服务设施建设年度计划包括公共汽车客运服务设施建设用地范围、站场设置等内容；公共汽车客运线路年度计划包括运力配置和客运线路、站点等内容。

公共汽车客运服务设施建设年度计划应当纳入发展改革部门的年度投资计划，涉及城市建设的相关内容应当纳入城乡建设主管部门的年度建设计划。

第十二条　公共汽车客运服务设施用地以划拨方式取得。法律、法规另有规定的，适用其规定。

任何单位和个人不得侵占公共汽车客运服务设施用地或者违法改变用地使用性质。

符合公共汽车客运专业规划的公共汽车客运服务设施用地应当纳入城乡规划、近期建设规划和土地利用总体规划。

在确保公共汽车客运服务设施用地功能及规模的基础上，可以对公共汽车客运服务设施用地依法进行综合利用。

第十三条　公共汽车客运服务设施建设应当执行国家和本市有关规定及标准，符合无障碍设施工程建设要求。

任何单位和个人不得擅自占用、迁移、拆除公共汽车客运服务设施或者改变其用途和功能。确需占用、迁移、拆除公共汽车客运服务设施的，应当在占用、迁移、拆除前十五日书面告知道路运输管理机构，并按照要求提供临时替代措施，依法予以恢复、补建、补偿。

第十四条　实施旧城改造、新区建设以及新建、改建、扩建机场、火车站、轨道交通车站、长途汽车站、客运港口、居住小区、文化体育（场）馆、公园、学校、医院、大型商业区、工业园区等项目时，应当明确公共汽车客运服务设施建设单位，按照公共汽车客运专业规划要求，配套建设相应的公共汽车客运服务设施，并与主体工程同步规划、同步设计、同步建设、同步竣工、同步交付使用。

第十五条　道路运输管理机构应当会同有关部门，利用现代信息技术收集和分析社会公众出行时间、方式、频率、空间分布等信息，合理安排运力配置，科学设置公共汽车客运线路、站点，并适时新增、调整运力配置和客运线路、站点。

道路运输管理机构应当及时将客运线路和站点新增、调整等情况向社会公告。

经营企业应当根据道路运输管理机构的公告，在客运线路各站点进行公示。

第十六条 公共汽车客运相邻站点之间的距离，同一站点上下行站点之间的距离，以及公共汽车客运站点与机场、火车站、轨道交通车站、长途汽车站、客运港口之间的距离，应当方便乘客出行及换乘，符合相关技术标准。

第十七条 新建、改建城市道路时，建设单位应当按照公共汽车客运专业规划，优先新建、改建影响公共汽车通行的路段和道路交叉口。

第十八条 公安机关交通管理部门应当会同交通主管部门通过划设高峰时段公共汽车限时专用车道、设置公共汽车优先通行信号系统和标识牌等方式，保证公共汽车优先通行，提高运行效率。

划设高峰时段公共汽车限时专用车道应当综合考虑道路技术条件、交通流量、公交客流等因素。

主城区划设高峰时段公共汽车限时专用车道，应当由市公安机关交通管理部门会同市交通主管部门充分论证、提出方案，并由市公安机关交通管理部门向社会公布。

在规定时段内，除公共汽车、校车和二十座以上的大型载客汽车外，其他车辆不得占用高峰时段公共汽车限时专用车道。法律、法规另有规定的，适用其规定。

第十九条 公共汽车客运站点应当按照有关标准进行统一命名，命名应当符合地名管理有关规定，不得违背公序良俗。

公共汽车客运站点可以根据需要设置副站名。副站名可以为历史文化景点、国家机关、事业单位。一个公共汽车客运站点只能设置一个副站名。

第二十条 编制公共汽车客运专业规划、公共汽车客运服务设施建设年度计划、公共汽车客运线路年度计划，新增和调整客运线路、站点，划设公共汽车专用车道，应当征求社会公众意见。

第三章 运营管理

第二十一条 公共汽车客运经营实行许可制度，经营企业应当依法取得道路运输经营许可证。

从事公共汽车客运经营应当符合下列条件：

（一）具有企业法人资格；

（二）具有符合线路经营要求的客运车辆和固定资产；

（三）有良好的信用信息记录、财务状况；

（四）有可行的经营方案和安全管理措施；

（五）法律、法规规定的其他条件。

第二十二条 从事公共汽车客运经营应当向运行区域所在地道路运输管理机构提出申请，并提供符合本条例规定条件的相关材料。

道路运输管理机构收到申请后，应当自受理申请之日起二十日内审查完毕，作出许可或者不予许可的决定。予以许可的，向申请人颁发道路运输经营许可证；不予许可的，书面通知申请人并说明理由。

第二十三条 公共汽车客运线路经营实行特许经营，经营企业应当取得公共汽车客运线路特许经营权（以下简称线路经营权）。

取得线路经营权应当符合下列条件：

（一）依法取得道路运输经营许可证的企业法人。

（二）从事主城区线路经营的企业应当有五百辆以上自有产权的十座以上客运车辆，五千万元以上的固定资产；从事主城区以外各区县（自治县）线路经营的企业应当有三十辆以上自有产权的十座以上的客运车辆，三百万元以上的固定资产。

（三）有符合规定条件的客运管理人员、驾驶员等从业人员。

（四）有可行的线路经营方案和安全管理措施。

（五）安全服务质量考核合格。

（六）法律、法规规定的其他条件。

交通主管部门根据公共汽车客运市场发展需要，经本级人民政府批准，可以提高前款第二项规定的条件。

第二十四条　道路运输管理机构应当以公开招标方式选择经营企业。不符合公开招标条件的，可以通过邀请招标或者协议方式选择经营企业。

选择经营企业应当综合考虑运力配置、社会公众需求、公共安全，冷、热线路搭配等因素。

线路经营权实行无偿授予，道路运输管理机构不得拍卖线路经营权。

第二十五条　公共汽车客运线路特许经营的期限为四至八年，由道路运输管理机构根据经营企业的客运车辆状况、客运车辆行驶里程等因素具体确定。

线路特许经营期限届满，由道路运输管理机构重新选择取得该线路经营权的经营企业。

第二十六条　道路运输管理机构应当与取得线路经营权的经营企业签订线路特许经营协议。

线路特许经营协议应当明确以下内容：

（一）运营线路、站点设置、配置公共汽车客运车辆数及车型、首末班次时间、运营间隔、线路特许经营期限等；

（二）运营服务标准；

（三）安全保障制度、措施和责任；

（四）执行的票制、票价；

（五）线路经营权的变更、暂停、终止条件和方式；

（六）履约担保；

（七）线路特许经营期限内的风险分担；

（八）应急预案和临时接管预案；

（九）经营企业按照规定上报相关运营数据；

（十）违约责任；

（十一）争议解决方式；

（十二）双方的其他权利和义务；

（十三）双方认为应当约定的其他事项。

在线路特许经营期限内，确需变更协议内容的，协议双方应当在共同协商的基础上签订补充协议。

道路运输管理机构应当为取得线路经营权的经营企业配发线路经营权证，线路经营权证应当载明特许经营协议的主要内容。

第二十七条 经营企业投入运营的车辆，公安机关交通管理部门应当按照经营性车辆进行机动车登记，运行区域所在地道路运输管理机构应当依法为其配发道路运输证；经营企业聘用的客运驾驶员应当依法取得道路运输从业资格证。

道路运输管理机构应当每年对公共汽车客运车辆进行审验，审验结果载入道路运输证。未经审验或者审验不合格的，不得继续投入运营。

第二十八条 经营企业不得转让、出租、质押线路经营权，不得将线路经营权交与其他单位或者个人经营。

将线路经营权交与其他单位或者个人经营的行为包括：

（一）公共汽车客运车辆实际由其他单位或者个人经营、管理；

（二）公共汽车客运车辆未纳入经营企业统一管理、调度；

（三）公共汽车客运车辆运营收益归属其他单位、个人或者不由本企业直接支配；

（四）向客运驾驶员等从业人员或者其他人员收取购车款、承包费等资金；

（五）违法运营的法律后果实际由其他单位或者个人承担；

（六）将线路经营权交与其他单位或者个人经营的其他行为。

经营企业转让、出租、质押线路经营权或者将线路经营权交与其他单位或者个人经营的，道路运输管理机构根据情况，可以缩短特许经营期限，或者收回线路经营权、终止线路特许经营协议。

第二十九条 取得线路经营权的经营企业，应当按照线路特许经营协议要求提供连续服务，不得擅自暂停、终止经营；擅自暂停、终止经营的，道路运输管理机构根据情况，可以缩短特许经营期限，或者收回线路经营权、终止线路特许经营协议。

出现线路特许经营协议约定的暂停、终止经营情形时，经营企业可以暂停、终止经营。经营企业应当在暂停、终止经营前三个月向道路运输管理机构报告，道路运输管理机构应当自经营企业拟暂停、终止经营之日起七日前向社会公告。

第三十条 在线路特许经营期限内,经营企业因破产、解散以及不可抗力等法定事由不能运营时,应当及时书面告知道路运输管理机构。道路运输管理机构应当重新选择取得该线路经营权的经营企业。

在线路特许经营期限内,经营企业合并、分立的,应当向道路运输管理机构申请终止其原有线路经营权。合并、分立后的经营企业符合线路特许经营条件的,道路运输管理机构可以与合并、分立后的经营企业就原有的线路经营权剩余特许经营期限重新签订线路特许经营协议;不符合线路特许经营条件的,道路运输管理机构应当重新选择取得该线路经营权的经营企业。

第三十一条 经营企业因线路特许经营协议约定原因或者其他法定原因不能正常运营、影响社会公众出行时,道路运输管理机构应当采取临时指定经营企业、调配车辆、临时接管企业等应对措施,保障社会公众出行需求。

第三十二条 从事公共汽车客运站(场)经营的,应当依法取得道路运输站(场)经营许可证,遵守道路运输站(场)管理相关规定。

第三十三条 公共汽车客运票价实行政府定价。制定公共汽车客运票价应当依据经营成本,统筹考虑公共汽车客运优先发展、社会公众承受能力、财政状况和出行距离等因素确定。

第三十四条 市、区县(自治县)人民政府应当组织财政、价格、交通等部门建立公共汽车客运财务监控机制、价格形成机制、经营企业经营成本核算制度和补贴、补偿制度,对经营企业执行票价低于成本票价、执行政府乘车优惠政策以及因承担政府指令性任务等所减少的运营收入,应当予以补贴或者补偿。

第四章 运营服务

第三十五条 经营企业应当遵守下列运营服务规定:

(一)履行线路特许经营协议;

（二）执行公共汽车客运服务规范和标准；

（三）配备符合有关技术规定的公共汽车客运车辆，建立车辆技术档案；

（四）在车厢内规定的位置公布票价、运营线路图和运营起止时间；

（五）对投入运营的车辆，客运首末站、途中站配置符合公共汽车客运服务规范和标准的服务设施和运营标识；

（六）聘用符合规定条件的客运驾驶员等从业人员，定期对其进行培训和考核，并建立培训考核档案；

（七）制定行车作业计划并按照计划调度车辆；

（八）如实填报经营统计报表和年度会计报告；

（九）按照价格部门核准的票价收费，执行国家和本市有关优惠乘车规定，提供有效车票凭证；

（十）建立公共汽车客运投诉、举报制度；

（十一）不得在车厢内播放、张贴有害青少年身心健康的音频、视频和图文；

（十二）不得在公交公共网络上推送有损公序良俗的信息；

（十三）国家和本市规定的其他运营服务规定。

前款规定的车辆技术档案、客运驾驶员等从业人员培训考核档案、行车作业计划、经营统计报表和年度会计报告应当报运行区域所在地道路运输管理机构备案，接受监督检查。

经营企业不遵守运营服务规定的，道路运输管理机构根据情况，可以缩短特许经营期限，或者收回线路经营权、终止线路特许经营协议。

第三十六条 经营企业聘用的从事公共汽车客运的驾驶员等从业人员，应当具备以下条件：

（一）具有履行岗位职责的能力；

（二）身心健康，无可能危及运营安全的疾病或者病史；

（三）无吸毒或者暴力犯罪记录。

从事公共汽车客运的驾驶员还应当符合以下条件：

（一）取得与准驾车型相符的机动车驾驶证一年以上；

（二）近三年内无重大以上交通责任事故；

（三）最近连续三个记分周期内，每个记分周期交通违法累积记分不超过十二分；

（四）无交通肇事犯罪、危险驾驶犯罪记录，无饮酒后驾驶记录。

第三十七条　客运驾驶员等从业人员在运营服务时应当遵守下列规定：

（一）遵守国家和本市规定的公共汽车客运服务规范和标准；

（二）维护公共汽车客运站（场）和车厢内的正常运营秩序，播报线路走向和站点名称，提示安全注意事项；

（三）不得随意上下客、滞站揽客、中途甩客、拒载和倒客；

（四）发生突发事件时应当及时处置，保护乘客安全，不得先于乘客弃车逃离；

（五）在运营途中发生故障不能继续运营时，按照乘客意愿安排乘客免费乘坐同线路同方向的公共汽车客运车辆或者按照票价退还车费；

（六）为老、弱、病、残、孕和携带婴幼儿的乘客提供必要的帮助；

（七）国家和本市规定的其他服务规范和标准。

客运驾驶员应当随车携带车辆道路运输证、驾驶员从业资格证等道路运输管理机构核发的有效证件。

第三十八条　乘客应当文明乘坐公共汽车，遵守下列乘车规定：

（一）遵守乘车秩序，文明乘车；

（二）按照规定票价支付车费；

（三）出示有效的乘车优惠凭证；

（四）不得在车厢内饮酒、吸烟、乞讨、随地吐痰、乱扔废弃物或者推销、散发商业宣传品；

（五）不得危害客运驾驶员等从业人员人身安全或者影响公共汽车客运车辆正常运行；

（六）不得携带易燃、易爆、有毒等危险品以及易污染、有碍乘客安全或者健康的物品乘车；

（七）不得携带宠物乘车；

（八）不得损坏公共汽车客运车辆设施、运营标识；

（九）国家和本市规定的其他乘车规则。

乘客有违反前款规定行为的，客运驾驶员等从业人员应当劝阻；劝阻无效的，有权拒绝为其提供服务。

第三十九条 由于交通管制、城市建设、重大社会活动、公共突发事件等影响公共汽车线路正常运营的，道路运输管理机构和经营企业应当及时向社会公告相关线路的变更、暂停情况，并采取相应措施，保障社会公众出行需求。

第四十条 发生下列情形之一的，经营企业应当采取应急运输措施：

（一）抢险救灾；

（二）主要客运集散点客运车辆严重不足；

（三）举行重大社会活动；

（四）其他需要及时组织运力对人员进行疏运的突发事件。

第四十一条 下列人员享受免费乘车待遇：

（一）身高1.3米以下的儿童；

（二）残疾军人、伤残人民警察；

（三）年满六十五周岁的老年人；

（四）一级、二级残疾人。

国家和本市对享受优惠乘车待遇另有规定的，适用其规定。

除身高1.3米以下的儿童外，前述享受优惠乘车待遇的人员，未按照规定出示有效的乘车优惠凭证，或者将乘车优惠凭证转借、转让他人使用的，客运驾驶员等从业人员有权要求乘客按照普通乘客支付车费。

第四十二条 鼓励为社会公众提供社区公交、定制公交、夜间公交等多样化服务，方便社会公众出行、优化公共汽车线网布局。

第五章 运营安全

第四十三条 经营企业履行公共汽车客运经营的安全生产主体责任，遵守下列安全生产规定：

（一）建立健全安全生产管理制度，设置安全生产管理机构或者配备专职安全生产管理人员；

（二）保障安全生产经费投入，确保公共汽车客运符合规定的安全运营条件；

（三）按照规定配备安全锤、急救包、灭火器、监控设备等相应的设施设备，保证设施设备完好和正常使用；

（四）按照规定配备安保人员，加强安全检查和保卫工作；

（五）定期开展安全检查和隐患排查，加强安全乘车和应急知识宣传，增强突发事件防范和应急处置能力；

（六）制定公共汽车客运运营安全操作规程，定期对客运驾驶员等从业人员进行安全管理和教育培训；

（七）定期对公共汽车客运车辆及附属设备进行检测、维护、更新，保证其处于良好状态；

（八）在车厢内醒目位置设置安全警示标志、安全疏散示意图、监督电话等；

（九）在车厢内醒目位置公布禁止携带的违禁物品目录，在公共汽车客运车辆上张贴禁止携带违禁物品乘车的提示；

（十）设置广告不得覆盖站牌标识或者车辆运营标识，不得妨碍公共汽车客运车辆进出站观察视线或者公共汽车客运车辆行驶安全视线，不得影响安全驾驶；

（十一）国家和本市的其他安全生产规定。

经营企业不履行安全生产主体责任的，道路运输管理机构根据情况，可以缩短特许经营期限，或者收回线路经营权、终止线路特许经营协议。

第四十四条 道路运输管理机构应当会同有关部门，定期检查经营企业的安全生产情况，督促经营企业及时采取措施防控安全生产风险、消除安全生产隐患。

第四十五条 交通主管部门应当会同有关部门制定公共汽车客运突发事件应急预案，报本级人民政府批准后实施。

经营企业应当根据公共汽车客运突发事件应急预案，制定相应的应急预案，并定期演练；经营企业应当配备应急救援设备，确保公共汽车运行突发事件的快速处置。

发生安全事故或者影响公共汽车客运经营安全的突发事件时，道路运输管理机构、经营企业应当按照应急预案及时采取应急处置措施。

第四十六条 禁止下列危害公共汽车客运经营安全、扰乱乘车秩序的行为：

（一）非法拦截或者强行上下公共汽车客运车辆；

（二）在公共汽车客运站（场）及其出入口通道擅自停放非公共汽车客运车辆、堆放物品或者摆摊设点等；

（三）妨碍客运驾驶员的正常驾驶；

（四）违反规定进入公共汽车专用车道；

（五）擅自操作有警示标志的公共汽车按钮、开关装置，非紧急状态下动用紧急或安全装置；

（六）妨碍乘客正常上下车；

（七）其他危害公共汽车经营安全、扰乱乘车秩序的行为。

客运驾驶员等从业人员发现上述行为应当及时制止；制止无效的，应当及时报告道路运输管理机构或者公安机关依法处理。

第四十七条 禁止下列危害公共汽车客运服务设施功能和安全的行为：

（一）破坏、盗窃公共汽车客运服务设施；

（二）损坏、覆盖公共汽车客运服务设施及其保护标识，在电车架线杆、馈线安全保护范围内修建建筑物、构筑物或者堆放、悬挂物品，搭设管线、电（光）缆等；

（三）擅自覆盖、涂改、污损、毁坏站牌；

（四）向公共汽车客运服务设施投掷物品，倾倒污物；

（五）其他危害公共汽车客运服务设施功能和安全的行为。

第六章　监督检查

第四十八条 道路运输管理机构应当随机抽取检查对象，随机选派执法人员，对经营企业生产经营活动进行监督检查，并将抽查情况及查处结果及时向社会公开，维护正常的运营秩序，保障运营服务质量。

第四十九条 道路运输管理机构及其工作人员在监督检查过程中，可以向被检查单位和个人了解情况，查阅和复制凭证、票据、账簿、文件及其他相关材料。

涉及企业商业秘密和个人隐私的，道路运输管理机构及其工作人员应当保守秘密。

第五十条 市交通主管部门应当制定经营企业安全服务质量考核办法。道路运输管理机构应当定期组织实施经营企业安全服务质量考核评价工作，并向社会公布考核评价结果。

考核评价结果作为衡量经营企业运营绩效、发放政府补贴和线路经营权管理等的依据。

第五十一条 交通主管部门和道路运输管理机构应当建立投诉、举报制度，公开举报电话、通信地址和电子邮箱，受理投诉、举报。

交通主管部门或者道路运输管理机构对受理的举报或者投诉应当在十五日内作出处理，并回复投诉、举报人。情况复杂的，应当在三十日内作出处理并回复。

第七章 法律责任

第五十二条 违反本条例第十三条规定，擅自占用、迁移、拆除公共汽车客运服务设施的，责令限期改正；逾期未改正的，对个人处二百元以上一千元以下罚款，对单位处三千元以上五千元以下罚款；情节严重的，对个人处一千元以上五千元以下罚款，对单位处一万元以上五万元以下罚款。

第五十三条 违反本条例第二十二条、第二十三条规定，有下列行为之一的，责令停止经营，没收违法所得，并处一万元以上五万元以下罚款；情节严重的，并处五万元以上十万元以下罚款：

（一）未经许可擅自从事公共汽车客运经营的；

（二）未取得线路经营权从事公共汽车客运线路运营的。

第五十四条 违反本条例第二十七条规定，经营企业将未经审验或者审验不合格的公共汽车客运车辆投入运营的，责令改正，没收违法所得，并处一万元以上三万元以下罚款；情节严重的，吊销道路运输经营许可证。

第五十五条 违反本条例第二十八条规定，经营企业转让、出租、质押线路经营权或者将线路经营权交与其他单位或者个人经营的，责令改正，没收违法所得，并处一万元以上五万元以下罚款；情节严重的，可以吊销道路运输经营许可证。

第五十六条　违反本条例第二十九条规定，经营企业未按照线路特许经营协议要求提供连续服务，擅自暂停、终止经营的，责令改正，处一千元以上三千元以下罚款；情节严重的，责令违规车辆停运五日以上三十日以下；拒不改正的，吊销道路运输经营许可证、道路运输证。

第五十七条　违反本条例第三十条规定，经营企业有下列行为之一的，责令限期改正；逾期未改正的，处一千元以上五千元以下罚款：

（一）破产、解散或者因不可抗力等原因不能运营时，未按照规定及时书面告知道路运输管理机构的；

（二）合并、分立未向道路运输管理机构申请终止其原有线路经营权的。

第五十八条　违反本条例第三十五条规定，经营企业未遵守运营服务规定的，责令改正，处五千元以上一万元以下罚款；情节严重的，处一万元以上三万元以下罚款。

第五十九条　违反本条例第三十七条规定，客运驾驶员等从业人员在运营服务时未遵守运营服务规定或者客运驾驶员未随车携带车辆道路运输证、驾驶员从业资格证等道路运输管理机构核发的有效证件的，处五十元以上二百元以下罚款。

客运驾驶员有前款规定的违法行为，情节严重的，可以吊销驾驶员从业资格证。

第六十条　违反本条例第四十条规定，经营企业未按照要求采取应急运输措施的，责令改正，处一万元以上三万元以下罚款；情节严重的，可以吊销道路运输经营许可证。

第六十一条　违反本条例第四十三条规定，经营企业未遵守安全生产规定的，责令改正，处一万元以上三万元以下罚款；情节严重的，处三万元以上十万元以下罚款，并可以吊销道路运输经营许可证。

有关安全生产的法律、法规对前款规定的违法行为另有行政处罚规定的，适用其规定。

第六十二条　违反本条例第四十五条规定，经营企业有下列行为之一的，责令限期改正；逾期未改正的，处三千元以上一万元以下罚款：

（一）未制定应急预案的；

（二）未定期演练的；

（三）未配备应急救援设备的。

有关突发事件的法律、法规对前款规定的违法行为另有行政处罚规定的，适用其规定。

第六十三条 违反本条例规定，交通主管部门、道路运输管理机构和其他相关部门及其工作人员在公共汽车客运管理中滥用职权、玩忽职守或者徇私舞弊的，依法给予处分；构成犯罪的，依法追究刑事责任。

第六十四条 违反本条例规定，造成损失的，依法承担民事责任；违反其他法律、法规规定的，由有关部门依法处理；违反治安管理规定的，由公安机关依法给予治安管理处罚；构成犯罪的，依法追究刑事责任。

第六十五条 本条例规定的公共汽车客运违法行为，由道路运输管理机构依法处理；实施交通综合行政执法改革的，由交通综合行政执法机构依法处理。

第八章 附 则

第六十六条 本条例中下列用语的含义：

（一）公共汽车客运，是指在规定的运行区域内，运用符合国家有关标准和规定的公共汽电车和公共汽车客运服务设施，按照核准的线路、路号、站点、班次、时间和票价运营，为社会公众提供基本出行服务的活动。

（二）公共汽车客运服务设施，是指保障公共汽车客运服务的客运站、枢纽站、首末站、停车场、保养场、站务用房、候车亭、站台、站牌以及加油（气）站、电车触线网、整流站和公共电车充电设施等相关设施。

（三）公共汽车客运站点，是指供乘客上下车的，为公共汽车客运服务的首末站、途中站。

第六十七条 本条例自2019年1月1日起施行。

四川省道路运输条例

(2014年7月30日四川省第十二届人民代表大会常务委员会第十次会议通过)

第一章 总 则

第一条 为了维护道路运输市场秩序,保障道路运输安全,保护道路运输有关各方当事人的合法权益,促进道路运输业的健康发展,根据《中华人民共和国道路运输条例》等有关规定,结合四川省实际,制定本条例。

第二条 在四川省行政区域内从事道路运输经营以及道路运输相关业务的,应当遵守本条例。从事非经营性危险货物运输的,应当遵守本条例有关规定。

本条所称道路运输经营包括道路旅客运输经营(以下简称客运)和道路货物运输经营(以下简称货运)。客运包括班车客运、包车客运、公共汽车客运、出租汽车客运;货运包括普通货运、货物专用运输、大型物件运输和危险货物运输。

本条所称道路运输相关业务包括道路运输站(场)经营、机动车维修经营、机动车驾驶员培训、客车租赁、货运代理和货运配载。道路运输站(场)包括道路旅客运输站、点和道路货物运输站、场。

第三条 从事道路运输经营以及道路运输相关业务,应当依法经营,诚实信用,公平竞争,提供安全、优质服务。任何单位和个人不得封锁或者垄断道路运输市场。

道路运输管理,应当依法、公开、公平、高效、便民。

第四条 县级以上地方人民政府应当加强对道路运输工作的领导，统筹道路运输与其他运输方式协调发展，完善现代道路运输体系，建立道路运输应急保障体系，积极发展城乡物流，推进城乡客运一体化。

县级以上地方人民政府应当优先发展公共交通，对公共汽车客运、道路运输站（场）建设、交通物流、旅游客运等加大投入和政策扶持。

第五条 县级以上地方人民政府应当根据国民经济和社会发展规划编制本行政区域内道路运输发展规划，统筹规划综合交通运输枢纽，建设换乘系统，实现多种运输方式之间的衔接，并将公交站场、道路运输站（场）等交通设施布局和建设纳入城乡规划和土地利用总体规划。

第六条 县级以上地方人民政府交通运输行政主管部门主管本行政区域内的道路运输管理工作；县级以上道路运输管理机构负责具体实施道路运输管理工作。

县级以上地方人民政府其他有关部门按照各自的职责分工，共同做好道路运输管理工作。

第七条 鼓励道路运输科技进步，推广清洁能源汽车和先进运输方式，促进节能减排。推进道路运输信息化、智能化、标准化。引导道路运输经营者实行规模化、集约化经营，推行公司化管理。

第二章 道路运输经营

第一节 客 运

第八条 客运经营者应当依法取得工商营业执照和道路运输经营许可证，并在许可的经营范围内从事经营活动。道路运输管理机构应当向取得许可的道路客运经营者申请投入运输的车辆配发道路运输证。

从事班车客运和公共汽车客运的经营者还应当依法取得道路客运线路许可证明。从事包车客运需要增加运力的，应当到道路运输管理机构办理相关手续。从事出租汽车客运的经营者应当按照有关规定取得出租汽车客运经营权。

第九条 县级以上地方人民政府应当将城市公共交通发展纳入国民经济

和社会发展规划。加强城市控制性详细规划与城市综合交通规划和公共交通规划相互衔接，优先保障公共交通设施用地；优先保障公共交通项目建设资金；科学设置优先车道（路）和优先通行信号系统，保障公交车辆享有道路优先通行权。

第十条 城市公共客运应当以大容量的公共汽车为主体，适度发展出租汽车，有计划地发展轨道交通，促进多种客运方式协调发展。

城市人民政府应当组织相关部门制定公共汽车客运、出租汽车客运发展规划，合理调控规模，加强行业管理。具体管理办法由省人民政府另行制定。

第十一条 县级以上地方人民政府应当积极发展农村客运，规范农村客运市场秩序，完善农村客运基础设施和服务网络，提高乡村的通班车率，鼓励有条件的地方推行农村客运公交化营运。

开行乡村道路客运班线，县级人民政府应当组织公安、交通运输、安全监管等部门对道路状况进行勘验，认定具备客运车辆通行条件的，由经营者按照有关规定申请办理客运经营许可。

第十二条 班车客运、旅游包车凭道路客运线路经营许可证明、客运标志牌运行，临时性的加班和包车客运车辆凭加班、包车客运标志牌运行。

班车客运应当按照道路运输管理机构批准的线路、站点运行；途经城镇需要配载的，应当到道路运输管理机构指定的客运站点载客。禁止在高速公路封闭区内上下旅客。

包车客运应当按照约定的起始地、目的地、线路和停靠点运行。除执行道路运输管理机构下达的紧急包车任务外，包车客运线路的一端应当在车籍所在地。经起讫地共同的上一级道路运输管理机构批准，旅游包车可以在车籍所在地之外开展团队旅游运输服务。

第十三条 班车客运、包车客运车辆每日单程运行里程超过四百公里（高速公路直达客运超过六百公里）的，应当配备两名以上驾驶员，并严格执行国家相关安全管理规定。

第十四条 客运经营者应当履行下列义务：

（一）向旅客连续提供运输服务，因不可抗力确需变更车辆或者交他人承运的，不得重复收费；导致服务标准降低的，应当向旅客退回相应的票款；

（二）为旅客提供良好的乘车环境，保持车辆清洁、卫生；

（三）提供必要条件，照顾残疾人等特殊人群的出行需求；

（四）采取必要的措施防止在运输过程中发生侵害旅客人身、财产安全的违法行为；

（五）按照规定向道路运输管理机构报送相关统计资料；

（六）法律法规规定的其他义务。

第十五条 客运经营者不得有下列行为：

（一）坑骗旅客；

（二）擅自暂停、终止客运经营服务，拒载旅客；

（三）发车后站外揽客、途中甩客、擅自加价、恶意压价；

（四）擅自变更车辆或者将旅客交他人承运；

（五）堵站罢运等扰乱公共秩序的行为；

（六）法律法规规定的其他禁止性行为。

第十六条 旅客应当遵守秩序，文明乘车，不得携带易燃、易爆、剧毒、放射性、感染性、腐蚀性等危险品及其他影响公共安全和卫生的物品乘车。

第二节 货 运

第十七条 货运经营者应当依法取得工商营业执照和道路运输经营许可证，并在许可的经营范围内从事经营活动。

第十八条 货运经营者不得承运法律、行政法规禁止运输的货物。法律、行政法规规定应当办理有关手续后方可运输的货物，货运经营者应当查验有关手续并随车携带。

第十九条 从事危险货物运输的，应当具备国家规定的资质条件，依法取得危险货物运输行政许可。未经许可，不得擅自从事危险货物运输。

第二十条 危险货物运输车辆驾驶员应当遵守危险货物运输相关规定，在押运人员的监管下完成运输；运输危险货物的罐体应当经获得实验室资质认定的检测机构检测合格；禁止使用除罐式集装箱以外的移动罐体从事危险货物运输。

危险货物运输车辆应当悬挂或者喷涂符合国家标准要求的警示标志，配备安全防护、环境保护和应急救援器材等设备。运输有毒、感染性、腐蚀性危险货物的车辆和运输危险货物的罐式专用车辆禁止运输普通货物。

第二十一条 托运危险货物的，应当向货运经营者说明危险货物的品名、性质、应急处置方法等情况，并严格按照国家有关规定包装，设置明显标志。

货物托运人不得在托运普通货物时夹带危险品。普通货物运输经营者不得承运夹带危险品的货物。

第二十二条 城市人民政府及其有关部门应当支持城市配送业的发展，为从事城市货物配送提供便利条件。

县级以上地方人民政府应当支持物流信息互联互通和数据交换共享平台建设，推广应用物流先进设施设备，优化物流资源配置，促进现代物流业发展。

第三节 共同规定

第二十三条 客货运输经营者不得擅自转让道路运输经营权。

客货运输经营者合并、分立，变更名称或者地址、经营范围，终止经营以及丧失或者部分丧失规定的经营条件的，应当到原许可机关依法办理相关手续。

第二十四条 客货运输车辆驾驶员应当随车携带道路运输证、从业资格证等证件，不得转让、出租。

第二十五条 客货运输经营者应当负责从业人员的教育培训工作。客货运输车辆驾驶员应当经机动车驾驶培训机构培训合格，并取得营运驾驶员从业资格证。客货运输经营者不得聘用无相应从业资格的人员。

第二十六条 客货运输从业人员应当遵守道路运输操作规程，按照车辆的核定载客人数和载重量运输旅客或者货物。严禁运输车辆客货混装和超速、超载、超时运行。

驾驶员连续驾驶车辆时间日间不得超过四小时，夜间不得超过二小时，行车途中应当停车休息，每次停车休息时间不得少于二十分钟。班车客运、包车客运驾驶员二十四小时内累计驾驶时间不得超过八小时。

第二十七条 客货运输经营者应当使用符合国家规定标准的车辆，按规定定期对车辆进行维护和检测,建立维护、修理制度和车辆技术档案,保持车辆技术状况良好;不得使用未按规定进行维护或者检测、经检测不合格、擅自改装、拼装或者报废的车辆从事客货运输经营。

班车客运、包车客运、货运经营者应当结合技术等级评定,对车辆每年进行一次综合性能检测。从事八百公里以上的班车客运车辆或者使用年限超过五年的班车、包车客运车辆每半年检测、评定一次。

第二十八条 营运车辆综合性能检测机构应当按照国家和行业标准以及相关规定进行客货运输车辆综合性能检测,并对检测结果承担法律责任。

质量技术监督部门负责汽车综合性能检测机构的实验室资质认定,对综合性能检测设备进行计量检定或者校准。符合相关标准要求的营运车辆综合性能检测机构,由省道路运输管理机构向社会公告。

第二十九条 客货运输车辆的技术等级和客运车辆的类型等级应当符合国家有关规定并定期核验。

第三十条 实行班车和包车客运车辆营运使用年限制,具体类型等级要求和营运使用年限由省人民政府交通运输行政主管部门按照国家有关规定制定。

第三十一条 客货运输车辆应当按照规定安装和使用符合国家标准的具有行驶记录功能的卫星定位装置,任何单位和个人不得指定卫星定位装置的品牌及安装等事项。

客货运输经营者应当建立卫星定位系统使用和管理制度,保障其正常运行,对车辆和驾驶员进行实时监管。

客货运输车辆的驾驶员应当按规定使用卫星定位系统,保障其正常运行。

第三十二条 道路运输经营者应当完成县级以上地方人民政府及其交通运输行政主管部门下达的交通战备、突发事件应急运输任务。对承担应急运输任务的道路运输经营者,县级以上地方人民政府应当根据当时、当地市场运价予以合理补偿。

在发生突发事件情况下,为满足公众基本出行或者运送紧急物资需要,客货运输经营者在具备道路基本通行条件和相应安全保障措施,经道路运输管理机构批准,可以开展应急运输。

第三章 道路运输相关业务

第三十三条 从事道路运输站（场）、机动车维修和机动车驾驶培训经营的，应当符合有关国家标准、地方标准和道路运输发展规划，具备法定经营条件，向所在地县级道路运输管理机构提出申请。

对从事机动车驾驶培训经营的申请，道路运输管理机构应当进行公示，并按有关规定组织听证或者专家论证。

第三十四条 道路运输相关业务经营者应当在道路运输经营许可证许可的范围内从事经营活动。

道路运输相关业务经营者合并、分立，变更名称或者地址、经营范围，终止经营以及丧失或者部分丧失规定的经营条件的，应当到原许可机关依法办理相关手续。

第三十五条 道路运输站（场）经营者应当按照国家规定、行业标准和规程，制定并发布作业及服务规范，为旅客和货主提供优质、安全的服务。

二级以上客运站应当配备并使用行包安全检查设备。其他客运站应当采取措施实施安全检查。

客运站的站级由道路运输管理机构根据国家和省相关行业标准核定和管理。未经道路运输管理机构批准，不得改变站（场）用途和服务功能。

第三十六条 道路运输站（场）经营者应当为道路运输经营者提供必要的经营条件和公平竞争环境，公平对待使用站（场）的道路运输经营者。客运站经营者与客运经营者以及客运经营者之间因发班方式和发班时间发生争议，应当协商解决；协商不成的，由县级以上道路运输管理机构决定。

第三十七条 道路运输站（场）经营者应当对出站车辆进行安全检查，防止未经安全检查、安全检查不合格或者超载的车辆出站。客运站应当采取措施防止携带危险品的人员进站乘车。

包车客运发车前的安全检查由客运经营者负责。未经安全检查、安全检查不合格的包车客运不得载客运行。

第三十八条 道路旅客运输站（场）应当接纳经道路运输管理机构批准

的客运车辆进站发班，按规定对进站客运车辆发班和停班进行管理，向道路运输管理机构报送客运车辆安全检查及发班停班资料；向客运经营者公布收费项目和费率，向旅客公布票价，并按规定收取；按照应班客运车辆的核定载客人数和相关规定售票，并在客票正面印制或者加盖客运站名称。禁止强行搭售保险。

道路运输站（场）应当按照政府规划，向社会提供互联网联网售票、信息查询等公共服务。

第三十九条 道路货物运输站（场）内的仓储服务应当按照货物的性质、保管要求对货物分类存放，保证货物完好无损；因保管不当造成损失的，站（场）经营者应当依法承担赔偿责任。

道路货物运输站（场）内的搬运装卸应当按照国家规定的安全操作规程组织作业。从事危险货物和大型、特种物件搬运装卸的，应当具备专用工具和防护设备。因搬运装卸作业不当造成货物损毁的，责任人应当依法承担赔偿责任。

第四十条 机动车维修经营者应当建立配件采购登记制度和配件档案，按照有关技术标准和规范维修车辆，保证维修质量，做好维修记录；承接机动车二级维护、总成修理、整车修理的，应当与托修方签订维修合同，并按规定建立维修档案。竣工出厂时应当进行维修质量检验，检验合格的，维修质量检验员应当签发全国统一式样的机动车维修竣工出厂合格证。不得向维修不合格的车辆发放机动车维修竣工出厂合格证。

机动车维修竣工质量检验应当按照有关技术标准进行，如实提供检验结果证明。

第四十一条 机动车维修经营者不得超越许可范围和类别承修车辆，不得承修报废机动车、拼装机动车、使用伪劣配件以及擅自改装机动车。

机动车维修经营者不得占用道路等公共场所进行维修经营作业。

对危险货物运输车辆进行维修作业时，机动车维修经营者应当做好安全防护工作。

第四十二条 机动车维修经营者应当执行机动车维修质量保证期制度。在机动车维修质量保证期内，由于维修质量原因造成机动车故障和直接经济损失的，机动车维修经营者应当依法承担修复和赔偿责任。

第四十三条 行政管理部门不得强制或者变相强制机动车所有者到指定的修理厂维修机动车或者装配机动车附加设备。

第四十四条 机动车驾驶培训经营者应当在经营场所的醒目位置公示其经营许可证、培训项目、收费标准等，使用符合规定条件的教练员和教练车，按照国务院交通运输行政主管部门规定的教学大纲和培训教材进行培训，按规定做好培训记录，建立学员档案。培训记录经道路运输管理机构核签后，机动车驾驶培训机构向结业考核合格的学员颁发全国统一式样的机动车驾驶培训结业证书。

道路运输管理机构应当加强对机动车驾驶员培训过程的监管，公安机关交通管理部门在受理机动车驾驶证考试申请时，应当按国家有关规定查验培训记录，并存入驾驶员档案。

第四十五条 机动车驾驶培训教练员应当符合国务院交通运输行政主管部门规定的条件，经省道路运输管理机构统一考试合格，持机动车驾驶培训教练员证上岗。机动车驾驶培训机构不得聘用无教练员证的人员从事机动车驾驶培训工作。

机动车驾驶培训教练员应当遵守驾驶培训作业规范，提供优质服务，不得擅自缩短培训时间。

道路运输管理机构应当建立机动车驾驶培训经营者和教练员教学质量信誉考核制度。

第四十六条 机动车驾驶培训教练车应当符合国家和交通行业标准，建立技术档案，安装国家规定的监督教学活动的设备并保证其正常运行，并随车携带道路运输证。教练车的维护、检测、技术管理和定期审验应当遵守有关营运性质客运车辆的规定。

第四十七条 道路运输站（场）、机动车维修、机动车驾驶培训经营者应当负责从业人员的教育培训和安全管理工作。

第四十八条 客车租赁经营者不得从事经营性运输，不得向承租人提供或者变相提供驾驶劳务。

客车租赁经营者应当依法到工商行政管理机关办理工商营业执照，向所在地县级道路运输管理机构备案。县级道路运输管理机构应当为符合条件的车辆发放道路运输证。

客车租赁经营者应当与承租人签订租赁合同。租赁车辆的维护、检测和技术管理应当遵守营运客运车辆的规定。

第四十九条 货运代理、货运配载经营者应当将受理的货物交由有相应经营资格的运输经营者承运，不得承接应当办理而未办理准运手续的货运代理和货运配载业务。

货运代理经营者应当与货主签订货运代理合同，明确双方责任。在运输过程中造成承运货物毁损、灭失的，应当依法承担赔偿责任。

货运配载经营者应当向服务对象提供真实、准确的信息；对因信息误差造成的车辆空驶、货物延滞运输等经济损失，应当依法承担赔偿责任。

鼓励货运代理、货运配载经营者相对集中经营。

第四章　监督检查

第五十条 县级以上地方人民政府应当加强公共交通的安全和服务监管，完善安全和服务标准体系，健全安全管理制度，落实监管责任，强化安全风险评估与防控。

县级以上地方人民政府应当组织交通运输、公安等部门建立联合执法机制，依法查处道路运输非法营运行为，维护道路运输市场秩序。

第五十一条 公安机关与交通运输、旅游等部门应当建立营运车辆违法行为及驾驶员交通安全事故信息共享机制，为道路运输经营者、驾驶员、教练员提供查询服务。

县级以上交通运输、公安、国土资源、气象等部门应当加强沟通协作和信息共享，共同做好地质灾害和极端天气等情况下的道路运输安全工作。

第五十二条 道路运输管理机构应当加强对道路运输行业的管理，依法实施道路运输站（场）、营运车辆技术状况、道路运输经营者和道路运输从业人员从业资格的安全监督管理。

第五十三条 道路运输行政执法人员应当在道路运输及相关业务经营场所、客货集散地进行监督检查，可以在省人民政府批准的交通检查站或者道路宽阔、视线良好的路段检查道路运输车辆。

道路运输行政执法人员在上路执行职务时，应当有两名以上人员参加，按规定着装，持有效的行政执法证件，严格按照职责权限和法定程序进行监督检查，文明执法。用于道路运输监督检查的专用车辆，应当设置统一的标志和示警灯。

第五十四条　县级以上地方人民政府交通运输行政主管部门、道路运输管理机构应当建立举报投诉制度，公开投诉电话、通信地址、电子邮件信箱，实行政务公开，接受社会监督。对公众的举报应当依法开展调查和处理，对公众的投诉应当在三十日内作出处理决定。

第五十五条　道路运输管理机构可以通过合法安装的监控设施、设备收集有关证据，依法对违法当事人予以处理、处罚。

第五十六条　道路运输管理机构应当建立道路运输经营者的质量信誉和安全考核评价制度，并向社会公布考核结果；考核结果应当作为道路运输经营者延续经营以及客运经营者新增运力等的条件。

道路运输管理机构应当对道路客货驾驶员实行记分管理制度，具体办法由省人民政府另行制定。

第五十七条　道路运输车辆逾期未进行年度审验超过六个月的，道路运输管理机构应当依法办理有关道路运输经营许可证的注销手续。

第五章　法　律　责　任

第五十八条　违反本条例规定，《中华人民共和国道路运输条例》及其他有关法律、行政法规已有处罚规定的，从其规定。

第五十九条　违反本条例规定，道路运输管理机构的工作人员有下列行为之一的，依法给予行政处分：

（一）不依照法定条件、程序和期限实施行政许可的；

（二）参与或者变相参与道路运输经营以及道路运输相关业务的；

（三）发现违法行为不及时查处的；

（四）违反规定拦截、检查正常行驶的道路运输车辆的；

（五）违法扣留运输车辆、道路运输证的；

（六）索取、收受他人财物，或者谋取其他利益的；

（七）其他违法行为。

第六十条　违反本条例规定，有下列行为之一的，由县级以上道路运输管理机构责令改正，并处以二百元以上一千元以下的罚款：

（一）机动车维修经营者未按规定建立维修档案、做好维修记录的；

（二）道路运输经营者未对其使用车辆建立车辆技术档案的。

第六十一条　违反本条例规定，有下列行为之一的，由县级以上道路运输管理机构责令改正，并处以五百元以上二千元以下的罚款；情节严重的，由原许可机关依法吊销相关经营许可和从业资格证件：

（一）班车、包车客运车辆每日单程运行里程超过四百公里（高速公路直达客运超过六百公里）未配备两名以上驾驶员的；

（二）机动车驾驶培训机构聘用无教练员证的人员从事机动车驾驶培训工作的；

（三）教练员不遵守驾驶培训作业规范、擅自缩短培训时间的；

（四）教练车未安装国家规定的监督教学活动设备的；

（五）货运代理、货运配载经营者将受理的货物交给不具备相应资格的承运人承运和承接应当办理而未办理准运手续的货运代理和货运配载业务的；

（六）道路运输经营者未按规定向道路运输管理机构报送相关统计资料的。

第六十二条　违反本条例规定，有下列行为之一的，由县级以上道路运输管理机构责令改正，并处以二千元以上五千元以下的罚款；情节严重的，由原许可机关依法吊销相关经营许可和从业资格证件：

（一）客运经营者坑骗旅客、拒载旅客、站外揽客、途中甩客、擅自加价、恶意压价、堵站罢运的；

（二）运输有毒、感染性、腐蚀性危险货物的车辆和运输危险货物的罐式专用车辆运输普通货物的；

（三）道路运输经营者聘用无相应从业资格证件的人员从事道路运输经营行为的；

（四）客货运输车辆的技术等级和客运车辆的类型等级不符合国家有关规定的；

（五）客货运输经营者未按规定安装卫星定位装置的；

（六）客货运输经营者、驾驶员未按规定使用卫星定位系统的；

（七）未经安全检查、安全检查不合格的客运包车载客运行的；

（八）机动车驾驶培训经营者未使用符合规定条件的教练员和教练车，未按照规定的教学大纲和培训教材进行培训的；

（九）机动车驾驶培训经营者、教练员不按规定使用国家规定的监督教学活动设备的；

（十）从事客车租赁经营未向道路运输管理机构备案的。

第六十三条 违反本条例规定，有下列行为之一的，由县级以上道路运输管理机构责令改正，没收违法所得，并处以五千元以上一万元以下的罚款；情节严重的，并处以一万元以上二万元以下的罚款，由原许可机关依法吊销相关经营许可和从业资格证件：

（一）使用经检测不合格的车辆从事客货运输经营的；

（二）道路旅客运输站（场）未按规定向客运经营者公布收费项目和费率，向旅客公布票价，未按规定收费和售票、强行搭售保险的；

（三）未按照有关技术标准进行机动车维修竣工质量检验、未如实提供检验结果证明的；

（四）向维修不合格的车辆发放机动车维修竣工出厂合格证的。

第六十四条 违反本条例规定，未经许可从事公共汽车客运或者出租汽车客运的，由县级以上道路运输管理机构责令停止违法行为，没收违法所得，并处以一万元以上二万元以下的罚款；情节严重的，并处以二万元以上三万元以下的罚款。

第六十五条 道路运输经营者已不具备许可的条件、存在重大安全隐患或者质量信誉考核不合格的，由县级以上道路运输管理机构责令停业整顿；未在规定时间内按要求改正或者整顿后仍不合格的，由原许可机关依法核减相应的经营范围或者吊销道路运输经营许可。

第六十六条 道路运输经营者负主要或者全部责任，造成较大以上道路运输行车事故的，由道路运输管理机构吊销事故车辆的经营许可和驾驶员的从业资格证件；造成重大以上道路运输行车事故的，责令停业整顿；未在规定时间内按要求改正或者整顿不合格的，由原许可机关依法核减相应的经营范围或者吊销道路运输经营许可。

发生较大以上道路运输行车事故的，完成事故责任认定前，道路运输经营者应当停止事故车辆运行。

发生较大且负主要责任以上道路运输行车事故的班车、包车、出租汽车和货运车辆，相关经营者一年内不得扩大经营范围和规模，不得新增客运班线，不得增加车辆；发生重大以上或者一年内发生两次以上较大且负主要责任以上道路运输行车事故的，相关经营者三年内不得扩大经营范围和规模，不得新增客运班线，不得增加车辆。

发生较大以上道路运输行车事故，驾驶员因负主要或者全部责任而被吊销从业资格证件的，三年内不得重新申办道路运输从业资格证件；发生重大以上道路运输行车事故，驾驶员因负主要责任或全部责任而被吊销从业资格证件的，终身不得再次申办从业资格证件。

第六十七条 违反本条例规定，在记分周期内累计扣满记分的，由道路运输管理机构依法吊销客货驾驶员的从业资格证件。

第六十八条 对违反本条例和其他道路运输法律法规规定的行为，道路运输管理机构在收集证据时，可以采取抽样取证的方法；在证据可能灭失或者以后难以取得的情况下，经道路运输管理机构负责人批准，可以先行登记保存，并应当在七日内及时作出处理决定，在此期间，当事人或者有关人员不得销毁或者转移证据。

当事人逾期不履行行政处罚决定的，作出行政处罚决定的道路运输管理机构可以采取下列措施：

（一）到期不缴纳罚款的，每日按罚款数额的百分之三加处罚款；

（二）根据法律规定，将查封、扣押的财物拍卖或者将冻结的存款划拨抵缴罚款；

（三）申请人民法院强制执行。

第六章 附 则

第六十九条 高速公路交通执法机构依法实施高速公路封闭区内的道路运输行政处罚。

第七十条 道路运输证件、客运标志牌由道路运输管理机构按照国务院交通运输行政主管部门和省道路运输管理机构的规定制作、发放和管理。

第七十一条 对农业机械维修、安全监理、技术检测及拖拉机驾驶人员培训、考核等的管理,由农业机械化主管部门依照有关法律法规执行。

第七十二条 本条例自 2014 年 11 月 1 日起施行。1996 年 4 月 16 日四川省第八届人民代表大会常务委员会第二十次会议通过的《四川省道路运输管理条例》同时废止。

贵州省城市公共交通条例

(2012年11月29日贵州省第十一届人民代表大会常务委员会第三十一次会议通过)

第一章 总 则

第一条 为了规范城市公共交通秩序,保障公众出行需要,维护乘客、经营者和从业人员的合法权益,发挥城市公共交通对经济社会协调和可持续发展的促进作用,根据有关法律、法规的规定,结合本省实际,制定本条例。

第二条 本省行政区域内城市公共交通规划、建设、运营和管理适用本条例。

本条例所称城市公共交通是指公共汽车客运和出租汽车客运。

第三条 县级以上人民政府应当按照公交优先的原则,将城市公共交通发展纳入国民经济和社会发展规划,在资金、用地、设施建设、交通管理等方面建立保障体系,确立公共汽车客运在城市公共交通中的主体地位,并促进出租汽车客运与其他客运方式协调有序发展。

第四条 省人民政府交通运输行政主管部门负责指导、监督全省城市公共交通管理工作;其所属的省道路运输管理机构具体负责全省城市公共交通管理工作。

县级以上人民政府交通运输行政主管部门负责本行政区域内的城市公共交通管理工作;其所属的客运管理机构具体负责本行政区域内的城市公共交通管理工作。

县级以上人民政府其他有关部门按照职责分工,负责城市公共交通有关管理工作。

第五条 县级以上人民政府应当建立城市公共交通管理协调机制，研究解决本行政区域内城市公共交通管理中的重大问题。

县级以上人民政府交通运输、公安、安监和工商等有关行政主管部门应当履行监督管理职责，做好保障城市公共交通安全生产、打击非法从事城市公共交通运营行为、维护城市公共交通治安秩序等工作。

第六条 鼓励城市公共交通经营者规模化经营，推广应用新技术、新设备，为公众提供安全可靠、方便快捷、经济舒适、节能环保的服务。

第二章 规划和建设

第七条 各市州、县（市、区）人民政府交通运输行政主管部门应当会同规划、住房和城乡建设、公安、国土资源、发展改革等部门编制城市公共交通规划，并组织专家评审，报同级人民政府批准后纳入城市总体规划。

编制城市公共交通规划应当广泛征求公众意见。

第八条 城市公共交通规划中确定的城市公共交通设施用地符合《划拨用地目录》的，经县级以上人民政府依法批准，以划拨方式供地。

未经批准，任何单位和个人不得擅自改变城市公共交通设施用地使用性质及用途。

第九条 各市州、县（市、区）客运管理机构应当根据经济社会发展需要、公众出行需求和城市公共交通规划，合理设置公共汽车线路和站点，适时调整城市公共交通运力，保持供需平衡。

公共汽车线路设置和站点布局，城市公共交通运力调整应当广泛征求公众意见。

第十条 实施旧城改造、新区建设以及新建、改建、扩建飞机场、火车站、长途汽车站、居住小区、文化体育（场）馆、公园、学校、医院、工业园区等项目时，县级以上人民政府应当配套规划建设相应的城市公共交通设施。

城市公共交通设施应当符合无障碍设施工程建设标准。

第十一条　任何单位和个人不得毁坏或者擅自占用、移动、拆除城市公共交通设施。

因工程建设等原因确需占用、移动、拆除城市公共交通设施的，应当经各市州、县（市、区）客运管理机构同意，并按照有关规定予以恢复、补建或者补偿。

不得污损、涂改、覆盖城市公共交通标志、设施。

不得以摆摊设点等行为妨碍城市公共交通站点使用。

第十二条　出租汽车客运临时停靠站点、入厕点的设置，由各市州、县（市、区）客运管理机构和公安机关交通管理部门确定。

第十三条　利用候车亭、站牌和运营车辆设置的广告，不得影响城市公共交通设施和车辆运营安全，不得覆盖站牌标识和车辆运营标识。

第十四条　经公安机关交通管理部门同意，符合条件的单行道可以允许公共汽车双向通行；符合条件的主要道口，可以设置公共汽车优先通行标志、信号装置。

第十五条　公共汽车站牌应当符合国家有关标准，标明线路编号、首末班车发车时间、所在站点和沿线各站点的名称、行驶方向、票价等内容，并保持清晰、完好。

第十六条　公共汽车客运站点以地名、街道名、历史文化景点或者公共服务机构等名称命名，由各市州、县（市、区）客运管理机构确定。

不同线路的同一站点应当使用同一站名。

第三章　经营许可

第十七条　城市公共交通经营实行许可制度。从事公共汽车客运和出租汽车客运经营应当依法取得客运经营权。

第十八条　客运管理机构实施公共汽车客运和出租汽车客运经营许可应当采取招标的方式，并以服务质量作为主要竞标条件。

公共汽车客运经营许可不收取有偿使用费。

公共汽车客运经营者不得转让客运经营权或者以承包、挂靠等方式变相转让客运经营权。

第十九条 城市公共交通的经营权期限不得超过10年。

第二十条 客运管理机构应当按照城市公共交通经营许可方案（以下简称经营许可方案）实施经营许可。经营许可方案由各市州、县（市、区）人民政府交通运输行政主管部门会同价格、财政部门，根据经济发展水平、市场供求状况、城市公共交通规划等制订。

经营许可方案包括车辆数量、车型、票价、线路、班次、站点、经营区域、经营期限、安全生产和服务质量等内容。出租汽车客运经营许可收取有偿使用费的，其经营许可方案还应当包括有偿使用费标准。

经营许可方案制订过程中应当举行听证会。

第二十一条 县级人民政府交通运输、价格、财政主管部门制订的经营许可方案，由同级人民政府核准后报市、州人民政府批准；市、州人民政府交通运输、价格、财政主管部门制订的经营许可方案，报同级人民政府批准。经批准的经营许可方案报省人民政府交通运输、价格、财政主管部门备案，各市州、县（市、区）客运管理机构组织实施。

第二十二条 申请参加城市公共交通经营投标的，应当具备以下条件：

（一）有企业法人资格；

（二）有符合经营许可方案要求的运营车辆或者相应的车辆购置资金；

（三）有健全的运营管理和安全管理制度；

（四）有符合运营要求的停车场地；

（五）有合理可行的运营方案；

（六）法律、法规和经营许可方案规定的其他条件。

个人申请参加出租汽车客运经营投标的，应当具备本条例第二十二条第二、三、四、五、六项规定的条件。

第二十三条 客运管理机构应当按照招标条件对申请人进行审查，符合条件的，准予参加城市公共交通经营许可投标；不符合条件的，应当向申请人书面说明不得参加投标的理由。

客运管理机构应当按照《中华人民共和国招标投标法》及有关规定确定中标人，并自中标通知书发出之日起15日内与中标人签订城市公共交通经营许可协议。自经营许可协议签订之日起10日内，客运管理机构应当向中标人颁发城市公共交通经营许可证。

对城市公共交通经营者投入运营的车辆，客运管理机构经审核符合许可要求的，应当配发道路运输证。

第二十四条　城市公共交通经营者停业、终止经营的，应当向各市州、县（市、区）客运管理机构提出申请并办理相关手续。

依法变更法定代表人、名称、经营场所的，应当向市州、县（市、区）客运管理机构备案，客运管理机构应当换发相关证件。

第二十五条　省交通运输行政主管部门应当制定城市公共交通服务质量信誉考核办法。各市州、县（市、区）客运管理机构应当对城市公共交通经营者、驾驶人进行年度考核，并将考核结果公示，接受社会监督。

对城市公共交通经营者的服务质量信誉考核结果可以作为决定新增经营许可的条件之一。

城市公共交通经营者年度服务质量信誉考核不合格的，下一年度不得参加城市公共交通经营许可投标；4年内累计2次服务质量信誉考核不合格的，不得参加城市公共交通经营许可投标。

第二十六条　城市公共交通经营权期限届满经营者需要延续经营的，应当在期限届满60日前向各市州、县（市、区）客运管理机构提出申请。符合下列条件的，客运管理机构应当在期限届满前作出是否准予延续的决定，准予延续的可以逐年许可：

（一）经营条件无实质性改变；

（二）经营期限内服务质量信誉考核全部合格；

（三）符合法律、法规和县级或者市、州人民政府规定的其他条件。

第二十七条　未取得城市公共交通经营许可的，不得从事城市公共交通经营活动，不得在车辆上使用城市公共交通专用的顶灯、计价器和服务标志等。

第四章　运营管理

第二十八条　鼓励出租汽车客运采取电召服务、专用点候车等方式运营。

第二十九条　城市公共交通经营者应当按照国家和省的有关规定维护、检测车辆，并建立车辆技术档案。

城市公共交通经营者更新车辆的，应当到各市州、县（市、区）客运管理机构办理变更手续，客运管理机构应当自收到更新车辆申请之日起 10 日内办结道路运输相关手续。更新车辆的技术标准等应当符合许可地人民政府的有关规定。

车辆更新后，原许可的经营权期限不变。更新手续未办结的车辆不得投入运营。

第三十条　公共汽车客运经营者需要调整线路、站点、班次、运营首末班发车时间或者运营车辆数量的，应当向各市州、县（市、区）客运管理机构提出书面申请。经批准调整的，客运管理机构应当于实施前 10 日内向社会公告。

因道路交通管制、工程建设、举办重大活动等特殊情况影响公共汽车运营的，有关部门应当提前告知各市州、县（市、区）客运管理机构，由客运管理机构作出临时调整的决定并提前向社会公告。

第三十一条　客运管理机构对城市公共交通车辆驾驶人实行从业资格管理制度。

城市公共交通车辆驾驶人应当持相应的从业资格证，并按照有关规定办理注册手续后方可驾驶城市公共交通车辆。

市、州客运管理机构应当组织城市公共交通车辆驾驶人从业资格考试，考试内容包括城市公共交通法律法规、职业道德、安全运营、应急救护、交通路线。

第三十二条　申请城市公共交通车辆驾驶人从业资格考试的，应当符合下列条件：

（一）有本地常住户口或者居住证；

（二）取得相应的机动车驾驶证；

（三）近 3 年内无较大以上且负同等以上责任的交通事故。

从业资格证被吊销的，自吊销之日起 3 年内不得申请参加从业资格考试。

第三十三条　出租汽车客运企业聘用驾驶人的，应当与驾驶人签订劳动合同，并按照规定为其缴纳社会保险；出租汽车客运以承包方式经营的，应当将车辆承包给持有相应从业资格证的驾驶人并签订承包合同，驾驶人不得转包。

推广使用劳动合同和承包合同示范文本。

第三十四条 未收取有偿使用费或者权属有争议的城市公共交通客运经营权不得转让。

第三十五条 出租汽车客运经营权收取有偿使用费的，经批准后可以转让。

转让方应当向各市州、县（市、区）客运管理机构提出转让的书面申请，客运管理机构应当对受让方是否符合本条例第二十二条规定的条件以及是否具有不得转让的情形等进行审核，并在7日内作出审核决定。准予转让的，双方应当到客运管理机构办理转让手续。

第三十六条 出租汽车客运经营权有偿使用费纳入地方财政预算管理，专项用于公共汽车客运承担社会公益服务成本的支出、城市公共交通设施建设、公共汽车更新等。

第三十七条 县级以上人民政府应当组织有关部门定期对公共汽车客运运营成本进行审核，并将审核结果作为制定、调整票价或者补贴的主要依据。

公共汽车客运经营者应当执行国家和省有关老年人、残疾人、军人和学生等免费或者优惠乘车的规定。

县级以上人民政府应当对承担免费或者优惠乘车等社会公益服务的公共汽车客运经营者予以补偿。

第三十八条 出租汽车不得异地载客，但可以根据乘客要求送其到达许可的经营区域以外。

第五章 运营服务

第三十九条 城市公共交通经营者应当遵守下列规定：

（一）保持车辆整洁，服务和安全设施、应急装置齐全完好；

（二）在公共汽车车厢内显著位置张贴线路站点示意图、投诉举报电话、运营价格标准，设置儿童免费乘车标尺、禁烟标志和老、幼、病、残、孕专用座位，车身前、后设置线路牌，车身右侧设置站点示意图；

（三）出租汽车使用规定的车身识别色、安装"出租"和"TAXI"字样的顶灯，并在显著位置标明经营单位名称、运营价格标准、投诉举报电话、禁烟标志；

（四）出租汽车装置检定合格的计价器；

（五）按照国家或者省的规定安装卫星定位监控系统或者视频监控系统；

（六）遇有抢险救灾、突发公共事件等特殊情况，服从当地人民政府的应急指挥调度；

（七）城市公共交通的其他有关标准和服务规范。

第四十条 城市公共交通经营者及从业人员应当遵守行业标准、恪守职业道德、文明礼貌服务，不得有下列行为：

（一）辱骂、殴打、敲诈勒索乘客；

（二）以欺行霸市、强拉强运等方式扰乱城市公共交通秩序；

（三）故意利用城市公共交通车辆堵塞交通；

（四）聚众滋事影响社会公共秩序。

第四十一条 公共汽车驾驶人在运营服务中应当遵守下列规定：

（一）不得在车内吸烟、吃食物；

（二）不得在驾驶车辆时拨打接听手持电话；

（三）进出站点时及时报清线路站名、编号和走向，提示安全注意事项；

（四）按照规定线路运营，不得追抢、中途调头、到站不停、滞站揽客、站外上下乘客、中途甩客；

（五）因故中断运营的，及时向乘客说明原因，并安排乘客免费换乘同线路车辆；

（六）依次进站、规范停靠；

（七）随车携带道路运输证和从业资格证；

（八）城市公共交通的其他有关标准和服务规范。

第四十二条 出租汽车驾驶人在运营服务中应当遵守下列规定：

（一）不得在车内吸烟、吃食物；

（二）不得在驾驶车辆时拨打接听手持电话；

（三）载客后关闭空车标志，不得甩客；

（四）待租时启用空车标志，不得拒载；

（五）确需暂停运营服务时启用暂停服务标志；

（六）选择合理的线路或者按照乘客要求的线路行驶，不得故意绕行；

（七）未经乘客同意，不得招揽他人合乘；

（八）按照规定使用计价器；

（九）在专用点候客的，规范停靠、按序载客，在临时停靠站点不得滞站揽客；

（十）随车携带道路运输证和从业资格证；

（十一）城市公共交通的其他有关标准和服务规范。

第四十三条 乘客有下列情形之一，城市公共交通车辆驾驶人、乘务员有权拒绝提供城市公共交通服务：

（一）携带影响公共乘车环境物品乘车的；

（二）精神病患者无人监护、酗酒者丧失自控能力无人陪同、行为不能自理者无人看护的；

（三）携带猫、犬等动物乘坐出租汽车的；

（四）乘坐出租汽车出县（市、区）境或者夜间去偏僻地区时，驾驶人需要到就近公安部门办理验证登记手续，乘客拒绝的；

（五）妨碍安全驾驶的其他行为。

禁止携带易燃、易爆、剧毒等危险品乘坐公共交通车辆，禁止携带猫、犬等动物乘坐公共汽车。

第四十四条 有下列情形之一，乘客可以拒绝支付车费：

（一）未按照规定标准收费的；

（二）未向乘客提供发票的；

（三）使用乘车卡乘坐公共汽车时，验卡设施发生故障的；

（四）出租汽车未按照规定使用计价器的；

（五）出租汽车运营途中终止服务的。

第六章　监督检查

第四十五条 上级人民政府应当将下级人民政府优先发展公共汽车客运

的政策措施、补贴、补偿及管理工作纳入考核内容。

第四十六条　上级客运管理机构应当对下级客运管理机构的管理活动进行监督检查，及时纠正下级客运管理机构违法、不适当和不作为的行为，并依法报请有关部门追究相关人员的责任。

第四十七条　客运管理机构应当公开办事制度，建立举报和投诉制度，公开举报和投诉电话、通讯地址、电子邮箱等，接受社会监督。

第四十八条　客运管理机构执法人员实施监督检查时，应当出示交通运输行政执法证件，使用统一的道路运输行政执法文书。

客运管理机构监督检查专用车辆，应当按照规定配置统一标志和示警灯。

第四十九条　客运管理机构执法人员在实施监督检查时，可以向有关单位和个人了解情况，查阅、复制有关资料。涉及商业秘密、个人隐私的应当保密。

被监督检查的单位和个人应当接受依法实施的监督检查，如实提供有关资料或者情况。

第七章　法律责任

第五十条　违反本条例规定的，由客运管理机构或者其他有关部门依法予以处罚。

第五十一条　违反本条例第十一条第一款规定的，责令限期改正，对单位处以1000元以上5000元以下罚款，对个人处以500元以上1000元以下罚款。

违反本条例第十一条第三款、第四款规定的，责令限期改正，对单位处以500元以上3000元以下罚款，对个人处以50元以上300元以下罚款。

第五十二条　城市公共交通车辆驾驶人4年内累计2次服务质量信誉考核不合格的，吊销其从业资格证。

城市公共交通经营者年度服务质量信誉考核不合格的，责令改正，停业整顿1至3个月；4年内累计2次服务质量信誉考核不合格的，吊销其道路运输证。

第五十三条 违反本条例第二十四条第一款规定，擅自停业的，责令限期改正，处以 1000 元以上 5000 元以下罚款；擅自终止经营的，责令限期改正，处以 1000 元以上 5000 元以下罚款；逾期未改正的，吊销其经营许可证。

第五十四条 有下列情形之一的，责令限期改正，处以 1000 元以上 5000 元以下罚款：

（一）违反本条例第二十九条第一款和第三款规定，城市公共交通经营者未按照国家或者省有关规定维护、检测车辆，或者投入未办结更新手续的车辆运营的；

（二）违反本条例第三十三条第一款规定，出租汽车客运经营者未与驾驶人签订承包合同或者驾驶人转包的；

（三）违反本条例第三十八条规定，出租汽车客运驾驶人异地载客的。

第五十五条 违反本条例第三十一条第二款规定，城市公共交通经营者使用无从业资格证或者未按照规定办理注册手续的驾驶人驾驶城市公共交通车辆运营的，责令限期改正，处以 1000 元以上 3000 元以下罚款；发生死亡 1 人以上交通事故并负同等以上责任的，对公共汽车客运经营者处以 2 万元以上 5 万元以下罚款，对出租汽车客运经营者吊销该车的道路运输证。

第五十六条 违反本条例第三十四条规定，违法转让客运经营权的，转让无效，处以 5000 元以上 2 万元以下罚款；情节严重的，可以吊销其经营许可。

第五十七条 违反本条例第三十九条第一项至第五项规定的，对单位处以 500 元以上 2000 元以下罚款，对个人处以 200 元以上 500 元以下罚款；情节严重的，对单位处以 3000 元以上 5000 元以下罚款，对个人处以 1000 元以上 2000 元以下罚款。

违反本条例第三十九条第六项规定的，对单位处以 2000 元以上 5000 元以下罚款，对个人处以 1000 元以上 2000 元以下罚款；情节严重的，对单位处以 1 万元以上 2 万元以下罚款，对个人处以 5000 元以上 1 万元以下罚款。

第五十八条 违反本条例第四十条规定的，处以 1000 元以上 5000 元以下罚款；情节严重的，吊销驾驶人从业资格证，对其所属的公共汽车客运经营者处以 2 万元以上 5 万元以下罚款，对其所属的出租汽车客运经营者吊销该车的道路运输证。

第五十九条　违反本条例第四十一条第一项、第三项、第四项、第五项和第四十二条第一项、第三项至第九项规定的，责令限期改正，处以200元以上500元以下罚款，情节严重的，暂扣从业资格证5至10日。

违反本条例四十一条第六项和第四十二条第十项规定的，责令改正，处以50元以上200元以下罚款。

第六十条　城市公共交通车辆发生交通事故致他人伤亡后逃逸的，除按照道路交通安全法律、法规处罚外，吊销驾驶人的从业资格证，对其所属的公共汽车客运经营者处以2万元以上5万元以下罚款，对其所属的出租汽车客运经营者吊销该车的道路运输证。

第六十一条　违反本条例规定，未取得城市公共交通经营许可从事城市公共交通经营活动的，可以暂扣车辆，没收违法所得，处以1万元以上5万元以下罚款；情节严重的，没收专门用于从事无照经营的车辆。

违反本条例规定，未取得公共交通经营许可在车辆上使用顶灯、计价器、服务标志等的，没收其使用的顶灯、计价器、服务标志等。

第六十二条　客运管理机构工作人员违反本条例规定，滥用职权、玩忽职守、徇私舞弊、索贿受贿，尚不构成犯罪的，依法给予行政处分。

第八章　附　　则

第六十三条　2005年10月1日前合法取得的城市公共交通特许经营权出让期届满的，可以按照原期限有偿顺延一轮，已经顺延的除外。

第六十四条　本条例自2013年3月1日起施行。2005年7月30日贵州省第十届人民代表大会常务委员会第十六次会议通过的《贵州省城市公共客运交通特许经营权管理条例》和2007年11月23日贵州省第十届人民代表大会常务委员会第三十次会议通过的《贵州省城市公共交通管理条例》同时废止。

云南省城市公共交通管理办法

(2011年4月12日云南省人民政府第55次常务会议通过,2011年5月6日以云南省人民政府令第168号公布,自2011年8月1日起施行)

第一章 总 则

第一条 为了发展城市公共交通,规范客运活动秩序,保障运营安全,维护城市公共交通活动当事人合法权益,根据有关法律、法规,结合本省实际,制定本办法。

第二条 本省行政区域内城市公共交通的规划、建设、运营、服务、安全及其相关管理活动,适用本办法。

本办法所称城市公共交通,是指在城市人民政府确定的区域内,利用公共汽车、电动公交车、城市轨道交通车辆等交通工具和设施,按照核定的线路、站点、时间运营,为社会公众提供出行服务的客运活动。

第三条 城市公共交通是社会公益性事业。县级以上人民政府应当在财政政策、城市规划、用地保障、设施建设、交通管理等方面,优先支持城市公共交通发展。

第四条 设区的市人民政府、县(市)人民政府(以下简称城市人民政府)应当将城市公共交通发展纳入国民经济和社会发展规划,完善基础设施,优化运营结构,加大资金投入和政策扶持,落实各项补贴、补偿等政策,并及时拨付有关费用。

鼓励社会资金投资城市公共交通建设、综合开发,鼓励城市公交企业使用环保节能型车辆。

第五条 省、州人民政府交通运输行政主管部门负责本行政区域内城市公共交通的业务指导工作；城市人民政府交通运输行政主管部门负责本行政区域内城市公共交通的监督管理工作。

其他有关部门按照职责做好城市公共交通的有关管理工作。

第二章 规划和建设

第六条 省人民政府交通运输行政主管部门应当会同有关部门组织编制全省综合运输体系规划，报省人民政府批准后实施。

城市人民政府交通运输行政主管部门应当根据城市总体规划、全省综合运输体系规划，组织编制城市公共交通规划，报同级人民政府批准并公布后实施。城市公共交通基础设施建设应当符合城市公共交通规划，并与轨道交通和其他交通方式的基础设施相协调。

第七条 城市人民政府应当优先安排公共交通设施建设用地，将公共交通场站和配套设施纳入城市旧城改造和新城建设计划。

城市公共交通规划确定的停车场、枢纽站、首末站、保修场等城市交通服务设施用地，符合划拨用地目录的，应当划拨供给。

新城区开发、旧城区改造、居住小区建设和体育场馆、飞机场、火车站、长途汽车站、码头，以及大型商业中心、大型文化娱乐场所、旅游景点等工程项目的规划、建设，应当按照城市公共交通规划配套建设公共交通场站，并实行同步设计、同步建设、同步竣工、同步交付使用。

第八条 有关部门在审批城市公共交通建设工程项目设计方案前，应当征求城市人民政府交通运输行政主管部门的意见。工程竣工后，城市人民政府交通运输行政主管部门应当参与验收。

第九条 新建、改建、扩建城市道路时，应当根据城市公共交通线路、客运服务设施建设、道路交通安全等专项规划设置候车站、始发站场。对符合公共交通车辆通行条件的旧居住区，应当设置公共交通线路站点。

具备条件的城市主干道可以设置城市公共汽车专用车道，保证公共汽车优先通行。

第十条 城市公共交通运营企业应当按照规定和标准设置公交站牌,并在站牌上标明线路名称、行驶方向、始末班车时间、所在站点和沿途停靠站点以及票价等信息。

第十一条 在城市建设活动中,禁止下列行为:

(一)侵占规划预留的公共交通设施建设用地或者擅自改变其使用性质;

(二)随意挤占公共交通设施用地或者改变土地用途;

(三)擅自改变公共交通场站设施的用途;

(四)擅自迁移、拆除、占用、关闭公共交通停车场、站点、站牌、候车亭等客运服务设施;

(五)损坏公共交通设施和配套服务设施。

第三章 运营许可

第十二条 从事城市公共交通运营的企业,应当具备下列条件:

(一)良好的银行资信和相应的偿债能力;

(二)符合运营要求的流动资金和运营车辆;

(三)符合规定的驾驶人员和相应的管理人员;

(四)健全的运营服务、安全生产、应急处置等管理制度;

(五)法律、法规、规章规定的其他条件。

第十三条 从事公共交通运营的车辆应当具备下列条件:

(一)符合规定的车型,且技术性能和设施完好;

(二)符合有关技术标准和安全、环保、卫生要求;

(三)配备有效的消防设备和器材。

第十四条 从事城市公共交通运营的驾驶人员应当具备下列条件:

(一)年龄在21周岁以上,60周岁以下;

(二)身体健康,无职业禁忌;

(三)持有与准驾车型相符合的机动车驾驶证;

(四)3年内未发生负有主要或者全部责任的重大以上交通事故。

第十五条 从事城市公共交通运营的,应当依法取得线路运营许可。申请线路运营许可的，应当向城市人民政府交通运输行政主管部门提交符合下列条件的材料：

（一）有客运企业法人资格；

（二）有符合城市人民政府规定数量、车型的运营车辆；

（三）有满足线路运营需求的资金、停车场地和配套设施；

（四）有与运营相适应的驾驶人员、管理人员和其他专业人员；

（五）有线路运营方案和健全的运营服务、安全管理制度；

（六）法律、法规、规章规定的其他条件。

第十六条　线路运营许可采取招标等公平竞争或者直接授予的方式确定。

同一城市有3个以上公共交通运营企业申请同一线路的，应当通过招标等方式实施线路运营许可，并将安全生产、服务质量等作为招标主要内容。城市人民政府交通运输行政主管部门应当自中标通知书发出之日起10日内，与中标企业订立中标合同，核发线路运营许可证。

采取直接授予方式确定运营线路许可的，城市人民政府交通运输行政主管部门应当自收到申请之日起20日内作出是否许可的决定。

城市公共交通线路运营许可实行期限制，具体运营期限由城市人民政府确定。

第十七条　取得线路运营许可的企业，应当与城市人民政府交通运输行政主管部门签订运营服务协议。协议内容应当包括线路名称、站点、首班车和末班车时间、线路配置车辆的最低额度、票制、票价、服务质量承诺、安全保障措施等。

第十八条　取得线路运营许可的企业，确需调整线路、站点、时间或者减少运营车次的，应当向城市人民政府交通运输行政主管部门提出书面申请。城市人民政府交通运输行政主管部门批准调整的，公共交通运营企业应当于实施之日的10日前向社会公告。

因市政工程建设、大型公益活动等特殊情况需要临时变更线路、时间、站点的，建设或者主办单位应当在20日前书面告知公共交通运营企业。公共交通运营企业应当于10日前在站点张贴公告，并通过媒体向社会公告。

第十九条　公共交通运营企业需要停业、歇业或者停开线路的，应当提前6个月向作出许可的城市人民政府交通运输行政主管部门申请办理有关手续。经批准停业、歇业或者停开线路的，公共交通运营企业应当在停业、歇业或者停开线路之前 30 日向社会公告。

第二十条 城市公共交通线路运营期限届满需要延续的，应当在期限届满 6 个月前提出申请。城市人民政府交通运输行政主管部门应当自受理之日起 20 日内作出决定。对符合运营安全、服务质量等要求的，应当作出准予延续的决定；对不符合要求的，应当作出不予延续的决定，并书面告知申请人。

第四章 运营服务

第二十一条 公共交通运营企业应当按照城市人民政府交通运输行政主管部门核准的线路、站点、班次间隔、首班车和末班车时间运营，并遵守下列规定：

（一）依法运营，服从管理；

（二）执行行业标准、规范，保证服务质量，接受社会监督；

（三）开展安全教育，加强行车安全管理，保证运营安全；

（四）对运营设施进行维护，保证其处于良好的运营服务状态；

（五）执行价格主管部门核准的客运价格；

（六）按照机动车运行安全技术标准核定的人数载客；

（七）遵守城市公共交通的其他服务规范。

第二十二条 运营车辆应当按照规定的期限和标准进行维护，保持车容整洁、设施齐备完好，色彩、标志符合要求，在规定位置标明线路站点、票价、安全乘车须知和投诉电话等内容。

在城市公共交通车辆和设施设置广告，应当符合广告管理等有关规定，不得影响城市公共交通运营服务和安全。

第二十三条 公共交通运营企业不得使用报废、擅自改装拼装、检测不合格的车辆以及不符合国家强制标准要求的车辆从事公共交通客运运营。

运营企业应当建立车辆技术档案和管理档案，及时、完整、准确记载有关内容并妥善保管。

第二十四条　城市公共交通从业人员运营服务时应当遵守下列规定：

（一）衣着整洁，文明礼貌；

（二）按照核准的收费标准收费，提供有效的报销票证；

（三）执行有关优惠或免费乘车的规定；

（四）正确及时报清公共汽车线路名称、行驶方向和停靠站名称，提示安全注意事项，为老、幼、病、残、孕乘客提供可能的帮助；

（五）按照核定的运营线路、车次、时间发车和运营，不得到站不停、滞站揽客、中途甩客、不得擅自站外上下乘客、中途调头；

（六）按规定携带、佩戴相关证件；

（七）合理调度、及时疏散乘客；

（八）遵守城市公共交通的其他服务规范。

第二十五条　乘客应当遵守下列规定：

（一）遵守公共道德，服从管理；

（二）不得携带易燃、易爆、有毒等危险品乘车；

（三）不得携带宠物和易污染等有碍乘客安全或者健康的物品乘车；

（四）不得在车厢内吸烟、吐痰、乱扔垃圾、散发广告，或者向车外抛掷物品；

（五）不得有影响车辆正常行驶、乘客安全和乘车秩序的行为；

（六）学龄前儿童、不能辨认自己行为的醉酒者、精神病患者乘车应当有人陪护；

（七）身高 120 厘米以上的乘客应当按照规定付费乘车。

乘客违反上述规定情形之一，经劝阻拒不改正的，驾驶员、乘务员可以拒绝对其提供服务。

第五章　运营安全

第二十六条　城市人民政府应当加强对城市公共交通安全管理工作的领导，督促有关部门履行安全监督管理职责，及时协调、解决安全监督管理中的重大问题。

城市人民政府交通运输行政主管部门应当定期开展安全检查，督促企业消除安全隐患。

安全生产监督、公安等有关部门应当按照职责对城市公共交通安全实施监督管理。

第二十七条 公共交通运营企业应当采取措施，加强安全管理，并履行下列职责：

（一）建立健全安全生产管理机构，配备专职安全生产管理人员；

（二）建立健全安全生产责任制，落实车辆定期例保检验等安全管理制度，加强安全检查，消除隐患；

（三）建立并实施从业人员安全教育培训制度，保证从业人员熟悉安全运营规章制度和安全操作规程。

第二十八条 城市轨道交通经营者应当定期对城市轨道交通安全保障系统以及消防、防汛、防护、报警等器材和设备进行检测、维修、更新和改造，保证其处于良好的运行状态。

城市人民政府交通运输行政主管部门应当按照国家有关规定设置城市轨道交通安全保护区。在安全保护区内进行作业的，作业单位应当制定有效的安全防护方案，报城市人民政府交通运输行政主管部门备案。

第二十九条 公共交通运营企业应当在公共交通车辆及公共场站的醒目位置设置安全警示标志，并保持灭火器、安全锤、车门紧急开启装置等安全应急装置完好。

城市公共交通场站经营者应当建立安全巡查制度。遇到危及运营安全的紧急情况，应当及时采取疏散或者限制客流等临时措施，确保运营安全。

第三十条 城市人民政府交通行政运输主管部门应当会同有关部门制定城市公共交通应急预案，报本级人民政府批准后实施。

运营企业应当根据城市公共交通应急预案制定本企业的应急预案，定期进行演练。

第三十一条 城市公共交通突发事件发生后，城市人民政府应当启动应急预案，采取应急处置措施。

遇有抢险救灾、突发性事件以及重大活动等情况时，运营企业应当服从城市人民政府的统一调度和指挥。

第六章　监督管理

第三十二条　省人民政府交通运输行政主管部门应当会同有关部门制定城市公共交通安全行车、服务质量、车容车貌等方面的标准和规范。

县级以上人民政府交通运输行政主管部门应当加强对城市公共交通活动的监督检查，及时查处违法行为。

第三十三条　城市人民政府交通运输行政主管部门应当建立举报投诉制度，公开举报投诉电话、通信地址、电子邮箱，接受社会监督。

第三十四条　城市人民政府交通运输行政主管部门应当定期组织对公共交通运营企业的服务质量、运营安全、岗位培训等事项进行考核。

第七章　法律责任

第三十五条　国家工作人员在城市公共交通管理工作中玩忽职守、滥用职权、徇私舞弊的，依法给予处分；构成犯罪的，依法追究刑事责任。

第三十六条　违反本办法规定的行为，法律法规已有处罚规定的，从其规定；法律法规没有处罚规定的，由城市人民政府交通运输行政主管部门按照下列规定处罚：

（一）擅自迁移、拆除、占用、关闭公共交通停车场、站点、站牌、候车亭等客运服务设施的，责令改正，限期恢复原状，处1万元以上3万元以下罚款；造成损失的，依法承担赔偿责任；

（二）损坏公共交通设施和配套服务设施的，处500元以上5000元以下罚款；造成损失的，依法承担赔偿责任；

（三）未取得运营线路许可从事城市公共交通运营活动的，责令停止运营，处1万元以上3万元以下罚款；

（四）公共交通运营企业未经批准擅自停业、歇业或者停开线路的，责令改正，处5000元以上3万元以下的罚款；

（五）公共交通运营企业未经批准擅自调整线路、站点、时间运营或者擅自减少运营车次的，责令改正，处2000元以上1万元以下罚款；

（六）公共交通运营企业聘用不符合规定条件的驾驶人员从事公共交通运营驾驶活动的，按照每人次处以500元以上1000元以下罚款；

（七）公共交通运营企业未执行服务承诺确定的客运服务标准，或者未按照核准的线路、站点、日总班次、班次间隔、首班车和末班车时间、车辆数、车型、服务质量、安全保障措施等运营的，责令改正，处1000元以上5000元以下罚款。

城市公共交通从业人员到站不停、滞站揽客、中途甩客、违反规定中途调头的，由城市人民政府交通运输行政主管部门予以警告，可以并处50元以上200元以下罚款。

第八章 附 则

第三十七条 法律、法规、规章对城市轨道交通管理另有规定的，从其规定。

第三十八条 本办法自2011年8月1日起施行。

甘肃省道路运输条例

(2014年3月26日甘肃省第十二届人民代表大会常务委员会第八次会议通过)

第一章 总 则

第一条 为维护道路运输市场秩序，保障道路运输安全，保护道路运输有关各方当事人的合法权益，促进道路运输业健康发展，根据《中华人民共和国道路运输条例》和有关法律、法规，结合本省实际，制定本条例。

第二条 在本省行政区域内从事道路运输经营及相关业务的，应当遵守本条例。

本条例所称道路运输经营包括道路旅客运输经营和道路货物运输经营。道路旅客运输包括班车客运、包车客运、公共汽车客运；道路货物运输包括普通货物运输、专用运输、大型物件运输和危险货物运输。

道路运输相关业务包括道路运输站（场）、机动车维修、机动车驾驶员培训、机动车综合性能检测、汽车租赁等经营业务。

第三条 道路运输业发展应当遵循统筹规划、安全便捷、节能环保的原则，按照综合高效、优势互补的要求，与铁路、轨道、水路、航空和管道等其他运输方式合理衔接、协调发展，充分发挥综合运输的优势。

第四条 县级以上人民政府应当统筹城乡运输发展，完善现代道路运输体系，优先发展公共交通，逐步实现城乡、区域客运一体化，推进交通物流业发展，提高道路运输公共服务能力。

第五条 县级以上人民政府应当将道路运输站（场）、公交站（场）等交通设施布局和建设纳入城乡总体规划，并在土地、资金等方面给予政策支持。

第六条 县级以上人民政府交通运输部门主管本行政区域内的道路运输工作，道路运输管理机构负责具体实施道路运输管理工作。

县级以上人民政府有关部门应当按照各自职责共同做好道路运输管理的相关工作。

第七条 道路运输及相关业务经营者应当依法经营、诚实守信、公平竞争，提供安全、优质的运输服务。

道路运输管理机构应当遵循公开、公平、公正、便民的原则，履行职责，整治非法经营，保护正当竞争。

第八条 鼓励道路运输企业实行规模化、集约化经营。

任何单位和个人不得封锁或者垄断道路运输市场。

第二章 共同规定

第九条 从事道路运输及相关业务经营的，应当具备法律、法规和本条例规定的条件，依法取得道路运输经营许可，按照许可事项从事经营活动。

道路运输及相关业务经营者需要变更许可事项的，应当向做出许可决定的道路运输管理机构提出申请。

第十条 道路运输及相关业务经营者应当按照国家价格政策和价格主管部门核定的标准收取费用。

第十一条 道路运输及相关业务经营者应当为其从事客运、货运、机动车驾驶员培训、汽车租赁经营的车辆申请办理道路运输证并随车携带。

客运和货运驾驶人员、道路危险货物运输装卸管理人员和押运人员、机动车驾驶培训教练员应当按照国家规定参加培训考试，取得从业资格证，并在从事经营活动时随身携带。

第十二条 道路运输及相关业务经营者应当建立健全安全生产责任制，制定安全生产规章制度和操作规程，实行企业安全标准化制度，保障道路运输安全。

第十三条 客运经营者应当确保车辆设备、设施完好，符合国家安全运行要求，保持车辆清洁卫生，保障旅客人身、财产安全。

第十四条 客运、货运驾驶员连续驾驶四小时的，应当停车休息，休息时间不得少于二十分钟；班车客运、包车客运驾驶员二十四小时内累计驾驶时间不得超过八小时。

第十五条 班车客运、包车客运和危险货物运输经营者应当按照规定为旅客、危险货物投保承运人责任险。

投保承运人责任险的最低限额由省交通运输主管部门会同省保险监督管理机构规定。

第十六条 从事道路运输的车辆应当符合国家机动车安全技术标准、国家和本省规定的污染物排放标准和燃料消耗量限值，按照国家规定的行驶里程或者时间间隔进行检验和维护。

道路运输经营者应当按照国家规定为班车客运、包车客运、危险货物运输等车辆安装符合国家标准的具有行驶记录功能的卫星定位装置，并对车辆运行情况进行实时监控。

第十七条 道路运输及相关业务经营者应当承担县级以上人民政府下达的抢险、救灾、战备等紧急任务，服从有关部门的统一调度和指挥。

县级以上人民政府或者有关部门应当对承担应急运输任务的道路运输经营者和相关业务经营者给予合理的经济补偿。

第十八条 公安机关交通管理部门和道路运输管理机构应当建立健全道路运输驾驶员、机动车驾驶培训教练员和道路运输车辆交通违法等信息的共享机制。

公安机关交通管理部门应当为申请从事道路运输的驾驶员和驾驶培训教练员出具相应的安全驾驶证明。

第十九条 道路运输管理机构应当建立完善道路运输质量信誉考核体系，对道路运输及相关业务经营者的运输安全、经营行为、交通违法情况等进行质量信誉考核，定期向社会公布考核结果，并将考核结果纳入服务质量招标评标的内容。

第二十条 道路运输管理机构应当加强道路运输公共信息服务，建立管理信息系统，实现与相关服务系统的互联互通，并定期向社会发布有关运输信息。道路运输及相关业务经营者应当按照规定建立健全经营管理、统计和档案制度，并向道路运输管理机构报送相关统计资料和信息。

第三章 班车客运和包车客运

第二十一条 道路运输管理机构应当按照道路运输发展规划，结合客运市场供求状况、普遍服务和方便群众的要求，合理确定班车客运线路发展计划，并定期发布班车客运、包车客运运力投放计划。

班车客运和包车客运经营权由道路运输管理机构通过服务质量招标投标的方式做出许可。

第二十二条 班车客运、包车客运的经营者应当按照核定的经营期限从事客运经营活动。客运班线经营期满后，原取得的客运班线经营权自行终止；需要延续经营的，班车客运、包车客运经营者应当在期满前重新提出申请。

客运经营者应当在取得道路运输经营许可证后六个月内投入经营。无正当理由未投入运营或者运营后连续停运六个月以上的，视为自动终止经营，由原许可机关注销其道路运输经营许可证。

第二十三条 道路运输管理机构应当对已取得道路运输证的班车客运车辆和包车客运车辆配发规定的客运标志牌，客运标志牌不得伪造、涂改、转让、租借。

第二十四条 班车客运经营者应当按照批准的线路、停靠站点、营运方式和班次从事经营活动，不得擅自暂停、终止客运经营服务或者转让客运班线经营权。

包车客运线路的一端应当在车籍所在地，并按照约定的车辆、时间、起讫地和线路运行，不得沿途揽客，不得招揽包车合同以外的旅客乘车。

第二十五条 班车客运、包车客运经营者在运营中不得中途更换车辆或者将旅客转由其他承运人。如遇自然灾害、交通事故或者车辆机械故障等特殊情况无法继续行驶的，经营者应当安排旅客改乘或者退票，并不得加收费用。

因经营者及其驾驶人员、乘务人员的原因造成旅客漏乘、误乘的，经营者应当根据旅客要求安排改乘或者退票,并依法承担相应的违约责任,但是由于旅客自身原因造成的情形除外。

第二十六条 县级人民政府应当改善农村公路安全通行条件,加强农村道路客运安全管理,建立乡镇客运安全责任制,保障农村道路客运安全。

县域内等外公路需要开通客运班线的,县级道路运输管理机构应当会同当地公安交通管理部门联合提出通车车型、载客限载、运行速度、通行时间等安全控制指标。

第四章　公共汽车客运

第二十七条 县级以上人民政府及其有关部门应当根据道路状况、出行结构、交通流量等因素,科学合理设置公共汽车线路、站点及班次,必要时可开设公共汽车专用道。

第二十八条 从事公共汽车客运经营的,应当向所在地县级道路运输管理机构提出申请。经营区域涉及设区的市城区范围的,应当向设区的市级道路运输管理机构提出申请。

申请人应当符合下列条件:

(一) 有企业法人资格;

(二) 有符合国家规定和营运要求的车辆、设施、场地;

(三) 有符合规定条件的驾驶人员及与运营业务相适应的专业人员和经营管理人员;

(四) 有健全的安全生产管理制度、服务质量保障制度;

(五) 法律、法规规定的其他条件。

第二十九条 公共汽车客运经营者应当遵守下列规定:

(一) 按照核定的线路、站点、车次和时间运营;

(二) 为车辆配备线路走向示意图、价格表、乘客须知、禁烟标志、特殊乘客专用座位、监督投诉电话等服务设施和标识;

(三) 制定安全运行、进出站台提示、乘运秩序和车辆保洁等服务规范并监督实施;

（四）保持灭火器、安全锤、车门紧急开启装置等安全应急设施齐备完好；

（五）依法应当遵守的其他规定。

第三十条 公共汽车客运经营者应当全额出资购买营运车辆，不得以挂靠、租赁等方式转让或者变相转让公共汽车客运线路经营权。

第三十一条 设区的市和县级人民政府及有关部门应当根据营运成本等因素确定公共汽车票价，并举行价格听证。对残疾人、军人、老年人、学生和生活困难特殊群体，应当实行减免票优惠。

第五章 货物运输

第三十二条 鼓励采用集装箱车辆、封闭厢式车辆、多轴重型车辆从事道路货物运输经营。

第三十三条 鼓励发展货物配送和快递服务等货物运输。相关部门应当对统一标识的专用货物配送和快递服务货运车辆在进城通行、停靠、装卸作业等方面提供便利条件。

第三十四条 县级以上人民政府负责本行政区域的超限超载治理工作。道路运输管理机构应当会同有关部门对本行政区域内重点货物运输源头单位进行调查登记，通过进驻、巡查等方式实施监督管理。

重点货物运输源头单位名单由设区的市和县人民政府定期向社会公示。

第三十五条 重点货物运输源头单位应当配备称重计量设施、设备，健全车辆配载、装载登记、统计制度和档案，建立超限超载责任追究制度。不得为车辆超标准装载、配载，不得为无牌无证、证照不全、非法改装的车辆装载、配载。

第三十六条 道路货物运输经营者运输超限物品时，应当制定道路运输组织方案，按照规定办理相关手续，并悬挂明显的运输标志。

第三十七条 危险货物托运人应当按规定选择具有资质的承运人和承运车辆，向承运人说明危险货物的品名、性质、应急处置方法等情况，按照国家有关规定包装，并设置明显标志。

第三十八条 法律、法规规定限运和凭证运输的货物，托运人应当办理准运手续，货运经营者在承运时应当查验并随车携带。

第六章 相 关 业 务

第三十九条 道路运输站（场）经营者应当按照规定配备安全设施、设备，设置安全标识，执行车辆和人员进出站（场）安全检查和登记查验制度。

道路运输站（场）经营者不得擅自改变道路运输站（场）的用途和服务功能。

第四十条 道路旅客运输站（场）经营者应当按照公平、合理、有序的原则确定客运班车的发班方式和时间，并向县级道路运输管理机构备案。

道路旅客运输站（场）经营者不得接纳未经道路运输管理机构批准的车辆进站（场）营运。

第四十一条 道路运输站（场）经营者应当在车辆核定的载客载货限额内进行配载，不得将受理的运输业务交由不具备相应运输资质的经营者承运。

第四十二条 机动车维修经营者应当按照规定建立配件采购登记制度。原厂配件、副厂配件和修复配件应当分别标识，明码标价。

第四十三条 机动车维修经营者应当按照国家有关技术规范对机动车进行维修，并出具维修凭证，严格执行机动车维修竣工出厂质量保证期制度。

第四十四条 机动车驾驶培训教练员应当符合国家规定的资格条件，经省级道路运输管理机构考试合格，方可从事机动车驾驶员培训教练工作。

机动车驾驶员培训机构应当按照国家统一教学大纲进行培训。

第四十五条 从事机动车综合性能检测经营的，应当具备下列条件：

（一）有符合规定要求的检测场地、设施、设备和经检定合格的计量检测仪器设备；

（二）有符合规定条件并与其经营业务相适应的检测人员及管理人员；

（三）有健全的管理制度和质量保障措施；

（四）检测工艺符合规范要求；

（五）法律、法规规定的其他条件。

第四十六条 机动车综合性能检测经营者应当按照国家标准以及相关规定进行检测，出具综合性能检测报告，建立检测档案。机动车综合性能检测经营者应当公开收费项目和标准。

第四十七条 从事汽车租赁经营的，应当具备下列条件：

（一）有企业法人资格；

（二）有十辆以上经检测合格的小型客车；

（三）有与经营业务相适应的经营场所、停车场地；

（四）有与经营业务相适应的专业人员和管理人员；

（五）有健全的业务操作规程、安全生产管理制度、服务质量保障措施和应急预案；

（六）法律、法规规定的其他条件。

第四十八条 鼓励汽车租赁经营者为租赁车辆办理车上座位责任险。

汽车租赁经营者租赁车辆时，应当与承租人签订车辆租赁合同，提供检测合格和证件齐全有效的车辆。

第四十九条 汽车租赁经营者未经许可不得从事或者变相从事班车客运、包车客运等道路运输经营活动。

第七章 监督检查

第五十条 道路运输管理机构应当依法对道路运输及相关业务经营活动进行监督检查，加大监督力度，查处道路运输违法经营行为，维护当事人的合法权益，不得乱设卡、乱收费、乱罚款。

第五十一条 道路运输管理机构执法人员在执行检查任务时，不得少于两人，并出示有效执法证件。

用于道路运输监督检查的专用车辆，应当配置统一的标志标识。

第五十二条 道路运输管理机构执法人员应当在道路运输及相关业务经营场所、客货集散地、公路收费站及服务区、公路路口和经省人民政府批准设立的检查站进行监督检查。

第五十三条 道路运输管理机构在实施道路运输监督检查过程中,对没有道路运输证又无法当场提供其他有效证明的经营车辆,可以予以暂扣。对暂扣车辆应当妥善保管,不得使用;不得收取或者变相收取保管费用。

车辆依法解除暂扣的,道路运输管理机构应当书面通知当事人限期领取车辆。当事人逾期不领取的,自逾期之日起的车辆保管费用由当事人承担。经公告九十日内仍不领取的,道路运输管理机构可以依法处理。

第五十四条 道路运输管理机构应当建立违法经营投诉举报受理制度,公开举报电话号码、通信地址或者电子邮件信箱,对投诉举报应当在十个工作日内做出答复和处理。

第八章 法律责任

第五十五条 未经许可擅自从事班车客运、公共汽车客运、包车客运、危险货物运输经营的,由县级以上道路运输管理机构责令停止违法行为,有违法所得的,没收违法所得,处违法所得二倍以上十倍以下罚款;没有违法所得或者违法所得不足二万元的,处三万元以上十万元以下罚款。

未经许可擅自从事道路普通货物运输经营、站(场)经营、机动车维修经营、机动车综合性能检测经营、机动车驾驶员培训经营的,由县级以上道路运输管理机构责令停止违法行为,有违法所得的,没收违法所得,处违法所得二倍以上十倍以下罚款;没有违法所得或者违法所得不足一万元的,处二万元以上五万元以下罚款。

第五十六条 取得从事道路运输及相关业务许可的经营者,不符合继续经营条件的,由县级以上道路运输管理机构责令限期整改。逾期不整改或者整改不合格的,核减相应的经营范围或者吊销道路运输证、道路运输经营许可证。

第五十七条 道路运输及相关业务经营者使用未取得道路运输证的车辆从事道路运输经营活动的,由县级以上道路运输管理机构责令改正,处三千元以上一万元以下罚款。

第五十八条 客运经营者擅自转让或者变相转让经营权的,由县级以上道路运输管理机构没收违法所得，处一万元以上五万元以下罚款，并由原许可机构收回经营权。

第五十九条 道路运输及相关业务经营者有下列情形之一的，由县级以上道路运输管理机构责令改正，处一千元以上三千元以下罚款；情节严重的，吊销道路运输证、道路运输经营许可证：

（一）聘用未取得相应从业资格的人员从事道路运输经营活动的；

（二）从事道路运输及相关业务经营的车辆未按照规定进行维护和检测的；

（三）未按照规定安装符合国家标准的具有行驶记录功能的卫星定位装置的；

（四）班车客运经营者、包车客运经营者伪造、涂改、转让、租借客运标志牌的；

（五）班车客运经营者未按照批准的线路、停靠站点、营运方式和班次从事经营的；

（六）包车客运经营者未按照约定的车辆、时间、起讫地和线路运行或者沿途招揽包车合同以外的旅客乘车的；

（七）道路运输站（场）经营者超过车辆核定的载客载货限额进行配载的；

（八）包车客运经营者运营起讫地均不在车籍所在地的；

（九）道路运输站（场）经营者擅自改变道路运输站（场）的用途和服务功能的；

（十）机动车维修经营者未执行配件登记制度的；

（十一）汽车租赁经营者未经许可从事或者变相从事班车客运、包车客运等道路运输经营活动的。

第六十条 违反本条例第十四条规定驾驶员不停车休息的，由公安机关交通管理部门责令改正，可处警告或者一百元以上五百元以下罚款。

第六十一条 公共汽车客运经营者违反本条例第二十九条规定的，由县级以上道路运输管理机构责令改正，处二百元以上一千元以下罚款。

第六十二条 汽车综合性能检测站未按国家标准进行汽车综合性能检测或者不如实出具检测结果的，由县级以上道路运输管理机构责令改正，处五千元以上三万元以下罚款；情节严重的，并处吊销道路运输经营许可证。

第六十三条 道路运输管理人员在行使职权时，违反本条例规定，有下列情形之一的，由所在单位或者上级主管部门责令改正，给予相应的行政处分；构成犯罪的，依法追究刑事责任：

（一）违法实施行政许可的；

（二）违法扣押运输车辆的；

（三）参与或者变相参与道路运输及相关业务经营的；

（四）索取、收受他人财物，或者谋取其他不正当利益的；

（五）没有法定的行政处罚、收费依据或者违反法定标准进行处罚、收费的；

（六）有其他滥用职权、玩忽职守、徇私舞弊行为的。

第九章 附 则

第六十四条 本条例下列用语的含义。

班车客运，是指营运客车在城乡道路上按照固定的线路、时间、站点、班次运行的一种客运方式，包括直达班车客运、普通班车客运和定线旅游客运。

包车客运，是指以运送团体旅客为目的，将营运客车提供给客户安排使用，由经营者提供驾驶劳务，按照约定的起讫地、目的地、线路、时间行驶，并由客户按照约定支付费用的一种客运方式，包括非定线旅游客运。

第六十五条 农用车辆的运输管理按照国务院有关规定执行。

第六十六条 城市出租汽车客运的经营和管理办法由省人民政府另行制定。

第六十七条 本条例自2014年5月1日起施行。1997年5月28日甘肃省第八届人大常委会第二十七次会议通过的《甘肃省道路运输管理条例》同时废止。

宁夏回族自治区道路运输管理条例

（1997年3月24日宁夏回族自治区第七届人民代表大会常务委员会第二十四次会议通过。根据2010年7月30日宁夏回族自治区第十届人民代表大会常务委员会第十八次会议《宁夏回族自治区道路运输管理条例修正案》第一次修订。2013年9月29日宁夏回族自治区第十一届人民代表大会常务委员会第六次会议《宁夏回族自治区道路运输管理条例修正案》第二次修正。根据2019年9月27日宁夏回族自治区第十二届人民代表大会常务委员会第十五次会议《关于修改〈宁夏回族自治区农业机械化促进条例〉等5件地方性法规的决定》第三次修正)

第一章 总 则

第一条 为了维护道路运输市场秩序，保障道路运输安全，保护道路运输当事人的合法权益，根据《中华人民共和国道路运输条例》和有关法律、行政法规的规定，结合自治区实际，制定本条例。

第二条 在自治区行政区域内从事道路运输经营以及道路运输相关业务及其管理活动的，适用本条例。

道路运输经营包括道路旅客运输经营（以下简称客运经营）和道路货物运输经营（以下简称货运经营）。客运经营包括班车客运、包车客运、旅游客运、城市公共汽车客运、出租汽车客运。

道路运输相关业务包括站（场）经营、机动车维修经营、机动车驾驶员培训、机动车综合性能检测和物流及其货运信息服务、货运代理、搬运装卸、仓储理货等业务。

第三条　道路运输管理应当坚持公平、公正、公开和便民的原则。

从事道路运输经营以及道路运输相关业务的，应当依法经营，保障安全，公平竞争，诚实信用。禁止垄断道路运输市场。

第四条　县级以上人民政府应当根据国民经济和社会发展的需要，制定道路运输发展规划，并与城乡发展规划以及上级道路运输发展规划相衔接。

第五条　自治区人民政府交通运输主管部门主管全区道路运输管理工作。

设区的市、县（市、区）人民政府交通运输主管部门负责组织领导本行政区域内的道路运输管理工作。

县以上道路运输管理机构负责具体实施道路运输管理工作。

公安、市场监督管理、财政、住房和城乡建设、发展和改革、税务等有关部门应当按照各自职责，做好道路运输管理的相关工作。

第二章　一般规定

第六条　用于道路旅客运输经营、道路货物运输经营以及机动车驾驶员培训的车辆，应当符合国家道路运输车辆燃料消耗量限值标准及安全、技术标准。

道路运输管理机构应当为经营者购买运输车辆提供燃料消耗量限值标准及安全、技术标准等信息服务和指导。

第七条　从事客运经营、货运经营、客运站（场）经营、机动车驾驶员培训的，应当办理有关登记手续后，依法取得许可；使用总质量4500千克及以下普通货运车辆从事普通货运经营的，无需按照本条规定申请取得道路运输经营许可证。

从事机动车维修经营、货运信息服务、货运代理、仓储理货、搬运装卸经营业务的，应当自取得营业执照之日起三十日内向所在地道路运输管理机构备案。

第八条　从事道路运输经营（使用总质量4500千克及以下普通货运车辆的驾驶人员除外）的从业人员应当依法取得相应的资格后，方可上岗。

第九条　从事道路运输经营的车辆，经营者应当向车籍所在地的道路运输管理机构办理道路运输证；从事班车客运的，应当办理客运标志牌。

道路运输证、客运标志牌应当随车携带，不得转让、出租出借。

使用总质量4500千克及以下普通货运车辆从事普通货运经营的，无需按照本条规定申请办理道路运输证。

第十条 取得道路运输经营许可证的经营者变更经营主体、经营场所、经营范围、转让经营权或者转移营运车辆所有权的，应当到原许可机关办理有关手续。

客运经营者、客运站（场）经营者暂停或者终止经营的，应当在暂停或者终止前三十日内告知原许可机关，并向社会公告。暂停班车客运或者城市公共汽车客运的，应当在暂停前五日内告知原许可机构，并向社会公告。擅自停运期限超过六个月的，视为自动终止经营，由原发证机构收回经营许可证。

第十一条 用于道路运输经营的载客汽车、重型载货汽车、半挂牵引车、危险货物运输专用车辆，应当安装、使用符合国家相关标准的车辆运行状态监控设备。

第十二条 道路运输经营者、道路运输相关业务经营者及其从业人员不得有下列行为：

（一）强制招揽旅客和货物运输业务；

（二）欺骗旅客、骗取货物、敲诈托运人；

（三）堵站堵道，擅自停运；

（四）超限、超载；

（五）干扰、阻挠他人正常经营。

第十三条 道路运输经营者、道路运输相关业务经营者应当按照国家和自治区有关规定，公布服务内容、费目费率，使用统一的凭证和发票。

第十四条 道路运输经营者、道路运输相关业务经营者应当定期对车辆进行维护和检测，保证车辆符合国家规定的安全和技术标准；不得使用报废、拼装、擅自改装或者使用其他不符合国家规定的车辆从事道路运输经营以及道路运输相关业务。

第十五条 道路运输经营者、道路运输相关业务经营者应当向所在地道路运输管理机构报送道路运输行业统计资料。

第三章 道路运输经营

第十六条 道路运输管理机构应当根据道路运输发展规划和客运市场供求状况,确定客运线路,并定期向社会公布。

第十七条 客运班线经营权期限为四年至八年。同一客运线路有三个以上申请人的,道路运输管理机构应当通过招标形式作出许可决定。客运班线经营权转让应当依法进行。

道路运输管理机构应当根据客运班线经营者的车辆类型等级、班线类别和资质条件等确定经营权期限。

客运班线经营权期限届满需要延续经营的,经营者应当在期限届满三十日前向原许可机构提出申请,符合下列条件的,原许可机构应当予以优先许可:

(一)未发生特大道路运输安全责任事故;

(二)无严重违法经营行为;

(三)履行了普遍服务的义务;

(四)诚信经营、质量信誉考核连续两年达到优良等次。

第十八条 班车客运应当按照许可的线路、公布的班次和发车时间、站点运营,在规定的途经站点进站上下旅客,无正当理由不得改变行驶线路。

包车客运应当按照约定的时间、起始地、目的地和线路运行,不得招揽包车合同以外的旅客乘车。

定线旅游客运应当按照班车客运管理;非定线旅游客运按照包车客运管理。

第十九条 县级以上人民政府应当优先发展城市公共汽车客运,统筹规划,合理提高线网密度和站点覆盖率,加强出租车运营管理。

设区的市交通运输主管部门应当根据本行政区域城市公共汽车客运、出租汽车客运的发展规划以及出租汽车客运市场供求状况,提出出租汽车的投放总量规划方案,报本级人民政府批准。

第二十条 从事城市公共汽车客运经营的,应当具备下列条件:

（一）有符合规定经检测合格的车辆和站场设施、运营资金；

（二）有符合安全运营条件的线路和站点方案；

（三）有符合规定的驾驶人员；

（四）有与经营业务相适应的管理人员和健全的组织机构、安全管理制度，能够承担相应的责任；

（五）法律、法规规定的其他条件。

第二十一条　从事出租汽车客运经营的，应当具备下列条件：

（一）有符合规定经检测合格的车辆；

（二）有与其经营规模相适应的经营场所、站场；

（三）有符合规定的驾驶人员；

（四）有健全的组织机构和安全管理制度，能够承担相应的责任；

（五）法律、法规规定的其他条件。

第二十二条　从事城市公共汽车客运或者出租汽车客运经营的驾驶人员，应当符合下列条件：

（一）年龄不超过六十周岁，身体健康，无职业禁忌病；

（二）取得相应的机动车驾驶证；

（三）有三年以上的驾龄；

（四）三年内无重大以上交通责任事故记录；

（五）经业务知识考试合格，依法取得相应从业资格。

第二十三条　从事城市公共汽车客运经营的，应当向县道路运输管理机构提出申请；从事出租汽车客运经营的，应当向设区的市道路运输管理机构提出申请。道路运输管理机构应当自受理申请之日起二十日内，作出许可或者不予许可的决定；不予许可的，应当书面通知申请人并说明理由。

城市公共汽车客运经营权和出租汽车经营权转让应当依法进行。

第二十四条　出租汽车应当喷涂车辆标志色，安装专用标志、顶灯、安全防护设施和经质量技术监督部门检验合格的里程计价器，标明运价标准和监督电话。

第二十五条　出租汽车客运经营者应当遵守下列规定：

（一）按照里程计价器显示的金额收取运费，不得破坏计价器准确度；

（二）在核定的区域内经营，不得异地驻点营运；

（三）不得拒载、甩客、故意绕道。

第二十六条 鼓励货物运输经营者采用多轴型、集装箱、厢式或者罐式专用车辆运输货物。鼓励发展货运出租、货物配送等方便、快捷的货运经营方式。

货物运输经营者运输货物时，应当采取防扬散、防流失、防渗漏等措施，防止污染环境，保障运输安全。

禁止货物运输经营者采取不正当手段招揽货物运输业务或者封锁、垄断货源，阻碍其他经营者的正常运输经营活动。

第二十七条 客运经营者、危险货物运输经营者应当为旅客或者危险货物投保承运人责任险。

客运经营者和危险货物运输经营者应当具有与其经营规模相适应的安全风险保障金，用于安全设施的投入和事故赔偿。

第二十八条 危险货物承运人承运危险货物应当与托运人签订道路运输合同，查明危险货物的品名、数量、危险性、应急措施等情况。禁止危险货物与普通货物混装。

危险货物托运人应当委托具有道路危险货物运输资质的企业承运危险货物。

危险货物运输车辆应当悬挂明显的危险货物运输标志，配备有与运输危险货物相适应的安全防护、环境保护和消防设施设备。

第四章 道路运输相关业务

第二十九条 县级以上人民政府应当将道路运输站（场）、物流园区建设纳入城市发展总体规划。

交通运输主管部门应当将农村客运基础设施建设与公路建设统一规划，组织实施。

第三十条 道路旅客运输站（场）经营者应当为客运经营者的车辆合理安排班次和发车时间，公平对待使用站（场）的客运经营者；按照规定的项目和标准收费，按月结算代售的票款。

客运经营者与旅客运输站（场）经营者对客运班车运营发生纠纷的，由县道路运输管理机构协调，协调不成的，由县道路运输管理机构裁定。

第三十一条　客运车辆在等级客运站发车的，运输站（场）经营者应当进行车辆安全检查。不在等级客运站（场）发车的，客运经营者负责车辆安全检查；道路旅客运输站（场）经营者应当配备相应的安全检查设施、设备。

二级以上旅客运输站（场）经营者应当配备行包安全检查设备；乘客应当接受安全检查，拒不接受安全检查的，道路旅客运输站（场）经营者有权拒绝其乘车。

未经安全检查或者安全检查不合格的客运车辆，不得载客运行。

第三十二条　道路货物运输站（场）经营者不得从事下列活动：

（一）为运输车辆装卸国家禁运、限运的物品；

（二）为无经营许可证或者证照不全的运输经营者提供服务；

（三）违反操作规程搬运、装卸货物。

第三十三条　机动车维修经营者应当遵守下列规定：

（一）按照备案经营范围开展机动车维修服务，实行维修质量保证期制度；

（二）不得利用配件拼装机动车或者修理已报废机动车；

（三）在经营场所的醒目位置悬挂机动车维修标志牌，公示维修项目、工时定额和收费标准；

（四）使用规定的结算票据，并向托修方交付维修结算清单。

机动车维修经营者对机动车进行二级维护、总成修理、整车修理的，应当进行维修质量检验；检验合格的，维修质量检验人员应当签发维修出厂合格证，并建立维修档案。

第三十四条　机动车清洁维护经营者，应当具有与其作业内容相适应的专用场地和设施。清洁作业应当符合节能环保要求。

第三十五条　机动车驾驶员培训机构应当按照国家规定的培训标准、教学大纲进行培训，如实填写培训记录，保证培训质量；培训合格的，颁发培训结业证书。

第三十六条　机动车驾驶员培训机构应当在核定的教学场地和公安机关

交通管理部门指定的教练路线、时间进行培训。

教学车辆应当符合国家有关技术标准要求,并悬挂教学车辆标志牌证。禁止使用非教学车辆从事驾驶员培训业务。

第三十七条 机动车综合性能检测经营者应当按照国家有关技术标准和规范进行检测,建立车辆检测档案,出具检测报告,上传有效数据,并对检测结果承担责任。

第三十八条 货物运输信息服务、货运代理经营者应当将受理的运输业务交由具有经营资格的道路运输经营者承运。

货运信息服务的经营者应当向服务对象提供准确的信息;因提供信息错误,造成服务对象的车辆空驶、货物延滞运输等损失的,按照约定承担赔偿责任。

仓储理货经营者应当按照货物的性质、保管条件和有效期限对货物分类存放,保证货物完好无损。

第三十九条 从事危险货物、大型物件等特种、专项货物搬运装卸作业的,应当使用专用搬运装卸工具和防护设备。因搬运装卸造成货物损失的,依法承担赔偿责任。

第五章 监督检查

第四十条 道路运输管理机构执法人员应当对道路运输及相关业务经营场所、客货集散地和经批准设置的检查站进行监督检查,不得双向拦截车辆,不得将与道路运输无关的内容作为检查项目。

道路运输执法专用车辆应当配备专用的标志和示警灯。

第四十一条 道路运输管理机构应当加强执法人员培训考核,培训考核不合格的,不得上岗执行职务。

道路运输管理机构的工作人员不得参与或者变相参与道路运输及相关业务经营。

第四十二条 道路运输管理机构应当建立道路运输经营者的信誉考核评价制度,对道路运输经营者及其从业人员的经营行为、服务质量、安全生产等实行信誉档案管理。

道路运输管理机构应当建立举报制度，公开办事制度，接受社会监督。

第四十三条 对道路运输经营者的违法行为，不能当场作出处罚决定的或者经营者拒不接受当场处罚决定事后又难以处理的，县以上道路运输管理机构可以暂扣道路运输证、客运标志牌等证件，签发代理证，开具暂扣凭证，道路运输经营者应当在规定期限内到指定地点接受处理。

第四十四条 在实施道路运输监督检查过程中，道路运输管理机构对没有道路运输证，又无法当场提供其他有效证明的车辆予以暂扣。

对暂扣的车辆应当妥善保管，不得使用，不得收取或者变相收取费用。造成车辆或者物品遗失、损坏的，应当依法赔偿。

第四十五条 被暂扣车辆的当事人应当在二十日内到道路运输管理机构接受处理，经处理后，道路运输管理机构应当返还暂扣的车辆。

第六章　法律责任

第四十六条 违反本条例规定，未取得经营许可，擅自从事城市公共汽车客运、出租汽车客运活动的，由县以上道路运输管理机构处三千元以上二万元以下的罚款。

第四十七条 违反本条例规定，倒卖、擅自转让城市公共汽车客运经营权、出租汽车经营权或者客运班线经营权的，由县以上道路运输管理机构责令停止经营，处二千元以上一万元以下的罚款；有违法所得的，没收违法所得；情节严重的，由原许可机构吊销经营许可证。

第四十八条 发生重大、特大道路旅客运输安全事故，客运经营者负主要责任的，由道路运输管理机构责令停业整顿，吊销事故车辆运营的班线经营权和驾驶人员的从业资格。对负有责任的单位负责人和直接责任人，由有关机关依法处理。

发生重大道路运输安全事故，驾驶人员因负主要责任或者全部责任被吊销从业资格证书的，三年内不得申办驾驶员从业资格证书。发生特大道路运输安全事故，驾驶员因负主要责任或者全部责任被吊销从业资格证书的，终身不得申办从业资格证书。

除因驾驶人员的责任外，驾驶人员从业资格证书被依法吊销的，一年内不得申办。

第四十九条 违反本条例规定，有下列情形之一的，由县以上道路运输管理机构责令改正，处五千元以上二万元以下的罚款；拒不改正的，责令停业整顿：

（一）机动车综合性能检测经营者提供虚假车辆检测报告的；

（二）机动车驾驶员培训机构在未经核定的教学场地或者利用非教学车辆从事机动车驾驶员培训活动的；

（三）使用报废、拼装、擅自改装、不符合规定标准和等级的出租汽车、城市公共汽车、教学车辆从事相关经营活动的；

（四）旅客运输站（场）经营者未按规定配备、使用安全检查设备的；

（五）出租汽车异地驻点营运的。

第五十条 违反本条例规定，道路运输经营者、道路运输相关业务经营者有下列情形之一的，由县以上道路运输管理机构责令改正，处一千元以上三千元以下的罚款；情节严重的，由原许可机构吊销道路运输经营许可证；构成犯罪的，依法追究刑事责任：

（一）强行招揽旅客和货物运输业务、欺骗旅客、骗取货物、敲诈托运人，或者阻碍交通、堵塞车站扰乱公共秩序的；

（二）未经原许可机构同意，擅自停运、终止客运经营的；

（三）未采取防扬散、防流失、防渗漏等措施的；

（四）不具有道路危险货物运输资质的企业承运危险货物的；

（五）危险货物与普通货物混装的；

（六）机动车清洁维护不符合节能环保要求的；

（七）不按照规定报送道路运输行业统计资料的。

第五十一条 违反本条例规定，道路运输经营者、道路运输相关业务经营者有下列情形之一的，由县以上道路运输管理机构责令改正，处二百元以上二千元以下的罚款：

（一）不按规定使用出租汽车专用标志、顶灯、里程计价器或者未按里程计价器显示的金额收取运费，或者拒载、甩客、故意绕道的；

(二）不按规定对出租汽车、城市公共汽车、教学车辆进行维护和综合性能检测的；

（三）载客汽车、重型载货汽车、半挂牵引车、危险货物运输专用车辆，未安装、使用符合相关标准的车辆运行状态监控设备的；

（四）机动车驾驶员培训机构未如实填写培训记录的；

（五）聘用无相应从业资格证的人员从事道路运输经营活动的；

（六）班车客运经营者站外揽客或者包车客运经营者沿途揽客的；

（七）机动车维修经营者未按规定建立车辆维修档案的；

（八）汽车客运站（场）经营者不按月结算所代售票款的。

第五十二条 当事人对行政处罚决定不服的，可以依法申请行政复议或者提起行政诉讼；逾期不申请复议，也不提起诉讼，又不履行处罚决定的，由作出行政处罚决定的机构申请人民法院强制执行。

第五十三条 道路运输管理机构执法人员滥用职权、玩忽职守、徇私舞弊的，依法给予处分；构成犯罪的，依法追究刑事责任。

第七章 附 则

第五十四条 从事非经营性危险货物运输的，参照本条例的有关规定执行。

第五十五条 本条例自 2010 年 9 月 1 日起施行。1997 年 3 月 24 日宁夏回族自治区第七届人大常委会第二十四次会议通过的《宁夏回族自治区道路运输管理条例》同时废止。

新疆维吾尔自治区道路运输条例

(1998年7月30日新疆维吾尔自治区第九届人民代表大会常务委员会第四次会议通过。2014年11月28日新疆维吾尔自治区第十二届人民代表大会常务委员会第十一次会议修订)

第一章 总 则

第一条 为了维护道路运输市场秩序，保障道路运输安全，促进道路运输业可持续发展，根据《中华人民共和国道路运输条例》和有关法律、法规，结合自治区实际，制定本条例。

第二条 在自治区行政区域内从事道路运输经营、道路运输相关业务及其管理活动的，应当遵守本条例。

前款所称道路运输经营，包括道路旅客运输经营、城市客运经营和道路货物运输经营。

道路旅客运输，包括班车客运、包车客运、旅游客运；城市客运，包括公共汽车客运、出租车客运；道路货物运输，包括普通货物运输、货物专用运输、大型物件运输、危险货物运输和放射性物品运输。

道路运输相关业务，包括道路运输站（场）经营、机动车维修经营、机动车综合性能检测、机动车驾驶员培训、汽车租赁、货运代理（代办）。

第三条 道路运输管理遵循依法、公平、公开、公正、高效、便民的原则，禁止垄断经营和不正当竞争。

从事道路运输经营以及道路运输相关业务的，应当依法经营、诚实守信、公平竞争，为服务对象提供安全、便捷、优质服务。

第四条 县级以上人民政府应当加强对道路运输管理工作的领导，统筹推进道路运输与其他运输协调发展，加强道路运输安全生产管理，实施道路运输综合治理。

第五条 自治区交通运输主管部门负责全区道路运输管理工作。

州、市（地）、县（市）交通运输主管部门组织本行政区域内道路运输管理工作，并具体实施城市客运管理工作；县级以上道路运输管理机构具体实施道路旅客运输、道路货物运输和道路运输相关业务的管理工作。

发展和改革、财政、公安、住房和城乡建设、国土资源、税务、工商、质量技术监督、安全生产监督、环境保护等部门在各自职责范围内，依法履行道路运输监督管理的相关职责。

第六条 道路运输发展规划由县级以上交通运输主管部门依据国民经济和社会发展规划组织编制，报本级人民政府批准后实施。

道路运输发展规划应当与城乡规划、土地利用总体规划相衔接，并符合综合交通运输体系发展规划。

县级以上人民政府及其有关部门应当统筹规划建设综合交通枢纽和道路运输站（场），推动交通物流行业健康发展，实现城市公共交通、公路、铁路、航空等运输方式的相互衔接，充分发挥综合运输的优势。

第七条 鼓励道路运输以及道路运输相关业务经营者实行规模化、集约化、公司化经营。

鼓励使用符合国家标准的节能、环保和新能源汽车从事道路运输。

第八条 交通运输主管部门、道路运输管理机构应当按照各自职责对道路运输以及道路运输相关业务经营者及其从业人员实行质量信誉考核制度，并将考核结果定期向社会公布。

第二章 道路运输经营

第九条 从事道路运输经营以及道路运输相关业务的，应当具备法律、法规和本条例规定的条件，依法取得道路运输经营许可，按照核定的期限、范围、种类、项目、区域和场所等许可事项从事经营活动。

第十条　班车客运、包车客运、旅游客运、城市客运的经营期限为四至八年。经营期限届满，需要继续经营的，应当在期满六十日前向原许可机关提出申请。

第十一条　班车客运经营者应当按照车票标明的车次、类型等级、时间、站点运送旅客，不得在运行途中揽客；因车辆故障不能恢复正常运行的，应当在规定时间内快速调度车辆救援。

高速公路单程运行六百公里以上，其他公路单程运行四百公里以上的道路旅客运输车辆，应当随车配备两名以上驾驶员，每名驾驶员连续驾驶时间不得超过四个小时。

第十二条　县级以上人民政府应当扶持农村道路客运发展，推进城乡客运一体化。

农村客运可以实行区域运营、循环运营、专线运营等方式；实行公交化运营并享受公交财政补贴和税费优惠的，应当执行城市公共汽车服务标准和票价政策。

第十三条　从事公共汽车客运经营的，应当向所在地的市、县（市）交通运输主管部门提出许可申请，并符合下列条件：

（一）具有与经营规模相适应的场所、设施和符合国家规定的运营车辆、资金；

（二）所聘驾驶人员取得相应的机动车驾驶证，年龄和健康状况符合公安机关规定，近3年内无较大以上交通责任事故记录；

（三）具有与运营业务相适应的管理人员和汽车维修等专业技术人员；

（四）具有健全的运营服务制度和安全生产管理制度。

（五）法律、法规规定的其他条件。

从事出租车客运经营的，适用前款规定。

准予许可的，向申请人颁发城市客运经营许可证，对投入运营的车辆核发城市客运运输证。

第十四条　出租车应当按照有关规定喷涂颜色标识，配置出租车标志灯、计价器、安全防范装置等专用服务标识和设施，并在醒目位置标明运费标准、经营者名称、监督投诉电话等。

非出租车不得喷涂出租车颜色标识、配置标志灯等出租车专用服务标识和设施。

第十五条 出租车驾驶员在运营中应当遵守下列规定：

（一）随车携带出租车营运证件；

（二）使用合格计价器，并按照计价器显示金额收费，出具发票；

（三）不得途中甩客；

（四）不得无故绕道行驶或者未经乘客同意搭载其他乘客；

（五）显示空车时不得拒绝载客；

（六）不得从事起讫点均不在许可的经营区域内的经营活动；

（七）依法应当遵守的其他规定。

第十六条 出租车驾驶员对具有下列情形之一的人员，有权拒绝其搭乘：

（一）携带易燃、易爆、有毒和管制器具等危险物品的；

（二）不能控制自己行为且无人随车监护的；

（三）在禁止上客路段要求搭乘的；

（四）要求驶离城区，但是拒绝随驾驶员到公安派出所、治安报警点办理登记手续的。

第十七条 道路旅客运输、城市客运经营者取得道路运输经营许可后，应当与交通运输主管部门或者道路运输管理机构签订经营权使用合同，对运输经营行为、服务质量、运输安全等进行约定。

道路旅客运输、城市客运经营者应当为旅客提供良好的乘车环境，保持车辆清洁、卫生，并采取必要的措施防止在运输过程中发生侵害旅客人身、财产安全的违法行为。

道路旅客运输、城市客运经营者不得利用车载广播、电视播放非法音频、视频。

第十八条 道路货物运输经营者应当与托运人签订货物运输合同，遵守国家和自治区有关禁运、限运、检疫控制进出境货物的管理规定。

托运危险货物的，应当向道路货物运输经营者说明危险货物的品名、性质、应急处置方法等情况，并严格按照国家有关规定包装，设置明显标志。

运输危险货物、放射性物品的，应当悬挂危险货物运输标识，遵守运输线路、时间、速度和区域等方面的规定，并采取必要措施防止货物发生燃烧、爆炸、辐射或者泄漏事故。

禁止出租、转让或者变相转让危险货物运输、放射性物品运输经营权。

第十九条 从事城市货物配送的车辆应当符合国家规定的标准。

县级以上人民政府应当加强对城市货物配送运输的组织协调，采取积极有效措施，为货物配送车辆在城区昼夜正常通行、停靠、装卸作业等提供便利条件，保障城市货物的及时配送。

第二十条 道路运输车辆运输旅客的，不得超过核定的人数，不得违反规定载货；运输货物的，不得运输旅客，运输的货物应当符合核定的载重量，严禁超载；载物的长、宽、高不得违反装载要求。

第三章 道路运输相关业务

第二十一条 县级以上人民政府应当对道路运输站（场）建设用地优先审批，并给予政策和资金支持。

道路运输站（场）的设置应当方便旅（乘）客出行，满足货物集散需求；未经原许可机关批准，不得搬迁或者改变用途。

客运站应当按照规定使用统一的公路客运联网售票系统，实行实名售票，提供窗口、网络、电话等多种便民售票服务。三级以上客运站和从事国际道路旅客运输服务的客运站，应当配备并使用行包安全检查设备，发车区域实行封闭管理。

客运站经营者应当落实反恐维稳安检制度、危险品堵查制度、车辆安全例行检查制度、出站检查制度和安全生产举报制度。

第二十二条 机动车维修经营者应当采用节能环保方式，使用经检定合格的检测设备、工具、仪器维修车辆，处置废弃物。

机动车维修经营者不得实施下列行为：

（一）超越许可范围从事机动车维修经营；

（二）擅自增减维修作业项目；

（三）采取非法和不正当手段招揽业务；

（四）签发虚假机动车维修竣工出厂合格证；

（五）法律、法规禁止实施的其他行为。

第二十三条　机动车检测实行社会化经营。车主可以选择经交通运输、公安、环境保护等部门依法认定的机动车检测机构进行检测。机动车检测机构应当按照国家标准和相关规定实施检测，并建立检测档案。检测项目相同或者主要检测项目基本相同的，检测机构作出的检测结果具有同等效力。机动车检测经营者不得出具虚假检测报告。

机动车检测经营者应当在经营场所公布收费项目和标准，并按照价格部门核定的标准收费。

第二十四条　机动车驾驶员培训机构应当按照经营类别和国家制定的教学大纲，为学员提供合格的师资、教材和必要的场地、设备，严格执行价格部门核定的收费标准。

道路运输管理机构和驾驶证考试发证机关，不得以任何形式从事机动车驾驶员培训经营活动。

第二十五条　从事汽车租赁经营和货运代理（代办）经营的，应当在依法取得工商营业执照之日起二十日内将营业执照和车辆信息，报送经营地县（市）道路运输管理机构备案。

第二十六条　汽车租赁经营者应当遵守下列规定：

（一）对承租车辆的人员应当进行实名登记，不得将车辆租赁给不具备与租赁车辆相适应的驾驶资格的人员驾驶；

（二）不得向承租人提供驾驶劳务；

（三）九座以上（含九座）客车不得用于汽车租赁业务；

（四）租赁车辆经检测合格符合国家安全技术标准；

（五）依法应当遵守的其他规定。

第二十七条　货运代理（代办）经营者与托运人签订货物运输合同，应当遵守国家和自治区有关禁运、限运、检疫控制进出境货物的管理规定，核实运输货物品名、数量、有关凭证和应急处置措施等，并对托运人进行实名登记。

第二十八条　道路货物运输站（场）以及货运代理（代办）经营者不得实施下列行为：

（一）将受理的运输业务交由不具备相应运输资格的经营者承运；

（二）承接应当办理相关审批手续而未办理的货物；

（三）承运禁运物品或者违反规定承运管制物品；

（四）法律、法规禁止实施的其他行为。

第四章　国际道路运输

第二十九条　从事国际道路运输的，应当持有有效的国际道路运输许可证和相关单证，车辆须标明国籍国的国际道路运输国籍识别标志。

境外国际道路运输车辆进入自治区境内的，应当符合中华人民共和国有关道路运输车辆外廓尺寸、轴荷及质量限值标准规定；与中华人民共和国签署有关双边、多边协定的，从其规定。

第三十条　对国内从事国际道路运输车辆的收费，按照自治区价格管理部门核定的收费项目、标准执行。

对进出自治区境内从事国际道路运输的国外运输车辆的收费，按照中华人民共和国与该国签署的有关双边、多边协定执行；没有协定的，按照自治区价格管理部门核定的收费项目、标准执行。

第三十一条　口岸所在地人民政府应当在口岸联检厅设立国际道路运输办公场所；道路运输管理机构在口岸联检厅依法对出入境国际道路运输车辆实施现场监督检查，与有关部门联合检验签章，为国际道路运输经营者提供一站式服务，支持通关便利化。

第五章　道路运输安全与监督检查

第三十二条　交通运输主管部门、道路运输管理机构依照国家和自治区有关规定对道路运输经营以及道路运输相关业务的安全生产实施监督，参与道路运输生产安全事故的调查处理。

道路运输以及道路运输相关业务经营者应当加强安全管理，落实安全生产责任制，建立车辆安全档案，执行安全生产事故统计报告制度，按照规定向交通运输主管部门或者道路运输管理机构报告安全生产情况。

第三十三条 道路运输经营者应当加强对从业人员维稳意识、安全常识、职业道德和业务知识、操作规程的培训，保证车辆行车安全。

从业人员应当遵守道路运输法律、法规和驾驶员操作规程，安全驾驶，文明服务。

第三十四条 道路旅客运输、城市客运和危险货物运输车辆应当安装符合国家标准的卫星定位行车安全信息设备，对车辆运行情况进行实时监控，并将信息监控系统与交通运输主管部门、道路运输管理机构和公安机关的监控平台连通，实时传送相关数据。

第三十五条 道路运输车辆应当符合机动车国家技术标准，并按照规定进行维护、综合性能检测、技术等级和类型等级评定。

从事道路运输经营的营运车辆和机动车驾驶员培训机构的教练车，应当按照规定参加车辆年度审验。

第三十六条 从事道路运输经营的驾驶人员，危险货物运输、放射性物品运输的装卸管理人员、押运人员，机动车驾驶培训教练员以及国家规定的机动车维修、检测技术人员，应当按照国家规定取得从业资格证件，并在道路运输以及道路运输相关业务经营活动中随身携带。

第三十七条 道路运输经营者应当按照规定使用税务机关印制的道路运输发票和自治区道路运输管理机构印制的道路运输证牌、客票、路单、运单和费用结算凭证。道路运输发票由税务机关负责发放和管理，其他单证由道路运输管理机构负责发放和管理。

任何单位和个人不得涂改、伪造、倒卖和非法印制、转让道路运输证牌、票据。

第三十八条 县级以上人民政府应当建立道路运输应急运力储备和应急保障工作机制，定期组织开展应急培训、演练，提高道路运输应急保障能力。

县级以上人民政府下达的维稳、抢险、救灾、战略物资等应急道路运输任务和指令性运输计划，由交通运输主管部门组织实施。道路运输经营者应当服从统一调度、指挥，相关费用按照国家和自治区有关规定给予补偿。

第三十九条 从事道路运输经营的驾驶员和机动车驾驶培训教练员，需要向有关单位提供安全驾驶经历的，公安机关交通管理部门应当为其出具证明。

第四十条 交通运输主管部门、道路运输管理机构应当建立健全监督检查制度,依法对道路运输以及道路运输相关业务经营活动进行监督检查。

城市客运执法人员可以在城市客运经营场所、城市客运集散地、公交和出租车停靠站点、城市道路口进行监督检查;道路运输管理机构执法人员可以在道路运输以及道路运输相关业务的经营场所、客货集散地、公路路口、公路收费站区、高速公路服务区、超限运输检测站等场所进行监督检查。

未经自治区人民政府批准,任何单位和个人不得设置固定检查关卡。

第四十一条 交通运输主管部门或者道路运输管理机构在实施道路运输监督检查中,对无道路运输证件、持无效道路运输证件或者超出道路运输证件标明的经营范围从事道路运输经营,又无法当场提供其他有效证明的,或者拒不接受检查影响道路交通安全的,可以扣押车辆、证件。法律、行政法规另有规定的,从其规定。

车辆依法解除扣押后,扣押机关应当通知当事人限期领取车辆;当事人逾期不领取的,逾期之日起的车辆保管费用由当事人承担。经公告九十日仍不领取的,车辆扣押机关可以依法处理该车辆。

第四十二条 道路运输监督检查不得影响道路畅通,监督检查人员不得少于两人,并出示合法有效执法证件,按照规定统一着装,佩戴标志。

道路运输监督检查专用车辆,应当配备专用的标识和示警灯。

第四十三条 交通运输主管部门、道路运输管理机构应当与相关部门建立管理信息互通互联机制,利用本机关门户网站、政务微博等形式,实现道路运输经营以及道路运输相关业务的从业登记、经营信用、安全生产、车辆动态监控以及违法处置等信息的共享。

第六章 法 律 责 任

第四十四条 违反本条例第九条规定,已取得相应许可的道路运输以及道路运输相关业务经营者不符合许可条件继续经营的,由县级以上交通运输主管部门或者道路运输管理机构责令限期整改,有违法所得的,没收违法所得,并可处一千元以上一万元以下罚款;逾期不整改或者整改不合格的,吊销相应的经营许可证件、道路运输证件或者核减相应的经营范围。

第四十五条 违反本条例第十一条第一款规定，客运班车经营者在运行途中揽客或者未在规定时间内调度车辆救援的，由县级以上道路运输管理机构责令改正，处五百元以上五千元以下罚款。

违反本条例第十一条第二款规定，道路旅客运输车辆不按照规定配备两名以上驾驶员，或者每名驾驶员连续驾驶时间超过四个小时的，由公安机关交通管理部门责令改正，处五百元以上二千元以下罚款。

第四十六条 违反本条例第十三条规定，未取得城市客运经营许可证或者城市客运运输证，擅自从事城市客运经营的，由县级以上交通运输主管部门责令改正，处一千元以上二万元以下罚款。

第四十七条 违反本条例第十四条、第十五条规定的，由县级以上交通运输主管部门责令改正，处五百元以上五千元以下罚款。

第四十八条 违反本条例第十八条第一款、第二款、第三款、第二十一条第四款规定的，由县级以上道路运输管理机构责令限期改正，处二千元以上二万元以下罚款。

违反本条例第十八条第四款规定的，适用前款规定处罚；情节严重的，责令停产停业或者吊销道路运输经营许可证。

第四十九条 违反本条例第二十条规定的，由公安机关交通管理部门依照《中华人民共和国道路交通安全法》的有关规定进行处罚。

第五十条 违反本条例第二十二条第二款、第二十五条、第二十六条、第二十八条、第三十七条第二款规定的，由县级以上道路运输管理机构责令改正，没收违法所得，并可处五千元以上三万元以下罚款。

违反本条例第二十三条第一款规定，机动车检测经营者出具虚假检测报告的，适用前款规定处罚。

第五十一条 违反本条例第二十九条第二款规定的，由县级以上道路运输管理机构责令限期改正，处五千元以上二万元以下罚款。

第五十二条 违反本条例第三十五条第二款规定的，由县级以上交通运输主管部门或者道路运输管理机构处五百元以上一千元以下罚款。

第五十三条 道路运输经营者发生较大以上行车安全事故并负同等以上责任的，由原许可机关吊销该事故车辆道路运输证件和该车辆驾驶员的从业资格证，责令该经营者进行整改，整改期间不得新增运力；事故车辆为客运车辆的，还应当吊销其班线客运经营许可。

道路运输从业人员的从业资格证被依法吊销的，自吊销之日起三年内不得申请参加从业资格考试。因发生重大以上行车安全事故被依法吊销的，终生不得重新申请从业资格证。

第五十四条 违反本条例规定的其他行为，应当给予行政处罚的，按照有关法律、法规的规定执行；构成犯罪的，依法追究刑事责任。

第五十五条 交通运输主管部门、道路运输管理机构的工作人员在道路运输监督管理中有下列行为之一的，由其主管部门或者行政监察机关给予行政处分；构成犯罪的，依法追究刑事责任：

（一）违法实施行政许可的；

（二）违反法定权限和程序实施行政处罚的；

（三）发现违法行为未及时查处的；

（四）违反规定拦截、检查运输车辆证件的；

（五）违法扣留运输车辆、道路运输证件的；

（六）参与或者变相参与道路运输以及道路运输相关业务经营的；

（七）索取、收受他人财物，或者谋取其他利益的；

（八）在规定的期限内无正当理由对投诉举报不作出处理、答复的；

（九）其他违法行为。

第七章　附　　则

第五十六条 交通运输主管部门和道路运输管理机构依照本条例发放道路运输经营许可证（含城市客运经营许可证）、道路运输证（含城市客运运输证）、客运标志牌、从业资格证件、国际汽车运输行车许可证、路单、运单等可以收取工本费。具体收费标准由自治区财政、价格主管部门会同自治区交通运输主管部门核定。

第五十七条 从事非经营性危险货物运输的，应当遵守本条例有关规定。

第五十八条 本条例自 2015 年 1 月 1 日起施行。